特别感谢湖北维思德律师事务所对本书出版的资助

# 破产法研究综述

主编　张善斌

副主编　宁园　罗琳

WUHAN UNIVERSITY PRESS
武汉大学出版社

**图书在版编目(CIP)数据**

破产法研究综述/张善斌主编. —武汉：武汉大学出版社,2018.11
ISBN 978-7-307-20626-7

Ⅰ.破…　Ⅱ.张…　Ⅲ.破产法—研究—中国　Ⅳ.D922.291.924

中国版本图书馆 CIP 数据核字(2018)第 251890 号

责任编辑:陈　帆　　　责任校对:汪欣怡　　　版式设计:马　佳

出版发行:**武汉大学出版社**　　(430072　武昌　珞珈山)
　　　　　(电子邮件:cbs22@whu.edu.cn　网址:www.wdp.com.cn)
印刷:武汉中科兴业印务有限公司
开本:720×1000　　1/16　　印张:44.75　　字数:732 千字　　插页:3
版次:2018 年 11 月第 1 版　　2018 年 11 月第 1 次印刷
ISBN 978-7-307-20626-7　　定价:138.00 元

## 张善斌

　　1965年生，湖北天门人，法学博士，武汉大学法学院教授，博士生导师，现为武汉大学法学院民商法教研室主任、中国法学会民法学研究会理事、湖北省法学会民法学研究会常务理事、湖北省法学会商法学研究会常务理事。主要研究方向为民法基础理论、人格权法、侵权法、合同法、物权法、公司法、破产法等。出版著作4部，发表论文30余篇。代表性成果为专著《权利能力论》，论文《民法人格权与宪法人格权的独立与互动》《死者人格利益保护的理论基础与立法选择》《公平责任原则适用存在的问题及对策》《集体土地使用权流转的障碍排除与制度完善》《人类胚胎的法律地位及胚胎立法的制度构建》等；多篇文章分别被《中国社会科学文摘》和人大复印资料转载。主持国家社科基金项目1项、中国法学会部级法学研究课题1项，以及横向研究课题"建设工程施工合同若干问题研究""破产清算程序中和解若干法律问题研究""供给侧结构性改革与破产法热点问题研究"等8项。

## 宁 园

1992年生，湖南邵阳人，现为武汉大学法学院2017级民商法博士研究生，先后师从张善斌教授、张素华教授。曾发表《不动产登记公信力及其修正》《论未成年人监护的价值理念——以国家干预及其尺度为视角》《论微博转发行为受著作权法保护的依据——兼论合理使用制度的完善》等5篇文章。

## 罗 琳

1992年生，湖北武汉人，现为武汉大学法学院2017级民商法博士研究生，先后师从张里安教授、陈本寒教授。曾发表《破产费用、共益债务与物权担保债权的清偿问题》《自然人破产中自由财产范围的划分问题探析》《建立与行政区划适当分离的司法管辖制度探究》等4篇文章。

作 者 简 介

# 编 委 会

......................................................................

主　编：张善斌

副主编：宁　园　罗　琳

撰稿人（以姓氏拼音字母为序）：

陈碧盈　高　琪　李　晨　李小勤　罗　琳

宁　园　谭俊楠　王姝越　徐　澍　余江波

翟宇翔　张善斌　周雯瑶

# 前　言

今年是改革开放四十周年，破产法施行三十周年。① 在此背景下，回顾破产法的发展历程，梳理和总结破产法研究成果具有特别的纪念意义。

破产法是市场经济的产物。我国在 1949 年之后的较长时期内实行高度集中的计划经济体制，否认商品经济的作用；没有健全的法人制度，企业尤其是国有企业只是政府部门的附庸，不是独立的经济实体；人们将破产法视为资本主义制度予以排斥，根本不承认社会主义企业有破产一说。在这种国家治理模式下，自然也就谈不上对破产法进行深入研究，更不可能制定破产法。改革开放之后，我国计划经济体制逐步向有计划的商品经济并最终向市场经济转变，在此过程中，企业的破产清算开始为人们所关注。

我国法学界酝酿和筹划建立破产制度始于 1980 年。当时主要是由民事诉讼法学者组成的民事诉讼法起草小组根据经济体制改革的实际情况，预测到经济改革必将催生破产制度，因此提出在《民事诉讼法草案》第 3 稿增添破产程序的建议。为了回避大家难以接受的"破产"一词，采用了"清产还债"概念，拟定了清产还债程序，该程序基本上包括了破产程序的主要内容。但由于经济体制改革深化程度不够，社会需求不强烈，理论研究不充分，再加上公众缺乏必要的心理准备，破产程序最终夭折。② 尽管破产程序在立法上的尝试失败了，但关于破产法的讨论仍在继续。当时，关于国有企业财产权性质存在占有权说、相对所有权说、用益权说等不同观点，学界没有达成共识。在实践中，当国有企业出现亏损不

---

① 《中华人民共和国企业破产法（试行）》（以下简称《企业破产法（试行）》）自 1988 年 11 月 1 日开始施行，于 2007 年 6 月 1 日被现行《中华人民共和国企业破产法》（以下简称《企业破产法》）取代。

② 参见柴发邦主编：《破产法教程》，法律出版社 1990 年版，第 40~41 页。

能偿还债务时，政府往往采取关、停、并、转等各种措施予以解决，因此国有企业不存在破产问题。但集体企业和私人企业可能破产，在我国建立破产诉讼程序是必要的。① 这可能是当时的主流观点。1982 年中央文件将我国经济体制描述为 "以计划经济为主，市场调节为辅"，1984 年进一步提出 "有计划的商品经济" 的概念。在此背景下，学界就国有企业产权的性质逐渐达成共识，国家所有权与国有企业经营权相分离，国有企业经营管理的财产相对独立。1984 年曹思源在《瞭望周刊》中发表了《试论长期亏损企业的破产处理问题》，提出应当确立企业破产制度。在 1984 年 5 月召开的第六届全国人大二次会议上，部分人大代表提出制定企业破产法的提案。同时，企业破产制度的试点工作开始在沈阳、武汉、重庆和太原等地进行。破产法成为当时的热门话题。

改革开放到 1986 年《企业破产法（试行）》颁布期间，是破产法研究的起步阶段。在这一阶段，学界围绕破产法，出版书籍 6 本，发表文章约 101 篇，其中绝大多数文章发表于 1986 年。②

总体来看，这段时间理论界探讨的主要问题为是否应当建立破产法制度，对具体的细节问题涉及不多。现在看来，制定破产法似乎毋庸置疑，不是问题，但在当时特殊的时代背景下，这一论证十分重要，决定了破产制度的存亡。反对建立破产制度的主要理由在于，社会主义国家不会发生资本主义那样的经济危机，也不会有大批企业破产倒闭的现象。即使少数企业破产倒闭仅仅是整个社会总劳动中的一部分劳动减少、另一部分劳动增加的结构性调整。这种结构性调整，可以采取多种办法来进行，破产制度只是办法之一。而且国有企业资不抵债的原因不仅仅是由于内部经营问题，很大程度上是由于外部因素如政府大量干预企业经营造成的，在平等的市场经济还没有建立的情况下让企业承担资不抵债的风险并不公平。另外，建立破产制度的条件尚不成熟，在建立国有企业破产制度之前应当先制定国有企业法。主张建立破产制度的学者则强调破产制度在实现企业经营改革、优胜劣汰、促进商品经济发展、维护社会稳定等方面的作用，并

---

① 参见马俊驹：《试论我国法人的独立财产和有限责任》，载《北京政法学院学报》1982 年第 2 期。

② 统计数据参见张善斌主编：《破产法文献分类索引》，武汉大学出版社 2017 年版。

认为公有制并不是破产的障碍。直至 1986 年 12 月 2 日《企业破产法（试行）》颁布，理论界对于是否要建立破产制度的争论才逐渐平息。表面上这是学界对于是否应当建立破产制度的争论，但考虑到当时的时代背景，实际上是政治、经济的变革对法学带来的影响，也是法学为适应社会需要作出的反映。

《企业破产法（试行）》出台至《企业破产法》颁布的这二十年，是破产法研究的成长阶段。这一阶段学界对破产法的研究全面开花，硕果累累，出版破产法书籍大约 186 本，发表论文大约 2080 篇，内容涉及破产法的方方面面。值得一提的是，1994 年论文数量呈爆发式增长，从以前的几十篇到 148 篇论文，之后每年发表的破产法论文数量均在百篇以上。在民商法领域，破产法研究可谓异军突起，发展迅猛。在此阶段，破产法研究主要集中在对《企业破产法（试行）》的反思、破产法具体制度的完善、破产法的修订三个方面，其间始终贯穿着对域外破产法律制度的翻译、介绍和比较研究。

我国的破产制度是改革开放的产物，随着时代应运而生的同时不可避免地带有时代的烙印，有着时代局限造成的制度设计缺陷。学者将《企业破产法（试行）》的不足主要归纳为以下几个方面：适用范围窄，仅仅适用于全民所有制，将非国有企业排除在外；行政色彩浓重；法律条文过于粗糙；缺乏对债权人和债务人的权益保障；破产预防制度缺乏可操作性。同时，学界介绍了大量域外的破产法律制度，尤其是美国、日本、英国、德国、我国香港地区和台湾地区的破产制度；对于破产法的立法宗旨、破产能力、破产管理人制度、公司重整制度、破产撤销行为的识别、破产企业职工保护、债权人会议制度、税收债权问题、破产程序、劳动债权与担保债权的关系、政府在企业破产中的作用等问题进行了深入的研究和探讨。破产法研究为破产制度的完善提供了理论依据，推动了法律的修订、相关司法解释的出台。1991 年修订的《民事诉讼法》增加了"企业法人破产还债程序"，至此，我国破产制度采用双轨制，即全民所有制企业适用《企业破产法（试行）》，非全民所有制企业适用《民事诉讼法》的规定。1994 年，全国人大财经委员会组织新企业破产法的起草，并于 1995 年提交全国人大常委会审议，最终未获通过。新企业破产法的起草工作暂时搁置。2003 年 8 月，破产法起草小组重新成立。此后的两三年，理论界研究重点突出，紧紧围绕企业破产法草案，集中研究破产法适用范围（即自然人、上市公司、金融机构是否适用企业破产法）、重整程序、管理人制度等问题，为新企业破产法的起草提出了大量的建议。2006 年 8 月 27 日，《企业破产法》颁布，并于 2007 年 6 月 1 日正式实施。

《企业破产法》颁布至今，是破产法研究的成熟阶段。这一阶段出版破产法书籍大约 214 本，公开发表文章大约 2480 篇。①

在这一阶段，学界研究的重点主要是以下几个方面：一是对《企业破产法》的解释，包括对该法的总结评价，对法条的理解和运用。学界对《企业破产法》给予了较高评价，认为其有重大进步，主要体现在：取消双轨制的破产制度格局，对各种类型企业统一规范；将破产原因统一为资不抵债，不能清偿到期债务或者明显缺乏清偿能力；确立管理人制度；规定重整制度、和解制度，强调企业再生与挽救；制定了一系列规范破产的制度，避免"假破产，真逃债"的出现。② 二是就破产法的具体制度展开深入研究，如管理人制度，包括管理人的选任、职权、监督、管理人的报酬等；重整制度，包括预重整制度的构建，公司重整期间控制权的归属，重整计划批准、执行和变更，重整中法院的地位等问题；关联企业破产问题；特殊主体破产问题等。三是积极研究供给侧结构性改革面临的新问题。随着市场经济不断发展，我国供需关系面临结构性失衡，去产能、去库存、去杠杆、降成本、补短板刻不容缓。中央强调应当更加注重运用市场机制和经济手段，通过法治办法化解产能过剩的问题，完善企业退出机制。破产法成为去产能，推动供给侧结构性改革的利器。在此背景下，学界重点围绕着供给侧结构性改革、"僵尸企业"的处置、重整制度、关联企业破产、执行转破产等热点问题展开研究。四是研究跨境破产问题。我国与"一带一路"沿线国家的经济贸易交往日益密切，如何处理与这些国家的贸易、法律冲突也是当前的研究重点，其中就涉及如何处理企业跨境破产问题。从"一带一路"概念的提出到 2016 年韩进破产案，研究跨境破产的文章骤增。这一阶段对域外破产法制度介绍仍然集中在美国、英国、德国、日本、欧盟、我国台湾地区和香港地区，尤其是对美国破产法律制度进行介绍的文章占了所有关于域外破产制度文章的一半

---

① 这一阶段的破产法文献统计截至 2018 年 8 月 31 日。

② 参见王卫国：《新破产法：一部与时俱进的立法》，载《中国人大》2006 年第 9 期。

以上。此外，也有文章介绍了巴西、印度、越南等国的破产法律制度。

这一阶段的研究成果，无论是出版的著作还是发表的文章，在数量上都远超前两个阶段之和。学界研究视野更为开阔，研究成果涉及破产法各个领域。破产法研究队伍不断壮大，一是法官、律师等积极加入破产法研究，其研究成果在破产法总体研究成果中的占比大幅提高；二是涌现出众多优秀的年轻学者，其中不乏在美国、英国、德国、日本等发达国家取得博士学位的留学回国人员，他们为破产法研究带来了新资料、新视角、新方法和新气象。

纵观破产法研究近四十年的历程，可以说，破产法研究历史是一个不断推进破产制度市场化的历史。从否认破产制度到肯定社会主义也存在企业破产，正是市场化的成果，承认破产就是把企业推向市场。在《企业破产法（试行）》颁布之后理论界普遍认为我国破产制度行政化色彩过重。促进破产市场化的努力体现在学者对于各个具体问题的探讨中，例如破产债权清偿顺序如何确定，尤其是劳动债权、税收债权的顺位问题，管理人如何构成及权利范围多大，重整中强制批准适用的条件，债权人会议的权利范围，等等。除此之外，还有学者提出，就破产个案而言，需要通过增加法律制度和配套措施，减少对于政府的依赖，促使破产制度的市场化，[1] 恰当划分行政权和司法权的界限、细致调整重整中企业控制权的配置，积极回应特殊领域（如互联网领域和金融市场领域）、特殊主体（如公司集团和非营利组织）对于破产的需要。[2] 只有这样，破产市场化才能真正发挥破产制度的作用。深圳市中级人民法院在这方面先试先行，积极探索，成效显著。但在全国范围推行"市场化破产"还有大量工作要做，需要顶层设计和具体制度配套，需要学界、立法和司法实务部门共同努力。

在隆重纪念改革开放四十周年之际，本人组织破产法研究团队编写了这本《破产法研究综述》，收集和整理破产法文献，回顾破产法研究的发展历程，归纳各种学术观点，简要介绍破产法研究成果和争论问题，力图

---

[1]　参见王欣新：《论破产法市场化实施的社会配套法律制度建设》，载《人民法院报》2017 年 6 月 14 日第 7 版。

[2]　参见贺丹：《市场化的破产与破产的市场化》，载《人民法治》2017 年第 11 期。

全面展示改革开放以来破产法研究成果，为破产法的学习、研究、教学和司法实践提供翔实的学术资料。

本书的特点在于：一是对近四十年来我国破产法研究成果进行梳理和归纳，通过本书能迅速地对我国破产法研究有概观性的了解，是一本极好的指南。二是对于破产法领域中存在的争议较大、尚未达成共识的一些问题，在归纳学者观点的基础之上，尝试性地提出一些浅见，希望能对未来的研究有所裨益。三是本书不仅关注理论界的研究成果，还关注实务部门编写的关于破产案件操作规程、典型案例剖析方面的论著，力求使理论研究和实务操作紧密结合。四是本书归纳的内容不仅包括破产法研究已取得的成就，还包括破产法领域目前尚未解决的问题和供给侧改革背景下出现的新的矛盾和挑战。

面对海量的资料，编写本书需要勇气，更需要时间和人力投入。虽然作者力图穷尽一切破产法研究成果，力图客观公正地介绍各种学术观点，但遗漏是不可避免的。同时，本书撰稿人较多，可能存在表述不一致的地方。且研究水平有限，某些问题的综述粗略了一些，归纳和提炼不到位，有些地方表述不够准确。敬请读者批评指正。

本书不仅是对过去四十年破产法研究成果的回顾，也是对我国破产法未来的展望。希望通过回顾和总结，助力学界涌现出更多的优秀成果，推动我国破产法向更好的方向前进。

张善斌

2018 年 11 月

# 目　　录

# 第一章 绪 论

## 第一节 中国破产法三十年的动荡与变革

通常意义的"破产"一词，一指客观状态，二指法律程序。而诚如学者所言，破产是债务人在经济上发生困难，无法以其清偿能力对全部债权人的债权为清偿时，为解决此种困难状态，利用法律上的方法，强制将全部财产依一定程序为变价及公平分配，以使全部债权人满足其债权目的的一般执行程序。① 如果说制度在人类社会中的产生、存在、变化具有某种必然性，在何时、何地、以何种方式产生具有历史必然性，那么今天的破产法可能就是这种必然性的结果。贸易、投资以及其他经济领域的全球化发展使经济文明共同性更趋于必然，选择市场经济实际上就意味着选择了破产制度。现有的法律都是建立在真实经济基础之上的，由于技术、文化、观念等的变化，商业活动，尤其是金融活动实际上已经突破了现有的国别限制，电子商务、数字货币等已经出现了第四维，都在现实地影响破产制度。

中华人民共和国成立后的破产法律制度是在计划经济体制向市场经济体制的过渡中建立起来的。② 1984 年，《瞭望》周刊第 9 期以《试论长期亏损企业的破产处理问题》为题，发表了关于"企业破产整顿法"的方案设想，③ 这是我国第一篇公开发表的关于创建破产制度的文章，引发了理论界对破产法律制度的探讨，学者们讨论的重点主要围绕三个方面，即

---

① 陈荣宗：《破产法》，台湾三民书局 1982 年版，第 1 页。
② 王晨雁：《经济法律新论》，中国审计出版社 2000 年版，第 161 页。
③ 曹思源：《试论长期亏损企业的破产处理问题》，载《瞭望周刊》1984 年第 9 期。

破产制度对企业经营改革的作用，对商品经济发展的影响和促进优胜劣汰，维护经济秩序稳定的利益衡平价值。一些学者指出我国存在着经济法人资不抵债的可能性和现实性，实行破产制度是经济法人承担"完全"财产责任的主要标志，并且有利于鼓励竞争，促进企业自觉地利用价值规律促进经济的发展，不仅有利于正确地处理债权债务纠纷，保护债权人的利益，同时也可使债务人和国家摆脱债务纠纷，保障经济交往的安全，此外，破产制度也是国际经济合作和国际贸易的需要。①

有的学者指出破产法与所有制具有密切的联系，但不可陷入偏执的理解，从而认为破产是私有制的产物，在公有制社会中不应实施破产法。事实上，破产行为既是维护所有制的具体表现形式——所有权关系正常化的手段，也是以一定的财产占有（和所有）形式为条件的。理论上，只要对各企业的财产给予量的限定，同时允许企业以固定资产偿债，全民所有制企业就存在破产的可能，可见公有制并不是破产的绝对障碍。②

也有学者提出实施破产法有助于增强企业活力，促进改革的进行和经济的持续发展，维护安定团结的社会氛围。③ 理由是破产法的实施使得国有企业必须以自己经营管理的财产，对债务承担全部责任，如果因经营不善或由于其他原因发生亏损，以致资不抵债，不能清偿到期债务的，都要依照破产法的规定办事，这就必然会迫使各企业领导十分重视搞好生产和经营管理。

还有学者认为实施破产制度使得企业经营的好坏和职工有着切身的利害关系，这将有利于促使职工以企业主人翁的姿态，积极从事生产劳动。并且，企业按照破产法的规定积极进行调解，认真加以整顿，促使企业得到复兴，既妥善照顾了职工群众的利益，又避免使生产力遭到破坏，获得安定团结的积极效果。这一观点得到很多学者的赞同。④

有学者认为，社会主义社会不会发生资本主义那样的经济危机，也不会有大批企业破产倒闭，决不会出现生产过剩，更不会出现由生产过剩而

① 周强：《论破产制度》，载《青海社会科学》1984 年第 6 期。

② 顾培东、张卫平、赵万一：《企业破产法论》，四川省社会科学院出版社1988 年版，第 32~33 页。

③ 杨荣新：《论破产法——增强企业活力，促进经济改革的重要法律》，载《政法论坛》1985 年第 6 期。

④ 李洪春：《试论企业破产法》，载《华东经济管理》1986 年第 1 期。

引起的经济危机。社会主义时期的企业破产倒闭，是在社会需求和社会生产经常变化的情况下，整个社会总劳动中的一部分减少，另一部分增加的结构性调整。这种结构性调整，可以采取多种办法来进行，实行破产整顿制度来转移资金、生产资料等生产要素只是办法之一，这种结构性调整，根本不同于资本主义经济危机来临时的企业破产倒闭，不会引起经济混乱。① 由于时代的局限，当时社会环境下的这些观点在现在看来值得斟酌。

从理论界的探讨中，可以听见对破产法构建的不同声音，对破产法的法域归属，理论上分歧很大。有的学者主张破产法应是主要兼具民商法和经济法双重性质的法律；② 有的学者认为破产法应属于民事特别法；③ 也有学者主张破产法是一种既非程序法，也非实体法的法律。④ 我国台湾地区至今仍将"破产法"归入民事诉讼法体系中，作为程序法中的特别规定。⑤

各方对构建破产法的理由各不相同，但都认为中国应有破产法律制度的规制，1986 年 4 月，《企业破产法（草案）》被正式提交于第六届全国人大常委会第十七次会议，在讨论企业破产法时，人大常委会不能过于担心企业破产法的实施可能导致的消极后果，最终导致该次会议并没有通过破产法。

1986 年，理论界发出呼唤破产法出台的急切声音。有学者进一步提出，制定企业破产法是适应搞活经济和对外实行开放的需要，有利于促进竞争，防止企业吃大锅饭，提高企业和职工的素质。⑥ 制定破产法是使企业自负盈亏，开展社会主义竞争的必要条件。破产法可以明确企业对经营后果必须承担的经济责任，扩大企业自主权。破产法的实施使得企业在竞争中努力改善经营管理、发展新技术来争取减价而增收。破产法的实施可

---

① 任仲权：《实行企业破产整顿制度是必要的》，载《财经科学》1985 年第 4 期。

② 王欣新：《破产法》（第三版），中国人民大学出版社 2011 年版，第 8 页。

③ 李玉璧：《商法原理》，兰州大学出版社 2000 年版，第 175 页。

④ 齐树洁主编：《破产法研究》，厦门大学出版社 2004 年版，第 31 页。

⑤ 陈荣宗：《破产法》，台湾三民书局 2001 年版，第 9~10 页。

⑥ 姚波化：《制定企业破产法的意义何在?》，载《中共福建省委党校学报》1986 年第 9 期。

以使劳动制度发生改革，让劳动力在一定范围内进行合理的流动，改善铁饭碗下的冗员现象。①

还有一些学者表示制定破产法是维护正常的商品经济秩序和保护债权人利益的客观要求，是保护竞争、淘汰落后的客观要求，是我国健全社会主义法制的实际需求。② 有的学者进一步表示破产制度首先是为了满足债权人公平受偿的要求，此外，破产制度还在客观上具有对债务人进行必要挽救与救济的功能，从而形成健康的财务危机处理机制和有序的市场主体退出机制。③

中华人民共和国成立后到改革开放初，高度集中计划管理体制下的"国家本位"经济运行体制根本没有破产法生存的土壤，企业作为政府机关的附属物，逐渐脱离了追求最大化利益的基本诉求，走向追求产值指标和自身行政地位的升迁之路。从计划经济向市场经济转型的过程中，行政权力的约束渐松，一些呼吁破产法出台的声音日渐响亮起来。在《企业破产法（试行）》颁布前，学者们对新法的价值和意义的不同见解，实质上体现着不同学者对即将到来的破产法的理想状态的描述，但在以下方面达成基本的一致：第一，对企业自身而言，有助于增强企业竞争活力，要求企业自主承担责任，重视自主经营和管理；第二，于职工而言，鼓励企业职工以主人公的姿态参与社会生产，既维护自身利益，又可以使劳动力在一定范围内合理流动；第三，制定破产法有助于保护债权人利益，促进商品经济的合理发展，从经济层面推动改革的进程。

1986 年 12 月 2 日第六届全国人大常委会第十八次会议通过了《企业破产法（试行）》，在此之前，曹思源、杨荣新、任仲权、柳思维等学者对在我国推行破产法的前景作了一些设想，其中不乏一些现在看来并不合理的认知，但前辈人对破产制度的憧憬，直接影响了《企业破产法（试行）》。不可否认，《企业破产法（试行）》对在改革开放背景下增进全民所有制企业活力，提高社会生产力，转变企业经营生产具有积极意义。鉴

---

① 曹长春：《试行企业破产法是经济体制改革的重要环节》，载《改革》1986 年第 1 期。

② 江伟、刘春田、甄占川：《论我国制定破产法的客观必要性》，载《中国法学》1986 年第 1 期。

③ 韩长印主编：《破产法学》（第二版），中国政法大学出版社 2016 年版，第 12~15 页。

于《企业破产法（试行）》仅适用于全民所有制企业，1991 年 4 月 9 日，第七届全国人大第四次会议通过《民事诉讼法》，并于第二编"审判程序"中专设第 19 章"企业法人破产还债程序"，适用于全民所有制企业以外的具有法人资格的其他企业破产的破产案件。随着社会主义经济建设的发展和改革开放的推进，学者们逐渐意识到《企业破产法（试行）》的实质是以国有企业为本位的一部行政色彩浓厚的破产法，具有强烈的促进改革的目的，按照所有制形态立法，与社会主义市场经济不相适应。在此期间，曹思源、王欣新、李曙光等学者对破产法的一些理念逐渐清晰，并在文章中努力探求适合中国国情的新破产法的身影。

随着我国经济体制改革的不断深入，市场经济体制改革目标的不断确立，这些较为笼统的破产法律规定，在实体权利和程序规范等方面均不能满足社会发展的需要。1994 年，全国人大财经委员会根据第八届全国人大常务委员会立法规划的要求，着手组织《企业破产法》起草工作。因种种原因，2003 年新破产法起草组才成立，在广泛调研、征求意见、审查修改以及召开立法座谈会之后，《企业破产法》于 2006 年 8 月 27 日通过，并于 2007 年 6 月 1 日起施行，《企业破产法（试行）》同时废止。2007 年 10 月 28 日，第十届全国人大常委会第三十次会议作出《关于修改〈中华人民共和国民事诉讼法〉的决定》，删除《民事诉讼法》第 19 章"企业法人破产还债程序"，破产问题统一由《企业破产法》调整。

根据文献资料，1984 年至 2017 年有关破产法立法方面的文章有 634 篇，[①] 本书经过逐篇删选、总结，从时代的变迁中，试图在破产学说的海洋上探寻立法真义的彼岸。

## 第二节　中国破产法的理论意义

### 一、《企业破产法（试行）》的历史价值

法律作为上层建筑中重要的组成部分，应随着经济的发展、变化而发生相应的变革。改革开放前的中国企业基本是大一统的全民所有制企业，

---

① 张善斌主编：《破产法文献分类索引》，武汉大学出版社 2017 年版。根据该著作对 1984 年至 2017 年破产法文章的分类，破产法立法方面的文章共计 634 篇。

即国有企业，其本质上不是真正的企业，而是党和政府控制下的行政机关，企业经营机制呆滞、僵化，效率极度低下，尽管存在少量集体企业，但其管理体制与国有企业并无实质区别，也不存在其他所有制企业。因此在计划经济的体制下，我国不存在破产法诞生的条件，随着企业市场化改革进入探索阶段，破产法的立法问题才引起人们的重视。1986 年 12 月 2 日，第六届全国人大常委会第十八次会议对《企业破产法（试行）》进行表决并通过，我国第一部破产法由此诞生。关于《企业破产法（试行）》的历史价值，学界主要有"四意义说"[1] 和"三意义说"[2]，综合学者们的表述，可以归纳为以下三个方面：

### （一）企业发展的助推器

国务院经济法规研究中心发文提出实行企业破产法是提高企业素质的重要手段，落后企业的破产和淘汰，是价值规律作用的必然结果。[3] 有学者指出，淘汰经营效果差的企业，才能真正保护和鼓励好的企业，改变后进企业靠国家输血的取富济贫的平均主义现象，较好地解决单纯依靠"关、停、并、转"行政措施造成的弊病，使企业改善经营管理，变破产压力为动力，通过切实改善经营管理，[4] 经营管理落后，商品质量低下，市场无销路，长期亏损的企业，经过依法限期整顿而迎头赶上，也激发了企业创新竞争的活力。[5]

大多数学者都认可破产法可以增强企业内部的活力，促使企业把更多

---

[1] 四意义说主要是指破产立法有以下四个目的：一为规范破产程序；二为公平清理债权债务；三为保护债权人和债务人的合法权益；四为维护市场经济秩序。参见范健、王建文：《破产法》，法律出版社 2009 年版，第 5~6 页。

[2] 三意义说主要认为破产法所确立的破产清算和重整制度的社会功能，主要体现在三个方面：①保证全体债权人公平受偿；②给破产人以经济上复苏的机会；③促使债权债务关系及时处理，维护社会经济秩序稳定。参见安建、吴高盛主编：《企业破产法实用教程》，中国法制出版社 2006 年版，第 2~3 页。

[3] 国务院经济法规研究中心：《实行企业破产法是提高企业素质的重要手段》，载《中国科技论坛》1987 年第 2 期。

[4] 张铁英：《我国实施企业破产法可行性辨析》，载《湖南师范大学社会科学学报》1987 年第 6 期。

[5] 郭鸥一：《谈建立企业破产法的必要性》，载《山西财经学院学报》1987 年第 1 期。

的资金投入生产、改进技术，提高劳动生产率，增强企业的信誉观念，增强职工的主人翁责任感，对所有商品生产者都有一种警戒作用。① 实行企业破产法，有利于增强企业自我改造和自我发展的能力，有利于提高职工主人翁责任感，促进企业真正实现自主经营、自负盈亏，全面改善经营管理，提高经济效益，② 使全民所有制企业真正成为社会主义商品生产者和经营者。③

还有学者认为企业破产从根本上推动了劳动力的合理流动，冲破了企业中冗员成堆而又难以裁减的难点，便于推进企业内部的组织结构的改造和改善。从宏观上观察，破产制度的建立有利于打破条块分割、地区封锁，促进企业之间的兼并或联合。④

### （二）体制改革的试金石

企业自负亏损（负债），或财务预算的硬约束，割断了国家与企业"父爱"式经济联系的脐带，砸碎了国家的"大饭锅"，有利于价格体系和管理体制的改革。⑤ 多数学者表示破产法是市场经济的必然产物，对落后企业的破产淘汰，是市场经济规律作用的必然结果和客观要求，⑥ 使社

---

① 康稚平：《我国〈破产法〉在经济体制改革中的作用》，载《商业经济研究》1987 年第 10 期。

② 参见尚春梅、刘继曾：《试论破产制度和企业活力》，载《山西财经学院学报》1987 年第 5 期。企业破产制度是有计划的商品经济的必然产物，破产制度的实行，将增加企业的压力，增强企业的活力，用经济手段、法律手段管理、监督企业，促进企业真正成为自主经营、自负盈亏的社会主义商品生产者和经营者，从而促进生产力发展，市场繁荣。参见黄献平：《企业破产制度是有计划的商品经济的必然产物》，载《经济问题探索》1988 年第 6 期。

③ 孙亚明：《论企业破产法的积极意义和作用》，载《法学杂志》1987 年第 1 期。

④ 宋养琰：《企业破产——增强国营企业活力的一条必由之路》，载《经济研究》1992 年第 2 期。

⑤ 潘博：《论实施企业破产制度的意义》，载《社会科学辑刊》1988 年第 1 期。从微观上讲，破产事件对债务人是一种不幸，甚至是可悲的。但从宏观上来考察，承认破产，实行破产制度，在商品经济社会中则充分体现了"优胜劣汰"，起到了促进经济体制改革和推动社会进步的积极作用。参见王泽：《关于实施〈破产法〉的若干思考》，载《山西财经学院学报》1992 年第 5 期。

⑥ 谢伟：《社会主义市场经济与破产法》，载《贵州商专学报》1993 年第 4 期。

会沉淀的资产和闲置的人员发挥应有的效用，资源配置和经济结构才能进一步优化，从而提高全社会的生产力，促进经济的健康发展和社会的繁荣昌盛。①

有学者提出我国社会主义破产制度，不仅仅是为了保护债权人和债务人的利益，更主要的是为了维护国家利益和社会公益，借助破产程序，鼓励竞争和联合，保护先进、淘汰落后，以促进国有企业自主权的落实，增强企业活力，推动社会主义生产力的发展。②

还有学者从经济审判角度认为破产法的实施，使人民法院受理企业破产或者债务清偿案件有法可依，促进了法律与法律之间的协调统一、衔接配套，有利于加强司法、改善执法，加强了经济责任制，对企业真正实行"执法必严、违法必究"，保护了债权人和债务人的合法权益，维护了正常的商品经济秩序和良好的经济环境。③

### （三）破产救济的平衡木

破产制度弥补了传统民事诉讼法救济手段的不足，它能最大限度地公平保护各债权人的利益。通过破产程序，债权人的请求能够得到妥善的安排和公平的满足。对债务人而言，破产法改革的趋势是尽可能地拯救企业，给予债务人重新开始的机会。对社会而言，破产制度可以防止破产事件中的异常行为，维护社会经济秩序。通过破产制度，实现社会资源的重新配置，保证资源重新配置的有序和公平，破产也对社会经济发展发出一种信息，使投资者谨慎行事，使国家对宏观经济政策的调整作出反应。④破产不是要搞死企业、抠国家油水，而是要防止资产的再流失，加快资产存量调整和重组；破产不是要抽逃资金、悬空债务，而是要加强全社会的

---

① 杨小波：《〈破产法〉与市场经济》，载《经济管理》1994 年第 2 期。

② 叶希葆：《〈企业破产法〉是社会主义促进法》，载《法学》1987 年第 8 期。

③ 曹守晔：《谈谈企业破产法实施法必要性》，载《学习与辅导》1988 年第 11 期。

④ 杨兢：《对破产法的反思与展望》，载《华中农业大学学报（社会科学版）》2000 年第 1 期。

风险意识，提高社会对企业的关切度。①

有学者指出破产法为人们提供了在市场经济中最终解决债务关系的合法途径，此功能是任何其他法律、行政手段所无法取代的。市场经济是通过商品交换来维持运转的，而延期付款或交贷的信用方式是交换的主要形式，这在法律上便形成债的关系。为此，必须要有破产法以解决在债务人丧失清偿能力时对全体债权人的公平清偿问题，并维护债务人的合法权益。②

部分学者认为实行破产制度，国家承担的是有限责任，破产制度的配套改革，能使生产力水平得到更好的发挥，资源得到更加合理的配置，企业的经济效益也能够持续增长，从而从整体上保证社会的稳定。③ 社会主义市场经济体制目标的确立，为实施破产法律制度开辟了广阔的前景，对现实经济问题的探索，深化了人们对企业生死观的认识。破产法应该是一个通用法则，而不应该是一部专门法，一部好的破产法可以创造好的投资机会和投资激励机制，企业开始投资的时候就会考虑到破产所带来的可能后果，这样的事先机制可以防止投机行为的发生。④

### （四）小结

破产法解决的是人类社会最基本的关系之一——债权人与债务人关系问题。破产法在经济领域里有着"经济宪法"之称，一部新的、好的破产法能够帮助我们建立一个有条不紊的市场经济环境，能够推动中国市场改革进一步深入。⑤《企业破产法（试行）》是我国第一部破产法，为辅助

---

① 杨新权：《建立企业破产机制，增强市场竞争活力》，载《经济体制改革》1994 年第 5 期。实行企业破产制度是现代企业制度的要求；是经济面向国际市场，与国际惯例接执的需要；是经济秩序规范化和法制化的需要；是保护债权人和债务人合法权益的需要；是盘活资产存量，优化资源配置的需要；是强化企业风险意识和完善社会主义法制的需要。张培春：《我国实行破产制度的意义》，载《锦州师范学院学报（哲学社会科学版）》1996 年第 3 期。
② 王欣新：《市场经济与破产法的功能》，载《法学家》1993 年第 3 期。
③ 段中鹏：《关于企业破产问题的思考》，载《企业文化》1997 年第 3 期。
④ 丁为群：《公司破产法的法律和经济分析》，载《珠江经济》2005 年第 5 期。
⑤ 李曙光：《破产法的重要性与商业价值》，载《晟典律师评论》2005 年第 2 期。

国家宏观经济政策的顺利实施而贯彻了对债务人有利的立法政策，具体表现在破产申请的提出、举证责任的分配、优先权的设定、优先权之间的先后次序、行政审批等方面，当然也规定了毫无必要的破产免责，试图一次性清理国有企业的不良资产。尽管在其随后实施的近二十年中饱受批评，但是从经济分析的角度来看该部破产法在特定的历史阶段很好地完成了历史使命，在付出最小成本的情况下保存了国有企业的优良资产，为随后进行的国有企业改制铺平道路。

## 二、新《企业破产法》的诞生意义

与《企业破产法（试行）》相比，现行《企业破产法》在很多方面取得了重大突破，具有重大的立法意义。有的学者指出无法具体明确立法的具体意义，认为"破产法的宗旨或者目标是什么"这类问题没有正确或者错误的答案，破产法官的观点明确影响着对所要解决的具体争议的处理。[1] 但大部分学者从至少六个方面对《企业破产法》的意义进行归纳。[2]

### （一）更为完善统一的立法

《企业破产法》将破产法的适用范围扩大到所有的企业法人，所有企

---

[1]　李永军：《破产法——理论与规范研究》，中国政法大学出版社 2013 年版，第 7 页。

[2]　有的学者提出《企业破产法》的制度创新主要体现在以下六个方面：①扩大适用范围；②明确破产原因；③引入破产管理人制度；④增设重整制度；⑤保护职工利益；⑥规范金融机构破产。参见罗培新主编：《破产法》，格致出版社、上海人民出版社 2008 年版，第 11~13 页。还有的学者指出，新破产法的基本立义是：①立足于国情和实践经验，适应解决中国建立社会主义市场经济体制和加入世贸组织的要求，注意解决现实问题；②统一适用于各类企业法人；③建立优胜劣汰和陷入困境企业的挽救制度；④公平保护破产案件各方当事人的利益；⑤注重平衡担保债权与职工债权之间的关系；⑥维护破产法律制度的统一。参见李曙光：《破产法的转型》，法律出版社 2013 年版，第 77~78 页。也有学者认为《企业破产法》在以下六个方面实现了制度革新：①赋予非法人组织以破产清算能力；②设定了独立的破产清算、重整、和解程序；③确立了（破产）管理人在破产程序中的中心地位；④对银行、非银行金融机构、保险公司等采取分离立法等模式；⑤公司薪金实行"新旧划段"的处理方法；⑥允许国有企业破产在一定期限内继续实行特殊的处理方法。参见韩长印主编：《破产法学》（第二版），中国政法大学出版社 2016 年版，第 20~21 页。

业适用统一的破产程序，消除了原有破产程序的混乱和复杂，有助于经济主体形成稳定的预期。从调整范围看，新破产法是一部涵盖中国境内所有企业法人的统一规范。它将我国原有的分别适用于全民所有制企业和其他所有制企业的法律、行政法规和其他相关规定，以及在实践中形成的国务院对国企破产特殊事宜的规定、最高人民法院的司法解释等统一到一部法律当中，为作为市场主体的各类企业法人制定统一规范的退出挽救机制。[1]

### (二)　平衡共存的利益考量

《企业破产法》秉承债权人平等原则，在破产清算过程中保证公平分配的目标的实现，但同样承认破产宣告以前当事人之间的法律关系。有效的破产程序有助于增进贷款人在第一时间提供贷款的意愿，从而促进了金融市场的发展，同时破产法的适用有利于营造良好的企业发展环境，影响投资者的安排与企业行为方式，改善公司治理，进而完善市场主体制度。[2] 也有学者从民事救济手段的角度，指出建立有效的破产清偿制度，有助于保证债权人为个别诉讼时，先为诉讼而取得判决的债权人和诉讼在后的债权人在清偿时保持相对平等，弥补了传统民事救济手段的不足。[3]

有学者认为破产程序的改进也使得新破产法律概念清晰、体系协调、条款完备，成为了具有可操作性的专业性法律，在立法技术水平上超越了原破产法。[4] 不可否认，在规范清晰、体系完整的破产法下，债权人、债务人的权利将得到清晰界定，从而使各方利害关系人于债务人资不抵债时，均能事先充分地预期可以采取的措施及可获得的清偿，债权人申请企业破产的门槛降低。

---

① 蒋黔贵：《从政策性破产到依法破产》，载《中国人大》2006 年第 20 期。
② 杨忠孝：《破产制度价值的新思考》，载《东方法学》2008 年第 3 期。
③ 李永军、王欣新、邹海林、徐阳光：《破产法》（第二版），中国政法大学出版社 2017 年版，第 5 页。
④ 张世君：《新破产法的嬗变与超越——从理念到制度的展开》，载《首都经济贸易大学学报》2007 年第 2 期；梁潇：《新破产法的变化和超越》，载《淮南师范学院学报》2013 年第 3 期。

### （三） 市场信用的保护伞

信用缺失是当前经济生活中交易成本高昂的原因，信用之建立依赖于法制的健全。破产法的意义在于区分诚实的债务人和不诚实的债务人，使诚信者获得重新开始的机会，对欺诈和逃债行为予以惩罚，一部统一的《企业破产法》则是根治转型时期社会种种痼疾的一剂良药。① 《企业破产法》拓宽了企业破产法的涵养面，修改的调整范围扩大到了所有企业类型，将管理人设定为律师事务所、会计事务所等专业中介机构或人员，这一修改旨在最大限度地保证债权人和债务人的利益。②

也有学者指出，《企业破产法》的功能不仅指向了债权人利益优于债务人救济，债权人债务人权益优于社会整体调节作用的价值位阶，立法还充分体现了市场驱动的私权主导的破产运行体制，并且对公权力介入破产程序进行了限制，形成了以实现当事人权益为基础的联动作用。③

### （四） 与国际接轨的立法制度

《企业破产法》是一部和国际接轨的，同时解决中国实际问题的有操作性的破产法。首先，从完善经济规则的角度，《企业破产法》弥补了企业市场退出的法律空白；其次，《企业破产法》有助于提高和改善整个社会的信用状况；最后，《企业破产法》的通过，能在很大程度上改善我国在 WTO 中的国际形象，建立起一个有信用、高效率、有保障、有预期的法律机制和市场环境，打消外资进入中国的顾虑。④

也有学者认为《企业破产法》也将会给产权交易市场带来机遇，将为产权交易市场增加新的交易品种和实物资产的交易量，产权交易市场和

---

① 申丽芳：《〈破产法〉与信用》，载《企业经济》2006 年第 9 期。
② 王志鹏：《破产法修改要点浅析》，载《法制与经济（下半月）》2007 年第 4 期。
③ 齐明：《破产法学：基本原理与立法规范》，华中科技大学出版社 2013 年版，第 21 页。
④ 魏雅华：《〈企业破产法〉给中国经济带来什么》，载《检察风云》2006 年第 19 期。

监管部门将面临新的挑战。① 多数学者认为《企业破产法》的出台是我国市场经济渐趋成熟的标志，也是深化国有企业改革以及与发达国家经济接轨的必然要求,②《企业破产法》确定了破产法的私法地位，而且构建了重整与管理人制度，进而为我国破产立法借鉴和引进发达国家的先进经验并且在未来与国际立法接轨创造了条件。③

也有学者提出《企业破产法》既体现了保护职工、以人为本的思想，又符合市场经济的要求和国际法的惯例，该法不仅重新界定了企业破产清偿顺序，平衡了劳动债权与担保债权的权益，还首次规定金融机构破产事宜，为外资的全面进入提供法律保障。④

综合来看，《企业破产法》引入了国际通行的管理人制度，改变了《企业破产法（试行）》由政府组成清算组承担破产事宜而导致的非市场化和政府干预的现象，实现了破产程序中管理主体的市场化、专业化运作《企业破产法》新增了有关域外效力的规定，逐步实现了与世界其他国家广采普及主义这一立法趋势的接轨；新增管理人制度，改变了《企业破产法（试行）》体现在破产程序管理主体上浓厚的行政色彩；新增债权人委员会制度，完善了债权人的自治机关和强化了对于破产程序管理主体的监督；新增重整制度，形成了重整、和解和破产清算有机结合的破产程序体系。

### （五）革旧迎新的破产责任

《企业破产法》运用"老人老办法、新人新办法"的原则，界定了政策性破产和依法破产的"分水岭"。由于有了时间划定，债权人便能够明确度量债务企业拖欠的工资，减少了逃废债风险，保证了债权人的利益。⑤ 可以看出，《企业破产法》采取"新老划断"的立法安排解决历史遗留问题，规定担保债权优于职工债权，保护抵押担保的优先权，对于职

---

① 张晨阳：《〈企业破产法〉给产权市场带来的机遇和挑战》，载《产权导刊》2006 年第 10 期。

② 汤维建：《析新企业破产法的九大创新》，载《中国审判》2009 年第 9 期。

③ 齐明：《破产法学：基本原理与立法规范》，华中科技大学出版社 2013 年版，第 21 页。

④ 陆琳：《新企业破产法带给我们的影响》，载《行政与法》2006 年第 11 期。

⑤ 安申：《〈破产法〉新在何处》，载《IT 经理世界》2006 年第 17 期。

工工资、福利，采用社会保障制度解决，厘清了劳动债权和担保债权的关系，高度重视维护职工的合法权益。

也有学者提出《企业破产法》规制了破产不当行为，强化了企业董事、监事或者高级管理人员的破产责任，实现了与现行相关法律的契合。此外，还弱化了行政干预，强化当事人意思自治，有学者提出《企业破产法》的一个重大改变就是一方面在进行合理的结算和破产清偿，另一方面尽力去挽救对社会有重大影响的企业。①

### （六）小结

《企业破产法（试行）》的立法目标是促进国有企业优胜劣汰，由此决定了其计划经济的特性。《企业破产法》立足于中国国情和实践，适应中国社会主义市场经济体制和国际化的需求，在立法上尽量统一适用于各类企业法人，对无挽救希望的企业及时清理债权债务，及时止损；对陷入困境但尚有挽救希望的大中型企业通过重整、和解程序尽力救助，使其重生，防止债务人"恶意破产"、逃避债务，全面规范企业破产行为。法条极力平衡担保债权与职工债权之间的关系，努力解决经济转型期的此类特殊问题，强调依法保障企业职工的合法权益。还有一些法律、行政法规，如《证券法》《合伙企业法》《商业银行法》《保险法》等，也对相关企业的破产与清算作出了规定，弥补了市场退出的法律空白。《企业破产法》的完善，促进社会间信用的建立，在透明、清晰的法律框架下进行商业决策，可以最大限度地避免风险和降低交易成本。②

综合来说，我国破产制度的实施对于保护债权人和债务人的合法权益，深化体制改革，增强社会的风险意识和法律意识，促进市场竞争和企业的优胜劣汰，完善社会主义市场经济体系，具有深远的影响和重大的意义。③《企业破产法》是中国第一部市场经济破产法，一部现代意义的破产法，是根据中国国情并借鉴各国立法经验制定的一部全新法律，基本上摆脱了旧法的窠臼。

---

① 王欣新：《新〈破产法〉的突破》，载《法人杂志》2006 年第 2 期。

② 李曙光：《新企业破产法的意义、突破与影响》，载《华东政法学院学报》2006 年第 6 期。

③ 齐树洁主编：《破产法》（第二版），厦门大学出版社 2009 年版，第 7 页。

## 第三节 中国破产法的缺陷

### 一、旧弊——《企业破产法（试行）》的不足

透视破产制度的历史发展轨迹，从罗马法上的财产委付程序制度，到债权本位保护，再到债权债务一体主义保护，可以看出破产制度一直处在变动不羁的状态之中。在我国，自 20 世纪 90 年代修改宪法，宣布实施市场经济以来，破产制度在立法上的滞后问题逐渐突出。当时的破产法律制度产生于于计划经济时代，随着时代的发展变迁，逐渐不符合社会需要。此外，由于立法时人们对破产原理的认识较为简易、直观，导致条文规定过于粗糙，缺乏可操作性。《企业破产法（试行）》是在"前市场经济"的条件下制定的，以国有企业为本位的一部行政色彩浓厚的破产法，受计划经济观念和体制影响，立法理念和目标存在与市场经济不能相容的偏差，条文立法内容过于简单粗糙，存在诸多制度疏漏，双轨制立法又难以与其他法律之间相互协调，在适用上存在困难。学者们的观点基本归为以下六点：①

### （一）粗糙的条文立法

立法技术上，《企业破产法（试行）》全文仅 43 条 5000 多字，《民事诉讼法》第十九章"企业法人破产还债程序"内容不足 800 字，与一些市场经济较发达国家的破产法律程序技术性规定相比，立法容量显得过于单薄，条文富有弹性且模糊、简单，术语使用不规范，结构也不尽合理，实践中缺乏可操作性。② 也有学者提出《企业破产法（试行）》关于破产

---

① 也有持"五点说"的学者指出《企业破产法（试行）》带有明显的计划经济的特性，具有先天不足的弊病；条文过少，操作性不高；理论研究水平严重滞后，直观性条文多，经得起理论推敲的条文少；适用对象上采用双轨制，不利于执法的统一与观念的变革；后法对于企业破产方面的规定要求对旧法进行进一步修订。参见王艳梅、孙璐：《破产法》，中山大学出版社 2005 年版，第 17~19 页。

② 张小炜、尹正友：《〈企业破产法〉的实施与问题》，当代世界出版社 2007 年版，第 7 页；梅军：《关于完善我国破产法律制度的几点思考》，载《南方冶金学院学报》2005 年第 2 期；邓骏、陈静：《关于完善我国破产法的思考》，载《律师世界》1994 年第 10 期。

时间、负债经营与经济犯罪没有界定，法院在审理破产案件时的地位无法界定，企业的责任划分含糊，几乎没有严格处分。① 并且，欠缺对债权人利益的保护的重视。② 总的来看，《企业破产法（试行）》的立法技术和立法结构都不够成熟，条文简单、结构粗糙，语言不够严密规范，缺乏实际操作性。

适用范围上，学者指出，《企业破产法（试行）》第 2 条规定，该法只适用于全民所有制企业，即国有企业。这样就将集体企业、"三资"企业、私营企业、合伙组织甚至自然人破产问题排斥在外。但是在实践中非国有企业的破产现象层出不穷。为此，1991 年《民事诉讼法》增加了第十九章，专门规定了"企业法人破产还债程序"，适用于非国有企业法人，但这并没有解决破产法的完善问题。③ 我国的《企业破产法（试行）》只是对全民所有制企业作了规定，《民事诉讼法》和最高人民法院的指导意见对非全民所有制企业的破产程序又作了规定，形成了破产立法的双轨制，这种不统一的立法体例不仅使破产立法繁琐零乱，执行起来也有一定的难度。④《企业破产法（试行）》按所有制性质立法，应制定适用于所有企业的统一的破产法。⑤ 国有企业适用《企业破产法（试行）》规

---

① 吴建有、冯晋、齐学贵：《对企业破产的再认识》，载《决策借鉴》1997 年第 1 期。

② 章亚梅：《关于完善破产法的几点思考》，载《南通师专学报（社会科学版）》1998 年第 4 期。

③ 有学者指出，适用上，试行的破产法指明仅适用于全民所有制企业，对于非法人企业、个体工商业者、农家、合伙、消费者的破产处理尚未规定。参见邓骏、陈静：《关于完善我国破产法的思考》，载《律师世界》1994 年第 10 期；张景文：《关于重新修订〈破产法〉的法律思考》，载《中外法学》1995 年第 3 期；周宏：《建立企业破产制度面临的问题及对策》，载《福建改革》1996 年第 1 期。

④ 贾凌民：《市场经济呼唤更加完善的破产法》，载《中国行政管理》1996 年第 3 期；王东敏：《破产实践呼唤统一破产立法》，载《人民法院报》2003 年 10 月 22 日。

⑤ 刘振华：《关于企业破产法的几点思考》，载《学海》1996 年第 6 期。还有学者提出企业破产因企业性质不同而归属不一，《企业破产法（试行）》适用范围有限，未能统一，企业申请破产的标准也没有一个客观的尺度，且立法未能使企业破产前的和解和整顿发挥预防破产的作用，破产清算的条款也未能完善。黄升：《对现行〈破产法〉及企业破产行为的几点认识与体会》，载《福建金融》1997 年第 1 期。

定的破产程序，非国有企业适用《民事诉讼法》规定的破产程序，两部法律的立法目的不同，相对适用的破产程序也不相同，依法破产和国有企业政策性破产的多种破产程序并行直接导致实践操作的不协调。① 另外，适用范围局限于法人企业，忽视了对其他债务人的平等保护。有学者指出这不利于鼓励投资创业，又有违时代潮流，未能彰显法律之人文关怀。现代企业以独立经营为主，自负盈亏，因此在破产问题上亦不应适用双重标准。②

### （二）笼统的制度规定

《企业破产法（试行）》在一些问题上应作规定而未有规定，导致实践操作上某些环节找不到法律依据，这是《企业破产法（试行）》中重要的制度缺陷。如《企业破产法（试行）》对破产债权的界定较为粗略，立法将担保债权的优先受偿权与破产财产的分配顺序优先权相混同。③

还有学者提出破产财产范围确定得不够明确，破产财产的评估与作价缺乏明确细致的法律规则。对破产财产的理解仅限于有形的财产，而忽视无形的财产，如企业的商标权和专利权及专有技术都未列为资产范畴之内。④《企业破产法（试行）》没有将土地使用权以及企业所办的学校、医院等纳入破产财产的范围，这些财产虽属破产企业的财产，但一旦破产，又难以作为破产财产进行分配，由此可见立法对破产财产的范围界定不全。⑤

部分学者指出《企业破产法（试行）》中对破产原因上所采用对多元结构以及对"不能"或"无力"清偿到期债务的抽象表述，造成了法律操作上的困难。市场经济的逐步发展使得大量个体工商户、农村承包经营

---

①　张小炜、尹正友：《〈企业破产法〉的实施与问题》，当代世界出版社 2007 年版，第 6 页。

②　马绍峰、李华：《论破产法的适用范围》，载《当代经济管理》2005 年第 2 期。

③　张杰：《对企业破产法实施中法律问题的探讨》，载《律师世界》1995 年第 7 期。

④　孙茂仁：《谈企业破产法律问题》，载《辽宁税专学报》1996 年第 2 期。

⑤　钱卫清、吴礼洪：《论现代企业制度的建立与破产制度的完善》，载《法商研究》1995 年第 1 期。

户以及合伙企业自主创业，参与市场经济活动，自然人负债不能清偿的问题也随之而来，民事诉讼程序恐不能解决债务清理的所有问题。①

　　具体制度上，也有学者认为《企业破产法（试行）》对管理人执行职务未作原则性的规定，没有规定须以善良管理人的注意义务执行职务，未对管理人的撤换作出具体规定，同时也没有规定清算组织及其成员的法律责任。②

### （三）浓郁的行政色彩

　　国有企业的生产条件和流通条件受到国家统一计划的限制，它们在人、财、物支配上的灵活性并不大，企业负责人实际上是政府委派的"官员"，即使集体企业大多也是如此，他们与国家机关、事业单位的国家干部之间并不存在真正的界限。③ 行政权与司法权的不协调问题使得破产案件的审理仰仗并依附于行政行为，前者需以后者的行为、结果为前提和依据。明确法院与党政部门的关系，是破产案件能否处理成功的关键所在，而实际上《企业破产法（试行）》并没有对此明确规定，实践中当法院、党政部门、破产企业意见相左时，法院束手无策。④

　　也有学者指出《企业破产法（试行）》存在企业自主权与行政管理权的不协调问题。企业的上级主管机关既行使行政管理权，又行使司法请求权，不利于维护债权人的利益。若是债权人申请宣告债务人破产，债务人及其上级主管部门往往抱着消极态度，不利于破产案件的及时审结。⑤

　　还有学者指出破产法对国有企业政策性亏损规定不能作为破产的理由，这样不符合市场经济主体平等原则；我国现在的破产机制不健全，破

---

①　唐浩茫、王亦平：《关于企业破产的若干法律问题》，载《中外法学》1996年第2期。

②　李朝霞：《对修改和完善我国企业破产法律制度的几点建议》，载《山西高等学校社会科学学报》2006年第4期。

③　朱永贻：《实行企业破产法的合理性及其限制》，载《经济研究》1986年第9期。

④　华泽、韩敏：《我国〈企业破产法〉（试行）存在的几个问题》，载《中外法学》1995年第3期。

⑤　钱卫清、吴礼洪：《论现代企业制度的建立与破产制度的完善》，载《法商研究》1995年第1期。

产程序的行政化色彩非常浓厚，破产程序没有真正作为一个司法程序来对待，从破产程序的启动到破产财产的分配，都具有非常明显的行政干预色彩，没有当地政府的批准有些企业不能进入破产程序；清算组没有被当做是一个社会的中介机构来看待，其独立性、中立性和自治性都不强，行政权往往通过清算组这样一个机构使破产程序行政化。①

另有学者认为现阶段企业破产侵犯债权人利益现象严重，一方面没有准确把握企业资产的构成，只对企业的固定资产等进行评估和作价，忽略了企业的无形资产，对无形资产不作价、不评估；另一方面有些权力部门甚至直接干涉评估机构的评估工作，故意压低破产财产的作价金额。由于政府的社会公益目标，在清算破产企业债务时，政府利用行政命令，要求地方上效益良好的企业或者银行放弃对破产企业的债权，以平缓破产企业在债务清偿、职工安置过程中，因破产财产数量不足而可能导致的矛盾。另外，由于社会保障制度极不完善，从而使企业破产客观地成为一种政府行为，亏损企业虽为独立法人，但政府的行政意志、既定的行为目标往往决定其存亡，从而没有遵从债权人与债务人的选择，在实践中，由政府直接宣告企业破产或企业先破产、后申请的情况也时常发生。②

### （四）程序立法存有纰漏

《企业破产法（试行）》在程序方面不够规范，存在一定的立法缺陷和纰漏。主要表现在这样几个方面：

第一，国有企业破产申请人的资格受到严格的限制（国有企业作为债务人申请破产，需要经其上级主管部门同意）。③ 第二，破产程序花费的时间过长。马拉松式的诉讼，增加了债权人、债务人的讼累，不利于提

---

① 宋安明：《成熟的市场经济呼唤成熟的破产法》，载《检察日报》2002 年 3 月 26 日。

② 殷惠生：《完善企业破产制度的思考》，载《扬州大学税务学院学报》2006 年第 1 期。

③ 还有学者认为破产程序规定的不科学，《企业破产法（试行）》第 7 条和第 8 条规定，只有债权人和债务人有权提出破产申请，但在破产实践中债权人和债务人出于各自的考虑，往往不愿意主动提出破产申请，且缺乏诉前和解的规定。张景文：《关于重新修订〈破产法〉的法律思考》，载《中外法学》1995 年第 3 期。

高诉讼效率。① 第三，企业破产清算组的组成不规范。《企业破产法（试行）》规定清算组主要由政府主管部门和财政部门的人员组成，由法院在这两个部门中指定。法院与政府部门没有隶属关系，属体制不顺。在破产程序的运行中，大量存在地方保护主义和欺诈性破产，破产法律制度工具的缺乏，且没有重整程序。② 第四，和解程序缺乏可操作性。③学者大多认为国有企业债务人不具有独立的破产申请人地位，带有浓厚的计划经济的烙印，在破产程序上，立法排除了法院依职权开始破产程序的主动性和解程序缺乏实质性条款，实践中难以操作，终结破产程序的法定事由也不够全面。④

## （五）相对欠缺的法律责任

有学者指出立法中对法律责任的规定弊端较多，例如，处罚对象仅限于对企业破产负有主要责任的破产企业法定代表人、直接责任人员及其上级主管部门领导人，不包括有违反该法行为的清算组成员、资产评估人员以及与破产案件有关的其他当事人；处罚形式单一，只限于行政处分和刑事责任，没有行政处罚和经济处罚；与国外破产法相比，法律条文过少，除构成犯罪追究刑事责任外，仅给予行政处分太轻。⑤

还有学者提出我国破产立法没有提出破产犯罪的概念，立法只是从刑事上追究引起企业破产这一结果的相关当事人的责任，破产犯罪是指利用欺诈等不正当的手段损害债权人合法权益的行为。《企业破产法（试行）》处罚的行为发生在企业破产案件受理之前，而破产犯罪行为则发生在企业破产原因之后，从现实来看，破产犯罪是客观存在的，并且产生了严重的

---

① 钱卫清、吴礼洪：《论现代企业制度的建立与破产制度的完善》，载《法商研究》1995 年第 1 期。

② 李曙光：《新破产法的制定与中国信用文化和信用制度》，载《法学家》2005 年第 2 期。

③ 唐海滨：《关于我国破产理论与实践的几个问题》，载《中国法学》1995 年第 2 期。

④ 唐浩茫、王亦平：《关于企业破产的若干法律问题》，载《中外法学》1996 年第 2 期。

⑤ 张景文：《关于重新修订〈破产法〉的法律思考》，载《中外法学》1995 年第 3 期。

危害性，一些破产人随意隐匿财产、任意捏造债务、肆意毁弃或假造账册文件，以达到逃避破产宣告和破产清算的目的。①

### （六）破产实践的现实阻碍

有学者针对当时企业破产法律问题作了进一步考察后提出：目前实践中债权人会议形同虚设，债权人难以依法维护自身利益，清算组的组成规定行政色彩浓，人民银行参加清算组与法无据；破产案件管辖权的规定难以在体制上回避地方保护主义；和解整顿制度在立法原则上，没有体现和解制度存在的独立价值；立法将和解与整顿作联动性的规定，仅将和解视为整顿的前提；破产界限和监督预警体系的欠缺使得优先受偿实为"竹篮打水"，抵押担保矛盾突出；在适用范围上，非国有企业和自然人破产基本无法可依。②

也有学者指出企业破产实践中存在的主要问题有：破产实施中企业竞相攀比，超越规定范围；地方保护主义严重，法律有失公允；假破产、真逃债不断；责任人无责任，国有资产严重流失。③更有一些顽固的问题，如债务企业挖空心思搞假破产，债权人始终处于被动地位，清算组织流于形式，债权实现程度很低。④

还有学者指出对于破产宣告前成立的有财产担保的债权，债权人享有对该担保物优先受偿的权利，但这一法则在实际操作中遇到多方面的阻挠，如债权人会议剥夺担保物权，政府主管部门强令债权人放弃担保物等屡见不鲜。破产企业财产分配在实践中有失公正，企业资金主要来自银行贷款，而银行资金大部分是国家资金，法律将银行等同于普通的债权人，列为第三清偿档次，普通债权人得不到充分清偿，尤其是银行的债权损失严重。实践中还存在利用企业破产规避债务，损害债权人利益的现象，有

---

①　张强、杨晓光：《试论我国破产法适用中的问题》，载《南开学报》1995 年第 4 期。

②　程康宁、王强：《对当前企业破产法律问题的考察》，载《济南金融》2001 年第 1 期。

③　熊长城：《当前企业破产中的主要问题、危害及对策》，载《农金纵横》1997 年第 2 期。

④　周建军：《企业破产法存在的问题与修改建议》，载《四川师范学院学报（哲学社会科学版）》1998 年第 6 期。

的地方保护主义严重，将破产作为逃脱债务的保护伞，规避债务、转移资金，使债权人利益得不到有效的保护。另外，立法对破产财产的变现没有具体的时间约束，致使债权人受偿这一根本问题得不到解决。①

综合来看，大部分学者认为实践中存在以下问题：①立法上仅简单规定清算组要负责对破产财产的估价，而对实际操作缺乏明确、具体的法律规则，也没有建立健全相应的破产财产评估机制。②破产资财变现难，立法对破产资产如何变现问题没有作出规定，导致专用设备难卖，实物资产难以变现，破产案件处理时间过长。③企业破产后职工安置难。《企业破产法（试行）》对于通过什么途径，如何安置职工没有明确、具体的规定。④银行贷款损失大，银行债权属于第三顺序清偿，破产企业在剔除破产费用、职工工资、劳保费用、税款外，基本上已所剩无几，而亏损企业的资产绝大多数是银行信贷资金，故在企业破产过程中，银行的贷款损失最大。②

## （七）小结

破产法律制度是经济社会发展到一定历史阶段的产物。随着破产事件的增多和影响的扩大，破产制度从单一保护债权人利益到综合兼顾债务人以及其他破产事件参与人的利益，破产程序也由单一的清算程序发展到逐步增加和解程序和重整程序，破产制度的内容更加丰富，也更符合现代市场经济的整体发展。因此，对现代破产法律制度的理解不能仅仅局限于调整债权人债务人之间的债权债务关系，更重要的意义在于为经济社会的和谐发展提供良好的制度保障。《企业破产法（试行）》常常被认为是"死亡之法"，破产也在相当长一段时间内等同于清算，由于企业破产可能带来的包括职工安置问题等许多负面影响，人们对破产法的认识和态度也比较消极，加之《企业破产法（试行）》对破产案件的受理规定了较高的条件，以及破产案件审理时间长、投入精力大等因素，使得以往司法实践中对于

---

① 孙茂仁：《谈企业破产法律问题》，载《辽宁税专学报》1996 年第 2 期。

② 王芸：《企业实行破产的有关法律问题探讨》，载《法制与经济》1996 年第 6 期。《企业破产法（试行）》第 37 条规定的清偿顺序，普通债权人得不到充分清偿，尤其是银行的债权受损严重，同时企业的生产经营结果与企业生产者、经营者的经济利益脱离，使破产法失去了意义。沈志红：《对企业破产中存在的不良现象的思考》，载《重庆商学院学报》1996 年第 3 期。

受理破产案件的态度非常谨慎，常发生破产案件被挡在门外的情形，这种司法迟疑使得企业无法按照法律规定的程序退出市场。《企业破产法（试行）》规定，清算组负责对破产财产的保管、清理、估价、处理和分配，其成员主要由政府部门人员组成，并向法院负责报告工作。这种法院主导下的"行政化破产"使得破产大多成了"计划破产""政策性破产"，这种实质上属于将企业行政关闭措施而非破产，是一种破产法的错误模式，地方政府通过行政干预破坏市场正常运行规律、侵蚀司法权力，进而规避责任、减少财政支出，公开地损害债权人利益。

综合学者的观点来看，《企业破产法（试行）》有以下几点不足：

（1）经济体制改革尚不完善，试行法具有先天不足的弊病。《企业破产法（试行）》具有强烈的促进改革的目的，按照所有制形态立法，受计划经济观念和体制的影响，立法理念和立法目标方面的偏差，因此导致存在大量与市场经济不能相容的规定。

（2）立法内容过于简单、粗糙，诸多制度存在疏漏，法律规范缺少可操作性。立法技术和立法结构过于简单，立法术语不够规范，立法思想陈旧，体系杂乱，适用范围过窄，只适用于国有企业，这决定了破产法的立法宗旨不以保护债权人的利益为重，而主要是为了促进经济体制改革，与真正的破产法律体系的建立还存在一定的距离。

（3）政府行政参与破产程序的色彩过浓，明显带有计划经济的痕迹。破产法体系不完善，缺乏完整的程序，政府不当干预过多，国有企业的政策性破产与法律冲突，法律规范粗略，缺乏可操作性。在司法实践中，地方保护主义盛行，破产中充满了行政干预，企业的破产申请需获得其上级主管部门的同意，经上级主管部门同意才能进行和解，清算组的成员也要由上级主管部门和有关行政机关组成。

（4）破产界限不够清晰，破产欺诈严重，"假破产，真逃债"现象大量存在。债权人在破产程序中的权利得不到保护，违法行为得不到制裁，权利义务不对称，破产法实施严重偏离立法宗旨和目标。理论研究水平严重滞后，破产立法中直观性条文多，经得起理论推敲的科学性条文少。

## 二、新忧——《企业破产法》的缺漏

《企业破产法》从体例、结构到内容，都堪称反映先进市场经济理念。但立法预期与司法实践之间仍然存在较大差距，在转型期市场发育尚不成熟的背景下，行政力量对经济生活的介入和影响，以及破产中介组织的模糊定位和功能弱化，使得这部法律总体的施行效果并不理想，破产的市场化导向目标并未真正实现，仍有缺漏。

### （一）尚需具体的规定

有学者认为《企业破产法》有待司法解释和行政法规的进一步细化。如破产案件受理和收费的具体办法、管理人资格认证和行为规范、专门破产法庭的设置和内部运作方式、裁定上诉和异议的程序、参与破产程序的办法、破产企业职工的安置办法、破产违法、统一的破产程序文书、破产程序问题等。①

也有学者提出破产案件审理中证据失权的适用限度、保证金问题在破产案件审理中的认定、涉外破产案件中的管辖权与法律适用、金融机构破产时的担保权益保护等方面仍需要在立法上进一步完善，以增强破产案件审理实践的可操作性。②

### （二）仍需明确的制度

有学者提出我国现行《企业破产法》适用范围狭窄，个人破产缺位，合伙企业破产制度设计或缺。③ 还有学者指出破产原因仍然过于僵化、简单，因为企业的债务和资产情况是内部的，债权人作为外部人员对真实情况难以知晓，因此存在举证上的困难，难以操作，同时企业虽然资不抵债，但仍然可能清偿债务。

管理人方面，目前管理人队伍没有一个统一的管理机构，破产清算事务所则根本没有主管机构，这就使得管理人队伍的长期发展规划、资格管理、业务操作、规则制定、业务培训、权利维护等问题都难顺利解决。根据《最高人民法院关于审理企业破产案件指定管理人的规定》，以随机方式指定管理人，可能导致法院权力寻租，滋生贪污受贿等司法腐败行为。

---

① 胡健：《企业破产法：一切才刚刚开始》，载《政府法制》2006 年第 19 期。

② 蒋红莲：《新〈企业破产法〉的创新突破以及在企业破产案件审理中面临的新挑战》，载《学术交流》2008 年第 9 期。

③ 刘运根、辛虹：《〈企业破产法〉适用范围考辨》，载《经济与法》2008 年第 12 期。

管理人民事责任方面，勤勉义务和忠实义务的行为标准未进行列举，司法认定上有困难。行政责任方面，由人民法院根据具体情况自由裁量罚款数额，不能对管理人形成强有力的警示和震慑作用。刑事责任方面，没有明确规定哪些行为需要承担，怎样承担，这极不利于预防和惩处管理人的严重违法行为。破产财产的构成没有具体规定，财产分配顺序规定不清，执行有困难，《企业破产法》的规定十分模糊。①

也有学者从三鹿破产案中得出我国《企业破产法》对于重整制度的规定有待完善，例如对提出重整申请的门槛规定得过于宽松，只规定"债务人和债权人都可以申请"，国际成熟的破产法立法中，会要求债权人达到一定的比例才能提出重整申请，进而举行一场听证会，以确定是否有必要启动重整程序。我国破产法对选定管理人的规定应有所改进，在管理人的选任上赋予债权人较大的权力，实行以债权人会议选任为主、人民法院指定为补充的形式。②

清华大学国家金融研究院、中国政法大学破产法与企业重组研究中心课题组调查破产制度存在的问题包括：地方政府出于维稳和政绩的需要干预企业破产；国有企业破产动力严重不足；民营企业、银行等金融机构启动企业破产程序积极性严重不足，法院也不愿受理破产案件。立法方面，尚未建立个人破产制度，对仲裁与破产程序的关系规定缺位，与劳动法相关制度衔接不畅；司法方面，破产案件涉及主体多、法院顾虑多，法院处置破产案件缺乏独立性，审理破产案件法官的专业性不足，债权清偿执行上也存在诸多困难。社会保障制度不健全，职工安置比较困难；重整企业融资困难；企业信用维护和修复机制不完善；税收配套政策有待完善。③

### （三）小结

与《企业破产法（试行）》相比，《企业破产法》在私法化、法制化

---

① 翁怡：《新破产法问题之我见》，载《中外企业家》2009 年第 7 期。

② 姚睿敏：《从三鹿破产案谈我国新〈破产法〉的缺憾和完善》，载《黄冈师范学院学报》2010 年第 4 期。

③ 清华大学国家金融研究院、中国政法大学破产法与企业重组研究中心课题组：《加强破产法实施　依法促进市场出清》，载《清华金融评论》2016 年第 7 期。

和技术化方面有了显著的提升，保护债权人利益最大化，在破产程序的启动和进行方面采用了市场驱动机制，构建了破产法律权利分配和对抗机制，利害关系人路径选择权等重要制度，确立了破产法的私法属性。同时现行法在立法中摒弃了政府直接行政干预的规定，在法院主导的破产平台上，由独立的中介组织（管理人）负责实施破产法律行为。现行法律较好地解决了破产法体系与非破产法之间的关系和破产法体系内部机制建构的问题。但也应当看到，《企业破产法》在实践中也逐渐暴露出一些值得研究的立法问题：

（1）个人独资企业、自然人破产等问题未被纳入立法，特别是自然人破产法律制度的缺失。自然人破产是维持市场秩序的需要，自然人不能清偿到期债务，若没有破产法的规范，既对债权人不利又会损害债务人的利益，造成极高的社会成本。个人破产制度的缺失最终会导致个人信用市场的萎缩和社会交易链条的断裂。

（2）《企业破产法》提出了金融机构破产的问题，授权国务院另行制定办法，我国目前并没有完整的金融机构破产法律框架，建立有效的金融机构退出机制，需要制定专门的金融机构破产程序，使金融机构的市场退出有序、规范的进行，最大限度地降低社会成本。

（3）管理人制度以及重整制度的规定不尽合理，在实践运用中存在疑问，需要进一步完善。管理人的组织机构、业务培训和选任方式还不够详尽，在实践中容易造成腐败，重整程序的完成时间过长，重整的条件和门槛仍需界定。

（4）《企业破产法》在处理职工债权优先性和别除权之间的关系之后，又面临着破产撤销权与善意第三人权益之间的冲突，界定破产法上"待履行合同"范围及可被纳入到"共益债务"范围内的合同之债等一系列问题。

（5）破产法的经济法属性要求政府通过制定宏观政策间接或直接（经济危机等特殊经济事件）干预，去行政化不是完全不受政府干预，因此，《企业破产法》在立法政策上应既充分认识到市场的作用，又对政府干预的前提和限度有清晰的认识。

# 第四节　中国破产法的未来

## 一、辞旧——1986年《企业破产法（试行）》的修改建议

破产法作为一种市场经济法律主体新陈代谢机制，是一部民事法律，它主要调整破产主体、债权人以及第三人等民事主体间的利益问题，因而不能让它承载过多的社会功能。企求通过一部破产法完全解决相关问题是不现实、不符合民事法律本质的。这些问题应当通过其他相应的法律制度加以解决，否则重负下的破产法必定是一部畸形的扭曲的民事法律，不仅无法承载它本不应承担的社会功能，而且其本身应有的功能都无法发挥。[1]

综合学者们关于对《企业破产法（试行）》的修正建议，绝大多数学者要求修正条文表述，比如对法的适用范围应扩大到所有企业法人，同时对破产界限进行限缩；部分学者从宏观层面认为改善法治环境是当务之急，应摆正政府在破产工作中的位置；也有学者从法律体系的完善角度进行综合构思，提出建立完善的破产法协同体系；还有学者从制度设计层面，提出了一些诸如申报破产企业级别审查受理制度等制度设想。

### （一）条文表述

有学者建议将《企业破产法（试行）》的适用范围扩大到所有企业法人；建议将第3条第1款破产界限一元化，改为"债务人不能清偿到期债务的，依照本法规定宣告破产。停止支付到期债务，推定为不能清偿到期债务"；第4条建议改为"破产企业职工的善后措施由国务院另行规定"；建议取消关于企业上级主管部门和企业职工代表大会的有关内容；建议缩短整个破产程序所费时间；建议在破产法中不要直接引用刑事的具体条款；建议将清算组的组建工作市场化。[2]

还有学者认为不同性质企业破产应有所区别，在考虑新破产法适用范

---

[1]　宋安明：《成熟的市场经济呼唤成熟的破产法》，载《检察日报》2002年3月26日。

[2]　曹思源：《关于修改破产法的建议》，载《法学》1994年第2期。

围时，可考虑按不同类型的企业分开制定详细政策法规。如在破产法框架下，分别颁布《国有企业破产实施细则》《私营企业破产细则》《现代公司制企业破产细则》等。①

有的学者建议在各级法院设专门的破产法庭，在不同经济区域设由最高法院直属的区域分院，这样可使破产案件和破产犯罪案件得到迅速的处理。②还有学者建议在刑法中增设破产法犯罪条款，对于有关人员失职、渎职导致企业破产或因弄虚作假、违法犯罪的依法追究刑事责任。在破产法中增补破产财产的最低分配比例条款，如果破产企业的财产不足此比例，规定由该破产企业的上级主管部门（地方财政）拨付，或由破产企业的有关责任人员个人承担，等等。③

### （二）　实施环境

有学者认为应建立破产预警系统，创造适应市场经济要求的企业破产经济运行体制，加快专业银行向商业银行转化，明确审理破产案件中法院独立审判的主导地位。④ 还有学者在对《企业破产法》实施中法律问题的探讨中指出应加强对假破产案件危害性的宣传，上级法院应成立企业破产案件管理机构，加强对下级法院审判工作的监督，严肃查处假破产案件。在清算组的组建时间上采取分阶段设立清算组的方式，即人民法院受理破产案件后成立临时清算组，对债务人的所有财产和经营事务实行监管，待企业宣告破产后再组成清算组对破产企业全面接管。⑤

有的学者提出要加强对执法的监督，大力加强人大、行政、法律和社会监督，一方面消除各种干扰，保证执法机关行使法律赋予的权力；另一

---

① 童先志：《不同性质企业破产应有所区别——对〈新《破产法》需要解决的几个问题〉的一些看法》，载《湖南经济》1995 年第 8 期。

② 陈爱国：《关于完善我国破产制度的法律思考》，载《企业活力》1998 年第 9 期。

③ 周建军：《企业破产法存在的问题与修改建议》，载《四川师范学院学报（哲学社会科学版）》1998 年第 6 期。

④ 张华泽：《〈企业破产法（试行）〉中的几个问题》，载《经济管理》1995 年第 3 期。

⑤ 张杰：《对企业破产法实施中法律问题的探讨》，载《律师世界》1995 年第 7 期。

方面，监督执法部门应严格按法律条文和法律程序办事，形成一种"有法必依、执法必严"的良好执法氛围。作为最大债权人的银行应采取一系列措施，保护银行信贷资金不受或尽量少受损失，最后要提高各主体对法制的认识、维护法制的权威，减少政府部门的行政干预。①

也有学者指出立法上要摆正政府在破产过程中的位置，既要发挥政府在一定程度上的支持和指导作用，也应防止政府的直接干预，更不能由政府包办，应在政策上对失业人员的再就业给予支持，特别是对于自谋职业者更应给予政策上的照顾，在债务清偿过程中，继续将职工的遣散补贴放在最重要的位置上，使失业人员的生活得到保障。建议设立破产法庭，培养专业人员，实行破产欺诈追偿制度。②

也有要切实加强社会保障体制的改革，确保失业人员的养老保险、医疗和重新就业有所着落；要认真搞好市场化的劳动就业机制，使失业人员能通过劳动力市场很快找到适合自己的职业；切实加强劳动就业培训，尽快疏通滞留在失业行列中的人员转产；要不断完善企业职工行业保险制度，正确使用行业保险基金。同时，国家对破产企业的职工生活进行适当补贴，用于破产失业的善后安置。③

### （三）综合构思

有学者建议，首先要尽快出台《贷款法》《信贷市场法》《企业产权交易法》《失业救济保障法》等经济金融法规；其次，进一步完善以《企业破产法》为主体的各种法规。④也有学者认为需要制定一部适用于各种市场主体的统一破产法典，科学严谨地界定破产界限，具体明确规定破产财产的范围，强化债权人会议的职能作用，缩短期限、简化程序，增加罚

---

① 沈志红：《对企业破产中存在的不良现象的思考》，载《重庆商学院学报》1996 年第 3 期。

② 刘浩：《当前企业破产中的问题及治理》，载《集团经济研究》1997 年第 6 期。

③ 国家是否有义务对破产企业职工进行补贴，在现在看来有所争议。段中鹏：《关于企业破产问题的思考》，载《企业文化》1997 年第 3 期。

④ 易基平：《论企业破产与对策》，载《四川金融》1996 年第 7 期。

则条款，扩大债务人申请和整顿的权利，制定与破产法配套的法规。①

也有学者提出要创立清算组、债权人会议、人民法院和破产监督会议四家制约机制，完善和解与重组的法律规定，确立和解与重组存在的独立价值，增设"破产标准和预警"专章，增设"法律责任"专章，增加"金融性国有资产保护"专章，正确处理清偿关系，合理安排清偿顺序和内容，延伸破产法，建立个人破产制度。②

### （四）制度设计

有的学者建议加速金融体制改革，改变贷款银行在破产法实施中的被动局面。设立职工失业安置基金，改革法院管辖制度，建立两套法院体系，克服地方保护主义。③也有学者提出必须把保护债权人的正当权益作为破产立法的立足点，推行申报破产企业级别审查受理制度，严格按照法律程序办事，建立破产公告制度、债务人对债权人的通报制度、破产欺诈的惩戒制度等，规范破产行为。④

也有学者提出建立相应的企业财务预警、公示、监理制度，以激励、督促负债企业迅速调整产品结构、自觉改善经营管理、提高信用水平，有效地防止破产认定纠纷和政府事实参与，维护债权人合法权益和经济秩序。清算组的组成应中介化、专业化、市场化。建议引入破产监督人制度，赋予国有资产管理部门或人民检察院依法监督破产的职权，对破产申请、破产和解、破产清算、破产执行等进行监督，发现并纠正损害国家和社会公共利益的行为，追究相关人员或机关的法律责任。⑤

有学者认为为防止企业因破产给国家和债权人造成严重的损失，有必要建立一套早期破产警示制度，通过制定具体的措施监督企业的生产经营

---

① 林碧冰：《对我国企业破产法律制度的思考》，载《湛江师范学院学报（哲学社会科学版）》1997 年第 1 期。

② 程康宁、王强：《对当前企业破产法律问题的考察》，载《济南金融》2001年第 1 期。

③ 曹思源：《破产法在中国的发展》，载《学术研究》1996 年第 4 期。

④ 黄升：《对现行〈破产法〉及企业破产行为的几点认识与体会》，载《福建金融》1997 年第 1 期。

⑤ 石东坡、宋增华：《略论我国破产实施中的地方政府参与》，载《河北法学》1997 年第 3 期。

活动，使企业的利害关系人在企业存在破产的可能或面临破产的危险时及时提出重整申请。此外，建立企业重整制度，积极挽救濒临破产的企业，是当代破产法改革和发展的必然趋势。①

也有学者提出破产法应适用于个人破产，并应当将债务人不能清偿到期债务作为破产原因。应建立管理人制度，由专门的管理人管理债务人的财产，破产法应强化破产人的责任，承认自然人的免责制度。关于破产的域外效力，应采取有限的普及主义。② 也有学者提出无法重整的国有企业应实行"立即死亡"的形式；应尽快制定政府减持国有股和将城市土地所有权部分私有化的立法和政策，应加快制定将城市土地所有权部分私有化的法律和政策。建议在全国各级法院建立专门的破产案件审理庭，应有特别条款和程序对许多特定的组织或公司破产程序问题特别加以规定，在政府中建立专门的破产案件管理机构。③

## （五）小结

总结针对《企业破产法（试行）》学者们提出的观点，可以在条文表述、实施环境、综合构思、制度设计这些方面进行概括。条文表述上，多数学者提出建议修改《企业破产法（试行）》第 2 条关于破产法适用范围的表述，建议将破产范围扩大到所有企业法人；提出破产原因条款应进行进一步限定，破产程序应符合效率。还有学者对破产犯罪问题进行思考，在清算组组建上，几乎绝大多数学者赞成摆脱行政高度控制，进行市场组建。实施环境上，绝大多数学者要求在破产案件中减少政府的行政干预，设立破产预警系统，完善破产的职工保障，创建良好的金融环境。在立法构思上，很多学者指出要建立统一的破产法典，进一步完善以破产法为主体的其他各项法规，完善破产原因的规定，扩大破产法的适用范围，对破产责任要进行进一步规制，对和解、重整以及自然人破产问题作细致的规定。在制度设计上，学者们构想设计了很多诸如破产企业

①　熊吕茂：《关于完善我国破产法律制度的思考》，载《岭南学刊》1999 年第 1 期。

②　王利明：《关于制定我国破产法的若干问题》，载《中国法学》2002 年第 5 期。

③　李曙光：《关于新〈破产法〉起草中的几个重要问题》，载《政法论坛》2002 年第 3 期。

级别审查受理制度、破产企业财务预警制度、监督人制度、自然人限制免责制度等新的制度;很多学者提出要建立破产案件的审判庭,实行简易破产程序。在考察了百篇关于破产立法的建议以及对立法原则的设想的文章后,各类学者的研究总体上与同期的破产法制发展能够相互关照,形成良性互动,破产法是一门与社会互动性极强的应用法学学科,它需要相关立法者、司法者和理论研究者建立起对社会经济发展持续深入的考察,对乡土中国和复杂社会生活的深刻体验,对不同群体的利益关怀,总之,对《企业破产法(试行)》种种问题的建议,是《企业破产法》的诞生的契机与摇篮。

## 二、迎新——2007 年《企业破产法》的完善建议

有的学者提出应当以"不能清偿到期债务"作为企业唯一的破产原因;选任管理人时,应当实行以债权人会议选任为主、以人民法院指定为补充的形式;关于破产费用和共益债务的规定,为了在破产费用方面保护债权人的利益,应赋予债权人会议对破产费用的最终决定权。管理人在执行职务过程中致人损害所产生的债务,不应当作为共益债务用破产企业的财产偿还。①

有的学者提出以下几点:①扩大适用范围,建立个人破产制度。②明晰法院角色,激发市场活力,即构建专门的破产法庭;取消法院指定管理人的权力,改由债权人会议任免,由人民法院认可,管理人向债权人委员会报告工作,接受债权人会议和债权人委员会的监督,人民法院可行使监督权。③建立破产管理局,推动破产法实施。④规定重整前程序,降低交易成本。⑤厘清破产财产的分配顺位,明晰破产与仲裁的关系,在职工债权清偿、与劳动合同法和社会保障法的互动等方面应予细化条文,厘清职责边界。②

也有学者从三鹿破产案中得出在企业进入破产程序后,破产前致人人身损害侵权债权应受到特殊保护,将破产前人身损害侵权债权与劳动债权

---

① 王全法:《关于完善企业破产法的若干思考》,载《商业时代》2009 年第 11 期。

② 李曙光:《尽快启动破产法修改,完善市场化退出机制》,载《中国证券报》2016 年第 6 期。

放在同一序位优先受偿。债务人在破产前所欠受害人的人身损害赔偿金，由管理人调查后列出清单并予以公示。针对群体性受害案件，受害人对清单记载有异议的，可以要求管理人更正；管理人不更正的，受害人可以向人民法院提起诉讼。①

还有学者认为应拓宽破产法的覆盖面，使破产法涵盖目前所有的企业类型，修改破产法的具体条款，使破产法很好地解决破产中出现的具体问题，完善企业的法人职权划定制度，明确企业法人在企业破产中的地位和作用，在破产法中修订并增加对破产企业职工合法权益的保护条款，保障职工利益，完善现有公司破产制度的同时，做好与其他政策的衔接。②

清华大学国家金融研究院、中国政法大学破产法与企业重组研究中心课题组在2016年的报告中指出要突出重整的积极作用，按照法律和市场规律解决产能过剩和"僵尸企业"问题；在各巡回法庭以及部分省市的高级人民法院设立专业的金融与破产法庭，鼓励庭外重组。将债务重组与减免的权利交还给金融机构，建议研究设立国家破产管理局，作为司法部代管的国家局或内设局；在《企业破产法》中增加预重整制度、个人破产制度和经营性事业单位破产制度；拓宽企业融资渠道，发挥多层次资本市场的价值发现和资源配置作用，完善与破产相关的税收法律体系。③

综合学者们的意见，《企业破产法》的立法构建和完善需要以债权人权益保护为核心，以公权力维持公共利益价值为补充。《企业破产法》要进一步扩大适用范围，将自然人破产逐步纳入其中，法院应明晰职责，做到有的放矢，重整程序需要进一步提高效率，减少不必要的消耗，理清破产清算的分配顺位，在修改《企业破产法》的同时要明确规定其他相关法律所应作出的变动，避免法律冲突所带来的混乱与不确定性。

### 三、立法原则的建构设想

社会主义的企业破产法，首先应当遵循社会主义的立法原则。从引进

---

① 姚睿敏：《从三鹿破产案谈我国新〈破产法〉的缺憾和完善》，载《黄冈师范学院学报》2010年第4期。

② 陈小杰：《浅谈如何完善现有的公司破产制度》，载《法制与经济》2012年第9期。

③ 清华大学国家金融研究院、中国政法大学破产法与企业重组研究中心课题组：《加强破产法实施 依法促进市场出清》，载《清华金融评论》2016年第7期。

和利用外资这一侧面看，它至少应该包含以下的立法原则：①不得损害国家利益。引进和利用外资原为促进我国经济技术的发展、加快我国现代化建设服务，所以对涉外企业破产的处理，自然不能损害我们的国家利益。②公平合理原则。破产程序是一种财产再分配的过程，参与这一过程的各方利益（包括债权人、债务人）休戚相关，稍有不当即会使某一方经济利益受到损害。所以我国企业破产法的制定，还必须遵循公平合理原则。③平等原则。我国制订企业破产法时还应坚持平等原则，即在清算无偿债能力的破产者的财产时平等地对待所有的债权人。④原则性与灵活性相结合的原则。目前我国的经济体制围绕着改革与开放正处于不断变动之中，在这种情况下企业破产法不可能规定过细、过死，否则会与日益发展的改革形势和要求不相适应。①

也有学者提出两项原则：一要向市场经济法律制度的国际惯例靠拢，以适应中国经济与世界市场经济全面接轨的新局面。破产法不应有意识形态色彩，凡不应由破产法规定的问题，都应从破产法条文中删去。二要有利于提高破产案件的办案效率，尽量缩短在程序上所花费的时间。②

还有学者提出以下几项原则：破产法的适用采一般破产主义原则；对债务人破产财产的管理采法院公力进行主义与债权人自力救济主义相结合的原则；破产程序的开始采申请主义为主法院职权主义为辅的原则；破产宣告的效力采不溯及主义辅之以撤销权制度；和解程序采分离主义；对债务人破产还债后不能清偿之债务采免责主义；破产财产的构成范围采膨胀主义原则。③

也有学者指出：第一，要贯彻主体平等原则。市场中的主体都应该接受统一的法律调整。第二，要贯彻经济效益原则。破产法要有利于鼓励竞争，实现优胜劣汰，优化资源配置。第三，要贯彻市场信用的原则。诚实信用是市场秩序之本，破产法要坚持公平清偿原则，防止破产欺诈和个别清偿。第四，要贯彻与国际接轨的原则。随着经济全球化的发展，我国的

---

① 陆向明：《关于制订企业破产法的设想》，载《政治与法律》1985 年第 6 期。

② 曹思源：《关于修改破产法的建议》，载《法学》1994 年第 2 期。

③ 潘嘉玮：《完善我国破产法律制度的基本思路》，载《广东社会科学》1995 年第 3 期。

涉外破产案件将日益增加，新破产法与国际接轨的水平应当进一步提高。①

有的学者指出自愿破产制度设计决定着破产程序的目的能否实现和公司重整能否成功。我国破产法应当贯彻统一自愿破产原则，并通过对现行破产法中的自愿破产制度进行反思和重构，使破产法制度成为统一的刚柔并济的有机整体。②

还有学者从企业破产法的撤销权制度和无效制度出发，认为我国破产法有必要引入衡平居次原则，灵活地处理控制企业基于不公平行为获得的债权，弥补关联债权破产分配方面的立法空白，实现破产分配过程中的公平正义价值。③

在很长一段时间，破产法的立法原则问题并没有为理论界或实务界所重视。这是因为立法原则体现在各项具体的法律制度中，只要制度的运营合法有效，不被恶意歪曲或打扰，立法原则往往能够得到体现。我们发现，《企业破产法》对《企业破产法（试行）》的立法原则进行了一些制度上的改变，如将存在诸多弊端的清算组制度改设为管理人制度，行政性整顿改为重整制度，等等。同时，我们也注意到，学者们有关立法原则的认识有以下三点变化：①明确了破产法的特殊社会调整目标，即从以适应社会主义计划经济的需要到保障债务关系的公平实现；②区分了破产法与劳动法、社会保障法等相关立法之间不同的社会调整范围，将不属于破产法调整的企业职工安置救济问题排除在破产程序之外；③排除政府因执政利益的需要对破产法实施的不当干预，确立了以市场经济为原则、市场化运作模式为手段解决破产问题的基本原则。破产法理论研究应敏锐捕捉历史的、社会的、经济的、政治的以及国际的诸多因素对破产法的影响，以维护破产法开放的品格。

## 四、中国破产法未来应着力解决的问题

尽管缺乏破产法律传统和理论积淀，但在与破产法立法的良性互动

① 王卫国：《略论新破产法起草的几个目标》，载《政法论坛》2002 年第 3 期。

② 齐明、仇晓光：《我国破产法中自愿破产原则的反思与重构——从中美重整制度的比较出发》，载《东北师大学报（哲学社会科学版）》2010 年第 4 期。

③ 赵吟：《论破产分配中的衡平居次原则》，载《河北法学》2013 年第 3 期。

中，通过汲取发达国家的破产法理论的养分，中国破产法理论研究仍得以快速发展。目前，中国破产法理论研究已取得了突出的成效，但也存在一定的不足，未来应当以建立成熟的开放式的破产法学科体系为终极目标，着力解决破产法实施中的突出问题。① 首先，管理人公正执业问题及市场的培育问题。破产事务对管理人的能力、素质提出了很高的要求，是一项十分复杂的综合性业务，大量的法律事务与非法律事务交织在一起，而且可能面临破产清算和重整、康复的双重任务。② 其次，破产法的国际化问题。在全球经济一体化，世界日益变成"地球村"的趋势下，各国的破产法正在加速其磨合到大一统的过程，破产法有可能成为最早的全球普遍适用的基本法。③ 再次，重整制度的细化与优化问题。对于我国来说，重整制度还是个新生事物，《企业破产法》的重整制度主要参考和移植了《美国破产法》，但美国的重整制度本身也存在利用率低的问题，并已遭到很多学者的非议，更何况我国的重整制度还存在很多适用上的问题。最后，金融机构、合伙企业以及自然人等特殊主体破产的疑难问题。《企业破产法》与相关法律确认了合伙企业的破产能力，一定程度上也确认了商自然人的破产能力。此外，消费者、事业单位等尚未纳入《企业破产法》的调整范围，未来要不要承认这些主体的破产能力；如承认，其具体制度如何构建，是值得继续深入思考的问题。

---

① 叶甲生：《中国破产法理论研究现状与未来路向》，载《西南政法大学学报》2008 年第 6 期。

② 韩长印：《中国破产法的发展状况及法学论题》，载《法学杂志》2004 年第 5 期。

③ 李曙光：《转型法律学——市场经济的法律解释》，中国政法大学出版社 2004 年版，第 100 页。

# 第二章　特殊主体破产

## 第一节　金融机构破产

金融机构是指从事与金融服务业有关的金融中介机构，为金融体系的一部分，包括银行、证券公司、保险公司、信托投资公司和基金管理公司等。学界通常所讨论的金融机构市场退出有广义和狭义之分，广义的金融机构市场退出是指通过并购、重组等使金融机构退出市场，狭义的金融机构市场退出则是指金融机构破产。为避免混淆，本章所论述的金融机构市场退出统一指金融机构破产。①《企业破产法》第 134 条对于金融机构破产做了特殊安排，规定由国务院金融监督管理机构对出现重大经营风险的金融机构采取接管、托管等措施的，可以向人民法院申请中止以该金融机构为被告或者被执行人的民事诉讼程序或者执行程序。不少学者指出，我国金融机构破产的法律制度尚无完善可言，且破产进行过程中政府干预过多，行政色彩浓厚，市场化不足。②

### 一、金融机构破产概述

对于金融机构破产的必要性和可行性，不少学者均有论述，总体上主张为尊重和顺应市场经济规律、维护金融稳定、防止金融秩序破坏，应当进行专门的金融机构破产立法以解决金融机构破产中的一系列特殊问题。

---

① 黎四奇：《问题金融机构市场退出的基本范畴分析》，载《财经理论与实践》2013 年第 6 期。

② 黎四奇：《对我国有问题金融机构监管法律制度的实证分析》，载《河北法学》2005 年第 1 期；杨雄壬：《我国金融机构市场退出机制研究》，载《嘉应学院学报》2017 年第 4 期。

### （一）金融机构破产制度构建的必要性

学者们对于金融机构破产制度构建的必要性阐述，多以反对对金融机构的过度保护为基点，认为金融机构也应当遵守市场规则，当金融机构因市场饱和、优胜劣汰而存在破产风险时，应当进行有序的破产。具体理由主要有：①金融机构濒临破产却仍然坚持过度保护时，极易诱发道德风险。若政府对应当进入破产程序的金融机构一律袒护，可能导致金融机构有恃无恐，放松监管，甚至从事损害债权人利益的违法犯罪行为，容易酿成更大的金融风险，甚至威胁社会稳定；②金融机构破产危机往往具有传染性，可能会波及其他金融机构，因此及早地进行破产保护，可以及早扼杀系统性风险，维护金融市场的稳定；③可以创造公平平等的市场竞争环境，防止不正当竞争，进而为金融秩序的良好维系创造条件；④我国供给侧结构性改革提出了去产能、去库存、去杠杆、降成本、补短板五大重点任务，金融机构有序破产的无限拖延必然有碍上述任务的完成，而且推进国企改革、淘汰僵尸企业、推进经济发展都会沦为空话。①

### （二）金融机构破产的可行性

除了必要性分析外，也有学者从立法基础和司法经验两个方面对金融机构破产的可行性进行了分析：①法规基础已经积累形成。我国目前有关金融机构破产的立法散见于《企业破产法》《存款保险条例》《银行业监督管理法》《商业银行法》《保险法》《证券法》《金融机构撤销条例》《证券公司风险处置条例》《期货交易管理条例》《金融资产管理公司条例》以及《信托投资公司管理办法》《证券投资基金管理办法》《金融租赁公司管理办法》等，上述法律、法规以及其他规范性文件对于金融机构的破产均有涉及，为金融机构破产专门立法提供了一定的规范基础。②域外丰富、成熟的金融机构破产立法和实务经验可以为我国金融机构破

---

① 王志勤：《论我国金融机构市场退出法律机制的建构》，载《华东师范大学学报（哲学社会科学版）》2011年第6期；张雪强：《后危机时代金融机构市场退出法律制度改革探讨》，载《商业时代》2011年第13期；郑梦冉：《浅析允许金融机构有序破产的合理性》，载《现代商业》2016年第27期。

产的专门立法提供借鉴。①

### (三) 金融机构破产的特殊性

基于金融机构在金融体系乃至国家经济中的重要地位,各国对其退市(包括行政关闭和破产清算等)都采取非常审慎的态度,且都采取了区别于普通企业的市场退出制度。其特殊性主要表现在:①金融机构破产目标的特殊性,由于金融机构的破产不仅关系到债权人的利益,且与金融体系、社会稳定密切相关,因此金融机构破产除了一般企业破产所追求的债权人公平受偿和债务人再生的目标外,还需要维护金融系统稳定,防止发生大范围的金融风险。②金融机构承担着国民经济发展不可替代的重要作用,首先它也以营利为目的,并追求营利的最大化;其次,它还是国家进行宏观经济调控的重要途径。因此,金融机构退市相比于普通企业退市受到更多限制。③金融机构破产有特殊的前置程序。金融机构破产需要向主管机关提出申请,经过批准后方可退市,而普通的企业则不需要。② ④金融机构破产所要考量的因素比普通企业复杂。普通企业破产主要追求公平效率,而金融机构还需要考虑债权人的特殊性、国家的宏观经济状况、社会秩序维护等。⑤金融机构破产的法律依据不尽相同。普通企业一般主要以《企业破产法》为依据,而金融机构破产除了适用上述法律之外,世界上的大多数国家制定了相应的专门法,比如《金融法》《商业银行法》等。③

我国在《企业破产法》第 134 条有关于金融机构破产的一般性规定,其他具体规定则散见于各法律之间。以商业银行破产的法律制度为例,并没有一部统筹规定破产申请人、管理人、破产标准、债权申报、破产清算等的体系性法律法规,各个规定散落在不同的法律、法规、规范性文件

---

① 马悦:《〈金融机构破产法〉应加快破题》,载《中华合作时报》2017 年 3 月 17 日 B01 版。叶呈嫣、张世君:《积极构建我国金融机构破产法律体系》,载《银行家》2015 年第 6 期。

② 李曙光:《新〈企业破产法〉与金融机构破产的制度设计》,载《中国金融》2007 第 3 期。

③ 杨雄壬:《我国金融机构市场退出机制研究》,载《嘉应学院学报》2017 年第 4 期。

中，这不仅造成法律适用的困难，也极易导致法律规定之间相冲突。① 从我国破产法的研究现状来看，关于金融机构的破产问题主要集中在对商业银行破产问题的讨论上，商业银行作为重要的金融机构，其在破产规制领域所面临的问题具有典型性。因此，本书以商业银行的破产规制为例，分析金融机构破产法律问题，以求窥斑见豹。

## 二、商业银行破产

目前关于银行破产的立法例，主要分为普通立法模式和特别立法模式、折中立法模式。

### （一）商业银行破产的立法模式

#### 1. 普通立法模式

普通立法模式是指银行破产适用普通破产法，并不对其专门立法。2009 年以前的英国以及德国、法国等欧洲大陆国家就采用该模式。支持普通破产法模式的学者认为，银行破产并不存在足够的特殊性而必须以特别法进行处理。首先，任何公司在破产中所面临的破产清算，如债权的确认，破产财产的计算、分配等问题趋于一致，并未因经营内容不同而差异悬殊。其次，对于存款人的利益，也无需在破产法中予以特殊考虑，已由存款保障体系进行保护。最后，普通破产法在应对银行破产的特殊问题时，也可以保证效率价值的实现。②

#### 2. 特别立法模式

银行破产特别立法模式是指对于银行破产确定专门的法律规则，银行破产适用特别法而不适用一般破产法的立法模式。此种立法模式以美国为典型代表。支持这一观点的学者认为，银行破产面临许多特殊问题，无论是从破产主体的重要性、财务的脆弱程度还是破产目标上，均与一般企业破产不同，需要单独适用特别法。③

---

① 刘爱萍、樊忠民：《我国银行业破产法律制度重构的思考》，载《山东审判》2013 年第 2 期。

② 马宁、周泽新：《我国存款保险人的职能定位——兼论我国银行破产立法模式与破产程序控制权配置》，载《甘肃政法学院学报》2013 年第 5 期。

③ 潘修平：《存款保险法律制度之功效研究》，中国政法大学 2015 年博士学位论文；张继红：《商业银行破产之立法模式探讨》，载《财贸研究》2006 年第 2 期。

3. 折中立法模式

折中立法模式并未完全排斥一般破产法的适用，其银行破产法体系以专门的银行破产法律为特别法，以一般破产法为普通法；以适用特别法为原则，适用一般破产法为例外。一般破产法是特别法的补充。英国2009年《银行法》、俄罗斯等采取此种立法模式。①

4. 我国的立法模式及其问题

我国目前采用的是普通破产法模式，以现行《企业破产法》为主要法源，相关的银行破产规定散见于《商业银行法》《银行业监督管理法》《防范和处置金融机构支付风险暂行办法》和《金融机构撤销条例》等不同部门、不同效力层级的法律法规和规范性文件中，涵盖商业银行的接管、重整、清算等内容。②

此外，我国的普通破产法模式为商业银行破产的特别立法做了铺垫，《企业破产法》第134条授权国务院制定金融机构破产实施办法，但是相关立法仍未出台，导致现实中银行破产可能无法可依。因此，银行破产的立法问题亟待解决。③

有学者提出在破产法中为银行破产设置专章，也有学者主张可以在《商业银行法》中完善破产制度，还有有学者认为，应当制定专门的"银行破产法"。④ 尽管立法形式上存在差异，但为银行破产设置专门法律规定则为多数学者赞同，其理由在于：

第一，银行破产的特殊性使其适用的破产程序有别于普通企业，我国现行《企业破产法》对此不够关注，而对《企业破产法》进行大幅度修改又会因银行破产过于特殊而有损普通破产法的体系性，因此专门立法应为首选。

---

① 马宁、周泽新：《我国存款保险人的职能定位——兼论我国银行破产立法模式与破产程序控制权配置》，载《甘肃政法学院学报》2013年第5期。

② 叶秋惠：《我国商业银行破产法律框架的构建》，载《南京审计学院学报》2007年第3期。

③ 杨静：《浅论我国商业银行破产法律问题》，载《山东省农业管理干部学院学报》2012年第4期。

④ 唐勉、张正印：《我国银行市场推出机制的缺陷及完善》，载《河南教育学院学报（哲学社会科学版）》2007年第5期；解欣萌、幕雅琦：《关于我国制定〈银行破产法的思考〉》，载《经济研究参考》2014年第29期。

第二，我国金融法律体系的混乱，导致银行破产在法律适用中遭遇障碍，对银行破产进行专门集中规定，可以将银行破产从冲突和矛盾的法律适用中解救出来。

第三，我国已经形成了有关存款保险、信息披露和破产预防等银行破产的多项制度，将这些规定统一集中起来，有助于法律适用的便利、准确，也有助于发现法律漏洞并及时弥补。①

第四，《企业破产法》授权国务院制定实施办法的做法违背了《立法法》第8条第（八）项和第（九）项的规定，商业银行等金融机构破产问题涉及民事和金融基本制度范畴，只能通过全国人大及其常委会制定的法律加以解决，银行破产的专门立法可以对这一问题进行纠正。②

### （二）商业银行破产的目标

不少学者认为，商业银行以高流动性的银行存款作为负债，以低流动性的贷款作为资产，存在高出一般企业几十倍的杠杆，经营处在高风险地带。因此，商业银行一旦破产，普通大众的存款利益将受到广泛威胁，进而影响到社会秩序的稳定性。同时，银行作为金融活动的重要参与者，其破产也会影响整个金融秩序。③

因此，商业银行破产的目标除了一般企业破产所追求的使债权人公平受偿和促进债务人再生外，更需要防范系统性风险，保障公共资金安全，维护金融秩序的稳定。国际货币基金组织在其《银行破产法律制度和监管框架综述》将维护金融体系稳定作为商业银行破产的主要目标。④此外，英国2009年在《银行法》中指出，商业银行破产的主要目的是为了保护存款人和公共资金的安全，维护社会公众对整个银行业和金融体系的

---

① 唐勉、张正印：《我国银行市场推出机制的缺陷及完善》，载《河南教育学院学报（哲学社会科学版）》2007年第5期。

② 张继红：《商业银行破产之立法模式探讨》，载《财贸研究》2006年第2期；边志良：《关于商业银行破产清算是否纳入普通破产法问题的研究报告》，载《金融法苑》2003年第8期。

③ 赵万一、吴敏：《我国商业银行破产法律制度构建的反思》，载《现代法学》2006年第3期。

④ IMF, An Overview of the Legal, Institutional, and Regulatory Framework for Bank Insolvency, 2009, pp. 16, 35, 44

信心，加强国家金融体系的稳定。①

### （三）商业银行的破产原因

1. 商业银行的破产原因

有关商业银行破产原因，主要存在流动性标准、资产负债标准、监管标准三种模式。流动性标准以债务人不能清偿到期债务作为破产基准；资产负债标准是指以资产负债表显示负债额大于资产额为破产界限。流动性标准和资产负债标准通常是判定普通企业是否不具备清偿能力的标准。监管标准相对于前两个标准更为严苛，它通常以银行资本充足率而非资产负债率为基础，即便商业银行表上的资产额大于负债额，但若银行监管者认为商业银行的财务状况不再稳健、安全，监管者就可据此判定银行已经丧失清偿能力并采取相应的监管措施。

有学者指出了流动性标准和资产负债标准的缺陷。由于商业银行通常处于显性存款保险制度的一定庇护之下，仅仅使用流动性标准或者资产负债标准，可能不能及时处置濒临破产的商业银行，使存款保险制度的作用发挥受挫，进而危及公共资金安全和金融秩序稳定，引发银行挤兑风潮。② 在监管性标准下，法律赋予银行业监管机构大量的自由裁量权，商业银行做出非审慎行为或违反银行业监管指令，造成资产安全性显著不足时，就可能触发商业银行的破产程序，因此，监管标准对于商业银行股东、高管起着一定的威慑作用，促使其尽职尽责，杜绝道德风险的发生。③

2. 我国商业银行的破产原因

我国关于商业银行破产原因的规定较为分散，《企业破产法》所规定的适用于一般企业的破产原因当然也适用于商业银行破产。除此之外，《商业银行法》第71条将"不能支付到期债务""经国务院银行监督管理机构同意"作为商业银行的破产原因。可见，我国商业银行破产原因可

① 苏洁澈：《英美银行破产法述评——以银行特殊破产制度为中心》，载《环球法律评论》2013 年第 2 期。

② 杨东勤：《中国商业银行破产法律制度构建研究》，对外经贸大学 2016 年博士学位论文。

③ 龙雨：《论商业银行的破产标准》，载《南华大学学报》2007 年第 4 期。

以归纳为"一般企业破产原因+银监会（现为银保监会）同意"。

除此之外，根据《企业破产法》第 134 条、《商业银行法》第 64 条、《银行业监督管理法》第 38 条以及《商业银行资本充足率管理办法》第 41 条，银监会（现为银保监会）对企业进行监管、托管或者重组的原因主要有"出现重大经营风险""已经或者可能发生信用危机，严重影响存款人和其他客户合法权益""资本严重不足的商业银行（指资本充足率不足 4%，或核心资本充足率不足 2%）"。

有学者指出，无论是我国商业银行破产原因还是银行监督管理机构介入并实施监管的标准都过于概括，造成法院和银行监督管理机构的自由裁量空间过大，可操作性不强，适用过于严苛则不利于商业银行的再生，适用过于宽松则可能造成银行不能及时破产而引发新的风险，不利于债权人的保护。因此，应该细化的破产标准，将资本充足率、不良贷款率、资产负债率等关键指标进行分级，明确每一级所引发的后果（银行监督管理机构介入并实施监管、破产等结果），以增加标准实施的透明度和可操作性。① 也有学者指出，我国没有关注商业银行的特殊性并对其破产原因进行区分性的规定。② 一般企业的破产原因不能适用于商业银行，银行破产的根本在于其不能消除信用危机、不能恢复正常经营，尽管"信任"标准具有主观性，且难以量化，但可以通过对问题银行的经营和管理的状况进行调查，从调查结果中判断问题银行是应当破产，还是能够恢复正常经营。③

### （四）商业银行破产中行政权与司法权的冲突

在银行破产法律问题中，行政权与司法权的冲突与平衡相伴始终，依据行政权和司法权在银行破产中的作用之差异，银行破产模式可以分为银行监管机构为主导的行政监管模式和法院为主导的司法监管模式。

---

① 叶秋惠：《我国商业银行破产法律框架的构建》，载《南京审计学院学报》2007 年第 3 期；韩玲：《美国商业银行破产法律制度设计对我国的启示探讨》，载《宿州教育学院学报》2014 年第 6 期。

② 吴敏：《我国商业银行破产原因的法律规定研究》，载《江淮论坛》2006 年第 3 期；边志良：《关于商业银行破产清算是否纳入普通破产法问题的研究报告》，载《金融法苑》2003 年第 8 期。

③ 刘开委：《商业银行破产法律制度研究》，载《金融法苑》2016 年第 9 期。

　　行政监管模式，顾名思义就是以行政权为主导，由银行监督管理机构对银行破产进行控制、管理，司法机关一般不介入。行政权主导银行破产程序的主要目的在于尽可能实现破产银行的重组，挽救濒临破产的银行，从而保持银行业的稳定和安全，具有高效率解决问题、迅速支付存款、控制系统风险的优势。

　　司法监管模式则是以司法权为中心，由法院主导银行破产事务，法院在主导破产过程中注重对破产法律规范的遵守，企图用法律手段平衡利益各方的权利和义务，实现公平、正义的法律理念。司法监管模式实质上减轻了银行监管机构的责任和潜在债务，并能使银行监管机构规避政治上的压力。①

　　我国银行破产表现为典型的行政监管模式，甚至一度集中体现为以行政手段强行关闭或撤销掉有问题的银行。② 除此之外，我国在行政主导监管的银行破产模式中，还伴随以下显著问题：第一是利益纠葛复杂，尤其是地方利益冲突大量存在；第二是耗费时间长；第三是成本巨大；第四是权责不分，导致处置过程中协调难度大，银行资产损失严重。③

　　我国银行破产的过度行政干预招致学界批评。有学者认为，行政权力过分干预影响了银行破产制度的健康发展，加之部门利益的冲突及地方保护主义的泛滥，行政干预排斥市场调控和司法权介入，不利于破产程序的有效开展和债权人利益的公平保护。④ 也有学者指出，在银行重组过程中，收购方、被收购方的选择都由政府运作，银行的破产风险和损失被强行转移，不能对银行经营形成强有力的制约督促。⑤

　　不过亦有学者基于路径依赖和制度变迁的成本，以及司法监管模式的现状和不足，认为行政监管模式更为合理：我国已经建立了以银行监督管理机构为监管主体的银行破产监管模式，继续维系可以节约成本，况且我

　　① 吴敏：《银行破产中的权力结构分析——行政权与司法权在银行破产中的均衡》，载《财贸研究》2006 年第 3 期。

　　② 叶李伟：《我国银行市场退出机制的现状、问题及对策研究》，载《福建论坛（人文社会科学版）》2010 年第 6 期。

　　③ 郭向军、董宇：《中国商业银行破产标准的制度设计与构建》，载《金融论坛》2009 年第 1 期。

　　④ 杨静：《我国商业银行破产法律问题探讨》，载《商业时代》2011 年第 6 期。

　　⑤ 张启：《论银行破产法律制度的构建》，载《西部财会》2015 年第 12 期。

国破产领域的专业法官缺乏，职业清算人队伍尚未建立，职工安置等社会工作负担重、干扰因素多，若采用司法监管模式，不仅银行破产案件中公平原则难以实现，而且会增加银行破产监管成本，严重妨碍银行破产的效率。[1]

本书认为，行政过度干预存在诸多弊端，随着我国破产法领域的法律制度逐渐成熟，队伍逐渐专业化，在我国建立以司法权力为主导的银行破产模式已然具有正当性和可行性。

### （五）商业银行破产制度的立法建议

针对目前我国商业银行破产制度的种种问题，学者们主要提出了如下建议：

第一，集中制定专门的银行破产规则。[2]

第二，妥善配置行政权和司法权。我国在银行破产制度的构建中必须清楚界定银行破产程序中的机构组织，即法院、银行监管机构或者其授权的机构之间的权力界限，保证上述权力互为补充、不相冲突。[3]

第三，建立存款保险制度的问题。[4] 存款保险制度是保护存款人利益、稳定金融体系的事后补救措施，它要求吸收存款的银行将其吸收的存款按一定保险费率向存款保险机构投保。当银行破产不能支付存款时，由存款保险机构代为支付法定数额的保险金。存款保险制度对于保障存款人

---

① 王志勤：《银行破产法律制度中的安全与效率研究》，载《华东师范大学学报（哲学社会科学版）》2008 年第 3 期。

② 刘沫茹：《商业银行破产法律制度的比较研究》，载《江汉论坛》2005 年第 11 期。当然，亦有学者认为应当以《企业破产法》和《商业银行法》为依托，单独设银行破产一章，具体观点参见严音莉：《商业银行破产若干法律问题研究》，载《金融经济》2010 年第 20 期。

③ 杨静：《我国商业银行破产法律问题探讨》，载《商业时代》2011 年第 6 期。

④ 唐济宇：《商业银行破产法律问题研究》，载《贵州民族学院学报（哲学社会科学版）》2006 年第 2 期；王志勤：《银行破产法律制度中的安全与效率研究》，载《华东师范大学学报（哲学社会科学版）》2008 年第 3 期；刘爱萍、樊忠民：《我国银行业破产法律制度重构的思考》，载《山东审判》2013 年第 2 期；叶李伟：《我国银行市场退出机制的现状、问题及对策研究》，载《福建论坛（人文社会科学版）》2010 年第 6 期。

的利益，维护金融秩序和社会稳定具有积极作用。① 我国《存款保险条例》已建立存款保险制度。②

第四，重新确定我国商业银行的破产原因。③

此外，还有学者提到建立社会征信体系，建立风险预警体系以及制定《跨国银行破产法》，等等建议，④ 也值得在以后的立法过程中进行研究。

这些建议都针对性地回应了目前我国商业银行破产制度中存在的一些主要问题，不得不承认，如果不从这些方面加以完善，我国商业银行破产制度永远只是纸上谈兵，没有任何适用的价值。

### 三、其他金融机构的破产

正如前文所述，我国学界对于金融机构破产的关注主要集中于商业银行，此外，商业银行作为最具代表性的金融机构，其破产制度构建所面临的立法模式、破产原因、司法权与行政权的关系、债权人利益保护，同样困扰着保险公司和证券公司等其他种类的金融机构破产法律制度的构建：①保险公司和证券公司破产也存在立法零散缺失、不成体系的问题，因此学术界对于保险公司和证券公司的破产，均存在建议完善破产法律制度，甚至进行专门立法的声音。⑤ ②保险公司、证券公司破产也存在《企业破

---

① 唐勉、张正印：《我国银行市场推出机制的缺陷及完善》，载《河南教育学院学报（哲学社会科学版）》2007 年第 5 期。

② 贺丹：《金融机构市场化退出：一个制度协调的新思路》，载《东方论坛》2017 年第 1 期。

③ 吴敏：《我国商业银行破产原因的法律规定研究》，载《江淮论坛》2006 年第 3 期；边志良：《关于商业银行破产清算是否纳入普通破产法问题的研究报告》，载《金融法苑》2003 年第 8 期。

④ 叶秋惠：《我国商业银行破产法律框架的构建》，载《南京审计学院学报》2007 年第 3 期；杨雄壬：《我国金融机构市场退出机制研究》，载《嘉应学院学报》2017 年第 4 期；刘爱萍、樊忠民：《我国银行业破产法律制度重构的思考》，载《山东审判》2013 年第 2 期。

⑤ 张婷：《保险公司破产法律制度研究》，载《中国金融》2017 年第 7 期；倪浩嫣：《证券公司退出机制探析》，载《政法论坛》2005 年第 2 期。

产法》的破产标准难以适用以及行政权和司法权冲突的问题,① 除此之外，也有学者针对保险公司和证券公司破产中保单持有人、证券投资者的利益保护发表看法。就保单持有人而言，要求对于保单持有人的利益作出区分于一般债权的特殊保护，同时加强对破产前置程序与破产重整程序中保单持有人的利益保护，进一步完善保险保障金制度，加强其与破产程序的衔接。② 就证券投资者利益保护而言，则建议借鉴美国的立法和实务经验，制定《证券投资者保护基金条例》，完善保护基金制度，在破产程序中赋予保护基金公司更多职权。③

## 第二节 合伙企业破产

合伙企业破产与商业银行破产的立法问题存在相似之处，也是空有粗略的立法规定，而缺乏具体的司法实践，除了破产能力的问题基本已经由当前立法盖棺定论之外，其他一些涉及实务操作的问题受到学者们的广泛争议，本节就对合伙企业破产的相关问题进行梳理，并尝试性地进行选择，以期为未来立法提供参考。

### 一、合伙企业的破产能力

合伙企业的破产能力在《企业破产法》出台之前也是一个广受争议的问题，主要存在肯定说和否定说两种观点。

否定说认为，在传统民法理论上，合伙企业并不具有独立的民事主体资格，且合伙人对于合伙企业的债务承担无限责任。④ 因此，合伙企业宣

① 张婷:《保险公司破产法律制度》，载《中国金融》2017 年第 7 期;崔明亮:《证券公司行政处置与破产程序的冲突与协调》，载《北京航空航天大学学报（社会科学版)》2017 年第 2 期。

② 贾晶:《保险公司破产中的保单持有人权益保护比较研究》，对外经贸大学2016 年博士毕业论文;贾晶:《论我国保险公司破产重整法律制度中的保单持有人权益保护》，载《保险研究》2015 年第 4 期。

③ 王欣新、亢力:《试论证券投资者保护基金有限责任公司在证券公司破产中的作用》，载《法学杂志》2012 年第 4 期;舒细麟:《我国证券公司破产中投资者保护问题研究》，载《证券市场导报》2011 年第 6 期。

④ 刘文永:《论合伙的民事主体地位》，载《牡丹江大学学报》2010 年第 6 期。

告破产意味着合伙人也宣告破产，作为合伙人的自然人也就成为破产主体。① 然而我国还没有实行自然人破产，且考虑到无限责任可以确保债权人受偿，不应赋予合伙企业破产能力。②

肯定说则认为，合伙企业具有独立性，③ 承认合伙的破产能力在国外立法上也很普遍。④ 也有学者指出了无限连带责任存在缺陷，虽然无限连带责任的设立为债权人权利的实现提供了更大的保障，但存在执行制度的缺陷（如承认个别执行的效力）、举证制度的缺陷、法律的空白（如对个别合伙人的冒险经济行为缺乏规制，冲淡了无限责任的功能)⑤，而破产制度正好可以弥补这些缺陷，所以基于上述原因承认合伙企业的破产能力是有必要的。

目前立法上已经承认了合伙企业的破产能力，但是合伙企业破产制度却远未建立起来，相关法律条文仅有《企业破产法》第 135 条和《合伙企业法》第 92 条，对合伙企业的破产原因、破产申请、破产财产以及债权的申报和受偿等问题没有给出具体回答。

## 二、合伙企业的破产原因

详见第三章第五节。

## 三、合伙企业破产的申请主体

对于合伙企业破产申请人的范围究竟应该包括哪些主体，学者间也存在分歧。《合伙企业法》第 92 条仅对债权人的破产申请权进行了规定，对于合伙企业本身能否作为破产申请主体则未有涉及，但《企业破产法》却规定了债务人的破产申请权。合伙企业能否通过参照适用《企业破产法》取得破产申请权，学界对此产生了分歧。否定说认为，《合伙企业

---

① 孙康：《合伙企业破产法律思考》，载《辽宁行政学院学报》2008 年第 4 期。
② 吴坤：《新修合伙企业法新在哪里》，载《法制日报》2006 年 9 月 5 日第 4 版。
③ 李伟超：《合伙的民商事主体地位研究》，载《商场现代化》2010 年第 9 期。
④ 李敏华、袁晓波：《合伙企业破产之法理研评》，载《边疆经济与文化》2005 年第 5 期。
⑤ 张晨颖：《对无限连带责任制度的再思考：谈非法人企业破产制度的确立》，载《法学杂志》2006 年第 5 期。

法》相对于《企业破产法》而言是特别法，因此应当优先适用，《合伙企业法》中既然未对合伙企业之破产申请权予以承认，合伙企业也就不能作为破产申请主体；此外，合伙企业并不具备独立的法人人格，允许其作为破产申请主体，易发生合伙企业和合伙人究竟谁是破产申请主体的混淆。①

持肯定说的学者指出，合伙企业作为债务人，最了解自己的财产状况和清偿能力并合乎时宜地提出破产申请，债务人免责制度也在一定程度上成为债务人主动申请破产的激励因素之一。从这个角度而言，债务人申请破产更有利于防止债务过分膨胀，提升债权人的受偿额度。与此同时，也可以使合伙人个人避免繁琐的诉讼和执行程序。《合伙企业法》没有赋予合伙企业以破产申请权，乃立法缺陷，应予纠正。因此，应当根据《企业破产法》确认合伙企业的破产申请权。② 也有学者认为合伙企业作为债务人申请破产有利于弥补债权人申请破产的不足，债权人申请合伙企业破产的意愿可能并不强烈，任何一个债权人都希望能最大限度地实现自己的债权，而破产法的价值取向则是平等地保护全体债权人，如果债权人提出合伙企业的破产申请，其债权很难得到全部清偿。因此，债权人可能更倾向于直接向合伙企业求偿或者通过一般的民事诉讼程序来实现自己的债权，这样就会导致债权人争相实现自己的债权，③ 既给法院造成诉讼的负担，也可能产生债权人与合伙企业串通，从而损害其他债权人利益的情况。此外，债权人利用合伙企业破产程序的意愿不足，也会导致合伙企业破产制度的闲置，造成立法资源的浪费，我国目前几乎没有合伙企业破产的案件就很好地反映了这一尴尬状况。除此之外，还有学者认为，《企业破产法》明确规定了债务人的破产申请权，合伙企业破产可以参照适用，将《合伙企业法》的规定理解为对合伙企业破产申请权的否认显然有失妥当。④

---

① 曲雪峰：《浅析有限公司与合伙企业破产制度之不同》，载《商品与质量》2011 年第 2 期。

② 韩长印、何睿：《合伙企业破产三题——以美国法为主要比较素材的分析》，载《河南省政法管理干部学院学报》2007 年第 4 期。

③ 张晨颖：《合伙企业破产法律问题研究》，法律出版社 2016 年版，第 145 页。

④ 王欣新、王斐民：《合伙企业破产的特殊性问题研究》，载《法商研究》2010 年第 2 期。

## 四、合伙企业的破产财产范围

依照《企业破产法》第 30 条的规定，合伙企业中破产财产为合伙企业的全部财产以及破产申请受理后至破产程序终结前合伙企业取得的财产。但是，由于《合伙企业法》的特殊规定，合伙人需对合伙企业的债务承担无限连带责任，因此有人认为合伙企业的破产财产应当包括合伙人的个人财产。[1] 显然，这一观点将合伙人与合伙企业完全混为一谈，并不可取。合伙企业破产财产的另一个重要问题在于哪些具体的财产形式可以划归到破产财产的范围之中。

根据我国《合伙企业法》第 16 条的规定，合伙人可以用货币、实物、知识产权、土地使用权或者其他财产权利出资，也可以用劳务出资。那么，在破产财产的界定过程中，劳务以及知识产权中的人身权部分是否属于破产财产？

首先，劳务可以依法被认定为合伙人对合伙企业的出资，其具体出资可以由合伙人协商确定，然而劳务依附于出资人的人身，不能像其他出资形式一样，可以直接变现，因此，有学者认为劳务并不属于合伙企业的破产财产，无法在破产清算过程中从合伙人的人身中独立出来，进行变现。[2]

那么同理，知识产权中的人身权部分由于具有人身依附性，也不能作为合伙企业的破产财产。此外，一般认为可以当做合伙企业出资的商誉，也不能划入合伙企业的破产范围，[3] 因为当合伙企业被申请破产时，如果其具有良好的商誉，完全可以依靠商誉获得一定的融资，从而避免破产，如果无法进行融资，则足以说明该商誉的价值是值得怀疑的，以该商誉来折价向债权人清偿可能对债权人利益造成损害。

## 五、合伙企业破产时不同债权的清偿顺序

在合伙企业的债务与合伙人的个人债务并存的情况下，常常会发生债

---

① 张琳：《论合伙企业的破产财产》，载《法制与社会》2011 年第 7 期。

② 李鑫：《合伙企业破产实体问题研究》，载《法制博览》2013 年第 5 期；徐璐：《合伙企业破产财产问题探究》，载《知识经济》2012 年第 20 期。

③ 李映碧：《论合伙企业的破产财产》，载《法制与经济》2009 年第 8 期。

权清偿的冲突，若合伙企业的财产不足以清偿债务时，合伙企业的债权人有权要求合伙人以其个人财产对合伙企业的债务承担无限连带责任，合伙人的个人财产不足以清偿其个人债务时，债权人也有权要求合伙人以其在合伙企业中的财产份额清偿个人债务。① 两种情况同时发生的情况下，合伙企业的债权人的受清偿率和合伙人个人的债权人的受清偿率之间是一个此消彼长的关系，如何平衡二者的利益，需要法律对合伙企业破产清算时的不同债权（指对合伙企业的债权和对合伙人的债权）清偿顺序进行一定的规定。

关于清偿顺序的问题，主要有以下两种立法例：

第一，并存债权原则，也叫合伙企业债权优先原则，即合伙企业的债权人可以同时参加合伙组织和合伙人的破产程序，而且其债权均可全额申报。显而易见，这种规定对合伙债权人更为有利，但对合伙人的债权人则相对不利。② 此外，还有一种比较宽松的合伙企业债权优先原则。它是指合伙企业的财产优先清偿合伙企业的债务，只有未受清偿的债权才可以与合伙人的个人债权人一起从合伙人的个人财产中受偿。这两种做法的区别在于，合伙企业的债权人在合伙人的破产程序中可以申报的是全部债权还是不足清偿部分的债权。显然，后一种模式相比于严格的合伙企业债权优先原则而言，更多地考虑了合伙人债权人之利益。③

第二，双重优先权原则。英美等国家为解决这一问题，大多采取双重优先权原则。所谓双重优先权原则，是指合伙企业债权人优先从企业财产中受偿，若有剩余，合伙企业便可以免于破产，若没有剩余，则视普通合伙人债务清偿状况而定，普通合伙人的财产优先清偿其债权人的债权之后，如果有剩余，则基于无限连带责任清偿合伙企业债务。④ 目前，这一原则已为许多国家所肯定，而且原先对双重优先权原则持反对立场的大陆法系国家，已经逐渐摒弃了并存债权原则，转而规定了双重优先权原则，德国就规定了与此类似的规则："合伙尽管不具有法律人格，但它可以作

---

① 王欣新、王斐民：《合伙企业破产的特殊性问题研究》，载《法商研究》2010 年第 2 期。

② 张玉梅：《试析合伙的破产程序》，载《中山大学学报论丛》2005 年第 6 期。

③ 王欣新、王斐民：《合伙企业破产的特殊性问题研究》，载《法商研究》2010 年第 2 期。

④ 张晨颖：《合伙企业破产法律问题研究》，法律出版社 2016 年版，第 168 页。

为诉讼当事人，而由此产生的一个结果就是合伙可以被宣告破产，这对合伙的债权人是有利的，他可以先于合伙人个人的债权人从合伙财产中得到清偿。"①

对于我国应该采取何种立法例，学者间亦有分歧。有学者认为我国应采取并存债权原则，其原因在于，尽管合伙企业并无独立的法律人格，但是合伙企业仍然具有相对独立性，其在合伙企业财产范围内，仍然对合伙企业的债权人承担独立的责任，因此，在合伙企业破产时，合伙企业的债务人尚且难以就合伙财产获得全部清偿，以合伙财产清偿合伙人的个人债务就既不可能，也不合理。而并存债权原则也符合合伙人无限责任的特性，并不存在侵害合伙人债权人利益之说。②

赞同双重优先原则的学者认为，采用并存债权原则对合伙人之债权人的权利进行了不公平的限制。首先，由于《企业破产法》尚未确立自然人破产制度，合伙人的债权人也就不能对合伙人提出破产申请，其只有利用合伙债权人提出破产申请的时机，才有依破产程序从债务人财产中受偿的机会，在实现债权的过程中十分被动。若继续坚持并存债权原则，再一次确认合伙企业债权人的优势地位，必然造成合伙债权人和合伙人之债权人的利益博弈更为悬殊，对合伙人债权人并不公平，而双重优先原则可以补足这一缺陷。③

我国立法没有明确规定双重优先权原则，但最高法院实质上肯定了该原则，④合伙的债权人对合伙财产享有优先受偿权，即有权主张就合伙财产优先满足自己的债权；合伙人个人的债权人就合伙人的个人财产享有优先受偿权。若合伙财产不足以清偿合伙债务，只有在合伙人的个人债务分别得到满足并且合伙人还有剩余的个人财产时，才能用于清偿合伙企业债权人的债务；若合伙人个人财产不足以清偿债务时，只有在合伙的债权人

---

① 张玉梅：《试析合伙的破产程序》，载《中山大学学报论丛》2005 年第 6 期。

② 王欣新、王斐民：《合伙企业破产的特殊性问题研究》，载《法商研究》2010 年第 2 期。

③ 申丽凤：《商合伙破产程序与实体问题研究》，载《河北法学》2004 年第 12 期。

④ 《最高人民法院关于审理联营合同纠纷案件若干问题的解答》中规定，联营体是合伙经营组织的，可先以联营体的财产清偿联营债务，联营体的财产不足以抵债的，由联营各方按照联营合同约定的债务承担比例清偿。

得到全部清偿时，合伙财产还有剩余的条件下，合伙人个人的债权人才可以就合伙企业之剩余财产请求清偿。在合伙企业债务人受到全部清偿之前，合伙人的债权人无权请求就合伙财产受偿；在合伙人个人债权人的债权得到履行之前，合伙企业债务人也不能就合伙人的个人财产请求清偿。①

我国目前立法虽然赋予了合伙企业破产能力，并且规定其破产清算可以参照适用《企业破产法》，但实际上并没有具体的制度予以支撑，司法实践中也几乎不存在合伙企业破产的案例，在以后具体完善这一制度时，应该考虑合伙企业人合性的特点，同时兼顾合伙企业与合伙人之间的相对独立性。同时，破产财产的范围也要根据具体出资形式来进行一定的筛选。最后，在债权的清偿顺序上也应找到符合我国实际情况的方式，必要时也应把司法解释的相关规定上升为法律。

## 第三节　自然人破产

自然人破产，也称个人破产。围绕自然人应否具有破产能力，我国学者展开了持久且激烈的讨论，在《企业破产法（试行）》阶段就有不少学者开始呼吁建立自然人破产制度，由于《企业破产法》仍然排除自然人破产，所以至今还有很多学者持应当建立该制度的观点。有学者就从历史渊源的角度出发，提到了破产法最初适用的对象本身就是自然人，以自然人为破产制度的出发点，才发展出了其他主体的破产制度。② 2018 年 10 月 24 日，最高人民法院向全国人大常委会所作《关于人民法院解决"执行难"工作情况的报告》，数度提及建立个人破产制度，以促进执行工作。

### 一、自然人破产制度的必要性

有关自然人破产制度建立的必要性，见本书"破产原因"一章。

### 二、自然人破产制度建立了障碍

反对派的学者首先对个人破产制度建立的必要性进行了质疑：第一，

---

① 张玉梅：《试析合伙的破产程序》，载《中山大学学报论丛》2005 年第 6 期。
② 汪世虎、李刚：《自然人破产能力研究》，载《现代法学》1999 年第 6 期。

市场公平不等于法律地位上的完全等同，企业与自然人，在破产政策上完全可以有不同选择，这种不同对待，不构成法律意义上的不公平。第二，非法人企业，也就是上文提到的合伙企业破产问题这一点，确实会导致自然人破产的问题，但是也仅仅涉及商自然人，不涉及消费者，而商人破产主义思维逻辑当然不能构成引进一般自然人破产主义模式的充分理由。第三，国际接轨实质是经济交往技术规则的接轨，而跨国破产和涉外破产问题突显的根源在于各国破产法的不一致、各国主权独立的基本事实，不是单单依靠建立自然人破产制度就能解决的。唯一可以证成必要性的理由在于对债权人和债务人的保护，这又涉及我国是否具备实施自然人破产的条件①，然而，我国在实施自然人破产制度这一方面确实存在不少障碍：

首先，历史传统与文化心理可能会妨碍自然人采用破产的方式解决自身债务问题。重农抑商的历史使得中国本身缺乏个人破产制度建立的社会基础，而缺少个人本位主义的传统使得个人财产与家庭财产区分不明确，导致自然人破产的条件缺失。②"欠债还钱，天经地义""父债子偿"这些文化心理也会成为自然人破产、免责、复权制度建立的障碍。③ 甚至人们会认为个人破产制度下的债务免除有悖于平等、公平、诚实信用、公序良俗、禁止权利滥用等民法基本原则。④ 当然随着时代的发展，也有学者认为目前旧的观念开始松动，群众开始认识到个体的独立性，⑤ 所以传统心理可能不再是阻碍自然人破产制度建立的理由。

其次，自然人破产制度所需要的配套法律制度欠缺。此种观点提出于我国物权法尚未出台阶段。个人破产制度的确立和存在需要物权制度确定财产归属、确保个人对其财产的绝对支配力，为个人利用财产进行经济活动提供法律保障，保护个人财产不受他人侵夺，在我国物权法尚未出台之

---

① 曹兴权：《雾里看花：自然人破产之争》，载《河北法学》2006 年第 4 期。

② 汪世虎、李刚：《自然人破产能力研究》，载《现代法学》1999 年第 6 期。

③ 武俐：《自然人破产能力与我国破产立法》，载《法制与社会发展》1998 年第 6 期；李坚：《当前建立个人破产制度存疑》，载《长江日报》2005 年 5 月 19 日第 12 版。

④ 杨显滨、陈风润：《个人破产制度的中国式构建》，载《南京社会科学》2017 年第 4 期。

⑤ 贺小雪、潘云华：《个人破产制度法律问题研究》，载《法治与经济》2018 年第 1 期。

时，物权保障的缺位的确是个人破产制度的障碍。① 但是《物权法》已于 2007 年 3 月 16 日经第十届全国人大五次会议通过，并自 2007 年 10 月 1 日起施行，消解了个人破产制度的这一障碍，这在一定程度上将推动自然人破产制度的确立。② 但对于物权制度的有关规则，亦有学者提出了质疑，比如《物权法》的一物一权、物权法定等原则，跟个人破产可能产生冲突，《担保法》也存在相关问题。③ 所以仅以《物权法》已经通过为由认为自然人破产制度的配套制度已经完善的观点有待商榷。

此外，自然人破产制度的建立需要个人信用制度和社会保障系统的配套运行，比如最低生活保障制度、再就业制度和各种社会保险制度。个人信用制度的完善是构建个人破产制度的基础。在个人信用制度还未完全建立的情况下，债权人与债务人处于信息不对称的地位，债务人隐匿、转移财产的行为将会侵害债权人利益。我国个人消费信贷起步较晚，银行间缺乏统一互通的征信制度，也没有财产申报登记制度，在债务人真实财产状况无法得知的情况下，个人破产制度可能成为逃债手段。④ 不过亦有学者持乐观态度，认为个人征信体系正趋于完善，这为个人破产制度提供了良好的基础。⑤ 社会保障制度则在一定程度上缓解了个人破产对债务人带来的巨大不利影响，个人破产后，债务人个人征信受到影响，个人财产所剩无几，生活可能陷入及其穷困的状态，加之破产后的人格限制，使遭受个人破产的债务人生活举步维艰。社会保障制度即是要确保自然人破产后，基本的生存需要、生活需求可以得到满足。然而，我国目前的社会保障体系并没有针对个人破产设置相应的保障措施。⑥

---

① 李坚：《当前建立个人破产制度存疑》，载《长江日报》2005 年 5 月 19 日第 12 版。

② 邓社民：《自然人破产能力的法理基础和现实选择》，载《武汉大学学报（哲学社会科学版）》2007 年第 3 期。

③ 李曙光：《制定个人破产法需着重解决好五大问题》，载《中国证券报》2008 年 6 月 14 日第 A16 版。

④ 张海征、曾智：《英国破产法对于建立我国个人破产制度的借鉴》，载《全国商情（理论研究）》第 Z4 期。

⑤ 何旺翔：《德国个人破产制度及其思考》，载《江南大学学报（人文社会科学版）》2008 年第 6 期。

⑥ 李坚：《当前建立个人破产制度存疑》，载《长江日报》2005 年 5 月 19 日第 12 版。

对于上述制度缺失所造成的障碍，也有学者认为不能成为自然人破产制度不能设立的正当理由。原因在于，西方设置自然人破产制度的国家，在确立个人破产制度之时，也没有完善的个人信用制度和社会保障制度。由此看来，个人信用制度和社会保障制度的完善并非自然人破产制度建立的必要条件。而且，个人破产制度的构建有助于个人信用制度的发展，其给了陷入债务深渊的自然人再次重建良好信用的机会，也减轻了我国社会保障制度的压力。①

最后，有学者担心个人破产过分挤占司法资源。个人破产制度在我国建立后，个人破产案件将以排山倒海之势涌向法院，其中不乏滥诉者，占用过多司法资源，转移法官的注意力，影响其他案件的裁决效率。同时，法官对个人破产制度知之甚少，加之缺乏审判经验，能否合法、及时、高效应对，对法院来说是一个巨大挑战。个人破产制度固然可以减轻债务人的生活负担，创造债务人重生的机会，但给法院带来的审判压力不容小视。② 但有学者认为，此种担忧不足以否定个人破产制度的建立，应该说在很多存在个人破产制度的国家，都面临着案件量过于巨大的压力，但它们也在为克服这一问题而采取各种方法，比如日本采用"私人整理"的方法，③ 德国以小型破产程序来处理财产关系明确的个人破产案件，④ 新加坡通过提高破产的债务底线来提高破产申请的门槛⑤。所以我国将来面对案件过多也一定会有克服的方式，这一担忧似不足以成为阻碍个人破产制度建立的关键因素。

本书认为，尽管我国立法者基于诸多考虑，在《企业破产法》中未对自然人破产进行规定，自然人破产制度在我国确实要面临不少障碍，但是随着社会观念的转变和制度建设的完善，未来为适应经济发展，自然人

---

① 王云鹏、王鹏：《创建我国自然人破产制度的若干问题刍议》，载《河南社会科学》2005 年第 5 期。

② 杨显滨、陈风润：《个人破产制度的中国式构建》，载《南京社会科学》2017 年第 4 期。

③ 汪世虎、李刚：《自然人破产能力研究》，载《现代法学》1999 年第 6 期。

④ 何旺翔：《德国个人破产制度及其思考》，载《江南大学学报（人文社会科学版）》2008 年第 6 期。

⑤ 陈建萍、孟军：《个人破产者的重生——新加坡个人破产法律制度的启示》，载《西北大学学报（哲学社会科学版）》2004 年第 5 期。

破产制度应当建立。

### 三、商自然人破产与一般自然人破产之争

通过前文正反两方面理由的分析，我们可以看到赞成派和反对派的观点均有不少瑕疵，纯粹从理论上看都没有足够说服力，从具体立法层面思考则更为细致。

我国破产法制定过程中，对于是否赋予自然人破产能力，以及仅赋予商自然人破产能力还是赋予所有自然人以破产能力的问题，切切实实的存在过徘徊斟酌。在破产法最初的草案中，"从事工商经营活动的自然人"被列入破产主体，此即为典型的商自然人破产主义模式。但草案二审稿取消了关于商自然人可以作为破产主体的规定，只是在附则要求"制定有关商自然人破产的专门规定"。很明显，草案二审稿采用的是一种限制的商自然人破产主义立法模式。而在正式出台的《企业破产法》中，对于自然人破产则丝毫未有提及。

对于自然人破产制度在多大范围内能够适用——所有自然人还是商自然人，不仅我国立法上对此问题的踌躇不止，我国学界关于此问题的争议也未曾停止过。对于这两种观点的对峙，有学者做了比较完整的归纳。

商自然人破产说认为只有商自然人才具有破产能力，商自然人是指依商事法规从事商事活动，享有权利并承担义务的自然人。其主要理由为：①由于缺乏完善的个人信用制度和个人财产登记制度，加之于社会信用程度并不高，广泛的承认自然人破产会诱发道德风险，导致自然人恶意利用个人破产制度逃避债务，且可能会进一步诱发更多的欺诈、洗钱、侵吞国有资产等违法犯罪问题；②社会保障制度和财产权制度的不完善，难以应对个人破产制度广泛实施过程中和实施后产生的风险和问题；③实际生活中普通自然人发生债务危机的现象并不普遍；④商自然人破产制度具有最为漫长的发展历史和成熟的发展成果。①

一般自然人破产说则认为所有自然人都具有破产能力，无论是商自然人或一般自然人均可成为破产的主体。其理由主要有以下几点：①我国自然人的债务逐年提高，发生债务危机的可能性增大。②自然人破产免责制

---

① 贺志姣：《破产法的适用范围：商人破产主义还是一般破产主义》，载《中南财经政法大学学报》2002 年第 6 期。

度的设计安排不会导致反对者所担心的大量恶意逃债等道德风险的发生。破产免责的适用有其特定条件，其目的之一是对诚实不幸的自然人提供救济，帮助他们获得经济上的重生；对于恶意逃债行为，可以在制度设计上通过适用条件、行为后果的设置予以预防和惩戒。③我国新的经济形态层出不穷，自然人正普遍的成为经济活动的重要参与者，个人破产制度的建立有助于推动信用制度的完善和社会信用体系的发展。④一般自然人破产主义符合国际发展趋势。随着时代发展，商自然人主义立法原则越来越不适应经济发展的需要。原来采用商自然人破产主义的国家，早已改采取一般自然人破产主义。⑤一般自然人破产主义符合民事主体平等原则。在实体法上，一般自然人与商自然人并没有法律地位上的差异，其所承担的债务并不会因为是一般自然人还是商自然人而有所区别。①

我国是实行民商合一的国家，在民商合一的立法体例下，商人和非商人并未被明显区分开来。现代社会，自然人普遍商化，在破产法中实行商自然人破产主义已失去了法律前提。② 我国经济活动的参与者并不局限于商个人，经济活动参与者覆盖率很高，加上网络投资和信贷的便捷，使得经济活动不再受地域和年龄等因素的限制，仅对商个人进行破产就会面临主体认定难的问题。③ 而且，虽然参与经济活动导致资不抵债的情况较为常见，但也有其他因素会导致资不抵债的情况，比如因重大疾病、缺乏劳动力、自然灾害等因素导致贫穷的情况也有很多，法律的基本精神是人人平等，仅肯定商个人的破产能力显然与此相悖。④

建立既适用于普通自然人又适用于商自然人的自然人破产制度，既能体现立法的完整性，也能公平地保护所有自然人。所以在自然人破产制度中排除对商自然人以外自然人的适用似乎并无必要。

---

① 邹海林：《关于新破产法的适用范围的思考》，载《政法论坛》2002 年第 3 期。
② 邓社民：《自然人破产能力的法理基础和现实选择》，载《武汉大学学报（哲学社会科学版）》2007 年第 3 期。
③ 张海征、曾智：《英国破产法对于建立我国个人破产制度的借鉴》，载《全国商情（理论研究）》第 Z4 期。
④ 贺小雪、潘云华：《个人破产制度法律问题研究》，载《法治与经济》2018 年第 1 期。

## 四、自然人破产制度的设计

除了对自然人破产能力的有无、破产主体的范围有所争议外，学界对于如何建立自然人破产制度也有所探讨。与法人相比较，个人破产有其特殊性。个人财产往往与家庭财产紧密联系甚至难以分割，因此自然人极有可能利用此种特殊性进行隐蔽的资产转移，以逃避债务。可见，相关的防范措施必须提前设置，以防止个人破产可能造成的不良后果。[①] 除此之外，基于破产案件的复杂程度之别，自然人破产和法人破产在程序适用上也应有所区别。综上，有学者对于自然人破产制度的构建进行了以下几个方面的讨论。

第一，是否建立许可免责制度。许可免责制度的核心在于，对于破产的自然人尚不能清偿的债务，免除其清偿责任。自然人破产后，其民事主体资格并非如法人破产后一样消失，债务人仍然要作为民事主体参与民事活动，此时就产生了适用破产程序后是否对未能清偿的债务继续清偿的问题。从破产法的发展趋势来看，破产立法对此问题的处理，经历了从单纯强调债权人受偿利益到逐渐偏向于由债权人和债务人共同分担债务不能清偿之风险的变化，保障债权人的利益在得到保护的同时，立法也逐渐注重赋予债务人重获新生的机遇。对于诚信可靠的债务人，准予其在破产程序结束后免除剩余破产债权的清偿责任。我国《企业破产法（草案）》中曾有关于破产免责的规定。[②] 本书认为，建立免责许可制度，更符合现代企破产法的目标，在未来自然人破产制度的立法中应当予以坚持。

由于破产免责制度的建立必然损害了债权人的部分债权利益，因此对于免责制度应当予以限制。有学者从免责制度适用的程序、条件等探讨了破产免责制度的限制适用：①免责制度的适用应当采债务人申请模式，法院不得依职权适用。②应当规定申请免责的程序，如债务人向法院提出免责申请，法院对此予以公告并通知债权人，听取债权人的异议，决定驳回申请或作出免责裁定，利害关系人可以上诉，等等。③严格限定提出免责

---

① 豆景俊、郑狄杰：《构建我国个人破产制度的法律思考》，载《广东商学院学报》2001 年第 2 期。

② 王云鹏、王鹏：《创建我国自然人破产制度的若干问题刍议》，载《河南社会科学》2005 年第 5 期。

申请的条件。一方面，可以适用破产免责制度的债务人必须为诚实的债务人、已经偿还适当比例的债务、无破产犯罪行为等；另一方面，债务人不存在偏颇清偿、曾破产并获得免责以及在法院审理过程中拒绝服从法院的命令或拒绝回答法院质询等情形。除此之外，应当限制免责制度的免责范围，对于某些特殊债权，无论是否适用免责制度，都不可免除清偿责任，如税款、受雇者的工资、因欺诈行为所负债务，以及罚金、罚款和诉讼费用等。① 如此，既能保障自然人破产后有重新开始的机会，也能防止恶意破产的行为，这与有学者主张的区别对待善意破产者和恶意破产者的观点是一致的。②

　　也有学者基于对债务人利益的考虑，主张在破产财产中划定自由财产。自由财产是自然人破产制度中特有的概念，其与破产财产相对应，意指法律规定的，由法院酌情决定的，可由破产人自由使用和处分的，不得扣押和查封并用于分配清偿的财产。《企业破产法》就破产财产的构成范围作了明文规定，其中没有规定自由财产制度。自由财产的立法依据可追及至我国《民事诉讼法》第 243 条，法律要求法院在采取强制执行措施时，"应当保留被执行人及其所扶养家属的生活必需费用"。二者都体现了法律的人文关怀。自由财产一般包括两个方面：一是专属于破产人本身不可让与的财产权利，如精神损害赔偿请求权、扶养费、赡养费、抚育费、退休金等；二是法律明文规定不得扣押的财产。另外对于以知识产权作为破产财产的，应该只针对其财产权利，不得剥夺知识产权中具有人身属性的权利。③

　　第二，设立"小破产"程序。自然人破产相比于法人破产而言，破产财产、债权规模、债权人人数以及内部的权利义务关系较为简单，适用破产案件的一般破产程序并不合适。一般破产程序中，公告期长，审理时间长，程序复杂，不仅不能及时解决问题，而且加重了司法成本，也加重

---

① 丁凤鹏：《商自然人破产制度设计之我见》，载《当代法学》2001 年第 12 期。

② 陈建萍、孟军：《个人破产者的重生——新加坡个人破产法律制度的启示》，载《西北大学学报（哲学社会科学版）》2004 年第 5 期。

③ 甄峰、胡菁菁：自然人破产制度研究，载《湖南商学院学报》2003 年第 5 期。

了破产成本，致使债务人不能尽快摆脱债务纠缠，迅速开始新的经营；更为严重的是，破产程序过长可能导致债权债务变动不定，破产财产流失风险增大的后果。而将一部分破产财产数额不大，债权债务关系较明确的破产案件适用于"小破产"程序，可以缩短审理时间，提高效率。① 这也能解决之前提到的今后自然人破产案件激增的问题。

此外，对于自然人破产制度构建中司法人员专业度不够的问题，有学者指出，我国应加快相关专业机构的建立和专业人士的培训，如债务人咨询机构的完善、相关律师的培训，以协助自然人债务人处理相关破产事宜，借此减轻法院工作负担。②

## 五、遗产破产制度

遗产破产是一个与自然人破产紧密相关的问题，在国外破产法中多被纳入到个人破产制度中，因此我国也有学者主张应当在将来构建个人破产制度的同时，规定遗产破产制度。③ 有关遗产破产的含义、目的、立法意义、制度构建和立法例，在本书"破产原因"一章中已有讨论，此处不再赘述。

围绕遗产破产，还存在一些问题需要厘清。

首先，关于遗产破产主体的确定，在学理上有如下几种观点：①继承人主体说；②被继承人主体说；③继承开始前被继承人为主体而继承开始后继承人为主体说；④遗产主体说。遗产主体说将遗产破产与设有代表人的非法人团体等同，认为遗产本身是破产人，具有主体资格。严格来说，遗产不具有权利能力，只具有诉讼上的当事人能力。在遗产破产中，遗产具有当事人能力，遗产破产作为一种特别执行程序的非讼事件，不具有传统诉讼中的原告和被告双方，但并不影响遗产的诉讼上的主体资格，这正

---

① 豆景俊、郑狄杰：《构建我国个人破产制度的法律思考》，载《广东商学院学报》2001 年第 2 期。

② 何旺翔：《德国个人破产制度及其思考》，载《江南大学学报（人文社会科学版）》2008 年第 6 期。

③ 汤维建：《关于建立我国的个人破产程序制度的构想（下）》，载《政法论坛》1995 年第 4 期。

是遗产破产的特别之处。①

其次，遗产破产的破产原因。有别于一般企业的破产原因，遗产破产原因不以支付不能为参考标准。在遗产破产案件中，债务人已经死亡，无所谓偿债能力，所以法律规定遗产破产的原因为债务超过，即遗产不足以清偿债务，从债务人的资产总额和负债总额的比率上判断。② 不过，也有学者认为，为了维护债权人的合法利益，支付不能也应当作为遗产破产的破产原因。③

最后，遗产破产与限定继承制度虽然关系密切，但仍有本质区别。限定继承，是指继承人对于被继承人生前所欠的债务，以其所继承遗产的实际价值为限进行清偿，对于超出遗产范围的债务，不承担清偿债务的责任。限定继承制度将继承人的财产与其所继承的遗产隔离，进而使继承人债务的责任财产范围与被继承人债务的责任财产范围分开，被继承人的债权人仅能就被继承人的遗产受偿，而不能请求继承人以其自己财产清偿被继承人债务。④ 限定继承的此种财产区分功能，一定程度上与自然人破产发生互补，若继承人遭遇破产，其可以通过申请遗产破产使其继承的遗产脱离该继承人的财产范围，此时被继承人之债权人的利益也得到了保护。⑤

正是由于遗产破产制度有其本身的特殊性，而又与自然人破产制度和《继承法》之间存在密切联系，所以如何对其加以规定需要从立法技术上加以考量。有学者认为，《继承法》中对遗产债务的清偿顺序和债务类型进行了规定，而遗产破产又不涉及重整、和解、债务人免责制度以及复权制度的问题，因而无须再在破产法中专门规定遗产破产的清偿顺序和债务

---

① 檀钊：《遗产破产基本问题初论》，载《江苏广播电视大学学报》2008 年第 3 期。同意遗产破产的主体为遗产本身的还有，赵春辉：《论我国遗产破产制度的构建》，载《河北企业》2018 年第 4 期。

② 李永燕：《浅析遗产破产》，载《太原师范学院学报（社会科学版）》2006 年第 5 期。

③ 赵春辉：《论我国遗产破产制度的构建》，载《河北企业》2018 年第 4 期。

④ 王春梅：《议遗产破产》，载《哈尔滨工业大学学报（社会科学版）》2005 年第 5 期。

⑤ 檀钊：《遗产破产基本问题初论》，载《江苏广播电视大学学报》2008 年第 3 期。

类型，以避免立法的重复。①

　　综上所述，对于自然人破产的问题，支持者大多从法学理论上来考虑，而反对者大多从我国目前实际情况出发。纯理论的思辨难免带有理想主义的色彩，而拘泥于眼前的实际则又会限制法律的发展，应该说，赞同构建自然人破产制度的观点是面向将来的，其建议值得在以后的立法中作为参考，但是制度构建也不是一蹴而就的。正如有学者所言，对于自然人破产，我们面对的问题首先是立法政策的选择问题。这需要考察我国社会经济、文化、法治的基本情况，综合比对和衡量引进自然人破产制度实施的社会成本与收益、不引进该制度的社会成本与收益，在对制度的必要性与可行性问题进行全面分析的基础上，才能够作出最后决策。② 将来的立法想必也是根据社会发展的具体情况逐步展开。

## 第四节　关联企业破产

　　在日趋激烈的市场竞争中，企业为了抵抗经济风险、增强经济竞争力，往往通过扩大企业规模、增加产业数量和种类、延长产业链条来站稳脚跟，关联企业形式应运而生且蔓延扩张。有关关联企业的含义，学界存在不同观点，如有学者认为关联企业是指企业间为了达到特定目的，通过特定手段（包括股权参与、资本渗透、合同机制等）形成的控制关系。③ 也有学者认为，关联企业是指与其他企业存在股权和契约基础上的从属关系或共同隶属于某一企业、又具有独立法律地位的企业。④ 对于关联关系的含义，我国《公司法》第 216 条规定："关联关系，是指公司控股股东、实际控制人、董事、监事、高级管理人员与其直接或者间接控制的企业之间的关系，以及可能导致公司利益转移的其他关系。"《企业所得税法》第 41 条、《企业所得税法实施条例》第 109 条、《税收征收管理法实施条例》第 51 条、国家税务总局《关联企业间业务往来税务管理规程》

---

　　① 谭启平、冯乐坤：《遗产处理制度的反思与重构》，载《法学家》2013 年第4 期。

　　② 曹兴权：《雾里看花：自然人破产之争》，载《河北法学》2006 年第 4 期。

　　③ 施天涛：《关联企业法律问题研究》，法律出版社 1998 年版，第 14 页。

　　④ 孙向齐：《关联企业破产法律问题研究》，中国人民大学 2008 年博士学位论文。

第 4 条均对关联关系予以界定，包括"在资金、经营、购销等方面，存在直接或者间接的拥有或者控制关系""直接或者间接地同为第三者所拥有或者控制""在利益上具有相关联的其他关系"。尽管对于关联企业的含义界定存在一定差异，但学者们基本认同关联企业的以下特征：①关联企业并非独立的企业，而是若干具有关联关系的企业组成的联合体；②关联企业下的每一成员都有独立的法律地位，都是独立的企业；③关联企业之间存在控制关系和被控制关系。关联企业的特殊性使其破产往往比一般企业更为复杂，因此学界也有不少学者针对关联企业破产进行了专门探讨。

## 一、关联企业破产面临的特殊问题

### （一）外部债权人的利益更容易受到损害

关联企业中复杂的关联关系，高概率的资产混同、人员混同和经营一体化，使得关联企业经营中经常存在隐蔽的违法行为，也极易出现破产欺诈和虚假破产。这些违法行为在关联企业破产时暴露出来，传染性地引发一连串问题，极大地侵害了外部债权人的利益。

（1）关联企业之间具有密切的经济联系和清晰的信息交流渠道，其往往存在隐蔽的利益输送和控制行为，外部债权人的利益严重受损却还被蒙在鼓里。如控制企业出现破产欺诈时，向其从属公司低价转让资产以逃避债务；又如控制公司以自己的利益为中心，将从属公司视为攫取利益的工具，从属企业的利益受到严重损害，进而侵害从属企业外部债权人的利益；控制公司为了逃避债务，甚至故意启动从属公司的破产程序等。这些都极大地侵害了外部债权人的利益。[①]

（2）关联企业之间往往存在复杂的债权债务关系，混乱的相互借贷和内部担保往往使关联公司之间的债权债务难以界分。一旦某个关联企业成员出现破产，其他成员均试图主张债权，甚至有可能夸大债权数额、虚构债权。债权担保行为普遍存在，同时关联企业内部的债权人相比于外部

---

① 王欣新、蔡文斌：《论关联企业的破产规制》，载《政治与法律》2008 年第 9 期；孙向齐、杨继锋：《关联企业破产违法行为的规制》，载《法学杂志》2009 年第 9 期。

债权人而言有着明显的优势地位，不作区分地坚持一切债权人平等，有损外部债权人的利益，可能造成实质上的不公平。①

### （二）复杂的关联关系使资产清理变得困难

关联企业内部之间经常存在资产负债高度混同，关联企业经营所获利益也通常由关联企业成员共享，因此欲对某个企业进行单独破产清算十分困难，需要耗费大量人力、物力资源和时间成本，大大增加了破产清算的费用。②

关联企业破产的特殊性使得仅适用现有破产规则不能实现债权人利益的公平保护目的，因此各国立法以及学界纷纷探讨关联企业破产中新的债权人利益保护制度，其中典型的三项制度为法人人格否认、实质合并原则、衡平居次原则。

## 二、公司法人人格否认

公司的独立人格和股东有限责任是《公司法》的核心和基础，然而当出现股东滥用公司独立人格和有限责任，侵害公司债权人的利益或者社会利益时，法院在满足特定条件的情形下，为保护债权人利益，例外地否认公司的独立人格，要求公司背后的股东直接对公司的债务承担责任。此即为公司法人人格否认，又称为揭开公司面纱。我国《民法总则》第83条第2款和《公司法》第20条对公司法人人格否认进行了规定。在关联企业破产中，法人人格否认制度适用的结果是：①法官可以通过否认控制公司享有的法人人格，要求其对从属公司的债权人进行清偿；②控制公司对从属公司的债权不受清偿。尽管法人人格否认制度的适用对于关联企业债权人公平受偿有积极作用，然而，我国学界不少学者仍然认为，单一的法人人格否认存在局限，主要表现为以下几点：①法人人格否认制度仅能在控股形成的控制关系中适用，对于通过合同等形式形成

---

① 彭旭林：《关联企业破产债权刍议》，载《西南石油大学学报（社会科学版)》2014年第5期；孙向齐、杨继锋：《关联企业破产违法行为的规制》，载《法学杂志》2009年第9期。

② 王欣新、蔡文斌：《论关联企业的破产规制》，载《政治与法律》2008年第9期。

的关联关系不能适用，而合同型关联企业在现实生活中广泛存在。法人人格否认制度对于控股股东之外的实际控制人或者其他控制者不当损害债权人利益的行为无法进行规制。②法人人格否认制度适用的效力单一，即控制公司直接对从属公司的债务承担连带责任，此种适用结果可能导致控制公司背后真正的操纵者逃脱责任追究，并可能损害控制公司的小股东利益。③法人人格否认的适用具有特殊性，我国法官对其适用也尤其谨慎，进一步限制了其在关联企业破产清算中的作用。① 由于法人人格否认制度的局限性，在其基础上延伸出了实质合并原则。

## 三、关联企业破产的实质合并原则

有关实质合并原则的讨论在我国学界十分热烈，也是关联企业破产中讨论最为集中的话题，有关实质合并原则的含义、适用标准、适用程序和管辖权的争议仍旧存在。

### （一）实质合并原则的含义

实质合并原则是指关联企业中数个成员同时发生破产情形时，将这些关联企业的资产和债务合并，关联企业的债权人共同就合并后的关联集团之财产受偿，关联企业之间的债权债务关系、担保关系消灭。有学者针对实质合并原则概念总结出以下突出特点：①实质合并原则是对关联企业各自独立人格的否认；②实质合并原则的运用使关联企业之间存在的债权不受清偿而消灭；③关联企业的全部债权人就实质合并后形成的财产受偿，不具体区分债权人原本的债务人。②

关联企业法律地位与经济事实的不一致进一步引发了关联企业责任的独立性与经营的非独立性之间的矛盾，使得关联企业外部债权人在关联企业成员遭遇破产时，不能获得公平清偿，同时由于关联企业之间复杂的经济关系和难以分割的资产债务，使关联企业间的资产债务清理需要耗费巨

---

① 张少丽：《关联企业实质合并破产制度研究》，载《重庆第二师范学院学报》2014 年第 4 期；孙向齐、杨继锋：《关联企业破产违法行为的规制》，载《法学杂志》2009 年第 9 期；刘瑾：《关联企业破产分配中衡平居次原则的适用研究》，苏州大学 2016 年硕士学位论文。

② 徐阳光：《论关联企业实质合并破产》，载《中外法学》2017 年第 3 期。

大的人力、物力和时间成本，有碍效率价值的实现。① 正是基于对效率和公平的追求，美国在判例中首先适用实质合并原则，后来为各国立法所借鉴。联合国贸易法委员会《破产法立法指南》第 219 条、第 220 条也规定了实质合并破产原则适用的两种情形；我国《破产审判纪要》"关联企业破产"部分也确定了实质合并原则及其适用规则。

对于实质合并原则与法人人格否认制度的关系，有学者认为二者不能等同，而是存在以下差异：第一，从宏观的适用范围来讲，法人人格否认制度的适用不限于破产法领域，还包括合同法、侵权责任法领域，实质合并原则仅适用于破产法领域，且一般为母公司和子公司同时破产的情形。② 第二，法人人格否认制度仅针对特别个例，对人格的否定也是个别的；实质合并原则对法人人格的否认是全面的、终极的否定。③ 第三，二者在立法价值理念和适用条件上存在差别，实质合并原则追求债务人公平清偿和破产程序的效率价值，法人人格否认制度则主要在于保护特定债权人的利益；法人人格否认的适用，往往以人格混同和债权人利益因此遭受严重损害为要件，但实质合并原则的适用不仅限于此。关联企业之间过度混同，导致破产单独分别清算耗费巨量费用，也存在适用实质合并原则的可能。此外，二者在举证责任、适用程序上也存在区别。④

### （二）实质合并原则的适用范围

关于实质合并原则的适用范围，主要存在普遍适用说、例外适用说。

#### 1. 普遍适用说

普遍适用说主张将实质合并原则普遍地适用于控制公司和从属公司同时破产时，仅在例外情形下允许关联企业成员单独进入破产程序。因此，法官可以推定关联企业之间存在资产混同或者财务混同，进而适用实质合并原则，对于实质合并持异议者，应当举证证明触发实质合并之要件不存

---

① 郁琳：《关联企业破产制度的规范与完善》，载《人民法院报》2018 年 4 月 11 日第 7 版。

② 王欣新、蔡文斌：《论关联企业的破产规制》，载《政治与法律》2008 年第 9 期。

③ 张少丽：《关联企业实质合并破产制度研究》，载《重庆第二师范学院学报》2014 年第 4 期；徐阳光：《论关联企业实质合并破产》，载《中外法学》2017 年第 3 期。

④ 彭插三：《实质合并规则与公司法人人格否认制度比较研究》，载《北京工商大学学报（社会科学版）》2010 年第 3 期。

在。普遍适用说的理由在于，我国关联企业法律规制不足，关联企业之间的资产和财务混同、利益移转情形广泛存在，普遍适用具有必要性。[1]

2. 例外适用说

例外适用说是指控制公司和从属公司破产时，原则上不适用实质合并原则，仅在满足特定要件时方能适用。持此种观点的学者主要有以下理由：①例外适用原则为多数国家采用，美国、英国、法国等法制成熟的国家都采用此种模式；②采取普遍适用原则，将打消企业扩大经营的积极性，不利于企业发展；③实质合并原则是对企业法人独立人格的否认，广泛适用将动摇公司法的基础，且实质合并会损害部分债权人的利益，应当审慎适用。[2] 我国也采此种适用原则，《破产审判纪要》"关联企业破产"部分第32条规定，人民法院在审理企业破产案件时，应当尊重企业法人人格的独立性，以对关联企业成员的破产原因进行单独判断并适用单个破产程序为基本原则。

本书认为，法人人格独立制度是公司法的基石，由于实质合并原则的适用往往伴随着对这一制度的冲击，同时合并破产并非对所有债权人有利，可能发生合并破产后债权人受偿份额过分减少的情形，因此，实质合并原则应当审慎适用。

### （三）适用要件

有关实质合并原则适用的要件，主要存在以下几种观点：第一，账户与资产混同严重。该要件产生于 Chemical Bank New York Trust Co. v. Kneel[3] 案中，其含义为，当资产与账户混同大到足以使人绝望的程度，严格区分将耗费巨大成本并足以侵害债权人利益时，应当进行实质合并。此标准并

---

[1]　Jonathan M. Landers, A Unified Approach to Parent-Subsidiary Corporation, and Affiliate Questions in bankruptcy, The University of Chicago Law Review, 1975, Vol. 42, No. 4. 王欣新、蔡文斌：《论关联企业的破产规制》，载《政治与法律》2008年第9期。江朵：《关联企业破产时的实质合并原则研究》，上海交通大学2007年硕士学位论文。

[2]　巩凡书：《实质合并原则在我国关联企业破产中的适用》，载《黑龙江省政法管理干部学院学报》2012年第2期；郁琳：《关联企业破产制度的规范与完善》，载《人民法院报》2018年4月11日第7版。

[3]　Chemical Bank New York Trust Co. v. Kneel, 369F. 2d845（2d Cir. 1966）.

非基于揭开公司面纱所生，而主要是以效率为价值追求。① 第二，债权人期待。该要件是指，债权人在与关联企业进行交易之时，其实质上是认为自己在与整个关联集团进行交易，其交易是基于对整个关联集团的信任。② 此一要件的设置，实质上是为了保护那些因实质合并破产而利益可能受损的债权人，对申请实质合并破产的债权人所提出的要求。第三，法人人格混同。采取此标准的学说往往延伸出具体的经营混同、业务混同、人员混同、财务混同、资产混同等标准，且此标准也与"账户与资产混同严重"标准存在一定重合。③ 第四，不当利益转移或分配。此要件从结果来评估关联企业的不当利益移转和分配是否会对债权人的利益造成重大损害。④ 我国《破产审判纪要》将要件规定为"关联企业成员法人人格存在高度混同""区分各自财产的成本过于高昂""严重损害债权人利益"。

### （四）适用程序

**1. 实质合并破产的启动**

关于破产合并的启动存在申请主义和职权主义两种观点。申请主义是指法院仅能依据当事人的申请进行实质合并破产，不得依职权进行；职权主义则是指法院除了依据当事人申请外，也可以依职权进行实质合并破产。反对职权主义的学者认为，实质合并破产涉及债权人和债务人的重大利益，不宜依职权开启，但同时也认为法院在要件充分的情形下，可以进行司法引导。⑤

**2. 实质合并破产的审查**

由于实质合并破产对于债权人和债务人的利益都将产生重大影响，因

---

① 徐阳光：《论关联企业实质合并破产》，载《中外法学》2017 年第 3 期。

② 贺丹：《破产实体合并司法裁判标准反思——一个比较的视角》，载《中国政法大学学报》2017 年第 3 期。

③ 孔维琛：《实质合并规则的理解和运用》，载《人民司法·应用》2016 年第 28 期；余雷：《关联企业破产案件中适用实质合并原则的判断标准》，载《江苏经济报》2016 年 9 月 7 日 B03 版。

④ 朱黎：《论实质合并破产规则的统一适用——兼对最高人民法院司法解释征求意见稿的思考》，载《政治与法律》2014 年第 3 期。

⑤ 王欣新：《关联企业的实质合并破产程序》，载《人民司法·应用》2016 年第 28 期。

此法院必须进行审查。关于审查的内容，主要有：各关联企业是否具有破产原因；是否存在适用实质合并破产的要件，包括资产财务混同的程度、法人人格混同的显著性和危害性等。① 在审查过程中，也有学者提出，应当尽可能听取各方意见，同时注重对异议债权人的保护。②

3. 实质合并破产的管辖

关联企业合并破产时，往往会发生破产管辖权争议，对于如何确定具体的管辖法院，学者们提出了以下观点：

（1）以控制企业所在地为原则。不少学者认为，实质合并破产应当以控制企业所在地法院管辖为原则。原因在于，控制企业往往集中了关联企业的主要财产，且聚集了控制决策人员，有利于提高破产程序的效率。③ 对于关联企业财产分散于各处而非集中的情形，也有学者提出应当采取便利法院原则。④

（2）对于难以确定控制公司的情形，有学者认为应当直接通过指定管辖确定法院，⑤ 但我国《破产审判纪要》则"关联企业破产"部分第35 规定，核心控制企业不明确的，由关联企业主要财产所在地人民法院管辖。

（3）对于多个法院发生管辖权冲突的，应当报请共同的上级人民法院指定管辖。

## 四、关联企业破产的衡平居次原则

衡平居次原则又称深石原则，是指在破产财产分配中，对于债务人的关联公司所享有的债权，在债务人的其他债权人的债权得到偿付后，再予以清偿。其实质是将债务人关联公司的债权清偿顺序予以推后。衡平居次原则，避开了对公司法人人格否定的前提，一定程度上缓和了对债务人利

---

① 郁琳：《关联企业破产制度的规范与完善》，载《人民法院报》2018 年 4 月11 日第 7 版。
② 徐阳光：《论关联企业实质合并破产》，载《中外法学》2017 年第 3 期。
③ 王欣新：《关联企业的实质合并破产程序》，载《人民司法·应用》2016 年第 28 期。
④ 徐阳光：《论关联企业实质合并破产》，载《中外法学》2017 年第 3 期。
⑤ 王欣新、蔡文斌：《论关联企业破产之规制》，载《政治与法律》2008 年第9 期。

益的损害，相比于实质合并原则，更为温和。①

有关衡平居次原则的简要论述参见本书"破产债权"一章。

通过对金融机构，主要是商业银行破产，以及合伙企业和自然人破产、关联企业破产问题的探讨，可以看出我国在破产法立法中对这些特殊主体的破产问题回应不足，甚至是回避。金融机构破产的具体管理办法交由国务院制定，且不说这一做法违反《立法法》，目前国务院并没有出台商业银行的破产规则，导致这方面仍然处于立法空白状态；合伙企业破产仅仅以参照适用的方式来解决，但是一系列实务操作层面的具体问题完全没有得到回答；对自然人破产的问题直接不予规定，其如何与合伙企业破产制度衔接就更没有立法层面的回应了；关联企业破产问题的处理仍然要经历漫长的规则细化和经验积累。

或许，长期以来我国以行政手段解决商业银行破产问题的思路暂时难以改变，所以相关制度迟迟难以建立。合伙企业破产也需要在实践中加以摸索，从而完善相关立法；而目前的社会发展阶段还不适宜自然人破产制度的建立。但是，经济体制的变革趋势在不断地推动这些特殊主体通过破产法有序退出市场，保护自身权益和其债权人的利益甚至维护社会经济秩序，原则性的粗略规定已经无法满足时代的需要，相关特殊主体破产制度需要逐渐建立和完善。

---

① 孙向齐：《我国破产法引入衡平居次原则的思考》，载《政治与法律》2008年第9期。

# 第三章 破 产 原 因

## 第一节 概　　述

### 一、破产原因的概念及功能

#### (一) 破产原因的概念

破产原因，在英美法系国家立法中往往称为破产行为，在我国也称破产界限。① 破产原因是启动企业破产程序的前提条件，也是界定破产涵义的核心要素。《企业破产法》和《破产法解释一》也只是对破产原因的标准作出了基本规定，学界目前对于破产原因的定义及范围尚无明确结论，主要存在以下学说：

1. 以涵盖范围为依据划分。多数观点认为（广义角度）破产原因是指破产清算、重整或和解三个破产程序均适用的原因。其中，具有代表性的表述为："破产原因也是和解程序与重整程序开始的原因。"② 持有该观点的理由在于：词源、词典解释以及法律规定③均表明"破产"，系广义的、现代意义上的"破产"，不仅包含狭义的"破产"即通过破产清算程序清理债务的情形，还包括通过再建型程序（重整或者和解程序），拯救企业以清偿债务的情形。相应的，破产原因也应是广义破产程序上的原

① 王欣新：《破产原因理论与实务研究》，载《天津法学》2010 年第 1 期。

② 王欣新：《新破产立法中的破产原因》，载《人民法院报》2004 年 8 月 20 日第 6 版。

③ 我国《企业破产法》明确将和解与重整纳入破产制度，特别是《企业破产法》第 2 条对破产清算原因、和解原因、重整原因作了统一规定。

因，而非仅指破产清算原因。与此相对，也有观点认为（狭义角度）破产原因仅指破产清算程序启动的原因，不适用于重整与和解程序。① 其中，具有代表性的陈述为："从法律和法学的严谨性来看，将破产原因仅认定为破产清算原因更为科学"。持有该观点的理由在于：①从语言表达上来看，若将破产原因适用于破产清算、和解以及重整三个程序之上，则在理解上容易产生歧义。相比之下，用"破产原因""和解原因"及"重整原因"来分别表述，则内涵更确定。②从实际应用来看，与核实财产，清偿债务的破产清算目的相比较，和解与重整程序的目的在于破产预防，其理想结果是"不破产"而非"破产"，将其从破产原因的内涵中剔除会使得"破产原因"概念更能直指本质。③从法律后果上来看，狭义的破产原因所产生的效果是消灭债务人主体资格，而和解原因和重整原因所产生的效果则是和解程序和重整程序的运行，法律效果明显不同，不应笼统合一。

2. 以程序运行阶段划分。有观点认为：破产原因仅指破产程序启动（破产申请受理）的原因。② 其中，具有代表性的表述为："破产原因的存在，仅在破产案件受理时的时点上具有对破产程序启动与否的实质性意义，破产程序启动后债务人是否仍具有破产原因，对破产程序的进行不再具有实质影响……所以，在我国将破产原因从引起破产程序发生的原因，延伸理解为法院据以'宣告债务人破产的法律标准'或法律事实，由于我国现行立法不是采取破产宣告开始主义，在表述上便显得不够准确了。"③ 持有该观点的理由在于：①我国破产法是以法院对破产案件的受理即法院裁定受理破产申请作为破产程序的开始，自受理后债务人方能进入法律意义上的破产程序。故，破产原因为破产程序启动或者法院受理破产申请的原因。②破产宣告所依据的事实应为法院受理破产程序后，经过实质审查而确认的债务人已经达到丧失清偿能力的状态即"经法院审理所认定的客观事实"，而破产启动所依据的事实应为法院对破产申请作形

---

① 费煊：《破产原因概念的廓清——对我国破产原因通行定义的批评》，载《学术界》2010 年第 4 期；李庆浩：《破产原因的概念界定》，载《法制与经济》2014 年第 17 期。

② 程春华：《破产原因研究》，载李昌麒主编：《经济法论坛（第 2 卷）》，群众出版社 2005 年版，第 175 页。

③ 王欣新：《破产原因理论与实务研究》，载《天津法学》2010 年第 1 期。

式和一定程度实质上的审查后所确定的事实，该事实与破产宣告所依据的事实有较大差距。故，破产启动的原因不同于破产宣告的原因，而此处的破产原因仅为破产启动的原因。与此相对，少数观点认为：破产原因仅指破产宣告的原因。其中，具有代表性的表述为："破产原因是指就债务人存在的，能够对债务人宣告破产的原因和根据。"① 持有该观点的理由在于：破产程序启动原因与破产宣告原因具有同质性的观点存在逻辑错误和程序法上的缺陷。之所以会将破产程序启动的原因与破产宣告的原因弄混淆，是因为二者均以"债务人丧失清偿能力的客观事实"为基础，具有同质性。但问题在于"债务人丧失偿债能力的客观事实"是需要被人们认识之后才能确认的，这时就存在一个客观事实与"意识中的事实"的差距，二者虽然均被称为"破产原因"，其实是同一语言符号下的两个不同范围。只有当意识中的事实经过法庭审理被确认与客观事实同一之后（绝对同一非人类可为，只能是相对同一），才能宣告债务人破产。也就是说，真正的"破产原因"应当是经法庭审理"被确认为客观事实"的"意识中的事实"。而在法庭审理之前，"意识中的事实"是否与客观事实同一是不确定的，只能是一种可能性，这种可能性应当就是"破产程序开始的原因"。也就是说，"破产程序开始原因"指向的事实是可能的事实，"破产宣告原因"指向的事实是经过确认的事实，故"'破产程序开始原因与破产宣告原因的同质性'在现实中不存在"②。此外，在程序上，债务人是否具备破产原因只有经过实质审查之后方能确认，而实质审查只有在法院受理破产申请启动破产程序后才能进行，由此可知破产启动的原因与破产宣告的原因并不同质，尚存在很大差距。

此外，多数观点认为：破产原因是指破产程序启动和破产宣告的原因。其中，具有代表性的表述为："破产原因是适用破产程序所依据的特定法律事实，是破产程序开始的前提，也是法院进行破产案件受理的实质要件和破产宣告的重要依据。"③ "破产原因，也称破产界限，指认定债

---

① 范健主编：《商法》（第二版），高等教育出版社、北京大学出版社 2002 年版，第 232 页。

② 费煊：《破产原因概念的廓清——对我国破产原因通行定义的批评》，载《学术界》2010 年第 4 期。

③ 赵旭东：《商法学》（第三版），高等教育出版社 2015 年版，第 434 页。

务人丧失清偿能力，当事人得以提出破产申请，法院据以启动破产程序、作出宣告破产的法律事实。"① "破产原因的存在与否是判断破产申请能否成立、法院能否受理申请以及能否作出破产宣告的重要依据。"② 持有该观点的理由在于：从理论上来看，破产程序启动和破产宣告的标准的实质均为"丧失清偿能力"，无实质差别；从立法上来看，《企业破产法》第 2 条和第 7 条，所指向的内容均为破产原因。虽然与债务人相比，债权人在提出破产申请时的标准比较低，不需要完全达到《企业破产法》第 2 条的规定，但是这也是举证责任的差别，法院在形式和实质审查时仍然会按照破产原因的标准进行，二者目的一致。

总而言之，破产原因在不同的破产程序中具有不同的作用，正如有学者指出，"仅就破产界限之于破产程序的启动及破产而言，就存在着下列不同情形下对破产界限的不同界定和适用：破产受理与破产宣告、破产预防程序还是破产清算程序、自愿申请还是强制申请、企业法人破产还是非法人组织（比如合伙）破产、正常存续中的企业破产还是清算中的法人破产等"。如果从破产程序的不同阶段以及启动不同程序所需要的破产原因要件来说，破产程序对破产原因要件的要求至少包括：①当事人提出破产申请的原因要件；②人民法院受理破产申请的原因要件；③法院最终判定债务人进入破产清算程序（作出破产宣告）的原因要件；④法院宣布对债务人开始破产和解或者破产重整的要件等。③

### （二）破产原因的功能

"破产原因是破产程序的门槛，其高低直接影响破产率的高低和破产程序的多寡，直接影响了法律对利益的平衡与取舍。"④ 因此，破产原因在破产法律制度中占特殊重要的地位。综合来看，破产原因主要有以下两大功能：①开放性收纳破产问题功能——保障当事人及时、便利地获取破产救济。在债务人丧失清偿能力的客观事实前提下，从保护债权人利益的

---

① 王欣新：《新破产立法中的破产原因》，载《人民法院报》2004 年 8 月 20 日第 6 版。

② 韩长印：《破产原因立法比较研究》，载《现代法学》1998 年第 3 期。

③ 韩长印主编：《破产法学》（第二版），中国政法大学出版社 2016 年版，第 42 页。

④ 齐树洁主编：《破产法研究》，厦门大学出版社 2004 年版，第 130 页。

角度来看，相较于强制清算程序、民事强制执行程序以及执行程序中的参与分配程序而言，破产程序具有保护诸多债权人利益，使其公平受偿的不可替代的优越性。正是因为破产程序具有这一优越性，当破产原因出现时，破产程序的及时启动，才能更符合债权人、债务人的利益，也更符合社会整体利益。因此，慎重规定破产原因，合理设置债务人破产的时间和条件，则显得尤为重要。若标准或门槛过高，则阻碍了破产申请人的积极性，导致动因不足，不利于破产制度发挥其优越性。① ②破产程序准入严格标准功能——防范破产申请不当使用。破产原因在如实描述债务人丧失清偿能力，清除其进入破产程序障碍的前提下，还应当解决另一个问题即严格破产程序的准入标准，将不满足破产原因的债务履行问题拒之门外。从某种角度来看，过低的破产程序准入标准确实有利于债务人和债权人各方保护自身利益，但反过来看，也会因破产制度的滥用和欺诈导致自身权益受到损害。比如，破产原因启动后一旦得到法院的确认就会产生启动破产程序的法律效力。具体表现为：法院任命破产管理人、债务人财产被管理人接管、债务人丧失自由处分财产和对债权人进行个别清偿的权利、债权人申报债权、债权人会议召开等；此外，破产程序的启动也会阻却所有针对债务人的债务追讨行为，包括：相应财产保全、诉讼和强制执行程序被中止，甚至可能扩展到债权人不得以任何法律途径或非法律途径对债务人的债务履行进行催讨或者对债务人本人进行滋扰，待履行合同的相对方失去了解除合同的权利。② 一旦最终法院宣告债务人不符合破产标准，则首当其冲的仍是债权人。"尽管《企业破产法》第 12 条第 2 款规定了不具备破产原因而进入破产程序的债务人的退出机制，但是并不足以修正此类破产欺诈给当事人所造成的损失。"③ 因此，通过破产原因设定严格的破产准入标准对保护各方利益，维护市场经济秩序也显得至关重要。

综上所述，破产原因具有通过破产程序解决债权债务问题、保障各方利益，同时防止破产欺诈和滥用破产申请来逃避债务的两大功能。破产原

---

① 齐明：《我国破产原因制度的反思与完善》，载《当代法学》2015 年第 6 期；韩长印、何欢：《破产界限的立法功能问题——兼评〈企业破产法〉司法解释〈规定（一）〉的实际功效》，《政治与法律》2013 年第 2 期。

② 齐明：《我国破产原因制度的反思与完善》，载《当代法学》2015 年第 6 期。

③ 齐明：《我国破产原因制度的反思与完善》，载《当代法学》2015 年第 6 期。

因正是通过两大功能的实现，来达到管理企业市场，实现优胜劣汰，促进产业转型，使得企业市场更好地在良性竞争中健康发展。因此，破产原因成为贯穿破产法始终的一条线索，对于完善破产法的理论和实践有重大的作用。

## 二、破产原因立法模式

关于破产原因的立法模式，纵观世界各国早期的立法实践，无非两种：一种为列举主义；另一种为概括主义。但随着社会的发展，基于破产原因的复杂性，有些国家逐渐采取折中主义立法模式，即将列举式和概括式结合起来，兼采二者之优点，以规避单一模式下弊端，比如，法国1955年《破产法》第1条①则明显表明其采用的是折中主义立法模式。此外，还包括葡萄牙、西班牙、巴西等国也采折中主义的立法模式。接下来，将着重介绍列举主义和概括主义。

### （一）列举主义立法模式

所谓列举主义，"是指列举规定若干种表明债务人丧失清偿能力，或严重影响债务人清偿能力的损害债权人利益的具体行为，凡实施行为之一者便可认定其发生破产原因，这些行为称为破产行为或无力清偿债务行为"。② 需要注意的是，列举主义立法模式下的各项具体行为仅为申请人提起破产申请的理由，并不当然是法院宣告债务人破产的原因。从各国立法实践来看，英美法系国家多采取列举主义立法模式。例如，英国现行破产法是1914年颁布的《破产法令》，该法将企业破产原因规定为八类破产行为，即偿债财产委托管理行为、欺诈交付行为、设置欺诈性优先权行为、出国逃债行为、司法执行还债行为、明示法院无力清偿行为、接到破产通知仍不清偿行为、通知停止支付行为。近年来，英国根据司法实践需求，又增加法院已向债务人作出刑事破产命令和法院已向债务人作出履行

---

① 法国1955年《破产法》第1条规定，停止支付的债务人要到法院申报，并提交会计报表如资产负债表等，然后据此申请实行整理程序，即可进行破产预防（类似于和解先试主义），但债务人有下列行为之一时，无权申报整理而应破产程序：①违反法律规定而经营某种事业（违法经营）；②制作虚假的会计报表（做假账）、隐匿财产之一部或全部；③不按企业规模实行相应的会计制度。

② 王欣新：《破产原因理论与实务研究》，载《天津法学》2010年第1期。

债务的行政命令，债务人对此却拒不执行或者无法履行等两类行为作为企业破产原因。在英国破产法规定的这些破产行为中，除了债务人不能清偿债务外，其中大多是关于债务人不法行为的规定。此外，美国 1899 年《破产法》第 3 条第 1 款将破产原因列举为五项，包括债务人诈欺债权人将财产隐匿、转让、赠与、债务人信用崩溃、债务人逃匿、债务人非法设置优先财产担保以及债务人持续地停止营业等。列举主义的优点在于：规定具体，便于实际操作；与此相对，囿于现实经济生活的复杂多变，列举式的缺点也比较突显，即不可能穷尽所有可被宣告破产的情形，极容易挂一漏万，造成司法工作无所适从。

列举主义立法模式之所以会受到青睐，是因为受到早期破产犯罪立法思想的影响，通过具体条文的形式列明债务人实施的不当行为，便于债权人举证和法院认定。此外，如前所述，采用列举式立法模式的国家多为英美法系国家，是因为"英美法的立法传统是重判例、轻法典，注重具体的条列，而不注重抽象的概括，判例是英美法的主导形式。英美法的司法制度也有其特点，即法官在处理案件时有较大的司法自主权，如果存在立法和判例空缺，法官可根据法理决断，并形成新的判例。换句话说，英美法系法官实质上拥有一定的立法权。因此，'列举式'立法的缺陷可以通过法官的自主性得到弥补"[1]。

### （二）概括主义立法模式

所谓概括主义立法模式，"就是将债务人可被宣告破产的各种情由概括为一些抽象的概念，并且将其明确规定在立法中，作为当事人申请破产和法院受案的依据"。[2] 从各国立法实践来看，大陆法系国家多采取概括主义立法模式。并且，概括主义立法模式将破产原因归纳为以下三种：①支付不能；②资不抵债；③停止支付。虽然各个国家在具体设定破产原因时会有侧重，不大相同，但统而言之，均在这三个要件涵盖的范围之

---

① 李克武：《关于我国破产界限立法的探讨》，载《华中师范大学学报》1996年第 3 期。

② 李克武：《关于我国破产界限立法的探讨》，载《华中师范大学学报》1996年第 3 期。

内。比如，德国《企业破产法》第 17 条①对无支付能力即 "不能清偿到期债务" 作了规定，第 18 条②对即将无支付能力作了规定，第 19 条③对资不抵债作了规定。支付不能为一般破产原因，已经停止支付推定为支付不能。并且，德国《破产法》还创新性地把 "行将支付不能" 列为独立破产原因。但该规定只适用于债务人申请破产的情形。日本现行《企业破产法》第 15 条和第 16 条④明确规定企业破产原因有支付不能、推定支付不能（已经停止支付）及债务超过三类。其中，支付不能与推定支付不能是 "不能清偿到期债务" 的基本体现；债务超过是指资产不足以清偿债务，即通常的 "资不抵债" 的情形，债务超过被视为已具备企业破产原因，破产申请权人可以依法提起破产申请。与此相对，法国、西班牙的破产法仅将支付不能作为破产原因。与列举主义立法模式相比，概括主义立法模式具有抽象、全面的特点，有利于法官在审查和裁判时更大限度地行使自由裁量权，以便灵活应对各种实际情况，但缺点在于过于抽象，不便于操作并且可能出现法官滥用自由裁量权的现象。随着社会的发展以

---

① 第 17 条：①一般性的开始原因为无支付能力。②债务人不能够履行到期支付义务的，为无支付能力。债务人已经停止支付的，通常即应推定为无支付能力。参见李飞主编：《当代外国破产法》，中国法制出版社 2006 年版，第 19 页。

② 第 18 条：①由债务人申请开始破产程序的，即将无支付能力也为开始原因。②债务人预计在现有支付义务到期时不能够履行此种义务的，为即将无支付能力。③法人或无法律人格的合伙或公司的申请非由法人代表机构的全体成员或全体承担个人责任的股东或全体清算人提出的，对本条第 1 款的适用仅以申请人有权代表法人或有权代表合伙或公司为限。参见李飞主编：《当代外国破产法》，中国法制出版社 2006 年版，第 19 页。

③ 第 19 条：①对于法人，资不抵债也为开始原因。②债务人的财产不再能够抵偿现有债务，即为资不抵债。但在评估债务人财产时，根据各种情况显示仍然极有可能继续经营企业的，应以继续经营企业作为评估基础。③在无法律人格的合伙或公司的承担个人责任的股东中无自然人的，相应适用本条第 1 款和第 2 款。但承担个人责任的股东中有另外的合伙或公司，且其中有自然人为其承担个人责任的股东的，不适用此规定。参见李飞主编：《当代外国破产法》，中国法制出版社 2006 年版，第 19 页。

④ 《日本破产法》第 15 条 "（一）若债务人陷入支付不能的境地，法院根据本法第三十条第（一）项规定，依申请决定破产程序开始。（二）债务人停止支付时，推定为支付不能"。第 16 条 "（一）对法人而言，同样适用前条第（一）项规定，但债务超过亦可视为支付不能。（二）前项规定不适用于无限公司和两合公司"。

及各种复杂破产原因的出现，概括主义立法模式相对于列举主义而言更具
有优越性，这些从部分国家的立法变化可以看出。比如，1978 年修订后
的美国新破产法则废除了对破产行为的列举规定转而采用概括主义，法国
商法典第 6 卷第 622-1 条规定，以停止支付为破产原因，改变了以往折中
主义立法模式的立场。

概括主义立法模式之所以受到青睐，除了上述优点之外，还与大陆法
系国家的法律传统密不可分。大陆法系国家注重法律的法典化，强调法律
确定性，大陆法系法官在裁判时不能像英美法系法官那样可以"造法，
必须严格依据现有法律进行，其司法自主权受到严格限制"。因此，就必
须做到抽象、概括以及涵盖范围广，以便法官灵活运用。

## 第二节　破产原因与其他概念区分

如前所述，通说观点认为，破产原因是指破产申请受理（破产程序
启动）和破产宣告的原因。有学者认为：广义的破产原因的结构内涵应
包括四个层次：一是作为濒临破产与事实破产的破产原因；二是作为当事
人提出破产申请事由的破产原因；三是作为人民法院受理破产申请的破产
原因；四是作为人民法院裁定宣告破产的破产原因。由此导致的问题是：
在理论研究和实践操作中，往往出现对破产原因概念理解不清晰，使用混
乱的现象。下文将梳理出与破产原因相似但具有实质区别的几组概念。

### 一、破产原因与导致破产的原因

破产原因与导致破产原因发生的各种经济原因相互区别是首先要考虑
的问题。破产原因是指表明债务人丧失清偿能力的法律事实，是破产程序
得以启动和债务人被宣告破产的标准。而导致破产的原因，则是指"致
使债务人丧失清偿能力、陷入破产状况的各种经济原因，如经营管理不
善、严重亏损、承担担保责任乃至天灾人祸等，与法律上的破产原因意义
完全不同，通常对破产程序的启动没有影响"。① 具言之，破产原因与导
致破产的原因是里与表、内容与形式的关系。破产原因是里，是实质内
容，而导致破产的原因则是破产原因的外在表现形式。如上所述，导致破

---

① 　王欣新：《破产原因理论与实务研究》，载《天津法学》，2010 年第 1 期。

产的原因可以是复杂多样的，但归根结底致使债务人进入破产程序的却只能是"破产原因"这一唯一标准。换言之，即使债务人出现多种可能导致破产的因素，但这些因素的结果若无法达到破产法上所规定的实质标准，则仍无法启动破产程序。"企业的经营管理如何，亏损与否是企业内部的问题，与企业外部的债务情况如何并没有绝对和固定的联系。内部亏损再严重的企业只要对外没有负债（或足以使其失去清偿能力的负债），便不会出现法律上的破产。而法律上的破产不管经营盈亏，只问能否偿还债务。而且，在我国司法实践中也已发生企业本身经营并不亏损，但却因不适当地承担了担保责任而被宣告破产的案例。"① 反观我国《企业破产法（试行）》将导致债务人丧失清偿能力的经济原因——经营管理不善造成严重亏损，也规定到法律中，列为破产原因的构成要件，显然是不妥的，而且在司法实践中也是根本无法实施的。

## 二、破产原因与破产申请条件

目前通说认为：破产申请条件与破产原因是不能等同的。其理由在于：①之所以会将破产申请条件与破产原因弄混淆，是因为我国现行立法有关破产申请条件的规定即《企业破产法》第 7 条与有关破产原因（破产申请受理和破产宣告）的规定即《企业破产法》第 2 条和《破产法解释一》第 1 条是极其相似的。由此，让人产生破产申请的条件与破产受理的原因和破产宣告的原因内容完全相同的误解。但恰恰相反，仔细思索就不难看出，虽然第 2 条与第 7 条的表述内容十分相似，但《企业破产法》将破产原因与破产申请条件分别规定即说明二者的不同。即使采用通说，破产原因也只是指破产申请受理（破产程序启动）的原因，并未包含破产申请条件。②按照破产法及其司法解释的规定，破产申请可以分为债权人申请和债务人申请两种情况：第一，当债权人对债务人提出破产申请或重整申请时，债务人只要符合《企业破产法》第 7 条所规定的"不能清偿到期债务"的标准即可，无需债权人举证证明其丧失清偿能力的事实。第二，当债务人提出破产申请时，债务人则要符合《企业破产法》第 2 条第 1 款规定的"不能清偿到期债务，并且资产不足以清偿全部债务或者明显缺乏清偿能力"，举证责任要求高。对比可知，对于债务

---

① 王欣新：《破产原因理论与实务研究》，载《天津法学》2010 年第 1 期。

人自行提出破产申请的，债务人的破产原因和其提出破产申请的条件是一致的，但对债权人而言，则差别很大。① ③如前所述，一般情况下，债务人申请破产的条件与破产受理原因是相一致的，但特殊情况下仍存在申请破产的原因与破产受理原因不一致的情况即债务人申请破产的目的并非正当时。从逻辑上讲，破产申请只要符合法定原因，法院就应当受理，但在我国的司法实践中法院受理原因与当事人申请破产的原因存在差别。其中，阻碍破产受理的最典型的因素当属《关于审理企业破产案件若干问题的规定》第 12 条规定的下列情形：第一，债务人有隐匿、转移财产等行为，为了逃避债务而申请破产的；第二，债权人借破产申请毁损债务人商业信誉，意图损害公平竞争的。所以，破产申请的标准加上正当的申请目的或许应当作为破产受理的衡量因素，尽管这些目的因素与破产原因的考量因素不能完全等同。有学者认为，司法实践中法院受理破产申请应当同时具备以下两项原因：第一，破产申请符合法定申请原因；第二，破产申请不存在不应受理的情形。② 此外，还有些国家对破产申请的人数、期限等作出了限制，此时破产申请条件与破产原因更有所不同。综上所述，破产原因与破产申请条件二者有重合之处，但绝非一致。

## 三、破产原因与破产能力

### （一）破产能力概述

破产能力的概念源于德国破产法理论，是指具有破产原因的债务人具有的法律上为破产程序之进行的资格，所以又被称为破产资格。由于破产能力的确定直接关系破产法的适用主体范围，所以又可称为破产适用范围。破产能力是破产法上的专门术语，它所表示的只是一种接受破产法调整和规制的主体可能性，具体是指债务人所具有的，能够被宣告破产的法律资格。这种资格来源于破产法的规定。③ 破产原因解决的是标准问题，

① 宋晓明、张勇健、刘敏：《〈关于适用企业破产法若干问题的规定（一）〉的理解与适用》，载《人民司法》2011 年第 21 期；王欣新：《破产原因理论与实务研究》，载《天津法学》2010 年第 1 期。

② 费煊：《破产原因概念的廓清——对我国破产原因通行定义的批评》，载《学术界》2010 年第 4 期。

③ 罗培新主编：《破产法》，格致出版社 2009 年版，第 18 页。

而破产条件解决的是资格问题。

我国《企业破产法》颁布以前，人民法院审理企业破产案件，全民所有制企业破产适用《企业破产法（试行）》，非全民所有制企业，如集体企业、联营企业、私人企业以及设在中国领域内的中外合资经营企业、中外合作经营企业和外资企业等适用《民事诉讼法》规定的企业法人破产还债程序，非法人企业则不具有破产资格。另外，针对特定主体的破产，我国还存在一些分散的特别规定，譬如：1993 年《公司法》第 189 条，1995 年《商业银行法》第 71 条，《保险法》第 87 条、第 89 条，《民办教育促进法》第 58 条等规定，这样就造成立法体系混乱、规则不明等问题。

《企业破产法》通过施行后，破产法的适用范围从全民所有制企业扩大到所有的企业法人，新法在适用上不区分所有制性质，无论是国有企业、私有企业，还是外资企业；不区分资金募集方式，无论是有限责任公司，还是股份有限公司；也不区分经营范围，无论是经营范围特殊的金融机构还是经营范围一般的其他企业，对所有企业法人都平等对待，使经济社会的投资、交易更为公平，优胜劣汰的竞争法则更有效地发挥作用，将更有利于构建符合我国当前经济形势的和谐、新型、规范化商业环境。至于国有企业、国有银行、保险公司等特殊类型企业的破产问题，《企业破产法》在附则中单独予以了规定。

### （二）破产能力的立法例

关于破产能力的立法主要有三种模式：第一种是一般破产主义，即破产法适用于所有不能清偿债务的民商事主体，采用此种立法例的国家有德国、英国、美国、日本等。由于商人与非商人均适用破产法，所以采用一般破产主义的国家，其破产法均不规定于商法典中，而多为独立的法典。在现代社会，由于商人的概念已经被法人、公司、企业所取代，20 世纪以后各国制定的破产法基本上抛弃了商人破产主义，而改采一般破产主义。第二种是商人破产主义，即破产法仅适用于商人而非全体民商事主体，采用此立法例的国家有法国（1807 年《法国商法典》）、比利时、意大利和日本（旧商法典）。大陆法系国家严格区分商人与非商人身份，具有商人身份者适用商法的规定，而破产制度乃是商人特有的制度，所以破产法乃是商法典的一部分，而不是独立的法典。值得强调的是，商人破产主义仅指破产法是专对商人适用的法，而不意味着这些国家不承认非商人的破产事件，只是非商人的破产事件由一般的民事法律加以调整，二者在适用的原则、制度乃至程序上，都有重大差别。第三种是折中破产主义（又称复制主义），即商人和非商人均可以破产，但商人适用的程序与非商人适用的程序不同。在历史上，适用此立法例的国家有普鲁士、奥地利、西班牙、丹麦等。折中主义实际上是一般破产主义的变相形式。①

　　在各国大多改行一般破产主义的立法趋势下，破产能力立法模式已不再突出。如今，破产能力涉及的问题主要包括：①自然人的破产能力问题；②法人的破产能力问题；③其他组织的破产能力问题；④遗产的破产能力问题。

### （三）　自然人的破产能力

　　承认自然人具有破产能力在理论上并没有直接的障碍。从破产法的历史发展看，自然人破产才是破产法的发端，是贯穿破产法发展历史的重要类型。相反，法人破产是法人制度出现后才发展起来的。此外，自然人具有民事权利能力，能够参与民事活动，成为民事法律关系的主体，属于债权债务关系中的重要主体，赋予其破产能力也属自然。所以多数国家的破产法都承认自然人的破产能力。

　　总结来看，赋予自然人以破产能力，主要有以下积极意义：①体现市场主体的平等。自然人与法人一样，是经济法律关系的重要主体，同样承担着竞争的风险，面临着倒闭破产的可能。既然承认了自然人的市场主体地位，从市场主体地位平等化的要求出发，就应当承认自然人同法人一样有破产能力。②鼓励自然人进行直接投资，在投资失败时，仍享有重新开始的机会。③弥补民事诉讼制度的不足。民事诉讼制度并不能彻底解决存在多数债权人时的自然人的债务清偿问题，尤其是在债务人已丧失清偿能力的情况下。自然人破产制度则克服了这一矛盾。④适应消费者破产的需要。鼓励消费，在发生消费破产的时候，可以通过破产免责制度，解决债

---

　　①　齐树洁主编：《破产法》（第二版），厦门大学出版社 2009 年版，第 24 页以下；罗培新主编：《破产法》，格致出版社 2009 年版，第 20 页以下。

务压力。①

统观各国破产立法规定，自然人破产有两种立法模式：一种是概括主义的立法，规定所有自然人都具有破产能力，不区分自然人的生理性状，例如自然人是否有行为能力，也不区分自然人的社会性状，例如自然人是否为商人，均承认其有破产能力。英国、美国、德国、日本、泰国、巴拿马、韩国等国家采用此种立法例。另一种是商自然人破产主义，即只有从事商行为的自然人才具有破产能力，其他自然人不具备破产能力。20 世纪之后，该模式的适用范围得以扩张，但也仅扩及除商法人以外的其他法人，对于不从事商行为的自然人，仍没有赋予其破产能力。意大利、比利时等国采此立法例。②

我国《企业破产法（试行）》仅赋予了全民所有制企业破产能力，1991 年《民事诉讼法》又赋予了所有企业法人破产能力，但自然人及非法人企业始终未被赋予破产能力。鉴于经营破产与消费破产已得到了绝大多数国家和地区的确认，因而在我国《企业破产法》制定过程中，自然人应否纳入破产法调整范围成立争议的焦点。对此，主要有以下四种观点：①对自然人均适用破产制度，消费者丧失清偿能力也适用破产法调整；②仅对从事营利活动的商自然人即个人独资企业的出资人、合伙企业的合伙人和个体工商户适用破产制度，对消费者则不适用破产法调整；③适用破产制度的自然人仅限于合伙企业等其他组织的出资人；④破产制度只扩大适用到自然人企业等营利性的经济组织，不包括其出资人。

尽管不少学者主张应确认自然人的破产能力，但最终立法机关经研究认为，鉴于对自然人破产应如何规范，还缺少必要的实践经验，各方面的意见也不一致，其立法条件尚不成熟，故未予确立自然人的破产能力。③

---

① 韩长印主编：《破产法学》（第二版），中国政法大学出版社 2016 年版，第 34～35 页。齐树洁主编：《破产法》（第二版），厦门大学出版社 2009 年版，第 33～34 页。罗培新主编：《破产法》，格致出版社 2009 年版，第 23～24 页。

② 邹海林：《破产法——程序理念与制度结构解析》，中国社会科学出版社 2016 年版，第 44 页；韩长印主编：《破产法学》（第二版），中国政法大学出版社 2016 年版，第 35 页。

③ 范健、王建文：《破产法》，法律出版社 2009 年版，第 40～41 页。

### （四）遗产的破产能力

所谓遗产破产，是指被继承人死亡后，其遗产不足以清偿所欠债务，并且无继承人继承遗产，或者虽有继承人但继承人仅为限定继承人或全体抛弃继承时，经遗产债权人、继承人、遗产管理人的申请而对遗产进行宣告的一种破产制度。①

遗产破产制度对遗产债权人利益的保护具有以下意义：①赋予遗产破产能力是市场主体地位平等化、体现公平原则的需要。市场经济的主体多种多样，无论大小、强弱、社会地位如何，其法律地位都是平等的，他们要求平等的竞争条件和法律保护。如果我国破产立法就各种不同主体给予不同待遇，势必造成不同债权得不到平等对待，不同主体得不到平等保护。遗产作为一种特殊的拟制主体，应赋予其破产能力，只有这样才能充分体现主体平等化的要求，才能实现市场中的公平原则。② ②当遗产不足清偿全部债务时，遗产债权人可以通过申请遗产破产，使遗产脱离继承人的控制，避免遗产与继承人的财产混淆，从而使得遗产得到最大程度的保全。③若被继承人生前实施了侵害债权的行为，导致遗产不足以清偿全部债务时，则债权人可以通过申请遗产破产，并行使破产法上的撤销权，追回被非法处分的财产。③ ④克服现实中执行难问题的需要。根据我国《继承法》的相关规定，无论是被继承人所应缴纳税款还是其所欠的债务，都应以其遗产为界限进行缴纳或清偿。基于我国的现实情况，当遗产不足以清偿全部债务时，不能采取其他措施，只能通过我国《民事诉讼法》的规定进行处理。鉴于此，有必要从解决执行难问题的角度出发，在我国设立遗产破产制度。⑤促进我国法律与国际规则接轨的需要。目前，各国立法与判决都强调其在国际上的认可与执行程度，我国法律规定不能封闭起来，忽略这个问题。因此，在此种情形下，我国法律也应考虑该问题，以促进我国法律与国际规制的接轨。④

---

① ［日］石川明：《日本破产法》，何勤华、周桂秋译，中国法制出版社 2000年版，第 200 页。

② 齐树洁主编：《破产法》（第二版），厦门大学出版社 2009 年版，第 32 页。

③ 范健、王建文：《破产法》，法律出版社 2009 年版，第 45 页。

④ 赵春辉：《论我国遗产破产制度的构建》，载《河北企业》2018 年第 4 期。

如今，为了平衡保护继承人及遗产债权人的利益，部分国家和地区都规定了遗产破产制度，即赋予了遗产的破产能力。比如，德国破产法将遗产破产制度规定于第十编的特种支付不能程序中，并且命名为"遗产支付不能程序"；日本破产法在继承财产破产部分设置了适用遗产破产的部分特殊内容，关于该制度的其他设定就直接适用关于破产的普通条文。日本遗产破产制度的立法模式不仅突出了其独特性，还节约了立法成本，也更加完善、合理，使整个破产法体系更加成熟。相比较而言，《日本破产法》关于遗产破产制度的规定是目前最为完善的。

建立遗产破产制度，需要完善相关配套制度建设。具言之，主要有以下方面：①建立自然人破产制度。想要遗产破产制度在我国得到设立及完善，首先要在我国设立自然人破产制度，因为遗产破产制度建立在自然人破产制度的前提下。由于破产法与民事诉讼法关系密切，所以有学者认为具有诉讼能力的主体同时也应当具有破产能力。从体系上来说，若要在我国建立遗产破产制度，首先要在我国破产法中增设自然人破产制度，从而完善整个法律体系。②完善个人财产申报登记制度。要使遗产破产制度发挥其应尽的功能，则还需要使个人财产申报制度得到完善。理由如下：被继承人遗产范围的确定，具有两方面的意义。第一，有利于保护权利人的利益；第二，有利于遗产破产制度的建立。若被继承人生前实施了转移财产等民事处分行为，对债权人的利益造成了损害且没有正当理由时，难以确定遗产的范围。基于此，为了平衡各方之间的利益，我国应当尽可能地完善该制度。关于该制度的相关规定，我国已经取得了一定的进展。例如，我国《物权法》规定的不动产物权登记制度，对遗产破产制度中破产财产的范围界定具有重要作用。但该制度仍存在一些不足，即当标的物为动产时，交付即可，并不需要进行登记，因此，并不便于确认相关动产是否属于被继承人的遗产。鉴于此种情况，应当对个人财产申报登记制度进行必要的完善，以弥补物权登记制度的不足。③完善遗产管理制度。当自然人的财产变为遗产时（即自然人死亡后），被继承人的遗产状况属于不确定的状态，根据我国相关法律规定，在此时，所有继承人对遗产的状态在性质上属于共同共有，对遗产的处理要达成一致后才能进行，这存在很大的难度。因此，为了解决这个难题，需要完善遗产管理制度。具言之，需要从以下几个方面着手实施：一是对遗产进行清理和核算，并制作遗产清单；二是对遗产进行妥善的保管；三是规定通知和申请公告的义务；四是规定对遗产的管理情况进行报告的义务；五是规定移交遗产的义务。[1] 此外，还可以根据实际情况构建遗产的公示催告制度。

### （五）法人的破产能力

法人是具有民事权利能力和民事行为能力的组织体，以其全部财产承担民事责任。国家创立法人制度，是因为这种组织具有类似于自然人的作用和功能。不同国家和地区的立法例充分肯定法人的破产能力，但会例外地限制或者否认特定种类的法人的破产能力。具言之：

1. 法人均有破产能力。所有的法人原则上均有破产能力。例如，根据《日本民法典》第 68 条和第 70 条规定，法人因不能清偿债务受破产宣告而解散。理论上，法人因其具有权利能力，故不论其为盈利性法人还是非营利性法人，不论其是依靠普通法还是依靠特别法成立的法人，均具有破产能力。

2. 公法人破产能力的排除。公法人是国家或者地方政府机关以及代表公家或者地方政府履行社会管理职能的其他公共团体。关于公法人是否具有破产能力的问题，大部分国家一直持否定观点，其理由在于：①公法人作为国家的统治机关或者管理机构，基于统治与管理上的需要而存在，一旦允许其破产，实际上意味着国家管理的真空，可能造成国家统治危机。②公法人虽然也可能出现债务危机，也很难采取债务豁免的方式消免债务，但是，国家在必要时可以采取国家强制力来解决债务问题，没有必要通过破产方法来满足债权人的权利。③公法人本身并未参与市场活动，实际上也不会有过多的债务风险，也没有独立的经济利益，在代表国家从事管理活动的过程中形成的债务本质上与基于私法而形成的债务不同，应当适用民事诉讼程序或者其他程序清理债务，没有必要通过消灭主体等方式来清偿债务。[2]

虽然大部分国家不承认公法人具有破产能力，但也有国家承认公法人的破产能力。在美国，一些地方上的市、县政府机构是依照公司法规定作为自治团体成立的，法理便允许其具有破产能力。在日本，一些公共性弱

---

[1] 赵春辉：《论我国遗产破产制度的构建》，载《河北企业》2018 年第 4 期。

[2] 韩长印主编：《破产法学》（第二版），中国政法大学出版社 2016 年版，第37 页。

的公法人，也可具有破产能力，这是日本学术界的普遍观点。①

3. 公益法人破产能力的限制或排除。公益法人属非营利性的社会组织，如政治党团、工会、商会、消费者协会、慈善组织等。对公益法人是否具有破产能力，在立法上存在两种观点：一种观点认为，公益法人虽不以营利为目的活动，但其性质仍属私法人，破产法亦具有私法性质，故公益法人应受破产法调整，当其不能清偿债务时亦应适用破产程序。比如，日本法律规定，学校法人、宗教法人、商工会议所等公益法人均具有破产能力。另一种观点认为，公益法人是非营利性质的组织，其活动宗旨是为社会公益、与企业不同、不宜适用破产程序解决债务问题。

大多数国家规定公益法人具有破产能力，同时又通过对公益法人的特别立法，对某些类型的公益法人的破产能力加以限制或排除，以适应其社会政策。②

4. 外国法人的破产能力原则上同内国法人。内国法院可否宣告外国法人破产，破产立法例一般无专门规定，但在实务上则有三种情形：一是外国法人与内国法人具有相同的破产能力。不论该法人在内国是否有营业所或者财产，内国法院均得对之宣告破产。二是外国法人经内国主管机关的认可而承认其法人地位的，不论该法人在内国是否有营业所或者财产，内国法院均可宣告其破产。三是未经内国主管机关认可的外国法人，仅以其在内国有营业所或者财产者为限，视其为非法人团体而宣告其破产。关于外国法人的破产能力，法理基础并非如我国部分学者所称"对等原则"或者"国民待遇原则"。对外国法人宣告破产，目的在于保护内国债权人的利益；国民待遇原则或者对等原则只解决外国法人是否有权参加破产程序的问题，与破产能力无关。③

5. 其他非法人组织的破产能力。除了上述法人之外，一些非法人企业组织也可以参照破产程序适用。比如，我国《企业破产法》在附则部分规定，其他法律规定企业法人以外的组织的清算，属于破产清算的，参照适用本法规定的程序。

---

① 罗培新主编：《破产法》，格致出版社2009年版，第25页。

② 范健、王建文：《破产法》，法律出版社2009年版，第42页。

③ 邹海林：《破产法——程序理念与制度结构解析》，中国社会科学出版社2016年版，第51页。

# 第三节　破产原因的理论理解

从破产原因的一般理论来看，它的核心内涵应当是不能清偿，同时把停止支付作为不能清偿的推定因素，而资不抵债仅适用于诸如资合法人、清算中法人、遗产等一些特殊主体。

## 一、不能清偿到期债务

不能清偿作为破产原因中的基础要件，被大多数国家所采用。就我国而言，无论是《企业破产法（试行）》，还是《企业破产法》，均将"不能清偿到期债务"作为一以贯之的原因，这不仅符合破产原因的一般立法原理，顺应了市场经济的发展需求，同时也切实符合中国的实际情况。

所谓不能清偿到期债务，是指债务人对请求偿还的到期债务，因丧失清偿能力而无法偿还的客观财产状况，亦称支付不能，德国破产法称为无支付能力。这是世界各国破产法使用最为普遍的破产原因。不能清偿在法律上的着眼点是债务关系能否正常维系。[1] 关于不能清偿到期债务的构成要件，有学者认为是五要件[2]，也有学者认为是四要件[3]，还有有学者认为是二要件[4]，深究来看，在内容上其实并无区别，只是形式划分上略有不同而已。综合来看，通常认为，不能清偿到期债务的基本构成要件主要有以下四个：

### （一）债务人缺乏清偿能力

通常认为，所谓债务人缺乏清偿能力，是指穷尽债务人的财产、信用、技能等综合因素仍不能清偿债务的客观经济状态。财产并非债务人的唯一偿债手段，即使财产少于负债，但如有信用、劳动技能等可以用于偿

---

[1]　王欣新：《破产法》，中国人民大学出版社 2007 年版，第 47 页。

[2]　王欣新：《破产原因理论与实务研究》，载《天津法学》2010 年第 1 期。

[3]　邢丹：《破产原因的反思与解析——兼对〈企业破产法〉第 2 条的解读》，载《当代法学》2007 年第 3 期；韩长印：《破产原因立法比较研究》，载《现代法学》1998 年第 3 期。

[4]　李克武：《关于我国破产界限立法的探讨》，载《华中师范大学学报》1996 年第 3 期。

债，仍不构成清偿能力欠缺。此外，需要注意的是，此处的缺乏清偿能力仅指债务人本身，不包含债务人的连带责任人或保证人。若债务人以其连带责任人或保证人丧失清偿能力为由抗辩破产申请，则不应被支持。①

### （二）债务人不能清偿的是已到期、债务人提出清偿要求且无合理争议的债务

通常认为，当债权人的债权未届履行期限或者已届履行期限，但债权人尚未提出履行请求或放弃债权以及债权人所请求的债权存在合理争议时，均不视为债务人不能清偿到期债务。此外，债务人对可撤销、可主张抵销、可主张时效抗辩或可主张同时履行抗辩的债务，即使不能清偿，也不构成不能清偿债务。其中需要注意的是，所谓合理争议，是指能够阻断破产申请，有必要通过法院或仲裁机构予以确认的争议问题，其目的在于为防止债务人对债权人提出的破产申请任意地以对债权有争议为由恶意拖延阻碍。此外，一般认为，对于经过法院或仲裁机构确认的法律文书，债务人与债权人签订的合同、债权确认函、支付凭证、对账单和还款协议等证据，债务人明确承认债权的，或者可以确定债权的，应当视为对债务不存在合理争议。②

### （三）不能清偿应呈持续性、一般性状态

通说认为，所谓持续性，是指对债务的不能清偿处于较长时间内的持续性状态，而非一时因资金周转困难而中止支付。一般情况下，企业在经营过程中，会出于各种原因，暂时出现不能清偿已到期债务的事实。但这种现象属于企业存续经营期间随时可能发生的普遍现象，如果只是暂时或一时因资金周转困难不能清偿，但并未出现重大债务危机，债权人可以依法对该企业提出民事诉讼，以得到个别受偿，而并不导致企业破产程序的启动，以免浪费司法资源。至于债务人在多长的持续时间内不能清偿可算作发生破产原因，各国有着不同的规定。比如，有的国家立法规定，债权人催收后三个月内，债务人仍未偿还债务的视为不能清偿到期债务。

关于不能清偿应呈一般性状态，学界有不同观点。赞成的观点认为：

---

① 王欣新：《破产原因理论与实务研究》，载《天津法学》2010 年第 1 期。
② 王欣新：《破产原因理论与实务研究》，载《天津法学》2010 年第 1 期。

只有当债务人出现普遍不能清偿债务的现象时，才能视为其不能清偿到期债务。对于个别无法清偿债务的情形，应通过一般民事诉讼程序寻求救济，而不必动辄启动破产程序，以防影响市场经济稳定和社会安定。反对的观点认为：债权人只要符合法定条件，均可提出破产申请，他所能够提出的理由，也仅限于本人债权的未能实现，要求他指出并且证明债务人的其他甚至全部债务均未能清偿，则不仅在客观上加重了债权人的举证责任，而且不合通常的逻辑观念。并且，即使在总体丧失清偿能力的情况下，债务人仍可能有能力对部分债务进行个别清偿。由此，有可能导致债务人仅对次要的部分债务作出清偿以抗辩破产程序启动的现象发生。此外，若仅因债务人的部分债务已作清偿，而否认其他债权人的破产申请权，则多数破产案件往往不能形成。①

### （四）不能清偿的债务不限于金钱债务

通常认为，不能清偿的债务不限于金钱债务，但非金钱债务一般可以转化成金钱债务，比如非金钱债务履行不能时，可以转化成金钱赔偿债务。这与以前不能清偿的债务仅限于金钱债务的观点相反。现在一般认为，无论是金钱债务还是非金钱债务转化而来金钱赔偿债务都可以因债务人不能清偿而成为破产原因。

除了上述四个通说条件之外，也有观点认为，应将"不能清偿是一种客观状态"也作为构成要件。本书认为，该要件可以被涵盖在第一个要件范围之内，故不做陈述。

### 二、资不抵债

### （一）与不能清偿到期债务的区别

资不抵债，亦称债务超过，是指债务人的资产不足以清偿全部债务，即"消极财产（债务）的估价总额超过了积极财产（资产）的估价总额

① 汤维建：《优胜劣汰的法律机制——破产法要义》，贵州人民出版社 1995 年版，第 78 页。

的客观状况"。① 其与不能清偿到期债务的区别在于：不能清偿到期债务的着眼点在于债务人的整体经营状态，而资不抵债的着眼点则仅在于资产和负债的比例关系，二者没有必然的因果关系。具体体现为：资不抵债不一定导致不能清偿到期债务，因为资不抵债的确定标准只是根据债务人的资产多少与负债多少等财产因素来计算的，而未考虑债务人的信用、技术力量以及知识产权等因素。若债务人资不抵债时，如能以财产、借贷等信用方式还债，并不一定会丧失对到期债务的偿还能力。当然，也会出现债务人账面资产大于债务总额，但是却因资产结构不合理，无法及时变现而缺乏支付能力的现象。因此，资不抵债与不能清偿债务在概念和实践认定上均存在一定差别。通常，将以不能清偿到期债务为破产原因，称为现金流量标准，而将以资不抵债为破产原因，称为资产负债表标准。②

### （二）资不抵债作为破产原因的探讨

该问题的焦点在于资不抵债能否单独作为破产原因。通常认为，资不抵债可以单独作为破产原因，但通常只适用于诸如资合法人、解散后处于清算中的法人以及遗产的破产等特定主体或特殊情况。其理由在于：从正向来说，上述特殊主体或特殊情况均是仅以财产为清偿范围，不会过多涉及信用、技术等其他因素，财产的多寡直接决定清偿能力的大小。一旦资不抵债，便丧失了存在的前提，如果仅靠信用支撑，势必使债务急剧膨胀，危及债权人的利益；而且，法人的成员对法人的债务多负有限责任，在法人资不抵债时，成员的财产责任已达极限，法人若继续存续，则有滥用有限责任之嫌。③ 从反向来说，资不抵债之所以只能适用于上述特殊主体和特殊情况，是因为其仅站在静态的立场上考虑特定时点下债务人的财产状况，并未综合考虑债务人的信用、技术等其他因素以及债务人的动态经营过程。恰恰相反，现代社会中，大量的企业都是以负债的方式（包

---

① ［日］石川明著，何勤华、周桂秋译：《日本破产法》，中国法制出版社 2000 年版，第 27 页。

② 王欣新：《破产原因理论与实务研究》，载《天津法学》2010 年第 1 期。

③ 张景文：《实行企业破产机制，促进建立现代企业制度》，载《经济与法》1994 年第 11 期。

括资不抵债情形尤其是拨改贷以后建立起来的国有企业）展开经营的。①
且前已述及，资不抵债的企业并不一定不能清偿到期债务，若将其单独作
为破产原因，则可能会出现打击面过大的现象，导致一些资不抵债但信用
良好的企业进入破产程序，这明显不符合破产法创发破产原因制度的目
的。此外，"由于资不抵债是以对债务人的财产清算为基础的，如果以资
不抵债作为破产界限，则首先就必须花大力气清仓扫库，查账清单，准确
计算出资债量比。即便如此，也难保准确和不引起争议，这就意味着企业
破产一开始就要陷入一场'持久战'中。很明显，这是不科学和不可取
的"。② 综上，资不抵债在单独作为破产原因时，只能适用于特殊主体或
特殊情况，而不能被任意扩大适用范围。

## 三、停止支付

### （一）概念界定

目前，关于停止支付的定义，主要有以下几种：①停止支付是指债务
人以其行为向债权人作出不能支付一般金钱债务的主观意思表示。③ ②停
止支付是指债务人向债权人表示所有到期债务不能予以清偿的行为。④
③停止支付，是指债务人表示不再清偿到期债务的行为。⑤ 其中，本书比
较认同的是第三种定义，理由在于：①第一种定义局限于一般金钱债务。
如前所述，非金钱债务的不能履行一般可以转化成金钱赔偿债务，同样适
用停止支付的法律效果。②第二种定义要求债权人举证证明债务人对所有
债权均不能清偿才构成停止支付，过分加重了债权人的举证责任。此外，
此种定义也变相提高了破产申请的标准，导致很多企业无法正常进入破产
程序，债权人的权益也无法得到维护。

---

① 李克武：《关于我国破产界限立法的探讨》，载《华中师范大学学报》1996
年第 3 期。
② 李克武：《关于我国破产界限立法的探讨》，载《华中师范大学学报》1996
年第 3 期。
③ 王欣新：《破产原因理论与实务研究》，载《天津法学》2010 年第 1 期。
④ 李克武：《关于我国破产界限立法的探讨》，载《华中师范大学学报》1996
年第 3 期。
⑤ 韩长印：《破产原因立法比较研究》，载《现代法学》1998 年第 3 期。

### （二） 与不能清偿到期债务的关系

通常认为，停止支付与不能清偿到期债务是"表与里""现象与本质"的关系。具体表现为：①停止支付是不能清偿到期债务的外观主观表现，而不能清偿到期债务是停止支付的内在客观经济状态。②不能清偿到期债务一定会出现停止支付的状态，但一般情况下，停止支付仅可以推断为有可能出现不能清偿到期债务的状态，却不一定必然达到。

### （三） 停止支付的表现形式

停止支付的表现形式包括明示和默示两种方式。明示的方式表现为：债务人主动或者在债权人催收后，以书面或口头向债权人明确宣布无力还债；默示的方式表现为：债务人欠债不还，却将事业转让或致使倒闭、停业关店，债务人的股东、法定代表人、董事、高管人员隐匿、弃企逃亡，票据被拒付，恶意转移财产等。此外，债务人因无力支付债务便饮鸩止渴，进行非法高利借贷，非正常压价出售财产等行为，有些国家在判例上也视为停止支付。①

### （四） 停止支付作为破产原因的探讨

该问题的焦点在于停止支付能否单独作为破产原因。通常认为，只有那些过去曾有商事破产主义传统的国家，比如法国、意大利、西班牙等，才会将停止支付单独作为破产原因，大多数情况下，停止支付仅仅作为推定不能清偿到期债务的基础事实而存在，即辅助性破产原因。其理由在于：从正向来看，将停止支付作为辅助性破产原因，有助于减轻债权人的举证责任。如前所述，不能清偿到期债务反映的是债务人的内在清偿能力丧失，这种内在清偿能力包括信用、能力等非资产性因素，如果要求债权人在申请破产之时举证证明债务人存在丧失清偿能力的客观事实，显然强人所难，不利于破产程序的启动。而停止支付作为不能清偿到期债务最典型的外在表现形式，在一定程度上可以反映债务人的清偿能力，并且判断起来也比较容易，将其作为辅助性破产原因推定不能清偿到期债务的存在，显然降低了举证责任，更有利于保护债务人的利益。从反向来说，虽

---

① 张卫平：《破产程序导论》，中国政法大学出版社 1993 年版，第 69 页。

然不能清偿到期债务一般表现为停止支付，但停止支付却不一定必然代表不能清偿到期债务，有可能是其他因素造成，比如暂时的资金周转困难、对债权人主张的债务存有合理争议等。如果贸然将停止支付单独作为破产原因，则会严重降低破产程序的准入门槛，导致大量企业，甚至是暂时出现经济困难，但信用、资质良好的企业进入破产程序。由此以来，既破坏了市场经济秩序，也不利于债权人利益的保护，更不符合破产法制度设立的目的。

# 第四节　我国规定的破产原因

## 一、《企业破产法（试行）》之破产原因规定

### （一）《企业破产法（试行）》之破产原因规定

我国 1986 年颁布的《企业破产法（试行）》中在破产原因上采取的是概括主义立法模式。该法第 3 条规定："企业因经营管理不善造成严重亏损，不能清偿到期债务的，依照本法规定宣告破产。"由此可以看出，《企业破产法（试行）》就破产原因设定了两个条件：一是经营管理不善造成严重亏损；二是不能清偿到期债务。两者缺一不可，其理由如下：①不能清偿到期债务为各国立法实践中的通行标准，我国破产法起步较晚，在吸收借鉴各国立法实践的基础上，根据本国实际情况予以采纳。②《企业破产法（试行）》立法之初，我国虽已实行改革开放的伟大决策，但仍深受计划经济体制影响。当时，企业以国企为主，所有者和经营者均为国家，企业的生产目的及经营方式均由国家决定。在导致企业经营状态停滞不前甚至面临破产的诸多因素中，诸多是由国家宏观层面的政策所造成的，如国家对企业产品价格的不合理调整，生产指导不正确等，如果把这些因素全归责于企业自身，则有推卸国家层面的责任，加重企业责任之嫌疑。所以，《企业破产法（试行）》仅规定因本身经营管理不善造成严重亏损时，才能被宣告破产，这是由其颁布之初的社会经济实际状况决定的。③从维持社会经济稳定的角度出发，我们不可能在短期内将这些亏损的企业全部宣告破产。相反，我们必须尽可能地减少破产面，维持一切有复苏

希望的企业、这也是破产立法的最根本旨意所在。① ④此外，就当时我国破产法立法初衷而言，与其说是最大限度保护债权人的利益，倒不如说是敦促国企严格自律，改善管理，着眼于社会整体利益。

### (二)《企业破产法 (试行)》破产原因规定之不足

《企业破产法 (试行)》关于破产原因的规定，虽然在当时的经济环境下发挥了作用，切实符合社会实际情况。但随着社会的发展，以及破产原因的复杂化和多元化，其本身也多有不足之处，主要体现为以下几点：①混淆了破产原因与导致破产的原因。前已述及，破产原因与导致破产的原因存在区别，不应混淆使用，这里不再赘述。②"经营管理不善"和"严重亏损"在司法认定上存在困难。法院裁判应依法查明事实，准确适用法律，但在破产审理的过程中，应着重对是否不能清偿到期债务进行审查，并准确适用破产法相关规定，而不是就一些非法律意义上需要的事实进行判断。何谓经营管理不善，何谓严重亏损，并没有一个明确标准，也并非司法人员之擅长，并且严重亏损是否因经营管理不善而造成，这些在操作上均存在困难。若将这些全扔给法官去判断，则有些强人所难，浪费司法资源。③存有行政管理干涉司法裁判的嫌疑。《企业破产法 (试行)》强调政府部门和企业上级主管部门的作用。企业或债权人一方都可以申请宣告破产，但是否受理和宣告破产不是由法院直接依据破产法的规定来决定，而是必须由当地政府部门或企业上级主管部门首先决定，如果不同意，即使企业合乎破产条件，也不会被宣告破产。由此，则会出现行政干预司法的嫌疑，导致债权人的利益无法得到维护，也严重阻碍社会经济的正常运行发展。

### 二、《企业破产法》之破产原因规定及变化

### (一)《破业破产法》破产原因之规定

2006 年《企业破产法》依旧沿用概括主义立法模式。该法第 2 条规定："企业法人不能清偿到期债务，并且资产不足以清偿全部债务或者明

---

① 朱仲灼:《关于企业破产界限之重新认定》，载《改革与战略》1994 年第 1 期。

显缺乏清偿能力的，依照本法规定清理债务。企业法人有前款规定情形或者有明显丧失清偿能力可能的，可以依照本法规定进行重整。"之后，《破产法解释一》有分别对"不能清偿到期债务""资不抵债"和"明显缺乏清偿能力"作出了具体解释。相比《企业破产法（试行）》关于破产原因的规定，《企业破产法》及其司法解释作出了相应的实质性的修改。

### （二）《企业破产法》破产原因规定的变化

相比《企业破产法（试行）》，《企业破产法》发生如下变化：①取消了《企业破产法（试行）》中认定破产原因的经济因素；②改变《企业破产法（试行）》中对破产原因的一元立法体例，将破产原因区分为债务人自愿提出破产申请时适用不能清偿到期债务并资不抵债的标准和债权人提出破产申请时适用不能清偿到期债务并明显缺乏清偿能力的标准；③《企业破产法（试行）》中规定的破产原因仅仅适用于破产清算程序，而《企业破产法》第2条第2款明确规定，当债务人具有破产原因时还可以申请重整程序。

### 三、破产原因认定的不足及完善

### （一）破产原因复合型结合方式的症结

与德国、日本的并行式结合方式相比，我国对两种标准的使用采取了复合型结合的方式，即需要同时满足不能清偿以及资不抵债才构成破产原因。[1] 我国设置复合型结合方式的初衷在于既要保障当事人及时、便利地获取破产救济，又要防范破产申请的不当使用，但这种结合方式在理论和技术上均存在缺陷。有观点认为，此种结合方式导致了破产程序准入门槛过高，致使破产申请人动因不足，不利于破产程序的启动。[2] 与此相对，有观点认为，此种结合方式弱化了债权人的举证责任，容易引起破产欺诈

---

①　易仁涛：《论我国破产原因之完善》，载《河南省政法管理干部学院学报》2011年第4期。

②　易仁涛：《论我国破产原因之完善》，载《河南省政法管理干部学院学报》2011年第4期；王丽美：《企业破产原因应然内涵新探——兼论〈企业破产法〉的完善问题》，载《法学杂志》2014年第2期。

行为的发生。①

## （二）"资不抵债"的存在价值形式大于实质

我国《企业破产法》将"不能清偿到期债务"和"资产不足以清偿全部债务"即资不抵债，列为第一大类破产原因。基于此，可以理解为，若只满足资不抵债的条件时，债务人不一定能进入破产程序，尚需达到不能清偿到期债务的标准的情形，这并无争议；但问题在于，是否存在既达到了不能清偿到期债务的状态，但又资产大于负债的情况呢？如果不存在这种状况，在已经满足不能清偿到期债务的条件下，又何必特意强调资不抵债？对此，有观点认为，其存在主要基于以下原因②：①1993年《公司法》第196条规定，"资不抵债"是因解散而进入清算程序中的公司适用的破产原因。但实际上，在公司进入清算程序后，只要达到了"不能清偿到期债务"的标准，即可进入破产程序，无需特别强调"资不抵债"，此处仅仅是延续立法惯例，给1993年《公司法》第196条一个合法身份而已。②当债权人申请破产时，参照的破产原因是"不能清偿到期债务并停止支付"，而当债务人申请破产时，虽然"不能清偿到期债务"一条足矣，但附加上"资不抵债"就可以在形式上保证对称，这应该是立法技术的需要。③作为评判"不能清偿到期债务"的参考因素。资不抵债的认定可以通过审计报告、资产负债表等完成，相较于不能清偿到期债务的认定，操作起来较容易一些，以此可以作为判定债务人丧失清偿能力的客观事实的辅助因素。

## （三）"明显缺乏清偿能力"的困境

"明显缺乏清偿能力"属我国《企业破产法》之创新，至少在语言表达上确当如此。对于其实施效果，学术界评价不一。

有观点认为，增加"明显缺乏清偿能力"作为辅助性破产原因，属创新之举，其初衷是为了规范破产准入门槛，降低债权人的举证责任，但反而导致破产申请标准苛刻，致使破产申请人动因不足，不利于破产制度

---

① 齐明：《我国破产原因制度的反思与完善》，载《当代法学》2015年第6期。
② 邢丹：《破产原因的反思与解析——兼对〈企业破产法〉第2条的解读》，载《当代法学》2007年第3期。

发挥其优势，并且其应属"不能清偿到期债务"应有之义或者属于"不能清偿到期债务"在外延方面的进一步解释，归根到底还是着眼于"不能清偿到期债务"。故此处属于画蛇添足之举。更有甚者，有学者认为，将两要件并列摆放，逻辑上明显存在错误。① 但也有观点认为，我国《企业破产法》所创"明显缺乏清偿能力"其实可以被理解为破产原因一般要件中的"停止支付"，两者作用相同，属于变相地将"停止支付"列入破产原因考量范围之内，减轻了债权人申请破产时的举证责任，虽不算创新，但也称得上为完善之举。

综合以上问题，建议采用破产原因一般理论即将不能清偿到期债务作为一般原因，资不抵债作为特殊主体或特殊情况的破产原因，停止支付作为不能清偿到期债务的推定因素。

## 第五节　合伙企业的破产原因②

《合伙企业法》第 92 条将合伙企业破产的原因规定为"不能清偿到期债务"，不同于《企业破产法》第 2 条。《合伙企业法》的规定仍然延续了我国破产立法的惯常表达方式，但在解释上应当作与《企业破产法》第 2 条相同的处理，不再赘述。

合伙企业破产原因的焦点在于法院在确定合伙企业破产原因时是否应当受到合伙人个人财产的影响。在确定合伙企业破产的原因时，是否应考虑普通合伙人的财产状况或偿付能力？对此，学界有两种观点：

一种观点认为，由于合伙企业责任的特殊性，即合伙人对债权人承担连带责任，合伙企业破产的原因不同于其他民事主体，即合伙企业只能在所有合伙人均无力偿还债务时，才被视为"破产"。③ 持同一观点的学者也认为，在决定合伙企业不能偿付到期债务时，除了合伙企业本身的偿付能力外，所有合伙人的偿付能力都应该考虑在内。只有在合伙企业的财产

---

① 王丽美：《企业破产原因应然内涵新探——兼论〈企业破产法〉的完善问题》，载《法学杂志》2014 年第 2 期。

② 邹海林：《破产法——程序理念与制度结构解析》，中国社会科学出版社 2016 年版，第 66 页。

③ 李永军：《破产法律制度》，中国法制出版社 2000 年版，第 39 页。

达到"无力偿债"并且所有合伙人的全部财产也已"无力偿债"时，才可以确定合伙企业破产。合伙企业不是绝对独立的法人，合伙人对合伙企业的债务承担无限连带责任。为了避免合伙人逃避债务、欺诈等恶意行为的发生，在决定是否不能清偿到期债务时，应当考虑合伙人的财力。合伙企业的偿付能力包括合伙财产和合伙人个人财产。尽管清算的顺序存在差异，但合伙人也同样承担责任。①

另一种观点认为，合伙企业破产原因仅以企业本身不能清偿到期债务为依据，至于各合伙人清偿债务的能力或有不能清偿债务的情形，不是认定合伙企业破产原因的因素。有学者认为，判断合伙企业破产原因的必要条件是每个合伙人不能履行或停止偿付合伙企业债务。这种方法虽然有利于合伙债务的全面清算，但也存在诸多弊端。一是这种方法混淆了合伙企业和合伙人各自的独立性。二是合伙企业的债权人在举证上存在障碍，证明合伙企业没有偿付能力已经很困难，若再要求证明合伙人也缺乏清偿能力，实属强人所难。三是增加破产程序的复杂性。因此，不宜将合伙人的不能清偿债务的情形作为合伙企业产生破产原因的必要条件。另一些学者认为，合伙企业破产并非以合伙人不能清偿合伙企业债务为前提。其原因主要有：一是合伙企业作为重要的市场主体，其独立人格已经得到承认，对其破产原因的判断不应该涉及合伙人的偿付能力，否则会造成市场主体人格混淆。二是采用这种立法模式，也不会消除合伙人的无限连带责任。合伙企业破产只能导致合伙企业主体资格的丧失，合伙企业的债权人在破产程序结束后仍然可以要求合伙人清偿债务。三是有利于债权人提供证据。债权人很难判断和证明每个合伙人的破产。启动对所有合伙人的债务追索将消耗大量债权人的资源。若只要求债权人证明合伙企业无力偿债就会变得容易多了。四是合伙企业的破产不仅关系到合伙企业债权的实现，而且对合伙企业自身的生存以及合伙人是否仍能摆脱债务桎梏具有重要意义。因此，仅以合伙企业的财产来判断破产原因具有特殊的独立意义和解决上述问题的可能性。合营企业不能清偿到期债务时，债权人有两种选择：一是依法向人民法院申请破产清算；二是要求一般合伙人清算。合伙

---

① 李敏华、蓝承烈：《制约合伙企业破产目标实现各要素的界定》，载《社会科学家》2005 年第 6 期。

企业的破产，是由于合伙企业不能清偿到期的债务，与合伙人的偿付能力无关。①

　　合伙企业的破产所要面对的问题是合伙企业的解散与债权债务清理的公平与有序，而这些问题的解决与合伙人的连带责任有关，但不以合伙人的清偿责任为基础。依《破产法解释一》第 1 条第 2 款，相关当事人以对债务人的债务负有连带责任的人未丧失清偿能力为由，主张债务人不具备破产原因的，人民法院应不予支持，因此在确定合伙企业破产的原因时，法院不应考虑一般合伙人的偿付能力。

---

　　① 　王欣新、王斐民：《合伙企业破产的特殊性问题研究》，载《法商研究》2010 年第 2 期。

# 第四章 破 产 财 产

## 第一节 破产财产的概念

破产财产的概念，因学者所在的专业领域及认同的学说不同而存在差别。有学者认为，破产财产是自破产程序开始时起由债务人所有的财产及财产权利构成的财产性集合体。① 也有学者主张，破产财产是指破产企业所有的破产宣告后可以依破产程序对债权人的债权进行清偿的财产。②

在《企业破产法》颁布之前，有学者主张按照学界通说，破产财产是破产宣告时至破产程序终结期间，归破产管理人占有、支配并用于破产分配的破产人的全部财产的总称。③《企业破产法》颁布后，有学者提出，破产财产应从不同角度进行界定，从而提出分别从清偿债权、权利归属与构成上对破产财产进行界定，指出破产债权是用于实现债权所需的财产、破产人所有用于破产概括执行的财产以及破产程序开始后终结前破产人所有的可供破产清算的全部财产。④

### 一、破产财产之称谓

有学者从词义角度出发，探讨破产财产应使用何种称呼以明确其性质。具体用语上，主体说多表述为"破产财团"，客体说则倾向于表述为"破产财产"。此外，法系不同，对破产财产的表述存在差别。"破产财

---

① 李永军：《破产法律制度》，中国法制出版社 2000 年版，第 222 页。
② 郑远民：《破产法律制度比较研究》，湖南大学出版社 2002 年版，第 80 页。
③ 齐树洁主编：《破产法研究》，厦门大学出版社 2004 年版，第 344 页。
④ 付翠英：《破产法比较研究》，中国人民公安大学出版社 2004 年版，第 370页。

产"表述多见于英美法国家，而使用"破产财团"表述的多为大陆法系国家。①

在《民法总则》尚未颁布，财团法人的地位尚未得到正式确认之前，有学者主张，法律语言重在权威性，因此含义明确清晰非常重要。我国现行法律虽然尚未明文规定"财团"，但事实上与大陆法系的财团法人制度相类似的制度在我国法人分类体系中已被归入社会团体法人之中，② 财团的存在早获认可。③ 也有学者认为"破产财产"与"破产财团"属法律术语的选择问题，与破产财产的性质无涉。使用"破产财产"一词并不妨碍在破产财产性质上持主体说，也并不能据此说明其法律性质即为权利客体。有学者指出，民法迄今为止尚未使用"财团"概念，作为民法的特殊法的破产法创造使用"财团"显得突兀，易生误解，不容易被大众接受。因此主张基于立法接受性，仍采用破产财产论述。④

本书认为，该问题系基于《企业破产法》立法用语产生。在该法颁布前，学界对债权人财产与破产财产的讨论并不集中，未形成争点。且区分债权人财产与破产财产在实践中意义不大。此外，学者对此争议亦明显"醉翁之意不在酒"，乃欲借此讨论解决破产财产的时间范围问题或已设定担保物权之财产是否仍属于破产财产问题。因此，破产财产与破产财团的称谓之争并无实质意义，本章为论述统一，均采用破产财产的称谓。

## 二、破产财产与债务人财产

破产法上存在"债务人财产"与"破产财产"两个概念，对两个概念的不同理解催生了"区别说"与"相同说"两种不同主张，需要对此进行讨论。⑤

---

① 齐树洁主编：《破产法研究》，厦门大学出版社 2004 年版，第 345 页。
② 《社会团体登记管理条例》第 2 条。
③ 齐树洁主编：《破产法研究》，厦门大学出版社 2004 年版，第 349 页。
④ 汤维建：《破产程序与破产立法研究》，人民法院出版社 2001 年版，第 255～256 页。
⑤ 邹海林、周泽新：《破产法学的新发展》，中国社会科学出版社 2013 年版，第 149 页。

### （一）区别说

"区别说"主张债务人财产不同于破产财产。二者之间的不同点在于：其一，角度不同。前者是再建主义在破产立法上的体现，后者则是清算主义在破产立法上的体现。其二，性质不同。前者属于保全财产，后者属于执行财产。其三，目的不同。前者以企业继续营业、拯救企业为目的，后者以破产分配为目的。其四，范围不同。前者由于需要最大限度地实现清偿，因此原则上包括已设置担保物权的财产，后者则仅以破产分配为要，范围不包括已设置担保物权的财产。①

### （二）相同说

"相同说"又可细分为"部分相同说""完全相同说""一体两面说"。

#### 1. 部分相同说

持部分相同说的学者存在以下观点：①认为债务人财产与破产财产仅在涵盖时间段上存在差异，二者起算时间点不同；例如，有学者认为，前者涵盖时间段自破产申请受理始，后者起算时间点则是破产宣告。② ②认为破产财产是债务人财产及财产权利构成的财产性集合体。③ 此种观点似存歧义，因对"财产"的解释不天然包含财产性权利，可能存在将"债务人所有财产"认定为狭义之财产，而形成破产财产包含但不限于债务人所有财产之理解。③认为破产财产与债务人财产只在适用时间上存在区别。此种观点认为，破产财产除在适用阶段，对于适用于各破产程序与仅适用于破产宣告后两种区分上存在人为设定的区别外，没有其他区别。此类区分无实际意义且会导致概念上自相矛盾。④ 因此，真正对破产程序有意义的是债务人财产范围的大小和总量的多少，在没有范围上区别的基础

---

① 王卫国：《破产法精义》，法律出版社 2007 年版，第 82~83 页。

② 汤维建主编：《新企业破产法解读与适用》，中国法制出版社 2006 年版，第 117 页。

③ 李永军：《破产法律制度》，中国法制出版社 2000 年版，第 222 页。

④ 范建、王建文：《破产法》，法律出版社 2009 年版，第 123 页。

上，刻意区分债务人财产和破产财产无实际意义。①

2. 完全相同说

持完全相同说的学者们认为，债务人财产与破产财产只是用语习惯不同，本质相同。如，有学者认为破产财产是依破产程序进行债务清偿的债务人所拥有的全部财产的集合。② 此种表述将债务人财产与破产财产完全等同。

3. 一体两面说

该说主张债务人财产与破产财产实际上是一体两面的关系。债务人财产和破产财产两者无本质区别，且可从形式意义与实质意义两方面加以界定，二者是一体两面的关系，得以同观之。即实体意义言之，债务人财产是指破产申请时或破产宣告时，至破产程序终结前，用于破产清偿的债务人所有的财产，讨论财产的构成与来源；从形式意义观之，债务人财产是指在破产程序中用于清偿还债的债务人的财产，其着眼于财产的分配程序及取向。③

# 第二节　破产财产的性质

破产财产的性质问题是破产财产中争论的焦点问题之一。自 20 世纪 80 年代至今，破产财产性质应采何种主张，学者们仍未达成共识。关于破产财产性质的不同观点分为主体说与客体说。

## 一、主体说

持主体说的学者认为，一旦进入破产程序，破产财产与破产企业相分离，仅为了清偿债权这一特定目的存在，故应将破产财产视为有独立性与目的性的权利主体。④ 主体说之中，又可细分为如下主张：

1. 类似财团法人说。德国学者埃斯里（Eccires）认为破产财产为满

---

①　邹海林、周泽新：《破产法学的新发展》，中国社会科学出版社 2013 年版，第 151 页。

②　王延川主编：《破产法理论与实务》，中国政法大学出版社 2009 年版，第 212 页。

③　王欣新：《破产法》，中国人民大学出版社 2007 年版，第 150~151 页。

④　齐树洁主编：《破产法研究》，厦门大学出版社 2004 年版，第 346 页。

足破产目的与权利主体当然分离，成为"管理财产"（Stiftung）。其为拟制的权利主体，类似于财团法人。

2. 特别财团说。黑尔威格（Hellwig）认为特别财团是统一的权利集合体，其主体仍为破产人，但法律特别规定使特别财团与法人暂时处于相同地位。

3. 法人说。霍尔维茨（Horowitz）主张破产法为清算目的剥夺了破产人对破产财产的管理处分权，破产财产由此取得法人资格。享有破产财产管理处分权的管理人是其法定代表人。①

4. "暗星法人说"，又称为默示构成法人说。日本学者兼子一称即便无法律明文规定，也存在法人。此种法人即为"暗星法人"。破产财产的特征符合此项描述，属于"暗星法人"。②

5. 临时法人说。该说主张破产宣告后，破产管理人本身具有法人资格，是破产财产的管理人，各项破产财产则成为权利客体③。

6. 其他学说。还有一种学说主张供一定目的使用的财产为中心而营运的组织是无法人人格财团，因欠缺法律上技术要件未有法人人格。基于客观存在这样一种组织，该组织有一定独特性，主张应当承认其为权利主体。④

在破产者经破产宣告后仍作为财产所有人的问题上，主体说具有优势。采主体说学者常对破产宣告后，破产企业、债权人、清算组和法院均不是破产财产的所有权人进行一一论述，同时认为破产财产非无主财产，因此主张应当给予破产财产以类似法人的权利主体地位。采用客体说无法解决破产企业损害经破产宣告后的破产财产时，是否应当承担损害责任的问题，若承担该责任，则难以解释所有权人需就自己的财产承担赔偿责任。此外，许多国家规定了自然人破产，在自然人破产且无相关自由财产制度的情况下，无法解释破产者既是破产财产所有权人，又是生活扶助金的权利请求人、义务支付人的情形。其显然违背基本法理。⑤ 采用主体说

---

① 杨建华主编：《强制执行法破产法论文选辑》，台湾五南图书出版公司 1984 年版，第 467~468 页。

② 谢邦宇主编：《破产法通论》，湖南大学出版社 1987 年版，第 106 页。

③ 谢邦宇主编：《破产法通论》，湖南大学出版社 1987 年版，第 467 页。

④ 刘春玲：《论破产清算组的法律性质》，载《中外法学》1993 年第 4 期。

⑤ 齐树洁主编：《破产法研究》，厦门大学出版社 2004 年版，第 347 页。

更易于解决这个困境。

此外，有学者从法律发展趋势角度，认为主体说更合理。限制于现有法律认定主体资格易陷入循环论证的误区。依据星野英一的论述，人格是成为法律关系主体的资格，所谓"法律人格者"，即权利、义务的归属点。① 破产宣告后，企业与财产相脱离，该财产当然成为具有独立目的的财产集合体，由其享有破产管理人对外行为的权利，承担相应义务。从脱离破产企业后至清算分配完毕前，破产财产从本质上与财团法人并无二致。② 有学者认为，主体说可适应大陆法系权利客体财团法人制度，同时与英美法上独立于受托人的信托财产交由受托人管理之法理暗合，是我国的理想制度选择。③

## 二、客体说

与主体说相对，有学者持客体说主张，认为财产仅能作为权利义务的客体。尽管破产财产相对独立且区别于自由财产，但是其并未因此成为主体，其法律性质不变，仍应作为权利客体。④

持客体说的学者虽均认为破产财产属权利客体，但对破产财产所有权人存在不同见解。多数学者认为，破产财产所有权仍归破产企业。也有学者提出，破产财产所有权归债权人或清算组（管理人）享有。⑤ 对于主体说的主张，客体说学者进行了驳斥，总结如下：

首先，主体说无现有法律明文规定的支持。从权利主体法定原则角度看，权利主体获得权利能力均需来自法律的明文规定，否则其不具权利主体资格。在现行立法体系下，我国未见明确破产财产作为权利主体的法律明文规定。

其次，破产财产并非无主财产，破产企业是该财产的所有权人。多数客体说学者主张，破产宣告后，破产企业仍是破产财产所有权人。管理处

---

① ［日］星野英一：《私法中的人——以民法财产法为中心》，王闯译，载梁慧星：《民商法论丛（第 8 卷）》，法律出版社 1997 年版。

② 齐树洁主编：《破产法研究》，厦门大学出版社 2004 年版，第 346 页。

③ 韩长印：《建立我国的破产财团制度刍议》，载《法学》1999 年第 5 期。

④ 陈宗荣：《破产法》，台湾三民书局 1982 年版，第 197 页。

⑤ 王欣新：《破产法专题研究》，法律出版社 2002 年版，第 133 页。

分权不能完全替代所有权，而仅是所有权的部分。① 虽从破产程序实施过程来看，债权人享有对破产财产的最终利益，但财产分配尚未进行前债权人只享有债权。如让债权人作为所有人分割财产，基于债权人利益最大化考虑，可能产生破产财产被不当瓜分的后果。② 有学者强调，从关于破产财产构成范围的论述："破产企业……所取得的财产"中的"取得"可以推导出破产人对破产财产享有所有权。破产宣告后，破产企业还能取得新的所有权（如法定或天然孳息的所有权），此即说明破产企业对产生孳息之原破产财产当然也必须享有所有权，否则无法律依据获得新取得财产所有权。③

再次，从平衡性角度考虑，实践中仅规定破产企业对破产财产丧失管理处分权便足以保障破产程序的公正性，不必要对其所有权彻底剥夺。④

最后，主体说存在时间较短。有学者查证后认为，主体说只是 1964年德国学者鲍狄奇（Botticher）首倡后兴起的新学说，此前一直是"权利客体说"占主导地位。⑤

因此，持客体说的学者认为破产财产的性质仍是权利客体。

## 三、本书观点

本书认为，结合我国破产法实践需求，采客体说更为合适。我国法律未明文规定破产财产可以作为民事法律主体，主体说实际上系缺乏现行法支持的空中楼阁。若欲对破产法整体进行符合主体说理论的改造，则恐大动干戈，增加立法和司法成本，目的与手段不相适应，有违反比例原则之嫌。主体说学者否定破产企业、清算组、破产债权人，欲使破产财产陷于无主财产之境地，进而通过赋予财产权利能力对主体说主张进行支持，所费周章甚多，也难以与其他破产制度顺利衔接。而观察主体说众多分述观点，其仍以破产管理人为管理者，特别财团说甚至直接提出，"其主体仍

---

① 李国光主编：《新企业破产法理解与适用》，人民法院出版社 2006 年版，第184~185 页。

② 齐树洁主编：《破产法研究》，厦门大学出版社 2004 年版，第 346 页。

③ 王欣新：《破产法专题研究》，法律出版社 2002 年版，第 135 页。

④ 李国光主编：《新企业破产法理解与适用》，人民法院出版社 2006 年版，第185 页。

⑤ 陈宗荣：《破产法》，台湾三民书局 1982 年版，第 162 页。

为破产人，特别财团与法人暂时处于相同地位"。因而，主体说之下，破产实践中的具体程序、管理操作等与客体说并无本质区别。

破产财产作为所有权客体，其所有权人为破产企业而非破产管理人。认为破产企业仍对破产财产享有所有权者，也需厘清破产企业与破产管理人之间的关系问题。既然能够依据所有权框架，将经营管理权与所有权分离，破产管理人对破产财产进行处置可依据破产企业授予的权利，则无须破坏原有权利义务体系，引入英美法上处理规则。原有制度已可解决争议问题，就无须对原有体系作过多的改造甚至直接摒弃，以免对原有体系造成不必要的冲击，引发法律冲突。

对于采用客体说无法解决破产企业损害经破产宣告后的破产财产是否应当承担损害责任的疑问，可能是基于对"财产"在中文中的不同意涵之混淆产生。财产可分为积极财产（包括物、智力成果、物上利益）、消极财产（债务）和总合财产（如法人的财产）。① 因此，破产企业作为破产财产的主体，此处的"财产"内涵是总合财产，即破产企业是企业法人的财产主体；破产财产作为可以对债权人的债权进行清偿的"财产"，则是积极财产。破产程序开始后，由管理人对积极财产进行处分，此时所谓的"破产企业损害财产"，不可能系"企业"为之。若系高管故意损害财产，则追究特定当事高管之责任；若系管理人处分破产财产不当，亦可以法律规定责任追究之。损害者只是减损了积极财产中的部分，却不可能对于总合财产在抽象概念上进行破坏。进一步言之，即便是所有人故意毁坏了置于他人管理、经营下的自己的财产，也并非不可追究责任。在此情形中，所有人之财产上一定涉及他人权利，因此受害人可以依据债之请求权为请求。在所有人故意毁坏不存在他人权利的自己财产之情形下，追究责任并不具备必要性。因此，此疑问看似严重，细究并非不可解决。

同时，基于积极财产与总合财产之界分，主体说需要回答的问题是：若将总合财产作为主体，如何理解偿还债权人之债权？是否系以主体之身份偿还客体之债权？或许基于不同的立法背景，适用信托制度之国家不存在考虑此类问题之空间，然基于我国现有法律制度，欲将破产财产视为主体，必须解决理论上的矛盾。

对于自然人破产，由于我国暂不承认自然人破产制度，因此以此为依

---

① 马俊驹、余延满：《民法原论》（第三版），法律出版社2007年版，第5页。

据主张应当采主体说，实是以不可预期之构想要求现有法律制度做出回应。且并不能确定当我国有承认自然人破产之时，仍对自由财产制度无所规定。此外，若处于此情形时，是否可参照无民事行为能力人或限制民事行为能力人继承财产之思路解释之，值得思考。

综上，采主体说缺乏现实法律依据，制度成本高，同时亦有其本身难以解释之问题。主体说所针对客体说的诸多疑问在破产法实践中也逐步得到了回答。故近年来，对破产财产性质问题的探讨热度逐渐降低，且有边缘化之趋势。

# 第三节　破产财产的范围

因破产财产之种类繁多、形态各异，难以在法条中进行一一规定，我国《企业破产法》采用规定两个时间节点的方式对破产财产范围进行限定。此范围在逻辑上似是十分清晰且无有遗漏，但规定仅有时间之标准，仍然无法解决实践中认定破产财产产生的一系列争议。通常说来，破产财产的范围界定直接影响破产企业与债权人的利益权衡。采用何种标准对破产财产进行界定，学界争议较大。

## 一、破产财产的时间范围

学界中，对于破产财产的时间范围，存在固定主义或膨胀主义两种看法。

### （一）固定主义

固定主义，是指破产财产以破产案件受理时或破产宣告时债务人所有的财产为限。① 因其以德国为代表，又被称为"德国法主义"。日本和美国也采固定主义。

1. 持固定主义的理论依据

持固定主义的理论依据主要有：①有利于帮助破产人及早恢复生产经营能力。因破产宣告后取得的财产不属于破产财产，此举能激励破产人的

---

① 邹海林、周泽新：《破产法学的新发展》，中国社会科学出版社 2013 年版，第 151 页。

生产积极性，使其不再顾虑破产逆境，尽快东山再起。②固定主义兼顾新、旧债权人，理论说服力强。破产宣告前破产人财产供破产宣告前债权人分配，破产宣告后人财产由破产宣告后债权人受偿，如此可实现立法公平。反观膨胀主义，保障旧债权人的同时无法顾及新债权人权益保障，增大新债权人从事交易的风险成本。③固定主义可以降低程序成本，提高经济效益，强化破产程序效率价值。固定主义将破产财产范围固定于破产宣告或者破产申请的时间基线上，因破产范围明确、肯定，管理人无需关注可能的新财产增加，也无需对现有破产财产进行经常性的估计和处理，任务变得稳定且简便。④固定主义能健全破产程序启动机制，促使被动破产向主动破产转变。因固定主义对破产人有利，一旦其陷入支付不能的破产境地，自然会利用破产程序予以救济，解决"破产难"问题。① ⑤固定主义有利于破产程序向重整方向发展，有利于重整协议的达成，从而避免破产结局。②

2. 对固定主义的批评

对固定主义的批评集中在于：

①固定主义对债权人利益保障较少，破产人可能产生二次破产而致案件复杂化。②破产宣告与新得财产取得时间差有被利用于规避债务、侵害债权人利益可能。③ ③法人破产后即告消灭，破产期间新得财产与开展新的经济活动可能性不大，无须采用固定主义。④

基于固定主义的缺陷，有学者认为，若将固定主义作为我国将来可能的立法方向，也需要对固定主义进行完善：其一是强化对破产人的监督机制；其二是完善破产程序，理顺第一破产和第二破产的关系。借鉴日本做法配套破产免责或是良方。⑤

---

① 李国光主编：《新企业破产法理解与适用》，人民法院出版社 2006 年版，第 186~188 页。

② 王欣新：《破产法专题研究》，法律出版社 2002 年版，第 136 页。

③ 王欣新：《破产法专题研究》，法律出版社 2002 年版，第 136~137 页。

④ 李永军、王欣新、邹海林、徐阳光：《破产法》（第二版），中国政法大学出版社 2017 年版，第 59 页。

⑤ 汤维建：《破产程序与破产立法研究》，人民法院出版社 2001 年版，第 279~280 页。

## （二）膨胀主义

膨胀主义认为，破产财产包括破产程序终结前的全部财产。[1] 主张膨胀主义的国家以法国为代表，又被称为"法国法主义"。除法国外，英国、意大利、丹麦、瑞士、奥地利、荷兰等亦采膨胀主义。[2]

### 1. 持膨胀主义的依据

主张采纳膨胀主义所用依据是：

第一，膨胀主义可提高破产债权的受偿比例。因为扩大破产财产的范围意味着破产债权受偿率的提高，因此以债权人利益为保护本位的破产法在破产财产的构成上倾向于采取开放式立法原则，即膨胀主义。第二，膨胀主义可防止新取得财产被破产人浪费。通过将破产宣告后破产人新取得的财产列为破产财产，可以起到排除破产人占有和处分该部分财产的作用。此举排除了债权人对破产宣告后财产进行浪费的可能。第三，膨胀主义有利于避免二次破产。"破产之上再无破产"原则否定任何二次破产的现象发生。按照膨胀主义，为解决债务人的破产问题，破产人在破产程序中新取得的财产均由管理人占有、管理，破产人没有直接支配的机会，因而不可能利用新得财产继续经营，重陷破产。[3] 第四，我国破产实践的适用对象即客观规定了我国破产法采用膨胀主义立法例。[4] 第五，膨胀主义为我国法律实践认可。《企业破产法（试行）》中破产财产的范围就已采膨胀主义，《企业破产法》将破产财产膨胀至破产申请受理时。[5] 第六，膨胀主义有利于债权人权益保护。破产企业一旦进入破产程序，其权利能力与行为能力已被限定于破产清算范围内。其新取得的财产结果只能归属于破产财产，并用于清算分配。否则该部分新增财产在破产企业清算后主体

---

[1] 邹海林、周泽新：《破产法学的新发展》，中国社会科学出版社 2013 年版，第 151 页。

[2] 齐树洁主编：《破产法研究》，厦门大学出版社 2004 年版，第 350 页。

[3] 李国光主编：《新企业破产法理解与适用》，人民法院出版社 2006 年版，第 186~189 页。

[4] 汤维建：《优胜劣汰的法律机制——破产法要义》，贵州人民出版社 1995 年版，第 89 页。

[5] 韩长印：《破产法学》（第二版），中国政法大学出版社 2016 年版，第 102 页。

消灭时即成为无主财产，而债权人却仍可能因为破产财产不足而未得足额清偿，于理不通，于情不合。① 我国破产法实践情况对债权人保护不力，破产欺诈风行。采用膨胀主义符合公平原则，保障经济秩序，可以防止出现法律调整空挡，扬长避短。② 随着破产免责主义的盛行，破产者享受了较为优厚的待遇。相对地在破产财产的限定方面给予债权人利益补偿可以更好地保护债权人的利益。③ 第七，适用膨胀主义可以适应破产制度扩大适用到自然人企业乃至自然人的发展趋势。④

2. 对膨胀主义的批评

对膨胀主义的批评集中在于：

第一，采膨胀主义会导致破产财产持续增加，对破产财产的管理、变价要求更高，破产程序时间相对延长。救济难以恢复正常经济活动的破产人需要一定的社会资源，这可能造成社会负担加重。⑤ 第二，采用膨胀主义，对破产财产的统计耗费时间较长，可能会影响债务人和债权人对破产申请的态度。破产人获得自由财产的时间后延，债权人在低价求偿与破产程序分配之间摇摆。因此采膨胀主义客观上可能推动债权人与债务人达成低价清偿合同，加入破产程序的债权人减少，长远看来不利于破产程序健康发展。⑥ 第三，各国旧破产法中膨胀主义倾向明显，但随时代变化，改采固定主义的国家渐多。如德国于 1877 年、日本于 1922 年改采固定主义。第四，传统膨胀主义不断被改造。如法国准许破产人在破产程序中因劳务取得的财产不被破产财产吸收、英国 1913 年承认了二次破产。⑦ 可见随破产立法由倾向保护债权人适度向保护债务人利益及社会公共利益倾

---

① 齐树洁主编：《破产法研究》，厦门大学出版社 2004 年版，第 351 页。

② 王欣新：《破产法专题研究》，法律出版社 2002 年版，第 138 页。

③ 邹海林：《破产程序和破产法实体制度比较研究》，法律出版社 1995 年版，第 252 页。

④ 李永军、王欣新、邹海林、徐阳光：《破产法》（第二版），中国政法大学出版社 2017 年版，第 59 页。

⑤ 王欣新：《破产法专题研究》，法律出版社 2002 年版，第 136~137 页。

⑥ 李国光主编：《新企业破产法理解与适用》，人民法院出版社 2006 年版，第 192 页。

⑦ 杨建华主编：《强制执行法破产法论文选辑》，台湾五南图书出版公司 1984 年版，第 568~569 页。

斜，更多国家采固定主义。

### (三) 其他观点

有学者主张，考虑固定主义与膨胀主义主要是针对自然人破产。因法人不存在宣告破产之后取得新财产的问题，只有自然人破产后民事主体地位仍然存在，在破产终结前仍可从事民事活动，法律也可能允许其保留部分财产。唯此情形下限定破产人的财产时间范围及新取得财产的归属是有必要的。由于我国破产法以企业为适用对象，此二者的争议意义不大。①

### (四) 本书观点

本书认为，固定主义与膨胀主义之界分并非针尖麦芒，而是以时间为坐标轴人为划定的两个阶段。因此，其利弊就具有此消彼长之特点。究竟如何选择，取决于法律对债权人与债务人之间利益平衡如何看待，以及具体制度实施可能产生的社会效果。此外，还应考虑科技发展对破产财产统计难度的影响。无论是在现行法律规定的仅限于企业的破产财产中，还是被众多学者认为是大势所趋的自然人破产财产方面，持固定主义主张的一个重要理由即是为统计处理之简便、为破产管理人减轻工作难度。随着财产统计的电子化、网络化，追查财产的来源难度正趋下降，对财产变动的调查难度也有相应程度的降低——大量数据可由机器进行统计操作。此种社会发展背景无疑对持膨胀主义观点提供了一定的支持。

### 二、破产财产的空间范围

破产财产的空间范围，即破产财产的地域界限。各国立法中有属地主义与普及主义两种。破产属地主义是指域内破产程序不对债务人位于域外的财产直接发生效力，反之亦然。破产普及主义承认域内与域外效力，实行"一人一破产"，意在充分保护债权人。②

有学者认为，我国《企业破产法》第5条第1款的规定承认了始于中国的破产程序对债务人在外国的财产发生效力。中国破产立法中存在跨

---

① 付翠英编著：《破产法比较研究》，中国人民公安大学出版社 2004 年版，第375 页。

② 齐树洁主编：《破产法研究》，厦门大学出版社 2004 年版，第 354 页。

国破产的内容，可为中国跨国破产法律制度的完善与发展开启新时代。外国承认、执行域内破产宣告，破产财产即不局限于债务人域内财产，债务人在域外的财产也将通过一定程序移交给中国管理人进行管理和分配，发生最大限度清偿结果。①

有学者主张，理论上破产普及主义能更有效防止破产债务人为逃避债务将财产转移至国外，从而更周全保护债权人权益，但当前该学说在实际操作中因涉及国家主权及国际间司法协助问题，仍显困难。② 普及主义法律框架仅为少数国家采用。我国司法界基于国家主权与国内债权人保护立场，倾向于认为我国破产宣告效力及于境外财产。典型例子如广东省高级人民法院在确认广东国投公司破产财产范围时，规定境外财产由破产清算组予以回收。③

破产财产的空间范围争议反映了破产财产空间范围之"应然"与"实然"的矛盾。采属地主义学者多从实际操作角度出发，认为现阶段为确保法律得依强制力保障实施，不宜过多规定以避免陷入难以实现的窘境。采普及主义学者多从应保护债权人合法权益角度出发，结合跨国企业发展现实，认为采此标准既能全面保障债权人的财产受偿，又能适应跨国企业发展后的实践需求。对此应如何处理，于"跨境破产"一章中亦会有所涉及，此章不再多作讨论。

## 第四节　破产财产的类型

### 一、破产财产的构成要件

破产财产的实际构成应当具备以下要件：①为财产或财产性权利。破产财产必须是能成为积极财产的物或权利，包括无形财产如著作权、专利权和商标权，以及债务人与商业活动相关的、含有财产价值性质的权利，

---

① 郑维炜：《中国应对跨国破产法律问题的策略选择》，载《当代法学》2012年第1期。
② 齐树洁主编：《破产法研究》，厦门大学出版社2004年版，第355页。
③ 《广东国际信托投资公司破产案》，中华人民共和国最高人民法院公报：http://gongbao.court.gov.cn/details/bba0bd0d46cb19999c24e15b160713.html，最后访问时间：2018年11月3日。

如商业秘密和商号。用益物权具有财产价值，也是破产财产。②为破产申请时至破产程序终结前的财产。其包括三层含义：一是以破产申请受理为基准时。此时债务人拥有的附期限未到期债权、附停止条件债权或附解除条件债权应视为已现实存在的破产财产，仅是该债权负有期限或条件；二是以破产程序终结为终止时。新得财产或财产权利包括受赠财产，自然或法定孳息，新得专利权、著作权等权利，行使撤销权而取回的财产以及新分得的盈利等；三是破产财产包括现实财产及财产请求权，后者是指破产前原因事实已存在，等待发生行为事实致该权利得以实现的情形，如保证人对主债务人的求偿权。③为非专属权利，能被强制执行。凡个别的、具体的强制执行所不得扣押的财产，在一般的、概括的破产程序中不得扣押。① 此要件系对自由财产之规定，原是出于人道及社会公共政策考虑，为保证破产者最低限度生活而设，但随社会发展，自由财产已变成保障"健康而富有文化的最低生活"实现、为破产者重建发展而设立。② 显然，该项只针对自然人破产情形，在我国目前仅有企业破产法律规定之情况下作用不大。

## 二、破产财产的类型

有学者对破产财产进行确定并进行了详细列举，认为破产财产包括以下类型：

1. 破产申请受理时债务人所有和经营管理的全部财产。非国有企业法人，为其所有财产。国有企业为被授予经营管理的财产。国有企业构成破产财产的包括：

①固定资产，一般是指使用年限在 1 年以上、单位价值在规定标准以上，并在使用过程中保持原有形态的资产。②流动资金，指可以在 1 年内或者超过 1 年的一个营业周期内变现或耗用的资产。③专项资金。④无形资产，是指企业长期使用的不具实物形态的资产，如商标权。⑤债务人与他人共有财产。破产清算中债务人分割所得或不能分割的应得部分转让所得。⑥债务人未支付对价的财产。企业破产前受让他人财产并依法取得所

---

① 李国光主编：《新企业破产法理解与适用》，人民法院出版社 2006 年版，第
193~195 页。

② 李永军：《破产法律制度》，中国法制出版社 2001 年版，第 232 页。

有权或土地使用权的无论是否支付对价，仍属于破产财产。⑦债务人在民事执行中的财产。企业被宣告破产后，原民事诉讼执行措施尚未执行或尚未执行完毕的剩余部分列入破产财产。错误执行的，在执行回转后列入破产财产。⑧债务人代位求偿取得的债权。⑨未到期债权视为已到期，减去未到期的利息部分属于破产财产。

2. 破产申请后至破产程序终结前债务人取得的财产。管理人在破产申请受理后至破产程序终结前通过对债务人清算所取得的任何财产都是破产企业法人的增值结果，构成债务人所有财产中的一部分。具体包括：①债务人之债务人清偿取得的财产。②继续履行合同取得的财产。债务人进入破产宣告后，由管理人决定是否继续履行合同。对于需继续履行合同的，该合同的另一方当事人给付的对价，即构成债务人在破产申请后取得的财产。③由破产财产产生的孳息。④破产申请受理前向他人投资的股份和购买的债权、股票在破产申请受理后，根据投资份额所分配的所有投资净利润或者债券利息、股息等收入。⑤继续营业所取得的财产。债务人进入破产申请受理后，管理人如果认为债务人继续营业有利于债权人的利益，则债务人继续营业所取得的收入等财产构成破产财产。⑥分支机构与无法人资格全资机构的财产。分支机构的财产是法人财产的组成部分，没有法人资格的全资机构的财产性质亦同，因此二者应当纳入破产程序进行清理。⑦全资企业中的投资收益。管理人应当通过转让股权等方式清收经营状况较好全资企业的权益，收回的价款列入破产财产。停止追收资不抵债全资企业中投资权益。⑧行使追回权取得的财产。⑨追缴出资所取得的财产。出资人依照公司章程或者合同约定缴纳出资是其必须履行的法律义务。当公司等企业生产经营状况变化，依法进入破产程序时，不能因为企业已进入破产程序免除出资人的出资义务。因此管理人应当要求出资人缴纳出资，此不受出资期限的限制。⑩追回的非法收入和被侵占的财产。董事、高级管理人员违反法律规定所得的收入应当归公司所有，造成损失的，应当承担赔偿责任。管理人应当追回该部分破产财产。①

---

① 李国光主编：《新企业破产法理解与适用》，人民法院出版社 2006 年版，第 196～201 页。

### 三、破产财产的除外情形

正面列举虽然可以明确清晰的列示破产财产的类型，法律适用也更为明晰，但是正面列举也存在一些不足。其一，正面列举工程浩大，且其项目可想而知将随实践中出现的新问题而不断增加，永无终结。其二，项与项间可能存在重叠情形，如外单位或个人继续履行合同，可能同时是债务人进入破产后继续营业所取得的财产。其三，无论如何列举，其永远不可能周沿涵盖所有情形，正面列举的局限性十分明显。

可能基于上述考虑，学者从反面思考了不属于债务人财产的情形，认为以下财产不属于破产财产：①债务人占有但无所有权或管理权的财产。②专属债务人本身的权利。如著作权、专利权、商标权中的人身权部分以及与债务人本身密切相关的信誉、信用、姓名权、荣誉权等人格权。③专属国家的财产。如土地所有权，专属于国家的自然资源、军事设施等。④依法禁止采取扣押查封等强制措施的财产，如弹药武器、国家机密的各种载体等。⑤社团组织经费及其购置的财产，但其中无偿使用的属于破产财产。① ⑥一些企业兴办的社会福利设施和公共事业等。②

也有学者认为，以下财产也不属于破产财产：①已作为担保物的财产，但担保物价款超过其所担保的债务数额部分属于破产财产。②划拨的国有土地使用权。③

总体来说，无论是正面列举还是反向列举，各个学者的观点都存在或多或少的差别，难以形成一致意见。其中存在部分争议较为集中、观点也较为鲜明的问题。在对破产财产进行界定的发展过程中，学界对于担保物、土地使用权、职工福利财产是否属于破产财产产生过较大争议。现下，关于土地承包经营权的问题值得学界进行讨论。

#### （一）担保物是否属于破产财产

1. 肯定说

---

① 杨森主编：《破产法学》，中国政法大学出版社 2008 年版，第 103~104 页。

② 李永军、王欣新、邹海林、徐阳光：《破产法》（第二版），中国政法大学出版社 2017 年版，第 61 页。

③ 杨森主编：《破产法学》，中国政法大学出版社 2008 年版，第 103~104 页。

有学者认为，依据物权法一般法理，物上担保不影响物的所有权归属。在破产程序开始时属于债权人的所有财产构成破产财产，因此破产程序开始时，担保物权未执行的一切财产归于破产财产。①

对此，有学者进一步说明：

首先，将担保财产排除不利于确保担保财产安全性。破产宣告后，破产企业与别除权人暂不享有管理处分权，清算组行使管理处分权以破产财产为界域。担保财产占有与控制人不明。如果立法将担保财产排除，会产生管理人接管担保物没有法律依据的后果。②

其次，将担保财产排除不利于清算组行使超出担保债务额的部分财产的管理处分权。因为担保财产是不可分割的统一体，评估价额后对超出担保债务额的部分财产行使单独的管理处分权不可行。③

再次，如此规定属于立法逻辑的前后矛盾。如果担保财产并不归属于破产财产，就无所谓优先受偿之"优先"。将担保财产撤除在外，可能导致破产企业重启困难，此时管理人接管失去其意义。④ 担保物的变价款在优先清偿担保债权后，剩余部分将用于清偿其他债权人。如果担保物不属于破产财产，则清偿担保债权后的剩余部分如此处理难以说清。⑤

最后，美国、日本、德国、我国台湾地区等国外或境外法制一般均无此类规定。⑥ 有学者从承认自然人破产角度思考，认为破产宣告后自然人财产可分为由管理人接管的破产财产与由债务人自由支配供其维持生活的自由财产，在此两者之外不应存在游离的、归属不明的财产。⑦ 有学者认为，之所以产生对担保财产不属于破产财产的认识，可能是因为原立法过程中对破产财产范围有所误解，认为凡是破产财产均要用于清偿破产债

---

① 李永军：《破产法律制度》，中国法制出版社 2000 年版，第 228 页。

② 王欣新：《破产法专题研究》，法律出版社 2002 年版，第 145 页；王欣新：《破产别除权理论与实务研究》，载《政法论坛》2007 年第 1 期。

③ 王欣新：《破产法专题研究》，法律出版社 2002 年版，第 145 页。

④ 王欣新：《破产法专题研究》，法律出版社 2002 年版，第 145 页。

⑤ 王欣新：《破产别除权理论与实务研究》，载《政法论坛》2007 年第 1 期。

⑥ 汤维建：《破产程序与破产立法研究》，人民法院出版社 2001 年版，第 264~265 页。

⑦ 李国光主编：《新企业破产法教程》，人民法院出版社 2006 年版，第 267 页。

权，所以作此规定。①

有学者提出，此学术争议系因《企业破产法（试行）》第 28 条第 2 款及《关于审理企业破产案件的若干问题的规定》第 71 条规定引起。② 现行《企业破产法》已对相应条文作出修改，担保财产已明确属于破产财产。

2. 否定说

对于担保物是否属于破产财产，有学者曾持否定态度，认为已作担保物的财产不属于破产财产，担保物的价款超过其担保债务数额的，超过部分（被放弃优先受偿的财产和优先偿付被担保债权后剩余部分财产）属于破产财产。③ 由于我国《企业破产法（试行）》第 28 条曾作规定，担保物不属于破产财产，否定说在一段时期内是我国立法与司法的通行观点。

本书认为，参考破产财产主体说学者对法定财团、现有财团和分配财团概念之界定，能够对破产财产的范围作比较清晰的解释。

法定财团是指宣告当时、程序进行中属于破产者的财产。提出该概念是为管理人提出占有、控制、管理的理性目标。根据该目标，管理人应当行使管理权利，将属于法定财团的财产收回破产财产，并依据所有权人申请，将不属于法定财团的财产排除。现有财团是指破产者宣布时事实上实际占有、管理的财产。在一定阶段内用以保护财产之安全完整，类似保全之功效。即所谓的"概括占有制度"。分配财团是指事实上最终用于分配各债权人的财产集合体，是破产财团的最后一种程序表现形式。④

从定义中不难发现，从法定变为现有，最后归于分配，这种变化是以破产程序顺序贯之的。担保财产显然属于法定财团范围内，当处于现有财产时，其因不属于他人拥有所有权之财产，不会发生被"所有权人"申请而被排除出财产的情形。故最终其属于分配财产。因依照客体说论述之，担保物系在破产程序开始时债权人财产中的当然组成部分，不存在更为精细的、流程化的分析过程，故虽本书不赞同破产财产主体说，但此处

---

① 王欣新：《破产法专题研究》，法律出版社 2002 年版，第 145 页。

② 邹海林、周泽新：《破产法学的新发展》，中国社会科学出版社 2013 年版，第 154 页。

③ 沈贵明主编：《破产法学》，中国政法大学出版社 2004 年版，第 239 页。

④ 齐树洁主编：《破产法研究》，厦门大学出版社 2004 年版，第 356~357 页。

欲借用法定财团、现有财团与分配财团之定义，更清晰地展示担保物权属于破产财产的事实。

### （二）土地使用权问题

土地使用权问题自身具有复杂的历史渊源与社会背景，长期以来，国有与集体企业使用土地由国家统一划拨，并无偿、无限期地使用。直至20世纪90年代中期，全国新供应的土地中行政划拨的比例仍占98%。但是自1987年深圳拍出第一块国有土地使用权开始，土地使用就进入了双轨制，即行政划拨和有偿出让的双轨制度。在双轨制条件下，原本就呈现综合多元性质的破产企业土地的处理就变得更加复杂繁难。① 这种复杂矛盾交织体现在其是否属于破产财产上，引发了学者经久不息的讨论。从20世纪80年代至今，对于土地使用权的争论从未止息。

1. 划拨土地使用权

（1）划拨土地使用权是否属于破产财产

关于划拨土地使用权是否属于破产财产，理论与实务界存在争议。传统司法界认为，划拨土地使用者仅是以直接代行者的身份使用土地。若超出直接代行之范围，则国家作为所有者，有权回收划拨土地。因此，划拨土地使用权一般仅被视为企业的生产经营场所和全民所有的生产资料，而不作为企业财产或财产权利看待。②

原则上，无偿划拨的土地使用权应当由国家无偿收回。但是这种做法在完全贯彻上存在现实困难，因为地上建筑物附着物是同土地使用权联系在一起的，土地使用权价值在这种联系中才呈现最大化。③ 有学者将破产区分为政策性破产与非政策性破产，在无偿取得的土地使用权处置上，其主张政府可行使取回权。④

---

① 李晓阳：《破产企业土地使用权处理问题研究》，载《西南政法大学学报》2017年第5期。

② 叶健强：《破产企业划拨土地使用权的处置》，载《人民司法》1997年第10期。

③ 汤维建：《破产程序与破产立法研究》，人民法院出版社2001年版，第266~269页。

④ 李国光主编：《新企业破产法理解与适用》，人民法院出版社2006年版，第207~210页。

（2）划拨土地使用权处理

有学者认为，必须对划拨土地的收回与出让进行适当限制：一是出让应当即时，于宣告后分配前作出；二是对象特定化，限定于债权人内部，且按债权担保有无确定先后顺序；三是出让价格低额化。应参照最低幅度确定，可考虑将此用于失业职工安置。① 破产企业土地使用权系通过缴纳出让金有偿取得的，土地使用权处分后的所得财产必须纳入破产财产，不得用于职工安置。② 债务人投资改造土地以及支付的征地费用，应获得的补偿列入破产财产。对于政策性破产，转让划拨土地使用权所得首先用于安置职工，剩余部分应列入破产财产。③ 若国有划拨土地使用权已由政府批准作价入股，成为企业注册资本的一部分，则转让或拍卖的土地使用权价款首先支付土地出让金，剩余部分列入破产财产。④

2. 出让土地使用权

（1）出让土地使用权是否属于破产财产

原则上通过支付出让金取得的土地应当纳于破产财产的范围。⑤ 有学者认为，国家应当分享出让土地使用权的增值部分。⑥ 由此项处置中所得属于土地使用权出让金部分，应上缴财政，属于国有财产。⑦

（2）出让土地使用权处理

有学者认为，若没有设定抵押，则清算组采取协议、招标、拍卖方式作出变价处理，价金计入破产财产范围。若设定抵押，抵押权人优先受偿。既然未要求以土地供求关系变化为基准，持续不断缴纳土地增值费，

① 汤维建：《破产程序与破产立法研究》，人民法院出版社2001年版，第266~269页。

② 王欣新：《试论破产立法与国企失业职工救济制度》，载《政法论坛》2002年第3期。

③ 李国光主编：《新企业破产法理解与适用》，人民法院出版社2006年版，第207~210页。

④ 王延川主编：《破产法理论与实务》，中国政法大学出版社2009年版，第222~223页。

⑤ 汤维建：《破产程序与破产立法研究》，人民法院出版社2001年版，第266~269页。

⑥ 徐庆华：《破产企业土地使用权问题探讨》，载《中国法学》1994年第5期。

⑦ 王欣新：《试论破产立法与国企失业职工救济制度》，载《政法论坛》2002年第3期。

土地价格跌落后，国家也无补偿或者退还贬值费用的义务，则企业破产后，国家即无理由收取土地增值费。且不作区别地对于出让获得的土地与划拨获得的土地收取土地增值费，很容易造成土地使用权的有偿使用和无偿使用的界限混淆。①

有学者认为，土地出让金上缴财政后，属于国有财产，国家有权将其用于职工安置。② 在实践中，该部分即使用于职工安置仍有剩余，仍属国有财产，理应上缴，可用于其他破产企业职工安置。除此之外的其余部分属于破产财产。③

### (三) 债务人兴办的福利性财产问题

债务人兴办的福利性财产，是指债务人兴办的幼儿园、学校、医院、职工宿舍等。也有观点认为对于福利性财产的性质应认定为企业兴办的社会福利设施和公益事业等财产。④

关于债务人兴办的福利性财产是否属于破产财产，学界存在不同观点。

有学者认为，理论上，福利性机构是企业资产的有机组成部分。企业受破产宣告后，组成部分均应计入破产财产用以清偿分配。但这种理论不符合目前的中国国情，若付诸实践可能会引起普遍不满，影响社会安定，且有悖社会伦理。同时，将福利性机构绝对性排除在破产财产之外可能漠视债权人权益。⑤ 有学者主张，从财产来源看，其属于破产企业财产。但福利性机构的性质是事业单位，不从事生产经营，因此不属于破产法的适用对象。⑥

---

① 汤维建：《破产程序与破产立法研究》，人民法院出版社 2001 年版，第 266～269 页

② 王欣新：《试论破产立法与国企失业职工救济制度》，载《政法论坛》2002 年第 3 期。

③ 王欣新：《试论破产立法与国企失业职工救济制度》，载《政法论坛》2002 年第 3 期。

④ 李曙光：《〈中华人民共和国企业破产法〉制度设计与操作指引》，人民法院出版社 2006 年版，第 84～85 页。

⑤ 王欣新：《破产法专题研究》，法律出版社 2002 年版，第 146 页。

⑥ 王欣新：《破产法专题研究》，法律出版社 2002 年版，第 146 页。

也有学者认为，对福利性机构的处理应区别对待。在企业破产后，这些福利性机构继续开办的情况下，其应移交政府有关部门管理。若不再开办，则其财产应纳入破产财产。也有学者认为可以直接出让。①

属于破产财产的破产企业的职工宿舍、住房等应当于分配时折价抵偿，债权人可采取向住户出售产权等方式回收债权，得到清偿。但应按照"房改"政策，在处分时明确遵从"买卖不破租赁"原则。② 也有学者认为交由债权人会议决定是最好的走中间道路的方式。③

另有学者认为，债务人的幼儿园、学校、医院等福利设施是否被纳入破产财产应取决于福利设施本身的规模。若该福利部门规模较小，依附于债务人企业，仅为企业内部职工服务，则应当纳入企业破产财产，否则不属于破产财产。对于职工宿舍，则应明确职工宿舍是企业的不动产，企业是职工宿舍的所有权人和出租人，应当将其纳入企业的破产财产。但在变卖房屋时，职工作为承租人享有优先购买权。④

在司法实践中，早在《国务院关于在若干城市试行国有企业破产有关问题的通知》（国发〔1994〕59号）中，就已明确福利性设施，原则上不计入破产财产，由破产企业所在地的市或者市辖区、县的人民政府接收处理。唯没有必要续办并能整体出让的，可以计入破产财产。这一精神也为《关于审理企业破产案件若干问题的规定》所承继，其第81条规定已经签订合同、交付房款，进行房改给个人的职工住房不属于破产财产。第82条规定公益福利性设施不作为破产财产分配。

观察不同学者主张可见，我国学者对债务人兴办的福利设施是否纳入破产财产的论述不同，但态度相对一致：均未否认从财产来源来看，其当然属于企业财产的组成部分，但其后又通过不同理由主张该部分财产在一定条件下不宜以破产财产论处。其处置办法有将选择权交由债权人会议决定者，有主张依是否继续开办判断者，亦有依福利设施规模而存在处理区

---

① 李曙光：《〈中华人民共和国企业破产法〉制度设计与操作指引》，人民法院出版社2006年版，第84~85页。

② 王欣新：《破产法专题研究》，法律出版社2002年版，第146页。

③ 汤维建：《破产程序与破产立法研究》，人民法院出版社2001年版，第269~270页。

④ 王延川主编：《破产法理论与实务》，中国政法大学出版社2009年版，第222~223页。

别者。在对于职工宿舍处置办法上，不难看出学者们意欲通过合理方式保障职工基本居住权之努力。

本书认为，不同于前两种权利，在债权人兴办的福利性财产中天然蕴含了涉及社会需要重点关注群体的利益保护问题。此即为学者观点相对一致之原因。承认幼儿园、学校、医院还是职工宿舍不属于破产财产，不宜参与破产分配，其所欲保护者均为相对弱势群体，如儿童的受教育权利、职工的居住权与病患的就医权。企业的福利性财产的设立本身即属于提高企业竞争力的隐形条件，企业所承担的社会责任也可能通过企业福利性财产进行一定体现。综合以上因素考量，对待企业福利性财产的处理必须慎之又慎。

### （四）土地承包经营权问题

土地承包经营权的破产问题不是破产法主流学者关注之对象，对于该制度发展现状较为关注学者集中于涉及农业经济管理的经济法领域。土地承包经营权的破产问题处于发展的早期阶段，目前法律与政策仅放开了土地承包经营权可以入股股份合作制企业。由于其适用范围有限，且基本以集体经济组织为组成单位，遭遇企业破产之风险可能性较小。

但是，此问题涉及农民生存利益。随着我国乡村振兴战略的不断落实，如何巩固和完善农村基本经营制度，如何深化农村土地制度改革，如何完善承包地"三权分置"已成为国家重点关注之问题。有学者认为，从土地的经济价值出发，有众多理由要求土地不加限制地流转、自由买卖，但从土地的社会价值出发，出于防范粮食安全危机和避免产生具有很强的社会破坏力的、以失地农民为主的流民群体考虑，我国不能以牺牲土地的社会价值为代价提高土地的经济价值。①

1. 土地承包经营权属于破产财产

从现行法律规定看，首先，土地承包经营权可以入股股份合作制企业。根据《物权法》及《中共十七届三中全会关于农村改革的决定》，我国现行的法律及相关政策明确允许以家庭承包的农地使用权入股股份合作制企业。

---

① 孟勤国、黄莹：《中国农村土地法律政策的三个前置性问题》，载《西南民族大学学报（人文社科版）》2010 年第 7 期。

其次，股份合作制企业存在破产可能，破产相关规定适用《企业破产法》。虽然《农村土地承包经营权流转管理办法》第 19 条规定，入股土地应当退回原承包农户。但是《农民专业合作社法》第 48 条规定，农民专业合作社破产适用《企业破产法》的有关规定。依上位法优于下位法的原则，由于后者的法律位阶高于前者，因此应当适用后者之规定，农民专业合作社破产应当适用《企业破产法》。同时，由于土地承包经营权并非法律中明确规定的除外条款"与农民成员已发生交易但尚未结清的款项"，其不属于破产后优先清偿的范围。因此，依据现有法律规定，土地承包经营权应当纳入破产财产，以供清偿合作社债务。

从学界观点看，不乏支持将土地承包经营权纳入破产财产的声音。理由在于：其一，将土地承包经营权排除在破产财产之外的做法有损于债权人的合法权益。合作社破产后，土地承包经营权理应计入清算财产进行拍卖以抵偿合作社的债务。如果强行规定退回原承包农户，虽保障了社员生活权，却损害了债权。其二，此处理降低了资本登记公信力与合作社交易的信用能力。如果规定土地承包经营权不属破产财产，合作社真正的信用额度即不能达到其登记时所公示的程度，甚至其真实的债务清偿能力远低于其登记时所记载的自有资本的范围，可能影响交易另一方的交易信心。[1]

2. 土地承包经营权入股后破产如何处理

对于土地承包经营权入股后发生破产，土地承包经营权如何处理的问题，有不同的学说观点进行探究。

（1）开放土地承包经营权入股有限责任公司说

该说认为，既然土地承包经营权入股股份合作制企业难以避免农民失地风险，同时股份合作制企业与有限责任公司均具有法人资格，一同适用破产法的规定。再加上在风险上，二者入股并无差别，放开限制影响较小，可以对开放土地承包经营权入股有限责任公司进行考虑。土地承包经营权入股资本化与有限责任公司的资合性、营利性契合，入股过程中权利

---

[1]  米新丽、姚梦：《农村土地承包经营权出资法律问题研究》，载《法学杂志》2010 年第 12 期。

义务关系的配置可以参考有限责任公司的人合性与自治性。①

从倾向上，应当支持放开土地承包经营权入股公司。虽然土地承包经营权符合出资财产法律要件，但若允许土地承包经营权入股公司，会带来其能否作为公司资产进行清算的问题。因此土地承包经营权入股公司应坚持因地制宜、农民自愿、不得改变土地用途的基本原则以缓和矛盾。②

（2）区别对待"入股"与"出租"说

该说认为，应当根据土地承包经营权之用途，区别对待破产中的土地承包经营权。若以土地承包经营权入股，则应当视同出资，土地承包经营权将作为企业财产对债务承担责任；若只是将土地的经营权转包、出租给农业企业或农民专业合作社，那么破产时管理人可视该土地经营权为待履行合同，并根据破产企业的实际情况决定是否继续履行。③

（3）不列入破产财产说

有学者以范围遍布十省三十县的田野调查对土地承包经营权股份合作制运行现状进行调查，经分析后其认为，入股农地是否参与清算，涉及农民股东生存权与债权人财产权权衡。相对而言，生存权更为重要。因此其建议实施破产清算时不应将折价入股的农地列入破产财产。④

（4）承包权经营权分离退出说

该说系结合土地承包与土地经营相分离的趋势提出，认为农民可将土地承包经营权入股换为以一定期限的"经营权"入股，此法既可以保证社员的退社自由，又可以解决农民失地的困扰。为保证农民专业合作社人员的稳定性，双方必须在入社时签订协议，明确约定退社的条件。违反协议约定退出，给合作社和其他社员造成巨大损失者承担相应责任。⑤

---

① 吴越、吴义茂：《农地赋权及其土地承包经营权入股范式》，载《改革》2011 年第 2 期。

② 史卫民：《土地承包经营权入股公司的法律规制》，载《中州学刊》2012 年第 6 期。

③ 刘冰：《农村承包土地经营权的破产处置》，载《法学》2018 年第 4 期。

④ 郭继：《土地承包经营权股份合作制的困境与出路》，载《农村经济》2011 年第 9 期。

⑤ 官世燕：《土地承包经营权作价入股的法律退出路径探析》，贵州大学 2017 年硕士学位论文。

综上可以看出，土地承包经营权入股后如何恰当与《企业破产法》相关规定衔接问题已然显现，及时理顺土地承包经营权是否属于破产财产、是否可入股公司等问题的逻辑关系，十分重要，值得研究。随着土地承包经营权流转的大面积应用，土地承包经营权入股后破产，土地承包经营权如何处理值得学界进一步关注。

## 第五节　破产财产的接管与管理

### 一、破产财产的接管

对破产财产的接管应当是全面接管，包括：①接管实务财产。包括：取得使用权的土地；破产企业的厂房、设备；破产企业的库存物品；破产企业车辆、通讯设备；破产企业一切对外投资；厂区内建筑物与公共设施；其他由破产企业所有或管理的实物资产；一并接管与实物资产相关的证照。②接管破产企业的账内财产。③接管破产企业全部资料。①

### 二、破产财产的管理

我国通过管理人管理债务人的破产财产。理论上有学者将管理人对破产财产的管理区分为积极管理和消极管理。积极管理是指对破产财产的直接增值性管理，包括收回债权及财产，接受股东出资义务的履行和继续营业。消极管理是指对破产财产的维持性管理，主要包括清理、整理和登记破产财产。②

### （一）破产财产的管理人

对于破产财产应当由何人管理，我国与美国在立法模式上存在差别。我国默认债务人财产管理主体为管理人，同时为企业经理层管理留有适用空间。美国经历了从区分规模来决定企业经理层经营或管理人接管二选一阶段，到默认管理人接管阶段，再到默认企业经理层继续经营，特定事由

---

① 张作顺：《破产程序法律制度研究》，中国政法大学 2002 年博士学位论文；

② 刘兴：《论破产财产的处置及相关法律问题的思考》，湘潭大学 2002 年硕士学位论文。

发生时由管理人接管的发展过程。①

有学者建议我国应当默认破产债务人管理层继续经营，并强化对其监督和管理。当可能出现经营能力存在缺陷或违法性事由时，替换为管理人。主要理由在于：第一，可以满足经营连续性；第二，一定程度上可以保证破产程序客观公正。②

### （二）管理人的处分权

就管理人处分破产财产的权限问题，我国《企业破产法》第25条第6项赋予了管理人管理和处分破产财产的权利，第69条对管理人具体实施部分行为时需要及时报告进行规定。对于此种规定，理论界认为法律对管理人处分破产财产的授权过于宽松。

#### 1. 授权范围

理论界将各国授予管理人处分权的模式分为三种。第一，抽象概括式标准。美国区分企业经营的"正常业务"范围和"非正常业务范围"。经营"正常业务"范围内的处分行为，无须批准。"非正常业务"范围内的处分行为，必须在通知和听审后方可进行。此种区分由法院自由裁量。有学者认为此种模式的优点在于有利于管理人灵活处分破产财产，抓住恰当商机和保护管理人。但要求法官的素质极高，容易造成具体适用的不统一。③第二，列举式。采用反向列举的方法，列举需要经过批准或同意之行为，此外即为自由处分。④列举式的优点在于清晰明了，容易适用。缺点在于僵化不灵活，容易贻误商机。⑤第三，抽象概括加列举式标准。概括应当征得同意的是"对破产程序特别重要的法律行为"，此外列举几种

---

① 傅穹、王欣：《破产债务人财产制度的法律解释》，载《社会科学研究》2013年第5期。

② 傅穹、王欣：《破产债务人财产制度的法律解释》，载《社会科学研究》2013年第5期。

③ 陈政：《放权与控权：破产管理人破产财产处分权的合理配置》，载《河北法学》2014年第5期。

④ 李飞主编：《当代外国破产法》，法制出版社2006年版，第746~747页。

⑤ 陈政：《放权与控权：破产管理人破产财产处分权的合理配置》，载《河北法学》2014年第5期。

"对破产程序特别重要的法律行为"。①

有学者建议，我国应当采用抽象加列举的方式规定管理人对破产财产处分权范围。首先，明文规定处分权的行使以有利于破产程序目标的实现为前提。其次，建立"紧急处分权"制度。在不立即进行处分，可能会造成难以挽回的损失、导致破产目标无法实现的情况下可立即处理。事后，管理人应当及时报告。必要时，破产管理人对其行为正当性承担证明责任。②

2. 处分权范围

对于管理人处分影响债权人重大利益的破产财产，域外采用严格限制的方式。美国、日本、德国与我国台湾地区均规定了许可或批准制度。③基于此，理论上有观点认为应当将我国目前的报告制度转变为许可制度，在现行《企业破产法》第 69 条相关规定的基础上，将"报告"修订为"经同意或批准"，构建我国的重大破产财产处分行为许可制度。④

就债权人会议能否确定管理人处分权范围问题，理论上存在争议，主要有肯定说和否定说。肯定说主要理由在于，如此可以保障债权人会议自治权，维护管理处分破产财产的最终权利，明确管理人管理和处分职责，实现制约平衡管理人与债权人委员会的目标。⑤ 否定说持相反意见。其理由在于依照我国《企业破产法》的规定，管理人是由人民法院指定、对人民法院负责、受债权人会议和债权人委员会监督、有独立地位与职务的法定机构。其并非破产债权人或破产债务人的代表人。债权人会议仅仅具有监督权，不能确定其处分权范围。⑥

---

① 陈政：《放权与控权：破产管理人破产财产处分权的合理配置》，载《河北法学》2014 年第 5 期。

② 陈政：《放权与控权：破产管理人破产财产处分权的合理配置》，载《河北法学》2014 年第 5 期。

③ 王欣新、郭丁铭：《论我国破产管理人职责的完善》，载《政治与法律》2010 年第 9 期。

④ 陈政：《放权与控权：破产管理人破产财产处分权的合理配置》，载《河北法学》2014 年第 5 期。

⑤ 王欣新、郭丁铭：《论我国破产管理人职责的完善》，载《政治与法律》2010 年第 9 期。

⑥ 陈政：《放权与控权：破产管理人破产财产处分权的合理配置》，载《河北法学》2014 年第 5 期。

### （三）对破产财产管理的监督

有学者认为我国《企业破产法》已构建法院为主，债权人会议及委员会为辅的多元化监督制度。有观点认为，我国目前对于破产财产管理监督存在的问题在于：第一，法院事务繁忙且有不告不理的思维定式，监督作用有限。第二，债权人委员会的监督仅为建议。当管理人拒绝接受时，其监督作用有限，仅有权请求人民法院作出决定。① 第三，一旦进入破产的环节，债务人解除与破产财产利害关系后，可能对破产财产缺乏关注，不能起到很好的监督作用。②

基于此，有观点建议设立专门行政监督机构"破产管理署（局）"。③ 但反对者认为此种方式需要耗用的行政成本和社会成本过高，从而建议：首先，当发现管理人处分行为不公时，债权人会议或者债权人委员会有权申请人民法院发布"禁止令"，禁止继续进行处分。人民法院不同意发布应当说明理由；其次，赋予债权人会议或者债权人委员会以诉权。④

---

① 陈政：《放权与控权：破产管理人破产财产处分权的合理配置》，载《河北法学》2014 年第 5 期。

② 龚柳青：《我国破产财产制度的法律检视与法制进路》，载《长春师范大学学报》2017 年第 5 期；傅穹、王欣：《破产债务人财产制度的法律解释》，载《社会科学研究》2013 年第 5 期。

③ 陈政：《放权与控权：破产管理人破产财产处分权的合理配置》，载《河北法学》2014 年第 5 期。

④ 陈政：《放权与控权：破产管理人破产财产处分权的合理配置》，载《河北法学》2014 年第 5 期。

# 第五章　破　产　债　权

## 第一节　破产债权的概念

### 一、形式意义上破产债权与实质意义上的破产债权

鉴于破产法是程序法和实体法的统一，对于破产债权的概念，学者也多从程序和实体两个角度予以阐释。从实体法的角度来看，破产债权是在破产宣告之前产生的，并可以强制执行的财产上的对人请求权，学理上称之为实质意义上的破产债权。从程序法的角度上来看，破产债权是指按照破产程序经过申报和确认的，可经破产程序公平受偿的债权，也就是可以依照破产程序得到清偿的财产请求权，理论界称之为形式意义上的破产债权。形式意义上的破产债权是一项债权可以成为破产债权的形式，实质意义上的破产债权是一项债权能够成为破产债权的内容，二者有机统一共同构成破产债权的内涵。①

### 二、广义的破产债权与狭义的破产债权

按照破产债权的外延，可以将其分为广义的破产债权和狭义的破产债权。一般而言，广义与狭义的区别就在于是否包含有财产担保的债权。有的国家认为无论债权之上是否设有财产担保，只要与破产债务人有关的债权都属于破产债权，美国就采用了这种立法例；有的国家则将具有破产别

---

① 陈荣宗：《破产法》，台湾三民书局 1986 年版，第 290 页；李永军：《破产法律制度》，中国法制出版社 2000 年版，第 172 页；齐树洁主编：《破产法》，厦门大学出版社 2007 年版，第 216 页；罗培新主编：《破产法》，格致出版社 2009 年版，第 146 页。

除权的债权排除于破产债权之外，认为只有对债权人发生的无担保物担保的债权才属于破产债权，如日本、英国等。① 前一种即广义的破产债权，后一种即狭义的破产债权。有学者认为狭义的破产债权是指依照破产法律规范的规定申报并得到确认，可以通过破产清算程序得到分配的债权；而广义的破产债权是指依照法律规范申报并获得确认，通过破产程序获得分配的债权，包括狭义的破产债权、重整债权与和解债权。②

按照一般意义上广义与狭义的划分，我国《企业破产法（试行）》采用后一种立法模式，③ 即认定破产债权不包括在破产宣告前成立的有财产担保且未放弃优先受偿权利的债权。④ 而《企业破产法》未明确表示担保债权是否属于破产债权。⑤ 按后一种分类方式来看，《企业破产法》中破产债权是从广义的角度定义的。⑥

## 第二节　破产债权的特征

破产债权的特征，也有学者称之为破产债权的构成要件。一项债权构成破产债权需要满足多少要件，理论界有不同的观点：第一种观点认为破产债权具有四个特征，①在破产程序启动前成立；②属于财产上的请求权；③是可以强制执行的债权；④须是经依法申报并得到确认，且有权在破产财产中获得清偿的债权。⑦ 第二种观点也认为破产债权具有四个特征，前三个特征与第一种观点相同，只是最后一种特征为"限于对破产

---

① 范健、王建文：《破产法》，法律出版社 2009 年版，第 172 页；王欣新：《破产法》（第三版），中国人民大学出版社 2011 年版，第 169 页。

② 王艳华主编：《破产法学》，郑州大学出版社 2009 年版，第 134 页。

③ 《企业破产法（试行）》第 30 条第 1 款："破产宣告前成立的无财产担保的债权和放弃优先受偿权利的有财产担保的债权为破产债权。"

④ 鲁生：《谈谈破产债权》，载《人民司法》1987 年第 10 期。

⑤ 《企业破产法》第 107 条第 2 款："……人民法院受理破产申请时对债务人享有的债权称为破产债权。"

⑥ 王艳华主编：《破产法学》，郑州大学出版社 2009 年版，第 134 页。

⑦ 王欣新：《破产法》（第三版），中国人民大学出版社 2011 年版，第 170~171 页；范健、王建文：《破产法》，法律出版社 2009 年版，第 173~175 页；殷慧芬主编：《破产法》，法律出版社 2014 年版，第 108~110 页。

人之人的请求权"。① 第三种观点则将上述所有特征总括在一起，认为破产债权共有五个特征。②

## 一、破产债权应当在破产程序开始前成立

破产债权应当是破产程序开始之前成立的债权，这一点普遍为各国立法所接受。但是因为域外对于破产程序的启动存在破产受理与破产宣告两种立法例，因此能够构成破产债权的债权，其成立具体应提前于哪一时间，不同国家仍有区别。按照《企业破产法（试行）》的规定，于破产宣告前成立的债权才属于破产债权，但我国又采取以破产案件受理为破产程序开始的标志的立法例。因此，学界对破产案件受理后，破产宣告之前发生的债权是否属于破产债权产生了争议。③ 后《企业破产法》将认定破产债权的时间提前至人民法院受理破产申请时。因此一项债权能否构成破产债权应以破产程序启动之时刻，即人民法院受理破产申请的时刻，作为分界点，之前成立的债权被列入破产债权，之后成立的债权则应列为共益债务。④

### （一）基于破产程序开始前的原因成立

一项债权在破产程序开始前成熟至何种程度才可谓"成立"，学理上存在两种学说。一种为全部完备说；另一种为一部完备说。全部完备说认为，构成债权发生的全部要件，应当在破产程序开始前全部具备。即这一债权应当已经具有法律效力，不存在附期限、附条件及其他或然性限制的问题。一部完备说则认为，在破产程序开始时不需要具备全部的要件，只

---

① 陈荣宗：《破产法》，台湾三民书局 1986 年版，第 290~295 页；齐树洁主编：《破产法》（第二版），厦门大学出版社 2009 年版，第 216~218 页；韩长印主编：《破产法学》（第二版），中国政法大学出版社 2016 年版，第 299~300 页。

② 罗培新主编：《破产法》，格致出版社 2009 年版，第 146~148 页；杨森主编：《破产法学》，中国政法大学出版社 2008 年版，第 77~80 页。

③ 王欣新：《破产法专题研究》，法律出版社 2002 年版，第 166~167 页。

④ 齐明：《破产法学：基本原理与立法规范》，华中科技大学出版社 2013 年版，第 130 页。

要具备构成债权发生的基本要件即可。① 目前我国理论界和实务界都普遍认为破产债权无需具备全部要件。包括未到期的债权、附条件或附期限的债权、保证担保中的债权等在破产程序开始时尚未具备全部要件的债权，仍应认定属于破产债权。

### (二) 例外情况

破产债权应当因破产程序开始前的原因成立是一种原则性规定，域外立法例中还特别规定了于破产程序开始后发生但仍属于破产债权的债权。我国立法上也存在这样的例外：根据我国《企业破产法》第53、54、55条规定，管理人或者债务人解除破产企业未履行完毕的合同，对方当事人因合同解除所引起的损害赔偿请求权；委托人进入破产程序，受托人不知该事实并继续处理该事务的，以及票据的出票人进入破产程序，该票据的付款人继续付款或者承兑的，受托人、付款人由此产生的请求权，上述三种权利虽然都产生于破产程序开始之后，但是为保护善意债权人，也认为其属于破产债权。② 当然这类债权能够被纳入破产债权的核心要求是必须要有法律明确规定，不能随意地承认、扩大。③

### 二、破产债权是财产上的请求权

破产程序旨在将破产财产公平分配给全体破产债权人，只有将破产财产转换为货币的形式，才能分配给破产债权人使其债权能够得到清偿，因此能够成为破产债权的债权也应当是以财产上的给付为内容的权利。④ 破产程序以货币估值和分配为基本进行手段，其理由在于：第一，是否存在破产原因，是否应当继续进行破产程序是以债务人资产和负债总数之间的比例为基础的；第二，用金钱、货币的形式对债务人资产和负债进行衡量与分配，最能够保证破产程序的公正性；第三，便于债权人关注债务人财

---

① 范健、王建文：《破产法》，法律出版社2009年版，第173页；王欣新：《破产法》(第三版)，中国人民大学出版社2011年版，第170页；殷慧芬主编：《破产法》，法律出版社2014年版，第109页。

② 范健、王建文：《破产法》，法律出版社2009年版，第174页；王欣新：《破产法》(第三版)，中国人民大学出版社2011年版，第170页。

③ 罗培新主编：《破产法》，格致出版社2009年版，第147页。

④ 陈荣宗：《破产法》，台湾三民书局1986年版，第291页。

产的变现价格和最后确认债务人的负债。①

　　破产程序开始之前成立的债务，在债务人进入破产清算程序之后，已经不可能实际履行，只能将破产财产以货币的形式在破产债权人之间分配。而非货币形式的债权，应当按照一定的价格标准折算为货币形式，或将因债务不能履行造成的损害赔偿的金额、由第三人替代履行产生的费用作为破产债权。只要是不能折算为货币的债权，即某些标的是破产人的作为或不作为的请求权，包括恢复名誉、赔礼道歉等在内，若其具有不可代替性且不能转换为损害赔偿请求权，便不能成为破产债权。②

### 三、破产债权是可以强制执行的债权

　　有学者认为，若从清偿债务的角度来看，破产是在债务人不能清偿到期债务的情况下对债务人财产的一种强制执行程序。③ 即使将破产程序的法律性质视为清算程序，破产债权也需要是能以国家强制力保障其实现的债权。④

　　也有学者认为，由于破产执行程序与一般民事执行程序存在区别，破产执行程序只能执行金钱之债。故而此处的“可以强制执行”具有以下含义：首先，是指该债权的客体在破产程序中可表现为货币形式，并且债权在性质上可以于破产程序中依法受偿；其次，是指债权受诉讼程序的保护，依法允许强制执行。⑤ 因此，自然债权和非法债权等不得强制执行的债权，不属于破产债权。

　　有学者认为这一条件是民法上一般债权的权利保护要件，虽然也适用于破产债权，但不是构成破产债权的特殊要件。⑥ 而反对这一观点的学者

---

　　① 齐明：《破产法学：基本原理与立法规范》，华中科技大学出版社 2013 年版，第 132 页。

　　② 范健、王建文：《破产法》，法律出版社 2009 年版，第 174 页；王欣新：《破产法》（第三版），中国人民大学出版社 2011 年版，第 170 页；殷慧芬主编：《破产法》，法律出版社 2014 年版，第 110 页。

　　③ 范健、王建文：《破产法》，法律出版社 2009 年版，第 174 页；王欣新：《破产法》（第三版），中国人民大学出版社 2011 年版，第 170 页。

　　④ 陈荣宗：《破产法》，台湾三民书局 1986 年版，第 295 页。

　　⑤ 王欣新：《破产法专题研究》，法律出版社 2002 年版，第 168～169 页。

　　⑥ 柴发邦主编：《破产法教程》，法律出版社 1990 年版，第 150 页。

认为，破产债权仅存在于破产程序之中，和民法上的一般债权有所区别，认定破产债权的前提在于可以被强制执行，否则不具有在破产程序中予以承认的意义。比如在民法上自然债权仍然受保护，若债务人主动履行或不行使抗辩权，则债权人的自然债权仍可实现，但不能将其确认为破产债权，否则将会损害其他债权人的利益。①

## 四、破产债权必须依法申报并获确认，并且能够从破产财产中受偿

一项债权仅客观上为债权人享有还不能成为破产债权，还需要债权人积极主动地行使权利，该项债权才能获得清偿。债权人必须在破产程序启动后，依法向管理人申报登记债权，在债权人会议上由各方利害关系人审查，并得到各方之确认或人民法院的确认，才能够享有破产债权。②

## 五、破产债权是对人请求权

持狭义破产债权概念的学者认为，只有对人请求权才属于破产债权。对人请求权是指无财产担保的债权，包括无担保的债权与保证人担保的债权。③ 有财产担保债权的债权人，在债务人不能清偿时可依取回权或别除权的规定，就特定物优先受偿以满足其债权，因此不能视其债权为破产债权。但别除权人可以放弃其物的担保，此时其债权转化为对人请求权，也就可以认为属于破产债权。④ 或者别除权人虽然不放弃优先受偿权，但其债权的数额超过担保物的价值，不能从中完全受偿的部分，也可以作为破产债权。⑤

① 范健、王建文：《破产法》，法律出版社 2009 年版，第 174~175 页。
② 王欣新：《破产法》（第三版），中国人民大学出版社 2011 年版，第 171 页。
③ 齐树洁主编：《破产法》（第二版），厦门大学出版社 2009 年版，第 217 页。
④ 陈荣宗：《破产法》，台湾三民书局 1986 年版，第 292 页。
⑤ 韩长印主编：《破产法学》（第二版），中国政法大学出版社 2016 年版，第 299 页。

## 第三节　破产债权的范围

### 一、破产债权的种类

根据我国《企业破产法》的规定，破产债权主要分为以下几类:①

（1）破产申请受理前成立的非财产担保债权。

（2）破产申请受理前成立的有财产担保而未能优先清偿的债权或破产申请受理前有财产担保的债权。我国是采用广义破产债权还是狭义破产债权的立法例，这一理论上的争议会影响到破产债权的范围。有学者在《企业破产法》实施之后，还是认为破产债权应是对人的请求权，有财产担保的债权人除非放弃其优先受偿权，否则其有财产担保的债权不属于破产债权。② 也有学者认为，债权上的担保物权只影响债权人受偿顺序，不影响债权的性质;《企业破产法》未再对担保债权做排除性规定，故说明我国改采前一种立法模式，也即从广义上理解破产债权。该学者认为，为求理论上的合理性与实践中的可操作性，应将有财产担保的债权归入破产债权。③

（3）附条件、附期限的债权和诉讼、仲裁未决的债权。根据《企业破产法》第47条的规定，附条件、附期限的债权和诉讼、仲裁未决的债权也属于破产债权。对于附停止条件与附始期的债权以及诉讼、仲裁未决的债权，若因破产程序开始前条件尚未成就，始期尚未届至或诉讼、仲裁程序尚未确定其债权而不允许其申报债权，则会导致条件成就，始期届至以及诉讼、仲裁确定其债权之后，债权人权利得不到保护，对其不公平。

---

① 齐树洁主编:《破产法》(第二版)，厦门大学出版社2009年版，第219~226页。

② 汤维建主编:《企业破产法新旧专题比较与案例应用》，中国法制出版社2006年版，第203页;齐树洁主编:《破产法》(第二版)，厦门大学出版社2009年版，第216页;韩长印主编:《破产法学》(第二版)，中国政法大学出版社2016年版，第299页。也有学者将台湾地区学者所说"对人请求权"解释为"对人权"，也即破产债权属于债权，是一种相对权，只能向相对人即破产人行使相应的权利。见罗培新主编:《破产法》，格致出版社2009年版，第146页。

③ 范健、王建文:《破产法》，法律出版社2009年版，第172页。

而对于附解除条件和附终期的债权，则在解除条件成就前及终期到来前与普通债权没有区别，也应该允许其申报，只是在分配程序上有特殊之处。

（4）票据付款人的追索权。根据《企业破产法》第55条的规定，付款人在出票人破产后继续付款或者承兑而产生的请求权也属于破产债权。因为票据是流通性较强的有价证券，付款和承兑随时都可能发生，因此有必要对付款人和承兑人的利益予以保护，应允许申报在出票人已经开始破产程序后，付款人或承兑人因付款和承兑产生的债权。

（5）因委托合同关系产生的债权。根据《企业破产法》第54条的规定，受托人不知委托人破产而继续处理委托事务产生的债权属于破产债权。考虑到委托合同作为继续性合同，受托人可能不知委托人进入破产程序的事实，为保护受托人的信赖，应允许善意受托人申报破产程序开始后因委托合同产生的债权。

（6）破产程序中解除合同所发生的损害赔偿请求权。根据《企业破产法》第53条的规定，因管理人或债务人解除合同而产生的损害赔偿请求权属于破产债权，因为破产管理人解除合同的原因只能归于债务人，由此产生的损害后果不应由相对人承担，因此也应允许债权人申报。①

（7）涉及连带责任的破产债权。《企业破产法》第50、51、52条规定，连带债权可以作为破产债权，既可以由其中一人申报也可以由全体一同申报，已经清偿的保证人或其他连带债务人可以以其求偿权申报，未清偿的也可以以其将来求偿权申报，连带债务人数人都进入破产程序的，债权人可以全部债权在各破产案件中分别申报。

还有学者将劳动债权和税收债权单列出来，分别作为一种独立的破产债权。②

除上述债权之外，还有学者认为广义的破产债权人应该包括就破产中特定财产享有优先权的优先权人、担保物权人与就破产财产整体优先受偿的债权人，就债务人一般财产受偿的一般破产债权人和后顺位破产债权

---

① 邹海林：《破产程序和破产法实体制度比较研究》，法律出版社1995年版，第106页。

② 范健、王建文：《破产法》，法律出版社2009年版，第175页。

人。① 也即将破产费用和共益债务也纳入破产债权的范畴。

## 二、破产债权的例外

### （一）除斥债权

域外破产立法和学理上还有"除斥债权"和"劣后债权"制度，早先我国学者也统称其为"破产债权的例外"。② 除斥债权是指基于法律一定的目的，破产法特别将其除外，不列为破产债权参与破产程序，亦无法受偿的债权。③

我国《企业破产法（试行）》第 30 条第 2 款规定："债权人参加破产程序的费用不得作为破产债权"；第 31 条规定："破产宣告时未到期的债权，视为已到期债权，但是应当减去未到期的利息。"《关于审理企业破产案件若干问题的规定》第 55 条第 2 款、第 58 条第 2 款、第 61 条第 1款明确规定了十种不属于破产债权的情形。④《企业破产法》中没有对于除斥债权的直接规定，但明确列举了可以申报的债权范围，且《企业破产法》第 46 条第 2 款规定："附利息的债权自破产申请受理时起停止计息。"

基于上述规定，有学者认为我国采取了除斥债权的立法例，不在

---

① 许德风：《破产法论——解释与功能比较的视角》，北京大学出版社 2015 年版，第 163 页。

② 柴发邦主编：《破产法教程》，法律出版社 1990 年版，第 155 页；顾培东、张卫平、赵万一：《企业破产法论》，四川省社会科学院出版社 1988 年版，第 143 页。

③ 陈荣宗：《破产法》，台湾三民书局 1986 年版，第 296 页。

④ 《关于审理企业破产案件若干问题的规定》第 55 条第 2 款："以上第（五）项债权以实际损失为计算原则。违约金不作为破产债权，定金不再适用定金罚则。"第 58 条第 2 款："职工向企业的投资，不属于破产债权。"第 61 条第 1 款："下列债权不属于破产债权：（一）行政、司法机关对破产企业的罚款、罚金以及其他有关费用；（二）人民法院受理破产案件后债务人未支付应付款项的滞纳金，包括债务人未执行生效法律文书应当加倍支付的迟延利息和劳动保险金的滞纳金；（三）破产宣告后的债务利息；（四）债权人参加破产程序所支出的费用；（五）破产企业的股权、股票持有人在股权、股票上的权利；（六）破产财产分配开始后向清算组申报的债权；（七）超过诉讼时效的债权；（八）债务人开办单位对债务人未收取的管理费、承包费。"

《企业破产法》列举的破产债权范围内的债权即除斥债权，而《企业破产法》第 46 条第 2 款就是采取除斥债权立法例的标志。① 而且学界普遍认为在破产程序开始前对债务人的罚金、罚款、没收财产、追缴金等刑事、行政处罚，也不应作为破产债权。因为这些处罚的实施对象是特定的，具有人身上的不可替代性。债务人进入破产程序后，仍对其追缴罚款、罚金，要求其承担行政责任或刑事责任，只能使全体破产债权人可分得的财产减少。从这个角度来看，最后这些处罚措施的处罚对象变成了全体破产债权人，而不是其原本所针对的破产债务人。②

除此之外，有学者认为除斥债权的范围应当包括：①债权人在参加破产程序的过程中支出的费用；②破产程序开始后的利息；③在破产程序开始后因债务不履行行为而产生的违约金；④超过诉讼时效的自然债权。③还有学者认为债务人在破产申请受理前所决定的向股东分配而未实际支付的股利④、不能作为债权的费用（如债务人开办单位的管理费）⑤、侵权损害赔偿的惩罚性部分⑥都应该属于除斥债权。

### （二）劣后债权

劣后债权是一种受偿顺序在一般债权之后的破产债权。⑦ 有学者认为，我国以除斥债权的立场对待某些应受保护的债权并不妥当，应当以劣后债权的方式，对债权人的利益提供更加周全的保护，并认为劣后债权应由以下几个部分构成：①债权人在破产程序中所支付的费用；②破产宣告后的利息；③破产程序开始后因合同不履行所产生的违约金；④自然债权；⑤未按法定期限申报的债权；⑥尚未执行的滞纳金、罚款、罚金和没

---

① 殷慧芬主编：《破产法》，法律出版社 2014 年版，第 112 页。

② 王欣新：《破产法专题研究》，法律出版社 2002 年版，第 166~167 页。

③ 顾培东、张卫平、赵万一：《企业破产法论》，四川省社会科学院出版社 1988 年版，第 144~145 页；韩长印主编：《破产法学》（第二版），中国政法大学出版社 2016 年版，第 303 页。

④ 殷慧芬主编：《破产法》，法律出版社 2014 年版，第 113 页。

⑤ 范健、王建文：《破产法》，法律出版社 2009 年版，第 176 页。

⑥ 许德风：《破产法论——解释与功能比较的视角》，北京大学出版社 2015 年版，第 184 页。

⑦ 陈荣宗：《破产法》，台湾三民书局 1986 年版，第 296 页。

收财产；⑦破产人配偶的债权及其利息。①还有学者认为惩罚性的定金罚则，② 以及实施不当行为且造成债务人损害的内部人的债权③都应纳入劣后债权的范围。

### （三）除斥债权与劣后债权的立法选择

有学者认为，除斥债权与劣后债权不存在本质区别，因为破产的前提是债务人丧失了清偿能力，普通的破产债权都难以完全得到清偿，至于劣后的债权，实现受偿的机会也微乎其微。④但也有学者指出，虽然在实际清偿结果上，除斥债权与劣后债权往往都得不到分文清偿。但是在权利设置上仍然存在差异，比如劣后债权债权人可以参加债权人会议，只是没有表决权。对破产人采取免责主义的国家设立劣后债权的目的在于避免出现有钱不还的不合理现象，考虑到我国目前破产欺诈行为较为常见，采劣后债权而非除斥债权的立法模式更有利于对于债权人利益的保护。⑤

## 第四节　破产债权的申报与确定

### 一、破产债权的申报

债权申报，是指破产程序开始后，债权人本人或其代理人在法定期限内向法院或法院指定的机关提示并证明其债权的制度。⑥ 根据《企业破产法》第48条、第49条的规定，债权人应当在人民法院确定的债权申报期限内向管理人申报债权。债权人申报债权时，应当书面说明债权的数额和

---

① 汤维建：《破产程序与破产立法研究》，人民法院出版社2001年版，第198~201页。

② 夏正芳、李荐：《房地产开发企业破产债权的清偿顺序》，载《人民司法（应用）》2016年第7期。

③ 郭丁铭：《我国破产债权受偿顺序之完善》，载《昆明理工大学学报（社会科学版）》2013年第2期。

④ 沈贵明主编：《破产法学》，郑州大学出版社2004年版，第141页。

⑤ 王欣新：《破产法专题研究》，法律出版社2002年版，第177页。

⑥ 齐树洁主编：《破产法》（第二版），厦门大学出版社2009年版，第231页；罗培新主编：《破产法》，格致出版社2009年版，第155页。

有无财产担保，并提交有关证据。申报的债权是连带债权的，应当说明。

有学者认为债权申报的意义在于给债权人申报债权提供平等的机会，保障破产程序公正、及时进行。① 而债权是一种请求权，其性质决定了债权的行使应当取决于债权人的意愿。② 因此虽然债权申报主体原则上为债权人本人，但是是否进行申报以及如何申报，应当由债权人自行决定，法律不应该进行过多干预。③ 对于申报方式，《企业破产法》明确规定应采用书面形式。④ 有学者为提高破产效率，建议借鉴英美破产法的做法，债权人可以利用有标准格式的债权证明或债务证明书申报债权，这样将更为方便。⑤ 对于接受债权申报的机关，《企业破产法（试行）》规定为法院，而《企业破产法》改为管理人。⑥ 有学者认为接受债权申报只是一种事务性工作，由管理人负责接受申报既可以提高债权申报的效率，又减少了法院的工作强度。⑦ 若债权人没有在法定期限内向管理人申报债权，却向法院申报债权或提起诉讼，这一问题如何处理我国现行法未作规定，有学者认为若严格按照《企业破产法》的规定，此类债权应当属于未申报债权。⑧

### （一）申报期限的确定

### 1. 法定主义

---

① 邹海林：《债权申报若干基本问题研讨》，载《中外法学》1994 年第 1 期。

② 齐树洁主编：《破产法》（第二版），厦门大学出版社 2009 年版，第 231 页。

③ 许德风：《破产法论——解释与功能比较的视角》，北京大学出版社 2015 年版，第 195 页。

④ 《企业破产法》第 49 条："债权人申报债权时，应当书面说明债权的数额和有无财产担保，并提交有关证据。申报的债权是连带债权的，应当说明。"

⑤ 付翠英：《论破产债权的申报、调查与确认》，载《政治与法律》2015 年第 2 期。

⑥ 《企业破产法（试行）》第 9 条第 2 款："债权人应当在收到通知后一个月内，未收到通知的债权人应当自公告之日起三个月内，向人民法院申报债权……"《企业破产法》第 48 条第 1 款："债权人应当在人民法院确定的债权申报期限内向管理人申报债权。"

⑦ 罗培新主编：《破产法》，格致出版社 2009 年版，第 157 页。

⑧ 付翠英：《论破产债权的申报、调查与确认》，载《政治与法律》2015 年第 2 期。

以申报期限是否能由法院确定为标准，可以将申报期限的确定分为法定主义和酌定主义两种立法例。

破产债权申报期限的法定主义是指直接由法律规定一个确定的期限，法院不得变动。《企业破产法（试行）》中对申报期限采较为严格的法定主义，并且区分了收到通知和未收到通知两种情形。① 批评严格法定主义的学者认为，设置法定债权申报期限的主要目的在于提高破产程序的效率与速度，避免因为个别债权人迟延申报债权，导致整个程序耗时过长。但是对所有的破产案件统一适用固定的债权申报期限，没有考虑到破产案件的繁简差异，可能会给有利害关系的当事人造成不应有的损失。对于简单的破产案件，应当允许法院采取较短的期限，以迅速结案；对于案情复杂、标的巨大、债权人众多的破产案件，应当允许法院采用较长的期限，以便妥善处理。因此，建议采用更具有灵活性的法院酌定主义。②

对于将收到法院通知的债权人和未收到通知的债权人区别对待的规定，批评的学者认为，这一规定表面上体现了公平原则，但客观上造成了债权的不平等对待，与债权人平等参与破产程序的目的相背离。不能仅因为一些债权人对破产程序开始之事实的已知，就对其权利行使的期限加以限制。③ 也有学者认为这一规定忽视了破产程序与普通民事程序性质上的区别。普通民事诉讼中双方当事人相对单一，基本送达方式是直接送达，公告送达只是补充形式；而破产程序中一方当事人是所有破产债权人，具有人数众多、不特定的特点，应以公告送达为原则。因此对于破产债权申报期间应当统一规定。④

2. 酌定主义

法院酌定主义指由法院确定债权申报期限，或法律规定一个债权申报

---

① 《企业破产法（试行）》第9条第2款："债权人应当在收到通知后一个月内，未收到通知的债权人应当自公告之日起三个月内，向人民法院申报债权……"

② 邹海林：《债权申报若干基本问题研讨》，载《中外法学》1994年第1期；钟勇生：《破产案例与评析》，中山大学出版社2006年版，第151页。

③ 王艳林、朱春河：《破产债权的申报与调查制度研究》，载《河南大学学报（社会科学版）》2001年第5期；齐树洁主编：《破产法》（第二版），厦门大学出版社2009年版，第231页。

④ 沈贵明主编：《破产法学》，郑州大学出版社2004年版，第144页。

期限的幅度，具体期限则由法院在该法定幅度内确定。① 《企业破产法》即改法定主义为折中主义基础上的法院酌定主义，并且不再区分收到通知和未收到通知的债权人。②

债权申报期限的长短主要受制于两方面的价值权衡：其一是债权保护程度；其二是案件处理的进度。确定较长的申报期限对债权保护更为有利，但可能会使破产程序久拖不决，降低破产程序的效率，增加破产成本。而确定较短的期限虽然能大大提高破产程序的效率，但却有可能导致未在较短时间内申报债权的债权人丧失其应得到破产利益。③ 《企业破产法》的规定具有较大弹性，可以适应实际的需求。④ 同时将法官确定期限的范围限制在三十日到三个月这一区间内，可以限制法官的自由裁量权，保障债权人的合法权益。⑤

3. 申报期限的延长

如果债权人没有在法院确定的申报期限内申报债权，就不能依照法律的规定按照破产程序行使其权利，最后也不能按照破产程序得到清偿。有学者认为，这对那些有正当理由而没有申报债权的债权人是不公平的，因此建议应当规定申报期限的延长制度。⑥ 虽然《企业破产法》规定了补充申报程序，但是有学者认为，申报期限的延长不同于补充申报。延长申报期限的目的在于保护一些非因自身的原因不能申报债权的债权人，效果是在延长申报期限后，债权人可以成为破产债权人行使相应的权利，取得与正常申报相同的效果。但是补充申报的债权不能参加申报以前的破产分配，补充申报的债权人还需要承担审查和确认补充申报的费用。⑦

---

① 邹海林、周泽新：《破产法学的新发展》，中国社会科学出版社 2013 年版，第 213～214 页。

② 《企业破产法》第 45 条："人民法院受理破产申请后，应当确定债权人申报债权的期限。债权申报期限自人民法院发布受理破产申请公告之日起计算，最短不得少于三十日，最长不得超过三个月。"

③ 薄燕娜主编：《破产法教程》，对外经贸大学出版社 2009 年版，第 119 页。

④ 罗培新主编：《破产法》，格致出版社 2009 年版，第 157 页。

⑤ 钟勇生主编：《破产法案例与评析》，中山大学出版社 2006 年版，第 151 页。

⑥ 付翠英：《论破产债权的申报、调查与确认》，载《政治与法律》2015 年第 2 期。

⑦ 齐树洁主编：《破产法》（第二版），厦门大学出版社 2009 年版，第 238 页。

因此有学者认为应该按照未申报原因把未能如期申报的债权进行区分，若债权人有正当理由未如期申报，则在债权人请求法院延展其债权申报期限并经过法院许可之后，此前已经进行的分配应当对其补充分配。而若债权人缺乏正当理由未能如期申报，则可以在破产财产进行最终分配之前补充申报债权，并在申报之后参与破产程序得到清偿。但在申报之前已进行的分配，不能对迟延申报的破产债权人进行补充分配。①

本书认为，考虑到《企业破产法》已经改变了《企业破产法（试行）》对于逾期申报债权的效力的规定，并且加入了补充申报制度，若将补充申报制度进一步细化完善，可以解决有正当理由而未申报债权的债权人的利益保护的问题，似无规定延长申报制度的必要。根据债权人是否有正当理由判断是否可以展期的做法，虽然在理论上具有合理性，但是将已经分配的破产财产进行再分配不仅在操作上十分困难，而且也会破坏法律关系的稳定，破产申报目的不仅是保障破产财产的公平分配，还有推动破产程序及时、有效进行。由于补充分配成本过大，因此：①此前已进行的分配不予补充分配；②此后分配中，依是否具有正确理由决定审查确认的费用承担。

**（二）逾期未申报债权的效力**

对于逾期未申报的债权如何处理，存在相对效力主义与绝对效力主义两种立法例。绝对效力主义，是指债权申报期限具有除斥效力，申报期限届满后，债权人丧失补充申报与受偿的权利。相对效力主义，是指债权申报不具有除斥效力，即使在申报期限届满后，债权人仍可以补充申报受偿。②

1. 绝对效力主义

《企业破产法（试行）》第9条规定，逾期未申报债权的，视为自动放弃债权。有学者认为，该规定忽视了对债权人的保护，债权人也有可能对

---

① 王延川主编：《破产法理论与实务》，中国政法大学出版社 2009 年版，第 174 页。

② 李永军、王欣新、邹海林、徐阳光：《破产法》（第二版），中国政法大学出版社 2017 年版，第 162 页。

错过债权申报期限没有过错，一律视为自动放弃债权无疑过于严格。① 在这一认识的基础上，有学者认为，我国将债权申报期限起算点规定为人民法院受理案件之后而不是破产宣告之后是不妥的。②

有学者将"自动放弃债权"解释为丧失债权人的资格，债权人逾期没有申报债权，就不能请求债务人履行。③ 也就是说《企业破产法（试行）》采绝对效力主义。故而有学者认为，绝对效力主义有利于确保破产程序的迅速进行，相对效力主义对保护债权人的合法权益显得更为周至和有力，我国破产法采取绝对效力主义不利于维护债权人的合法权益，并容易激化矛盾，影响破产程序的顺利进行。④

也有法官认为，虽然从理论上讲，债权人未申报债权，仅丧失程序法上的权利，实体权利并不消灭。但实际上，破产程序作为特别程序，禁止在破产程序之外单独清偿，破产程序终结后，未申报债权应该一并免责，因此逾期未申报的债权实际上已经不可能得到清偿。⑤ 如果企业经破产清算主体资格消灭，自然不存在继续清偿的可能，但是不排除破产企业经重整程序恢复经营，重新具有相应的偿债能力，因此明确债权未经申报只丧失程序法上权利仍然具有实际意义。

2. 相对效力主义

采相对效力主义的国家和地区虽然都允许补充申报或延展申报，但对于允许补充申报的范围又存在三种立法例：第一种立法例只允许债权人在不可归责于自己的事由未申报的情况下才能进行申报；第二种立法例为，只有在债权人以诉讼恢复自己的申报权之后，才允许债权人进行补充申报；第三种立法例为，无论债权人是否因为可归责于其自身的原因未申报

---

① 谢邦宇主编：《破产法通论》，湖南大学出版社 1987 年版，第 89 页。

② 王欣新：《谈企业破产法中的债权申报期限》，载《法学杂志》1988 年第 4 期。

③ 孙佑海、袁建国：《企业破产法基础知识》，中国经济出版社 1988 年版，第 51 页。

④ 汤维建：《破产程序与破产立法研究》，人民法院出版社 2001 年版，第 210~211 页。

⑤ 李国光主编：《新企业破产法教程》，人民法院出版社 2006 年版，第 217~218 页。

债权，均允许其申报。①

对于《企业破产法（试行）》的规定，有学者认为，依法理，破产并非债权消灭的原因，在债务人破产时，债权人的债权即使未按期申报也不得认为其自动归于消灭，除非该债权人有免除的意思表示。因此"自动放弃债权"应该被解释为自动放弃或丧失参与破产程序的权利。②该学者希望将《企业破产法（试行）》的规定解释为相对效力主义的立法例。

后《企业破产法》于此问题上也相较于《企业破产法（试行）》有所修改，允许未按期申报的债权人在破产财产最终分配前，依法补充申报债权。债权人未申报债权的后果不再是自动放弃债权，而只是不得依照《企业破产法》规定的程序行使权利。③ 也即《企业破产法》改采相对效力主义的立法例。

对于《企业破产法》的规定，有学者认为，第一，有些产生于破产案件受理后的债权也属于破产债权。这些债权产生的时间可能晚于法院规定的申报时间，基于法律的规定而于破产程序开始后产生的破产债权进行补充申报的，债权人自身没有过错，不应该由债权人承担补充申报审核和确认的费用，这一费用应当作为破产费用进行支付。第二，和解、重整程序中的破产债权的补充申报期限应当与破产清算程序保持一致，以和解或重整协议草案提交债权人会议表决之前为最后期限为宜。④ 也有学者认为，《企业破产法》对于补充申报规定较为原则与简单，根据逾期申报的原因可以将其分为无正当理由逾期与因客观或其他不可归责于债权人的原因逾期，规定二者承担共同的法律后果，有悖于破产程序公平价值理念。而不可归责于补充债权人的未按期申报又可以分为：由于债权人不知债务

---

① 邹海林：《破产程序和破产法实体制度比较研究》，法律出版社 1995 年版，第 123 页。

② 邹海林：《债权申报若干基本问题研讨》，载《中外法学》1994 年第 1 期。

③ 《企业破产法》第 56 条："在人民法院确定的债权申报期限内，债权人未申报债权的，可以在破产财产最后分配前补充申报；但是，此前已进行的分配，不再对其补充分配。为审查和确认补充申报债权的费用，由补充申报人承担。债权人未依照本法规定申报债权的，不得依照本法规定的程序行使权利。"

④ 王欣新：《论破产程序中的债权申报》，载《人民法院报》2010 年 8 月 4 日第 7 版。

人进入破产程序而未按期申报债权导致的补充申报；由于不可抗力导致债权未能按时申报；债权已申报但未得到及时确认，之后又被确认的以及他人原因导致的补充申报四种，有必要对于《企业破产法》的规定进行进一步细化。①

**（三）特殊债权的申报**

破产债权申报制度中除存在上述关于一般破产债权的申报期限的争议之外，还存在对于一些特殊债权是否应当申报、如何申报的问题，其中部分债权于《企业破产法》中予以明确的规定，也有部分债权尚处于学界讨论的阶段。

1. 劳动债权是否需要申报

《企业破产法》规定劳动债权无需申报，由管理人进行调查并列出清单并公示，职工如果对管理人所列清单有异议，可以请求管理人更正，管理人拒不更正可以向法院起诉。②

支持劳动债权无需申报主要有以下理由：

第一，劳动债权可以优先清偿，在破产企业账目中也有明确记载。进入破产程序后，债务人的财产、账册、文书等已由管理人接管，管理人可以从有关文件中清楚地知道劳动债权的债权人数量、债权种类和金额，可以不以申报债权为受偿条件。

第二，有些大企业劳动债权的债权人较多，由职工自行申报债权，工作量太大，负责登记债权的管理人也难以应付。而且劳动债权数额比较确定，清算较为容易，引发的争议比较少。不需要由每一位职工分别申报。

第三，个别职工可能会因疏忽大意，而未按时申报债权，进而遭受损失。在职工债权申报有错误或疏漏的情况下，应当由管理人承担起相应的

---

① 柴丽：《论破产债权补充申报制度》，载《濮阳职业技术学院学报》2014年第3期。

② 《企业破产法》第48条第2款："债务人所欠职工的工资和医疗、伤残补助、抚恤费用，所欠的应当划入职工个人账户的基本养老保险、基本医疗保险费用，以及法律、行政法规规定应当支付给职工的补偿金，不必申报，由管理人调查后列出清单并予以公示。职工对清单记载有异议的，可以要求管理人更正；管理人不予更正的，职工可以向人民法院提起诉讼。"

责任。无需申报可以体现对破产企业职工的利益保护。①

反对劳动债权无需申报这一规定主要有以下理由：

第一，劳动债权具有相对性，劳动债权由法律直接规定予以申报违反了意思自治原则。

第二，破产债务人可能会利用劳动债权损害其他债权人利益。普通债权在向管理人申报的基础上，还需要由债权人会议经过严格的程序判断其是否属于破产债权。而劳动债权既不需要申报也可不经过审查，企业的内部人员可以利用这一特权篡改劳动债权的数额，损害其他债权人的利益。②

第三，无法保障劳动债权人的程序性权利。劳动债权无需申报，破产管理人也没有通知劳动债权人的义务。现行法没有明确规定劳动债权人是否有权对公示清单签字确认，也未规定若对公示清单有异议，异议提出的期限和方式。对异议之诉的规定还不清晰，导致劳动债权人无法确认合适的被告，加大诉讼成本与困难度。也无法保障劳动者的知情权、异议权等程序性权利。③

除此之外，有学者认为，劳动债权无需申报，劳动债权人便无法参加债权人会议，进而丧失知情权、监督权和表决权，导致职工难以获取与其利益相关的信息，对破产程序消极应对。因此建议赋予劳动者申报的选择权，规定一定期限内自行申报，未申报则交由管理人负责。④ 但是这一论证的基础在于劳动债权的债权人未申报债权就不能参加债权人会议，这一观点实际上理论上还有争议，如果劳动者未申报债权，也可以选取代表参加债权人会议并行使表决权，则更重要的可能是将破产相关事项全面充分地通知给劳动者，以保证劳动者的知情权。

① 李永军、王欣新、邹海林、徐阳光：《破产法》（第二版），中国政法大学出版社 2017 年版，第 165 页；罗培新主编：《破产法》，格致出版社 2009 年版，第 157 页；王延川主编：《破产法理论与实务》，中国政法大学出版社 2009 年版，第 35 页。

② 顾贯学：《破产企业职工劳动债权的优先性研究》，载《特区经济》2005 年第 4 期。

③ 邓峰：《我国劳动债权人破产程序参与权利探讨》，载《中国劳动》2015 年第 14 期。

④ 曲冬梅主编：《新企业破产法疑难问题与实务》，法律出版社 2012 年版，第 84~89 页。

对于劳动债权之外的破产债权，职工应当享有申报权。比如有学者认为，对于基本养老保险、基本医疗保险之外的社保费用债权，如果社会保险经办机构怠于行使申报权，应当赋予职工相应的债权申报权。①

实践中还存在各级政府提前将破产企业职工欠薪垫付，然后再向企业主张破产财产的情形。这种债权是否需要申报？有学者认为，这种垫付职工债权应适用债权转让的规定，享有优先受偿的顺位，但应当申报。因为职工债权不需要申报的原因在于保护职工利益，降低申报成本，债权移转后这些原因便不存在了，因此应当申报。②

2. 税收债权是否需要申报及申报对象

（1）是否需要申报

对于税收债权是否需要申报，《企业破产法（试行）》与《企业破产法》都没有明确的规定，《企业破产法（试行）》将企业所欠税款与破产债权分列在不同的款中，似将税收债权独立于破产债权之外。而在《企业破产法》中，税收债权被明确规定为破产债权的一种。

对于这一问题理论界也有两种观点。认为税收债权无需申报的理由如下：

第一，税收是指国家为了能正常行使职权，以国家强制力为保障，按照法律规定的标准，强制且无偿地征收实物或货币所形成的特定分配关系。税收带有强制性，其中纳税人有按照国家法律明确规定的标准向国家缴纳税收的义务，这种关系是以国家强制力为保障的。可见，税收一般是以满足公共需求为目的的，是一种公益债权，具有公开性与优先性。而且域外破产立法中税收债权相较于普通债权也具有优先受偿地位，域外税收债权的清偿也不以申报为前提。因此税收债权不需要申报。③

第二，在《企业破产法（试行）》中，税收债权独立于破产债权之外，因此税收债权不必受破产期限的限制。④

①　邓峰：《我国劳动债权人破产程序参与权利探讨》，载《中国劳动》2015 年第 14 期。

②　李永军：《破产法——理论与规范研究》，中国政法大学出版社 2013 年版，第 209 页。

③　刘明尧：《破产债权申报制度研究》，载《湖北社会科学》2006 年第 7 期。

④　王彦山、常方刚：《是否受破产债权申报期限限制》，载《人民法院报》2002 年 2 月 4 日第 B04 版。

也有学者认为，税务机关若无债务人提供的纳税申报资料，无法认定欠税数额，进而不能申报税收债权，故应当考虑由管理人根据破产企业会计账目直接列入债权表，并告知债权人。在管理人将破产所欠税款之事实通知税务机关后，税务机关应当对破产企业拖欠的税款予以确认，在后顺位债权受偿前通知管理人，税务机关无异议时，债权即得到确认，税务机关若有异议则可以以债权确认之诉的方式解决。①

认为税收债权应当申报的理由如下：

第一，破产企业往往难以清偿全部债务，而且一旦破产清算程序终结破产企业的主体资格即告消灭，因此债权人之间的利益是相互冲突的，有必要平等对待。如果允许税收债权不经申报，则其他债权人不仅难以提出异议，而且可能无法知晓税收债权的存在，将会损害其他债权人的利益。

第二，实践中，法院已经出现了只重视通知一般债权人应进行债权申报，而忽略了对税务机关的通知的趋势。如果规定税收债权不需要申报将导致这一现象进一步恶化，税收机关可能不清楚破产的事实以及破产程序的进展，不能及时参与到破产程序之中，难以及时收回税款，难以保障国家的利益。

第三，税收债权免于申报体现了对这类债权的优先保护。实践中破产企业的财务往往十分混乱，甚至存在虚假的账目。难以通过企业自身的账目确定税收债权的数额，没有税收机关的参与会造成国家税款的流失。

第四，只有税务机关参与债权人会议，积极行使作为债权人的程序性权利，对有担保的债权进行审查，才能最大程度地保障国家的利益。

第五，有学者从现实存在的案例出发，认为实践中法院也认为税收债权应当申报。②

因此有学者认为应扩张"债权"的概念，既包括私法上的金钱请求权，也包括公法上的金钱请求权。这样，破产法上的所有程序都能平等适

---

① 李永军、王欣新、邹海林、徐阳光：《破产法》（第二版），中国政法大学出版社 2017 年版，第 166 页。

② 许德风：《破产法论——解释与功能比较的视角》，北京大学出版社 2015 年版，第 196～197 页；熊伟：《作为特殊破产债权的欠税请求权》，载《法学评论》2007 年第 5 期；席晓娟：《企业破产所涉税收问题的法律思考》，载《中国商法年刊》2007 年，第 501 页。

用，税收债权也应该申报。① 甚至有学者认为，为维护国家利益，税收债权申报期限应具有特殊性，即使税务机关逾期申报，法院也应依据管理人所核定的企业所欠税款来提存破产财产。②

（2）申报主体

如果认为税收债权应当申报，那么由谁申报，学界也存在着争议。有学者认为因为不同的税收由不同的机关负责征收，在申报破产税收债权时，由现行征管体系下负责征收的机构进行申报最为合适。由税务机关负责征收的税款又可以分为由国家税务局征收和由地方税务局征收两类。相比较而言，中央税收及中央与地方共享的税收由何者负责的问题比较容易解决。如果涉及不同地方的国家税务局，建议向共同的上级报告，由上级决定其中一个机构进行债权申报。至于地方税，由于利益归属不同，可以由主管税务机关各自申报。不同地方的地方税务局应视为独立的债权人。③

但也有学者认为，由征税机关确认申报主体，过于复杂，可以由破产企业所在地的市级税务机关统一进行申报，由内部专设机构和人员负责征缴破产企业的税收，相关征税机关协助其确认税收债权，按照比例和预算级次将得到清偿的税收分别纳入国库。这一做法可以减少分歧和纠纷，有助于破产程序的顺利进行。④ 当然因目前税收征收机构已经进行了整合，确认申报主体相对更为容易。

3. 担保债权是否需要申报

担保债权是否需要申报，《企业破产法（试行)》与《企业破产法》也没有明确规定。但是《企业破产法（试行)》将担保债权明确排除于破产债权之外，而学界普遍认为《企业破产法》将担保债权也归于破产债权之中。

---

① 熊伟：《作为特殊破产债权的欠税请求权》，载《法学评论》2007年第5期。
② 席晓娟：《企业破产所涉税收问题的法律思考》，载《中国商法年刊》2007年，第501页。
③ 熊伟：《作为特殊破产债权的欠税请求权》，载《法学评论》2007年第5期。
④ 闫海：《新破产法中税收债权问题研究》，载《法治论丛（上海政法学院学报)》2008年第2期；田学伟、徐阳光：《论破产程序中的税收债权》，载《政治与法律》2008年第9期。

有财产担保的债权的债权人可以通过行使别除权而于破产程序之外优先获得清偿，因此其债权是否需要申报，理论上存在两种观点。

第一种观点认为，担保债权没有申报的必要。其理由为有财产担保的债权人既然可以于担保物价值范围内优先受偿，没有必要投入过多的精力和金钱专注于破产程序。而且若允许有财产担保的债权人以破产债权人的身份在债权人会议上为自己利益争执，有可能导致债权人会议久拖不决。这将会降低破产程序效率，增大破产成本，对其他破产债权人的清偿利益造成不良影响，有违破产法所追求的公平、效率和经济原则。①

也有学者认为，有财产担保的债权可以在法定的申报期限内申报，也可以不在法定的申报期限内申报，还可以不申报。但是其若没有按期申报，则其债权数额一旦超过担保标的物价值，还有未能充分受偿的部分，这一部分不能在债权人会议中享有表决权。②

第二种观点认为应赋予担保债权人以选择权，如果担保债权人放弃行使别除权，则可以允许其申报债权，参加债权人会议。其理由为：第一，有财产担保的债权人即使不申报债权，也可以通过径直行使担保物权的方式得到清偿。③ 第二，债权人如何行使权利是私法自治范畴，由债权人自己决定，若参加破产程序获得清偿比例更高，不应限制其选择。第三，当债权数额超过担保财产的价值时也应该允许债权人参加债权人会议。④

持第二种观点的学者建议，在《企业破产法》将破产申请受理前成立的有财产担保的债权人纳入破产债权范围的情况下，可规定有财产担保的债权人有选择权，但选择后不能变动。即选择先行行使别除权则不得参加破产程序，选择申报债权则先参加破产程序，此时将担保物预留，债权

---

① 李国光主编：《新企业破产法教程》，人民法院出版社 2006 年版，第 224~227 页。
② 汤维建主编：《新企业破产法解读与适用》，中国法制出版社 2006 年版，第 169 页。
③ 邹海林：《债权申报若干基本问题研讨》，载《中外法学》1994 年第 1 期。
④ 李国光主编：《新企业破产法教程》，人民法院出版社 2006 年版，第 224~227 页。

人优先以担保物之外的破产财产进行清偿，若不能完全清偿，再就担保物的价值优先受偿。① 但这样的做法似乎过于偏向于保护有财产担保的债权人的利益，导致破产程序更为复杂。因为当第一次分配完毕之后，担保物价值就清偿有财产担保的债权人的债务之后还有剩余部分，可能要在没有财产担保的债权人之间进行二次分配。

第三种观点认为，有财产担保的债权也应该申报。其理由如下：第一，我国《企业破产法（试行）》与《企业破产法》均未规定别除权人可以免除申报义务，《企业破产法》第49条已经将别除权人债权申报问题纳入到考虑的范围，因此别除权人也应该申报。② 第二，债权申报目的在于使法院、管理人和破产利害关系人掌握破产程序所涉及债权总数和类型等相关信息，别除权人不申报不利于信息的全面获取。③ 第三，《企业破产法》的立法理念已经不限于简单地清偿债权，而是最大限度地保护债权人利益，债务人提供的担保物可能有利于重整或者使破产财产增值，有利于全体债权人的长远利益，因此担保物权的行使越来越多地受到限制，只有进行申报才能有效地管理担保物。而且《企业破产法》也没有对担保债权在程序上给予特殊待遇，其应与其他普通债权一样进行债权申报。④ 第四，《企业破产法》中担保财产被确认为破产财产，尽管担保权人可以就担保物变现所得优先受偿，其也可能自行申请变现，但一般情况下担保权人仍需要通过破产管理人来确定其担保物权，因此应进行债权申报。第五，在担保物价值可合理预估的范围内，还应该允许担保权人就其债权难获得全额清偿部分申报普通破产债权。⑤

① 李国光主编：《新企业破产法教程》，人民法院出版社2006年版，第224~227页。
② 李永军、王欣新、邹海林、徐阳光：《破产法》（第二版），中国政法大学出版社2017年版，第166页。
③ 齐明：《破产法学：基本原理与立法规范》，华中科技大学出版社2013年版，第137页。
④ 韩长印主编：《破产法学》（第二版），中国政法大学出版社2016年版，第197页。
⑤ 许德风：《破产法论——解释与功能比较的视角》，北京大学出版社2015年版，第197页。

## 二、破产债权的审查与确认

### (一) 破产债权审查确认主体

债权人申报的债权只有经过审查和确认之后,才能依据破产法规定的程序行使权利并得到分配清偿。根据《企业破产法 (试行)》的规定,由债权人会议审查和确认申报债权。① 有学者认为这种立法的原因主要是:第一,《企业破产法 (试行)》以受理为破产程序开始的标志,破产程序开始时,破产管理机构尚未成立,不可能由其对债权进行审查和确认。第二,我国法院没有设立破产法庭,如果审查债权由法庭负责,会加重法庭负担,不利于破产程序的迅速、顺利进行。②

但这一规定遭到学界广泛的批评。原因在于:第一,进行申报的主体并不一定是破产债权人,只有其债权被确认合法存在,才可能参加债权人会议并行使表决权。让债权人会议来确认债权,参加债权人会议又以债权事先已得到确认为前提,循环论证,债权确认无法进行。第二,确认债权行为的法律性质,是对当事人实体民事权利义务的裁判,只有法院才有权依法定的程序作出。债权人会议并不具有裁判的职能,只是一种债权人自治机构,无权对当事人的实体民事权利义务作出具有强制性的裁判。第三,假如由所有申报债权人组成债权人会议进行破产债权的调查,则易发生多数债权人合谋侵害个别债权人利益的情形。第四,《企业破产法 (试行)》中有财产担保的债权人在债权人会议中无表决权,但其债权仍由债权人会议确认。导致其权利义务完全不对等,合法权益失去法律保障。③在实践中,还有法院把审查债权的权力交由清算组行使。这一做法既缺少法律依据,又存在与债权人会议一样的问题,即清算组也没有裁判权。此

---

① 《企业破产法 (试行)》第 15 条:"债权人会议的职权是:(一) 审查有关债权的证明材料,确认债权有无财产担保及其数额……"

② 柯善芳、潘志恒:《破产法概论》,广东高等教育出版社 1988 年版,第 129 页。

③ 王艳林、朱春河:《破产债权的申报与调查制度研究》,载《河南大学学报 (社会科学版)》2001 年第 5 期;李永军、王欣新、邹海林、徐阳光:《破产法》(第二版),中国政法大学出版社 2017 年版,第 182 页;王欣新:《破产法专题研究》,法律出版社 2002 年版,第 199 页。

举招致了学界的批评。①

为解决确认主体的问题，有学者运用法律解释的方法，认为《企业破产法（试行）》的这条规定，实践中的作用与域外立法中赋予债权人对于申报债权的异议权相似。② 由债权人会议确认的债权的执行力来源于法院，若债权人对于债权人会议所确认的债权没有异议，是法院的对于这一确认结果的背书赋予了这一结果的执行力；而若有债权人对于债权人会议确认的债权有异议，则是由法院进行审查并予以最终确认。③ 也有学者建议新设破产管理人负责申报债权的审查。④

学界的讨论推动了立法的完善。后《企业破产法》不再规定由债权人会议审查与确认申报的债权，而是由破产管理人登记造册，对申报的债权进行审查，并编制债权表。第一次债权人会议核查编制的债权表，再由人民法院裁定确认。大部分学者认为这一规定可以有效解决因《企业破产法（试行）》的规定而产生的逻辑上的矛盾和实践中的困难，对当事人权益的保护更为全面。⑤ 但也有学者认为这一条规定尚存缺陷，管理人居于中立地位，但其中立性与对破产债权性质的把握远远赶不上法院，而且对于申报债权的调查将很大程度上决定这一债权最后是否能成为破产债权，某种意义上就是对债权进行的一种审理，考虑到破产债权的特殊性，应当由法院组织人员进行调查，这也是法院的责任。⑥

## （二）破产债权的审查与核查

### 1. 审查与核查的含义

---

① 王欣新：《破产法专题研究》，法律出版社 2002 年版，第 201~202 页。

② 李永军：《破产法律制度》，中国法制出版社 2000 年版，第 197 页。

③ 邹海林主编：《中国商法的发展研究》，中国社会科学出版社 2008 年版，第 173~174 页。

④ 王艳林、朱春河：《破产债权的申报与调查制度研究》，载《河南大学学报（社会科学版）》2001 年第 5 期。

⑤ 齐树洁主编：《破产法》（第二版），厦门大学出版社 2009 年版，第 240 页；李永军、王欣新、邹海林、徐阳光：《破产法》（第二版），中国政法大学出版社 2009 年版，第 182 页。

⑥ 付翠英：《论破产债权的申报、调查与确认》，载《政治与法律》2015 年第 2 期。

学界对于审查、核查含义尚存争议。一种观点认为，管理人对申报债权的审查只是初步的，不审查申报债权的真实性与有效性等问题，有争议的债权应当提请债权人会议调查。债权人会议对申报债权的核查实质上相当于赋予债权人的异议权。并且，这种异议权仅仅为债权人个体行为，而非债权人会议的集体意思表示，不能采用表决的方式确定异议结果。①

另一种观点认为，《企业破产法》中的"审查"与"核查"，相当于域外的债权调查，因此管理人和债权人会议均有债权调查权。管理人的审查是初步审查，也为形式审查，对于债权人申报债权的真实性和有效性问题，管理人无最终审查权。② 或可谓管理人对债权申报进行初次审查，债权人会议对债权申报进行第二次审查。③

2. 审查的内容

管理人是否进行实质审查，理论上也有争议。将"审查"视为初步调查的学者往往都认为管理人的审查只限于形式审查。

也有观点认为管理人可以进行实质审查。虽然在编制债权登记表的阶段，管理人只需对破产债权进行形式审查，但是管理人也要进行实质审查，审查对象是编入债权登记表的债权，审查内容包括债权是否真实存在、是否超过诉讼时效等，审查内容附在债权登记表后，供债权人会议核查、利害关系人查阅。④

3. 审查的效力

若认为管理人可以进行实质审查，管理人进行实质审查后，能否将部分债权不予编入债权登记表，也有不同观点。一种观点认为，只要是符合登记形式要件的债权，就必须将其编入债权登记表中。不能以债权人在申报债权时，提供不了能充分证明其债权的存在的证据，或者接收申报的机关对证据存有异议，或债权实质上不能成立（如超过诉讼时效等）为由拒绝申报人申报债权，拒绝编入债权登记表。管理人或其他债权人

---

① 罗培新主编：《破产法》，格致出版社 2009 年版，第 164~165 页。
② 齐树洁主编：《破产法》（第二版），厦门大学出版社 2009 年版，第 239~240 页。
③ 王艳华主编：《破产法学》，郑州大学出版社 2009 年版，第 150 页。
④ 李永军、王欣新、邹海林、徐阳光：《破产法》（第二版），中国政法大学出版社 2017 年版，第 185 页；许德风：《破产法论——解释与功能比较的视角》，北京大学出版社 2015 年版，第 198 页。

如果对申报债权存在异议，只能由法院在债权的调查确认阶段判断是否排除。①

另一种观点认为，对已经司法确认的债权只进行形式要件的审查，对于未经发生法律效力的裁判所确认的债权，还应进行实质审查确认，债权人会议的核查权很大程度上受到管理人编制的债权表的限制，如果管理人在其审查阶段就未将所申报的债权列入表内，那么该债权自然也有没有机会经过债权人会议的核查。也即管理人经过实质性审查可以将某些债权不列入债权表。② 未被列入债权表的债权人可以向法院提出异议。

本书认为，管理人不得以实质审查结果为依据将某一债权排除于债权表之外，因为这一确定的职权应由法院行使。债权人提供能够充分证明债权有效成立的证据的目的是方便管理人登记，而不是要求债权人承担举证责任。鉴于破产案件中只有管理人有时间有精力对所申报的债权的实质内容进行调查，所以债权人的审查内容应该包括一定程度的实质审查，只是实质审查的内容只需附于债权表之后，是否属于破产债权需要由第一次债权人会议进行核查，如果有异议还需要经过法院的确认。

### （三）破产债权的确认与异议

#### 1. 破产债权确认方式与效力

在《企业破产法》施行之前，对于破产债权确认方式法律上没有明确规定，而实践中多采用裁定的方式确认有异议的债权。③ 后《企业破产法》对有异议和无异议的债权规定了不同的确认方式，没有异议的债权直接裁定确认，有异议的债权则通过诉讼予以确认。有学者认为，对于经核查后仍存在异议的债权，为明确其法律地位，应由人民法院裁定该债权是否应暂纳入债权表内。法院的裁定没有实体法上的效力，利害关系人仍

---

① 李国光主编：《新企业破产法教程》，人民法院出版社 2006 年版，第 216 页；李永军、王欣新、邹海林、徐阳光：《破产法》（第二版），中国政法大学出版社 2017 年版，第 185 页；许德风：《破产法论——解释与功能比较的视角》，北京大学出版社 2015 年版，第 198 页。

② 齐明：《破产法学：基本原理与立法规范》，华中科技大学出版社 2013 年版，第 144 页。

③ 李学武：《对破产债权、别除权审查确认的思考》，载《山东审判》2005 年第 3 期。

然可以提起债权确认诉讼。①

　　有学者反对原有实践中以裁定确认所有债权的做法，其理由为：第一，破产程序具有非讼性，破产程序是处理非讼事件的司法程序，不能执行民事诉讼的职能。第二，裁定和判决的性质不同。以判决的形式解决的是实体问题，而以裁定的形式主要解决的是程序问题。第三，同样都是债权债务关系，至少在程序权利上应当得到同样的保障，按照民事诉讼程序当事人享有两审终审权和其他一系列程序性权利，而破产程序中若采用一裁终局，显然对破产债权人不公平。②

　　也有学者认为把破产案件看成纯粹的非讼事件不符合破产法的本质，因破产引起的纠纷与一般的民事权利义务纠纷在本质上没有不同，而且破产程序主要目的是解决债权债务关系，还具有强制执行效力，对当事人利益影响较大，因此不应该将破产案件视为非讼事件，剥夺当事人的诉权。③

　　对于裁定的效力，一种观点认为，其只能确定哪些债权可以成为破产债权，仅具有形式上确定力，但是该债权是否存在，债权数额为多少则还有待最终的判决确定。其理由为，破产程序是处理非讼事件的司法程序，不能越俎代庖处理存在实体争议的诉讼事件，裁定在民事诉讼中专司程序问题解决之职，同时也为保障当事人合法程序权利。④ 另一种观点认为，如果债权人对于债权表没有异议，则由人民法院裁定确认，此处的裁定与生效判决效力相同。⑤

　　2. 破产债权的异议

　　对于异议权的理解，有学者认为，应当对此处异议权作扩大解释，即

<hr />

　　① 李永军、王欣新、邹海林、徐阳光：《破产法》（第二版），中国政法大学出版社 2017 年版，第 185 页。

　　② 汤维建：《破产程序与破产立法研究》，人民法院出版社 2001 年版，第 215 页。

　　③ 付翠英：《论破产债权的申报、调查与确认》，载《政治与法律》2015 年第 2 期。

　　④ 汤维建主编：《企业破产法新旧专题比较与案例应用》，中国法制出版社 2006 年版，第 216 页。

　　⑤ 李永军、王欣新、邹海林、徐阳光：《破产法》（第二版），中国政法大学出版社 2017 年版，第 185 页。

债权债务人不仅对自己提出或者自己承担的债权债务有权提出异议，而且应当享有对整个债权表上所列事项提出异议的权利。债务人已经进入破产程序，其财产基本上是确定的，每一个债权人申报的债权都必然会影响到其他债权人的利益，这不仅体现在对于债权总额的确定、破产程序进行的路径等事项上，还将直接影响到每一位债权人最后分配中能够得到实现的数额。①

对于具有执行名义的债权能否提出异议。一种观点认为，已经生效的判决所确认的债权，由调解书、仲裁裁决书等可以申请强制执行的生效法律文书中确认的债权，因破产程序开始而中止执行的债权，不应再经确认程序，也不允许当事人在破产程序中提出异议。若当事人仍有异议，即使该债权所依据的生效法律文书真的是错误的，也只能以再审程序提出，而且不停止这些债权在破产程序中的执行，除非生效法律文书被撤销或者变更。② 另一种观点认为，可以对其提出异议，而且对于在破产开始已获执行名义的债权，其他债权人提出异议，不属于对"一事不再理"原则的违反，不应再适用再审程序，而应适用普通诉讼程序审理。③

## 第五节　破产债权的清偿顺序

### 一、域外破产债权清偿顺序比较

破产法将哪些债权列入破产债权，哪些债权排除出破产债权，以及对于各项破产债权之间的清偿顺序的安排，体现的是立法者在不同利益之间的取舍与平衡。不同债权的清偿顺位也不是一成不变的，可能会因为某一阶段的社会现实变化而变化。我国《企业破产法（试行）》将破产债权清偿顺位规定于第 37 条第 2 款，"破产财产优先拨付破产费用后，按照下列顺序清偿：一、破产企业所欠职工工资和劳动保险费用；二、破产企业所

---

① 齐明：《破产法学：基本原理与立法规范》，华中科技大学出版社 2013 年版，第 145 页。

② 王欣新：《破产法专题研究》，法律出版社 2002 年版，第 166~167 页。

③ 许德风：《破产法论——解释与功能比较的视角》，北京大学出版社 2015 年版，第 200 页。

欠税款；三、破产债权"，而《企业破产法》则将其规定于第 113 条第 1款，"破产财产在优先清偿破产费用和共益债务后，依照下列顺序清偿：一、破产人所欠职工的工资和医疗、伤残补助、抚恤费用，所欠的应当划入职工个人账户的基本养老保险、基本医疗保险费用，以及法律、行政法规规定应当支付给职工的补偿金；二、破产人欠缴的除前项规定以外的社会保险费用和破产人所欠税款；三、普通破产债权"。

我国台湾地区规定的破产债权清偿顺位为：第一顺位为高于抵押权的优先权；第二顺位为高于普通债权的优先权；第三顺位为普通债权。普通债权之后不存在劣后债权。①

日本破产法中破产债权清偿顺位为：第一顺位是先于一般的破产债权而优先获得分配的破产债权，主要包括对破产财产有一般先取特权和其他一般优先权的债权；第二顺位是一般破产债权；第三顺位为劣后债权。②

德国新旧破产法所规定的破产债权清偿顺序存在很大的区别。根据德国旧破产法的规定，破产债权的清偿顺位为：①因宣告程序前一年的迟付或者破产人死亡的不属于财团债务的债权；②帝国国库、各州金库、公务团体、乡镇、省、县级联合会按公法应纳税赋，且破产宣告前一年已经到期；③教会、学校、公共团体和公共火灾保险机构按法律或宪法在宣告前一年征收的税赋及酬金债权；④医生或护士在破产宣告前一年的医疗费债权；⑤破产人的未成年子女、被监护人或者辅助人在对其财产进行法定管理中所发生的债权；⑥所有其他破产债权。德国旧破产法采取的是除斥债权的立法模式，其第 63 条规定：①破产宣告后发生的利息；②个别债权人参加破产程序所发生的费用；③因违法而发生的罚款；④因破产人生前慷慨赠与所发生的债权不得在破产程序中提出。后德国对破产债权清偿顺序进行了修改，新破产法中破产债权清偿顺位一为一般破产债权，二为劣后债权。③

法国破产法则将破产债权分为：①职工的超优先权；②享有质权的债

---

① 陈荣宗：《破产法》，台湾三民书局 1986 年版，第 330 页。

② ［日］石川明：《日本破产法》，何勤华、周桂秋译，中国法制出版社 2000年版，第 104~105 页。

③ 李永军：《破产法——理论与规范研究》，中国政法大学出版社 2013 年版，第 422 页。

权人；③司法康复程序开始后符合正规程序产生的债权；④抵押权人与在不动产上有特定优先权的债权人；⑤享有特定动产上优先权的债权人；⑥享有一般动产上优先权的债权人；⑦权利成立于司法康复程序开始宣告前的普通债权人。并依次可获清偿。①

美国破产法中破产债权清偿顺位规定于第 726 条，对于无担保债权人，其清偿顺位为：①第 507 条项下的优先债权；②及时申报或因为不知道破产而迟延申报的债权人的、经承认的无担保请求权；③得到通知或实际知道破产，但迟延申报的无担保债权人的、经承认的请求权；④罚款或惩罚性损害赔偿；⑤申请前的请求权于申请后产生的利息。如果尚有剩余应付给债务人。②

由此可见，破产债权清偿顺序具有较强的政策性与不确定性。因此我国学界对劳动债权、税收债权等特殊债权的清偿顺位为何产生了较大的争议，一些争议直到今天都没有完全解决。有学者认为，虽然债权人公平分配是破产立法的基本原则，但是现代各国破产法基于公共利益和大量不能上升到立法高度的公共政策的考虑，都设立了一定的优先权，作为平等分配原则的例外。其考量内容包括但不限于下列因素：第一是合意之债与非合意之债的性质差异；第二是非合意之债中不同债权人对破产可能性不同的预测能力和承受能力；第三是其他公共利益和政策。③

下文主要对学界争议较大的破产债权具体类型与清偿顺序进行梳理与简要分析。

## 二、别除权

### （一）别除权与一般债权

债权人设置物权担保目的就是为了保障债权人能够就特定财产优先受偿，而法律设定某种特别优先权，也是出于社会政策、公共利益的考量使

---

① 沈达明、郑淑君编著：《比较破产法初论》，对外经贸大学出版社 2015 年版，第 260 页。

② 沈达明、郑淑君编著：《比较破产法初论》，对外经贸大学出版社 2015 年版，第 59 页。

③ 韩长印主编：《破产法学》（第二版），中国政法大学出版社 2016 年版，第 305～307 页。

得债权人能够就特定财产享有优先受偿的权利。因此在债务人破产丧失清偿能力之时，不应限制这一优先受偿权的行使，否则会与立法宗旨或当事人本意相悖。而且别除权的行使不会影响到其他破产债权人的合法权益，不会影响到破产程序的正常进行。[①] 因此享有别除权的债权人原则上可以相较于其他破产债权人于特定财产上优先受偿，对于这一点无论是理论界还是实务界都没有争议。然而出于政策上的考量，立法者可能会将劳动债权、税收债权等具有一般优先权的破产债权的清偿顺序前移，进而产生了担保债权与劳动债权、税收债权清偿顺序的争论，这些争论于下文劳动债权、税收债权等破产债权的清偿顺序中予以介绍。

### （二）别除权的内部顺位

对于别除权内部的行使顺位问题，更多是参照《物权法》《海商法》等其他法律规范处理。具体可以分为以下几种情况。

首先是基础权利相同的情况下。如果基础权利都是抵押权，根据《物权法》第 199 条的规定，拍卖、变卖抵押财产所得的价款依照下列规定清偿：①抵押权已登记的，按照登记的先后顺序清偿；顺序相同的，按照债权比例清偿。②抵押权已登记的先于未登记的受偿。③抵押权未登记的，按照债权比例清偿。《海商法》第 19 条第 2 款则规定，同一船舶设定两个以上抵押权的，抵押权人按照抵押权登记的先后顺序，从船舶拍卖所得价款中依次受偿。同日登记的抵押权，按照同一顺序受偿。对质权而言，动产质权一般以动产质权的交付为成立要件，一般不存在一个标的物上有多项动产质权的情形；而权利质权又可以分为以交付凭证为设定条件的权利质权和不以交付凭证为设定条件的权利质权，对于前者因为权利凭证需要交付，一般也不存在一项权利上并存两项质权的情形。对于后者，则原则上依照设定的先后顺序确定；转质的情形下转质权人的权利应当优先于质权人。如果基础权利都是留置权，而留置权以合法占有留置物为要件，因此一般情况下不会出现一个标的物上存在多项留置权的情形，但是也有学者认为若出现多项留置权于同一标

---

① 李永军、王欣新、邹海林、徐阳光：《破产法》（第二版），中国政法大学出版社 2017 年版，第 123 页。

的物上并存，与转质情形类似，通常是后发生的留置权人占有留置物，因此后发生的留置权应当优先于先发生的留置权受偿。① 而如果基础权利都是船舶优先权、航空器优先权的，根据《海商法》第 23 条、《民用航空法》第 19 条的规定，后发生的先受偿。

其次是基础权利性质不同的别除权的清偿顺位。根据《物权法》第 239 条的规定，同一动产上已设立抵押权或者质权，该动产又被留置的，留置权人优先受偿。如果在动产上同时出现抵押权与质权的竞合，应当按照权利设置的先后顺序受偿，同时设定的则按照担保的债权比例受偿，若并存的别除权的基础性权利是未经登记的抵押权与质权，则质权人应当优先受偿。②

最后，如果同一标的物上同时存在担保物权和法定优先权时，世界通行的惯例是特别优先权的受偿优先于抵押权、质权与留置权。③ 我国立法中也基本上采取了这一做法，比如《海商法》第 25 条第 1 款规定，船舶优先权先于船舶留置权受偿，船舶抵押权后于船舶留置权受偿。《民用航空法》第 22 条规定，民用航空器优先权先于民用航空器抵押权受偿。但也有学者认为，不宜一般性地认定法定优先权受偿顺序先于担保物权，法定优先权的清偿顺序一般有法律的明确规定，因此应该根据法律的规定予以确定。④

### 三、劳动债权

劳动债权即职工债权，是指劳动者在债务人适用破产程序之前因为劳动关系而依法享有的劳动报酬和附带给付的请求权。⑤ 我国《企业破产法》从 1994 年开始起草，一直到 2006 年通过，在其漫长的立法过程中关于职工权益的处理一度是争议最激烈的问题之一，该法迟迟不能获通过与

---

① 王欣新：《破产法学》，中国人民大学出版社 2008 年版，第 281 页。
② 王艳华主编：《破产法学》，郑州大学出版社 2009 年版，第 167 页。
③ 刘子平：《破产别除权的认定标准及其行使》，载《法律适用》2007 年 11 期。
④ 王欣新：《破产法学》，中国人民大学出版社 2008 年版，第 281 页。
⑤ 李永军、王欣新、邹海林、徐阳光：《破产法》（第二版），中国政法大学出版社 2017 年版，第 153 页。

这一争议也有较大的关系。① 我国破产法以职工保护为基本原则之一，劳动债权的及时有效清偿又是职工保护中最为重要的部分。理论界与实务界对劳动债权争议主要集中在劳动债权的范围具体包括哪些内容以及劳动债权清偿顺位为何两个问题上。除劳动债权之外，其他关于职工保护的内容将在本书设专章予以介绍。

### （一）劳动债权的范围

规范性文件中对于劳动债权范围的认定存在一个逐渐扩大的过程。在《企业破产法（试行）》中，第 37 条第 2 款第 1 项明确规定的劳动债权为职工工资和劳动保险费用，但该条没有对享有优先权的工资和社保费用的范围加以规定。《关于审理企业破产案件若干问题的规定》进一步完善了有关劳动债权范围的规定，将经济补偿金、非正式职工的劳动报酬以及企业职工集资款都纳入了劳动债权的范畴于第一顺位清偿，并明确规定职工向企业的投资不属于破产债权。在同年的《最高人民法院关于企业离退休人员的养老保险统筹金应当列入破产财产分配方案问题的批复》中，最高人民法院还认为养老保险统筹金作为劳动保险费用，应于第一顺位清偿。

原有劳动债权范围的规定过于简略，法官对于破产债权范围的认定也不统一。比如在实践中有法院置住房公积金于第一顺位清偿。② 但是也有法官认为住房公积金应该归职工个人所有，根本不能列入破产财产的范围，更不存在分配或清偿顺序的问题。③ 有法官认为工资的范围直接关系到劳动者能够请求用人单位支付报酬的内容和数量，而结合我国保障体制还不够完善的现实，社会保险费更是关系到职工的基本生活乃至生存的大问题。《企业破产法（试行）》未明确界定工资和社保费所包含的范围和除外范围，导致破产企业职工的合法权益极易受到侵害。④ 实务操作中的经验教训与理论界的建议最终促使立法者在《企业破产法》中较为细致地

---

① 陈夏红：《从核心到边缘：中国破产法进化中的职工问题（1986—2016）》，载《甘肃政法学院学报》2016 年第 4 期。

② 舒娴：《上海第二织带厂欠公积金贷款在破产清偿时被列入第一偿还顺序》，载《中国房地信息》1995 年第 10 期。

③ 张爱东：《破产案件中的债权申报》，载《山东审判》2002 年第 6 期。

④ 李国光主编：《新企业破产法教程》，人民法院出版社 2006 年版，第 358 页。

列举了劳动债权的范围。《企业破产法》采用了列举的方式对劳动债权的范围予以限定，包括"破产人所欠职工的工资和医疗、伤残补助、抚恤费用，所欠的应当划入职工个人账户的基本养老保险、基本医疗保险费用，以及法律、行政法规规定应当支付给职工的补偿金"。较好地涵盖了常见的劳动债权的类型。还需特别注意的是，社保通常包含养老、医疗、失业、生育、工伤保险五项内容。只有养老保险和医疗保险为第一顺位受偿，其余的社保费用纳入第二顺位受偿。[1]

有学者认为采用完全列举的方式也有可能遗漏一些同样需要保护的债权。比如有法官从司法实务中总结出：①职工借款；②职工风险金、抵押金；③职工垫付的货款、差旅费及其他费用；④职工内部承包业务提成；⑤欠职工的医疗费、丧葬费、退休职工安置费；⑥强行借款的社会集资等较特殊劳动债权，并认为这些债权在不同案情下都存在优先受偿的可能性及必要性，应当由法院自由裁量，判断是否纳入第一顺位予以清偿。[2] 有学者认为劳动债权应当包括住房公积金、退休职工独生子女费以及企业侵犯劳动者合法权益，劳动者应获赔偿的债权。[3] 还有学者则从伤残职工合法权益保护的角度认为，破产法应将破产企业职工的人身损害赔偿之债列入第一清偿顺序。[4]

也有学者认为现行法列举过多，保护范围过宽，难以体现制度倾向性。全面无差别的保护会减少国家税收债权以及普通债权的受偿比例，违背了劳动债权实施特别保护的最初目的。[5] 除了劳动债权所包含债权范围的扩张，还有学者认为在主体上也要相应的扩张，应当包括劳务关系、学徒、实习生等。[6]

---

① 齐树洁主编：《破产法》（第二版），厦门大学出版社 2009 年版，第 301 页。
② 赵志峰、张仁云：《职工债权宜优先偿付》，载《人民法院报》2005 年 6 月 29 日第 7 版。
③ 黄良军：《论企业破产清算中劳动债权处理之法律完善》，载《湖北经济学院学报（人文社会科学版）》2015 年第 12 期。
④ 陈云：《破产企业伤残职工合法权益的法律救济》载《中国劳动》2005 年第 10 期。
⑤ 陈晴：《我国破产程序中的劳动债权保护评析》，载《求索》2007 年第 8 期。
⑥ 张茂林：《企业破产工资优先权主体范围研究》，载《中国劳动》2014 年第 5 期。

本书认为,《企业破产法》中对劳动债权范围的规定属于各方利益平衡的结果,相较于《企业破产法(试行)》而言范围有所扩大,并通过列举的方法对劳动债权的范围进行了严格的限制,在现阶段具有一定的合理性,不应该继续扩大。比如在政策性破产中,将职工安置费也纳入了劳动债权的范畴,有失妥当。学者也大多对把职工安置费纳入劳动债权持否定态度,认为其可以分拆为职工失业期间的救济费用、企业离退休职工的离退休费和医疗费、失业职工再就业的安置费用,并应当由相应的社会保障保险制度来解决。①

### (二)劳动债权的清偿顺序

关于劳动债权的清偿顺序上的争议主要集中在劳动债权和有财产担保的债权何者应优先清偿。有学者总结,这一争论主要存在三种观点:第一种意见为劳动债权优先说,是指职工劳动债权应优先于担保债权清偿。职工劳动债权是最基本的生命权、生存权,劳动所得应受法律保护,这种意见主要来自中央政策研究部门、劳动社会保障部、全国总工会和社会舆论。第二种意见为担保债权优先说,即主张担保债权应优先于劳动债权清偿,主张这一意见的学者认为,破产法是保护有担保债权的最后一道防线,如果劳动债权优先清偿将使担保制度落空,危害市场经济交易安全,这种意见主要体现了金融业从业者和部分学者的意见。第三种意见即折中说,即劳动债权原则上只能作为一般优先权,而不能优先于担保物权实现,但为维护社会稳定,一定种类、一定数额内的劳动债权可以优先于担保物权受偿,此种意见意图于有担保债权和劳动债权之中探求平衡。②

1. 劳动债权优先说

在政策性破产中,劳动债权就处于绝对优先的地位。企业的破产财产首先用于职工的安置,其资金来源首先是企业的土地使用权转让所得,不足部分从处置其他破产财产中拨付,还有不足则由政府负担。

支持劳动债权优先说的学者主要有以下理由:

---

① 仇家明:《论破产程序中劳动债权的清偿顺序及范围》,载《政法学刊》2005年第5期。

② 席涛:《我们所知道的法律和不知道的法律——法律经济学一个分析框架》,载《政法论坛》2010年第1期。

第一，劳动债权保障的是生存利益、公共利益，应优先于财产利益、个人利益。

企业的发展、企业的产品和提供的服务都凝聚着职工的劳动力价值，劳动债权则是劳动者通过诚实劳动换取的劳动报酬，是劳动力价值的等值交换。劳动债权目的是维持职工及其家庭的必要开支，职工的工资更是企业职工生活最主要来源，是职工生存权的保障，也是职工家庭生活的重要来源，不对其加以特殊保护会危害社会正常生活秩序。工薪阶级难以承受工资风险。银行担保债权代表的只是债权人财产利益，其优先受偿的目的只是防范风险、获取利益，企业职工的生存利益应当优先于普通债权人的财产利益得到清偿。而且从观念上看，劳动债权体现的是社会公共利益，而有财产担保的债权并不一定能够一般地归入社会公共利益的范畴，而社会公共利益高于其他利益，故劳动者的利益应当优先于在债务人财产之上存在的担保物权。①

第二，劳动者处于弱势地位。

劳动者的弱势地位体现在两方面。一方面，劳动债权不可能事先设定优先权，工资风险先天欠缺防范手段，只能通过破产时法律赋予优先权以实现；另一方面，普通职工难以转换工作，对企业也有一定"人身依附"，再加上劳动者谈判能力较弱，存在企业拖延工资的客观可能。②

第三，劳动债权优先受偿符合国际立法趋势。

国际劳工组织第 95 号《工资保障公约》中规定，企业职工在取得工资方面应享有优先于债权人的地位，美国、日本等发达国家也有职工工资优先清偿的规定。劳动债权优先清偿既与现代立法保护弱者的立法理念相吻合，也体现了加大对与职工劳动保护的国际立法趋势。③

第四，劳动债权优先清偿不会动摇担保制度，影响交易安全。

---

① 邹海林：《中国商法的发展研究》，中国社会科学出版社 2008 年版，第 143 页；韩长印：《我国破产分配顺位的重构——"破产分配顺位"学术讨论综述》，载《上海交通大学学报（哲学社会科学版）》2005 年第 6 期。

② 齐明：《破产法学：基本原理与立法规范》，华中科技大学出版社 2013 年版，第 151 页；韩长印：《我国破产分配顺位的重构——"破产分配顺位"学术讨论综述》，载《上海交通大学学报（哲学社会科学版）》2005 年第 6 期。

③ 韩长印：《我国破产分配顺位的重构——"破产分配顺位"学术讨论综述》，载《上海交通大学学报（哲学社会科学版）》2005 年第 6 期。

劳动债权优先清偿只是在担保物权优先受偿的原则下的例外规定，并不是所有企业都存在劳动债权，而且随着政府执法力度的加大，拖欠工资的现象会越来越少，并不会动摇担保制度。况且对于可以优先清偿的劳动债权往往也有类型和时间上的限制，不会危害交易的稳定，反而可以督促投资者和相关交易人关注企业信用和劳动关系状况，进而促使企业依法足额支付职工工资，缴纳社会保险费。①

2. 担保债权优先说

在《企业破产法（试行）》中，虽然也重视对于劳动债权的保护，将劳动债权置于破产债权的第一顺位清偿，但是有财产担保的债权以财产担保为限优先于劳动债权清偿。《企业破产法》采用了一种"新老划断"的原则，有学者认为这一规定具有独创性，与中国国情紧密相关，体现了中国式立法的智慧。② 根据《企业破产法》第132条的规定，如果是《企业破产法》公布之前的劳动债权，破产财产不足以清偿的，仍然可以就担保物优先清偿。如果是《企业破产法》公布之后的劳动债权，则必须严格按照《企业破产法》规定的清偿顺序，不得优先于有担保的债权受偿。有学者认为，劳动债权与担保物权之争的实质之一是公平与效率之争。劳动债权优先表现出的是"分配正义"的公平理念；担保物权优先，维护了融资的效率。我国破产法"新老划断"的做法兼顾公平与效率，但却明显地传达出效率为先的价值取向。③《企业破产法》实际上采用的是担保债权优先说。

支持担保债权优先说的学者有以下理由：

第一，劳动债权优先会损害交易安全。

担保体系作为债权保障的基本措施，是维护交易安全的基础。现阶段我国信用缺失，为维护交易安全，增强社会信用，应该强化而不是弱化担保物权的功能。而且抵押权经过公示，具有公信力，但劳动债权对其他债

---

① 郭军：《对〈企业破产法〉劳动债权保护制度的评析》，载《中国律师》2009年第8期。

② 李曙光：《新企业破产法的意义、突破与影响》，载《华东政法学院学报》2006年第6期。

③ 王艳华：《劳动债权与担保权之争——市场化破产发展趋势中劳动债权的保护》，载《公民与法（法学版）》2010年第2期。

权人而言没有预见可能性，至少要对可以优先清偿的职工债权的数额予以限制。①

第二，劳动债权优先会增加交易成本。

"物权优先于债权"是民法传统原则，违背这一原则将会导致担保物权制度失去其应有的功能与作用，但是债权人对于债权担保的需求并不会减少，因此债权人只能用债权手段创设新的债权保障措施。一方面债权保障措施相较于已经成熟的担保物权制度成本更高，安全性更弱；另一方面寻求新的风险平衡机制需要成本，整个交易市场也需要适应新的债权保障措施，这将增加社会交易成本，对交易安全秩序造成冲击。②

第三，劳动债权优先会损害银行利益和金融秩序。

担保债权得不到保障，将严重影响信用贷款的有效性。从政策性破产实践来看，银行获得清偿率平均不足 1.2%。如果将这种政策性措施推广到所有破产领域，银行呆坏账将进一步增加，金融秩序会遭到严重破坏。③

第四，劳动债权优先会损害债权人利益进而损害职工长远利益。

如果劳动债权优先于担保债权，一方面银行会做出抵御性调整，可能会把相应的风险计算入利息，提高企业的负担，也可能不再给经营陷入困难且欠付劳动债权，但尚未达到破产境地的企业发放贷款，导致有可能复兴的企业陷入破产的境地。另一方面有物权担保的债权人一旦发现债务人到期不能还债，就会立刻启动对担保物的执行程序，加速债务人破产。④

第五，劳动债权优先可能会加剧恶意欠薪的现象。

劳动债权优先清偿会导致企业认为拖欠的劳动债权可以由担保债权兜底，因此恶意拖欠劳动债权，以期最终在破产中由担保债权，尤其是银行的债权中解决。而且第三人不知道劳动债权的具体数额，也会刺激企业虚

---

①　王利明：《关于劳动债权与担保物权的关系》，载《法学家》2005 年第 2 期。

②　陈昶屹：《破产重整制度的建立与完善》，载《法律适用》2005 年第 2 期。

③　周小川：《金融改革期待新〈破产法〉》，载《财经界》2005 年第 1 期。

④　王欣新：《论职工债权在破产清偿中的优先顺序问题》，载《法学杂志》2005 年第 4 期。

报劳动债权，从中牟利。①

第六，职工应对企业破产承担一定责任。

全民所有制职工可以通过各种方式参与企业经营决策，对于企业破产也有责任，不应该优先受偿。现代破产制度约束的对象不限于企业、企业的经营者，还包括职工。如果某个债权人在破产程序之外的受偿顺序靠后，但在破产程序之内的受偿顺序被提前，则可能会使该债权人有动力去推动企业破产以便从中获利，提升劳动债权受偿顺序有降低员工工作积极性的可能。当职工利益真正因为企业破产而遭受相应的损失，职工的利益与企业的利益才能相互融合，职工才会主动关心企业的命运和前途。②

第七，社会保障问题不应该由破产法解决。

①破产法本质上是以保护债权人作为价值定位的法律，破产法不应用于解决社会保障问题。②劳动债权具有外部性，造成的结果已经不是企业和职工二者之间所能解决的，只有通过社会化的解决方式才能真正解决这一问题，通过对债权受偿顺序的调整，对于整体的效率和公平无所裨益，对于具体的职工也无法提供充分全面的保护。③社会保障和失业保障问题不能指望破产法能全部解决，更需要劳动法领域的配合。仅靠在破产法中提升劳动债权的清偿顺序也无法对职工提供全面的保护，还需要有设计完善的社会保险制度、有效的劳动法制度、有效的劳动争议解决制度和工资担保基金等其他制度的配合。③

3. 折中说

劳动债权优先说和担保物权优先说的争论一度十分激烈，随着讨论的深入，学者们认识到单纯的某一种债权绝对优先的做法不利于社会稳定，也不利于经济发展。劳动债权优先说和担保债权优先说都吸收了对方的观点。支持劳动债权优先说的学者往往严格限定可得优先清偿的劳动债权的范围，支持担保债权优先说的学者也往往承认一定条件下可以让渡一部分

① 王利明：《关于劳动债权与担保物权的关系》，载《法学家》2005 年第 2 期；王欣新：《论职工债权在破产清偿中的优先顺序问题》，载《法学杂志》2005 年第 4 期。

② 顾贵学：《破产企业职工劳动债权的优先性研究》，载《特区经济》2005 年第 4 期；李国光主编：《新企业破产法教程》，人民法院出版社 2006 年版，第 358 页。

③ 许德风：《论破产债权的顺序》，载《当代法学》2013 年第 2 期。

担保财产利益供其他债权人受偿,① 因此现阶段几乎所有的学者观点都有折中的趋势。

现阶段如何在不过度损害担保债权的基础上充分保护劳动债权人的利益，有两种方式。第一种是按照一定比例抽取担保物变价价款用来清偿劳动债权，这一损失应当由劳动债权人和担保债权人共同分担。仍得不到清偿的劳动债权，则需要政府通过设置保障基金等方式予以清偿。②

第二种是设置劳动债权为特别优先权，但是应该限定在一定范围之内。一定时间一定限额内的劳动债权可以优先于担保债权清偿。有学者建议从三个方面对享有特别优先权的劳动债权予以限制：第一，时间范围的限制，即超过一定时间期限的劳动债权不得享有优先清偿权；第二，最高金额的限制，可以优先清偿的单一劳动债权具有上限，超过这一数额的高薪不得优先清偿；第三，总额上的限制，若劳动债权的总额过分高于该地的社会平均工资水平也不得优先清偿。③

还有学者提出了更为详尽的处理方案。第一，破产企业所欠缴的社会保险费用最优先受偿。但是应当按照动产、没有担保的不动产、有担保的不动产的顺序依次受偿。第二，破产案件受理前一年内所欠的工资，不包括安置费用和再就业费用，优先于普通债权人从破产财产中受偿。第三，破产企业破产前一年之外的其他劳动债权，包括安置费用和再就业费用，作为普通债权从破产财产中受偿。第四，破产企业所有债权人都有权审查前述劳动债权是否存在谎报或恶意虚构的情形，并有权向法院、破产财产管理人或债权人会议提出异议，由法院裁定确定是否有谎报或恶意虚构的情形。第五，在国务院规定的期限和范围内，国有企业实施破产的，不适用于上述规定，按照国务院有关规定办理。④

也有学者认为，劳动债权作为一般优先权原则上后于担保物权实现。

---

①　曹士兵：《金融债权遭遇劳动债权：破产分配谁优先》，载《晟典律师评论》2005 年第 2 期。

②　王欣新：《论职工债权在破产清偿中的优先顺序问题》，载《法学杂志》2005 第 4 期。

③　刘建仓：《劳动债权优先清偿的正当性及其合理限制》，载《社会科学评论》2008 年第 3 期。

④　黄少安、赵海怡：《破产企业劳动债权是否应该法定为优于有担保债权受偿——一个法经济学视角的分析》，载《经济科学》2005 年第 4 期。

但在满足以下条件时，劳动债权可以优先于担保债权受偿：第一，在担保物权设立之前劳动债权已经产生并且进行了公示；第二，企业在交易中已经采用书面的形式，向交易相对人明确告知其拖欠劳动者工资的事实。① 本书认为，一方面我国没有建立劳动债权的登记制度，另一方面要求交易之前必须书面通知所欠劳动债权无疑会大大增加交易成本，也不会有企业在交易过程中主动提供相应的书面文件，因此这一建议在实践中可操作性不强。

4. 董事、监事、高级管理人员工资清偿顺序

根据《企业破产法》，除劳动债权相较于有担保的债权不具有优先性之外，劳动债权相对于普通破产债权具有的优先性也具有一定限制，也即第 113 条第 3 款"破产企业的董事、监事和高级管理人员的工资按照该企业职工的平均工资计算"的规定。根据该款的规定，破产企业的董事、监事和高级管理人员于该企业职工的平均工资之外的工资不仅不能优先受偿，甚至不能作为破产债权得到清偿。

对于这一规定，有支持的学者认为，若以信息与风险对称原则分析，高管对企业信息掌握最为全面，并在明知风险的情况下自愿以风险博取收益，就应当承担相应的责任。高管的高额工资也很难称得上是其生活的保障，可以视为以人力资本投资企业所获的收益。这部分劳动债权丧失了普通劳动债权的特质，因此这部分债权不能优先得到清偿。② 高管工资远远高于普通职工，如果在企业破产时仍然支付原有工资，在有限的清偿财产范围内，显然对普通劳动者不利，也对后序的债权产生不利影响，高管不仅应对企业破产承担一定的责任，也具有更好的就业条件。因此在破产的情况下，如果对上述人员仍按其原有工资水平予以支付，一方面不符合破产企业的经济状况，另一方面也对其他职工和债权人不公平。公司的高管可能在认识到公司已经有破产之虞时，拖欠职工工资却照发自己的工资，损害普通职工和债权人的利益。上述人员在拖欠职工工资的期间内领取的

---

① 王欣新：《〈企业破产法〉立法纵横谈》，载《首都师范大学学报（社会科学版）》，2005 年第 4 期。

② 刘建仓：《劳动债权优先清偿的正当性及其合理限制》，载《社会科学评论》2008 年第 3 期。

超过职工平均工资的部分，应当予以退还。①

反对者主张，首先，董事、监事和高级管理人员在任职条件上有较高的要求，还必须遵守严格的行为准则，获得相应的收入，符合市场经济的分配原则；其次，上述人员的工资仍属于劳动所得，应平等保护；最后，董事、监事和高级管理人员的收入总额中，工资比例比较小，不会产生诱发虚增、虚报工资等违法行为损害其他债权人的利益。故建议应对上述人员的工资债权平等保护。② 劳动合同法对高管的利益已经作了限制，企业破产法再作限制对高管不公平。

还有持折中态度的学者认为，《企业破产法》对上述人员的规定属于特别法，没有高出平均工资 3 倍以上的人员仍可以适用《劳动合同法》，而高出 3 倍工资以上的部分以《企业破产法》的规定为准。③

综上所述，学界对于董事、监事和高级管理人员工资中超过该企业职工平均工资的部分是否应该优先受偿尚存争议，但是其作为一种破产债权应该得到清偿是没有什么争议的，上述人员与无财产担保的债权人一样都是在了解风险的情况下以风险换取收益，应当与无财产担保的债权人就破产风险的实现处于相同的地位上，并且即使该部分工资是一种以人力资本的投资换取的回报，也应该与以物质资本投资的无财产担保的债权人处于同一清偿顺位。所以不应该对于超过平均工资部分完全不予清偿，而应与普通债权同一顺位清偿。

四、税收债权

（一）税收债权与担保债权清偿顺位

税收债权作为一种特殊债权，其特殊性表现为税收债权并不完全等同于民商法上私法性质的债权，具有法定性、公益性、公法性等特点。各国

---

① 彭国顺：《破产企业高管人员的经济补偿金如何计算》，载《人民法院报》2012 年 11 月 15 日第 7 版；齐树洁主编：《破产法》（第二版），厦门大学出版社 2009 年版，第 301 页；殷慧芬主编：《破产法》，法律出版社 2014 年版，第 203 页。

② 陈云：《破产企业伤残职工合法权益的法律救济》载《中国劳动》2005 年第 10 期。

③ 李松、黄洁：《破产程序时间过长劳动者"等不起"，专家主张破产企业应尽早"了结"劳动合同》，载《法制与经济（上旬）》2011 年第 12 期。

对税收债权在破产财产中清偿顺序的规定不尽相同，甚至同一个国家不同时期所作的规定也有区别。① 而我国《企业破产法（试行）》与《企业破产法》都认为其劣后于劳动债权而优先于普通债权，自然也劣后于有财产担保的债权。但是根据《税收征收管理法》第 45 条第 1 款的规定，税收应优先于无法律特别规定的无担保的债权，而税收债权与有担保债权之间的清偿顺序由二者产生时间的先后决定。若税收债权产生于担保物权设立之前，税收债权应当先于有财产担保的债权受偿；反之，则有财产担保的债权优先于税收债权受偿。②

学界多对《税收征收管理法》第 45 条第 1 款的规定持否定意见。其理由为：第一，依照上述法律的规定，如果税收债权优先于后设定的担保物权，同时劳动债权又优先于税收债权，那么劳动债权的清偿顺序相较于欠缴税款后发生的担保债权为先，但是相较于在欠缴税款前发生的担保债权为后。照此安排，劳动债权与有担保债权之间的优先顺序竟是取决于税收与担保权的发生先后，会徒增很多混乱。③ 第二，《税收征收管理法》第 45 条这种严重偏重于税收的规定，将会严重影响担保债权人的利益。因为税收无须登记，公告也是选择性的，债权人在设立担保物权时无法知晓其交易相对人是否欠税，欠了多少税，如果担保财产的价值尚不足以清偿欠税，而欠税享有优先偿还权，担保物权的设置就毫无意义。④ 第三，税收作为一般优先权，不针对特定财产，效力不及于担保物权。⑤ 综上，有学者认为，税收债权是否在破产分配中具有优先性，只是立法者出于政策考量的结果，没有必然性。无论是优先受偿还是与普通债权同一顺位受偿乃至于劣后受偿都不存在理论上的障碍。但是将税收债权一般性地置于

---

① 王延川主编：《破产法理论与实务》，中国政法大学出版社 2009 年版，第 272 页。

② 《中华人民共和国税收征收管理法》第 45 条第 1 款："税务机关征收税款，税收优先于无担保债权，法律另有规定的除外；纳税人欠缴的税款发生在纳税人以其财产设定抵押、质押或者纳税人的财产被留置之前的，税收应当先于抵押权、质权、留置权执行。"

③ 许德风：《破产法论——解释与功能比较的视角》，北京大学出版社 2015 年版，第 179 页。

④ 熊伟：《作为特殊破产债权的欠税请求权》，载《法学评论》2007 年第 5 期。

⑤ 王欣新：《破产别除权理论与实务研究》，载《政法论坛》2007 年第 1 期。

优先于担保物权的地位，有违民事基本理论和担保制度的根本原则。故《税收征收管理法》第 45 条关于税收优先权的规定应当废除。①

在尚未修法的情况下，为了解释《税收征收管理法》的规定，学者们认为鉴于企业破产还债程序的特性，可以依据"特别法优先于普通法"准据法法则，将《企业破产法》作为《税收征收管理法》的特别法，破产程序中的债务清偿应适用《企业破产法》，而不是《税收征收管理法》。而且《企业破产法》虽以企业法人为设计参照，但其第 135 条也规定了其他法律规定企业法人以外的组织清算可以参照破产法的规定。② 故《税收征收管理法》第 45 条只能在个人纳税人资产不能清偿包括税款在内的所有债权的情形下才能予以适用。但是这种区别对待缺乏法理依据，因此建议修改相关立法，将税收优先权限缩为个别税种针对特定财产的税收特别优先权。③

### （二）税收债权的清偿顺位

对于《企业破产法》中税收债权优先于普通债权受偿的规定，理论界也有不同的观点。支持这一规定的学者主要有以下理由：第一，纳税是破产企业的义务，国家税款的损失实际上会导致全体纳税人利益受损，不能将本应由破产企业承担的税款转移到其他纳税人头上，否则将会降低纳税人纳税的积极性，会降低社会交易的信用和效率；④ 第二，税收具有公共属性，优先受偿有其正当性；第三，税收"非自愿"或"无调节能力"，使得债务人可能通过欠税后设立抵押权逃避债务。⑤

---

① 邹海林、周泽新：《破产法学的新发展》，中国社会科学出版社 2013 年版，第 295~296 页。

② 《企业破产法》第 135 条："其他法律规定企业法人以外的组织的清算，属于破产清算的，参照适用本法规定的程序。"

③ 闫海：《〈企业破产法〉中税收债权问题研究》，载《法治论丛（上海政法学院学报）》2008 年第 2 期；熊伟：《作为特殊破产债权的欠税请求权》，载《法学评论》2007 年第 5 期。

④ 韩长印：《我国破产分配顺位的重构——"破产分配顺位"学术讨论综述》，载《上海交通大学学报（哲学社会科学版）》2005 年第 6 期。

⑤ 许德风：《破产法论——解释与功能比较的视角》，北京大学出版社 2015 年版，第 179~180 页。

也有学者认为，考虑到税收债权的特殊性，应当赋予其有限制的优先权。我国对于税收债权的实现采取了有条件优先的原则，为了对优先权进行一定的限制，税收优先权以法定纳税期限（税款缴纳期限）届满时为其发生时间。①

而反对税收一般优先权的理由为：第一，虽然各国在一百年前制定破产法时大多规定税收债权具有优先受偿地位，但随着时间的发展，各国又多将其规定为普通债权；第二，对破产企业而言，税收负担往往较重，税收优先受偿将降低普通债权清偿比例，若导致连环破产可能会对国家税收产生更加不利的影响；第三，税收机关难以收回参与破产的成本，缺少参与破产程序和行使税收优先权的积极性；第四，破产企业欠税相较于国家税收总收入比例很小，放弃优先权不会对国家收入产生较大影响；第五，国家保障税收征收的目标可以通过多种方式实现，不一定只依靠税收优先权，欠税后恶意担保的问题可以通过破产法中的无效制度或撤销权制度、现行的税收保全制度和强制执行制度来规制，不应该不区分具体情况而直接将税收债权的顺序提前到担保物权之前，原则性规定税收优先权反而会助长欠税行为的发生。因此学者建议废除破产中一般税收优先权，但可以进一步甄别税收各组成部分的特性，例外给予特定税收以优先地位。②

### （三）税收滞纳金清偿顺位

鉴于税收滞纳金的性质较为特殊，其清偿顺位为何，学界往往单独予以讨论。第一种观点是税收滞纳金不是破产债权。其理由为：税款的性质是公法上的债权，具有对价给付的民法债权的基本属性，但是税款滞纳金是行政法上的执行罚，基本目的是保障税款的能够顺利征收。破产程序是对债务人财产的概括执行，其本质决定了在破产债务人的财产及财产权利之上不允许再有其他执行程序存在，税收债权受到了破产程序的保护，税

---

① 田学伟、徐阳光：《论破产程序中的税收债权》，载《政治与法律》2008 年第 9 期。

② 韩长印：《我国破产分配顺位的重构——"破产分配顺位"学术讨论综述》，载《上海交通大学学报（哲学社会科学版)》2005 年第 6 期；许德风：《破产法论——解释与功能比较的视角》，北京大学出版社 2015 年版；沈理平：《破产清算中的税收优先权》，载《税务研究》2005 年第 3 期。

收行政执行程序应终止，根据这一程序产生的执行罚也应该终止。①

第二种观点是税收滞纳金的清偿顺序应与普通债权相同。其理由为：纳税债务是一种公法上的货币给付义务，纳税人延期缴纳税款跟私法上迟延履行性质相同，应当赔付相应的利益，否则构成对税收债权的歧视，而且滞纳金的比率已经消减，故税收滞纳金可以作为破产债权予以申报，但是只能以一般债权申报，而且在破产申请时停止计算。② 还有学者认为，从数额上讲，现行法中万分之五的税收滞纳金，约等于同期银行利率的两倍，可以将其分为两部分：一部分是孳息的返还；另外一部分为逾期付款的违约金。这种违约金与银行的罚息性质相近。此时国家不再是行政机关，而是税收债权的债权人，行使的也是债权人的权利。因此现行税收滞纳金不属于行政处罚，也不具有权力性与惩罚性，是税款的一种转化形式。因此税收滞纳金应当属于破产债权中普通债权，并不具有优先性。③

第三种观点是税收滞纳金可以作为税收债权优先清偿。其理由为：新修订的《税收征收管理法》大幅降低了税收滞纳金的比率，大大降低了税收滞纳金的惩罚性，现阶段税收滞纳金的性质应当是债权人逾期缴税对国家造成损失的一种补偿。故主张将税收滞纳金应当属于"所欠税款"，可以作为税收债权予以申报且享有优先受偿权。④

第四种观点是应该参考中国人民银行规定的贷款基准利率，超过基准利率的部分属于惩罚性滞纳金，不超过基准利率的部分属于补偿性滞纳金。惩罚性部分与普通债权同一顺位清偿，不享有优先受偿权，补偿性部分则享有优先受偿权。⑤

第五种观点认为税收滞纳金应当属于劣后债权，劣后于普通债权进行

① 张平：《税款滞纳金不宜认定为破产债权》，载《人民法院报》2001年6月21日第3版。

② 闫海：《〈企业破产法〉中税收债权问题研究》，载《法治论丛（上海政法学院学报）》2008年第2期。

③ 王艳：《破产程序中税收滞纳金的法律性质分析》，载《特区经济》2015年第9期。

④ 田学伟、徐阳光：《论破产程序中的税收债权》，载《政治与法律》2008年第9期。

⑤ 熊伟：《作为特殊破产债权的欠税请求权》，载《法学评论》2007年第5期。

清偿。[1]

## 五、侵权债权

除了劳动债权、税收债权之外，也有学者认为，对于侵权债权也因各种原因予以特别保护，并在破产清偿顺序上得以体现。

### （一）特定侵权债权的范围

有学者曾认为侵权之债与合同之债具有救济目的、可以采取的预防措施、实际获得救济的效果以及对债权救济的终极需求不同等区别，不应该于同一顺位清偿。基于侵权债权作为一种非合意之债，对于风险的产生不具有自愿性且回避风险的能力较弱为由主张所有侵权之债都应该优先于合同之债得到清偿。[2] 但后来学界多主张只有特定的侵权债权才应该得到优先清偿，主要包括人身侵权之债、环境侵权之债以及大规模侵权之债。

### （二）特定侵权债权是否应优先清偿

1. 特定侵权债权应优先清偿的理由与顺位

对于人身侵权之债应优先清偿，主要基于以下考量：

第一，人身侵权之债是对受害人生存权的保护，应优先于财产权受偿。对受害人的人身损害的救济的目的在于维持个人的生命与身体健康，其权利客体是生存利益。生存利益与财产利益并不处于同一位阶，生存利益的价值显然高于包括担保物权在内的财产利益。[3]

第二，侵权债权置于优先清偿的位置，可以内化人身损害的风险，可以有效预防企业侵权的发生。担保债权人比侵权受害人事实上更具有监督企业的经验和专业知识，如果能够将特定的侵权之债放置在优先于担保债权的位次，实际上就是加重了担保债权人因企业破产而遭受的损失，那么担保债权人在选择交易相对人时就要全面考察对方的信用与管理能力，若

---

①　沈理平：《破产清算中的税收优先权》，载《税务研究》2005 年第 3 期。

②　韩长印：《企业破产立法的公共政策构成》，中国人民大学 2001 年博士学位论文。

③　韩长印：《我国破产分配顺位的重构——"破产分配顺位"学术讨论综述》，载《上海交通大学学报（哲学社会科学版）》2005 年第 6 期。

对方有企业侵权之虞即不与其交易，进而促使整个行业更重视对于企业侵权的预防，有利于减少企业侵权的发生。①

第三，从利益衡量的角度，人身侵权债权受害人处于弱势地位，应予救济。只有自然人才能成为人身损害侵权之债的主体。而且其生命、身体、健康受到侵害并非自愿。受害人属于"不可调整的债权人"，在受侵害前没有任何保障的措施，发生后也无法采取有效的对抗措施，不能通过意思自治对债权的产生与相关的权利义务进行调整。②

第四，我国现有的法人人格否认制度、高级管理人员责任追究制度、责任保险制度、惩罚性赔偿制度都无法给予人身侵权债权人全面的保护，又缺少剩余债务免除例外制度和大规模侵权损害救济基金，因此有必要提升人身侵权之债清偿顺位以提供更全面的保护。③

第五，人身损害赔偿应当体现一定的公法性质，破产法不应与社会保障法截然分开，提升其受偿顺序对于破产法与社会保障法之间的衔接有一定的作用，也可以促进社会保障法律制度的发展。赋予人身损害侵权债权优先权有利于维护社会稳定，是司法实践的客观要求。④

环境侵权之债则因以下原因应优先清偿：环境侵权之债具有债权人与债务人地位不平等，因果关系复杂，损害结果具有长期性、累积性与潜在性，影响范围具有广泛性等特点。而我国破产法律规范中将环境侵权作为普通债权清偿又存在环境信息不对称，公众难以防范与自救，环境债权人受偿比例低和受到企业破产逃债严重影响等多方面问题。因此，对公共利益有重大影响的环境债权必须申报，环境侵权之债也应该优先清偿。⑤

---

① 韩长印：《我国破产分配顺位的重构——"破产分配顺位"学术讨论综述》，载《上海交通大学学报（哲学社会科学版）》2005年第6期。

② 丁文联：《论企业破产程序中的利益平衡》，对外经济贸易大学2005年博士学位论文。

③ 邹杨、荣振华：《人身侵权债权在破产清偿顺位中优先受偿之思辩》，载《行政与法》2012年第8期。

④ 韩长印：《我国破产分配顺位的重构——"破产分配顺位"学术讨论综述》，载《上海交通大学学报（哲学社会科学版）》2005年第6期。康时华、毕婷婷：《人身权的特殊保护——以破产前人身损害侵权债权清偿顺序为视角》，载《改革与开放》2009年第9期。

⑤ 曲冬梅主编：《新企业破产法疑难问题与实务》，法律出版社2012年版，第167~180页。

虽然上述学者都认为特定侵权债权应当优先清偿,但是对于清偿顺位为何,学者之间存在不同的看法。

第一种观点认为人身侵权之债部分的优先于担保债权。首先,人身侵权之债应当在受偿顺序上优先于财产侵权之债受偿;其次,应当对有财产担保的债权进行一定限制,在其债权额中抽出一定比例,以该额度对应的有担保财产优先清偿人身侵权之债,人身清偿之债尚未补足部分与劳动债权同一顺位清偿,财产侵权之债则与普通破产债权同一顺位清偿。①

第二种观点认为人身侵权之债优先于劳动债权。有学者认为,财产侵权之债优先于合同之债进行清偿,人身侵权之债优先于劳动债权劣后于破产费用和共益债务清偿。②

也有学者依据罗尔斯的公平的正义理论,即"给最少受惠者最大利益",认为越接近公司核心,有能力影响公司并获得利益保障的人,应承担越多的破产责任,而越处于边缘地位,不能影响公司并受不利影响的人,越应该在破产分配中获得利益。而且人身侵权债权人相较于职工更加缺少影响破产债权人行为的能力,并且代表了更广泛的公共利益。因此包括工伤债权在内的人身侵权之债,应该相较于工资债权优先受偿。若社会强制保险费用债权是以人身伤亡损失为保障范围,则其受偿顺序应当优先于人身侵权之债,若社会强制保险费用债权是以财产损失为保障范围,则其受偿顺位应当先于财产侵权之债,即使是同一顺位债权仍应考虑具体顺序,比如特殊侵权债权可能优先于一般侵权债权受偿,个体利益受侵害债权可能优先于公共利益受侵害债权受偿。③

第三种观点进一步区分大规模人身侵权与一般侵权。鉴于现阶段担保制度在我国经济发展中的重要作用,人身侵权之债不应该先于担保物权清偿,但是大规模侵权引发的人身损害赔偿之债的清偿顺位应当优先于劳动债权,而一般侵权引发的人身损害赔偿之债的清偿顺位应当劣后于劳动债

---

① 韩长印、韩永强:《债权受偿顺位省思——基于破产法的考量》,载《中国社会科学》2010 年第 4 期。

② 曲冬梅主编:《新企业破产法疑难问题与实务》,法律出版社 2012 年版,第 167~180 页。

③ 林一:《侵权债权在破产程序中的优先受偿顺位建构——基于"给最少受惠者最大利益"的考量》,载《法学论坛》2012 年第 2 期。

权但优先于税收债权。①

第四种观点认为应通过利益平衡安排清偿顺序。现有能够保护人身侵权债权人利益的制度都不完善，有必要对人身侵权债权人于破产法中予以保护，但是无论将人身侵权债权人放到哪一个清偿顺位，其逻辑上都是由后序债权人承担因破产企业自身的非法行为而产生的赔偿责任，因此只能通过利益平衡减少负面效应。②

2. 侵权债权不应该优先清偿

也有学者反对提升侵权债权的清偿顺位，其理由如下：

第一，股东一般不会通过破产损害侵权债权人的利益。股东不会轻易破产免债，也难以与担保物权人合谋破产免债，实证研究下债务人也极少破产免债。而且侵权之债并不当然优先于财产之债。财产也是人生存的基础，合同也可能牵涉重大利益，难以此论证人身侵权受害人当然优先于担保债权人。同时企业跟船舶飞行器不同，不具有一般性地侵权的危险性，在特定侵权如某些以物件为直接媒介的侵权中，才可以考虑受害人在该特定物的价值之上享有优先受偿权。③

第二，大规模人身侵权属于非常态，不宜为此变动清偿顺序。与劳动债权相类似的，大规模侵权之债也具有外部性，只能通过社会化的方法解决这一问题。公共政策渗入反而会产生不可预期的风险，而且之前将公共政策纳入立法也没有收到实际效果。将破产债权进一步划分成本过大，而且这些划分与排序都是纯理论探讨，将使法律远离实际。④

第三，人身侵权之债优先于担保债权清偿会对担保信用体系造成冲击。并且忽视了真正的责任人。股东、董事、经理等实际作出决策的自然人才是真正导致破产风险、侵权风险的行为人。仅将大规模侵权债权顺序提前，并没有惩罚真正的肇事者，反而让与企业破产以及侵权风险发生没有直接关联的有担保债权人来承担不利后果，并不公平。而且由担保债权

---

①　曲冬梅主编：《新企业破产法疑难问题与实务》，法律出版社 2012 年版，第 190~195 页。

②　邹杨、荣振华：《人身侵权债权在破产清偿顺位中优先受偿之思辩》，载《行政与法》2012 年第 8 期。

③　许德风：《破产法论——解释与功能比较的视角》，北京大学出版社 2015 年版，第 181~182 页

④　冯辉：《破产债权受偿顺序的整体主义解释》，载《法学家》2013 年第 2 期。

人来预防侵权和破产风险，在效率上看也不是最佳选择。①

上述学者在反对提升侵权债权清偿顺序时，也提出了自己的解决方案。有学者建议应采用整体主义，认为解决大规模侵权最佳方法仍然是包括赔偿基金、商业保险、社会保障社会赔偿机制。② 也有学者建议既然大规模侵权具有外部性，可以采用适当的方式将这一部分风险内置化，比如产品责任险、高级管理人责任险。解决这一问题应当采用综合性体系化的思维，除了在破产程序中提升被动债权人的清偿顺位，还需要社会保障体系予以配合。③

## 六、其他特殊的债权

除了上述债权，还有一些比较特殊债权的清偿顺位，理论界的讨论中也有涉及。

### （一） 房地产企业破产中的特殊债权

根据最高人民法院于 2002 年所作的《最高人民法院关于建设工程价款优先受偿权问题的批复》中的规定，建筑工程的承包人的优先受偿权优于抵押权和其他债权。也就是说在发包人破产的情况下，承包人的工程价款债权可以优先于抵押权受偿。这属于一种于特定物上的优先权。

在上述批复中，还规定"消费者交付购买商品房的全部或者大部分款项后，承包人就该商品房享有的工程价款优先受偿权不得对抗买受人"。而在最高人民法院于 2015 年的《最高人民法院关于人民法院办理执行异议和复议案件若干问题的规定》第 29 条的规定中，将消费者限定于"所购商品房系用于居住且买受人名下无其他用于居住的房屋，且已支付的价款超过合同约定总价款的百分之五十"的情形。

对这一条持批评意见的学者认为，购房者的债权不经登记，不仅与物权期待权存在本质区别，而且影响外部债权人的可预测性与交易安全，考

---

① 谢九华：《大规模侵权债权与担保债权清偿顺序之反思》，载《河北法学》2014 第 9 期。

② 冯辉：《破产债权受偿顺序的整体主义解释》，载《法学家》2013 年第 2 期。

③ 谢九华：《大规模侵权债权与担保债权清偿顺序之反思》，载《河北法学》2014 第 9 期。

虑到购房者的弱势且缺少担保的地位，为保护其利益，可以采取日本法上的定金等保全措施或者限制金融机构对期房的预告登记制度来解决。① 也有人认为，预售房屋仍为"在建工程"的房地产开发企业破产，因购房消费者优先权的存在，会导致其无力吸引续建资金。因此，除预售房屋已经建成现房的情况之外，期房与现房的差价都应该作为普通债权进行申报。②

还有法官对房地产企业破产所涉及的各种债权按照公平原则进行了分析，认为从应然角度出发，房地产开发企业破产债权清偿顺序如下：破产费用及共益债务；因拆迁安置而产生的请求权；消费购房人债权请求权、消费购房人支付的定金本金返还请求权；建设工程价款请求权；有担保物的债权以及不动产预告登记所涉债权，按登记先后顺序就特定不动产变价所得优先受偿；工人工资等劳动债权；税收债权及部分劳动债权；普通破产债权，包括补偿性质的定金罚则部分；劣后债权，包括惩罚性质的定金罚则部分。③

### （二）定金与消费者预付款

定金是否纳入破产财产，权利人能否行使取回权详见相关章节的讨论，本节主要讨论定金罚则能否于破产程序中适用。根据《关于审理企业破产案件若干问题的规定》第 55 条第 1 款第（5）项和该条第 2 款的规定，清算组解除合同，对方当事人依法或者依照合同约定产生的对债务人可以用货币计算的债权，属于破产债权，该债权以实际损失为计算原则。违约金不作为破产债权，定金不再适用定金罚则。有人认为这一规定并不妥当，首先，"定金罚则"是依当事人的意思表示一致而成立，即使当事人破产，除有正当理由外应当遵守约定；其次，这一规定过度干预意思自治；最后，实际损失难以判断，不适用违约金和定金罚则不利于对守

① 金春：《论房地产企业破产中购房消费者的权利保护——消费者保护和债权人可预测性的平衡》，载《法律适用》2016 年第 4 期。
② 陆晓燕：《保障生存利益与维护交易安全的平衡——房地产开发企业破产中购房人权利之顺位研究》，载《法律适用》2016 年第 3 期。
③ 夏正芳、李荐：《房地产开发企业破产债权的清偿顺序》，载《人民司法·应用》2016 年第 7 期。

约一方的保护。因此,"定金罚则"应予适用。[1]

对于消费者预付款,有学者参考域外的法律规范,认为赋予消费者预付款一定限度内的优先受偿权,可以为预付款消费者提供的保护。当然最周全的保障措施是建立预付款消费的资金监管制度,将会员证、会员卡等消费形式定义为证券,纳入证券监管的视野中,从资金使用与信息公开两个方面加以规制。[2]

### (三)母公司债权

因为母公司与子公司之间存在控制与被控制的关系,所以母公司有借助子公司侵犯债权人利益的意愿和能力,不仅可以在设定与子公司之间的债权时设定最有利于自己的条件,也有可能在子公司有任何经营风险时随时为自己的债权设定担保。因此,母公司就其对子公司的债权行使抵消权、取回权等权利时,应设有一定的限制,具体措施于相应章节中予以讨论。本节主要讨论的是母公司债权的清偿顺位是否应当予以限制,如果需要限制则予以限制的母公司债权范围是否要有限定等问题。

有学者就认为,如果关联债权人在关联债务人资本严重不足的情况下给债务人设定债务的,或者对债务人的营业以及交易存在过度控制的,破产程序不仅可以限制该债权人的表决权,而且可以降低该债权的受偿顺位。[3]

美国为解决这一问题于判例中建立了"深石原则",即子公司如存在资本不足,而且为了母公司的利益,其经营并不按照市场规律或正常的经营方式,那么当子公司破产或重整时,母公司对子公司的债权应劣后于优先股股东的权益。其并不是完全否认母公司的债权,也不是让母公司的债权无条件劣后于子公司的债权,并没有采用"自动居次规则",而是根据判断母公司是否对子公司有"不公平行为"来决定母公司债权的清偿顺位,也即"衡平居次规则"。有学者就建议应当引入"深石原则",若母

---

[1]　杨光:《破产定金债权刍议》,载《东方法学》2015年第6期。

[2]　许德风:《破产法论——解释与功能比较的视角》,北京大学出版社2015年版,第193页。

[3]　韩长印主编:《破产法学》(第二版),中国政法大学出版社2016年版,第304页。

公司对子公司享有的债权是基于不公平的交易行为取得的，这一部分债权在子公司破产时应当劣后于其他债权受偿。除非母公司能证明这一债权取得符合公平交易原则。① 也有学者建议应当从主观和客观两个方面来考虑，主观上可以采用过错推定，客观上需要满足母公司的行为违反诚信义务、子公司或子公司债权人受到了的损害、违反诚信义务的行为与损害之间存在因果关系三个要件。②

母子公司同时破产时，有些国家还将已破产之关联母子公司的资产与债务合并计算，并且去除关联企业间彼此之债权和保证关系，在完成两个破产财团合并后，依债权比例分配给该集团之所有债权人，即所谓关联破产中"实质合并规则"或"实体合并规则"。③

### （四）股东债权

与母公司债权相关的还有股东债权，即股东为公司提供借款或其他交易而对公司享有的债权，这种债权于经济上是合理的，但是本质上具有"自我代理"的属性，股东有利用这类交易从公司向自己转移财产，谋取不正当利益的便利。各国做法往往是：原则上允许股东向公司借款，但在公司破产时，股东的债权在受偿上应当受到一定的限制。④ 考虑到股东最有动力帮助企业度过危机，也最了解公司的前景，而法官又难以胜任判断股东向公司的放贷是否资助了最合适的项目。因此有学者建议可以明确规定股东向公司借贷，只能以普通债权的形式设定，而不能索取担保，在公司破产时和其他债权人平等按比例受偿可能是可行的解决方案。⑤

---

① 耿文杰、吴义茂：《公司集团破产中外部债权人的法律保护》，载《上海市经济管理干部学院学报》2006 年第 3 期。

② 叶敏：《论破产程序中的母公司债权》，载《新疆社会科学》2006 年第 1 期。

③ 韩长印主编：《破产法学》（第二版），中国政法大学出版社 2016 年版，第304 页。

④ 许德风：《破产法论——解释与功能比较的视角》，北京大学出版社 2015年版，第 186 页。

⑤ 许德风：《破产法论——解释与功能比较的视角》，北京大学出版社 2015年版，第 189 页。

### （五）银行债权

在 20 世纪 90 年代，有一大批银行业从业者撰文认为银行债权应该优先保护或特别保护。[1] 其原因一方面考虑到时代背景，对于大批破产国企而言，银行可能是除职工外企业最重要的甚至是唯一的债权人。银行作为国家计划政策的工具，大量带有计划经济色彩的债权可能会在作为市场经济配套措施的破产中无法得到保障，地方政府也可能出于地方利益以破产为工具侵犯银行的债权。另一方面这也是从业人员强调对于本行业利益的保护，希望自己的利益能够于立法中得到体现。毫无疑问，在市场经济中，银行和其他债权人应当是平等的，并不存在优先保护的充分理由。随着市场经济改革日趋深入，银企关系逐渐正常化，学者和银行从业人员也不再强调于清偿顺序上对银行债权予以保护，而是通过更加合理充分地利用现有破产程序来保护银行的利益。[2]

综上所述，破产债权的认定、申报、审查和清偿顺序，与破产债权人实体权益有着最为密切的关系，体现出在破产债权人之间公平分配破产财产这一破产法律规范最基本的目的。破产债权制度的设计处处需要处理微妙的利益权衡问题。比如在破产债权申报审查程序中，如果程序过于繁琐，会增加破产成本，损害破产债权人的利益，降低债权人申报意愿；如果程序过于简单，又有可能导致非破产债权人混迹其中，同样会损害破产债权人的利益。而在劳动债权，担保债权，税收债权等破产债权认定与清偿顺序的安排上，这也往往需要在不同债权人的利益中间进行取舍与平衡，也体现着立法者不同的价值取向。对于破产债权的理论和实践研究，有利于帮助立法者、法官和破产管理人从各个不同的角度理解不同的程序

---

[1] 武振全：《应妥善处理好银行贷款债权——对处理破产企业贷款的几点思考》，载《中国城市金融》1994 年第 12 期；宋清华：《从"债权银行"角度看我国企业破产》，载《经济问题》1995 年第 8 期；中国工商银行武汉市分行课题组：《从企业逃废银行债权看〈破产法〉的完善》，载《城市金融论坛》1997 年第 3 期。

[2] 胡文涛：《逃废金融债务原因分析——以破产制度和银行债权保护为视角》，载《法学》2002 年第 7 期；王丹锋：《如何避免企业通过破产逃避银行债务》，载《河北法学》2002 年第 1 期；任春琼：《企业破产案件中银行债权的维护》，载《新金融》2006 年第 2 期；中国人民银行温州市中心支行课题组、周智：《民营企业破产中金融债权保护的法律思考——以温州为例》，载《浙江金融》2016 年第 12 期。

设计、制度安排对债权人的利益的影响，尽可能在不同利益之间实现平衡，同时域外先进的法律规范与实务操作经验，也可以为破产债权的平等保护提供参考。

# 第六章 破 产 权 利

## 第一节 撤 销 权

### 一、破产撤销权的概念

破产撤销权是指破产财产的管理人对债务人在破产申请受理前的法定期间内进行的欺诈债权人或者损害对全体债权人公平清偿的行为，有申请法院予以撤销的权利。①

#### （一）破产撤销权的起源和确立

1. 破产撤销权的起源

撤销权最初来源于罗马法上的"保罗诉权"，法国民法称之为"罢废诉权"。② 保罗诉权最初与民法上的撤销权相同。由于破产法领域内，债务人逃避债务的几率更高，且隐蔽性更强，严重侵害到债权人的利益，因此保罗诉权的适用范围扩张至破产法领域，进而形成破产法上十分重要的一项制度。破产法的撤销权制度不断发展，各国及地区均有此规定，但对其称谓各有不同。德国为"取消权"，日本为"否认权"，我国台湾地区称之为"撤销权"。

2. 破产撤销权的确立

---

① 王欣新：《破产法》（第三版），中国人民大学出版社 2011 年版，第 112~113 页。

② 韩世远：《后世私法对罗马法 action pauliana 的继承及中国法上债权人撤销权的构成》，《第二届"罗马法·中国法与民法法典化"国际研讨会论文集》，第 281 页。

我国对于破产撤销权名称的选择的争议主要发生在制定和解释《企业破产法（试行）》期间。《企业破产法（试行）》第 35 条将发生在人民法院受理破产案件前六个月至破产宣告之日的五种行为归为无效，并表示清算组可以向法院申请追回财产。对于此条的理解，学界莫衷一是，有学者认为其确定的是破产撤销权，有学者认为确认的是否认权或者追回权，也有学者认为其为无效制度。

撤销权制度主张者认为《企业破产法（试行）》第 35 条同撤销权性质相似，并从约定俗成的角度主张为撤销权制度。① 否认权说内部也存在争议，有学者认为否认权就是撤销权，② 也有学者认为我国否认权包括对无效法律行为的否认和对可撤销法律行为的撤销。③ 追回权说主要依据《企业破产法（试行）》第 35 条采用的法律术语。④ 无效制度的主张者认为无效行为自始无效，不能成为撤销权的客体，我国《企业破产法（试行）》规定的五种无效行为不能成为撤销权的客体。⑤

《企业破产法》通过后，我国分别规定了撤销权制度和无效制度，并规定在法律规定的五种情况下管理人可以向法院申请撤销，就此制度的称谓问题理论界基本没有争议。

### （二）破产撤销权与相关概念的比较

1. 破产撤销权与民法撤销权

两者的差别主要体现在：第一，权利行使主体的差别。民法撤销权的权利行使主体归属于债权人，破产撤销权归属于管理人。⑥ 第二，行使权

① 汤维建：《论破产法上的撤销权》，载《法律科学》1995 年第 6 期。
② 柴发邦主编：《破产法教程》，法律出版社 1990 年版，第 224 页。
③ 韩长印、刘庆远：《浅析破产法上的否认权》，载《法学研究》1993 年第 3 期。
④ 王欣新、李磊：《析我国破产法中的撤销权》，载《法学》1987 年第 8 期；汤维建：《论破产法上的撤销权》，载《法律科学》1995 年第 6 期。
⑤ 汪世虎：《试论破产法上的撤销权》，载《现代法学》1998 年第 3 期。
⑥ 汤维建：《论破产法上的撤销权》，载《法律科学》1995 年第 6 期；祝伟荣：《破产撤销权制度的反思与重构——以利益衡平理念为视角》，载《法律适用》2012 年第 5 期；韩长印主编：《破产法学》（第二版），中国政法大学出版社 2016 年版，第 117 页；李永军、王欣新、邹海林、徐阳光：《破产法》（第二版），中国政法大学出版社 2017 年版，第 69~71 页。

利时效不同，民法中债权人应当在知道或者应当知道撤销事由之日起 1 年内行使。债务人行为发生之日起 5 年内没有行使撤销权的，撤销权消灭。破产法上撤销权可在破产程序期间和破产程序终结之日起 1 年内行使。① 第三，可撤销行为产生时间不同。民法上的可撤销行为需发生在债权成立之后，破产法上的可撤销行为发生在法律规定的临界期内。② 第四，成立前提不同。民法上撤销权成立的前提是债权债务关系的有效存续。而破产法上的撤销权行使还需要破产程序已经开始。③ 第五，撤销权行使范围不同。民法撤销权行使范围应当与申请撤销的个别债权人的债权数额相当。破产撤销权没有此限制。④ 第六，民法上的撤销权是权利人的权利，而破产法上的撤销权既是管理人的权利也是管理人的义务。⑤ 第七，适用对象上存在差别。破产撤销权适用于偏颇行为和诈害行为，民法撤销权只适用于诈害行为。⑥

　　对于两者在主观要件上是否存在差别，理论界存在争议。有学者认为民法上的撤销权以相对人明知为前提，我国立法上破产撤销权的行使对相

---

　　①　汤维建：《论破产法上的撤销权》，载《法律科学》1995 年第 6 期；祝伟荣：《破产撤销权制度的反思与重构——以利益衡平理念为视角》，载《法律适用》2012年第 5 期；韩长印主编：《破产法学》（第二版），中国政法大学出版社 2016 年版，第117 页；李永军、王欣新、邹海林、徐阳光：《破产法》（第二版），中国政法大学出版社 2017 年版，第 69~71 页。

　　②　齐树洁主编：《破产法研究》，厦门大学出版社 2004 年版，第 383~385 页；李永军：《破产法——理论与规范研究》，中国政法大学出版社 2013 年版，第 259~260 页。

　　③　张彩云：《论破产法上的无效行为制度和撤销权制度——兼及破产法草案第35 条和〈企业破产法〉草案第 25、27 条》，载《济南大学学报（社会科学版）》2002年第 4 期。

　　④　李永军、王欣新、邹海林、徐阳光：《破产法》（第二版），中国政法大学出版社 2017 年版，第 69~71 页。

　　⑤　祝伟荣：《破产撤销权制度的反思与重构——以利益衡平理念为视角》，载《法律适用》2012 年第 5 期。

　　⑥　齐树洁主编：《破产法研究》，厦门大学出版社 2004 年版，第 384~385 页；祝伟荣：《破产撤销权制度的反思与重构——以利益衡平理念为视角》，载《法律适用》2012 年第 5 期；李永军：《破产法——理论与规范研究》，中国政法大学出版社2013 年版，第 259 页；韩长印主编：《破产法学》（第二版），中国政法大学出版社2016 年版，第 117 页。

对人的主观要件没有要求。① 对于破产撤销权主观要件的争议，本书将在"破产撤销权构成要件"中详细论述。

对于两者在诉讼中的被告是否存在差异，理论界尚未达成一致。有观点认为按照民法中撤销权的规定，第三人和债务人为共同被告。但破产撤销权诉讼中，考虑到破产的特殊性，仅列第三人为被告。② 对于破产撤销权之诉的被告的争议，本书将在"破产撤销权行使的相对人"部分详细论述。

2. 破产撤销制度与无效行为制度

上文关于破产撤销权的确认中已经提到其与无效行为制度的联系。实质上，无效行为制度与破产撤销权制度源于破产宣告效力的不同立法模式——溯及主义和不溯及主义。溯及主义是指破产宣告的效力溯及既往，债务人一旦宣告破产，不仅从宣告之日起债务人对自己财产的处分权被剥夺，而且溯及此前一定期间内的债务人有害债权人的行为都既往的无效。此种立法模式为英美法所采纳。不溯及主义之下，破产宣告不具有溯及既往的效力，造成对债权人利益的保护不周，因此破产撤销权应运而生。此种立法例为德国所采纳。无论是无效行为制度还是破产撤销权制度，目的均在于保护债权人的利益，防止债务人的无偿行为、偏颇清偿行为损害债权人的利益。

二者的差别则在于：

①产生背景不同，破产宣告效力的溯及主义和不溯及主义分别催生了无效行为制度和破产撤销权制度。②权利启动不同，破产撤销权由债权人或者管理人向法院提出，而无效行为制度则是强制性的，一旦破产启动，债务人在破产宣告前一定期间所为的有损债权人利益之行为就当然无效。③行使主体不同。任何人可以主张绝对无效行为无效，相对无效行为权利人可以主张无效，且法院也可依职权启动，而撤销权只能由撤销权人行使。③

---

① 李永军、王欣新、邹海林、徐阳光：《破产法》（第二版），中国政法大学出版社 2017 年版，第 70 页。

② 祝伟荣：《破产撤销权制度的反思与重构——以利益衡平理念为视角》，载《法律适用》2012 年第 5 期。

③ 赵曙东：《破产撤销权与破产无效行为制度的比较分析》，载《中国城市经济》2011 年第 2 期。

除此之外，破产撤销权制度的行使范围大于无效行为制度，后者仅限于法律行为；破产撤销权行使的法律后果与法律行为无效的后果不同。

## 二、破产撤销权设置的必要性

（1）设置破产撤销权是诚实信用原则的必然要求。破产撤销权是民法诚实信用原则的体现。一个人有权自由处分自己财产，但应以不损害他人利益和社会公共利益为前提。当债务人出现财产危机时，其自由处分财产的行为可能会损害其他债权人的利益。[1]

（2）实现公平清偿的要求。破产撤销权的设立可以防止债务人在丧失清偿能力的情况下，通过无偿行为、偏颇清偿等方式破坏破产法的公平清偿原则。[2] 破产撤销权设立的宗旨就在于保护全体债权人的合法权利，实现公平清偿。[3]

（3）保障债权人的权益的要求。[4] 破产法目的和宗旨是为了保证债权人的利益。在破产宣告前，破产人对其财产仍享有所有权，债务人对破产财产的处分有可能造成破产财产的不当减少，影响债权人的利益。

## 三、破产撤销权的立法模式

破产撤销权立法模式主要有两种，即列举主义和列举加概括主义。列举主义通过列举的方式逐一列举可撤销的法律行为。列举加概括主义在列举之外对于可撤销的法律行为作了概括性规定，法官可以基于概括性规定行使一定的自由裁量权。列举主义的优势在于可以统一司法，但社会适应性差，难以完全列举。列举加概括主义可以更好地适应社会发展变化的需要，但对法官素质要求较高，容易出现滥用撤销权的情形。我国采用的是列举主义。[5]

---

[1] 吴志鹤：《论破产撤销权》，华东政法大学 2006 年硕士学位论文。

[2] 李永军、王欣新、邹海林、徐阳光：《破产法》（第二版），中国政法大学出版社 2017 年版，第 65~66 页。

[3] 殷慧芬主编：《破产法》，法律出版社 2014 年版，第 67 页。

[4] 吴志鹤：《论破产撤销权》，华东政法大学 2006 年硕士学位论文。

[5] 李永军、王欣新、邹海林、徐阳光：《破产法》（第二版），中国政法大学出版社 2017 年版，第 66~67 页；王欣新：《破产法》（第三版），中国人民大学出版社 2011 年版，第 113~114 页。

#### 四、破产撤销权的性质

对于撤销权的性质，理论界主要有四种观点：第一，形成权说；第二，请求权说；第三，折中说；第四，责任说。形成权说认为，撤销权是依据管理人的意思表示使债务人与第三人或债权人的法律行为归为无效的权利。请求权说认为撤销权就是债权请求权，是请求返还因诈害行为而被处分的财产的权利。撤销权仅为返还请求的前提，并非对于诈害行为效力的否认。撤销权行使仅导致相对无效，即仅在与破产债权人的关系上无效，而在可撤销行为当事人之间仍然有效。折中说认为其兼请求权和形成权双重性质，凭借形成权可以否认其行为的法律效果，而凭借请求权，可以请求返还债务人的财产。① 责任说是对形成权说的一种发展，将破产撤销权作为一种伴有"责任上的无效"效果的形成权。其认为破产撤销权为一种形成权，但也认为债权人并不需要请求第三人返还利益即可将应返还的利益视为债务人的责任财产，并申请法院径行强制执行。德国有学说认为债务人因让与行为而丧失财产，使自己的财产从债权人的执行范围中被排除，财产的消失同时就意味着责任的消失。债权人所蒙受的不利益，除了财产本体的变动外，也包括了被免除了的债务人的责任。责任说改变以往学者认为的财产流失的物权效果有害于债权人，欲恢复责任财产，须在物权上将取回的财产归到债务人名下的观点，认为是财产流失的反射效果即责任法上的效果有害于债权人，只要撤销这一反射性效果使之产生责任上的无效即可。②

#### 五、破产撤销权的权利主体

对于破产权利主体学界主要有以下四种学说：

（1）破产债权人说

破产债权人说认为撤销权行使后最终受益人是债权人，管理人仅仅代表债权人的利益行使撤销权，撤销权权利主体应当是债权人。③

---

① 汤维建：《论破产法上的撤销权》，载《法律科学》1995 年第 6 期；汪世虎：《试论破产法上的撤销权》，载《现代法学》1998 年第 3 期。

② 韩世远：《债权人撤销权研究》，载《比较法研究》2004 年第 3 期。

③ 王欣新：《破产撤销权研究》，载《中国法学》2007 年第 5 期。

（2）破产人说

破产人说认为，破产程序启动后，破产人仍然具有独立的法人资格，是破产财产所有权的主体，而破产撤销权即为保护其破产财产利益，应当由被申请破产公司为诉讼主体。根据该学说的观点，易产生被申请破产公司否定被申请破产公司自己的行为的怪异现象。①

（3）破产财团说

破产财团说认为破产财产在破产宣告前是权利客体，但在破产宣告后破产财产的性质由权利客体变为权利主体。撤销权归属于破产财团。②

（4）管理人说

管理人说认为管理人的撤销权源于法定职权，其法定性也体现在管理人以自己的名义而不是破产企业的名义参加诉讼。且如果采用其他的学说，管理人只能作为诉讼代理人参加诉讼，不符合各国破产司法习惯。③然而，有学者认为，管理人虽然是撤销权的行使者，但不能享有行使撤销权所得之财产利益。管理人仅仅代表破产企业行使权利。④

## 六、破产撤销权的构成要件

### （一）客观构成要件

理论上普遍承认以下几点为破产撤销权客观构成要件：

（1）债务人的行为损害了债权人的利益，该行为仍然持续有效，具体表现为损害全部债权人的利益和损害部分债权人的利益。前者为诈害性行为的损害后果，表现为无偿转让、放弃债权、以明显不合理价格交易等；后者为偏颇性行为的损害后果，表现为个别提前清偿，造成个别债权人与其他债权人之间的不公平。有学者认为，列举式的立法模式不足以涵盖所有的可撤销行为，必须添加兜底条款，为法官自由裁量留有余地。⑤

（2）行为发生在破产程序前的法定可撤销期间内，即行为发生在临

---

① 沈贵明主编：《破产法学》，郑州大学出版社 2004 年版，第 211 页。

② 汤维建：《论破产法上的撤销权》，载《法律科学》1995 年第 6 期。

③ 汤维建：《破产程序与破产立法研究》，人民法院出版社 2001 年版，第 306 页。

④ 汤维建：《论破产法上的撤销权》，载《法律科学》1995 年第 6 期。

⑤ 李金泽：《论我国破产撤销权制度》，吉林大学 2015 年硕士学位论文。

界期内。

临界期是指破产程序开始前的一段时间，在此时间内发生的法律规定的行为可以撤销。临界期的规定主要是为了避免债权人难以举证证明破产债务人的相关行为损害债权人利益。我国《企业破产法（试行）》规定临界期为法院受理破产案件前六个月，《企业破产法》根据可撤销行为的危险性的不同，规定了不同的临界期。对于无偿转让财产、以明显不合理的价格进行交易、放弃债权的行为规定了一年的临界期，到期债务的清偿的临界期为法院受理破产案件前六个月。

对于临界期具体应当如何规定，有学者主张采用固定的模式，有学者主张采用更加灵活的方式。早在《企业破产法（试行）》制定时，有学者提出应将当时六个月的临界期规定为一年，以避免债务人滥用权利规避临界期，① 但当时并没有提及应当按照可撤销行为的危险性区别规定临界期。

多数学者认为应当规定更为灵活的临界期制度，对于临界期的规定不应当采用一刀切的模式，认为应当根据行为性质和危害程度规定不同的临界期，总的原则是行为越有害，临界期越长。② 具体而言，有学者提出，与以不合理的价格进行交易相比，债务人与受益人恶意串通、无偿转让财产的行为的主观恶意更加明显，应当规定更长的临界期。同时应当增加依照受益方与债务人的关系来确定可撤销行为发生的临界期的规定。对债务人向其关系人转让财产或者偏颇清偿的行为，法律应当更加严格规范。③

对于多样临界期在法律规范中如何规定，有学者指出可以在概括性条款中规定"行为发生在法律规定的临界期内"，再在具体的列举性条款中根据其性质不同分别规定不同的临界期限，并将临界期的起始时间提前，

---

① 刘晓纯：《破产撤销权相关期间的限制》，载《天津大学学报（社会科学版）》2002 年第 4 期。

② 邢丹：《破产撤销权的制度设计》，载《当代法学》2005 年第 5 期；蔡人俊：《解读新企业破产法撤销权制度与无效行为制度》，载《华东政法学院学报》2006 年第 6 期。

③ 蔡人俊：《解读新企业破产法撤销权制度与无效行为制度》，载《华东政法学院学报》2006 年第 6 期。

即自破产申请开始之前或破产申请之后宣告破产之前的一段时间。①

（3）撤销权必须在法定期间内行使。②

各国为了防止债务人与相对人的交易关系长期处于不确定状态，保护交易安全，设置了撤销权的除斥期间。《日本破产法》第 85 条规定，否认权自破产宣告日起两年间不行使时，因时效而消灭。自行为日起经过二十年时，亦同。因此，当破产程序的延续时间超过二十年时，该权利即不能再行使，无论是否还在破产程序中。《德国支付不能法》原第 146 条规定，撤销权自破产程序开始起，两年不行使的，时效消灭。但考虑到一些破产案件审理时间过长，而管理人及债权人未必能够在破产程序开始后及时发现债务人的违法行为并加以撤销，因此，德国于 2004 年年底将撤销权消灭时效改为破产程序启动后，债务人行为被发现时开始起算三年。根据我国《企业破产法》的规定，管理人在整个破产程序中均可行使撤销权。此外，在破产程序终结后的两年内，债权人仍可行使撤销权，进行追加分配。这一规定是鉴于我国破产实践中逃债行为十分严重。③

另外，也有学者认为可撤销的行为还必须是有第三人或者债权人从中受益的行为，破产撤销权的目的在于恢复破产财产和解除财产负担，如果破产债务人的处分行为没有第三人或者债权人受益，也就没有撤销权。④

## （二）主观构成要件

### 1. 一般可撤销行为主观恶意要求

理论界对于撤销权构成要件的主要争议在主观构成要件中，即是否要求债务人或者相对人有侵害债权人的故意，主要分为肯定说、否定说和折

---

① 张艳丽：《破产可撤销行为构成要件分析——针对我国新〈企业破产法〉第 31 条、32 条规定》，载《法学杂志》2007 年第 3 期。

② 殷慧芬主编：《破产法》，法律出版社 2014 年版，第 71～73 页；王欣新主编：《破产法原理与案例教程》（第二版），中国人民大学出版社 2015 年版，第 114～117 页；李永军、王欣新、邹海林、徐阳光：《破产法》（第二版），中国政法大学出版社 2017 年版，第 71～75 页。

③ 王欣新：《破产撤销权研究》，《中国法学》2007 年第 5 期。

④ 汪世虎：《试论破产法上的撤销权》，载《现代法学》1998 年第 3 期；韩长印主编：《破产法学》（第二版），中国政法大学出版社 2016 年版，第 120 页。

中说。

　　肯定说认为法律列举的可以行使撤销权的几种行为，都可以推定为是债务人恶意进行的，具有诈欺性质的行为，而且行为的对方当事人往往也是明知行为会侵害债权人利益而放任接受，甚至是同谋进行的。① 也有学者主张区分有偿和无偿行为。有偿行为只有在债务人及受益人存在恶意时才可以被撤销。对于无偿行为，为了维护债权人之间的公平和避免债务人在破产程序开始前滥用处分权，采用恶意推定的方式。② 但对于无偿行为推定为恶意的做法，也有学者认为在债务人为无偿行为的情况下相对人未支付对价，行为被撤销时对其利益影响不大，撤销无偿行为不要求债务人或相对人具有主观恶意的要求。③

　　否定说认为恶意不是撤销权构成要件。主要理由包括：第一，我国法律并没有规定破产撤销权的成立需要主观要件。④ 第二，一味强调行为人对于行为的主观恶意，不能真正地保护债权人的利益，也不利于操作。第三，按照民法有关原理，只要无偿行为危害了其他债权人债权的实现，即可撤销。⑤

　　折中说中，学者将撤销权构成要件分为共同构成要件和个别构成要件，损害债权人利益的故意不是撤销权的共同要件，只能作为撤销某些行为的个别要件。⑥ 主要理由在于，一方面只有当主观恶意仅为部分可撤销行为的构成要件时才能适应不同性质和种类的可撤销行为，使国家的破产政策真正发挥效力，弥补单一的主观或者客观标准带来的弊端。另一方面，由于破产法上撤销权范围大于民法撤销权，而民法上撤销权不要求当事人存在主观恶意，破产法上撤销权的行使不应当限于当事人

---

　　① 　王欣新、李磊：《析我国破产法中的撤销权》，载《法学》1987 年第 8 期。
　　② 　汪世虎：《试论破产法上的撤销权》，载《现代法学》1998 年第 3 期。
　　③ 　祝伟荣：《破产撤销权制度的反思与重构——以利益衡平理念为视角》，载《法律适用》2012 年第 5 期。
　　④ 　汤维建：《论破产法上的撤销权》，载《法律科学》1995 年第 6 期
　　⑤ 　韩长印、刘庆远：《浅析破产法上的否认权》，载《法学研究》1993 年第 3 期。
　　⑥ 　韩长印、刘庆远：《浅析破产法上的否认权》，载《法学研究》1993 年第 3 期。

存在主观恶意。①

本书认为，判断主观故意是否应当成为撤销权的构成要件，涉及破产债权人利益和交易安全的利益衡量问题。破产法发展过程是一个从注重保护债权人利益到同样重视社会利益的过程，完全不考虑债务人或者相对人的主观状态而将在临界期内事实上损害了债权人利益的行为都予以撤销，不利于保护交易安全。

2. 存在转得人时主观恶意要求

有学者将对转得人的撤销分为：①债务人同相对人以及相对人同转得人的行为均属无偿行为；②债务人与相对人之间是无偿行为，而相对人与转得人之间属有偿行为；③债务人与相对人之间是有偿行为，而相对人与转得人之间属无偿行为；④债务人、相对人与转得人之间的行为均属有偿行为四种情况，基本按照无偿行为不以主观恶意为条件，而有偿行为只有在转得人主观恶意时才可以撤销的标准，转得不以一次或一人为限，转得人的主观恶意由管理人承担举证责任。②

也有学者认为对转得人而言，若第一取得人为善意，不考虑之后转得人的主观状态，债权人不能行使撤销权。在第一取得人为恶意，如果转得人有先后数人时，须全部为恶意。若其中一人为善意，即使其后转得人为恶意，也不能对其行使撤销权。数人共同为转得人时，当转得物可分时，可以对恶意转得人行使撤销权。其数人为共有时，对恶意的共有人就其应有部分行使撤销权。对于恶意的判断，只要管理人证明转得人客观上进行了有害债权人的行为即可推定为存在恶意。但转得人可以提供证据推翻推定。③

## 七、破产撤销权的行使

### （一）破产撤销权的行使主体

1. 破产清算中破产撤销权行使主体

---

① 张艳丽：《破产可撤销行为构成要件分析——针对我国新〈企业破产法〉第 31 条、32 条规定》，载《法学杂志》2007 年第 3 期。

② 汤维建：《论破产法上的撤销权》，载《法律科学》1995 年第 6 期。

③ 王欣新：《破产撤销权研究》，载《中国法学》2007 年第 5 期。

（1）管理人

我国《企业破产法》规定破产撤销权由管理人行使，即管理人为程序主体。

（2）债权人

对于债权人是否可以行使撤销权，理论上存在争议，分为肯定说和否定说。

肯定说的主要理由包括：第一，由于管理人不是民事权利的真正权利人，存在债权人认为有必要行使撤销权而管理人认为没有必要而不行使的情形。① 第二，允许债权人行使撤销权可以避免管理人怠于行使权利。② 第三，虽然否定说学者提出可以通过债权人对管理人提起诉讼的方式监督管理人行使职责，但存在债权人举证困难并且不够经济的问题。直接赋予债权人在破产程序中的撤销权更为经济。③

否定说认为若允许债权人行使撤销权会出现债权人之间因利益冲突而使撤销权难以行使的情形，使法律关系复杂化。并且在破产法明文规定撤销权由管理人行使的情况下，若允许个别债权人直接行使撤销权，会出现权利竞合。④

另有学者认为债权人可以基于《合同法》第74条规定行使合同法上的撤销权。⑤ 而我国《破产法解释二》允许债权人行使合同法上的撤销权。《破产法解释二》第13条规定，债权人可以依照合同法在管理人未对依法应当撤销的行为撤销时行使撤销权。

2. 重整程序中破产撤销权行使主体

在重整程序中，撤销权应当由谁行使？更确切地说是在重整期间债务人的财产管理和营业执行主要由债务人负责时，撤销权由谁行使？主要有管理人说、破产债务人说和折中说。

---

① 殷慧芬主编：《破产法》，法律出版社2014年版，第77~78页。

② 张国明、王磊：《破产撤销权问题探讨》，载《河南省政法管理干部学院学报》2003年第6期。

③ 唐军：《论破产撤销权》，载《社会科学研究》2013年第1期。

④ 李永军、王欣新、邹海林、徐阳光：《破产法》（第二版），中国政法大学出版社2017年版，第81页。

⑤ 邹海林：《破产法——程序理念和制度结构解析》，中国社会科学出版社2016年版，第337页。

管理人说考虑到撤销权与债务人的利益可能存在冲突，我国债务人的破产欺诈行为严重，认为撤销权仍应由管理人统一行使。[1]

破产债务人说的理由主要在于一方面债务人自行管理企业时，管理人的职责概括转移给债务人，只剩下监督权，没有行使撤销权的职责。另一方面，重整期间经营企业的债务人具有债务人和托管人的双重身份，不仅仅需要对企业或者投资者承担信义务，还应当对债权人承担信义务。[2]

折中说认为如果债务人怠于或拒绝行使撤销权，管理人可以依法行使撤销权。主要理由在于一方面债务人可以在管理人的监督下自行管理企业，行使法定的管理人的职权，那么债务人有权行使撤销权，另一方面考虑到撤销权的行使可能与债务人的利益发生冲突，需要管理人加强监督。[3]

### （二）破产撤销权行使之相对人

对于撤销权行使的相对人问题，域外有不同的规定：德国法上，撤销权主体可以针对债务人、相对人以及相对人的继承人或其他整体权利继受人提出撤销。日本破产法理论认为，对方当事人应是受益人或转得人，债务人不能成为被告。在对转得人行使撤销权时，可将受益人作为共同被告。[4]

我国法律对于此问题没有明确的规定，理论界主要有七种观点：第一，区分可撤销行为是单方行为还是双方行为。单方行为以债务人被告，双方行为以受益人为被告。第二，以破产财团为原告，债务人为被告。此观点将债务人财产视为具有主体资格的破产财团，管理人为破产财团代理人。第三，以债务人为被告，受益人或者转得人为第三人。该观点认为破产撤销权诉讼的被告问题不存在特殊性，无需特别处理，适用普通诉讼案件中的做法。第四，以行使撤销权所最终指向的可撤销行为的相对人为被

---

① 王欣新：《破产撤销权研究》，载《中国法学》2007 年第 5 期。

② 韩长印：《破产撤销权行使问题研究》，载《法商研究》2013 年第 1 期。

③ 乔博娟：《论破产撤销权之行使——兼析〈最高人民法院关于适用《企业破产法》若干问题的规定（二）〉》，载《法律适用》2014 年第 5 期。

④ 乔博娟：《论破产撤销权之行使——兼析〈最高人民法院关于适用《企业破产法》若干问题的规定（二）〉》，载《法律适用》2014 年第 5 期。

告，或者相对人与转得人为共同被告。理由在于破产撤销权的目的在于从可撤销行为的相对人处追回其所获得的利益或财产。第五，在观点四的基础上，认为债务人为无独立请求权的第三人。① 第六，认为如果只涉及债务人行为的撤销，仅以债务人为被告，其他利害关系人为第三人。如果还需要追回财产，需要增加交易相对人或者转得人为被告，否则无法追回财产。② 第七，债务人行为为单独行为的，以债务人为被告，是双方行为的，以债务人和相对人为共同被告。如果需要追回财产的，应当以债务人、相对人或者受益人为共同被告。③

本书认为，我国财产为所有权客体而非法律主体，将破产财团视为原告，债务人视为被告的做法在我国不可能实行。又考虑到如果以债务人为撤销权诉讼的被告不能解决管理人同时作为诉讼两造的局面，因此撤销权行使以可撤销行为的相对人为被告，存在转得人的情形时以相对人和转得人为共同被告。

**（三） 破产撤销权行使的范围**

可撤销行为主要包括欺诈行为、偏颇清偿和一些特殊情形。依照我国法律规定，欺诈行为主要包括无偿转让财产、放弃债权、以明显不合理的价格进行交易的行为。偏颇清偿主要是为了庇护特定的债权人，主要包括对未到期的债务提前清偿和临界期内的对到期债务的个别清偿。对没有财产担保的债务提供担保是属于欺诈行为还是偏颇清偿，理论界存在争议。

1. 偏颇性清偿

偏颇性清偿是指破产人在法定期间内，通过提前清偿未到期的债务、对原无担保的债务提供财产担保等方式，使特定债权人获得更多清偿或者是取得原没有的优先受偿地位。偏颇清偿违背了全体债权人公平、有序受偿的原则，损害了其他破产债权人的公平受偿权益，因此为了维护债权人

---

① 孟伟、姚彬：《破产撤销权诉讼的构建》，载《江苏警官学院学报》2012 年第 1 期。

② 王欣新主编：《破产法原理与案例教程》（第二版），中国人民大学出版社 2015 年版，第 125～126 页。

③ 邹海林：《破产法——程序理念和制度结构解析》，中国社会科学出版社 2016 年版，第 291 页。

公平受偿的权益，阻止债权人的收债竞争，各国纷纷针对偏颇性清偿设置了撤销制度。

对于偏颇清偿的构成，各国有不同的规定。《美国破产法》上，在清算申请提出前九十天内且债务人失去清偿能力的情况下，向某个债权人就已经存在的债务转让债务人的财产或权益，并且此种转让使该债权人获得大于在无此种转让时，该债权在债务人清算程序中本可获得的清偿，属于偏颇性清偿。构成偏颇清偿的标准是特定债权人的受偿地位得到改善。同时，为了保障撤销权行使的公平、合理，《美国破产法》规定了可不予撤销的一些例外，如债权的发生与清偿均在可撤销期间内、为正常经营活动的付款、小额消费债务付款、抚养费的支付、对贷款购买财产的担保设置等。①

《德国破产法》将偏颇性清偿称为直接歧视性行为。其第 132 条规定："直接歧视性是指无视债权人的利益与第三人为非正当交易的行为。该行为须具备以下条件：（1）债务人有直接歧视破产债权人的行为，包括因债务人的不行为或行为而使其失去利益，但另一方因此而取得利益的行为；（2）债务人在行为时清偿能力已经出现问题；（3）债务人的行为发生在法律规定的期限内，即破产申请前 3 个月内或破产申请后；（4）相对人为恶意，即在交易时知道债务人已经陷入破产或已经提出破产申请。"②

在英美国家的破产立法中，偏颇清偿又称优惠清偿，进一步细分为直接优惠和间接优惠。前者是指破产债务人提供直接优惠给债权人，如对无担保债务设定财产担保、提前清偿未届清偿期的债务等。间接优惠是指个别破产债权人因破产债务人的行为而间接得到利益。如提前清偿有保证担保的债权，一方面构成直接优惠即债权人得到提前清偿的额外利益，另一方面也构成间接优惠即保证人因此免除保证责任。对受直接优惠者和受间接优惠者都要行使撤销权。针对上述情况，英国 1986 年《破产法》规定，法院得直接对保证人作出付款裁定或恢复他对债权人的保证责任。对于仅为优惠保证人而清偿债务的，法院得命令债权人返还所受清偿。对于

---

① 潘琪：《美国破产法》，法律出版社 1999 年版，第 185 页。

② 谢芝玲：《德国破产法撤销权制度述评》，载《比较法研究》2003 年第 3 期。

仅为优惠债权人而清偿的，保证人则可主张善意抗辩而拒绝返还。①

偏颇性清偿的构成要件包括：第一，存在偏颇性清偿行为。第二，偏颇性清偿行为发生在临界期内。第三，清偿发生时，债务人陷入无力清偿状态。第四，债权人或债务人具有主观恶意。但并非所有立法例、所有种类的偏颇清偿都有此要求。而且考虑到主观要件举证困难，许多立法例采推定恶意的做法。②

（1）对未届清偿期的债务进行清偿

债务人在破产宣告前六个月，对尚未到期的债权进行清偿的，构成破产撤销权行使的事由。首先，该受偿债务必须未届清偿期，其次，债务人清偿行为必须发生在破产宣告前六个月。

（2）为无财产担保的债务提供财产担保

理论界普遍认为《企业破产法》第31条第4项规定的可撤销的担保应当是对既存债务提供的担保。对于既存债务提供事后担保的可撤销依据，有学者认为在于提供担保的无偿性，但另有学者认为在于清偿的偏颇性。③

什么情况下属于对既存债务提供担保，理论界存在争议。

对于在主合同约定提供担保后，在临界期内设立担保是否为对既存债务提供的担保而应被撤销，有学者认为对于一些主合同中已经约定应当增加担保，在临界期内实际设立的担保不应当被撤销，因为其不是对原来没有财产担保的债权提供担保，没有改善特定债权人原有清偿地位。而且担保合同的签订具有主合同的对价利益。④ 但另有学者认为一般情况下不可撤销，然而如果在距离主合同签订相当长一段时间（如一年）再设立担保，视为是对既存债务提供的担保，管理人可以主张撤销。理由在于在如

---

① 沈达明、郑淑君编著：《比较破产法初论》，对外贸易教育出版社1993年版，第197页。

② 李志强：《论破产法上的偏颇性清偿》，载《政法学刊》2008年第2期。

③ 王利民、汪军、王惠玲：《论破产撤销权制度中的担保行为》，载《人民司法》2012年第19期。

④ 王利民、汪军、王惠玲：《论破产撤销权制度中的担保行为》，载《人民司法》2012年第19期；王欣新：《破产法》（第三版），中国人民大学出版社2011年版，第138页。

此长的时间内债权人不主张担保，其主张设立担保的权利应视为无效。①

担保往往不能做到担保合同的签订与担保的登记或转移占有同时完成，存在一定的时差。当担保合同签订在临界期之前而担保成立生效于临界期内时是否可撤销，理论界存在争议，主要有物权说和区分说。

物权说认为担保权的生效不同于担保合同的生效，如果在临界期内登记或者转移占有的可以撤销，否则不能。②

区分说认为不仅应考虑物权对于担保的有关规定，还应考虑破产法的立法本意。但具体如何区分也有不同的观点。有学者认为除了应当考虑担保物权设立生效时间之外，还应为办理担保物权登记和转移占有预留合理宽限时间。凡是在合理期间内完成的登记和转移占有的，即使迟延至可撤销期间内，也不可撤销。③ 另有学者认为在登记对抗的担保中，不登记不得对抗破产债权人，由此在临界期内未登记的担保不可以撤销。对于登记生效的担保中，应当依据迟延登记的原因来判断是否可以撤销。如果因为交易属性导致在延迟至临界期内登记，而之前已经办理预告登记，不可以撤销。如果因为债权人怠于行使权利或者是因为债务人主观因素或客观不能导致在临界期内登记的，可以考虑是由于债权人还是债务人原因判断是否可撤销，或者考虑债务人关于担保的承诺是否构成债权人放款的对价，以及担保设定与借款提供之间的时间差是否合理来判断是否可撤销。如果是因为登记机构的原因导致迟延登记，不可撤销。④

（3）对到期债务的清偿

对于到期债务的清偿是否可撤销，理论界一直存在争议，主要有否定说和区别说两种观点。

---

① 王洪平、房绍坤：《破产撤销权行使的实体条件释论——以〈破产法〉第31、32 条的规定为分析对象》，载王保树《中国商法年刊（2007）》，北京大学出版社2008 年版，第470 页。

② 王洪平、房绍坤：《破产撤销权行使的实体条件释论——以〈破产法〉第31、32 条的规定为分析对象》，载王保树主编：《中国商法年刊（2007）》，北京大学出版社2008 年版，第471 页。

③ 李永军、王欣新、邹海林、徐阳光：《破产法》（第二版），中国政法大学出版社2017 年版，第98~99 页。

④ 任一民：《既存债务追加物保的破产撤销问题》，载《法学》2015 年第10期。

否定说认为不能撤销。主要理由在于：第一，清偿到期债务是债务人的义务；第二，清偿到期债务在减少积极财产的同时也减少了消极财产，破产债务人财产总额不变。①

区别说认为应当区别看待对到期债务的清偿。对于如何区分，区分说内部也存在分歧，有学者认为应当按照当事人主观状态区分，也有学者认为应当综合考虑清偿发生的时间和清偿是否使债务人受益。

按照当事人主观状态区分的观点认为，当债务人恶意清偿到期债务时可以撤销。主要理由在于：第一，否定说忽略了破产和破产程序的特殊性。债务人很可能在得知自己即将破产时，与关系较近的相对人恶意串通清偿。不区分主观状态一律认为对到期债务的清偿不能撤销不利于公平地保护一般债权人。② 第二，为了维护市场交易秩序、保障债权清偿安全、维护社会利益。③ 对于恶意的认定，有学者认为考虑到主观状态举证的困难，对于到期债务的清偿应当推定相关主体为恶意，并给予当事人抗辩权。恶意的判断应当关注债务人而非债权人，债权人接受债务人对届期债务的清偿是合法权利。④

综合考虑清偿发生时间和清偿是否使债务人受益的观点中，有学者以法院受理破产案件的时间为界限，认为清偿行为发生在人民法院受理破产案件前的，应认为有效。清偿行为发生在人民法院受理破产案件后的，只有为维持债务人正常生产经营所必需的才有效。⑤而我国《企业破产法》认为法院受理破产案件前六个月内清偿的到期债务可以撤销，但清偿使债

---

① 李永军：《破产法——理论与规范研究》，中国政法大学出版社 2013 年版，第 281 页。

② 黎明、田鑫：《美国破产法之偏颇清偿制度及对我国的借鉴意义——兼论我国〈企业破产法〉第 32 条及相关条款》，载《法学评论》2008 年第 3 期；李永军：《破产法——理论与规范研究》，中国政法大学出版社 2013 年版，第 282 页；李永军、王欣新、邹海林、徐阳光：《破产法》（第二版），中国政法大学出版社 2017 年版，第 100 页。

③ 王欣新：《银行贷款合同加速到期清偿在破产程序中的效力研究》，载《法治研究》2015 年第 6 期。

④ 李永军：《破产法——理论与规范研究》，中国政法大学出版社 2013 年版，第 282 页。

⑤ 鲁生：《清算组的否认权和破产债权人的抵销权》，载《人民司法》1988 年第 1 期。

务人受益的除外。

（4）使债务人受益的个别清偿是否可撤销

我国将使债务人受益作为可撤销的例外，偏颇性清偿的可撤销性在于其侵蚀了破产财产，损害了债权人公平受偿的权益，但若此种清偿使债务人受益，则另当别论。学界对"个别清偿使债务人受益"的理解存在争议。有学者认为不能依据文义解释，仅仅把受益理解为债务人财产的增加，否则会使但书成为具文。[1] 只要能够使债务人在广义上受益、减少债务人企业的经营损失，就应当视为符合使债务人财产受益的情况，即使有的个别清偿行为使债务人的财产数额在客观上减少或未能受益。[2] 具体的清偿使债权人受益的情形，学界主要列举了以下几种情况：第一，为了维系债务人基本生产、生存的需要进行的个别清偿行为。[3] 第二，某项交易系在撤销期间内与清偿的债务同时发生的，并且该交易给债务人带来了新的"价值"或者"财产利益"。第三，常规的财务往来或者依照常规的交易条件实施的付款行为。第四，债权人从债务人那里得到相应的偏颇清偿之后，如果向债务人返还或者提供了相应的新价值或者财产利益，并且债务人并未给该新价值提供担保，或者并未以该新价值为基础为债权人的利益实施一项不可撤销的交易，那么在该后续返还的新价值或者财产利益范围内，债权人享有破产撤销的例外豁免权。[4]

2. 欺诈性行为

（1）无偿转让财产行为

无偿转让财产行为是指将本企业的财产没有对价地或事实上没有对价地转让给他人的行为。有学者认为，无偿转让财产行为实质上限制了无偿行为的范围，无偿行为不仅仅包括转让财产行为，也包括非转让的其他法律行为，这就使那些非转让的无偿行为避开了法律的规范，不仅立法涵盖面不全，也使得这些行为无法被撤销，如无偿设置用益物权的行为，授权

---

[1] 祝伟荣：《破产撤销权制度的反思与重构——以利益衡平理念为视角》，载《法律适用》2012 年第 5 期。

[2] 王欣新：《银行贷款合同加速到期清偿在破产程序中的效力研究》，载《法治研究》2015 年第 6 期。

[3] 祝伟荣：《破产撤销权制度的反思与重构——以利益衡平理念为视角》，载《法律适用》2012 年第 5 期。

[4] 韩长印：《破产撤销权行使问题研究》，载《法商研究》2013 年第 1 期。

使用知识产权时无需付相应的使用费的行为等，因此应当采用无偿行为的概念。①

（2）放弃债权行为

放弃债权行为属于无偿行为的一种，我国《企业破产法》将其单独列出。放弃债权的行为有两种方式，包括主动放弃和消极放弃。主动放弃是指债务人积极的作为放弃其债权。消极放弃是指债务人放弃其债权是以不作为的方式作出的，主要是指各种消极放弃诉讼权利的行为。例如，债务人故意不采取任何措施致使其债权因诉讼时效已过而灭失，不对有异议的法院支付令提出异议、诉讼中沉默不作抗辩等。通常来说，放弃债权为合法行为，但若债务人在濒临破产时，仍然放弃债权，显然侵害了债权人的利益，应当予以撤销。

（3）以明显不合理的价格进行交易的行为

以明显不合理的价格进行交易，是破产人以高买低卖等违背商品正常价值和市场交易规律来交易其财产的行为。在债务人破产之际，其对资产的处理应当以追求经济回报和利润为目的。然而，债务人也可能恶意利用破产，从事不追求经济效果的活动，以明显不符合财产真实价值或者市场价格的价格进行交易。应当推定债务人与相对人侵夺破产财产，损害债权人的利益，相应行为应当予以撤销。

如何确定"明显不合理价格"，我国立法并未明确规定，司法实践中存在两种情形：以明显不合理的高价买进和以明显不合理的低价卖出。然而，现有学者认为我国立法将非正常交易仅限于"以明显不合理的价格进行交易"，范围过于狭窄，使不涉及价格的不正当交易行为难以受撤销权约束，债权人的利益无法受到充分保障。如在买卖合同中，债务人作为出卖人与相对人约定的价金支付方式明显周期过长，也有可能侵害债权人的利益。因此，应当将"以明显不合理的价格进行交易的行为"改为"非正常交易行为"。②

（4）临界期内的公益捐赠是否可撤销

---

① 严卫红：《论破产撤销权》，华东政法大学 2013 年硕士毕业论文。

② 董晶：《我国企业破产撤销权研究》，云南财经大学 2011 年硕士毕业论文；严卫红：《论破产撤销权》，华东政法大学 2013 年硕士毕业论文。

《企业破产法》第 31 条规定在临界期内的无偿转让行为可撤销，但对于在临界期内的公益捐赠行为是否可以撤销，法律没有明确规定，理论界一直有不同的看法，主要有否定说、肯定说和折中说。

否定说认为公益捐赠不可撤销。一方面撤销公益性捐赠违反《合同法》对于公益捐赠不可撤销的规定，另一方面公益性捐赠已用于公益事业时，撤销已不可能。①

肯定说认为公益捐赠可以撤销。主要理由在于：第一，公益捐赠也属于无偿转让财产的行为，可以适用《企业破产法》第 31 条规定。第二，如果不能撤销，会损害债权人的利益且会鼓励和放纵债务人的欺诈行为。第三，会对社会经济秩序造成损害。②

折中说认为应当区别对待公益捐赠行为，至于如何区别对待，学者有不同看法，有主观说和履行状态说。主观说从债务人主观状态角度出发，认为债务人在法律规定的期限内基于善意的捐赠，不能撤销，否则可以撤销。主观上的善意要求捐赠的决策主体、捐赠对象和捐赠数额都必须满足法律或企业章程的规定，否则不构成善意。③ 履行状态说从捐赠是否已经履行角度进行区分，认为对于尚未履行的公益捐赠，可以依据《合同法》第 195 条的规定，将企业破产视为经济状况严重恶化的情形，作为公益捐赠不可撤销的例外允许管理人予以撤销。对于已经履行了的公益捐赠，按照"公益优先"的原则一般不能撤销，除非债务人恶意逃脱债务。④ 但也有学者认为已经履行了的公益捐赠也存在可撤销的情形，即在受赠人与债务人存在串通欺诈行为，或受赠人存在过错，知道或应当知道债务人存在欺诈债权人的故意，知道或应当知道捐赠行为客观上损害了债权人的利

①　李永军、王欣新、邹海林、徐阳光：《破产法》（第二版），中国政法大学出版社 2017 年版，第 90 页。

②　李永军、王欣新、邹海林、徐阳光：《破产法》（第二版），中国政法大学出版社 2017 年版，第 90 页。

③　史正宝、邓亮、李智明：《论破产程序中企业公益捐赠行为的撤销》，载《鲁东大学学报（哲学社会科学版）》2013 年第 3 期。

④　王洪平、房绍坤：《破产撤销权行使的实体条件释论——以〈破产法〉第 31、32 条的规定为分析对象》，载王保树主编《中国商法年刊（2007）》，北京大学出版社 2008 年版，第 468 页。

益时也可以撤销。① 对于特殊的财产虽然已经交付相关慈善机构，但还没有实际拨付至具体的慈善事业的情形原则上可以撤销。对于非特定化捐赠，只要受捐赠的慈善机构账户中有足够的款项可供退还，就不视为捐赠财产已经实际使用，仍可撤销。② 无偿行为可撤销必须满足以下要件：必须在破产宣告之前；必须是无偿行为；必须有损债权人的公平受偿利益。

（5）为他人债务提供担保是否可撤销

对于在临界期内为他人债务提供担保是否属于可以撤销的无偿行为，有肯定说、否定说和折中说三种观点。

肯定说认为可以撤销。主要理由在于债务人为他人提供担保没有经济利益，且在担保契约成立时并未获得求偿权。而且第三人往往已经丧失清偿能力，追偿权能够实现的可能很小。③

否定说认为在临界其内为他人债务提供担保不可撤销。主要理由在于债务人将来享有追偿权，为他人债务提供担保是一种有偿行为。④

折中说认为区别对待为他人提供担保的行为，有学者认为应当根据担保时第三人有没有清偿的能力来区分。如果在担保时第三人没有清偿能力，求偿权没有价值的，该担保为无偿行为。否则担保债务与求偿权之间构成对价关系。⑤

### （四）已执行生效裁判的撤销

临界期内个别清偿包括债务人自愿的个别清偿和基于生效裁判和执行导致的债务人非自愿的个别清偿。非自愿个别清偿是否可以撤销，在何种情况可以撤销一直存在争议，主要有"否定说""肯定说"和"折中说"

---

① 王欣新：《论破产程序中公益性捐赠行为之撤销》，载《人民法院报》2009年1月15日第6版。

② 王欣新：《论破产程序中公益性捐赠行为之撤销》，载《人民法院报》2009年1月15日第6版。

③ 王利民、汪军、王惠玲：《论破产撤销权制度中的担保行为》，载《人民司法》2012年第19期。

④ 李永军、王欣新、邹海林、徐阳光：《破产法》（第二版），中国政法大学出版社2017年版，第91页。

⑤ 王利民、汪军、王惠玲：《论破产撤销权制度中的担保行为》，载《人民司法》2012年第19期。

三种观点。

否定说认为对于执行的生效裁判不能撤销。其主要理由在于：第一，对非自愿清偿而言，债务人没有介入其中。第二，撤销会削弱司法判决的权威性和终局性。① 第三，对于其他债权人的利益可以通过允许其他债权人在一个债权人申请执行程序时申请破产程序，中止执行程序的方式加以保护，不需要撤销依照生效裁判所作出的清偿。② 但有学者认为此种方式只适用于尚未执行终结的案件，保护力度有限。③

肯定说认为即使是基于生效裁判作出的清偿也可以撤销。主要理由为：第一，对于到期债务的个别清偿的限制本质在于个别清偿影响了其他债权人的利益而不在于债权人、债务人的主观过错或恶意。而无论是自愿的还是非自愿的个别清偿，都会对其他债权人产生不利影响。第二，撤销基于生效裁判的个别清偿也是司法维护公平正义的体现。第三，撤销只是影响生效法律文书的执行力，并没有否定生效法律文书本身，并不会影响司法判决的权威性和终局性。④

折中说认为在特殊的情况下可以撤销生效裁判。但对于何种情况下可撤销，又有不同观点。有学者认为，在存在有基于被撤销行为而实际获益的人时，可以撤销生效裁判和执行行为。⑤ 另有学者认为，考虑到交易安全、经济问题和效率问题，只有债权人存在恶意时才可以撤销非自愿清偿行为，即债权人在申请强制执行时知晓债务人存在破产的情形。⑥《破产法解释二》基本采用这一观点。

---

① 张国明、王磊：《破产撤销权问题探讨》，载《河南省政法管理干部学院学报》2003 年第 6 期。

② 张国明、王磊：《破产撤销权问题探讨》，载《河南省政法管理干部学院学报》2003 年第 6 期。

③ 邵明舟：《试论对生效裁判和执行行为的破产撤销权》，载《人民司法》2012 年第 19 期。

④ 王加昌：《对〈破产法〉第三十二条撤销权的思考》，载《三明学院学报》2010 年第 3 期。

⑤ 邵明舟：《试论对生效裁判和执行行为的破产撤销权》，载《人民司法》2012 年第 19 期。

⑥ 房绍坤、崔艳峰：《论破产临界期内强制执行行为的撤销》，载《甘肃社会科学》2013 年第 5 期。

### （五）破产撤销权的行使方式

域外对撤销权行使的方式规定各有不同，美国和日本规定撤销权行使要通过诉讼的方式进行。我国台湾地区则规定对于欺诈行为要通过诉讼方式，对于偏颇清偿可以由管理人通过意思表示直接撤销。

撤销权是否可以通过非诉讼的方式行使，我国理论界也一直存在争议，主要有肯定说、否定说和折中说。

肯定说认为，管理人可以直接向可撤销行为的相对人主张撤销权，但如果对方不承认，管理人只能以诉讼的方式行使。[①]

否定说认为，撤销权不能以非诉讼的方式行使，应当通过诉讼的方式行使。主要理由在于：第一，破产撤销权的行使与第三人关系重大。第二，是否构成诈害不易判断，需要法院审查决定。[②] 第三，破产撤销权是民法上撤销权在破产法上的体现，其行使方式应当与民法撤销权一致。[③]

折中说中有学者将可撤销行为分为诈害行为和偏颇行为。对于诈害行为的撤销因为涉及破产债务人和债权人之外的第三人，应当采用诉讼的方式。对于偏颇行为，由于仅仅为破产债权人和债务人内部事项，管理人可以通过意思表示的方式行使撤销权。如果因偏颇行为而受益的人或者转得人对此表示异议，则可向法院提起诉讼。[④]

## 八、破产撤销权行使的效力

### （一）被收回的财产、被回复的权利归于破产财产

破产撤销权行使后，债务人在临界期内实施的损害债权人利益的行

---

① 乔博娟：《论破产撤销权之行使——兼析〈最高人民法院关于适用《企业破产法》若干问题的规定（二）〉》，载《法律适用》2014 年第 5 期；王欣新主编：《破产法原理与案例教材》（第二版），中国人民大学出版社 2015 年版，第 125 页；李永军、王欣新、邹海林、徐阳光：《破产法》（第二版），中国政法大学出版社 2017 年版，第 81 页。
② 韩长印主编：《破产法学》（第二版），中国政法大学出版社 2016 年版，第 134 页。
③ 殷慧芬主编：《破产法》，法律出版社 2014 年版，第 78 页。
④ 汤维建：《论破产法上的撤销权》，载《法律科学》1995 年第 6 期。

为，因被撤销而丧失效力，管理人收回被处分的财产或恢复被处分的权利，利益归于破产财产，用于对全体债权人分配。如《德国破产法》第144规定："（1）以可撤销的行为由债务人的财产让与财物、给出财产或抛弃财物的，必须将其返还给破产财团。准用关于受领人明知不具有法律原因情况下不当得利的法律后果的规定。（2）无偿给付的受领人只有在自己因无偿给付而得利的情况下，才应当返还无偿给付。一旦受领人明知，或依情形应当知道无偿给付使债权人受到不利益的，即不适用此种规定（即未因无偿给付而得利也应当返还无偿给付）。"《日本破产法》第77条也规定，否认权的行使，使破产财团恢复原状。①

## （二）相对人对财产的权利消灭，地位复归原始状态

就相对人而言，如果撤销的行为是纯粹的无偿行为，相对人并没有对待给付，也就不会产生问题。如果撤销行为是有偿行为，则需要解决如何保护相对人利益的问题。

《德国破产法》第144条规定："可撤销给付的受领人返还所取得的财物的，其债权恢复。以对待给付在破产财团中尚可区分为限，或以财团因得利而使自己的价值得到增加为限，应当由破产财团返还对待给付。"《日本破产法》第78条规定："在破产人行为被否认的情况下，如其所受对待给付现存于破产财团，相对人可以请求返还；因对待给付产生的利益现实存在时，则于该利益限度内，相对人可以作为财团债权人行使其权利。"因对待给付产生的利益现已不存在时，相对人可以就其价额的偿还，作为破产债权人行使其权利。第79条规定："于破产人的行为被否认情形，相对人在返还其所受给付或偿还其价额后，其债权因此而恢复原状。"

有学者认为，对于相对人利益如何处理，应当分情况讨论，如果是对无偿行为的撤销，无须恢复相对人的权利；若相对人存在对待给付，在行为撤销后，其对待给付仍保留于破产财产中，且具有可分离性时，允许其行使取回权；若该特定物已经毁损或者现存的价值因非正常原因减少，如果是管理人造成的，则其因损害赔偿而产生的债权可以作为共益债务参加

---

① ［日］石川明：《日本破产法》，何勤华、周桂秋译，中国法制出版社2000年版，第198~199页。

破产清偿；如果不是管理人的原因造成，则相对人可以申报债权，在其给付物的价款或差额范围内参加破产分配。如果被撤销的是债务人对未届清偿期债务的提前清偿或对债务的偏颇性清偿，则在其将所受清偿的财产返还后，行为相对人的债权包括所有的从权利都会被恢复，可以申报债权参加破产分配。①

# 第二节 取 回 权

## 一、破产取回权的概念和分类

取回权分为一般取回权和特殊取回权。一般取回权是指在管理人接管的债务人财产中有他人财产时，该财产的权利人享有的不依照破产程序取回其财产的权利。一般取回权的情形主要包括：对租赁物的取回权、寄托物的取回权、定作物的取回权、寄售物取回权等。特殊取回权包括出卖人取回权、行纪人取回权和代偿取回权。②

也有学者将破产取回权分为原物取回权和赔偿取回权。所谓原物取回权是根据原物返还的民法原理而取得的权利。赔偿取回权是根据损害赔偿的民法原理取得的权利，它是指在依法律关系移交破产债务人占有的财产已不能原物返还的情况下以金钱赔偿方式满足的取回权。③

## 二、破产取回权的立法意义与制度价值

破产程序的目的之一就在于剥夺破产债务人对自己财产的管理处分权而让全体债权人取得公平受偿的机会，重点之一在于加强对破产财产的管理。取回权的目的就是为了纠正管理人占有、管理的财产和法定财产之间的不一致。财产权利人可以通过取回权制度取回被管理人接管但不属于破产财产的财产，以此维护自己的合法权益。具体来说其主要作用有：第一，帮助财产权利人恢复其对财产的权利或者占有状态。第二，帮助管理

---

① 严卫红：《论破产撤销权》，华东政法大学 2013 年硕士毕业论文。

② 李永军、王欣新、邹海林、徐阳光：《破产法》（第二版），中国政法大学出版社 2017 年版，第 106~107 页。

③ 王新：《破产取回权制度研究》，2006 年郑州大学硕士学位论文。

人将他人财产剔除于债务人财产之外。① 第三，防止破产债务人或者管理人与破产债权人恶意串通将不属于取回权标的物的财产列为取回权标的物，从而减少破产财产。② 第四，取回权可以实现效益最大化，一方面，权利人没有必要必须通过诉讼来行使取回权，在节约国家的司法资源的同时当事人双方也可以减少财力等的消耗，另一方面，明确哪些财产属于破产财产，便于破产管理人更好地行使职责。③

### 三、破产取回权的性质

理论界对破产取回权的性质一直存在争议，主要包括诉讼上的异议权说和实体法上的请求权说。

诉讼上的异议权说认为破产程序实质上是强制执行程序，管理人占有、管理破产债务人的全部财产类似于法院强制执行的查封程序。当管理人将他人财产纳入破产财产而侵犯第三人利益时，第三人可以请求排除对特定财产的破产执行，并通过诉讼取回其财产。但有学者进行了反驳，主要理由包括：第一，若认为取回权属于诉讼上的异议权，权利人只能通过强制执行异议之诉的方式取回财产。强制执行异议之诉是针对法院执行程序提起的，对象为执行法官。我国管理人不具有执行程序中执行法官的地位，破产程序的效力主要限于保全财产。第二，如果权利人行使权利必须通过诉讼的方式，且被告为管理人，增加破产程序进行的难度和费用，增加权利人行使取回权的难度。第三，我国法律没有规定取回权的行使只能通过诉讼的方式。④

实体法上的请求权说是多数学者支持的观点。其认为取回权是财产权利人在实体法上的权利，不是破产法创设的。主要理由包括：第一，权利人在实体法上的请求权的性质，不因为破产程序的开始而受到影响。破产

---

① 邹海林：《破产法——程序理念和制度结构解析》，中国社会科学出版社2016年版，第321页。

② 王新：《破产取回权制度研究》，2006年郑州大学硕士学位论文。

③ ［日］石川明：《日本破产法》，何勤华等译，上海社会科学出版社1995年版，第211页。

④ 邹海林：《破产法——程序理念和制度结构解析》，中国社会科学出版社2016年版，第321页。

程序只导致了权利人不能向破产债务人主张权利而只能向管理人主张权利。① 第二，为了发挥物的最大价值，法律允许所有权中某些权能暂时与本权分离，但所有权仍然有统一的支配力，一旦所有权上的负担被除去，便可恢复其原来状态。因此，当所有权人上的负担被除去，占有人被宣告破产时，所有权人有权取回。②

也有学者认为此两种观点只是观察角度的不同，正是由于权利人对财产享有实体法上的请求权，才可以对执行标的行使异议权。③

## 四、破产取回权的权利基础

有学者认为，取回权的权利基础是所有权，破产企业不能用属于他人所有的财产抵偿债务，因此这种财产也不能归入破产财产，除非取回权人放弃了对其财产的所有权，或未在法律规定的期限内行使取回权。④

另有学者认为，可以成为一般取回权的权利基础的主要有以下几种：

1. 所有权及其他物权

相对人拥有所有权是行使取回权最为普遍的情形。所有权以外的其他物权（如留置权）也能成为取回权的基础，权利人在一定情况下可对留置物行使取回权。此外，专利权、商标权等无形财产权，也可成为取回权的基础。

对于所有权保留和让于担保是取回权的权利基础还是别除权的权利基础，理论界也存在争议，本书将在"别除权的权利基础"中详细论述。

2. 债权请求权

在破产人宣告破产之前基于租赁等取得对他人财产的占有、使用、管理，破产宣告后，出租人等可以基于债权请求权取回财产。如果不行使取回权只能按照一般债权进行债权申报。⑤

3. 信托行为

---

① 陈荣宗：《破产法》，台湾三民书局 1986 年版，第 219~220 页。

② 李永军：《破产法——理论与规范研究》，中国政法大学出版社 2013 年版，第 242 页。

③ 韩长印主编：《破产法学》（第二版），中国政法大学出版社 2016 年版，第 140 页。

④ 鲁生：《取回权和担保债权》，载《人民司法》1987 年第 11 期。

⑤ 徐发成：《试论破产法中的取回权》，载《青海社会科学》1991 年第 4 期。

当受托人破产时，信托财产是否属于破产财产决定了信托行为是否能成为取回权权利基础。对于信托财产的归属问题，理论上主要有物权说、物权—债权说、物权债权并行说、法本体说。物权学说认为受托人的行为仅仅是一种代理行为，受益人为信托财产的所有权人。物权—债权说认为，信托财产所有权归受托人，受益人可以请求受托人支付信托利益，这种请求权本质上是受益人对受托人的债权。物权债权并行说认为，受托人享有所有权，受益人对信托财产也享有包含撤销权和追及权在内的一定的物权性权利。法本体说认为，受托人对信托财产享有管理充分权。信托行为由财产管理和财产转移两个法律行为组合而成，相应形成信托财产经营管理法律关系和财产转移法律关系。① 依照我国《信托法》第 16 条规定，信托财产不属于受托人破产财产。

但委托人或者受益人中谁对于信托财产具有取回权，理论上存在争议。有观点认为受托人破产时，委托人具有取回权。② 另有观点认为，我国《信托法》第 15 条规定，信托财产与委托人未设立信托的其他财产相区别。设立信托后，委托人死亡或者依法解散、被依法撤销、被宣告破产时，委托人是唯一受益人的，信托终止，信托财产作为其遗产或者清算财产；委托人不是唯一受益人的，信托存续，信托财产不作为其遗产或者清算财产；但作为共同受益人的委托人死亡或者依法解散、被依法撤销、被宣告破产时，其信托受益权作为其遗产或者清算财产。依照此规定，受益人为信托财产所有人，受托人破产时由受益人行使取回权。③

## 五、破产取回权的构成要件与行使

取回权构成要件主要包括：①取回权的权利基础应当具有完全的对抗效力，典型的如以所有权为基础。必须能够对抗破产程序中的破产债权人。④ ②取回权的标的物为管理人现实占有。③取回权的权利基础须在破产申请受理前已经存在。破产宣告后，权利人对于由管理人借用、租用行

---

① 刘凡：《论信托关系中的破产取回权》，载《法制与社会》2009 年第 10 期。
② 彭兴蓬：《破产取回权制度研究》，华中师范大学 2006 年硕士学位论文；王黎明：《破产取回权新论》，载《河南科技大学学报（社会科学版）》2010 年第 3 期。
③ 刘凡：《论信托关系中的破产取回权》，载《法制与社会》2009 年第 10 期。
④ 徐发成：《试论破产法中的取回权》，载《青海社会科学》1991 年第 4 期。

为所享有的返还请求权非取回权，该物发生毁损灭失，构成共益债务。①

　　破产取回权的行使上，第一，对于破产取回权行使对象，依照《企业破产法》第 38 条的规定，财产权利人可以通过管理人行使取回权。第二，取回权可以通过诉讼或者非诉的方式行使。依照《破产法解释二》的规定，当管理人对于取回权的行使存在异议时，财产权利人可以通过诉讼的方式行使权利。第三，破产取回权的行使不受破产程序的限制，既不需要向管理人申报权利，也不需要等待破产财产分配。第四，破产取回权应当在法院受理破产申请之后行使。对于取回权行使的最终时间，我国《企业破产法》没有明确规定。《破产法解释二》第 26 条规定，权利人应当于破产财产变价方案或者和解协议或者重整计划草案提交债权人会议表决前行使权利，否则应当承担迟延行使权利增加的相关费用。破产分配之前未行使取回权的，视为放弃行使取回权。② 第五，权利人在取回保管物等财产时，存在相应给付义务的，应当向管理人支付保管费等之后才能行使取回权。③

## 六、特殊取回权

### （一）代偿取回权

　　代偿取回权是指当取回权的标的财产被非法转让或者灭失时，该财产的权利人有权取回转让其财产所得到的对待给付财产或者补偿金。

　　1. 代偿取回权确立的必要性

　　对于是否需要确立代偿取回权，有肯定说和否定说。

　　否定说认为取回权限于取回原物。若原物在破产宣告前已被破产人转让，只能以对价作为普通破产债权清偿，不能主张行使取回权。④

---

① 邹海林：《破产法——程序理念和制度结构解析》，中国社会科学出版社2016 年版，第 327~331 页。

② 李永军、王欣新、邹海林、徐阳光：《破产法》（第二版），中国政法大学出版社 2017 年版，第 107~108 页。

③ 王延川主编：《破产法理论与实务》，中国政法大学出版社 2009 年版，第236 页。

④ 王欣新：《企业破产法中的别除权、取回权与抵销权》，载《法学评论》1988 年第 4 期。

肯定说认为取回权的行使可以延伸到代偿财产之上，主要理由包括：第一，代偿取回权是特殊取回权的一种，可以避免破产人或者管理人故意处分他人财产来避免取回权的行使，可以保护一般取回权在特殊情况下能够实现。① 第二，否定说的观点忽略了取回权和普通破产债权在实现上的差异。实现普通破产债权需要对破产财产进行分配，但代偿取回权的标的财产是取回权标的物的转化，本身就不属于破产财产，代偿取回权的行使不会对破产财产造成实质不利影响。且赔偿请求权往往需要考虑加害人过错等，不利于对于取回权人利益的保护。② 第三，有利于保证破产程序的公平。③

2. 代偿取回权的标的

（1）代偿取回权标的

对于代偿取回权的标的，理论界主要有三种观点。第一种观点认为标的为代位物。代偿取回权作为取回权的一部分，以特定财产的存在为前提。如果该财产毁损灭失，被破产管理人处分后没有代位物的，代偿取回权也就不存在。第二种观点认为标的为对待给付请求权。债务人转移财产给善意第三人的时候，在第三人尚未付款时，债权人可以向善意第三人请求偿付原本应向破产人偿付的资产。第三种观点认为代位物和对待给付请求权都是代偿取回权的标的。但是在债务人已经接受了对待给付时只有该部分仍具有特殊属性时才能成为代偿取回权的标的。④

（2）代位物是否限于特定物

学者对于可以成为代偿取回权标的的代位物是否限于特定物有不同的看法。

肯定说认为只有破产人或者管理人已接受的对待给付财产为特定物时才可以行使代偿取回权。⑤

---

① 徐发成：《试论破产法中的取回权》，载《青海社会科学》1991 年第 4 期；孙向齐：《破产代偿取回权研究》，载《法学杂志》2008 年第 2 期。

② 王欣新：《破产法》（第三版），中国人民大学出版社 2011 年版，第 151 页。

③ 孙向齐：《破产代偿取回权研究》，载《法学杂志》2008 年第 2 期。

④ 刘嫣姝：《论我国破产法中的特别取回权制度》，载《山东人大工作》2004 年第 10 期。

⑤ 邹海林：《破产程序和破产实体制度比较研究》，法律出版社 1995 年版，第 294 页。

否定说认为代偿财产不限于特定物，判断能否行使取回权关键在于能否将代位物同破产人财产相区分。主要理由在于：取回权标的毁损灭失转让后的代位物的形式是多种多样的，但无论如何债务人或者管理人都不是其所有人。代位物多以货币的形式表现，如果将其限制为特定物，代偿取回权可适用范围过小。既然抵押权或质权人可以对代位物行使权利，那么基于物权行使取回权的取回权人也可以。但是代位物已经同债务人的财产混同而不能区分时，行使代偿取回权相当于就是个别清偿，不利于其他破产债权人。①

对于货币等种类物，一般学者认为当其能与债务人的其他财产作出区分时，可以对其行使取回权。② 但也有观点认为当代位物为货币种类物时，即使是代位物已与破产人的财产全部混同也不应当直接否定取回权的行使，而是认为取回权人和债务人形成某种共有的关系，为取回权人提供至少一部分的保护。③

3. 代偿取回权的行使

有学者认为可以依照诉讼或者非诉的方式行使。当管理人承认代偿取回权时，权利人可以通过管理人直接行使权利，但应当受债权人委员会的监督。如果管理人对于代偿取回权存在争议的，可以通过诉讼的方式解决。代偿取回权人在取回代偿财产时，若存在相应给付义务，应先履行给付义务。④

对于重整程序中代偿取回权的行使，《企业破产法》第76条规定，重整程序中一般取回权不能提前行使，仍需符合事先约定的取回条件。但有学者认为法律对一般取回权的规定不能适用于代偿取回权。在代偿取回权的情况下，由于标的物已经毁损灭失或被处分，原财产已经不存在，管理人没有基于合同占有代位物的依据，权利人可以提前行使取回权。⑤

---

① 孙向齐：《破产代偿取回权研究》，载《法学杂志》2008年第2期。

② 王欣新：《破产法》（第三版），中国人民大学出版社2011年版，第151页；李永军、王欣新、邹海林、徐阳光：《破产法》（第二版），中国政法大学出版社2017年版，第115页。

③ 许德风：《论债权的破产取回》，载《法学》2012年第6期。

④ 孙向齐：《破产代偿取回权研究》，载《法学杂志》2008年第2期。

⑤ 孙向齐：《破产代偿取回权研究》，载《法学杂志》2008年第2期。

就代偿取回权行使的法律后果，有学者认为代偿取回取的行使后果依照标的的不同而有所不同，当标的为代位物时，取回权的行使后果即行使物权的后果。对于对待给付请求权，行使后果类似于债权转移。①

### （二）出卖人取回权

出卖人取回权是指在异地动产买卖合同中，出卖人已经发货，买受方在尚未收到货物也未付清价款时进入破产程序，出卖人享有取回货物的权利。

1. 出卖人取回权的性质

理论界一直对出卖人取回权的性质存在争议，有债权请求权说、物权说、履行撤回说、特别权利说、形成权说。

债权性请求权说认为出卖人取回权的行使以解除合同为前提，产生买受人返还原物的后果，所以出卖人取回权是出卖人可以请求买受人返回所有权及恢复占有的一项债权请求权。物权说认为出卖人取回权对所有权已转移的货物具有追及效力，可以恢复出卖人对于货物的占有，导致所有权转移无效。因此出卖人取回权是物权。履行撤回说认为出卖人取回权是出卖人将转移财产所有权及买卖履行行为加以撤回的权利。② 特别权利说认为，出卖人取回权就是在买卖标的物所有权已经转移但买受人尚未付款的情况下，为了保障出卖人的利益而特别赋予出卖人的一项权利。③ 形成权说认为物品因为发出导致占有转移，出卖人取回权就是取消这种转移，让出卖人恢复占有。其认为请求权不能支配权利客体，只能请求权利人为一定的行为，而出卖人取回权不要求权利人为一定行为。根据物权法定原则，将出卖人取回权视为一种物权也没有法律依据。所谓的履行撤回权说其实就是形成权说。④

---

① 刘嫣姝：《论我国破产法中的特别取回权制度》，载《山东人大工作》2004年第10期。

② 邹海林：《破产法——程序理念和制度结构解析》，中国社会科学出版社2016年版，第332页。

③ 李永军：《破产法——理论与规范研究》，中国政法大学出版社2013年版，第253页。

④ 刘嫣姝：《论我国破产法中的特别取回权制度》，载《山东人大工作》2004年第10期。

2. 出卖人取回权构成要件

理论界普遍认为买受人在尚未收到货物时进入破产程序和买受人尚未付清货款是出卖人取回权的构成要件之一。

（1）异地买卖是否为出卖人取回权构成要件

理论界对于此问题存在争议。肯定说认为异地买卖中出卖人发货和买受人收货之间存在时间差，买受人出现信用危机的事实难以被出卖人知道，出卖人取回权就是为了解决这一问题。[①] 否定说认为无论是异地买卖还是同城买卖，只要发货和收货之间存在一定的时间间隔，都有出卖人取回权行使的空间。将出卖人取回权限于异地买卖会其阻碍功能的发挥。[②]

（2）合同解除是否是出卖人取回权构成要件

对于此问题理论界分为肯定说和否定说，其中否定说为通说。

肯定说认为应当以合同解除为条件，异地买卖中，在买受人破产时，出卖人可以以意思表示解除合同，从而解除其履约义务。[③] 也有台湾学者依照台湾地区"破产法"第111条规定的"出卖人可解除契约，取回其标的物"认为行使出卖人取回权需要解除合同。[④]

否定说认为不以合同解除为条件。[⑤] 主要理由包括：第一，出卖人取回权成立于买受人的破产程序启动之后，出卖人对于标的物的取回基于物权，不用以合同解除为前提。第二，更有利于维护出卖人的权利。第三，

① 王欣新：《企业破产法中的别除权、取回权与抵销权》，载《法学评论》1988年第4期；徐发成：《试论破产法中的取回权》，载《青海社会科学》1991年第4期；李永军、王欣新、邹海林、徐阳光：《破产法》（第二版），中国政法大学出版社2017年版，第110页；韩长印主编：《破产法学》（第二版），中国政法大学出版社2016年版，第139页。

② 李永军：《论破产程序中的取回权》，载《比较法研究》1995年第2期；韩长印主编：《破产法学》（第二版），中国政法大学出版社2016年版，第139页。

③ 徐发成：《试论破产法中的取回权》，载《青海社会科学》1991年第4期。

④ 李永军、王欣新、邹海林、徐阳光：《破产法》（第二版），中国政法大学出版社2017年版，第111页。

⑤ 王欣新：《企业破产法中的别除权、取回权与抵销权》，载《法学评论》1988年第4期；李永军：《论破产程序中的取回权》，载《比较法研究》1995年第2期；李永军、王欣新、邹海林、徐阳光：《破产法》（第二版），中国政法大学出版社2017年版，第111页；韩长印主编：《破产法学》（第二版），中国政法大学出版社2016年版，第139页。

我国《企业破产法》未规定出卖人取回权的行使需要解除合同。[1] 本书认为，由于出卖人行使取回权并不能终局地取回标的物的所有权，管理人在给予担保或者给付价款时仍可以要求出卖人履行合同，因此取回权以合同解除为条件的观点值得商榷。

### （三）行纪合同中的取回权

1. 行纪人的取回权

我国《合同法》引入了行纪制度，基于行纪制度，委托人和行纪人之间形成委托关系而行纪人和第三人形成买卖等关系。所谓行纪人取回权是指行纪人为委托人利益发运货物后，委托人在尚未收到货物时进入破产程序的，行纪人可以取回已发运的货物的权利。

对于行纪人取回权的权利基础，理论界存在争议，有留置权说、所有权说和新型物权说。

留置权说认为行纪契约是为了委托人的利益设定的，即使行纪人从第三人处取得所有权也仅仅是形式上的、暂时的，委托人是真正的所有权人。行纪人取回权是为了保证行纪人取得其酬金。[2]

所有权说认为行纪业务中实际存在涉及行纪人与委托人，行纪人与第三人的两个法律关系。行纪人有义务将取得的权利按照合同约定交付给委托人，即从第三人处取得所有权后转移给委托人，由此行纪人取回权的基础是所有权。[3]

新型物权说认为行纪人取回权制度的设计主要是考虑到行纪人与出卖人有相同的地位和处境这一情况。行纪人取回权准用出卖人取回权制度的域外规定，实际上就说明了行纪人取回权是出卖人取回权的一种扩张适用。行纪人取回权的权利基础与出卖人取回权相同，是特别法规定的行纪人保障其酬金的新型物权。[4]

---

[1] 李永军、王欣新、邹海林、徐阳光：《破产法》（第二版），中国政法大学出版社 2017 年版，第 111 页。

[2] 李永军：《破产法律制度》，中国法制出版社 2000 年版，第 253 页。

[3] 李永军：《破产法——理论与规范研究》，中国政法大学出版社 2013 年版，第 256 页。

[4] 邹海林：《破产法——程序理念和制度结构解析》，中国社会科学出版社 2016 年版，第 337 页。

就行纪人取回权行使的效力，有学者认为由于行纪人有权以自己的名义取得权利和承担义务，行纪人行使取回权后，标的物所有权归行纪人，后由行纪人交于委托人。另有观点认为从行纪制度的本质出发，行纪人的所有权仅仅为暂时的，委托人是真正所有权人，行纪人取回权行使的真正法律后果是恢复对标的物的留置权。①

2. 委托人的取回权

对于在行纪人与第三人订立买卖合同之前或之后，在行纪人宣告破产时，在委托人和行纪人及其债权人之间的关系上，委托人对委托物是否享有取回权或享有优先于一般债权人的权利，理论上主要有"否定说""肯定说"和"折中说"三种观点。

否定说认为委托人对委托物不享有取回权。有学者认为我国《合同法》已经区分了行纪和间接代理，间接代理中被代理人有法定介入权，但行纪中没有规定。在行纪人将委托物交给委托人之前，标的物所有权仍为行纪人所有，行纪人破产时，委托人只能与其他普通债权人一同参加破产财产分配，不能行使取回权。②

肯定说认为委托人享有取回权。行纪人与第三人所为行为的利益最终归属于委托人。当行纪人既作为行纪人，又作为第三人购买了标的物，行纪人自己购买后宣告破产时，此种情况下不影响行纪人本身作为行纪人的义务，委托人的交付并不伴随所有权的转移。委托人此时仍可行使取回权。③

折中说认为，由于行纪合同中，委托人将标的物移交给行纪人，一般不发生所有权的移转，具有委托的外观，具有公示性，委托人原则上可以行使取回权。但对于一些虽然是为行纪关系，但受托人不是典型的行纪人，相对人有理由相信其为的不是行纪行为的，委托人不能行使取回权。④

---

① 刘嫣姝：《论我国破产法中的特别取回权制度》，载《山东人大工作》2004年第10期。

② 王利明：《合同法新问题研究》，中国社会科学出版社2011年版，第778~779页。

③ 其木提：《论行纪合同委托人的取回权》载《环球法律评论》2005年第1期。

④ 许德风：《论债权的破产取回》，载《法学》2012年第6期。

### （四）融资租赁合同中的取回权

我国《合同法》规定，融资租赁合同是出租人根据承租人对出卖人、租赁物的选择，向出卖人购买租赁物，提供给承租人使用，承租人支付租金的合同。对于融资租赁合同中承租人破产的情况下，出租人享有的取回权还是别除权，理论界一直有不同的观点。

有学者认为尽管《合同法》第 242 条规定了租赁物所有权归出租人，承租人破产的，租赁物不属于破产财产。但出租人的取回权仍然应当受到限制。若租赁合同约定租赁期届满租赁物归承租人所有，或者规定承租人可以通过支付名义对价购买租赁物的，应当区分为：①合同尚未届满而管理人要求履行合同的，出租人不得取回。但若管理人要求解除合同的，出租人可以取回。②合同届满，承租人或者管理人履行了相关合同义务，若约定承租人获得租赁物所有权的，租赁物属于破产财产。但若承租人欠付租金且无力支付的，租赁合同可解除，租赁物归出租人所有，出租人可行使取回权。①

另有学者认为出租人应当行使别除权。融资租赁中出租人的所有权发生了弱化并具有了担保性，其所有权不是传统的所有权而是一种名义上的所有权。融资租赁中出租人和承租人之间对于融资租赁物是一种动态的按份共有关系。承租人随着不断支付价金而对于融资租赁物所享有的份额不断增加。承租人以自己不断增多的份额为自己提供担保。②

另有学者将融资租赁类型化，分为典型的融资租赁和非典型的融资租赁。典型的融资租赁中当事人约定租赁期满，承租人取得标的物所有权。非典型的融资租赁是指当事人约定租赁期满，所有权归出租人，具体包括了约定租赁期届满后标的物归属于出租人与约定租赁期届满时承租人可以行使选择权，包括放弃标的物权属、支付一定改造费用。对于非典型的融资租赁，出租人为所有权人，在承租人破产时，其享有对标的物的取回权。对于典型的融资租赁，该学者认为所有权根据合同履行进程而逐渐转

---

① 许德风：《破产法论——解释与功能比较视角》，北京大学出版社 2015 年版，第 221 页。

② 黄晓林、杨瑞俊：《融资租赁中破产取回权的基础与限制》，载《山东科技大学学报（社会科学版）》2017 年第 1 期。

移。融资租赁期届满，则由承租人取得完整的所有权。出租人在融资租赁期限内拥有的仅仅为形式上的所有权，实际上承担的是一种担保功能。所有权一直在承租人手中，出租人不享有取回权。①

# 第三节 别 除 权

## 一、别除权的概念和称谓

### （一）别除权的定义

由于对别除权具体理念认识不一，理论界对于别除权的界定也存在一定的差距。根据对权利基础认识不同，有学者认为别除权是有财产担保的债权的另一种称谓，认为别除权是债权人在破产宣告前就破产财产所属的特定财产上设置了财产担保权的，所享有的可不依照破产清算程序先于一般破产债权人就担保物受清偿的权利。另有学者认为别除权是权利人基于对特定财产所享有的担保物权或其他特别优先权而优先受偿的权利。② 以受偿是否要依据破产程序进行为基准，有学者认为别除权是债权人可以不依照破产程序优先受偿的权利，③ 另有学者认为其是在破产程序中优先受偿的权利。④

### （二）别除权的称谓

别除权是大陆法系的概念，英美法系称其为有财产担保的债权。我国《企业破产法（试行）》采用"有财产担保的债权"的称谓，但理论界一

---

① 唐郢：《论融资租赁合同中出租人的破产取回权》，载《西安建筑科技大学学报（社会科学版）》2016年第5期。

② 韩长印主编：《破产法》（第二版），中国政法大学出版社2016年版，第151页。

③ 李永军：《破产法——理论与规范研究》，中国政法大学出版社2013年版，第300页；殷慧芬主编：《破产法》，法律出版社2014年版，第94页；韩长印主编：《破产法》（第二版），中国政法大学出版社2016年版，第151页。

④ 李永军、王欣新、邹海林、徐阳光：《破产法》（第二版），中国政法大学出版社2017年版，第122页。

直采用别除权的概念。理论界普遍认为别除权的概念比有财产担保的债权广泛且更加合理,不仅主要地包括"有财产担保的债权",而且包括"共有物上的负担债权"和"由法律特别规定的其他享有别除权的债权"。①《企业破产法》第 109 条规定:"对破产人的特定财产享有担保权的权利人,对该特定财产享有优先受偿的权利。"由此,我国现行破产法上仍采用"有财产担保的债权"的称谓,未采用别除权的说法。但理论界普遍采用别除权的说法。

## 二、别除权的立法目的

有学者认为别除权立法目的主要体现在:第一,保障交易安全。如果一般情形下的担保物权不能转化为破产程序中的别除权,则担保物权的存在将变得没有意义。第二,实现破产债权的平等受偿。此种平等主要体现在:①当事人可以自主决定是否对自己的意定债权设立担保,在可以选择设立担保的情况下不设立担保,区别对待有担保债权和无担保债权也就没有违背平等原则。②一些法定债权往往通过特别法的规定获得了别除权的保护,这种情况下,有担保权的意定债权优先于这些法定债权并不会造成不平等。②

## 三、别除权的性质

理论界对于别除权的性质主要有破产债权说和担保物权说。

担保物权说认为别除权是对抗其他破产债权人的担保物权。此观点的主要依据为《企业破产法(试行)》第 30 条。依照第 30 条规定,破产债权包括破产宣告前成立的无财产担保的债权和放弃优先受偿权利的有财产担保的债权。那么,未放弃优先受偿权的有财产担保的债权不属于破产债权。③ 但有学者认为别除权人无论是否放弃优先受偿的权利,都不应该改变别除权的性质,而且此观点无法解释当担保财产无法清偿全部债务时,未清偿部分也属于破产债权。④

---

① 汤维建:《试论破产程序中的别除权》,载《政法论坛》1994 年第 5 期。
② 林婕好:《论破产别除权》,吉林大学 2010 年硕士学位论文。
③ 李永军:《破产法律制度》,中国法制出版社 2000 年版,第 308 页。
④ 徐晓:《论破产别除权的行使》,载《当代法学》2008 年第 4 期。

破产债权说认为别除权是破产债权，是特别破产债权。而以全部破产财产为受偿基础的破产债权为普通破产债权。其主要理由包括：第一，别除权与普通破产债权本质上本没有差别，只是受偿方式和顺序上存在差别。第二，我国《企业破产法》第 107 条第 2 款规定，人民法院受理破产申请时对债务人享有的债权称为破产债权。此规定将别除权也纳入破产债权范围。①

### 四、别除权的权利基础

理论界一般认为抵押权、质权、留置权是别除权的权利基础。② 除此之外，对于定金、非典型担保物以及法定优先权能否成为别除权的权利基础，学界存在争议。

### （一）定金能否成为别除权权利基础

对于这一争议，理论界有肯定说、否定说和折中说。

肯定说认为定金可以成为权利基础。主要理由在于其满足《企业破产法（试行）》的"有财产担保的债权"的规定。定金在具有惩罚作用的同时有着担保作用。债务人给付定金后，尚未履行合同前遭受破产宣告，债权人中可扣留该定金，并以其因此遭到的损失额作为破产债权，请求破产分配。该破产债权因其有定金担保而自然取得别除权的特质，可以在定金额范围内优先受偿，其未得到满足的剩余债权则可作为普通破产债权受偿。③

否定说认为定金不能成为别除权权利基础，主要有以下几点理由：①定金用作为种类物的货币为担保，不是在特定物上设立权利，无法通过物权限制来保障债权人的利益。其本质上是以债务人的全部财产作为清偿

---

① 徐晓：《论破产别除权的行使》，载《当代法学》2008 年第 4 期。

② 鲁生：《取回权和担保债权》，载《人民司法》1987 年第 11 期；王欣新：《企业破产法中的别除权、取回权与抵销权》载《法学评论》1988 年第 4 期；汤维建：《试论破产程序中的别除权》，载《政法论坛》1994 年第 5 期；王欣新：《别除权论》，载《法学家》1996 年第 2 期；刘子平：《破产别除权的认定标准及其行使》，载《法律适用》2007 年第 11 期；李永军、王欣新、邹海林、徐阳光：《破产法》（第二版），中国政法大学出版社 2017 年版，第 129~130 页。

③ 汤维建：《试论破产程序中的别除权》，载《政法论坛》1994 年第 5 期。

的保障，与普通债权在权利保障途径上没有区别。② 与其他担保形式不同的是，定金的给付方和收付方都可能不履行债务，都可能成为债务人。相对来说定金给付方风险更大，其双倍请求权能否实现依赖债务人的能力。① ③定金无法特定化，与破产债权的清偿财产范围完全混同。若其享有别除权，会产生与其他一般优先权或破产债权之间的权利冲突。同时，由于担保财产不特定，无法判断担保物的价款是否高于担保债权，也不存在担保物灭失而使担保债权不能优先受偿的情况。②

折中说认为定金多为货币性质，但不排除将特定物作为定金交付，当以特定物作为定金交付时其可成为别除权权利基础。③ 对于货币，原则上为种类物，但种类物与特定物的区分并不绝对，种类物特定化后也可成为特定物。货币在特定化的情况下也可以成为别除权的基础。④

### （二）非典型担保物权能否成为别除权基础

#### 1. 让与担保

对于让与担保能否成为别除权的权利基础，主要有肯定说和否定说两种观点。

肯定说认为让与担保是别除权基础。其主要从担保目的出发，认为让与担保实际上属于一种物的担保，让与担保中债权人虽然取得了所有权，但其所有权是有期限和限制的，在债务人破产时，债权人可以行使别除权而不是取回权。⑤

否定说认为让与担保不是别除权的权利基础。主要理由有以下两点：①从所有权转移形式上的理论出发，认为担保物的所有权在让与担保设立

---

① 王欣新：《别除权论》，载《法学家》1996 年第 2 期。

② 韩长印：《我国别除权制度改革初论》，载《南京大学法律评论》2004 年第 1 期；李永军、王欣新、邹海林、徐阳光：《破产法》（第二版），中国政法大学出版社 2017 年版，第 131 页。

③ 韩长印：《我国别除权制度改革初论》，载《南京大学法律评论》2004 年第 1 期。

④ 汪铁山：《论破产别除权的权利基础及其裁判规则的选择》，载《南京社会科学》2015 年第 3 期。

⑤ 汪铁山：《论破产别除权的权利基础及其裁判规则的选择》，载《南京社会科学》2015 年第 3 期。

后转移给担保权人。债务人破产时，破产债权人可以基于所有权行使取回权。而当债权人破产时，担保物应当受到破产程序支配，债务人没有取回权。① ②现代各国少有对让与担保的明文规定，我国立法也上未规定让与担保制度，依照物权法定原则，不应当承认其物权效力。在破产法上，让与担保也不应当成为别除权的权利基础。②

本书认为从让与担保当事人的原意来看，双方当事人内心真正达成的是一个担保的意思，而非转移所有权，转移所有权仅仅是一种外观。在此情况下，若法律强行认为让与担保中担保物的所有权从债务人转移至债权人，并不恰当。在债务人破产时，应当允许破产债权人行使别除权而非取回权。

2. 所有权保留

理论界对于所有权保留买卖中的财产能否成为别除权的权利基础一直存在争议，有肯定说和否定说两种观点。

肯定说认为所有权保留中买卖的财产可成为别除权的基础。所有权保留实质上是一种担保方式，买受人破产时，出卖人只能行使别除权。③

否定说认为买受人破产时，出卖人可基于对标的物的所有权而可以行使取回权。所有权保留实际上是一种以买受人义务的履行作为附停止条件的所有权让与合同。在买受人履行义务之前，条件未成就，所有权仍属于出卖人。④ 当出卖人破产，所有权保留合同的标的物属于破产财产，但买受人可以就其占有的标的物，基于留置权行使别除权来担保其以支付的价款不落空。⑤

---

① 邹海林：《破产法——程序理念与制度结构解析》，中国社会科学出版社2016年版，第326页。

② 李永军：《破产法——理论与规范研究》，中国政法大学出版社2013年版，第309页。

③ 汪铁山：《论破产别除权的权利基础及其裁判规则的选择》，载《南京社会科学》2015年第3期。

④ 韩长印主编：《破产法学》（第二版），中国政法大学出版社2016年版，第138页；邹海林：《破产法——程序理念与制度结构解析》，中国社会科学出版社2016年版，第347页。

⑤ 李永军：《破产法——理论与规范研究》，中国政法大学出版社2013年版，第245页。

### 3. 法定优先权

对于法定优先权能否成为别除权的权利基础，理论界主要有肯定说和否定说两种观点，其中肯定说是主流观点。①

肯定说认为破产别除权的权利基础为对特定物的担保，而特别优先权以债务人的特定财产为标的，可以构成破产别除权的权利基础。②

否定说的理由包括：第一，我国别除权仅限于法律规定的有财产担保的债权，没有将其他优先权规定为别除权基础。③ 第二，有学者认为不应当将法定优先权视为别除权的权利基础，而是应当规定法定优先权可依法律规定优先于别除权，获得最优先的清偿。其主要理由在于：①法定优先权是法律特别规定的一种优先权，虽然担保物权也具有绝对权的特点，但该项权利的设立主要是为了实现债权，仍具有从属性。而且担保物权中的抵押权、质权主要是依据当事人的约定而设立，法定优先权优先于具有约定性质的担保物权；②法定优先权的设定往往是为了实现某些特殊目的，保护某种特殊权益；③许多法定优先权本身体现的就是某些情况下相关权利人的留置权利，如建设工程价款优先权；④有的法律明确规定法定优先权优先于有关担保物权。④

## 五、别除权的行使

别除权行使的主体是合同约定或者法律规定的担保物权或者特别优先权的权利人。行使对象是债务人的特定破产财产。

### （一）别除权行使的方式

#### 1. 别除权行使的程序

---

① 王欣新：《破产法》（第三版），中国人民大学出版社 2011 年版，第 302 页；李永军：《破产法——理论与规范研究》，中国政法大学出版社 2013 年版，第 305 页；殷慧芬主编：《破产法》，法律出版社 2014 年版，第 100 页；李永军、王欣新、邹海林、徐阳光：《破产法》（第二版），中国政法大学出版社 2017 年版，第 133 页。

② 汪铁山：《论破产别除权的权利基础及其裁判规则的选择》，载《南京社会科学》2015 年第 3 期。

③ 汤维建主编：《新企业破产法解读与适用》，中国法制出版社 2006 年版，第 331 页。

④ 杨春平：《我国"别除权"立法及理论研究》，载《河北法学》2010 年第 3 期。

对于别除权行使是否要受破产程序限制，理论界主要有三种观点：肯定说、否定说和折中说。

肯定说认为别除权行使受到破产程序的限制，主要理由包括：①别除权的行使直接影响债务人的整体财产的构成，影响着破产债务人能否和解、重整。②立法和司法解释也要求别除权人须参加债权申报，在破产案件受理后至破产宣告前，未经法院同意不得行使优先权。①　③破产程序开始之后才有别除权的问题，之前的仅为民法或商法上的民事或商事优先权。④别除权与破产程序（特别是破产清算程序）开始后破产人财产的分配密不可分，别除权的行使只有在破产程序之中才能成为现实。②　⑤破产法立法思想发生了转变，从最开始的债权人利益的最大化到重视债务人利益和社会整体利益，为保障社会利益和债务人利益需要对别除权的行使进行限制。③

否定说认为别除权行使不受破产程序限制，主要理由包括：①别除权的对象为不属于破产财产范围内的担保物，与破产债权的公平清偿没有关联。④　②破产程序本质上是一种公平清偿程序，以集体受偿为基本原则。破产法中各种程序规则及制度，均是针对参加集体受偿程序的普通债权的。⑤　③破产法上对于别除权人行使权利进行的一些程序上的限制不能改变别除权的行使不受破产程序约束的本质。权利的具体行使受到的是民事程序的约束而不是破产程序。⑥

折中说认为别除权行使不受破产清算程序限制，但不能完全置破产程序于不顾。不受破产清算程序限制主要因为：第一，这是国际破产立法的

---

① 韩长印：《我国别除权制度改革初论》，载《南京大学法律评论》2004 年第 1 期。

② 杨春平：《我国"别除权"立法及理论研究》，载《河北法学》2010 年第 3 期。

③ 汪世虎：《论破产程序对担保物权优先性的限制》，载《河北法学》2006 年第 8 期。

④ 王欣新：《企业破产法中的别除权、取回权与抵销权》，载《法学评论》1988 年第 4 期。

⑤ 徐晓：《论破产别除权的行使》，载《当代法学》2008 年第 4 期。

⑥ 邹海林：《破产法——程序理念与制度结构解析》，中国社会科学出版社 2016 年版，第 347 页。

通例。第二，是保护担保权人利益，降低管理、修缮和维护特定担保财产费用的需要。但别除权行使受到《企业破产法》第19条规定的法院受理破产案件后，有关债务人财产的保全和执行程序中止的限制。主要理由为在我国目前法律规定下，债务人设定担保的财产仍属于破产财产。①

2. 别除权行使与债权申报

对于别除权行使是否需要申报债权，我国《企业破产法（试行）》第9条第2、3款规定："债权人应当在收到通知后一个月内，未收到通知的债权人应当自公告之日起三个月内，向人民法院申报债权，说明债权的数额和有无财产担保，并且提交有关证明材料。逾期未申报债权的，视为自动放弃债权。人民法院对有财产担保债权和无财产担保债权的申报，应当分别登记。"《企业破产法》第48条第1款规定："债权人应当在人民法院确定的债权申报期间内向管理人申报债权。"第49条规定："债权人申报债权时，应当书面说明债权的数额和有无财产担保，并提交有关证据。"

理论界对此存在争议，有关争议见"破产债权"一章

**（二）别除权行使的限制**

1. 别除权行使与和解程序

依据《企业破产法》第95条和第96条，在债务人向人民法院提出和解申请、人民法院裁定和解之前，别除权人应暂停行使别除权。人民法院裁定和解后，别除权人可以行使权利。

对于在和解程序中别除权的行使是否受到限制，虽然现行法律已经作出规定，但理论界一直存在争议。

主张别除权行使受到和解程序的限制的主要理由包括：第一，如果允许有财产担保的债权人行使别除权，变卖作为担保物的机器设备、原料，和解往往便不可能进行。② 第二，如将其作用的发挥寄希望于别除权人主动放弃别除权而参加一般破产债权清偿程序，或者让一般债权人通过清偿

---

① 刘子平：《破产别除权的认定标准及其行使》，载《法律适用》2007年第11期。

② 王欣新：《企业破产法中的别除权、取回权与抵销权》，载《法学评论》1988年第4期。

债务的方式保存对企业极为重要的担保物，会大大增加和解的成本。①

主张别除权行使不应受到和解程序限制的主要理由包括：第一，这是由担保物权的目的决定的。担保物权的设立本身就是为了保证担保物权人在债务人丧失清偿能力时仍能在特定财产上得到优先受偿，如果在债务人丧失清偿能力达到最严重的程度即破产时债权人不能行使别除权，违背了当事人设立担保的本意。第二，担保财产不属于破产财产，不需要对其他债权人进行分配，别除权的行使不会影响其他债权人的利益和破产程序的进行。第三，在别除权人在债权人会议上没有表决权的情况下，也没有遵守和解协议的义务。而且由于别除权人利益同一般破产债权人利益存在差异，和解协议的某些内容别除权人原则上不会接受。②

2. 别除权行使与重整程序

《企业破产法》第 75 条规定在重整期间，对债务人的特定财产享有的担保权暂停行使。但是，担保物有损坏或者价值明显减少的可能，足以危害担保权人权利的，担保权人可以向人民法院请求恢复行使担保权。从我国立法来看，别除权的行使受到重整程序一定的限制。《企业破产法》第 87 条第 2 款第 1 项规定对别除权人因延期清偿所受到的损失进行公平补偿，使其未受到实质性损害。但理论界对于在何种范围内进行限制仍然存在争议。

就限制的内容问题，有学者考虑到实践中担保债权数额大、利息高，为了避免重整费用高昂，别除权人因债务人迟延清偿所可以获得的利益损失补偿和担保物价值补偿应当受到限制。③ 为了公平对待无担保债权人和避免出现大量的超额担保，重整期间应当停止计息，除非债务人和债权人事先约定。④

对于限制的例外，学者提出在以下几个情况下应当允许别除权人在破产重整中行使别除权：第一，担保物对企业重整没有意义时应当允许行

---

① 许德风：《论担保物权的经济意义及我国破产法的缺失》，载《清华法学》2007 年第 3 期。

② 王欣新：《别除权论》，载《法学家》1996 年第 2 期。

③ 许德风：《论担保物权的经济意义及我国破产法的缺失》，载《清华法学》2007 年第 3 期。

④ 杨姝玲：《论破产重整中对有财产担保债权的限制与保护》，载《河北法学》2015 年第 2 期。

使。第二，担保物对别除权人关系重大甚至关系到别除权人生死存亡，经别除权人申请，应当允许行使。第三，担保物容易减值时，经过别除权人同意，管理人可以进行变价。① 第四，当别除权人不同意重整计划时。第五，当担保财产扣除所担保债权后存在余额，而重整人欲转让财产，但又不能提供替代担保时。② 第六，但即使担保物有损坏或者价值有明显减少的可能，也应当允许债务人提供其他担保或补偿以继续使用担保物。③

### （三）别除权的清偿顺序

有关别除权的清偿顺序，本书于"破产债权"一章进行讨论。

# 第四节　抵　销　权

## 一、破产抵销权的概念

破产抵销权是指破产债权人在法院裁定开始破产程序时，对债务人负有债务的，无论给付种类是否相同，履行期限是否届至，可以不依照破产程序，以其对债务人的债权抵销其对债务人所负债务的权利。④

就破产抵销权和民法抵销权的区别，学界一般认为有以下几点：第一，民法上的抵销权要求相互抵销的债务必须均已到清偿期限且给付种类必须相同。破产法中的抵销权则无此限制，因为在破产程序中未到期的债权一律视为到期，不同种类的债权也要一律以为货币形式方可加以清偿，债权债务没有履行期限与给付种类的区别。⑤ 第二，民法上的抵销权对债

---

① 熊祖贲：《破产法对别除权的保护研究》，载《法制与社会》2007 年第 4 期。

② 徐晓：《论破产别除权的行使》，载《当代法学》2008 年第 4 期。

③ 许德风：《论担保物权的经济意义及我国破产法的缺失》，载《清华法学》2007 年第 3 期。

④ 李永军：《破产法——理论与规范研究》，中国政法大学出版社 2013 年版，第 287 页；邹海林：《破产法——程序理念和制度结构解析》，中国社会科学出版社 2016 年版，第 349~350 页。

⑤ 王欣新：《企业破产法中的别除权、取回权与抵销权》，载《法学评论》1988 年第 4 期；邹海林：《破产法——程序理念和制度结构解析》，中国社会科学出版社 2016 年版，第 352~353 页。

权债务成立的期间并无限制，无论何时成立的均可抵销。而破产法上的抵销权仅允许破产宣告前成立的债权债务关系抵销，目的在于保证权利的正确行使。① 第三，破产法中破产债权人的债权为主动债权，抵销权人原则上仅为破产债权人。破产债务人和管理人不能行使抵销权，而民法上的抵销权债权人和债务人都能行使。②

就破产抵销权是对民法抵销权的扩展还是限缩，理论界有两种观点：

有观点认为破产抵销权限缩了民法抵销权的适用范围。主要体现在：第一，抵销主体的限制。破产债权人是破产法上抵销权的唯一权利主体。第二，内容上的限制。破产抵销权对可抵销的债权债务有特殊要求。第三，程序上的限制。破产抵销权只能在破产程序中进行。③ 限缩的理由主要包括：第一，破产的首要价值是公平，抵销权制度对效率的追求在破产中仅位于次要位置。在破产案件中，如对抵销不加任何限制，不利于对其他债权人权利的公平保护。第二，虽然抵销权具有担保功能，但其仅仅为行使的效果而不是允许扩展抵销的理由。第三，允许抵销对特定债权人公平，不允许抵销有利于实现团体公平。在当小范围公平与团体公平相冲突时，应更多追求和体现对团体的公平。④ 第四，破产法上抵销权的指导思想是平衡对破产人负有债务的债权人的个别利益和所有债权人的团体利益，由于抵销权制度本身有利于个别破产债权人而无需扩张适用，反而应当限制。⑤ 第五，在具体的所谓的对民法抵销权的扩张中，破产中对于不同种类和附条件、附期限的债权也可以撤销，因为一旦企业破产，所有债权债务到期，且以金钱为价值衡量标准，破产中被抵销的实际上就是金钱债权和到期债权。对于附解除条件的债权，民法和破产法都允许抵销。对

---

① 王欣新：《企业破产法中的别除权、取回权与抵销权》，载《法学评论》1988 年第 4 期；邹海林：《破产法——程序理念和制度结构解析》，中国社会科学出版社 2016 年版，第 352~353 页。

② 齐树洁主编：《破产法研究》，厦门大学出版社 2004 年版，第 344 页；邹海林：《破产法——程序理念和制度结构解析》，中国社会科学出版社 2016 年版，第 352~353 页；李永军、王欣新、邹海林、徐阳光：《破产法》（第二版），中国政法大学出版社 2017 年版，第 139 页。

③ 柯善芳：《论抵销权》，载《现代法学》1988 年第 6 期。

④ 罗欢平：《论破产抵销权的限制》，载《河北法学》2015 年第 1 期。

⑤ 蓝邓骏、杜敏丽：《破产抵销权新论》，载《河北法学》2004 年第 2 期。

于附停止条件之债，因债权本身尚不存在，民法和破产法上都不应当适用抵销。并不存在所谓的破产抵销权扩张了民法抵销权的情形。①

有观点认为破产抵销权在限缩了民法抵销权范围的同时，进行了一定的扩展，扩展主要体现为允许附期限、附条件的债权和非同种类债权的抵销上。②

## 二、破产抵销权的立法意义

破产抵销权的价值主要体现在有利于保护对破产债务人负有债务的债权人和有利于保护债权人团体利益。

抵销权的行使对破产债务人负有债务的债权人的利益的保护主要体现在其相当于债权人不依照破产程序行使权利对债务人的财产优先受偿。对债权人的团体利益的维护主要体现在：第一，破产抵销权的行使可以简化破产程序。③ 第二，破产抵销权可以减轻管理人执行职务的事务性强度，节省债务人财产的管理和分配费用，加速破产程序的进行。④

## 三、破产抵销权的价值冲突及其确立

### （一）抵销权设置引起的价值冲突

破产抵销权问题的复杂性主要在于破产抵销权制度设立的目的原在于平衡债权人和破产债务人之间的利益关系，但正因为破产抵销权的存在，行使抵销权的破产债权人同其他债权人之间出现了新的利益不平衡。如不承认破产抵销权，对于对破产债务人负有债务的债权人来说是不公平的，即自己对破产债务人的债务，被要求作出全面履行，但对于债务人的债权

---

① 蓝邓骏、杜敏丽：《破产抵销权新论》，载《河北法学》2004 年第 2 期。

② 柯善芳：《论抵销权》，载《现代法学》1988 年第 6 期。

③ 李永军：《破产法——理论与规范研究》，中国政法大学出版社 2013 年版，第 287 页；邹海林：《破产法——程序理念和制度结构解析》，中国社会科学出版社 2016 年版，第 351 页。

④ 邹海林：《破产法——程序理念和制度结构解析》，中国社会科学出版社 2016 年版，第 351 页。

却不能全面受偿。① 若承认破产抵销权，抵销权行使导致的担保效果使抵销权人实际上优先于其他债权人清偿债权，不利于其他债权人利益的保护。

### （二）破产抵销权确立的正当性

我国《企业破产法》第40条已经明确设立了破产抵销权，理论界也普遍认为有设立破产抵销权的必要，但也有少数学者持反对意见。

反对意见的主要理由在于：第一，破产抵销权违背了破产法平等受偿的原则。第二，债权不可能全部受偿，每个人都没有全部受偿才是公平的。破产中的平等应当体现于同一顺位的破产债权人之间，而不是破产债权人和非破产债权人、债权人和债务人之间。② 第三，破产抵销权的存在容易引发道德风险，破产债权人故意制造破产抵销权。③

但主张确立破产抵销权的观点则认为，破产抵销权确立的正当性主要在于：第一，便利清偿，避免增加交易成本。第二，体现了公平和自然正义的概念。对于上文有学者认为的破产抵销权的行使会导致债权人的优先受偿而对其他债权人不公平的观点，反驳者认为因为抵销权的存在导致不能完全清偿是债权人事先应当预料到的，是正当的商业风险。第三，抵销权制度有担保功能。在担保法的逻辑下，即使法律不承认破产抵销权的存在，人们也可以利用所有权等间接实现担保目的，禁止的目的没有实现且增加了交易成本。④ 第四，法律应当保护积极行使权利的人。第五，"制造"破产抵销权的危险可以通过制度设计来加以约束。⑤ 第六，此举有利于保护债权人进行融资，刺激交易。⑥

---

① ［日］石川明：《日本破产法》，何勤华、周桂秋译，中国法制出版社2000年版，第133页。

② 谢梅：《对破产抵销权的审视与反思》，载《天水行政学院学报》2005年第3期。

③ 章其苏：《浅议破产程序中的抵销权》，载《法制与社会》2006年第2期。

④ 许德风：《破产视角下的抵销》，载《法学研究》2015年第2期。

⑤ 李岳：《抵销制度的价值》，2007年上海交通大学硕士论文。

⑥ 程俊鸽：《反思破产抵销制度的价值——以与合同法相比较为视角》，载《黑龙江省政法管理干部学院学报》2009年第4期。

## 四、破产抵销权的立法模式

对于破产抵销权的立法模式主要有两种，即全面允许破产抵销和禁止破产抵销。我国的《企业破产法》允许破产抵销。域外有国家禁止破产抵销权的行使，其主要理由同上文所述大致相同：第一，破产抵销权违背了按比例分配债务人财产的原则。第二，抵销权的行使不利于破产企业的重整。但禁止抵销的国家往往不禁止一些相互关联的特殊交易形成的交叉债权之间的抵销。①

## 五、破产抵销权的行使

### （一）破产抵销权行使要件

破产抵销权的行使要件分为实体要件和程序要件。实体要件主要包括：第一，债权人和破产债务人互负债权债务，所负债权债务无须同一种类。第二，互负的债权债务应当在破产申请受理之前成立。第三，若债权人已知债务人有不能清偿到期债务或者破产申请的事实，而对债务人负担债务的，债务人的债务人已知自己有不能清偿到期债务或者破产申请的事实，而对债务人取得债权的，不得抵销，但法律另有规定的除外。

程序要件中主要包括：第一，破产抵销权行使主体应当是破产债权人，特殊情况下可由管理人行使。理论上对于此问题存在争议，具体内容本书将在"破产抵销权行使主体"中阐述。第二，对于抵销权行使是否需要进行债权申报，理论上存在争议，具体内容本书将在"破产抵销权行使程序"中阐述。第三，破产抵销权应当在法院受理破产案件之后行使。但行使期间的终点，理论上存在争议，本书将在"破产抵销权行使期限"中具体阐述。

### （二）破产抵销权行使主体

对于破产抵销权的行使主体，立法层面上，《企业破产法》规定债权人可以行使抵销权，但对管理人能否行使没有作出规定，《破产法解释二》补充解释管理人在抵销使债务人受益的情况下可以行使抵销权。理

---

① 　王欣新：《破产法》（第三版），中国人民大学出版社 2011 年版，第 157 页。

论界对此问题一直存在争议，主要有两种观点，有学者认为抵销权只能由债权人行使，另有学者认为抵销权以债权人行使为原则，管理人行使为例外。

主张抵销权以债权人行使为原则，管理人行使为例外的主要理由包括：第一，由于管理人在接管财产后应当保证财产的完整性，维护债权人整体利益，管理人行使抵销权实际上有利于特别债权人。债务人届时已经丧失了管理和处分财产的权利，所以原则上抵销权人只能是债权人。第二，但当管理人主张抵销不损害债权人利益时管理人可以行使权利。①

对于何时可由管理人行使抵销权，学者主要提出以下几种情形：①享有抵销权的债权人本身亦受破产宣告或有破产风险时。②债权人没有行使抵销权，且其债权的受偿份额已在破产分配方案得到确定时，破产管理人可在受偿额范围内主张行使抵销权。③破产债务人的自由财产与破产债权的抵销。④属于破产财产的债权与破产费用的抵销。破产费用有优先由破产财产受偿的地位，管理人主张用破产债权抵销破产费用，对破产债权人利益没有影响。⑤有担保的债权与属于破产财产的债权的抵销。② ⑥破产债权人恶意不行使抵销权的。③

主张抵销权只能由债权人行使的主要理由包括：第一，企业一旦宣告破产，法律主体资格立即丧失，无法行使抵销权。第二，如果让破产企业行使抵销权可能会出现恶意形成等额债权情形。第三，管理人只是破产财产的监管人，不是破产关系的当事人，无权行使抵销权。④ 第四，管理人的职责是为全体债权人共同利益活动。但抵销权行使将使个别债权人受益，破产财产减少，客观上不利于大多数破产债权人。⑤ 第五，破产最终分配方案确定之后，对债权人依据方案实际分配的债权数额与债务人之债权的抵销，破产费用和共益债务与债务人之债权的抵销和有担保的债权与属于债务人之债权的抵销，属于民法上的抵销而不是破产法上抵销，当然

---

① 蓝邓骏、杜敏丽：《破产抵销权新论》，载《河北法学》2004 年第 2 期。

② 蓝邓骏、杜敏丽：《破产抵销权新论》，载《河北法学》2004 年第 2 期。

③ 于莹、杨立：《破产程序中抵销规则的解释论考察》，载《甘肃社会科学》2014 年第 5 期。

④ 刘安宇、任诚宇：《破产法中的抵销权制度管窥》，载《法学论坛》1995 年第 4 期。

⑤ 王欣新、王中旺：《论破产抵销权》，载《甘肃社会科学》2007 年第 3 期。

可由管理人行使。① 并且人民法院受理破产申请后破产债权人就应该清偿对破产债务人的债务，等到破产分配方案的确定再来由管理人主张抵销不具可操作性。② 第六，在债权人也面临破产且破产分配率较低时，若允许管理人行使抵销权，不利于债权人的破产债权人的利益的保护。③

本书认为，破产债务人的自由财产与破产债权的抵销只出现于自然人破产的情形中，企业破产中破产债务人不存在自由财产问题。有担保的债权与属于破产财产的债权的抵销并不一定对其他债权人没有影响，当担保财产价值低于担保债权时，超出部分仅能按照一般破产债权进行清偿，此时若允许这一部分由管理人主张抵销，不利于其他债权人利益的公平保护。否定管理人可以行使抵销权的观点中，其主张的企业破产后主体资格消失问题，即在企业进入破产程序中，由管理人代企业行使权利，管理人仅仅为破产企业监管人而非债权债务关系的当事人的理由也值得商榷。对于恶意抵销的问题，无论是只允许债权人行使抵销权还是允许管理人行使抵销权都存在恶意抵销的情形，我国现行立法已作出了一定的规制。本书认为，虽然管理人的职责主要在保证破产财产的完整，但若抵销对债务人财产没有不利影响的，应当允许管理人行使抵销权。

### (三) 破产抵销权行使期限

对于应当在何时行使抵销权，理论界存在争议。

就行使的起点，有学者认为抵销权人需要在法院受理破产申请之后行使，否则为民法上的抵销。若法院在受理破产申请之后还没有指定管理人，抵销权人应当在指定管理人之后行使抵销权。④ 但另有学者认为，破产债权人参加破产程序必须进行债权申报，破产债权经过确认之后才能清偿。因此抵销权人只有在已进行债权申报、债权人会议核查后没有异议、法院裁定确认或者经法院、仲裁生效裁判确认之后才能行使抵销权。⑤

就破产抵销权行使的终点，有学者认为是破产财产分配公告发出

① 王欣新、王中旺：《论破产抵销权》，载《甘肃社会科学》2007 年第 3 期。
② 罗欢平：《论破产抵销权的限制》，载《河北法学》2015 年第 1 期。
③ 罗欢平：《论破产抵销权的限制》，载《河北法学》2015 年第 1 期。
④ 殷慧芬主编：《破产法》，法律出版社 2014 年版，第 93 页。
⑤ 高正：《破产抵销权研究》，复旦大学 2012 年硕士学位论文。

前，这主要考虑到破产财产分配方案对全体债权人具有强制执行力。①
另有学者认为终点是破产财产最终分配前，主要理由在于：破产财产未
最终分配之前仍然属于债务人的财产，所有权没有转移。抵销权人仍然
可以行使抵销权。② 还有学者认为是破产程序终结前。主要理由在于：
第一，虽然破产财产分配方案具有强制执行力，但不能以此认为债权不
能抵销，反而是无争议债权更适合抵销。③ 第二，我国破产法并没有规
定抵销权只能在破产分配方案确定之前行使，应当认为在破产程序终结
之前都可行使。④ 第三，我国破产程序的各个阶段对于债权人行使抵销
权不产生实质影响。⑤

### （四）破产抵销权行使范围

1. 附条件债权的抵销

（1）附解除条件的债权抵销

附解除条件的债权是指当所附条件成就时，即告消灭的债权。债权虽
已发生法律效力，但若条件的成就，失去法律效力。

对于附解除条件的债权抵销问题，探讨主要从两个视角出发。第一，
未区分主动或被动债权附条件。第二，区分主动债权附解除条件、被动债
权附解除条件和主动、被动债权都附条件三种情况。

不区分主动或被动债权附条件的学者认为对于附解除条件的债权，所
附条件不成就的，该债权继续存在，债权人可进行抵销，但需要就抵销数
额提供担保或者将应抵销的财产进行提存。解除条件成就，则债权人必须
返还已用作抵销的财产。如果在最终分配期限届满之前，解除条件仍尚未

---

① 吴庆宝主编：《破产案件裁判标准规范》，人民法院出版社 2009 年版，第
169 页。

② 殷慧芬主编：《破产法》，法律出版社 2014 年版，第 93 页。

③ 李永军：《破产法——理论与规范研究》，中国政法大学出版社 2013 年版，
第 299 页。

④ 李永军：《破产法——理论与规范研究》，中国政法大学出版社 2013 年版，
第 299 页。

⑤ 邹海林：《破产法——程序理念和制度结构解析》，中国社会科学出版社
2016 年版，第 363 页。

成就，该抵销有效，担保解除。①

将附解除条件的债权抵销分为主动债权附解除条件、被动债权附解除条件和主动、被动债权都附条件三种情况的观点认为：①对于债权人主动债权附解除条件的，当解除条件未成就，主动债权处于生效状态，债权人可以行使抵销权。但应当就债权的抵销数额提供担保或者提存相应的货币。② 但对于提供担保或者提存的要求，有学者持反对意见。主要理由在于一方面在主动债权附解除条件的情况下由于条件成就没有溯及力，抵销时债权有效成立即可。若日后条件成就债权消灭，可以通过不当得利制度，不需要在抵销时要求主动债权人提供担保或者提存清偿额，另一方面提存清偿额与抵销权节省给付的功能相矛盾。③ ②当被动债权附解除条件时，由于此种抵销由债权人提出，破产债务人不需要提供担保或者提存相应货币。但其内部对于被动债权条件成就后应当如何处理存在争议，主要有三种观点：第一种观点认为此时的抵销是债权人自愿放弃被动债权解除条件成就后的利益，解除条件成就后不得主张构成不当得利。④ 第二种观点认为否认不当得利有失公平，管理人应将抵销债额作为不当得利予以返还。⑤ 第三种观点较为折中，认为如果被动债权解除条件在破产程序终结后成就，由于已经分配完毕，已无破产财产可用以清偿此项债务，而破产债务人又受免责之保护，应当认为是主动债权的债权人在主张抵销时自愿承担此项风险。被动债权在破产程序终结前成就者，破产债务人固受有利益，但利益范围不是抵销的全部金额。原因在于如果被动债权条件成就，主动债权仅为普通破产债权，仅能依破产程序受一定比例之分配。③主动债权、被动债权都附条件时，依照上述原则处理。⑥

---

① 严加武：《破产抵销权问题研究》，载《法律适用》2005 年第 11 期；邹海林：《破产法——程序理念和制度结构解析》，中国社会科学出版社 2016 年版，第356 页。

② 王欣新、王中旺：《论破产抵销权》，载《甘肃社会科学》2007 年第 3 期。

③ 于莹、杨立：《破产程序中抵销规则的解释论考察》，载《甘肃社会科学》2014 年第 5 期。

④ 于莹、杨立：《破产程序中抵销规则的解释论考察》，载《甘肃社会科学》2014 年第 5 期。

⑤ 王欣新、王中旺：《论破产抵销权》，载《甘肃社会科学》2007 年第 3 期。

⑥ 王欣新、王中旺：《论破产抵销权》，载《甘肃社会科学》2007 年第 3 期。

（2）附停止条件的债权抵销

附停止条件的债权是指条件成就前债权虽已有效成立，但尚不发生效力，待条件成熟时发生效力。

对附停止条件的债权抵销，理论界主要从两个视角进行探讨：第一，不区分主动或者被动债权附停止条件。第二，将其区分为主动债权附停止条件、被动债权附停止条件和主动债权被动债权都附条件。

不区分主动或被动债权附停止条件的观点认为，条件成就前，债权未生效不能抵销。但考虑到成就条件处于期待之中，应当允许抵销并提存清偿额。若在最后分配时条件仍未成就，其提存的清偿额则应作为破产财产处理。①

将附停止条件的债权抵销分为主动债权附停止条件、被动债权附停止条件和主动债权受动债权都附条件的观点认为：①对于主动债权附停止条件的，认为应当允许抵销并要求债权人提存清偿额。②对于被动债权附停止条件的，有学者认为此时主动债权人的抵销，是自愿放弃被动债权停止条件不成就、尚未发生法律效力之利益。② 但也有的学者反对，认为抵销后，若在破产分配开始后的除斥期间内，被动债权停止条件仍不成就，自动债权则应恢复成普通债权，继续依破产程序受偿。③

本书认为附条件破产债权抵销权制度的具体制度设计需要追求个别债权人和一般破产债权人之间的利益平衡。附条件债权抵销导致的债权债务人之间的利益关系主要为：主动债权附解除条件，在条件成就前抵销，破产企业承担条件成就的风险。被动债权附解除条件，债权人承担条件成就风险。主动债权附停止条件，破产企业承担条件成就风险。被动债权附停止条件，债权人承担条件成就风险。分析可知主动还是被动债权附条件，导致的利益倾斜不同，法律所需要作出的调整自然不同。不区分主动债权和被动债权，笼统判断是否允许抵销该如何抵销的做法值得商榷。

2. 给付种类不同的债务的抵销

理论界普遍认为破产抵销不受债务给付种类不同的限制。但是对于为

---

① 柯善芳：《论抵销权》，载《现代法学》1988 年第 6 期。

② 于莹、杨立：《破产程序中抵销规则的解释论考察》，载《甘肃社会科学》2014 年第 5 期。

③ 王欣新、王中旺：《论破产抵销权》，载《甘肃社会科学》2007 年第 3 期。

何可以抵销存在争议。

对于可以抵销的原因，理论界主流观点认为破产程序中，以金钱分配为原则，所有债权在算定债权额时，均转化为金钱，故给付种类不同的债权的区别已被消除。①

也有学者认为不同种类债权之间可以抵销应该基于合意而非所谓的债权债务转化为金钱。主要理由包括：第一，转化为金钱债权的仅仅是指以破产企业为债务人的债权。而以破产企业为债权人的债权如果原来非金钱债权，非必要、当然地转化为金钱债权。两者仍为非同种类债权债务。第二，重整中并非破产企业所有的债务都要转化为金钱债务，为了重整的顺利完成，更好的是继续履行。②

3. 未到期债权债务的抵销

若债务人对债权人负有的债务尚未到期，未到期的债务因为破产程序加速到期，可以与债权人对债务人的债务进行抵销。由于抵销权人不依照破产程序行使权利，因此当抵销权人行使抵销权时，利息不仅仅计算至法院受理破产申请时。当未到期债权不附利息时，抵销债权额应扣除抵销时尚未到期的利息。如果附有利息，抵销债权额计算至抵销时。③

若债权人对债务人负有的债务，由于债权人未出现不能支付的状况，债权人对债务人负有的债务并未加速到期。但债权人有放弃自己的期限利益主张与破产债务人抵销的自由。④

**（五）破产抵销权行使程序**

抵销权行使是否需要申报债权，理论界主要有积极说、消极说和折中说三种观点。

---

① 邹海林：《破产法——程序理念和制度结构解析》，中国社会科学出版社2016年版，第353页；李永军、王欣新、邹海林、徐阳光：《破产法》（第二版），中国政法大学出版社2017年版，第138~139页。

② 于莹、杨立：《破产程序中抵销规则的解释论考察》，载《甘肃社会科学》2014年第5期。

③ 邹海林：《破产法——程序理念和制度结构解析》，中国社会科学出版社2016年版，第355页。

④ 最高人民法院民事审判第二庭编著：《最高人民法院关于企业破产司法解释理解与适用》，人民法院出版社2017年版，第461~462页。

积极说认为需要进行破产债权申报。主要理由包括：第一，抵销权类似于一种未公开的担保权。经过申报由债权人会议审查有助于保障债权真实性，将其公开化也可以接受其他债权人的质疑。第二，抵销权的行使牵涉利益众多。抵销权的行使本身使债权人取得了优于其他债权人的优先地位，在程序上不应再过多享受独特地位。第三，可以防止利用抵销债权侵害其他债权人利益的情况出现。① 第四，债权申请是债权人行使权利的前提，只有经申报债权，债权人才成为破产程序当事人。第五，债权人行使抵销权是行使债权的一种方式，与普通债权获得分配清偿没有不同，自然受债权申报的限制。第六，法律规定未申报的债权不能享受破产财产分配，且《企业破产法》第 48 条第 2 款规定了不需要进行债权申报的债权，其中并没有抵销债权。② 第七，债权人参与统一分配都要经过如此严格的债权审查程序，通过抵销方式实现个别清偿的债权也应经过严格的审查程序。按照破产程序进行审查的前提就是债权申报参与到破产程序中。③ 第八，管理人承认抵销权需要经过债权人会议或者代表同意，债权只有经过申报才具备管理人承认抵销权的基础。④

消极说认为不需要申报债权就可以行使抵销权。主要理由有：第一，债权人参加破产程序是债权人的权利而不是义务，法律没有强迫债权人进行债权申报的理由，不依照破产程序进行的抵销权更是如此。第二，债权人向管理人行使抵销权需要管理人承认只是因为管理人的职务行为，不能由此认为需要债权人申报债权。第三，破产抵销权的行使使特定债权人取得了额外利益，这与破产程序追求的平等受偿不同，本身就是对破产程序的排除。第四，破产抵销权为请求权，债权人行使权利不以寻求司法救济为必要。而债权申报仅仅为债权人在破产程序中的要求，在破产程序之外

---

① 蓝邓骏、杜敏丽：《破产抵销权新论》，载《河北法学》2004 年第 2 期。

② 王欣新、王中旺：《论破产抵销权》，载《甘肃社会科学》2007 年第 3 期；殷慧芬主编：《破产法》，法律出版社 2014 年版，第 93 页。

③ 于莹、杨立：《破产程序中抵销规则的解释论考察》，载《甘肃社会科学》2014 年第 5 期。

④ 邹海林：《破产法——程序理念和制度结构解析》，中国社会科学出版社 2016 年版，第 361 页。

行使抵销权不用债权申报。①

折中说认为，抵销原则上不需要申报债权，只需要通知管理人，但破产债权人和管理人对债权存在异议的，债权人应当申报债权。②

### (六) 破产抵销权的行使效力

我国破产法没有对抵销权行使是否有溯及力作出规定，对于此问题理论上也存在争议。主要有肯定说和否定说。

肯定说认为有溯及力，破产抵销之后，双方的债权债务关系溯及能抵销之时。即使一方构成延迟履行或因违约应当承担赔偿责任，也在抵销后消灭。主要理由在于：第一，破产抵销权源于民法抵销权，应当承袭民法抵销权具有溯及力的规定。第二，如果在抵销以后还要求支付利息，进行损害赔偿，那么债权债务关系没有因抵销而发生消灭，这样不仅使当事人间的法律关系更加复杂，也不符合抵销权制度的目的。③ 第三，应当认为抵销权人在提出破产抵销权主张之时，已经考虑到了违约责任、利息及损坏赔偿责任的存在并进行了处分，即已将违约责任、利息或者损坏赔偿责任对应的金额计入到债权中，对未计入部分视为放弃。④

否定说认为抵销权的行使没有溯及力，抵销权人做出抵销的意思表示、行使权利之前不具有自动消灭债务的效力。因此行使抵销权之前，如果有违约行为，仍要承担违约责任。⑤

---

① 邹海林：《破产法——程序理念和制度结构解析》，中国社会科学出版社2016年版，第362页。

② 邹海林、周泽新：《破产法学的新发展》，中国社会科学出版社2013年版，第191页。

③ 最高人民法院民事审判第二庭编著：《最高人民法院关于企业破产司法解释理解与适用》，人民法院出版社2017年版，第455页。

④ 强文清：《论我国破产抵销权的行使》，吉林大学2017年硕士学位论文。

⑤ 王欣新、王中旺：《论破产抵销权》，载《甘肃社会科学》2007年第3期。

# 第七章 重 整

## 第一节 概 述

### 一、重整的概念

重整，英语为 reorganization，法语为 redressement，在日语里被称作"更生"或"再生"，翻译之后也有其他多种称谓，如"再生""恢复""司法康复"等，但其本质是相同的。布莱克法律词典将重整解释为：当债务人认为自己将濒临破产或无力清偿到期债务时，可以依破产法第 11 章申请适用该程序；在法院的监督下，在出现一个能为 2/3 以上多数债权人赞同的重整计划之前，债务人通常可以继续其营业；如果在申请适用该程序时债务人已经陷入破产境地，则股东的绝大多数必须赞同重整计划。① 日本一位学者将其定义为：股份有限公司处在困境之下，但是有再建的希望的，继续调整其利害关系人之间的利益，以谋求企业再生的制度。② 日本另一学者认为：公司的更生，是对虽处于困境但却有再建希望的公司，谋求维持和更生的制度，就是如果偿还到期债务就会给继续营业带来显著障碍或者有发生成为破产原因的事实危险的公司，按照公司更生

---

① See：Bryan A. Garner, Black's Law Dictionary, West Publishing Co. 1999, Seventh Edition，p. 147. 转引自羌旭：《中美企业破产重整制度比较研究》，复旦大学 2012 年硕士毕业论文。

② ［日］石川明：《日本破产法》，何勤华、周桂秋译，中国法制出版社 2000 年版，第 9 页。

法在裁判所的监督下谋求其再建的一种制度。① 韩国一位学者将重整定义为以维持企业的实体的存在，从而保全作为继续运营企业的经济上及社会上的价值为目的的制度。②

从我国大陆地区的相关法律文献来看，有代表性的阐释主要有以下几种：

第一种观点认为重整是一种债务人具有破产原因或者有陷入破产的可能时为避免进入清算，通过法院这样的公权力机关主持的一种协商偿债制度。③

第二种观点认为重整是一种债务人已具破产原因或者有陷入破产的可能而又有再生希望的债务人实施的挽救其生存的积极程序。④

第三种观点认为重整是指经由利害关系人的申请后，在法院的主持和利害关系人的参与下，对具有重整原因和重整能力的债务人进行生产经营上的整顿和债权债务关系上的清理，以使其摆脱财务困境，重新获得经营能力的破产预防制度。⑤

综上所述，国外学者的定义均由本国重整制度出发而作出的。国内学者对于重整制度的定义虽各有侧重，但本质都是相同的。简而言之，重整制度是针对存在重大财务风险已经具有法定破产事由或是可能破产又具有

---

① ［日］龙田节：《商法略说》，谢次昌译，甘肃人民出版社 1985 年版，第 127 页。注：石川明教授与龙田节教授的这个定义仅仅指日本《公司更生法》而言的，不包括日本 2000 年颁布的《民事再生法》。而日本的重整制度实际上是《公司更生法》与《民事再生法》并行的制度。

② ［韩］李哲松：《韩国公司法》，吴日焕译，中国政法大学出版社 2000 年版，第 743 页。

③ 李曙光：《关于新破产法中的重整制度》，载《人民法院报》2004 年 8 月 27 日第 3 版。

④ 代表性的著作包括：邹海林：《破产程序和破产法实体制度研究》，法律出版社 1995 年版，第 9 页；李永军：《破产法——理论与规范研究》，中国政法大学出版社 2013 年版，第 317 页；汤维建：《破产程序与破产立法研究》，人民法院出版社 2001 年版，第 374 页；韩长印主编：《商法教程》，高等教育出版社 2007 年版，第 446 页。

⑤ 代表性的文章包括：韩长印主编：《商法教程》，高等教育出版社 2007 年版，第 446 页；王欣新：《破产法》（第三版），中国人民大学出版社 2011 年版，第 244 页。

再生可能的企业，由利害关系人申请而实施旨在摆脱企业困境，实现企业重生的一种特别的法律制度。

## 二、重整制度的特征

我国《企业破产法》对重整的规定与和解和破产清算有很多特殊之处，这是由于重整具有其特殊性。重整在保证债权人之间的公平清偿之外还要尽最大可能维护债务人的资产和经营，拯救债务人的营运价值。

重整制度主要具有以下基本特征:[1]

（1）重整对象的特定化

重整程序是一项代价巨大，耗资惊人的制度，因而除美国、法国等少数国家或地区的法律所规定的重整对象较宽外，其他国家和地区均将重整对象限制在较小的范围内，比如，韩国《公司重整法》第1条规定仅适用于股份有限公司；我国台湾地区"公司法"第282条更将重整对象严格限制在公开发行股票或公司债券的股份有限公司。

（2）重整原因宽松化

重整原因相对于和解和清算而言是比较宽的，债务人、债权人或股东申请重整程序的开始，并不要求债务人具有破产原因，而只需证明有财务困难即可。甚至有的国家比如英国法认为，当债务人提出申请时，其申请本身即可作为具有重整原因的推定。

（3）程序启动多元化

破产申请由债务人或债权人提出，而和解申请，按一般国家的破产法或和解法规定，只能由债务人提出。但重整程序的启动呈多元化状态，其申请可由债务人、债权人甚至出资人提出。

（4）程序措施多样化

重整计划的内容包括债权人对债务人之间的妥协，还包括企业的经营计划即整体出让、合并与分离、追加投资、租赁经营等。

（5）程序优先化

---

① 李永军:《破产法律制度》，中国法制出版社2000年版，第389~390页。另外我国学者汤维建把其基本特征概括为:启动私权化、过程公权化、程序优位化和目标多元化。参见汤维建:《破产程序与破产立法研究》，人民法院出版社2001年版，第374页。

重整程序不仅优先于一般的民事执行程序，同时也优于另外两种破产程序即清算与和解。因此当重整程序开始后，一般民事执行程序应当中止，正在进行的清算或和解程序也应当中止。当清算、和解与重整申请同时提起时，法院应当优先受理重整申请。

（6）担保物权的非优先性

与破产清算及和解程序不同，重整程序的效力及于担保物权。重整程序一经开始，担保物权的行使就会受到限制。这是对传统民法之"物权优于债权"原则的突破，充分体现了重整程序将社会利益放在首位，而将债权人利益及其他因素放在次要位置的价值取向。

（7）参与主体的广泛性

在清算程序或和解程序中，主体仅限于债权人与债务人，股东由于企业资不抵债没有任何发言权。而在重整程序中，却规定了股东的法律地位，股东不仅可以申请企业重整，而且在必要时对重整计划可以行使表决权。

正是因为公司重整制度有上述特点，《企业破产法》中规定的和解整顿制度与重整制度是截然不同的。

### 三、重整的制度价值

在当今的社会经济情势下，国家高度重视"僵尸企业"（zombie enterprise）① 处置问题，党的十八届五中全会将处理"僵尸企业"的基本原则加以明确，即"重组救活为主、破产退出为辅"。这是因为重整制度相较于清算制度来说具有其特殊的价值。

#### （一）使债权人得到更高的清偿率

相比起将企业拆分得七零八落的破产清算制度，重整制度无论是出售型重整还是保留型重整都能使债权人获得更高的清偿率。② 出售型重整虽

---

① "僵尸企业"（zombie enterprise）是经济学家彼得·科伊提出的一个经济学概念，就是指那些无望恢复生气，但由于获得放贷者或政府的支持而免于倒闭的负债企业。

② BGH NJW 1997，524，525，转引自［德］莱因哈德·波克：《德国破产法导论》，王艳柯译，北京大学出版社 2014 年版，第 186 页。

然也是将企业资产变卖以清偿债权人，但企业的整体出售的价值往往大大高出拆分出售的价值，能使债权人清偿率大为提高。保留型重整使企业"起死回生"，重新恢复营运能力的企业偿债能力高于清算中的企业是毋庸置疑的。

### （二）保留就业职位

大型化的企业破产清算的情况下，会带来一系列人们不愿看到的后果，这一点已取得人们的广泛共识。如果简单采取清算的方式的话，就会使那些投入了大量人力财力，通过巨额资产的有机组合向社会提供商品和服务的企业直接归于消灭。这样一来，在那些企业工作的劳动者成为新的失业者，使社会的失业率增高。

### （三）保持社会稳定

重整制度打破了私法与公法之间的传统界限，将私权本位与社会本位相调和，对社会的稳定有重要的意义。除了能减少失业率，提供更多的岗位之外，同时也具有社会稳定器的功能。一个企业的存在并不是孤立的，在现今机器大分工的社会，它通过原材料的供应、产品销售等方式与其他企业联系起来，成为一套完整的供应链。所以，如果一个企业因为破产而被消灭，势必会对其他企业产生连锁反应。企业的规模越大，对社会稳定的影响就越大。因此，当一个大型企业甚至上市公司陷入困境时，人们更希望企业能够继续存续下去。[①]

### （四）优化资源配置

最重要也是现今最受关注的，是重整程序的资源重置效果，它恰好能肩负起结构性改革的任务。它根据债务人的恢复盈利能力和发展盈利规模的需要，向市场释放过剩产能和从市场吸收所需产能，优化市场资源的配置；相较于破产清算仅仅通过主体退出，向市场单向地释放产能，重整程

---

[①] 竹下守夫：《倒产法的现代课题与日本倒产法》，转引自王卫国：《破产法》，人民法院出版社 1999 年版，第 228 页。

序更符合产能结构调整的目标。①

## 第二节 重整的启动阶段

《企业破产法》的颁布施行将重整制度引入我国破产法体系之中。但《企业破产法》颁布实施十多年的重整实践证明重整制度的实施情况并不理想。学界普遍认为，我国重整制度实施情况不理想很大程度上是因为我国重整程序启动难，我国现行重整程序的启动权由人民法院控制，市场主体对重整程序启动作用有限，这很大程度上制约了我国破产程序的展开和制度的效果②。如何从重整制度的具体设计上着手，设计一套在保证重整效率的前提下鼓励重整的启动规则一直是学界和司法界关注的焦点。

从重整启动的程序来看，大体可以分为三个阶段，债务人、债权人、出资人提出申请，经过法院审查确定是否符合重整程序启动的法定条件，最后由法院作出是否受理的裁定。对于重整的启动程序，学界的关注焦点主要体现在以下几个方面：

### 一、重整的申请人

我国《企业破产法》第70条规定了有资格申请破产重整的主体主要有三类：即债务人、债权人和出资额占债务人注册资本 1/10 以上的出资人，区别在于不同申请主体在破产申请条件和程序上有所不同。

### （一）债务人

公司重整的法律制度的目标是"阻止任何试图重整那些本应该清算的公司的努力；推动任何试图重整那些具有营运价值的公司的努力"。③

---

① 《运用法治方法化解产能过剩》，http：//fxh. wuxi. gov. cn/doc/2016/12/23/1211152. shtml.

② 张海征、徐宪：《论我国破产重整程序存在的问题——以英国法为视角》，载《铜陵学院学报》2012 年第 1 期。

③ Douglas G. Baird, The Hidden Values of Chapter 11：An Overview of The Law and Economics of Financially Dis tressed Firms, p. 2. available at http：//www. law. uchicago. ed u/Lawecon/wp 1-50. html. 转引自李曙光、王佐发：《中国〈破产法〉实施三年的实证分析——立法预期与司法实践的差距及其解决路径》，载《中国政法大学学报》2011 年第 2 期。

债务人自身最了解其是否具有营运价值，为了使陷入破产危机或有破产之虞的债务人尽快得到拯救，各国的立法均规定债务人可以主动提出重整申请。

法律赋予债务人申请重整资格的原因在于：一是基于债务人对自身财务状况和其未来经营能力、价值的了解。二是在企业尚未到达破产界限但是出现可能明显丧失清偿能力的情形时也可以主动申请重整，以达到即使拯救危机企业的目的。然而此类信息一般只有当事人了解，作为债权人等"局外人"难以知悉，不赋予债务人重整申请的权利极易丧失重整的最佳时机，会极大降低重整效率和效果。[①] 三是债务人主动申请重整被称为"主动破产"，表明其强烈的重整意愿和决心，重整成功的几率会更高。

### （二）债权人

《企业破产法》第 70 条同样赋予债权人以重整申请权，债权人可以在满足第 2 条规定破产重整的条件也可以直接申请重整，此为各国立法的通例。

但为防止个别债权人滥用重整申请权而损害债务人正常经营并且浪费司法资源，域外立法上对于债权人申请重整的资格也有一定的限制。日本、韩国和我国台湾地区都规定债权总额必需占公司注册资本总额 1/10 以上的债权人才有申请重整的资格。而我国《企业破产法》虽对此亦有限制，但《企业破产法》第 2 条对债权人申请权的限制显然不足以防止债权人滥用申请权，因此有学者建议仿照域外法的规定将债权人申请重整的资格限制在合并持有相当于公司注册资本额 1/10 以上，[②] 但是并不限制债权人的主体人数。

### （三）出资人

从申请主体来看，出资人有权提出重整申请是重整程序与其他两大程序的区别。《企业破产法》第 70 条第 2 款规定债务人或者出资额占债务人注册资本 1/10 以上的出资人同样有权提出重整申请。有学者分析《企

---

[①] 丁昌业译：《英国破产法》，法律出版社 2003 年版，第 7 页。

[②] 彭国元、张亚琼：《论破产重整程序的启动》，载《学术论坛》2012 年第 2 期。

业破产法》第 70 条第 2 款法律文本认为，我国重整制度中出资人申请重整需要三个条件：首先，债权人必须已提出对债务人进行破产清算的申请，这是出资人申请重整的前提条件；其次，出资人的出资额需达到债务人注册资本的 10% 以上，可以单独持有或是数个出资人合并持有达到 10% 以上比例，对出资人作出持有股权比例进行限制的原因在于防止少数出资人滥用重整申请权；最后，在申请时间上为法院接受破产申请后，宣告破产前提出。①

　　重整程序中出资人可以利用其法律地位，充分发挥挽救困难企业的作用。从根本上来说，出资人与企业利益具有一致性，出资人具有积极挽救企业的意愿并付以实际行动。我国破产制度中，出资人只具有后续重整申请权，即出资人申请重整的时间限制在法院受理破产申请后至宣告破产前。在供给侧改革下，法律赋予出资人以后续重整申请权，可以使很多已经进入破产清算程序的企业，正式通过该权利提出重整申请，继续注资，最终使得企业得以恢复。

### （四）应否赋予董事会重整申请权？

　　除了以上法律所规定的 3 类主体外，学界还有学者认为应当同时赋予董事会申请重整的权利。②

　　比较法上，美国破产法规定董事会也可以申请重整，这主要是考虑到公司治理的连续性和稳定性，原经营管理层对企业经营状况的熟悉，鼓励危机企业尽早抓住重整时机。而根据我国《企业破产法》，作为企业长期的经营者，最熟悉和了解企业经营状况、居于企业治理核心地位的董事会（董事），却没有提出申请的权限。为了发挥董事会（董事）在危机企业治理中的积极作用，让企业能够及时获得破产保护，我国可以借鉴美国破产法的规定，考虑在立法中赋予董事会作为债务人作出企业重整申请决议的权限，采取积极措施避免经营状况恶化。

---

　　①　李永军：《破产法——理论与规范研究》，中国政法大学出版社 2013 年版，第 353 页。

　　②　邓益洋：《2014 年中国破产法理论研究综述》，载顾功耘主编《公司法律评论（2005 年卷）》，上海人民出版社 2015 年版，第 333 页。

## 二、重整的启动要件

### (一) 重整原因

我国《企业破产法》第 2 条规定：“企业法人不能清偿到期债务，并且资产不足以清偿全部债务或者明显缺乏清偿能力的，依照本法规定清理债务。企业法人有前款规定情形，或者有明显丧失清偿能力可能的，可以依照本法规定进行重整。”由此可见，我国的重整程序不仅适用于已具有破产原因的企业，也适用于那些因经营或财务困难将要成为无力偿债的企业。[①]

从法律的规定可以看出，我国《企业破产法》赋予了重整程序较为宽泛的启动条件。目的在于使有再生希望的债务人在出现无力偿债的可能性的时候能尽早进入重整程序以重获新生。由于市场瞬息万变，如果等到债务人已经具备破产原因再申请重整，往往已经错过了重整的最佳时机，大大降低了重整的成功率。

### (二) 具有再生希望

单单具有重整程序启动的原因并不能认为企业已经具备重整条件。首先，重整的首要目的就是拯救陷入困境的企业，但在重整程序中必然会发生债权人放弃一部分债权、股东让渡一定权益的情况，加上高额的管理人的费用和共益债务，因此重整的成本是极为高昂的。其次，重整也会改变原有的利益结构和经济关系。所以，如果仅仅在企业具备重整的原因就启动重整程序，那么就会出现大量在启动后因企业无力承担高昂的重整成本而被迫转入破产清算的情形，既增加了成本又浪费了资源，又给别有用心的债务人滥用重整逃避清偿债务提供了机会，最终必然损害债权人的利益。

因此理想状态下进入重整的企业必须具有“再生希望”。但判断是否具有“再生希望”是一个极其复杂的问题。我国《企业破产法》规定自

---

[①]　覃有土：《商法学》（第四版），高等教育出版社 2017 年版，第 480 页。

申请至受理的最长期限仅为 22 日,① 如果遇到较为复杂的案件, 在如此短的时间内法院能否对此作出准确的判断值得怀疑。我国《企业破产法》的起草过程中对此也有过激烈的讨论, 不过最终我国现行重整制度未对"再生希望"作出明确规定。

但围绕再生能力或是再生希望是否应在立法上纳入重整程序启动的前提条件的争议却从未平息。司法实践上一些案例中法院似乎已经主动将"具有再生希望"纳入重整申请要件中, 引起了学界的关注。学界的观点分为肯定说和否定说两派:

### 1. 否定说

否定说的支持者认为, 再生希望不宜作为重整程序启动的条件。首先"有再建希望"作为标准往往难以判断, 若是将具有再生希望纳入重整程序启动的实质条件中, 特别是将此权利赋予法院, 势必会使得重整程序启动难上加难。② 其次, 从制度目的来看, 重整制度是为了挽救具有再生希望的困难企业。在进入重整程序之前, 重整成功的可能性通常还难以确定, 只有在程序开始以后才能真正确定, 因此不应轻易放弃重整的机会。③

### 2. 肯定说

肯定说的支持者认为,《企业破产法》或司法解释应当明文规定将"有再生希望"作为申请重整的实质条件。这是为了防止重整程序被不诚实的债务人滥用, 同时法院应对重整申请既要进行形式审查, 也要进行实质审查。

有学者认为, 为防止股东或是债务人不正当利用重整程序损害债权人合法权益, 应当将再生希望纳入重整程序的实质条件; 同时, 出于法院裁定驳回重整申请逻辑的需要, 也应当考虑将其纳入程序启动的条件。④

---

① 参见《企业破产法》第 11 条。此为由债权人申请的情况下, 由其他主体申请仅为 15 日。

② 高长久、汤征宇、符望:《上市公司重整中的法律难题——以华源股份重整为例》, 载《证券法苑》2010 年第 3 期。

③ 徐昌荣:《论新破产立法中的重整程序开始及存续要件》, 载《律师事业与和谐社会——第五届中国律师论坛优论文集》2005 年版, 第 29 页。彭国元、张亚琼:《论破产重整程序的启动》, 载《学术论坛》2012 年第 2 期。

④ 代表性的文章有: 肖磊:《论再建希望作为重整启动之要件》, 载《东南学术》2011 年第 6 期; 彭国元、张亚琼:《论破产重整程序的启动》, 载《学术论坛》2012 年第 2 期。

将"再生希望"纳入重整启动的要件在实践上还有一定的障碍，主要是由于"再生希望"的标准模糊，在司法上运用具有一定的困难和分歧。因此，支持肯定说的学者大多认为有必要对"判断是否具有再建希望"作出细化解释。学者们提供的判断标准主要包括：①将"营业价值明显低于清算价值"作为消极要件，使法官易于判断。① ②继续经营的追加投资能否确保。③生产供应能力和市场需求高低。④企业所属行业是否已明显失去市场前景并且没有转产可能。⑤已丧失原来赖以生存发展的专利和专有技术、驰名商标、商业信誉及所谓"壳资源"等。② ⑥公司具有重要的社会价值及公益价值的，除非明显没有经济价值，也应认为具有重整价值，应积极挽救。③

3. 小结

本书认为，应当将"再生希望"作为重整程序的启动要件。

从比较法上考察，各国均将"再生希望"作为重整程序的启动要件。美国破产法将重整程序分为由债务人申请的自愿型重整和债权人申请的强制型重整两种，法律只要求强制型重整中的申请人证明企业的"再生希望"。不过，由于预重整制度在自愿型重整中大量运用，实质上已将不具有"再生希望"的企业排除在外。《德国破产法》第156条、第157条规定：将重整程序的启动权赋予债权人会议而非司法机关，并要求在管理人或债务人申请重整时即提交重整计划。实际上也将不具有"再生希望"的企业排除在外。④ 日本《公司更生法》第1条则更加明确地规定："股份公司申请更生，首先必须具备再建希望。"同时法律规定应当设立"调查委员会"以辅助法院审查企业是否具有"再建希望"。韩国《公司重整法》不仅对实质审查进行更严格地规范，同时还对"再建希望"的概念进行了修正，将营运价值大于清算价值作为判断具有"再生希望"的经

---

① 齐明：《论我国破产程序转换与债权人后续重整申请权》，载《东北师大学报（哲学社会科学版）》2015年第5期。

② 彭国元、张亚琼：《论破产重整程序的启动》，载《学术论坛》2012年第2期。

③ 郑志斌、张婷：《困境公司如何重整》，人民法院出版社2007年版，第15~16页。

④ 陈英：《破产重整立法利益倾向之比较——以美、德、法为例》，载《云南大学学报法学版》2009年第4期。

济性概念，以提供更加明晰的审查方式。① 各国立法条文虽各有不同，但无论是明文规定还是暗含要求，"再生希望"都是各国重整程序的启动要件之一。

我国司法界也在逐步倾向于将"再生希望"纳入重整的启动条件。最高人民法院在 2018 年公布的《破产审判纪要》中第 14 条也明确表明："人民法院在审查重整申请时，根据债务人的资产状况、技术工艺、生产销售、行业前景等因素，能够认定债务人明显不具备重整价值以及拯救可能性的，应裁定不予受理。"实践上，法院应对债务人是否具有再生的希望进行审查，如果债务人无挽救的希望而开始重整程序，最终也要转入破产程序，重整程序徒劳无益。同时，借鉴域外法的经验可知，我国虽然要将"再生希望"作为重整案件的启动要件，但并不一定要将其明文写入法律条文中，而是可以通过构建和完善预重整制度，或者要求在申请重整时提供切实可行的重整计划等措施，从间接上达到要求申请重整的债务人具有"再生希望"的效果。

### （三）法院的审查

我国《企业破产法》第 71 条规定："人民法院经审查认为重整申请符合本法规定的，应当裁定债务人重整，并予以公告。"因此只有通过了法院的司法审查，重整程序才可以继续进行，因此法院的司法审查是债务人是否能够进入重整程序的关键。②

实践中，重整申请人根据自身的诉求向法院提出重整的申请，而法院在收到申请人的重整申请后，仅仅审查债务人是否具有《企业破产法》第 2 条规定的情形，即对破产原因进行审查，如果符合规定，则应当准许债务人进入重整程序。由此可知，我国《企业破产法》规定的法院对重整申请的审查仅仅只是对重整原因的审查，而不包括对企业的重整能力和重建希望的评估审查。《企业破产法》规定的审查制度只赋予法院一种简单的形式审查，而没有对债务人是否具有与重整成功有重大影响的再生希

---

① 肖磊：《论再建希望作为重整启动之要件》，载《东南学术》2011 年第 6 期。
② 常玉霞：《论我国企业破产重整申请的司法审查》，载《改革与开放》2009年第 12 期。

望进行审查，因此这种审查往往也达不到立法目的。①

因此，为了达到重整制度的立法目的，法院对债务人的重整申请必须负有权全面审查的职责，既有形式审查又有实质审查。这与上文提到的重整的启动条件相对应。

就形式审查而言，重点审查申请人主体是否适格；申请费用的交纳情况；申请资料是否符合法律规定主要包括申请人、被申请人的基本情况，申请目的，申请的事实和理由，人民法院认为应当载明的其他事项。② 除此之外，实质审查的重点应当对债务人是否具有重整事由和再生希望，同时，法院在实质审查阶段应当对申请人的动机进行审查，关注动机的正当性以防止申请人滥用权利，伤害有关主体的利益。对于债务人申请重整重点关注其是否有隐匿、转移财产等逃避债务的行为，对于债权人提出申请的应当重点审查其是否存在有碍公平竞争的行为。

我国司法实践中法院对重整申请进行实质审查的障碍主要在于法官在专业知识上的不足。重整案件的审查除了要求法官具有深厚的法律知识储备外，还要求同时掌握一定程度的商业知识。但是从我国目前的司法实践情况来看，处理企业重整案件的法院或法庭在财务会计等经济领域的确缺乏相应的人才储备，对于纷繁复杂的重整案件，确实不可强行要求法官独立地作出最正确的判断。

要解决这样的状况，学者们提出了三种对策：

（1）培养专业审理的破产案件的法官队伍。以法国为例，在法国重整的司法实践中，"负责处理重整事务的商事法院的法官是从富有商事经验的、在商事领域德高望重的商人中选举产生的，他们比一般的专业法官更了解商业知识，更有资格和经验来判断债务人是否具有再生希望"。③当然，培养这样的专业队伍是一项长期的工程。

（2）设立专门的审查机构。域外法上有类似的措施值得借鉴，例如

---

① 常玉霞：《论我国企业破产重整申请的司法审查》，载《改革与开放》2009年第12期。

② 吴长波：《变革中的破产法理论与实证》，知识产权出版社2012年版，第198页。

③ 王玉梅：《法国困境企业重整制度的改革及其启示》，载《法商研究》2004年第5期。转引自肖磊：《论再建希望作为重整启动之要件》，载《东南学术》2011年第6期。

英美的"检查人"制度①，法国的"鉴定人"制度②，日本的"调查委员会"制度③，加拿大的"重整受托人"制度④，等其他措施⑤。法院可以组织专家组成专门的审查机构来辅助法院进行审查工作。

（3）重视听证程序。听证程序具有公开性，允许各界人士旁听，能够广泛吸取各方意见。同时，在听证程序的过程中，通过质辩过程，法官也能进一步了解案件和债务人的真实情况。听证程序在司法实践中已得到一定程度的适用，在涉及上市公司这类大型的公司的时候，由于往往社会影响大、债权债务关系复杂，应当由法院组织专家进行论证。听证程序对于法官进行准确实质审查有良好的辅助作用。但是，应当注意这并不应当成为所有案件申请的必备程序。对于中小型企业而言，在案情相对清晰的时候，法院也不应召开听证程序以进一步加重中小型企业的重整成本。法院要尽可能对重整能力进行准确判断与及时为利害关系人提供破产救济之间做到妥善平衡。⑥

在法定期间内重整申请通过法院的实质审查后，符合重整程序启动条件的应当裁定受理并予以公告，对于不符合条件的裁定驳回重整申请。法院裁定受理，标志重整程序的正式启动。裁定受理的法律效果是使正在进行的其他程序中止。

## 第三节　重整的进行阶段

### 一、预重整制度

#### （一）预重整制度的内涵

预重整是美国现代重整实践中自发探索出来的一种重整模式，是一种

---

① 李永军：《破产法律制度》，中国法制出版社 2000 年版，第 428 页。

② 胡丽玲：《困境企业拯救的法律机制研究》，中国政法大学博士学位论文库，第 34 页。

③ 付翠英：《一部振兴经济的法律：日本民事再生法介说》，载《法律适用》2003 年第 5 期。

④ 汤维建：《破产重整程序研究》，载梁慧星主编《民商法论丛（第五卷）》，法律出版社 1996 年版，第 174 页。

⑤ 肖磊：《论再建希望作为重整启动之要件》，载《东南学术》2011 年第 6 期。

⑥ 韩长印主编：《破产法学》（第二版），中国政法大学出版社 2016 年版，第 279 页。

司法程序外的债务重组与司法程序内重整制度的混合形态。预重整这个概念并不是美国破产法典中的正式概念。预重整制度之所以出现，是因为单一的清算会造成职工失业、社会税收减少等问题，重整制度的目的就是尽可能地减少企业破产倒闭对经济和社会造成的负面影响，拯救企业的经济与社会价值;① 然而传统的重整制度的成本常常使债务人望而生畏。出于现实的需要，随着美国当代破产实践的发展，催生出来一种新的重整形态，被称作预重整制度。这样一种制度已经被一些欧亚国家借鉴,② 成为困境企业摆脱自身困境的一种新选择，国内部分学者将其译为"预先包裹式重整"③ 或"预先制定的方案"④。

　　对于预重整的本质，国内外学者们从不同的角度对其进行了界定。主要观点有三种：

　　第一种观点是认为预重整属于庭外重整程序的一种。学者从谈判策略的经济分析角度定义预重整制度，认为预重整从本质上讲是在庭外重组模式基础上附加一定的强制性规制手段的重整模式。⑤

　　第二种观点从契约角度定义预重整，认为预重整计划就是一个事前契约，该契约用破产法的绝对多数规则取代一般契约的全体一致规则。⑥ 部分或全部当事人之间在正式向法院申请重整救济之前已经就重整事项进行

---

　　① 王欣新：《重整制度理论与实务新论》，载《法律适用》2012 年第 11 期。

　　② 预重整制度先后在欧亚等国实行，取得了良好的效果。例如：俄罗斯学者表示，俄罗斯困境企业重整成功的关键取决于债务人与债权人协商的重整方案，在重整程序开始前，各利害关系人须明确表示接受或者反对重整方案，并在正式的重整程序中约束全体利害关系人。转引自李连祺：《俄罗斯企业重整制度研究》，黑龙江大学2012 年博士毕业论文。

　　③ 董惠江：《我国企业重整制度的改良与预先包裹式重整》，载《现代法学》2009 年第 5 期。

　　④ ［美］大卫·G. 爱泼斯坦：《美国破产法》，韩长印等译，中国政法大学出版社 2003 年版，第 832 页。

　　⑤ John. J. Mc Connel & Henri Servaes, The Economics of Prepackaged Bankruptcy, Journal of Applied Corporate Finance, SUMMER 1991, Vol. 4. 2, p. 94. 转引自王佐发：《预重整制度的法律经济分析》，载《科技与法律》2009 年第 2 期。

　　⑥ Steven L. Schwarcz, Rethinking Freedom of Contract：A Bankruptcy Paradigm, 77 Tex. L. Rev. 595. 转引自王佐发：《预重整制度的法律经济分析》，载《科技与法律》2009 年第 2 期。

谈判并达成重整计划（也可能没有达成完整的计划），然后在已经达成的谈判的条件下向法院正式申请重整。① 同时，其以协商的方式将重整计划制定、表决等事宜安排在司法程序之外，由市场主体根据需要完成，减少了重整的综合成本和程序周期，市场主体各方理性选择推动重整。②

第三种观点认为预重整制度仍然属于一种重整程序，是传统重整模式与庭外重组模式的一种妥协。③ 预重整所采取的具体方法与法庭外债务重组有着极大的相似性，而在向法院正式提出重整申请后其特点又与破产重整制度契合。④ 联合国国际贸易法委员会也赞成这种观点，在其制定的联合国贸易法委员会《破产法立法指南》中将预重整当作为使受到影响的债权人在破产申请之前的自愿重组谈判中商定的计划发生效力而启动的程序，并将其视为一种简易的重整程序。

本书赞成第三种观点，理由在于：其一，庭外重组的目的并不在于申请重整，而预重整制度设立的目的就在于尽可能削减传统重整制度的成本而达到重整的效果，将一部分重整工作提前在法庭外完成，使债务人更顺利地完成重整程序。其二，预重整制度虽然在进入司法程序之前已经全部或部分完成了重整事项的谈判，但是这种庭外协商如果离开了重整程序只能称之为庭外重组。庭外达成的协议在经过正式债权人会议确认后对全体债权人具有约束力，预重整制度价值的实现离不开重整程序的法律保障，使更多值得挽救的债务人能够得到拯救。因此，预重整制度本质上是一种与庭外重组结合的一种重整程序。

### （二）　预重整制度的优势

预重整制度具有三个重要的特点：①当事人在向法院申请启动重整程序前已经就重整事项进行谈判；②当事人在正式进入重整程序前就已经制

---

① 王佐发：《预重整制度的法律经济分析》，载《科技与法律》2009 年第 2 期。

② 陆晓燕：《运用法治手段化解产能过剩——论破产重整实践之市场化完善》，载《法律适用》2016 年第 11 期。

③ Anderson E. R.（1990, October）, Companies walk the line between debt restructuring and bankruptcy, Business Credit, pp. 12-14. 转引自王佐发：《预重整制度的法律经济分析》，载《科技与法律》2009 年第 2 期。

④ 张庆华：《财务困境企业重生——庭外非破产债务重组实务》，现代出版社 2015 年版，第 76 页。

定了重整方案，或至少就重整方案取得了一定的成果；③借助法院的公权力，通过重整程序的启动来将当事人之间达成的重整计划事项赋予强制执行力。① 其特点决定了预重整制度具有其独特的优势：

1. 成本和效率优势

首先，预重整制度节约了重整的直接成本。

重整制度的成本包括直接成本和间接成本。企业重整的直接成本也包括两方面：程序拖延产生的时间成本以及包括诉讼费用、咨询费用等在内的费用成本。据美国学者统计，美国传统重整的花费时间平均需要 25 个月。② 支付给执业人员的综合费用平均达到 1283775. 19 美元。③ 漫长的重整过程中消耗的其他方面的费用也对债务人造成极大的伤害。由于很大一部分工作例如引进战略投资者、拟定重整计划草案、召开已知债权人会议等已经在庭外完成，因此进入司法程序后的重整程序的工作量会大大减少，大大节约了时间成本。《企业破产法》规定：人民法院召开的第一次债权人会议应当自债权申报期限届满之日起十五日内召开，但是对于复杂的案件来说，此时管理人尚未摸清破产企业的资产、财务等状况。相对于传统程序来说，预重整给予临时管理人更充裕的时间来进行管理，厘清企业各方面的状况，重整程序进行得更加顺利，重整的成功率也会大大提高。同时，由于债务人与利害关系人就其权益的安排、分配在庭外已经取得共识和妥协，法院的工作量就会减少，这样有利于节约司法成本，提高破产案件的审判效率。我国当前司法资源较为紧张，尤其是破产审判资源情况更是如此，在如今供给侧改革的背景下，预重整的引入对于我国重整案件的审理工作效率的提高也有巨大的意义。

---

① 张庆华：《财务困境企业重生——庭外非破产债务重组实务》，现代出版社 2015 年版，第 21 页。

② A. C. Eberhart, W. T. Moore, and R. L. , Roenfeldt, "Security Pricing and Deviations from the Absolute Priority Rule in Bankruptcy Proceedings", Journal of Finance (December 1999), pp. 1457-1469. 转引自王佐发：《预重整制度的法律经济分析》，载《科技与法律》2009 年第 2 期。

③ Stephen J. Lubben, The Direct Costs of Corporate Reorganization : An Empirical Examination of Professional Fees in Large. 转引自王佐发：《预重整制度的法律经济分析》，载《科技与法律》2009 年第 2 期。Chapter 11 Cases, 74 Am. Ban kr. L. J. 509, 531.

其次，预重整制度节约了间接成本。

相较于直接成本，重整期间以及重整结束后产生的间接成本对债务人的杀伤力可能更大。提起破产申请程序一般会向市场传递一个信号，即公司正在经历一个极端困难时期，而且前途未卜。因此，间接成本一方面包括提起破产程序对债务人的业务产生的负面影响，例如丢失客户、雇员离开、供应商拒绝继续合作等。而预重整庭审时间短、涉及的诉讼少，债务人受到的负面干扰少。申请预重整的债务人甚至在重整期间也可以进行正常的业务活动。债务人还可以向公众宣传在预重整中提起破产程序只不过是使重组谈判的结果产生法律效力，使得预重整成为一种正面事件，减小企业的经营压力。① 另一方面则是机会成本，如果重整不成功，人力资本可能失去配置到更好的部门发挥作用的机会，其他有形和无形资本都可能贬值。

总之，直接成本与间接成本的大小都与正式重整程序持续的时间成正比。案件拖的时间越长，债务人承担的成本就越高。②

2. 避免"钳制成本"

如果债务人不选择适用重整制度而采用庭外重组，那么又会存在另外一种巨大的、有时甚至无法克服的成本，即集体行动产生的钳制成本。③庭外重组往往需要全体债权人对重组方案的一致同意才能生效，这种情况下往往谈判就无法进行下去，造成时间的浪费。

为了克服正式重整制度的高成本和私人谈判的钳制问题，预重整制度应运而生。预重整制度用多数决和一定条件下的强制批准手段取代了庭外重组的一致决，避免了"钳制成本"的问题。

---

① See Donald Lee Rome, Business Workout Manual, Second Edition, 2001 cumulative supplement, West Group, p. S19-45. 转引自王佐发：《预重整制度的法律经济分析》，载《科技与法律》2009 年第 2 期。

② 王佐发：《公司重整制度的契约分析》，中国政法大学出版社 2013 年版，第286 页。

③ 钳制问题主要是指某一个行为对集体有利但需要全体一致同意才能生效并实施的条件下，某一位或小部分当事人为了个人的私利抵制谈判，从而牺牲团体中其他人的利益而使自己获得更多利益。在需要全体一致通过的条件下往往会产生钳制问题。

3. 有效保障利益相关者知情权①

我国《企业破产法》中利害关系人可以在债权人会议上询问债务人企业的经营状况、业务能力等信息，却没有重整程序中债务人、管理人如何向利益相关者进行信息披露的规定，所以在实践中利益相关者的知情权往往难以保障。② 而预重整中，必须对各方利害关系人进行充分的披露以证明自身重整成功的可能性，增强供货商、经销商、雇员等利益相关人的信心，争取他们的支持。预重整制度的运行对信息披露的依赖程度很高，这在客观上保障了利益相关者的知情权。③

4. 契合我国的现实需要

在我国的司法实践中，最为复杂的重整案件类型之一就是房地产公司的重整。房地产公司重整案件往往牵涉到购房债权人、建筑工程承包商、建材供应商、农民工、金融机构等多方利益主体，具有债权人人数庞大，利益冲突激烈等较多不稳定因素。④ 预重整制度可以给政府前期处置的时间，能够为重整案件制定社会维稳预案、给予政策支持、搭建融资平台，有利于缓解法院的审理压力。⑤

### （三）构建和完善我国预重整制度

我国预重整制度尚在引入和探索的阶段，最高人民法院公布的《破产审判纪要》中表明要"探索推行庭外重组与庭内重整制度的衔接。在企业进入重整程序之前，可以先由债权人与债务人、出资人等利害关系人通过庭外商业谈判，拟定重组方案。重整程序启动后，可以重组方案为依据拟定重整计划草案提交人民法院依法审查批准"。我国目前在司法实践中实际上已经开始了预重整制度的探索，全国企业破产重整案件信息网搭

---

① 季奎明：《论困境企业的预先重整》，载《上海财经大学学报》2013 年第 4 期。

② 王欣新：《重整制度理论与实务新论》，载《法律适用》2012 年第 11 期。

③ 季奎明：《论困境企业的预先重整》，载《上海财经大学学报》2013 年第 4 期。

④ 浙江省杭州市余杭区人民法院课题组：《房地产企业预重整的实务探索及建议》，载《人民司法（应用）》2016 年第 7 期。

⑤ 浙江省杭州市余杭区人民法院课题组：《房地产企业预重整的实务探索及建议》，载《人民司法（应用）》2016 年第 7 期。

建了预重整公告栏，截至 2018 年 5 月 19 日共有预重整公告 21 件。① 为了达到引进预重整制度所希望达到的效果，我国应该出台相关司法解释，进一步详细明确地规定预重整制度的程序规则。

国外有学者归纳预重整成功的基本因素包括以下几个方面：有远见的债务人客观地评价其财务状况的严重程度；愿意并有能力承担预重整的费用；制定一个可行的经营方案和退出机制；多数债权人愿意接受预重整计划。② 我国预重整制度的成功构建也离不开上述因素。除此之外，学者们对预重整制度在我国本土化的构建还有如下建议：

1. 完善预重整制度的启动阶段

（1）以立法的方式确认预重整制度

预重整程序的实施必须以获得立法对该程序的承认为前提。否则，当法庭外自愿重组谈判因个别或少数债权人拒不同意一项符合大多数债权人利益的解决办法而受到阻碍时，只能启动传统的重整程序。预重整制度解决钳制成本的优势必须通过立法的方式确认才能顺利实现。③

（2）预重整的申请人

美国的《联邦破产法典》对提起预重整的申请人没有特殊的限制，但在司法实务中多为债务人。联合国贸易法委员会《破产法立法指南》中更直接的言明，预重整制度的申请人只能是债务人。然而，我国研究者认为我国预重整申请人不应将债权人排除在外，如此更能有利于平衡各方面的利益。④

（3）确立预重整申请的排他效力

当债务人进入预重整之后，若个别债权人另行提出的司法重整申请，法院应当不予受理。预重整制度相较于传统的重整具有效率上的优势，法

---

① 参见：http://pccz.court.gov.cn/pcajxxw/yczgg/yczgg.

② 董惠江：《我国企业重整制度的改良与预先包裹式重整》，载《现代法学》2009 年第 5 期。

③ 胡利玲：《论困境企业拯救的预先重整机制》，载《科技与法律》2009 年第 3 期。

④ 季奎明：《论困境企业的预先重整》，载《上海财经大学学报》2013 年第 4 期。

律在制度设计上应当引导当事人采用更加经济有效率的程序。①

2. 确定法院审查预重整计划草案的标准②

出于尊重企业经营的市场化，法院不应对预重整中的庭外协商进行过多实质性的干预，对于预重整计划草案的审查应当是形式上的审查。主要包括两个方面：一是预重整期间的信息披露是否充分。预重整期间，债权人只有在已知债权人或其代理人充分知悉表决议案的内容和影响的情况下，才能以真实意思表示对有关议案作出表决。这就要求债务人做到充分的信息披露。法院在判断信息披露是否充分时，可以从披露的时间、方式、内容、说明义务履行情况等方面审查，确保预重整中利害关系人的知情权得到保障。二是投票表决程序是否公平公正，只有公平公正的投票才能使各方当事人的利益得到保障。

3. 设置预重整的"禁反言规则"

为了确保了预重整程序的严肃性，避免债权人的随意反悔行为侵害其他利害关系人的合法权益。③ 有学者建议，为了使预重整制度更具操作性，须通过司法解释在破产制度中增设预重整制度的条款，即在重整程序开始前已接受或反对重整计划，将被视为已按照《企业破产法》的规定接受或反对该重整计划，该表决结果拘束所有的债权人、债务人企业和股东。④ 预重整期间债权人作出的承诺，在进入重整程序后对承诺方依然具有约束力。

4. 预重整失败的后果

预重整计划失败之后，法院应直接裁定债务人企业进入破产清算程

---

① 季奎明：《论困境企业的预先重整》，载《上海财经大学学报》2013 年第 4 期。

② 浙江省杭州市余杭区人民法院课题组：《房地产企业预重整的实务探索及建议》，载《人民司法（应用）》2016 年第 7 期。

③ 浙江省杭州市余杭区人民法院课题组：《房地产企业预重整的实务探索及建议》，载《人民司法（应用）》2016 年第 7 期。

④ 李连祺：《破产重整中债权协商制度存在的问题及解决》，载《学术交流》2012 年第 7 期。

序。① 虽然联合国贸易法委员会《破产法立法指南》认为，债务人即使不具备重整的事由也可以向法院申请启动预重整程序，因此，在预重整失败时候直接进入破产清算程序可能不太合适，所以建议法院裁定终止预重整程序，让当事人自行选择行使法定权利的方式。但我国也有学者认为，债务人向法院申请预重整时，已经具备了启动重整程序的标准，所以，在预重整失败之后，法院应当终止预重整程序并直接宣布债务人企业进入破产清算程序。不过也有少数研究者认为应当给予债务人再次选择的权利，不应直接进入清算程序。②

5. 探索预重整的司法备案规则

要求有意向发起预先重整的企业在实施实质性的步骤前向有管辖权的法院进行备案，在法院收到备案申请之日起的合理期限内，债权人对债务人的强制执行请求暂缓执行，以此间接实现破产保护。为了避免预重整被债务人不合理地滥用，司法重整申请若最终未被受理，则债务人应恢复履行，并承担暂停履行期间给相对人造成的损失。③

总之，预重整制度在我国尚在起步阶段，还需要学界和实践进一步的探索和完善。

## 二、重整经营控制权的配置模式

### （一）重整时期控制权配置的域外规定

重整制度是公司法与破产法的连接点，企业进入重整程序后公司进入一种极端特殊的经营状态。一方面，重整强调损失在各相关利益方之间分担，公共利益的考虑更是不能回避的，各利益相关方原先由契约确定的权利义务关系处于不确定状况，这种权力真空的状态类似于破产清算程序；

---

① 季奎明：《论困境企业的预先重整》，载《上海财经大学学报》2013 年第 4 期；胡利玲：《论困境企业拯救的预先重整机制》，载《科技与法律》2009 年第 3 期。

② 吴宜男、徐祗邱：《破产重整制度新发展：引入预重整》，载《中国林业经济》2017 年第 3 期。

③ 季奎明：《论困境企业的预先重整》，载《上海财经大学学报》2013 年第 4 期；贺丹：《上市公司重整中的公司集团破产问题》，载《政治与法律》2012 年第 2 期。

另一方面，重整企业需要引入新的投资者进行运营，公司的所有权结构面临新的调整，其治理结构与公司法的控制权配置又有相似之处。

在重整程序中，由于重整原因的出现，公司的剩余索取权人从股东变更为债权人，股东再无剩余索取权，股权价值几乎为零。剩余控制权人也发生了变化，股东会作为权力机关被债权人会议取代、董事会作为决策机关被管理人取代、法院作为外部监督主体加入治理博弈中。在这个过程中，破产企业丧失了有效的意思机关和控制权主体，治理结构出现了严重的代理人缺位问题。在重整期间公司资产实际上已经属于债权人，重整的边际收益与边际风险都由债权人承担，故最终控制权配置给债权人最为合适，债权人通过债权人会议和债权人委员会的设计行使最终控制权。

那么经营控制权应当如何配置呢？考察域外法的规定，主要有三种类型：

第一类是自动型的债务人自行管理。《美国破产法典》规定：重整人原则上仍由债务人担任，被称为经管债务人（DIP 模式①）。该法规定除了几种债务人不适合担任管理职责的情形外，均采取自行管理模式。债务人的原有经营管理人员仍保留原职，但债务人的行为要受到法院与债权人委员会的严格监督与制约。

第二类是以法院裁定为前提的债务人管理模式。德国《破产法》第270 条第 1 款规定："破产法院在关于破产程序开始的裁定中命令自行管理的，债务人有权在财产监督人的监督下管理和处分破产财产。"② 虽然其中规定以法院裁定作为前提条件的债务人自行管理，与美国破产法规定制度存在一定差异，但也充分地吸收与采纳了其中的相关内容，在该国的司法实践中，该制度主要在简易程序中出现。

第三类为两阶段的模式，典型立法例为法国。法国商法典第 6 卷规定了适用不同程序的两个阶段。第一阶段为观察程序，在观察期内，债务人的营业仍然继续进行，同时由法院委任管理人，管理人向法院负责并接受其监督，债权人和出资人对管理人的活动无权干涉，管理人的权限在于监督或者协助债务人开展经营管理活动；债务人在该阶段仍然可以对自己的

---

① 在美国，这种进入重整程序后依旧负责自己公司运营的债务人被称作"经管债务人"（Debtor in Possession，DIP 模式）。

② 李飞：《当代外国破产法》，中国法制出版社 2006 年版，第 101~102 页。

财产进行支配和管理，并且可以行使不属于管理人权限范围内的权利。第二阶段则为简单程序，如果经过前一阶段的"观察"后由法院确定重整方案，原则上由债务人继续行使第一阶段中的管理人的职权，此时，债务人丧失继续经营权由管理人取而代之，或者在管理人的协助下继续其经营活动。可见，法国的做法是一种并行的双重体制，债务人与管理人在权限方面有所划分，二者均为重整机构。

纵观前述立法，对重整人规定的差异实际上体现了在重整制度构建过程中所蕴涵价值取向的不同，例如，美国立法最早创设 DIP 形式与其所崇尚的经济自由理念是分不开的，法国与德国的相关立法虽然针对美国的 DIP 制度予以借鉴，但是，德国的债务人自行管理法律地位的取得不具有自动性，而是需要向法院申请，故相较于美国破产法中的 DIP 制度存有一定的距离。两种债务人自行管理制度相比较而言，DIP 形式属于较为激进的革新方案，在制度设计方面能够最大限度地提高重整程序的效率，进而在此基础上提升债务人复兴的成功可能性。但是，该制度在债权人利益的保障方面可能存在一定风险。而管理人形式是比较保守的方案，尽管它较有利于维护债权人利益，却在实现债务人复兴方面的效率偏低，且缺乏灵活性，故债务人自行管理模式的理念在于效率优先，而管理人形式似乎更注重公平。

### （二）重整时期控制权配置的我国规定

我国的重整制度中经营控制权的配置有两种模式：其一是债务人自行管理模式；其二是管理人管理模式。① 不过我国的债务人自行管理模式同德国一样，必须向法院申请并经过批准后才可采用。下面对我国这两种管理模式的具体情况进行叙述：

1. 债务人自行管理模式

联合国国际贸易法委员会 2004 年发布的《破产法立法指南》中对债务人自行管理模式作出了界定。债务人自行管理模式指在重整程序中，法院并不指定破产代表人，债务人继续保有对经营的完全控制权。债务人作

---

① 需要注意的是，按照我国《企业破产法》第 73 条的规定，能否实行债务人自行管理模式并非经债权人会议表决，而是经债务人申请由法院批准。这种模式在实践中的运作出现了相应的问题。

为经管债务人，承担管理人在破产案件中的义务和职责。

（1）债务人自行管理模式的优缺点

债务人自行管理模式的赞成者认为，申请前董事、高管以及类似管理人员，对债务人的经营及财务事项更为熟悉也更有经验。[①] 由债务人自身的管理团队来负责继续运营可以避免因第三方对企业具体情况或所在产业情况并不熟悉而产生的额外的时间、成本和低效率。[②]

对于这样的模式历来都不乏反对者的声音。反对者则认为，债务人的财务或者经营困难可能、或者至少部分是由债务人申请前董事及高管的行为或是决策所导致的。[③] 允许债务人财务恶化期间的管理团队保留控制权无异于对业绩不佳的奖励，会降低债务人的利害关系人对重整的信心。[④] 另有一些反对者认为前管理团队可能会受到那些与最佳方案相悖的其他因素的影响，例如保留自身的职位甚至是粉饰可能导致其利益受损的之前的不光彩的行为。[⑤]

尽管反对派的观点和担忧不无道理，但是实务中导致企业破产的原因并非都是由其管理层的过错所导致，而是由于经济形势的变化，债务人所在行业的市场波动（比如债务人经营所需商品价格的上涨）或（并非源于管理层的过失或欺诈的）经营策略的失败所导致的。在这样的情形中，债务人的管理层往往仍能保有来自利害关系人的信心，对债务人的重整仍能视为一笔无形财产。除此之外，有些案件中，债务人可能在申请重整前不久刚刚更换了部分或全部管理层，在这种情况下，排除债务人的管理层

---

① See, e. g, Inre Marvel Entmt Grp. , Inc. , 140F. 3d 463, 471 (3d Cir. 1998).

② 何欢、韩长印译：《美国破产协会美国破产重整制度改革调研报告》，中国政法大学出版社 2016 年版，第 24 页。

③ See, e. g, A. Mechele Dickerson, "The Many Faces of Chapter 11: A Reply to Professor Baird", 12 Am. Bankr. Inst. L. Rev. 109, 135 (2004).

④ Written Testimony of the Honorable Joan N. Feeney, ASM Field Hearing Before the ABI Commission to Study the Reform of Chapter 11, at 5 (Apr. 19, 2012). (引用了康奈尔大学的一项研究结论，即破产后成功的最大决定因素是新的管理层，并主张破产法官需要借以处理失职管理层的措施。)

⑤ See LoPucki, supra note 82, at 733. (由于管理层得享有冒险的收益，却无需承担对应的损失，为了自己的利益，它们可能会让公司实施风险与预期收益不相匹配的行为。)

对重整企业的经营权则并无必要。① 评价债务人自行管理制度模式的好与坏，关键在于债务人自行管理模式能否平衡各方利益，并在尽可能的程度下减少社会损失，实现债权人的利益最大化。而在重整牵涉的利益方主要有三：债权人、公司股东或者投资人，包括公司高管在内的所有公司员工、政府机关等。而第三利益方往往关乎社会公益，所以在公司债务清偿过程中往往也排在较为优先的位置。

债务人自行管理模式具有低成本与高效率的优势，我国重整制度应当重视该模式的作用，将其运用在适当的场合，使债务人重整取得最大的效益。

（2）债务人自行管理模式的适用条件

债务人自行管理制度是一项能够对债务人提供保护的措施。充分运用重整程序中的债务人自行管理制度，客观上也有利于调动债务人利用和参与重整程序的积极性。对债务人自行管理模式的适用条件应当松紧有度，如果过松会成为债务人逃债的工具，过紧则会挫伤债务人重整的积极性。在我国的司法实践中，债务人自行管理制度在重整程序中运用的比较少。② 根据学者统计，从 2007 年到 2016 年我国破产重整的 45 家上市公司中，仅有 8 家采取债务人自行管理模式，占比仅约为 18%。③ 除了上市公司以外，在中国裁判文书网和北大法宝上搜索的案例中，采取债务人自行管理模式的案件仅有 1 个。④ 虽然中国裁判文书网和北大法宝上的案例并不是全部的样本，有很大一部分的破产案例并没有被公开；但是，从仅有的一个案例还是可以看出，非上市公司的重整中债务人自行管理制度的适用比例更少。这是因为上市公司治理结构比较完善规范，如果上市公司仍正常营业的，上市公司重整案例采用自行管理模式居多。非上市公司重整中，由于公司治理结构混乱，失信行为大量存在，故采用管理人管理模

---

① See, e. g, Butler, et al. , supra note 77, at 356. （聘用重整专家作为首席重整官已是城管委近年来的常态做法。在公司财务状况较为危急时，债权人往往会要求公司配备属于第三方的首席重整官。）

② 邹海林：《供给侧结构性改革与破产重整制度的适用》，载《法律适用》2017 年第 3 期。

③ 丁燕：《上市公司重整中行政权运行的偏离与矫正》，载《法学论坛》2016 年第 2 期。

④ 此案例为"淮矿现代物流有限责任公司破产重整案"。

式居多。①

债务人在什么情况下可以继续负责管理和经营，应用何种方式通过其他参与者的作用来平衡这种作用，各国破产法并没有统一做法。在我国，总体来说，债务人自行管理能否被批准在很大程度上取决于债务人在重整程序中是否诚信行事，以及是否存在严格的独立治理制度来对付不称职的行为或谋取私利的行为。② 除此之外，法院审查自行管理申请时还需考虑更为复杂的因素，例如债务人的公司治理结构是否完善、历史上是否存在转移资产等欺诈行为、自行管理是否存在财产流失风险以及是否有利于重整成功等各种因素考虑是否批准债务人自行管理申请。③ 另外，还有研究者建议，如果重整案件的启动主体为债权人，为了保护债权人的利益，是否允许债务人自行管理应当经过债权人的同意。④

（3）债务人自行管理模式中的监督

需要注意的是，我国《企业破产法》并没有采用纯粹的债务人自行管理模式，债务人须在管理人监督下自行管理财产和营业事务，管理人向债权人会议报告工作，债务人管理层则向管理人报告工作。⑤ 在债务人自行管理公司的情形下，公司的大部分控制权实际上由债务人行使，管理人只享有监督权，这一过程中关键的问题就是应当如何保证管理人对债务人管理层进行有效的监督。而我国《企业破产法》目前没有规定重整监督人的具体权限以及履行监督职责时的具体程序，实践中缺乏可操作性。学者们对此也进行了探索，主要包括以下几个方面：

①保障管理人对重整公司事务的知情权和查询权。⑥

要保障管理人在债务人自行管理制度中对债务人管理活动的有效监督，最重要的就是保障管理人对重整公司事务的知情权和查询权。若管理

---

① 池伟宏：《论重整计划的制定》，载《交大法学》2017 年第 3 期。

② 联合国国际贸易法委员会：《破产法立法指南》。

③ 池伟宏：《破产重整制度的基本框架及运行机制》，转引自池伟宏：《论重整计划的制定》，载《交大法学》2017 年第 3 期。

④ 张文举：《我国破产重整期间的公司治理及管理模式评析》，载《经济研究导刊》2016 年第 17 期。

⑤ 池伟宏：《论重整计划的制定》，载《交大法学》2017 年第 3 期。

⑥ 叶敏：《公司重整管理人的法律地位与权责研究——从公司控制权的角度展开》，载《河池学院学报》2012 年第 4 期。

人察觉债务人管理层有滥用管理权、不当损害债权人利益的行为，应当及时向债权人委员会或法院汇报。

涉及对债权人利益有重大影响的财产处分行为时，债务人有义务及时向债权人委员会或法院汇报。①

②保障债权人会议对重整执行的充分监督。

我国《企业破产法》目前只规定了管理人在监督期限届满时应向人民法院提交监督报告，这样的规定对于债权人的利益的保护不够充分。

有学者建议应当规定在监督期届满时，管理人应同时向债权人会议和人民法院提交监督报告，管理人和债务人应当接受债权人对监督报告的质询。② 这样一方面使重整计划的执行情况受到债权人会议的充分监督，从始至终保障债权人的利益；另一方面也防止债务人和管理人恶意串通的情形的出现。③

③保留管理人的撤销权等。

这项职权本来针对的就是债务人之前的不当行为而设，因此如果改由债务人来行使，必定会影响公正的处理。同理，与之类似的要求出资未到位的股东足额缴付出资和对债务人财产的追回都应由管理人负责。④

2. 管理人模式

与债权人自行管理模式相对应的另一种流行制度，被称为"管理人模式"。管理人模式与债权人自行管理模式最大的不同在于，管理人模式在企业重整期间，依照法律规定和程序，引入完全中立的第三方控制经营企业。

管理人模式的优势在于：首先，有利于对债权人利益的保护。进入破产程序的企业中不同利益相关人各有诉求，需要由中立方判断和平衡，管理人相对于债务人来说对保障各方尤其是债权人的利益更为公正。其次，

---

① 叶敏：《公司重整管理人的法律地位与权责研究——从公司控制权的角度展开》，载《河池学院学报》2012 年第 4 期。

② 叶敏：《公司重整管理人的法律地位与权责研究——从公司控制权的角度展开》，载《河池学院学报》2012 年第 4 期。

③ 刘源：《论我国企业破产重整制度的完善》，载《西南科技大学学报（哲学社会科学版）》2007 年第 5 期。

④ 张文举：《我国破产重整期间的公司治理及管理模式评析》，载《经济研究导刊》2016 年第 17 期。

有利于保证重整程序公正有序进行。管理人不属于任何利益方，在行使重整期间控制管理权力时，具有债务人经营所无可比拟的公正性，客观地处理各项事务，从而提高重整成功概率。

当然，管理人模式也有其劣势。第一，引入管理人经营公司，增加了企业破产重整成本。进入企业之前，管理人对公司状况并不熟悉，无论管理人自身能力如何，都需要一定的时间精力熟悉公司，接手各项业务，这增加了企业重整成本，同样不利于企业连续经营。第二，申请重整即意味着债务人丧失企业经营权，若债务人不愿放权，申请重整，错过最佳重整时期，企业只能走向清算，反而不利于市场机制的整体运行。

我国在重整制度中的管理模式还是以采取管理人模式为主，对于管理人模式中管理人的职责等问题，请参见本书第十章"管理人"部分。

### 三、重整程序中对财产的处理

#### （一）对财产处分的限制

重整程序对一般股东的股权转让行为进行限制。一个企业一旦被人民法院受理破产，其企业的资产已经全部成为债权人的清偿财产。从某种程度上说，公司实际上属于债权人而非股东。那么在此期间，股东的股权转让是否受到一定的限制呢？《企业破产法》只对债务人的董事、监事、高级管理人员的股权转让进行了限制，而对一般股东的股权并没有限制。

对此，有研究者认为，如果一般股东以低价转让股权，那么相当于变相减少进入破产程序的债务人的资产，这对于债权人而言，是不公平的。在此情况下，该研究者建议：应从法律上对一般股东的股权转让进行某种限制，并禁止一般股东以过分低于股价本身的价格转让。[1]

#### （二）对担保物权的限制与保护

重整制度的目的是促进债务人复兴从而维护社会利益，是现代社会公力干预经济的又一体现，但这种干预必须有一定的限制，即必须以不损害

---

[1]　邹杨：《中外企业不良资产债务重组方式的法律比较研究》，大连海事大学2014年硕士毕业论文，第139页。

债权人的利益为前提，所以说，重整制度的发展离不开债权人利益的保护。① 而重整债权人中又以担保物权人最为特殊，担保物权人的权利在重整中受到较大的限制，但重整成功的获得收益可能最少，这不但会使权利义务失去平衡，同时也会使银行对企业放贷更加审慎，对整体经济的发展都产生重大的影响。② 因此必须更加注意对担保物权人的保护。

我国《企业破产法》第 75 条规定：在重整期间，对债务人的特定财产享有的担保权暂停行使。但是，担保物有损坏或者价值明显减少的可能，并足以危害担保权人权利的，担保权人可以向人民法院请求恢复行使担保权。在重整期间，债务人或者管理人为继续营业而借款的，可以为该借款设定担保。该条规定体现了《企业破产法》对重整程序中担保物权的"有条件的限制"，体现在两个方面：首先，债务人进入重整期间，担保物权自动暂停行使。其次，如果出现担保物有损坏或者有价值明显减少的可能并且足以危害担保人权利的，经过人民法院许可恢复行使。

1. 限制担保物权的行使

限制担保物权的行使是重整程序与其他破产程序的一项重大区别。在现代社会，企业的经营往往需要大量的资金，因此大部分的财产都会被设定担保以换取资金。所以如果不限制担保物权的行使，各担保物权人就会如同"公共鱼塘理论"所述的一样迫不及待地行使其担保物权。那么，债务人的再生的目标也就难以达成，公司只能进入清算程序。债务人以其保留的财产作为清偿债务的基础，因此我国如同大多数国家的立法一样，限制担保物权在重整期间的行使。

2. 完善对重整中关于担保物权的规定

重整制度中，如果担保物价值大于担保债权价值，担保债权人不能分享重整成功带来的利益，却要分担重整失败的风险，即使担保债权价值高

---

① 汪世虎：《我国公司重整制度的检讨与建议——以债权人利益保护为视角》，载《现代法学》2006 年第 2 期。

② 在法国司法重整制度实施以后，由于法国破产法对担保权人的严厉态度，法国银行在对企业发放贷款上越来越慎重。这种慎重主要表现在对贷款项目的评价，以及对企业偿还能力的考察上，而不是把贷款的回收寄托于财产担保，而且保证担保仍被经常运用。转引自王卫国：《法国治理企业困境的立法和实践》，载《外国法译评》1996 年第 4 期；转引自陈本寒、陈英：《破产重整中有担保债权行使问题之检讨》，载《甘肃政法学院学报》2011 年第 2 期。

于担保物价值，担保权人通常也不希望承担重整失败的风险。可以说，担保权人重整的激励不大。① 那么，如果一味地限制担保权人的权利而不给予相应的保护，不仅有失公平，并且会使担保权人极力反对债务人重整，对重整成功造成阻碍。相反，如果过度保护担保权人的利益，则会出现银行业"惜贷"的情况。因此，对于完善我国现行制度中对担保物权规定，学者们也有不同的看法。

有一些学者认为《企业破产法》对于担保权人的保护还不够完善。对于如何完善对担保权人的保护，学者们建议进一步为担保权人提供保护：

（1）完善自动冻结制度的救济措施。我国重整程序中对担保债权采纳了自动冻结制度，但对于相应的救济措施却规定的较为简单。有学者建议应当在《企业破产法》第75条第1款之外，增设管理人承诺的充分保护落空时的救济措施，即赋予债权差额优先于所有管理费用受偿的地位。②

（2）增加解除冻结的例外情况。实践中对于有些担保物，如果不能及时行使优先受偿权，则有可能给担保权人自己的事业存续带来重大危机，此时可以借鉴日本《公司更生法》第112条的规定，因担保物权被冻结而带来存续危机的中小企业主可以申请解除冻结该担保物的规定。③

（3）破产法上的抵销权原本只适用于法院受理破产申请前成立的债务，对于重整中的有担保债权人，若债务人将担保物出售，应当借鉴美国法的经验，允许有担保债权人参与购买，并行使抵销权将应付价款与自己的债权相抵销。④

另一类学者认为我国破产法现行规定对于担保权人的保护有些过度。建议对此进行完善：

---

① 李曙光、王佐发：《中国〈破产法〉实施三年的实证分析——立法预期与司法实践的差距及其解决路径》，载《中国政法大学学报》2011年第2期。

② 任洁：《重整程序中保护有担保债权人的完善建议》，载《北方经贸》2014年第2期。

③ 任洁：《重整程序中保护有担保债权人的完善建议》，载《北方经贸》2014年第2期。

④ 任洁：《重整程序中保护有担保债权人的完善建议》，载《北方经贸》2014年第2期。

（1）将《企业破产法》第37条中"为债权人接受的担保"修改为"价值相当的担保"。① 避免担保权人恶意阻止债务人取回已经移转占有的担保物。

（2）我国应当细化和明确对担保物价值贬损保护的规定。我国《企业破产法》第75条规定，重整程序中担保物有损坏或者价值明显减少的可能，足以危害担保权人权利的，担保权人可以向人民法院请求恢复行使担保权。但对担保物的使用通常都会造成其价值贬损。如果因此而要求向人民法院请求恢复行使担保权并要求赔偿对债务人的重整会造成很大的障碍。比较法上，美国和德国破产法均规定，破产管理人对担保物价值减少的补偿，通常仅限于标的物的物理损害，对于担保物因市场原因发生的价值减损，权利人无权主张赔偿。② 因此，我国破产法应当规定：在重整期间正常经营使用而造成担保物价值降低的（此时的担保权人应当对此承担举证责任），债务人仅仅对物理损耗所造成的损失给予赔偿，因为市场因素而导致的担保物价值贬损不在赔偿范围内。

以上两派观点看似朝着截然相反的方向进行着努力，但是实际上并无矛盾之处。重整程序中对担保权施加任何的限制和保护都必须相当审慎。这些限制或保护都必须建立在对债权人利益进行保护的一系列衡平理念和制度设计之上，两者相互交织和渗透在一起，也由此对司法实践和理论研究提出了更高的要求。③

## 四、重整计划

### （一）重整计划概述

重整计划是指以旨在维持债务人的继续营业，谋求债务人的再生并清

---

① 《企业破产法》第37条："人民法院受理破产申请后，管理人可以通过清偿债务或者提供为债权人接受的担保，取回质物、留置物。前款规定的债务清偿或者替代担保，在质物或者留置物的价值低于被担保的债权额时，以该质物或者留置物当时的市场价值为限。"

② 许德风：《论担保物权的经济意义及我国破产法的缺失》，载《清华法学》2007年第3期。

③ 季境、田晓：《有担保债权在公司重整程序中的限制》，载《法学杂志》2012年第4期。

理债权债务关系为内容的计划。① 它规定债权人、出资人及债务人等利害关系人之间的权利义务关系和对债务人的挽救手段等，是重整程序进行的指南针。由于重整制度旨在挽救陷入困境而又有再生希望的企业通过重整实现"软着陆"，同时必须制定有利于所有利害关系人的可行重整方案。② 在这个意义上类似于和解程序中的和解协议。但是重整制度有着维护社会稳定的功能和目标，因而必须将社会整体利益作为优先考虑。这样，难免有一些利害关系人的利益将受到重大影响。如何说服各方利害关系人支持企业重整，重新树立起对企业再生的信心，制定一份切实可行、科学合理的重整计划就显得极为重要，这是重整程序顺利实现的基础。好的重整计划使企业重整成功的可能性大大增强，重整成功后，得以避免企业破产、工人失业，社会资源得到良好利用，从而维护社会秩序，使社会各方皆大欢喜。

重整计划在重整制度中至关重要且必不可少，但是域外国家与我国的规定略有不同。比较法上，《美国联邦破产法》把这种计划称为清理计划（Plan of Liquidation）。③ 日本《公司更生法》第185条规定：让事业继续的更生计划难以制定时可以选择制定清算计划。韩国《统一倒产法》第222条也作了类似的规定。由以上的规定可以看出，这些国家的重整程序里通常可以包括重整计划与清算计划两种。④ 这样规定的目的是为了节省程序之间相互转换所需要的成本。若不许清理计划的存在，一旦重整计划不能通过或执行不能或因其他原因废止时，则可能转为破产程序或和解程序。这样就需要耗费极大的成本，因此不如在重整程序中直接解决这一问题。清算计划在重整程序中不具实质意义，只是一项备用或者例外性措施而已。需要注意的是，我国《企业破产法》中的重整计划中并不包括清算计划。

---

① 李永军主编：《商法学》，中国政法大学出版社2007年版，第376页。

② 何欢、韩长印译：《美国破产协会美国破产重整制度改革调研报告》，中国政法大学出版社2016年版，第21页。

③ 沈达明、郑淑君编著：《比较破产法初论》，对外贸易教育出版社1993年版，第86页，转引自李永军：《破产法律制度》，中国法制出版社2000年版，第442页。

④ 重整计划与清算计划的主要区别在于：重整计划的目的是为挽救企业，债权债务关系的清偿只是其中的一项内容；而清算计划则仅以清偿债务为唯一目的。

### (二) 重整计划的制定

#### 1. 制定主体

关于制定重整计划的主体，各国及地区有不同的规定。大致有以下几种立法体例：①由重整人制定。重整计划由法院任命的重整人①负责制定，如我国台湾地区的"公司法"②。②原则上由管理人负责制定，但在特殊情况下，其他人③也可提出，如日本《公司更生法》④。③原则上由债务人制定，但在特殊情况下，也可由其他人⑤制定，如《美国联邦破产法》⑥。

我国破产法中的重整模式有两种：一是由债务人自行重整。二是在管理人主导下进行的重整。相应地，重整计划的制定也有两种模式，即债务人自行管理财产和营业事务的案件，由债务人制作重整计划草案；管理人负责管理财产和营业事务的，由管理人来制定重整计划草案。⑦

---

① 我们台湾地区，重整人的概念和管理人有所不同，一般由重整公司之董事担任，仅在法院认为其不适当时才在债权人或股东中选派。转引自王欣新：《试论重整制度之立法完善》，载《昆明理工大学学报（社会科学版）》2010 年第 10 卷。

② 台湾地区"公司法"第 303 条规定重整人是唯一有权制定重整计划草案的主体。

③ 其他主体包括：公司、申报更生债权人及更生担保权人、股东（仅限资产超过债务情形）。

④ 日本《公司更生法》第 189、190 条规定，重整计划原则上由管财人提出，这是管财人的义务；但同时已申报债权的债权人、担保人以及股东也有权提出重整计划草案。

⑤ 其他主体包括：公司、债权人委员会、股东委员会、债权人、股东以及任何公司债受托人。

⑥ 该法第 1121 条规定："①债务人可以在自愿申请的同时或在非自愿申请之后的任何时候提出重整计划；②除非本法有特别规定，在依本章的免责之后的 120 天内，只有债务人可以提出重整计划。"但在特殊情况下，重整计划也可由其他人提出。

第 1121 条（c）规定："在下列情况下，任何利害关系人，包括债务人、破产受托人、债权人委员会、股东委员会、债权人、股东均可提出计划：①已根据本章任命了受托人（trustee）；②债务人依本章规定的免责令之后 120 天内曾提出计划；③在依本章的免责令之后 180 天内，债务人未曾提出得到债权或股权受到削减的权利人接受的计划。"

⑦ 我国《企业破产法》第 80 条："债务人自行管理财产和营业事务的，由债务人制作重整计划草案。管理人负责管理财产和营业事务的，由管理人制作重整计划草案。"

对于我国目前的重整计划的制定主体范围，有学者认为是比较合适的。理由在于：基于"限制性鼓励重整"原则，我国重整制度并不像《美国联邦破产法》第11章规定开放式的重整计划草案提议权，而是强调企业控制权主体在提出重整计划草案中绝对排他性地位。这在整体上提升了破产程序进行的效率，对尚在尝试阶段的我国重整制度来说提供了相应的安全性保障，因此法律的规定较为合适。①

不过，更多的学者认为应当扩大制定重整计划草案的主体范围，但是这种扩大是有限制条件的。我国破产法规定在债权人申请对债务人进行破产清算时，股东拥有后续重整申请权。因此，有一些学者认为也应当扩大重整计划草案提议权的主体范围，增加股东作为可以提出重整计划的主体，来适应现实的多变性。② 还有学者认为，应当赋予债权人、股东、战略投资人等以重整计划的制定参与权，如允许这些主体也可以参与重整计划的制定，债务人或管理人在制定重整计划时就会更有条件吸收各方利害关系人的意见和建议，这样制定出来的重整计划通过的几率会明显提高。③ 同时，该学者还建议应当仿照域外法上的制度，允许他们自行制作重整计划的草案，但需提交给管理人或者债务人，经其审查认为该草案具有可行性时，再由其依法提交债权人会议讨论。④

2. 重整计划的内容

重整计划的质量高低在相当程度上决定着重整的命运，若该计划的质量不高将直接影响关系人投票赞成重整与否的意思表示，质量不高的重整计划将会使债权人对债务人的重整失去信心。⑤ 重整计划质量高低的最直

①　齐明：《论我国破产程序转换与债权人后续重整申请权》，载《东北师大学报（哲学社会科学版）》2015年第5期。

②　李永军：《破产法——理论与规范研究》，中国政法大学出版社2013年版，第361页。

③　王欣新：《试论重整制度之立法完善》，载《昆明理工大学学报（社会科学版）》2010年第5期。注：《德国破产法》有相关的规定：第218条第3款的规定，如果破产计划是由破产管理人制定的，债权人委员会企业委员会、领导职员的代表机构以及债务人将以提供咨询的方式参与方案的制定。

④　王欣新：《上市公司重整实务问题研究》，载《中国律师》2008年第9期。

⑤　关效荣：《中日企业破产法律制度比较研究》，辽宁人民出版社1996年版，第309页。

接体现在于其内容方面。基于利害关系人意思自治之考虑，重整计划所包含的内容应当由其制定者自行确定；但是，既然重整计划作为重整程序中所不可或缺的核心部分，就必须包含一些最基本的事项，这才能被称之为计划，因此，"重整计划首先必须足够详尽，以确保债权人和出资人在进行表决时能够合理地作出判断"。[1]

（1）重整计划应当体现的原则

学者们对决定重整计划的具体内容的原则从理论层面进行了较为深入的研究。有学者认为，重整计划应当符合三个要求：一是公平合理；二是切实可行；三是科学周详。[2] 台湾地区有学者则提出了五项原则，即公正合理原则、可能执行原则、条件平等原则、兼顾平衡原则、限期完成原则。[3] 还有学者则认为应当遵循合法、公平与可行三项原则。[4] 各位学者的表述均有一定的道理，其中列明的"原则"均应当在重整计划的内容方面予以体现，而存在的差异主要是其立足点不同，同时也涉及对于"原则"这一概念的理解问题，虽然部分事项并未被归纳为"原则"，但并不意味着重整计划的内容可以违反，故该方面的争论并无意义。《企业破产法》虽然未在立法的层面对此进行规定，但从重整的司法实践来看，其重整计划应当涵盖如下原则：

①合法原则

该原则要求重整计划的内容不能侵害相关当事人的合法权益，其中涉及的权益既包括程序上的权益也当然包括实体方面，前者涉及重整计划的制定主体、提出期限等，后者则要求不得对部分当事人的实体利益造成侵害，例如，不得在重整计划中规定违反法定清偿顺序的内容，故合法原则之中也同时涵盖了公平原则。实践中，有时会出现债务人或者其控制人为了争取到部分债权人的支持，在重整计划外给予额外清偿的许诺，法院通

---

[1] See：Bankruptcy Judges Division of Administrative Office of the United States Coups，Bankruptcy Basics，Public Information Series，2000，p. 34.

[2] 汤维建：《破产重整程序研究》，载梁慧星：《民商法论丛（第5卷）》，法律出版社1996年版，第309页。

[3] 武忆舟：《公司法论》，台湾三民书局1980年版，第524～525页。

[4] 梁宇贤：《公司法论》，台湾三民书局2006年版，第638～641页。

常不对这类行为进行审查，这在实际上严重损害了其他利害关系人的权益。①

②利益平衡原则

在重整程序中对与债务人有关的法律关系需要按照一定的游戏规则全部打破并重新建立，故破产法中的重整制度成为各种矛盾与利益冲突交汇的中心。② 破产程序尤其是破产重整程序强调的是"破产损失分担"这种分担并不是指一部分的利害关系人的分担，而是指重整程序中所有的利益相关方的损失分担，因此如何在重整计划中保障各方利益的平衡是一件重要和复杂的工作。由于上市公司的重整还将涉及广大中小投资者的权益保护问题，这导致其中的利益冲突更为复杂，最为明显的事项存在于债权人与出资人之间，亦即普通债权人清偿率的提高与出资人缩减及让渡的股权比例事宜。上市公司重整实践中体现出的出资人权益调整方面的差异较大，有多家上市公司未对其流通股或无限制出售条件的流通股股份持有人的权益进行缩减或让渡，但缩减比例最高时则会超过50%，这实质上即体现了债权人与出资人之间的利益平衡，如果双方就此存在较大分歧时，法院不宜直接通过强制裁定批准的方式进行干预，而应当以当事人之间的进一步协商为前提。

③可行性原则

所谓重整计划的可行性，是指如果重整计划顺利执行完毕之后，债务人将会伴随着财务稳定与成功的合理前景而恢复至有偿付能力的状态。可行性原则是重整计划的最基本要求，虽然其中的具体内容体现了一些商业性条款，例如，注入资产的内容、业绩的预期与承诺等，但该原则并不是要求法院判断这些具体条款是否可行，而是要求制定人不能基于恶意，重整计划中的具体内容不能脱离债务人的客观实际情况，否则，很容易造成该制度的滥用。从比较法上来看，作为证券监管机构的美国证券交易委员会对于重整计划之可行性进行判断时，主张应特别注意流动资本之是否适当，长期借款与财产价值之资本结构相互间之关系，

---

① 王建平、张达君：《破产重整计划批准制度及反思》，载《人民司法》2010年第23期。

② 杨忠孝：《破产法上的利益平衡问题研究》，北京大学出版社2008年版，第34页。

公司之获利能力是否能配合所付利息、红利，以及公司未来信用之资本估计结果等。①

④高效原则

从上市公司重整的角度来看，由于证券市场的波动也将在很大程度上影响重整的成功与否，故高效原则也应当体现于重整计划之中，实践中关于重整计划的最短执行期限仅为 1 个月的情况即为该项原则之体现。然而，具体仍然需要结合上市公司的个案来确定合理的期限。

（2）重整计划的必要内容

重整计划的必要内容应当由法律作出明确的规定以便于在实践中起到更好的指引作用。联合国国际贸易法委员会颁布的《破产法立法指南》规定"破产法不必列明应列入计划内的广泛的详细资料，而是应指明计划内的最低限度内容，以计划的关键目标和执行程序为重点"②。从比较法上来看，对重整计划内容的规定主要有两种类型，即分类列举式和有限概括式，前者以美国和日本③为代表，后者以我国台湾地区④为典型。

我国《企业破产法》采取的是有限概括式。《企业破产法》第 81 条规定，重整计划应当包括债务人的经营方案、债权分类、债权调整方案、债权受偿方案、重整计划的执行期限、重整计划执行的监督期限以及有利

---

① See Annual Report of the Securities and Exchange Commission（1946），p. 91. 转引自梁宇贤：《公司法论》，台湾三民书局 2006 年版，第 641 页。

② 联合国国际贸易法委员会：《破产法立法指南》。

③ 《日本公司更生法》第 211 条第 1 款规定，绝对必要记载事项应当包括：有关变更全部或一部分更生债权人、更生担保权人或股东权利的条款；有关共益债权清偿的条款；有关筹措债务清偿资金的方法及超过计划的收益金的用途条款。根据第 211 条第 2~3 款的规定，相对必要记载事项具体可能包含：有关营业及财产转让、出资或租赁、事业经营委任事项；有关章程、董事、代表董事及监察人之委任或变更事项；有关资本减少、发行新股或公司债之事项；有关公司解散或设立新公司以及公司之合并事项；将经营公司事业、管理及处分公司财产的权利授予董事的意旨之事项。

④ 我国台湾地区"公司法"在规定重整计划的内容时，认为应当由制定人酌情拟订，但其第 304 条第 1 款又同时规定，公司重整如有下列事项时，应订明于重整计划：全部或一部重整债权人或股东权利之变更；全部或一部营业之变更；财产之处分；债务清偿方法及资金来源；公司资产之估价标准及方法；公司之改组及章程之变更；员工的调整或裁减；新股或公司债之发行；其他必要事项。

于债务人重整的其他方案等七个方面，该部分内容为重整计划的必备条款。此外，最高人民法院《关于审理企业破产案件确定管理人报酬的规定》第 10 条规定：“……在和解、重整程序中，管理人报酬方案内容应列入和解协议草案或重整计划草案。”故管理人的报酬方案也是重整计划的必备内容之一。虽然，我国《企业破产法》第 81 条对重整计划的必要内容作了列举性的规定。但是，我国目前的七项规定对于实践的规范作用显然是不够的。学者和司法界对我国重整计划应包含的必要内容提出了下列建议：

①增加经营方案等实质性内容

实践中，由于我国重整制度实行的时间还较为短暂，在观念上对重整制度与和解制度容易出现理解混淆。因此有一些上市公司的重整计划中，实际上不将股权调整、资产与业务重组等实质性重整事项列入，重整计划的内容事实上仅包括债务清偿，仅使债权人等难以判断重整计划的可行性，失去重整制度的特点和意义。因此有学者建议在未来的司法解释中将债务人的经营管理方案、融资方案、资产与业务重组方案等重整的实质性内容规定为重整计划的必要内容。① 2018 年公布的《破产审判纪要》明确了人民法院审查和批准重整计划的依据。《破产审判纪要》强调人民法院批准重整计划时要考虑其中是否包含让企业获得盈利能力的经营方案，这也说明在司法实践中，法院已将重整方案默认为重整计划的必要内容。

②增加清偿比率的计算依据

此外，有学者建议未来司法解释中应明确规定，重整计划草案应当包括该草案被提请批准时普通债权依照破产清算程序所能获得的清偿率的具体计算依据，以及按照重整程序进行时普通债权所能获得清偿比率计算依据的详细说明。② 实践中，我国上市公司相对于其他国家的上市公司来说具有特殊的“壳价值”，甚至“壳价值”往往是重整的 ST 公司的最大价值所在。一些上市公司往往只需要调整很少一部分的出资人权益就能够偿还其重整计划中确定偿还的债务，上市公司的破产财产反而丝毫不需要动

---

① 　王欣新：《试论重整制度之立法完善》，载《昆明理工大学学报（社会科学版）》2010 年第 5 期。

② 　王欣新：《试论重整制度之立法完善》，载《昆明理工大学学报（社会科学版）》2010 年第 5 期。

用。虽然，债务人、出资人都因此获得了收益，但债权人和出资人之间的利益分配是否合理值得怀疑。① 更有甚者，在轰动一时的赛维重整案中，清偿比率的计算方式就曾严重地影响了案件重整的进程。因此，在重整计划草案中不仅要将债权人的清偿比例放入其中，同时也要将该清偿比例的计算依据明确载入，如此，充分的信息披露能够充分保障所有债权人的知情权，争取到债权人的支持和理解，使重整的进程更加顺利。

我们还应当注意的是，重整案件的复杂性决定了即使在法律中详细列举重整计划的必要内容也往往挂一漏万；因此，债权人、股东及其他利害关系人认为重整计划草案说明不充分的，可以要求重整计划草案制作人对其做出补充说明或接受利益相关人质询。

3. 重整计划的表决

重整计划制定之后必须得到债权人的认可重整案件才能有成功的可能，因此重整计划表决制度是重整程序中的一项重要制度。《企业破产法》通过对表决制度中分组表决方式和表决方式进行特殊设计来保证重整计划表决的公正性。

（1）重整计划的分组

《企业破产法》第82条规定我国重整计划的表决方式是通过分组进行的。分组表决制是按照权利相似性标准将有表决权的人分为不同组别，以各组均通过表决为草案的通过标准。② 由于重整案件中利害关系人之间关系复杂，诉求不同，如果不进行分组表决，往往会出现大额债权人侵害小额债权人利益的情形。分组表决将同样类型、诉求相同的关系人作为一个组别，不仅体现了实质正义的要求，也有利于重整草案顺利通过表决。

①分组的立法例

从比较法上来看，虽然各国立法关于重整债权分组的原则基本相同，但分组的标准与类型却不尽一致，总体上包括强制性分组、任意性分组和折中性分组三种类型。强制性分组以德国为典型，《德国破产法》规定将有表决权人区分为享有别除权的债权人、非后顺序的破产债权人和各等级后顺位破产债权人、职工债权人和小额债权人五组。同时另增加的组别的

---

① 王建平、张达君：《破产重整计划批准制度及反思》，载《人民司法》2010年第23期。

② 王卫国：《破产法精义》，法律出版社2007年版，第246页。

划分必须以具有同类经济利益为标准，并在重整计划中予以说明。① 任意性分组以美国为典型代表。《美国联邦破产法》第1122条规定："重整计划可以将某一债权或权益归入到特定的类别中，但该债权或权益必须在相当大的程度上与该类别内的其他债权或权益相类似。"采用折中性分组的典型国家为日本。日本《公司更生法》列举了六种组别，同时允许法根据实际情况来增设和合并，但至少包括担保权人、更生债权人、股东等三组。

我国《企业破产法》规定重整表决组可以划分为担保权人、职工债权人、税收债权人、普通债权人四个组别，同时规定在必要时可以设置小额债权组。

设置小额债权组的原因在于：小额债权人往往人数众多，债权额在总体债权比例中占比较低。将小额债权人从普通债权中分离出来能够提高重整计划表决效率。若小额债权人反对重整计划，那么普通债权人组很难满足赞成票人数超过半数的要求，难以通过表决。由于小额债权人债权额较小，即使给予小额债权人组全额的清偿，对全体债务人来说影响也不会太大，反而会使小额债权通过重整计划的阻碍减小。因此，将小额债权人单独分组，提高小额债权人的清偿比例，能够提高重整计划的通过率，加快重整程序的进行。

另外，从《企业破产法》第82条的规定可以看出，我国更偏向强行性分组，法律并未表明是否可以在这几个组别中再进一步进行细分。对此，学者认为我国的表决组的划分方式过于僵硬，缺乏灵活性，建议效仿日本折中式的做法，允许法院在必要的情况下增设和合并表决组。只要分组过程中坚持"实质性相似"与"同等对待"这两项原则，在此前提下，应根据案件情况来灵活进行分组。②

②是否以设置出资人组为必要

关于是否应当设置出资人组，比较法上主要有两种立法例：

一是以美国为典型。即原则上设置出资人组，但重整计划草案未减损出资人利益时不设出资人组。这是因为首先虽然债权人进入了重整程序，

---

① 参见《德国破产法》第222条。

② 郑志斌、张婷：《困境公司如何重整》，人民法院出版社2007年版，第353页。

但是由于重整原因的宽松化，债权人有可能尚未具有破产原因，出资人对于公司仍然具有剩余价值索取权。如果剥夺了其表决权，那么当出资人的权利受到侵害时，法律就难以为其提供救济。① 其次，如果彻底将出资人排除到重整程序之外，可能会挫伤出资人和债务人管理层申请重整的积极性。②

二是以日本破产法为典型。不以设置出资人组为必须，只有当企业资产负债表中现实资产高于负债的情况下才设置出资人组。

可以看到，以上两种立法例都并没有将出资人直接排除在表决之外。根据我国《企业破产法》第 85 条第 2 款规定，如果重整计划的内容涉及出资人权益调整事项，那么就应当设置出资人组对该事项进行表决。由此可见，我国的重整计划表决制度中设置出资人组并不以企业资产负债表为依据。对此有学者建议学习日本的做法，以债务人资产负债表为依据，在资不抵债时，不设置出资人组，以排除出资人强行反对一个公平合理的重整计划，以保证重整程序的合理推进。③ 但是，还有其他学者认为基于出资人权益的空瓶理论，公司"连皮带骨"都属于出资人，即使瓶子里的饮料一滴不剩，瓶子也属于出资人所有。④ 上市公司的"壳"资源就是饮料的瓶子。对公司资产评估并不包括"壳"资源的价值包括在内，因此仅仅因为资产负债表资不抵债就剥夺出资人的表决权的建议值得商榷。

在重整程序中，也应当注意同一组别之间的权利也可能存在先后顺位问题，对此，有学者建议在设立出资人组时，可以依据出资人性质的不同来进行进一步细化的规定。⑤ 建议将上市企业的股东小组分为非流通股小

---

① 代表性的文章包括：汤维建：《我国破产法草案在重整程序设计上的若干争议问题之我见》，载《法学家》2005 年第 2 期；陶川：《试论重整计划表决中的意思自治及其限制》，载《襄樊学院学报》2010 年第 3 期。

② 李志强：《论破产重整计划表决制度》，载《天津商业大学学报》2012 年第 6 期。

③ 李志强：《论破产重整计划表决制度》，载《天津商业大学学报》2012 年第 6 期。

④ 齐明：《我国上市公司重整中出资人权益强制调整的误区与出路》，载《法学》2017 年第 7 期。

⑤ 汤维建：《我国破产法草案在重整程序设计上的若干争议问题之我见》，载《法学家》2005 年第 2 期。

组及流通股小组，并增加对流通股小组对方案通过的控制力。①

（2）重整计划的表决规则

《企业破产法》第 84 条第 2 款规定我国重整计划表决时，每个组别中有过半数的债权人同意，同意的债权人所占的债权比例超过该组债权总额的三分之二的即为通过，体现了多数决的原则。前文已述，用"多数决"代替"一致决"作为重整计划的表决规则能够将大多数人的决定变成集体决定，解决"钳制问题"以提高表决效率。但是我国的重整计划的表决规则仍然需要进一步细化和完善。

①出资人组的表决规则

《企业破产法》并未明确规定出资人组的表决规则。实践中主要有两种做法：第一，参照《公司法》第 103 条关于股东表决权的规定进行表决，出资人组表决可以按照《公司法》和公司章程的规定确认。② 第二，类推适用债权人组的"双重标准"表决规则，即与会出资人人数过半数同意，并且其所代表的股权额占该组所持股权总额的三分之二以上的，为通过表决。

②表决制度的创新

由于实务中出现了一些制度衔接问题给重整计划的通过造成了障碍。例如，目前商业银行的减免债务授权表决制度尚未与重整制度相衔接，导致在重整计划草案的分组表决中，债权人银行因未获得总行免除债务、核销坏账的授权，而难于表决，甚至投反对票。③在广东风华高新科技集团有限公司重整案中，由于债权银行尚未建立减免债务授权表决机制，法院创造性地将表决意见分为三类：同意、不同意和同意由法院依法裁决。经过后来的表决，担保债权组与普通债权组虽然没有直接获得通过表决，但大部分金融机构的债权人并没有直接反对重整计划草案，而是表示同意由

---

①　郑志斌、张婷：《困境公司如何重整》，人民法院出版社 2007 年版，第 354 页。

②　《公司法》第 103 条第 2 款规定：股东大会作出决议，必须经出席会议的股东所持表决权过半数通过。但是，股东大会作出修改公司章程、增加或者减少注册资本的决议，以及公司合并、分立、解散或者变更公司形式的决议，必须经出席会议的股东所持表决权的三分之二以上通过。

③　王建平、张达君：《破产重整计划批准制度及反思》，载《人民司法》2010年第 23 期。

法院依法裁决。据此，这两个表决组均视为通过，其后法院批准了重整计划。[1] 虽然，这样的表决方法的创新不一定能够广泛适用，但也为我国重整制度中的表决方式的完善提供了新的思路。

4. 重整计划的批准

（1）重整计划的正常批准标准

所谓正常批准，是在债权人分组会议各个组别均以法定多数通过重整计划草案时，报请人民法院做出的批准。有学者指出，正常批准标准的设立是为了防范关系人会议[2]利用多数决侵害少数反对者的利益。

立法上对于重整计划的正常批准没有具体的标准规定。但是，2018年最高人民法院发布的《破产审判纪要》明确了人民法院审查和批准重整计划的依据。《破产审判纪要》突出强调，人民法院批准重整计划时要考虑其中是否包含让企业获得盈利能力的经营方案。重整不仅是债务减免和财务调整，更重要的是通过制定让企业改善经营、重新获得盈利能力的经营方案，维持企业的营业价值，改善企业的生产经营，提高企业的质效，让企业获得新生。

学者们主张在正常批准重整计划时也应该遵守强制批准计划的一些规则。这是因为重整计划的表决应当遵守多数决的原则，但是不能在保障多数人的利益的同时损害少数人的利益，法院通过审查行使其批准权能够保证重整计划表决的公正性。因此学者们认为正常批准重整计划时也应遵守一些强制批准重整计划中规定的原则。这些原则主要包括：公平原则、可行性原则、绝对优先原则等。[3]

（2）重整计划的强制批准

①强制批准的适用条件

重整计划是一份多方协议，其中体现了多种利害关系人之间的博弈，基于当事人自治主导型的企业再生之理念，其中应当以协商为原则。然而，并不是所有的利益主体都会满意重整计划草案中对于其权益的安排，

---

[1] 王建平：《清算转为重整，债务人再踏征程——解析风华集团破产重整案》，载《法制资讯》2009年第5期。

[2] 由于出资人的加入，原本债权人会议实际上已不仅仅包括债权人了，因此用"债权人会议"这个称谓不太合适，而应当替代以"关系人会议"，我国《企业破产法》上对这一点没有进行区别，应当进行修正。

[3] 持这样观点的代表性学者包括：汤维建、王欣新、郑志斌、张婷等。

我们要求实现这样的一种情况也是不现实的，所以为了避免程序拖延、资源浪费等多种后续问题，各国立法在设计重整制度时大多规定了法院在特定情形下，以符合法律规定为前提，可以强制通过该计划草案。

强制批准权的设置，是为了有效解决"钳制问题"，也就是指在一些交易中，一方当事人享有类似独占的地位，为追求个人利益最大化，可能采取使谈判无法进行的行为，以提高自身的谈判效率。为解决"钳制问题"，强制批准制度就应运而生，《企业破产法》第87条第2款对此作出了规定，这就是重整制度重视效率的一面。仔细分析该款规定可以看出，我国的强制批准制度的规定实际上就是美国破产法强制批准制度的三大原则的体现，即"最低限度接受原则"[①]、"公平公正原则"和"绝对优先规则"。

[②]我国强制批准制度的完善

我国的强制批准制度与重整制度发达的国家、地区的立法相比都较为粗糙，[②] 给司法机关适用带来的不确定性，也导致了部分滥用的现象。以上市公司为例，我国截至2017年共有49家上市公司进入重整程序，其中采用强制批准制度的达到13家，比例高达26.5%。[③] 其中固然有立法不足的原因，但很大部分存在因地方保护主义而滥用强裁制度的情形。采用强制批准的案例中，*ST帝贤B、*ST广夏、*ST金城利益受损的组别对重整计划均表示反对，*ST帝贤B甚至未经过二次表决程序，法院即用强制批准权强行通过重整计划。对于这种情况的多次发生，理论界和实务界对法院行使强制批准权的限制条件展开了广泛的讨论，总结起来有以下几项建议：

第一，进一步完善最低限度接受原则。[④]

---

①　借鉴美国破产法第1129条（b）（2）的绝对优先规则和我国台湾地区"公司法"，明确债权人和出资人、股东之间清偿顺序，即普通债权人没有得到100%的清偿前股东的利益不能得到，只有这样才能保障无担保普通债权人的权益，避免重整程序成为出资人、股东逃避债务的工具。这是绝对优先权原则的要求。

②　美国破产法中详细列举了16项条件，且每一项下都设有分项，既严谨又详细。

③　齐明、郭瑶：《破产重整计划强制批准制度的反思与完善——基于上市公司破产重整案件的实证分析》，载《广西大学学报（哲学社会科学版）》2018年第2期。

④　最低限度接受原则是指重整计划能够由法院强制批准必须有部分表决组通过了重整计划，在所有组别都反对重整计划的情况下，司法权力的强行介入在损害全体参与方的意思自治的同时，也会使重整计划的执行在客观上无法推进。

《破产审判纪要》中第 18 条对《企业破产法》第 87 条第 2 款中蕴含的最低限度接受原则作了进一步的完善。

该条规定人民法院应当审慎适用《企业破产法》第 87 条第 2 款，不可滥用强制批准权。确实需要强制批准重整计划草案的，重整计划草案除了应当符合《企业破产法》第 87 条第 2 款规定外，还应当同时符合一定的其他条件。如债权人分为多组的，还应当至少有一组已经通过重整计划草案，且各表决组中反对者能够获得的清偿利益不低于依照破产清算程序所能获得的利益。这类似于比较法上的最低限度接受原则，这样的规定对于我国强裁制度是一项不可或缺的补充。

但是《破产审判纪要》中这一条的表达方式有可能会引起理解上的一些差异，"如债权人分多组的，还应当至少有一组已经通过重整计划草案"，《破产审判纪要》的精神似乎要仿照美国破产法的最低限度接受原则，即规定至少有一个权益受到损害的表决组接受了重整计划，法院才能强制批准重整计划。然而只要有一个表决组通过就能够强制批准的标准在实践中显得过低。因为依据我国任意性分组的规则，只要在分组时巧妙地设置一个划分额度较低的小额债权组给予其 100% 的清偿，便能轻易地突破这项规定设置的障碍，无法达到防止强制批准程序滥用的目的。《德国破产法》对此的规定是要求所有表决组中至少有过半数的通过重整计划，才可适用强制批准制度。实际上，2009 年的《江苏省高级人民法院审判委员会关于妥善审理破产案件、维护经济社会稳定若干问题的讨论纪要》中类似规定的表述是："至少有一个权益受影响的表决组已经接受草案，每一个反对重整计划草案的债权人或者股东在重整程序中至少可以获得在清算程序中本可获得的清偿等情况下，人民法院应以社会公共利益和重整计划可行性为标准行使自由裁量权。"《破产审判纪要》应该与其精神是一致的，因此应该对 18 条的表述作进一步的理解和完善。

第二，完善绝对优先原则，注重普通债权人与股东利益调整的问题。

通常来说，公司进入重整程序使股东不再对公司享有剩余价值索取权，即使有也不足清偿公司全部债务。我国有学者认为《企业破产法》第 87 条在讲到普通债权的时候，实际上已经违背了绝对优先规则，即没有"普通债权未获得全额清偿之前，出资人的权益一无所有"内容。[①]

---

① 王佐发：《修改破产法方可治理"强裁之殇"》，载《经济参考报》2016 年 11 月 22 日第 8 版。

在重整计划安排中应体现"债权人利益优先于股东利益，小股东利益优先于大股东，无责任股东利益优先于有责任股东"的实质公平原则，原则上在公司资不抵债的情况下，原股东不对重整后的公司享有股权。

但是，如果该股东在债务人的重整过程中注入了新的金钱或价值，那么可以根据市场标准，为其保留相应的股份，这在美国法上被称为新价值例外原则，是绝对优先原则的例外。我国对此问题的立法上有缺失，我国应当予以明确。

第三，要注重重整计划中的企业价值评估问题。

在司法实务中，因为强制批准而受到社会广泛关注的案件当属赛维集团的重整案件了，该案 2016 年的强制批准使 12 家银行的债权清偿率仅为 7.7%，损失高达 250 亿元，遭到广泛质疑。这其中也固然有以上提到的一些原因，但是还有一项原因在于重整方案和程序存在较大瑕疵。银行债权人认为，此次重整中三家公司的估值为了迎合战略投资人而严重偏低，第二次债权人会议上公布的估值相较于第一次降幅达 37.2%。此次估值采用的是固定资产重置价值法进行评估，与破产清算采用的评估方法一样。而在以往的破产重整案例中，一般要参考固定资产重置价值法和现金流折算法两个评估方法算出的清偿率。①

---

① 2016 年 9 月，江西省新余市中级人民法院在所有银行债权人反对的情况下，裁定强制批准赛维集团旗下高科技、光伏硅、高科技（新余）三家公司的重整计划，12 家银行债权人持有的 271 亿债权的清偿率仅为 7.7%，亏损达到约 250 亿元。债权人对该结果强烈不满，多位专业人士也提出质疑，认为法院有滥用强制批准权的嫌疑，在明显不符合法定标准的前提下以牺牲债权人利益为代价强制批准重整计划。后因中国证监会对上市公司再融资出台新的规定，导致批准的赛维两公司重整计划不能执行。2017 年 3 月，赛维两公司管理人通过债权人会议和书面函询等形式就赛维两公司重整路径广泛征求债权人的意见，债权人一致认为赛维两公司重整价值大于清算价值，表示不赞同赛维两公司转入破产清算程序。据此，经论证新余中院同意赛维两公司继续重整，管理人随即启动了新一轮战略投资人寻找工作，最终于 2017 年 10 月 18日确定禾禾能源科技（江苏）有限公司、芜湖华融新亚投资合伙企业（有限合伙）为赛维两公司新的重整战略投资人，约定由重整投资人支付对价 17.95 亿元收购赛维两公司 100% 股权，并按此对价清偿赛维两公司的债务。2017 年 12 月 29 日，赛维两公司和管理人提请债权人会议表决两公司整体重整计划草案，职工劳动债权组、税款债权组、出资人组全部同意重整计划草案，有特定财产担保债权组、普通债权组同意比例均高于破产法规定的同一表决组债权人数过半且其代表的债权额占该组债权总额三分之二的比例。重整计划草案高票表决通过。

当法院审查重整计划是否符合最大利益原则时，即致力于保证单个索取权人至少得到不少于其可以从清算程序所得到的清偿，要实现这一点，确定债务人的价值就成为问题的关键，而这往往是相关各方进行博弈之所在。资产评估是重整计划制定的重要依据，直接影响债权人及利益相关人的利益。重整案件不同于普通的破产清算，在对包括担保财产在内的资产估值时应该结合企业实际盈利情况、现金流等企业真实的经营情况来综合考虑。对此有学者建议应从重整计划的必要内容方面入手，重整计划应提出两个清偿率，一是清算条件下的清偿率（采取重置成本法评估），一是重整条件下的清偿率（采用收益法评估）。根据经营计划里对未来基本收益和现金流的描述，计算出重整条件下的清偿率，作为普通债权人获得清偿的底线标准①。② 资产评估应该在重整期间由管理人报管，以供利益相关人随时查阅监督。

当出现关于估值问题的争议时，有学者建议借鉴美国破产法的实践经验，在估值问题发生争议时启动简易的异议程序解决争议。在未来司法解释的制定中考虑引入估值争议的解决机制十分必要。③

第四，完善二次表决制度。

有学者建议将重整计划的二次表决规定为一种固定的制度。我国《企业破产法》第 87 条第 1 款规定：在重整计划表决未通过时，重整计划草案制定者可以与债权人协商进行二次表决。我国的二次表决是一个非固定的环节。在学者统计的 13 家运用强制批准权的案件中，有 3 件未进行二次表决；另有 7 件二次表决在当天或隔日进行，并且未对重整计划做出实质性的调整，明显流于形式。因此，建议通过司法解释将二次表决制度作为强制批准的必要环节，重视二次表决，使异议组别能够充分表达自己的诉求，维护各方利益。④

---

① 底线标准不能作为实际操作中的标准，有学者认为：只有当债权人的利益在清算价值的基础上增加了对重整收益的公平分配才能真正体现对债权人利益的保护。齐明、郭瑶：《破产重整计划强制批准制度的反思与完善——基于上市公司破产重整案件的实证分析》，载《广西大学学报（哲学社会科学版）》2018 年第 2 期。

② 王佐发：《修改破产法方可治理"强裁之殇"》，载《经济参考报》2016 年11 月 22 日第 8 版。

③ 池伟宏：《论重整计划的制定》，载《交大法学》2017 年第 3 期。

④ 齐明、郭瑶：《破产重整计划强制批准制度的反思与完善——基于上市公司破产重整案件的实证分析》，载《广西大学学报（哲学社会科学版）》2018 年第 2 期。

第五，要完善强制批准制度的救济制度。

无救济则无权利，强制批准重整计划是一种公权力代替债权人自由意志的强制做法，抑制甚至是否定了反对者的意思自治，那么对于债权人实质利益不公平受损的情况下应当赋予其救济权。德、美在内的许多国家规定重要的破产裁定可以上诉，而我国《企业破产法》和司法解释对此没有规定，学者认为对强制批准裁定未规定债权人有上诉权显然属于立法缺陷，① 没有救济制度往往会带来严重的后果②。利害关系人只能通过《民事诉讼法》第 178 条提起申诉，目前已有实际的案例产生，根据此条规定，利害关系人可以提出申诉但不停止判决、裁定的执行。实践中各公司重整计划执行时间差异是比较大的，我国上市公司重整计划执行时间平均为 227 天。重整计划执行最快的公司是＊ST 锌业，历时 26 天即获得法院批准执行完毕，重整计划执行最慢的公司是＊ST 宏盛，法院批准重整计划后 4 年多才获法院裁定批准计划执行完毕。在提起申诉的期间重整计划继续执行，如果案件的重整执行时间很短，那么即使申诉成功也没有实际价值了。因此，应当用法律的方式明确重整计划强制批准后的利益相关人的异议期间，以阻止极度不公的情况发生。

第六，重视强制批准制度的配套程序的设置。

完善实质要件的同时也要完善形式要件，在经过两次表决未能通过之后，强制批准之前应当召开听证会，听取债权人、股东、职工代表等各有关方的意见，并可以进行询问，审查重整公司的信息披露是否真实充分，让利息关系人都能了解重整计划的所有相关信息。我国没有这样的程序要求，因此强制批准权的运用如雾里看花，也给地方保护主义留下了发挥的余地。只有程序正义才能为实体正义提供保障，在美国的破产实务中强制批准率并不高，有学者选择了 43 家大型公司进行实证分析，研究显示只有 4 例案件适用强制批准。美国强制批准比例低的原因主要在于其强制批

---

① 刘敏、池伟宏：《法院批准重整计划实务问题研究》，载《法律适用》2011 年第 10 期。

② 在天颐科技重整案中，由债务人制作的重整计划草案中对出资人权益作了以下调整方案：要求 15 名中小非流通股东持有的 S＊ST 天颐近 660.4 万股非流通股则以每股 1 元的价格转让给其中一位战略投资者海南椰岛，当时引起中小非流通股东的强烈反对。但即使如此该重整计划仍然被法院强制批准。转引自王建平、张达君：《破产重整计划批准制度及反思》，载《人民司法》2010 年第 23 期。

准制度的适用除了需要符合其破产法规定的实质性批准要件外，还要履行听证会召开等复杂的程序性要件。因此，各方当事人都有很强的主观意愿回避强制批准制度。因此这种必要的听证会和询问制度等程序也会在一定程度上抑制"钳制问题"的产生。

另外，预重整程序在重整申请前就完成了重整计划的制定和表决等步骤，例如*ST盛润重整案，这也能大大压缩强制批准制度的使用空间。

然而并非将《企业破产法》第87条的强制批准的条件严格化精细化就能做到真正的公平公正。我国的强制批准制度是仿照美国破产法制定的，但是美国学者也承认在美国法院在审理具体的重整案件时需要法官灵活的运用自由裁量权。例如在D&F案中，债务大约为700万美元而担保物的价值只有约500万美元。债务人在重整方案中提出10%的利率分15年清偿现有担保物的全部500万美元的现有价值，最后一笔付款为470多万美元，根据这一安排，债务人直到第20年年末才有可能还清所欠的500万美元。法院拒绝批准这样的方案，该案Clark法官认为仅仅在技术上符合第1129条b款第2项的标准也不能保证该计划是公平公正。重整计划使各方利益博弈的产物，每件案件都有其特殊性，因此应以尊重当事人之间的意思自治为原则，审慎的适用强制批准权。

## 第四节　重整计划的执行与监督

### 一、重整计划的执行人

《企业破产法》第89条和第93条第1款规定：重整计划由债务人负责执行。当出现"债务人不能执行或不执行重整计划"之情形时，人民法院经管理人或利害关系人的请求，应当裁定终止重整计划的执行，并宣告债务人破产。我国现行法对重整计划执行主体采取单一制的规定，只能由债务人负责执行。

我国在1995年至2004年《企业破产法》的制定过程中一直采用制定"重整执行人"来执行重整计划，到了2004年修改草案时，由于增加了债务人自行管理的规定，因此在重整计划的执行中也相应地规定了由"债务人执行，管理人监督"的制度。[①] 有学者认为这样的变化体现了起

---

① 李成文：《中国上市公司重整的内在逻辑与制度选择》，中国法制出版社2012年版，第219页。

草者在重整计划执行问题上采用了对债务人较为信任的立场，也反映了我国市场经济走向成熟的现实和趋势，并有利于提高重整的效率和降低司法成本。①

但是这样的规定无疑具有明显的弊端，例如：实践中如果出现仅仅是因为债务人的原因，如董、监、高等管理人员拒不执行重整计划，或存在破产欺诈或其他严重损害债权人利益的违法行为时，② 即使管理人监督及时，但无论是督促执行或者临时更换债务人的管理人员都会对重整的执行造成很大的不利影响，对债权人也造成额外的损失。因此，此时的债务人并不是最适当的重整计划执行人。我国对重整计划执行主体的规定有些过于单一，有必要进行调整。

学界对重整计划执行主体的观点大致可分为三类：其一，由债务人作为重整计划执行主体；其二，由管理人作为重整计划执行主体；其三，由重整程序中的经营控制权人执行重整计划。

### （一）由债务人执行为原则

各国（地区）破产法大多规定重整计划的执行由债务人在法院或管理人无需进一步干预的情况下负责。③ 例如《美国联邦破产法》第 1141（b）条规定：债务人享有重整中经营控制权、一定期间内重整计划的专属提出权等权利，重整计划也由其负责执行。除非重整计划或法院批准的命令另有规定外，④ 重整计划的批准将全部财团的财产权授予债务人。⑤

由债务人执行重整计划的优点在于：第一，债务人掌握经营的相关状况，具有信息优势；第二，有利于经营的连续性；第三，企业的经营需要专业性，债务人与破产管理人相比在专业上更具有优势，有利于实现各方

---

① 王卫国：《破产法精义》，法律出版社 2007 年版，第 266 页。
② 王欣新：《破产法》（第三版），中国人民大学出版社 2011 年版，第 279 页。
③ 参见联合国国际贸易法委员会：《破产法立法指南》。转引自范健、王建文：《破产法》，法律出版社 2009 年版，第 222 页。
④ 美国破产法规定了任命破产托管人或监督人的两种例外情形：①债务人在重整开始前或管理过程中存在瑕疵，如欺诈、不诚实、不合格或者重大管理事务行为；②基于对债权人、资产股票持有人或者其他利益当事方的利益考虑。转引自李飞：《当代外国破产法》，中国法制出版社 2006 年版，第 639 页。
⑤ 李飞：《当代外国破产法》，中国法制出版社 2006 年版，第 668 页。

利益的最大化。至于债务人在重整计划执行过程中可能对债权人造成损害的问题，完全可以通过强化管理人监督职责的制度设计予以避免。而且，由管理人行使专职的监督权，将更有利于债权人利益的维护。①

### （二）由管理人执行为原则

国外较为典型的立法例是日本，依日本《公司更生法》第 247 条的规定，原则上由管理人负责重整计划的执行，但是如果重整计划中明确指明由公司董事执行重整计划时可以委付于公司的董事执行。② 由管理人执行的优势在于：首先，管理人具有居中的法律地位，更为公正。其次，管理人经过财产清理、债权审核以及重整计划草案的制定等过程后，已经熟悉债务人的基本事项。③ 在国家管制色彩浓厚的法国破产法中，重整计划亦由管理人负责执行。④

### （三）由经营控制权人执行为原则

还有一批学者认为我国重整制度中重整计划的执行人应为"由重整程序中的经营控制权人"。⑤ 这是因为重整期间的经营控制权人负责重整公司的财务、业务、掌握公司各方面信息，重整计划被批准后，继续由其执行重整计划，有利于工作的连续性与效率性。⑥ 其他地区如我国台湾地区上市公司重整程序中的经营控制权人是重整人，其重整计划亦由重整人负责执行。

---

① 李成文：《中国上市公司重整的内在逻辑与制度选择》，中国法制出版社 2012 年版，第 220 页。

② 《日本民事再生法》允许在没有选任管财人时由债务人自行管理，重整计划的执行也可以由债务人自行实施，只是须由法院选任监督委员对重整计划的执行进行监督。

③ 李成文：《中国上市公司重整的内在逻辑与制度选择》，中国法制出版社 2012 年版，第 219 页。

④ 付翠英：《破产法比较研究》，中国人民公安大学出版社 2004 年版，第 75 页。

⑤ 丁燕：《上市公司重整计划执行制度的完善——基于我国上市公司的样本分析》，载《政治与法律》2014 年第 9 期。

⑥ 崔明亮：《破产重整计划执行法律问题研究》，载《中国政法大学学报》2018 年第 2 期。

### （四）对我国重整执行人制度的完善

1. 完善对债务人的执行监督

有学者建议我国可以借鉴美国破产法的相关规定，完善对管理人监督权的救济，如果管理人发现债务人有下列行为的，可以建议法院将债务人的经营管理权移交给管理人：债务人在破产程序开始之前或之后有欺诈、欺骗或有重大经营决策失误行为的；债务人对重整态度消极的；债务人的内部治理结构不完善，缺乏继续经营的能力的；债权人会议、出资人对于债务人自行管理持异议的；管理人管理更有利于重整程序的进行等。①

2. 允许以管理人执行为补充

我国《企业破产法》第93条规定："债务人不能执行或者不执行重整计划的，人民法院经管理人或者利害关系人请求，应当裁定终止重整计划的执行，并宣告债务人破产。"由债务人执行固然有效率型和专业性的考虑，但是实践中也有可能出现债务人不应作为重整计划执行人的情形：如董、监、高等管理人员拒不执行重整计划，或存在破产欺诈或其他严重损害债权人利益的违法行为时。在这样的情况下，即使管理人监督及时，但无论是督促执行或者临时更换债务人的管理人员都会对重整的执行造成很大的不利影响，对债权人也会造成额外的损失。此时的债务人并不是最适当的重整计划执行人。这种重整计划仍具有可执行性和执行价值的情况下如果直接裁定终止重整计划的执行，前期投入的重整成本就付之流水了。此时应该由管理人承担起重整计划执行的责任，勤勉忠实的行使执行职责。管理人可以遴选适合承担执行任务的人或聘请专业的经营人员，将执行的工作委付，管理人对被委付的执行人行使监督职责。

3. 其他主体的协助执行

有学者建议法律应当赋予重组方参与重整计划执行的权利。② 由于上市公司重整之后将确定性地涉及重组方注入资产的相关事项，战略投资者提前介入重整进程往往可以确保重整目的的顺利实现，美国学者的实证分

---

① 姚彬、孟伟：《破产程序中管理人制度实证研究》，中国法制出版社2013年版，第248页。

② 代表性的文章有：李成文：《中国上市公司重整的内在逻辑与制度选择》，中国法制出版社2012年版，第220~221页；崔明亮：《破产重整计划执行法律问题研究》，载《中国政法大学学报》2018年第2期。

析结果也认为重整融资有助于促进重整成功，提高重整效率。① 但是，《企业破产法》未赋予重整融资方参与重整计划执行的权利。而学者们对于重整执行主体问题的关注也多集中于管理人与债务人二者身上，对于参与执行的其他主体或相关部门的协助执行问题探讨的较少。然而在上市公司重整实践中，已经出现了重组方与债务人作为共同执行人执行重整计划的案例。② 重整融资人参与重整，由于投资人与投资结果利益相容，就有动力扮演信息角色、甄别角色和监督角色，③ 从而降低交易成本，最大限度地实现重整中的公司的价值最大化。

因此，有学者建议应当增加协助执行的规定。重整计划中的非债务清偿方案的部分，可能涉及需要出具协助执行通知书的事项如工商、税务登记的变更，企业的股权、资产产权的变更等。例如，在上市公司的重整中经常涉及对原股东股权的划转，有权办理这一事项的是中国证券登记结算有限责任公司北京分公司。根据该公司公布的协助执法业务指南，股东股权在司法过户时必须向该公司提交的材料中包括法院出具的"协助执行通知书"，否则不予办理。在此类事项中，由法院出具协助执行通知书的方式实施，已得到社会的认可。④ 此时，债务人、管理人可以向人民法院提出申请，人民法院可出具协助执行书。⑤

但是，对此也有学者持相反意见。该学者认为一些企业经营事项例如

---

① See S. Dahiya et al, Detor-in-possession financing and bankruptcy resolution：Empirical evidence, Journal of Financial Econ omics 69（2003）, pp. 270-73. 转引自王佐发：《预重整制度的法律经济分析》，载《政法论坛》2009 年第 2 期。

② 在 S*ST 朝华案中，其重整计划中载明："如果法院裁定批准，本公司、建新集团、好江公司共同负责在重整计划执行期内执行重整计划，管理人进行监督。"这里的建新集团、好江公司即是重组方及其关联方。

③ See Sandeep Dahiya, Kose John Puri and Gabriel Ramirez, Deb to r-in-possession financing an d bankruptcy resolution：Empirical evidence, Journal of Financial Economics, 69（2003）, p. 261. 转引自王佐发：《预重整制度的法律经济分析》，载《政法论坛》2009 年第 2 期。

④ 如鞍山第一工程机械股份有限公司重整案、武汉华信高新技术股份有限公司重整案、中国长江航运集团南京油运股份有限公司重整案、鞍山合成（集团）股份有限公司重整案、湖南国光瓷业集团股份有限公司重整案等。转引自王欣新：《谈重整计划执行中的协助执行》，载《人民法院报》2016 年 7 月 13 日第 7 版。

⑤ 王欣新：《谈重整计划执行中的协助执行》，载《人民法院报》2016 年 7 月 13 日第 7 版。

"连续三年营利""恢复上市"等内容不能由法院出具协助执行通知书而强制执行,① 如果重整计划具有强制执行力,重整程序中的司法公权力将没有边界,成为滋生公权力滥用的土壤。② 因此,法院应坚持其消极中立的地位,把握协助执行的适用范围,不应滥用协助执行通知书。

## 二、重整计划的执行原则

学者们总结重整计划的执行原则具有许多共性,主要包括全面执行原则③、集体执行原则④、效率原则⑤。

但是,学者们在重整计划执行的变更原则上的观点则具有差异性。重整制度成本高昂的特征决定了其进入到重整计划执行阶段时已经产生了巨额的费用,如果发生一些事先难以预计的情形,仅仅依照《企业破产法》第93条的规定而终止重整计划的执行,不仅债务人的重整目标无法实现,也将对债权人、股东及其他利害关系人的权益产生较大的负面影响。因此,在必要且可能的情况下,法律应当考虑允许重整计划的适当调整,大

---

① 齐明:《我国上市公司重整中出资人权益强制调整的误区与出路》,载《法学》2017年第7期。

② 王欣:《重整计划执行问题的法律分析——由某公司破产重整案件引发的思考》,载《东北振兴与破产法适用》,吉林出版集团股份有限公司2016年版,第56页。

③ 代表性的著作包括:韩长印主编:《破产法学》(第二版),中国政法大学出版社2016年版,第275~276页;汤维建:《破产程序与破产立法研究》,人民法院出版社2001年版,第447页;郭毅敏:《破产重整:困境上市公司复兴新视野——以审判实务研究为中心》,人民法院出版2010年版,第332~334页;肖金泉、刘红林:《破产重整——中国企业新的再生之路》,上海人民出版社2007年版,第261页;郑志斌、张婷:《困境公司如何重整》,人民法院出版社2007年版,第382~384页。

④ 代表性的著作包括:汤维建:《破产程序与破产立法研究》,人民法院出版社2001年版,第447页;韩长印主编:《破产法学》(第二版),中国政法大学出版社2016年版,第275~276页;肖金泉、刘红林:《破产重整——中国企业新的再生之路》,上海人民出版社2007年版,第261页;郑志斌、张婷:《困境公司如何重整》,人民法院出版社2007年版,第382~384页。

⑤ 代表性的著作包括:韩长印主编:《破产法学》(第二版),中国政法大学出版社2016年版,第275~276页;汤维建:《破产程序与破产立法研究》,人民法院出版社2001年版,第447页;郭毅敏:《破产重整. 困境上市公司复兴新视野——以审判实务研究为中心》,人民法院出版2010年版,第332~334页;肖金泉、刘红林:《破产重整——中国企业新的再生之路》,上海人民出版社2007年版,第261页;郑志斌、张婷:《困境公司如何重整》,人民法院出版社2007年版,第382~384页。

多数的学者都持赞同的观点。但对于是否应规定更改的原则，有学者认为不应将重整计划的变更问题作为执行的一项原则，否则容易出现滥用的情形。[①] 但多数学者认为应当将重整计划的变更问题作为原则进行规定，只是表述上有些差异。有些学者将其归纳为情势变更原则[②]，而另有学者将其概括为依法变更原则[③]。本书更倾向于后者，原因在于：首先，理想情况下，执行人在重整计划的执行过程中应当严格按照其内容进行落实和实施。但是重整计划与清算计划不同，重整计划的内容可以大致分成两个部分，其一是债务清偿方案，其二是经营方案。[④] 即使债务清偿方案原则上不予调整；但是对于经营方案，市场的瞬息万变决定了经营方案的适时调整往往有利于债权债务人双方，既能使债务人早获新生，也能使债权人获得更高的清偿，允许重整计划适当调整是公平效率所需，也是国际通行做法。[⑤] 我国《企业破产法》目前虽然未直接规定重整计划在执行过程中

---

① 崔明亮：《破产重整计划执行法律问题研究》，载《中国政法大学学报》2018 年第 2 期。

② 汤维建：《破产程序与破产立法研究》，人民法院出版社 2001 年版，第 447 页；郭毅敏：《破产重整·困境上市公司复兴新视野——以审判实务研究为中心》，人民法院出版 2010 年版，第 332~334 页。

③ 韩长印主编：《破产法学》（第二版），中国政法大学出版社 2016 年版，第 275~276 页。

④ 王欣新：《谈重整计划执行中的协助执行》，载《人民法院报》2016 年 7 月 13 日第 7 版。

⑤ 如美国破产法第 1127 条（b）规定，重整计划的提出者或者重整后的债务人，可以在确认之后以及基本上完成该计划之前的任何时间修改此类计划，只要法院认为这种修改是有必要的，并且重整计划没有获得实质程度地执行。

《日本公司更生法》第 271 条规定，在作出更生计划的决定之后，因不得已的事由需要改变更生计划的，限于在更生程序结束前，法院可根据财产管理人、公司、已进行申报的更生债权人、更生担保权人或股东的申请，变更计划。

《韩国统一倒产法》第 282 条第 1 款规定，法院作出重整计划批准裁定之后，有必要因不得已的事由而变更计划所规定的事项时，限在重整程序终结之前，法院可依管理人、公司、提出申报的重整债权人、重整担保权人或股东、持股权人的申请变更计划。对重整计划的变更程序，与通过重整计划的程序相同。但是，不受变更影响的关系人无需参加表决。

我国台湾地区"公司法"第 306 条也规定了重整计划的变更与重行审查制度，其具体程序为：经法院认可之重整计划，因情势变迁或者正当理由致不能或无须执行，而尚有重整之可能或必要时，法院得因重整监督人、重整人或者关系人的声请，以裁定关系人会议重行审查；只有债务人"显无重整之可能或必要"时，才可裁定终止重整。

的内容变更的事宜，但《破产审判纪要》第 19、20 条规定了重整计划在执行阶段的调整规则，彰显了对有重整价值和可能的困境企业尽量挽救的原则，说明我国司法界正在探索重整计划在执行阶段的适当调整规则。因此，重整计划在执行阶段中合法适当的调整应当作为原则加以规定。其次，情势变更制度具有复杂性和不确定性，迄今为止，我国尚没有法律明文规定情势变更原则，现阶段只存在法官依据近似法条自觉适用情势变更原则实现个案正义的情况，根据现有的经验，难以作出科学界定，执行时更难以操作。因此，不宜将合同法中的情势变更原则直接移植到破产法的重整制度中。最后，我国破产法尚未规定重整计划的变更问题，但作出相关规定是大势所趋，并且需要设计出一套适合我国的特定规则，因此将其归纳为依法变更原则可以为我国规则空白的填补预留空间，更具有灵活性。

### 三、重整计划在执行中的变更

#### （一）变更的内容

债务人、管理人应当全面执行重整计划。但是，在司法实践中，有些情况例如市场变化导致可能需要对重整计划进行必要的修改。对于重整计划内容方面的变更，有学者认为，重整计划的内容大致可以分成两个部分，其一是债务清偿方案，其二是经营方案。除非债权人可以得到实质上更多的清偿，或者受到不利益影响的债权人全部同意，债务清偿方案原则上是不得变更。而债务人的经营方案在必要的时候是可以变更的。但这必须是在重整程序终结之前，或者重整计划还没有获得实质执行，即不存在不可逆或不可改变的情况时，可以允许对重整计划进行必要的变更，但是必须符合相应的法律程序。①

#### （二）变更的程序

针对变更的程序问题学界曾经存在较大的分歧，这主要有三种意见：一是征求债权人意见后直接变更；二是由管理人报请法院裁定批准；三是

---

①　王欣新：《试论重整制度之立法完善》，载《昆明理工大学学报（社会科学版）》2010 年第 5 期。

采取与通过重整计划相同的程序，即于债权人会议表决通过后再报请法院批准。

　　相比较而言，由管理人征求债权人意见后直接变更的程序虽然简单便捷，但不够严谨和透明，难以充分保护利害关系人的利益；而如果采取管理人直接申请法院裁定批准的程序，法院的职权干预色彩又太过明显，这也易于侵害其他利害关系人的合法权益，故第三种方式比较合理。持此种观点学者认为应当将修改程序进一步细化，即重整计划在执行过程中确需变更的，应由管理人先行审查，然后向人民法院提出申请，人民法院决定是否受理变更申请。人民法院决定受理重整计划变更申请的，受重整计划变更影响的利害关系人应当按照原重整计划表决程序重新表决，人民法院根据《企业破产法》第 86、87 条的规定裁定是否批准重整计划变更。① 《破产审判纪要》采取了与通过重整计划相同的程序，即于债权人会议表决通过后再报请法院批准。并且，同时为了降低利害关系人的成本，《破产审判纪要》只规定因变更重整计划而遭受损害的表决组重新表决，平衡了各方的利益。并且，考虑到重整计划已经处在执行阶段，重新召集关系人会议存在困难且会增加重整的成本，同时出于重整效率的考虑，在信息化的今天，可以采取变通方式，如通过书面函件、电子邮件、传真等方式进行表决。② 并且可以仿效域外法③的做法，权利不受变更影响的关系人不允许参加表决。

---

　　①　王欣新：《试论重整制度之立法完善》，载《昆明理工大学学报（社会科学版）》2010 年第 5 期。

　　②　崔明亮：《破产重整计划执行法律问题研究》，载《中国政法大学学报》2018 年第 2 期。

　　③　最典型的立法例为：日本《日本公司更生法》第 233 条第 2 款规定：根据前项的规定，已提出被认为对更生债权人、更生担保权人或股东有不利影响的计划变更申请时，准用关于提出更生计划草案的规定。但是，不受计划变更之影响者，不许参加该程序。《韩国统一倒产法》第 282 条第 1 款规定：法院作出重整计划批准裁定之后，有必要因不得已的事由而变更计划所规定的事项时，限在重整程序终结之前，法院可依管理人、公司、提出申报的重整债权人、重整担保权人或股东、持股权人的申请变更计划。对重整计划的变更程序，与通过重整计划的程序相同。但是，不受变更影响的关系人无需参加表决。

### 四、重整计划的执行监督

重整计划的成功执行，除了需要执行人的勤勉执行外，也离不开监督人的适当监督。

《企业破产法》将重整计划的执行主体设定为债务人，尽管此规定具有其合理性，但是却未能解决债务人滥用重整程序、"假重整真逃债"、在重整计划批准后不主动执行的情况。[①]

从域外立法例来看，在重整计划执行期间的监督主体有四种：第一，由法院兼任监督机构，不再另设监督机构，这以日本、法国为代表。如《法国破产法》规定，法院在裁定开始重整时，任命一名法官为监督人，督促程序的进行。这直接体现了法院对重整中管理人的监督。[②] 第二，由债权人会议兼任，此外不设专门的监督机构，这以美国为代表。美国破产法规定，债权人委员会负责调查、监督债务企业的行为、财产、负债、金融状况、营业状况和是否有继续营业的前景以及同案件相关的其他事项。[③] 第三，设立独立的重整监督机构，专司重整监督之职，[④] 这以韩国和台湾地区为代表。如韩国为了企业重整程序迅速、合理地进行，设立管理委员会作为法院的常设机构。[⑤] 台湾地区"公司法"第 289 条也规定，应就对公司业务，具有专门学识及经营经验者或金融机构，选任为重整监督人。第四，由管理人承担监督职责，以德国[⑥]为代表。

以上四种做法各有优劣。首先，由法院作为主要监督主体虽然更具公

---

[①]　中国人民银行西宁中心支行法律事务处课题组、张云莉：《企业破产重整制度研究》，载《青海金融》2017 年第 7 期。

[②]　李永军：《破产重整制度研究》，中国人民公安大学出版社 1996 年版，第 116 页。

[③]　潘琪：《美国破产法》，法律出版社 1999 年版，第 216 页。

[④]　李永军：《破产重整制度研究》，中国人民公安大学出版社 1996 年版，第 117 页。

[⑤]　李海燕、朴正兰：《试论公司重整制度——兼谈韩国的公司整理制度》，载《当代法学》2002 年第 10 期。

[⑥]　《德国支付不能法》第 261 条规定，实施监督是支付不能管理人的职责，监督期间，管理人每年应当向法院报告支付不能方案的执行情况及其进一步的前景，在选任有债权人委员会的情形，并应向其报告。参见杜景林、卢谌译：《德国支付不能法》，法律出版社 2002 年版，第 132 页。

正性、权威性，但无疑也会加重其负担，并且法院对重整计划执行情况的监督通常限于消极被动式监督，具有滞后性。其次，重整计划执行中涉及较多商业经营事宜，对此法院在专业性上也难以充分履行监督职能。①

对此，有学者建议：由于重整的专业性特征及处理利害关系人冲突的公正性，设立专门的监督机构的做法较为妥当。② 这样既避免了法院职能冲突、债权人专业知识技能缺乏的矛盾，又可以有效实现对重整计划执行的监督。

我国《企业破产法》采取了以管理人为唯一的监督主体的做法。重整计划的执行阶段不属于重整程序的范畴，法院在其中的监督力度较为弱化，针对债务人可能出现的侵害其他利害关系人利益的情形，法律并未就其如何纠正的相关事宜予以明确规定。本书认为，管理人在该阶段处于监督人的地位，对债务人负有监督执行重整计划的职责，债务人如果出现"不执行或不能执行"重整计划的情形，管理人可以申请法院对债务人的经营管理人员进行适当调整与更换，进而可以由管理人负责重整计划的执行，并在此基础上聘请债务人的部分经营管理人员，以避免利害关系人的权益遭受损失。

## 第五节　重整的终结阶段

重整程序会有两种结果：重整程序的终止和重整程序的终结。重整程序的终止是指重整程序的非正常结束，在出现法定事由后，法院根据重整人或者利害关系人的申请或者依职权裁定废止已经开始的重整程序。重整程序终结是重整程序正常完成，重整目的达到，企业得以摆脱困境，焕发新生。

### 一、重整程序的终止

《企业破产法》第 93 条规定：债务人不能执行或者不执行重整计划

---

① 崔明亮：《破产重整计划执行法律问题研究》，载《中国政法大学学报》2018 年第 2 期。

② 代表性的文章有：柯芳枝：《公司法要义》，台湾三民书局 2009 年版，第 315 页；姚彬、孟伟：《破产程序中管理人制度实证研究》，中国法制出版社 2013 年版，第 251 页。

的，人民法院经管理人或者利害关系人请求，应当裁定终止重整计划的执行，并宣告债务人破产。

人民法院裁定终止重整计划执行的后果包括：①重整计划失去效力。债权人因执行重整计划所受的清偿仍然有效，未收清偿的部分作为破产债权。②未受全额清偿的债权人未收清偿的部分债权只有在其他同顺位债权人同自己所受的清偿达到同一比例时，才能继续接受分配。③在被终止执行的重整计划执行过程中，为重整计划的执行提供的担保继续有效。①

因重整失败而导致破产程序终止的，法院除了裁定破产重整程序终止之外，还应根据关系人申请或依职权随即作出企业破产的宣告。

## 二、重整程序的终结

我国《企业破产法》第 86 条及第 87 条规定：法院许可重整计划后，重整程序则终结。我国的重整程序终结的标志与大多数国家规定不尽相同，因此在一些法律制度的设计上必须注意到这个差异。

虽然在域外法上，重整计划执行完毕之前也可以终结重整程序，例如日本《公司更生法》规定，更生计划完成后，或者确认更生计划切实可行的，法院可以职权或财产管理人的要求，裁定更生程序终结。② 但是，本书此处讨论的破产重整程序终结是指重整计划的执行人按照计划的规定完成了重整工作，重整目的达到，企业得以摆脱困境，焕发新生。

### （一）重整计划执行完毕的标准

我国重整计划执行完成采取司法程序外的债务人执行、管理人监督的体制，重整计划执行完毕时，无须对执行状况作出专门的报告，亦无须由人民法院加以审查和作出终结裁定。③

有学者认为重整计划执行完毕的标准指债务人已经完全按照重整计划规定的方案执行债务清偿。而重整计划中关于债务人营业方案的执行情

---

① 范健、王建文：《破产法》，法律出版社 2009 年版，第 223 页。
② 李永军：《破产法——理论与规范研究》，中国政法大学出版社 2013 年版，第 383 页。
③ 王卫国：《破产法精义》，法律出版社 2007 年版，第 276 页。

况，不在执行完毕的标准的衡量范围内。①另有学者认为，不能仅仅将债务清偿部分的完成当作重整计划执行完毕的标准，而是应将债务重组和资产重组均完成作为标准，从而引导公司重整采取债务重组和资产重组"一步走"方式；同时，司法权与行政权之间应合理分工与合作。在个别上市公司重整案中，法院裁定重整计划执行完毕的标准即债务重组和资产重组均完成，此种做法应当推广。②

### （二）对重整程序终结后的未申报债权的处理

我国破产法对逾期申报债权法律后果的规定经历了从严厉到宽松的过程。《企业破产法（试行）》第9条第2款规定："……逾期未申报债权的，视为自动放弃债权。"《关于审理企业破产案件若干问题的规定》第24条规定则对此出现了软化的情形："……有《民事诉讼法》第76条规定情形的，在破产财产分配前可向清算组申报债权。"而《企业破产法》第56条的规定进一步宽松化，不论何种原因逾期申报债权均可补充申报，只不过要承担增加的费用以及承受破产财产先行被分配的风险。再到《企业破产法》第92条第2款对于重整中未按期申报的债权的规定则表现得更为一边倒地保护债权人，"债权人未依照本法规定申报债权的，在重整计划执行期间不得行使权利；在重整计划执行完毕后，可以按照重整计划规定的同类债权的清偿条件行使权利"。类似于《德国破产法》第177条的规定。③ 这款规定初衷是为了对未按期申报债权的债权人进行救济，这样的规定于法理上并无不通之处，但是过于宽松的规定对我国司法实践中的重整制度产生了一些不利影响。

设置和解或重整程序的目的本为挽救债务人，而当债务人完全履行和解协议或者重整计划后，又出现和解协议或者重整计划未曾考虑清偿的新债权，当其数额较大时，有可能导致债务人二次破产，原已进行的和解或

---

① 王艳华主编：《破产法学》，郑州大学出版社2009年版，第259页。

② 邓益洋：《2014年中国破产法理论研究综述》，载顾功耘主编《公司法律评论（2015年卷）》，上海人民出版社2015年版，第327页。

③ 《德国破产法》第177条规定："对于未按期申报的债权也应当进行审查，但管理人或其他债权人对此提出异议的，或是在审查期日之后才申报的，破产法院应当指定一个特别审查期日，或命令以书面程序进行审查，费用由迟延人负担。"参见杜景林、卢谌译：《德国支付不能法》，法律出版社2002年版，第94页。

重整程序实际相当于失败了。实践中甚至有的公司为了预防补充申报的债权造成的二次破产而预留偿债资金，这样的做法不但造成了其他债权人清偿比例的进一步减少，并且也缺乏法律依据。① 此外，还可能造成因未申报的债权人选择性地在重整程序成功后行使权利而获得相较于正常申报的债权人更高清偿的不公平结果。因为在当事人协商和解协议或重整计划时，债务人的清偿能力是既定的，申报的债权尤其是普通债权再多无非是每笔债权清偿的比例减少，债务人并不因申报债权增加而需多作出清偿。但是，如果债权人不在重整程序中申报债权，而是在重整计划执行完毕后再要求清偿，债务人就不得不作出额外更多清偿了。实践中，已经出现有的债权人申报债权时不全额申报（如不申报债权利息）以提高清偿比例，在重整计划执行完毕后又要求清偿，有意无意地利用这一规定损害债务人利益的现象。所以，对这一问题必须考虑合理解决。②

学界中很多学者主张对破产法的规定加以限制，有学者认为如果管理人或法院在案件受理时已向债权人送达了申报债权通知，债权人仍然放弃权利不在破产程序中申报债权或补充申报的，在重整计划执行完毕后再要求清偿的，人民法院应不予支持。③ 并且在破产程序中未按照规定的期限

---

① 例如，在 ST 宏盛破产重整案件中，债务人预留了 8000 万元用于应对未按期申报债权将来可能的清偿。据学者对上海证券交易所公告的上市公司破产重整计划进行的不完全统计，截至 2011 年年底，在重整计划 中明确写明预留偿债资金以供未按期申报债权后续清偿的案例至少有 8 个，如 *ST 丹化、*ST 得亨等上市公司的破产重整计划。参见郗伟明：《论破产重整中未按期申报债权之处置》，载《法商研究》2012 年第 6 期。

② 王欣新：《论破产程序中的债权申报》，载《人民法院报》2010 年 8 月 4 日第 7 版。

③ 代表性的文章有：郑志斌：《中国公司重整实证研究》，载李曙光、郑志斌主编：《公司重整法律评论》，法律出版社 2011 年版，第 108 页、第 111 页、第 106 页。王欣新：《论破产程序中的债权申报》，载《人民法院报》2010 年 8 月 4 日第 7 版。郗伟明：《论破产重整中未按期申报债权之处置》，载《法商研究》2012 年第 6 期，第 86 页。

我国台湾地区有类似的规定：我国台湾地区"公司法"第 311 条第 1 项规定："公司重整完成后……已申报之债权未受清偿部分，除依重整计划处理，移转重整后之公司承受者外，其请求权消灭；未申报之债权亦同。"

申报债权的，诉讼时效不予中止。① 同时有研究者认为应当在实践中借鉴鼓励采用出售式重整的重整方式来避免在重整成功后清偿未在规定期限内申报的债权可能造成的二次破产弊端。②

有研究者对这个问题进行了更进一步的细化研究，认为应区分债权未按期申报的原因而设定不同的法律效果。如果债权人未按期申报债权是因故意或重大过失的，将丧失分配请求权；当债权人因不可抗力或其他正当事由逾期申报的，其权利不受影响；当债权人因一般过失而逾期申报的，法院可以裁定按照比同类债权更低的条件获得清偿。同时，法律可以仿照法国法设立债权人逾期申报债权即推定其具有重大过错的过错推定制度。③ 但是，应当注意的是，失权是针对债务人的请求权，未按期申报债权仅仅不能对抗债务人，而并非失其本权，否则担保人也可不再负担清偿之责。比较法上，法国《企业保障法》规定未按期申报债权的债权人仍保留对担保人的请求权，无论这种担保是独立的还是附随的。我国台湾地区通说也认为，未按期申报的债权将丧失请求权，而非其本权。④ 因此，即使未申报债权在重整程序执行完毕后失权，债权人仍然可以向担保人请求承担清偿责任。⑤

## 第六节　重整制度的配套制度

债权人经过千辛万苦，并且作出极大让步才能取得重整程序的成功。但仅仅只将关注点放到重整制度本身是不行的。我们需要注意到的是：重

---

① 王欣新：《论破产程序中的债权申报》，载《人民法院报》2010 年 8 月 4 日第 7 版。

② 王欣新：《重整制度理论与实务新论》，载《法律适用》2012 年第 11 期。

③ 《法国商法典》第 L. 622-26 条第 1 款规定："在规定期间内未申报的债权人，将无权获得破产财产的分配，除非该债权人未按期申报并非由于自身原因，或是源于债务人在根据《法国商法》第 L. 622-6 条制作破产债权表时有意遗漏，特派法官对债权人的失权予以撤销。"参见郗伟明：《论破产重整中未按期申报债权之处置》，载《法商研究》2012 年第 6 期。

④ 郑志斌：《中国公司重整实证研究》，载李曙光、郑志斌：《公司重整法律评论》，法律出版社 2011 年版，第 106 页。

⑤ 郗伟明：《论破产重整中未按期申报债权之处置》，载《法商研究》2012 年第 6 期。

整企业并非正常企业，因此不能以对正常企业的管理来要求重整企业。重整企业在实践中面临的困难有：①没有专门针对企业破产的税收减免政策；②整企业信用修复困难，难以重返市场；③金融债权的处分程序过于复杂，银行等金融机构债权人参与度较低。而重整企业的税收优惠问题需要税务等部门解决，破产重整企业信用修复需要工商机关、人民银行等部门解决。所幸的是，诸如此类问题，最高人民法院已向有关部门提出了司法建议，并积极协调有关部门解决实践中出现的问题。①

## 一、企业信用修复机制

对于企业的信用，我国目前由国家设立金融信用信息基础数据库收集企业信贷信息，并以信用报告形式向社会提供，数据库由人民银行征信中心负责建设、运行、维护。另外，由政府机关及相关职能部门建设企业公共信用信息共享平台，将其执行职务过程中获取的企业公共信用信息报送至该平台并在内部形成共享，同时根据信息保密程度通过互联网向社会公众提供部分信息查询服务。重整企业的信用信息基本上也是由上述信用信息平台收集和维护。企业进入到重整程序后，其组织机构代码没有发生变更，也就是企业征信系统采集的企业信用记录的标识码没有发生变更，根据我国现行《征信业管理条例》规定，该企业重整前已经被银行列入不良贷款客户的"黑名单"，重整后显示原贷款未完全偿还（已按重整计划比例偿还），因而无法获得新的信用记录，也就不能从银行再融资，对公司的正常运营产生不利影响。② 因此，重整企业的信用修复好坏直接关系到重整企业的融资和生存，关系到重整能否取得成功。

但是，我国目前没有专门针对重整企业信用修复的系统的法律法规，也没有专业化的信用修复机构来解决重整企业的信用修复问题，这严重影响着重整计划的执行和重整的成功实施，因此，应该对重整企业的信用修复机制进行完善与创新。一方面，要对我国《征信业管理条例》及相关法律法规进行完善和补充，特别是补充重整企业信用修复业务的范围界

---

① 杜万华：《最高人民法院企业破产与公司清算案件审判指导》，中国法制出版社 2017 年版，第 457 页。

② 张恒：《庄吉镜鉴：破产法十年荆棘路》，载《中国中小企业》2017 年第 8 期。

定、实施的条件、实施的主体、实施的流程及相关的权利义务和责任等具体可行的规定。另一方面，建立重整企业信用修复的市场机制，成立专业化的信用修复机构。该机构能够根据重整程序中企业信用状况的变化及时地重新评价企业信用，修复企业信用，但其出具的信用报告应由市场来进行判断和决定是否提供融资。

## 二、与重整相关的税收减免规则

有关重建企业的税收减免，欧美各国虽然保护程度有所差异，但都有相关规定，通过降低资本利得税、再投入免税、递延纳税等税收优惠政策以鼓励企业通过重整来重获新生。我国也不例外，我国的税收优惠政策对破产重整企业的一般调整主要集中于契税、印花税、增值税和营业税这几个类型，即重整企业对上述税种享有减免待遇。① 同时，除去其所享有的上述税收优惠政策外，企业还可依据其不同的企业身份享受特殊的税收优惠政策。② 2009 年财政部、国家税务总局也出台了《关于企业重组业务企业所得税处理若干问题的通知》，弥补了原税收法规的不足，明确了企业重组的所得税政策，有效降低了企业重组成本，从税收角度对企业之间

---

① 概括而言：① 对公司股权转让、合并分立和债转股以及非公司制企业整体改建后，原企业土地、房屋权属尚未发生实质性移转的，免征或减征契税；② 除企业因改制签订的产权转移书据直接免予贴花外，破产重整企业仅对新增加的资金按规定贴花，已贴花的资金部分不再征收印花税；③纳税人在资产重组过程中，通过合并、分立、出售、置换等方式，将全部或者部分实物资产以及与其相关联的债权、负债和劳动力一并转让给其他单位和个人，不属于流转税的征税范围，其中涉及的货物转让不征收增值税，涉及的不动产、土地使用权转让不征收营业税。转引自刘佳：《税收优惠政策对破产重整的法律调整及优化进路》，载《税务与经济》2014 年第2 期。

② 主要包括：①破产重整企业因其所处行业的特殊性而享受特别优惠，比如对于被撤销的金融机构进行资产处置和清理活动，不予征收房产税、城镇土地使用税、土地增值税、车船税、城市维护建设税和教育费附加；②破产重整企业因其属于国有资本而享受特殊的税收优惠待遇，比如中国联通、中信集团以及中国邮政在进行资产重组与置换时均免征土地增值税；③信达等四大资产管理公司对国有商业银行的不良资产所进行的收购、承接、管理和处置活动，免除一切税收。转引自刘佳：《税收优惠政策对破产重整的法律调整及优化进路》，载《税务与经济》2014年第 2 期。

的合并重组予以鼓励。①

　　但是我国目前重整制度中的税收优惠政策仍然存在着不少问题。一方面，税收优惠政策不具有统一性，重整企业能否享受税收优惠政策主要是以经济效益和社会效果为重要参考，能享受到税收政策优惠的企业主要是国有企业，一般非国有的民营企业能够享受到的税收优惠措施寥寥可数，大量的中小微企业因此重整受阻，国民经济的发展活力因此受到影响。另一方面，税收优惠政策的制定与实施缺乏效率，"申请、请示、批准"的模式在一定程度上影响了企业享受税收优惠政策的可能性，延缓了重整计划的实施。② 同时，《税收征管法》第 31 条关于延期纳税的规定和第 33 条关于减免税的规定，不仅适用条件和程序规定过于严格，而且与《企业破产法》关于重整的相关规定存在冲突，无法满足企业重整的实际需要。例如，纳税人延期缴纳税款最长不得超过 3 个月，但仅重整计划草案制订期间最长就可达 9 个月，尚不包括重整计划草案表决、通过、批准和执行所需时间。因此，有必要根据企业重整程序的特点，制定与之相符的税收优惠措施。③

　　学者们对于规范与我国重整制度相关的税收政策提出了一些建议：

　　第一，协调相关税法与破产法，使税法与破产法之间顺利衔接。税收并非简单的一般债权，而是代表了国家和社会的整体利益，因此其减免必须依法进行。

　　第二，税务部门的税收优惠政策不应当仅仅包括税收减免等措施，还应该适当增加税收优惠措施的类型，灵活运用退税、税式支出、投资抵免、税前还贷、加速折旧、亏损结转抵补和延期纳税等其他方法，通过各种灵活有效的手段保证税款不致无端流失。④

---

① 吴丽梅、许震黎：《新税收法规对企业重组的推动》，载《税务研究》2009年第 10 期。转引自刘佳：《税收优惠政策对破产重整的法律调整及优化进路》，载《税务与经济》2014 年第 2 期。

② 刘佳：《税收优惠政策对破产重整的法律调整及优化进路》，载《税务与经济》2014 年第 2 期。

③ 乔博娟：《企业破产重整税收优惠政策研析》，载《税务研究》2014 年第 3期。

④ 刘佳：《税收优惠政策对破产重整的法律调整及优化进路》，载《税务与经济》2014 年第 2 期。

第三，税务机关一方面要确保国家税收利益不受不损害，另一方面应当改变理念，变被动审批为主动核查，在其审批权限内主动给予重整企业以税收减免，使重整效率提高。①

第四，重整期间发生的税收债权不应列入重整计划。因为其属于新生税收债权，相应的税收优惠政策应限制在破产重整实践中，而实践中此部分新生税收债权往往计入破产费用优先清偿，是重整企业享受税收优惠政策的盲区。因此，要确定给予新生税收债权减免的规则以填补法律的空白。②

第五，修改重整税收债权滞纳金的相关政策。税收滞纳金应与其他债权同等对待，作为破产程序中的普通债权清偿，并且将滞纳金暂停计算截止时间确定为法院受理之日和滞纳金恢复计算时点。③

---

① 刘佳：《税收优惠政策对重整的法律调整及优化进路》，载《税务与经济》2014 年第 2 期。

② 刘佳：《税收优惠政策对破产重整的法律调整及优化进路》，载《税务与经济》2014 年第 2 期。

③ 卿云、周芯竹、杨锦成：《企业破产重整中税收债权清偿的政策建议》，载《税务研究》2017 年第 4 期。

# 第八章 和 解[①]

## 第一节 概 述

### 一、和解的概念与类型

#### (一) 和解的概念

关于破产法中和解的概念，不同学者有不同的理解。

一些学者认为，破产法中的和解是一种协议。[②] 即，和解，是指在债务人企业达到破产界限时，为挽救企业、预防破产，债务人和债权人以互谅互让为基础，以债务人延期或者减额清偿债务为主要内容而订立的有关整顿企业、清偿债务的协议。

也有学者认为，破产法中的和解是一种程序或活动。[③] 即，和解，是

---

[①] 关于破产法中的和解，本书使用"和解"概念，但介绍学者观点时，如果该学者使用"破产和解"概念，为尽量准确表达学者观点，也可能使用"破产和解"概念。

[②] 付洋、吴高盛、刘新魁：《企业破产法简论》，群众出版社 1988 年版，第 57 页；柴发邦主编：《破产法教程》，法律出版社 1990 年版，第 98 页；汤维建：《优胜劣汰的法律机制——破产法要义》，贵州人民出版社 1995 年版，第 155 页；齐树洁主编：《破产法》（第二版），厦门大学出版社 2009 年版，第 159 页。

[③] 丁海湖：《简析企业破产中的和解》，载《河北法学》1989 年第 6 期；许亮东主编：《破产案件审理程序》，人民法院出版社 1997 年版，第 73 页；王卫国：《破产法》，人民法院出版社 1999 年版，第 95 页；蔡晓玲主编：《破产案件律师办案指引》，中国检察出版社 2001 年版，第 34 页；郑文舫、舒畅主编：《破产法实务与案例评析》，中国工商出版社 2003 年版，第 132 页；韩长印主编：《破产法学》（第二版），中国政法大学出版社 2016 年版，第 281 页。

指具备破产原因的债务人，为避免进入破产清算程序，而与债权人团体就债务的减免、延期清偿等进行协商，达成和解协议，协议经人民法院裁定认可后发生法律效力的程序。

但学界的通说观点认为，破产法中的和解是一种法律制度。[①] 即，和解，是指在债务人企业出现破产原因时，在法院的主持下，债务人与债权人会议就债务的延期、减免清偿等事项进行协商，达成以让步方式了结债权债务的协议，从而避免破产清算或分配法律制度。

本书认为，上述和解的不同定义只是角度不同，其实质内容并无差别。从我国现行《企业破产法》的规定来看，和解是一种与破产清算和重整并列的制度，因此，从制度角度对其进行定义相对而言更为合理。

### (二) 和解的类型

有学者认为，可将破产法中的和解分为破产宣告前的和解与破产宣告后的和解。破产宣告前的和解，是指在破产程序开始前，直接根据当事人申请而启动的和解程序。而破产宣告后的和解，是指在破产程序开始之后，财产最后分配之前，根据债务人申请而开始的和解程序。[②]

也有学者认为，破产法上的和解，可以分为破产程序开始前的和解与破产程序开始后的和解。破产程序开始前的和解，是指出现破产原因的债务人，在破产程序开始前主动向法院提出申请，而与债权人团体进行的和解。破产程序开始后的和解，是指在破产程序启动后，经破产人申请，同债权人会议达成和解协议，交由法院裁定认可，中止或终结破产程序的制

---

① 邹海林：《论我国破产程序中和解制度及其革新》，载《法学研究》1994 年第 5 期；邹海林：《破产程序和破产法实体制度比较研究》，法律出版社 1995 年版，第 163 页；李永军：《破产法律制度》，中国法制出版社 2000 年版，第 367 页；韩长印：《我国企业破产预防制度的多样化构建》，载《河南社会科学》2004 年第 1 期；钟勇生主编：《破产法案例与评析》，中山大学出版社 2006 年版，第 277 页；尹正友、张兴祥：《中美破产法律制度比较研究》，法律出版社 2009 年版，第 200 页；范健、王建文：《破产法》，法律出版社 2009 年版，第 225 页；李永军：《破产法——理论与规范研究》，中国政法大学出版社 2013 年版，第 384 页；王欣新主编：《破产法原理与案例教程》（第二版），中国人民大学出版社 2015 年版，第 264 页；李永军、王欣新、邹海林、徐阳光：《破产法》（第二版），中国政法大学出版社 2017 年版，第 204 页。

② 李永军：《破产法律制度》，中国法制出版社 2000 年版，第 367~368 页。

度。根据各国及地区立法例，破产程序开始后的和解可以分为以下三种：
①在破产程序开始后的法定期限内进行的和解，如我国《企业破产法
（试行）》第 17 条规定的和解，就要求在人民法院受理破产案件后三个月
内提出。②破产程序开始后至破产宣告前进行的和解，此类和解曾经普遍
存在于实行和解前置主义的英美法系各国。③破产宣告后进行的和解，德
国破产法曾称之为"强制和解"，日本破产法曾称之为"强制和议"，我
国台湾地区"破产法"称之为"协调"。①

还有学者认为，和解制度的目的可以归纳为避免对债务人适用破产程
序、避免法院宣告债务人破产与避免通过破产清算分配破产人的财产。与
此对应，和解可以划分为破产程序开始前的和解、破产程序开始至破产
宣告前的和解与破产宣告后的和解。②

上述分类虽然具体内容不完全相同，但都是以时间为标准进行的划
分。另外，也有一些学者从其他角度对和解进行分类，认为破产法中的和
解还可以分为破产程序上的和解与破产程序外的和解。其认为"破产宣
告前的和解"与"破产宣告后的和解"，都属于破产程序上的和解，核心
是和解要经过债权人的多数同意，即债务人同债权人会议的和解。而破产
程序外的和解，是指债务人同每一个债权人的和解，而不是采取"多数
决"制度的和解。③

关于我国《企业破产法》中和解的分类，学界争议主要在于《企业
破产法》第 105 条。根据该条规定，债务人在人民法院受理破产申请后，
还可以与全体债权人自行达成和解协议的，处理债权债务，请求人民法院
裁定认可，以终结破产程序。关于此条规定的和解类型，学者的主要观点

---

① 邹海林：《破产程序和破产法实体制度比较研究》，法律出版社 1995 年版，
第 168~169 页。

② 邹海林：《论我国破产程序中和解制度及其革新》，载《法学研究》1994 年
第 5 期。

③ 汤维建：《优胜劣汰的法律机制——破产法要义》，贵州人民出版社 1995 年
版，第 157 页；王艳华主编：《破产法学》，郑州大学出版社 2009 年版，第 269 页；
李永军：《破产法——理论与规范研究》，中国政法大学出版社 2013 年版，第 384~
385 页；韩长印主编：《破产法学》（第二版），中国政法大学出版社 2016 年版，第
281~282 页；李永军、王欣新、邹海林、徐阳光：《破产法》（第二版），中国政法大
学出版社 2017 年版，第 205 页。

如下：第一，执行和解说。该说认为此条规定的是执行和解，执行和解是指在案件执行过程中，双方当事人自愿达成协议，变更生效法律文书确定的有关执行内容，经人民法院审查确认以结束执行程序的制度。① 第二，破产宣告后和解说。该说认为，此条规定的是破产宣告后和解，因为该条款并没有对受理破产案件后和解的时间作出明确规定，因此，就可以在破产宣告后进行和解。② 第三，特殊和解说。支持该说的学者认为，此和解的特殊之处在于，和解协议达成并经人民法院认可后，破产程序终结，而不仅仅是破产程序的中止。并且，此和解协议，是债务人直接与全体债权人协商达成，而不是依据双重多数决原则达成。③ 即特殊和解协议必须反应全体债权人的意志，任何一个债权人的反对都会导致和解的无效。④ 而反对该说的学者认为，这种和解的达成不受债务人是否受宣告破产的影响，其法律性质就是一般意义的民事和解，并非所谓破产程序上的特殊和解。⑤ 第四，破产程序外和解说。支持该说的学者认为，破产宣告前的和解与破产宣告后的和解都是对破产程序中的和解的分类，而此条规定和解协议的达成应由债务人与全体债权人协商达成，应属于破产程序外的和解。⑥ 而反对该说的学者认为，此条规定的和解并非完全意义上的破产法外的和解，债务人要与全体债权人达成和解协议，必须在人民法院受理破产申请后才能进行，且该协议还需经过人民法院的裁定才能生效，因此，此和解还应当属于破产法上的和解。⑦

---

① 《〈中华人民共和国企业破产法〉释义》编写组编著：《〈中华人民共和国企业破产法〉释义》，南海出版公司 2006 年版，第 257 页。

② 霍敏主编：《破产审判前沿问题研究》，人民法院出版社 2012 年版，第 317 页。

③ 汤维建主编：《新企业破产法解读与适用》，中国法制出版社 2006 年版，第 298~299 页。

④ 齐树洁主编：《破产法》（第二版），厦门大学出版社 2009 年版，第 153~154 页。

⑤ 王欣新：《破产法》（第三版），中国人民大学出版社 2011 年版，第 231 页；王欣新主编：《破产法原理与案例教程》（第二版），中国人民大学出版社 2015 年版，第 271 页。

⑥ 李永军、王欣新、邹海林、徐阳光：《破产法》（第二版），中国政法大学出版社 2017 年版，第 205 页。

⑦ 许蓝之：《论我国的破产和解制度》，载《法制与社会》2011 年第 23 期。

本书认为，我国《企业破产法》中规定的和解制度，首先可以分为破产程序中的和解与自行和解。破产程序中的和解是指债务人向法院提出和解申请，由债权人会议表决通过，最后由法院裁定认可的和解。自行和解是指由债务人与债权人全体达成协议，由法院裁定认可的和解，即《企业破产法》第105条中规定的和解。这种分类的实质标准是和解协议的表决规则不同。其次，我国和解又可以分为破产程序开始前的和解与破产程序开始后的和解。这种分类的标准首先是和解开始的时间不同，更重要的是，二者申请和解时所提交的材料以及法院审查的内容不同。至于其他分类，在我国《企业破产法》上并无体现，在实践中也无意义。

本章所讨论的和解，若为特殊说明，均为破产程序中的和解。

## 二、和解制度的发展

### （一）和解制度的起源

破产法上的和解，最早在古罗马的破产制度中有所体现，后来逐步得到发展，并进一步完善。法国1673年颁布的《商事条例》中规定"承认同大多数债权人达成的部分偿还协议，为不经清偿处理无力偿债者的合法手段"，但作为在预防债务人破产方面也比较完善的和解法律制度，则首创于1883年比利时颁布的《预防破产之和解制度》。之后，欧洲各国便纷纷效仿建立各自的和解制度。

关于和解制度的法律存在形式，受英国与比利时影响，各国及地区形成了不同的和解制度立法模式：一种是将和解制度统一规定于一部破产法中，如美国、法国等；另一种是将破产宣告前的和解单独立法，成为和解法，而将破产宣告后的和解规定于破产法中，如日本和韩国等。应当指出，将和解法与破产法统一起来的立法体例，是现代破产立法的趋势，日本已经废除《和议法》而制定了统一的《民事再生法》，德国也以一部《破产法》取代了《破产清算法》与《和解法》。我国现行立法将清算、和解与重整三种程序统一规定在的《企业破产法》中，顺应了这一发展趋势。①

---

① 李永军：《破产法律制度》，中国法制出版社2000年版，第371~372页；李永军：《破产法——理论与规范研究》，中国政法大学出版社2013年版，第389页。

### （二）我国和解制度的发展

《企业破产法（试行）》以专章形式规定了"和解与整顿"，用 6 个条文对和解与整顿制度进行了规定，从此开启了我国和解制度的发展历程。1991 年《民事诉讼法》对非全民所有制企业法人的和解程序作出规定，即企业法人与债权人会议达成和解协议的，经人民法院认可及公告后，中止破产还债程序。1991 年最高人民法院《企业破产法（试行）意见》又用了 8 个条款对《企业破产法（试行）》中的和解整顿进行补充规定，包括整顿方案的内容、和解协议草案的内容、达成和解协议或达不成和解协议的处理方式等。《关于审理企业破产案件若干问题的规定》中又有 6 个条文涉及和解制度，增加了法院向当事人提供和解建议、不履行或不能履行和解协议时法院的处理等内容。2007 年 6 月 1 日生效的《企业破产法》以专章的形式对和解制度作了细致的规定。

### （三）和解制度的立法例

在世界范围内，各国和地区和解制度的立法例大致可以分为以下两种：一种是英国等少数国家曾经采用过的和解前置主义，即在申请破产后，法律强制债务人与债权人先进行和解，只有在无法达成和解协议时，才能够适用破产清算程序。另一种是大多数国家和地区目前仍采用的和解分离主义，即当事人可自由选择和解程序和破产清算，法律不作强行性规定。

《企业破产法（试行）》基本上采用了和解分离主义，但却未赋予当事人直接提出和解申请的权利。在债务人出现破产原因时，债权人或债务人只能先向人民法院申请宣告债务人破产，待破产程序启动后才能进行和解，即学者所谓的"不彻底的和解分离主义"。旧法的规定人为地延后了和解程序开始的时间，造成了程序拖沓，使债务人的财产进一步贬值，不利于保护债权人的合法利益，直接影响了和解程序在我国破产法中的地位与作用。对此，我国学者均认为需要对其进行改进，但究竟如何改进，学者之间存在一些争议。

一些学者建议采取彻底的和解分离主义。

支持该观点的学者认为，和解分离主义赋予了当事人充分的选择自由权，使债务人可以根据自己的情况选择和解或清算解决纠纷，有利于维护当事人的自由意志。① 因此，应将和解程序的启动时间前移，使之与破产宣告程序在起点上保持一致，至于究竟采取和解还是清算，则完全取决于当事人的选择。② 同时，还应当规定破产清算程序与和解程序之间的转换机制，以便提高和解程序的利用率，尽可能充分地发挥和解程序的作用。③

另一些学者建议采取和解前置主义。

其理由如下：第一，和解前置主义是和解制度的国际发展趋势。第二，和解前置主义较为符合我国的传统文化心理和社会主义道德规范。第三，和解前置主义也较为符合我国社会主义国家的国情。④ 并且，若采取和解前置主义，则企业走向破产宣告前必须经过和解阶段，这样做能够最大限度地避免或减少债务人破产，最大限度地挽救债务企业，使企业在破产边缘得以复生，减少因企业破产给社会造成的不稳定因素。⑤

本书认为，和解分离主义更适合当今我国和解制度的需要。和解前置主义固能尽可能减少或避免破产，给予企业以重生的机会，但在债务人没有重生希望或重生意愿的情况下，仍要求其在申请破产前先进行和解，则会导致程序拖延，造成不必要的浪费。而在债务人具有重生能力和重生意愿的情况下，即使法律没有强制性规定，债务人也会选择通过破产和解程序以避免破产清算。因此，和解分离主义更符合当今我国和解制度的需要。我国现行《企业破产法》也继续采取和解分离主义，并修改了旧法中不合理的地方。根据现行《企业破产法》规定，在破产程序开始前，债务人可以自由选择破产清算、和解或重整，在破产程序开始后破产宣告前，债务人也可以选择进入和解程序，甚至在破产宣告后，债务人仍可与

---

① 林双华：《论我国破产和解制度的现实意义及立法完善》，载《行政与法》（吉林省行政学院学报）2002 年第 4 期。

② 汤维建：《破产和解制度的改革与完善》，载《中国法学》1995 年第 2 期。

③ 方韧、李卫国：《论我国现行破产和解制度的完善》，载《探求》2005 年第 3 期。

④ 严斌彬、陈月秀：《论完善我国的破产和解制度》，载《华东政法学院学报》1999 年第 5 期；杨浩：《完善我国破产和解制度的立法构想》，载《中山大学学报论丛》2000 年第 5 期；王艳东、沈强：《论我国破产和解制度的完善》，载《党政干部学刊》2005 年第 7 期。

⑤ 刘明丽：《我国的破产和解制度的缺陷及其完善》，载《许昌师专学报》1998 年第 3 期。

全体债权人达成自行和解。这样的规定既充分尊重了当事人的意思自治，使债务人能够根据其自身情况与自身需要选择最适合自己的程序，又提高了效率，减少了因程序拖沓而造成的浪费，使债权人能够在最大程度上获得清偿。

### 三、和解的性质

关于和解的性质，理论界提出了诸多学说，如"民事契约说（私法契约说）""裁判说""权利说""诉讼契约说""特殊行为说（结合行为说或混合行为说）"等。我国学界也一直存在争议，争议焦点集中在"民事契约说（私法契约说）""特殊行为说（混合行为说或结合行为说）"和"诉讼契约说"之间。就我国学界存在的争议，本书将在下文分别予以论述。

#### （一）私法契约说

该说认为，破产法中的和解事实上是根据债务人提出的要约与债权人会议的承诺而成立的私法上的契约，经法院认可后契约生效。

支持该说的学者认为，和解契约说正确地揭示了和解的本质，它承认债务人和多数债权人意思表示一致是和解协议成立的基础，也承认和解是债权人自愿处分其债权的行为，并充分注意到了法院只能认可或不认可和解协议，而不能自行变更和解协议内容。并且，许多国家的合同法均承认某些合同需经国家机关批准才能生效，因此，以法院的认可为生效要件，与和解的契约性质并不矛盾。同时，债权人会议本身就是代表着全体债权人意志和利益的组织，因此以债权人会议为缔约一方以及债权人会议采取"多数决"的议事规则，并不违背合同法原理。① 而契约的生效需要以法院认可为条件，主要是因为和解协议是债务人同债权人会议的契约，而不是与各个债权人的契约，债权人会议的工作机制是"多数决"规则，故要使该契约对全体和解债权人均有约束力，需要经过法院的认可。② 并且，在和解最开始阶段的实质内容形成过程中，法院并不介入，而是由债

---

① 顾培东主编：《破产法教程》，法律出版社 1995 年版，第 93 页。

② 李永军：《破产法律制度》，中国法制出版社 2000 年版，第 370 页；李永军：《破产法——理论与规范研究》，中国政法大学出版社 2013 年版，第 386 页；李永军、王欣新、邹海林、徐阳光：《破产法》（第二版），中国政法大学出版社 2017 年版，第 205 页。

务人与债权人自行协商。此行为属于当事人自己处分自己的权利、自愿达成协议的行为，因此和解在性质上属于一种私法上契约。只是为了避免和解过程中出现权利滥用和违法行为，避免因少数债权人不同意经多数债权人表决通过的和解协议而引起争议，才需要法院以审查、认可、公告等形式进行干预；而这种有限的、非实质性的公法行为并不影响和解的私法契约性质，因为在现代法治社会，可以说没有任何一种私法行为能够完全脱离公法上的调整和控制，但后者并没有改变前者所具有的私法性质。① 和解协议的民事合同性质主要表现在：①和解协议是债权人行使民事实体权利的体现；②和解协议中有关债务人财产保护的内容涉及实体法规范；③从动态方面看，在和解协议履行过程中，有实体法律规范的调整和实体权利行为的实施，并可以引起多重法律关系的发生、变更或终止，而和解协议成为引发这些关系的概括事实。② 总结来说，债务人提出和解协议草案的行为为要约，债权人会议通过和解协议的行为为承诺，债权人与债务人通过彼此妥协、互相谅解形成的意思表示为和解协议成立要件，法院裁定认可是和解协议的生效要件。③

### （二）诉讼契约说

该说认为，破产法中的和解具备诉讼契约的特征，因此应属于诉讼契约。

支持该说的学者认为，诉讼契约是民事诉讼理论上的一个范畴，尽管它也是诉讼程序中双方当事人共同意志表现的结果，但其目的在于约束双方当事人的诉讼行为，改变诉讼程序的发展方向。诉讼契约有三大特征，即①法无明文规定不得为之；②当事人之间订立诉讼契约，必须直接向法院作出，并受法院的审查和监督；③诉讼契约一经法院认可即产生法律效力。对照以观，和解恰好也具备这三大特征。不仅如此，由于破产程序是民事诉讼中的特殊程序，破产中的和解实质上是诉讼和解的转化形态，诉

---

① 王艳梅、孙璐：《破产法》，中山大学出版社 2005 年版，第 212 页。

② 李国光主编：《新企业破产法教程》，人民法院出版社 2006 年版，第 327～328 页。

③ 张钦昱：《破产和解之殇——兼论我国破产和解制度的完善》，载《华东政法大学学报》2014 年第 1 期。

讼和解是一种诉讼契约，破产和解无疑也属诉讼契约的范畴。首先，破产和解属于诉讼契约，因而必须经过双方当事人的要约、承诺和法院的审查、认可；其次，诉讼契约能够引起诉讼程序的变化，因此破产和解能够导致破产程序的中止；最后，诉讼契约没有强制执行的效力，当事人不履行诉讼契约时，诉讼程序恢复到原来的状态，先前的民事实体法律关系重新开始。① 另外，破产和解既类似于民事合同，又渗透有法院的裁判因素，还具有终止破产程序的功能，并且在恢复破产程序之后，它又溯及地无效。因此，认定为诉讼契约更妥。② 并且，诉讼程序的进行本应属于公法行为，但公法中的一些授权是通过契约实现的，如破产和解契约、撤回诉讼的契约、选择管辖的契约等都是基于公法的授权而产生的私法契约，它们既有公法效力又有私法效力，故应当认为破产和解的性质是诉讼契约。③ 同时，相较于诉讼契约说，其他学说的缺陷较为明显。民事契约说只强调了债务人提出和解协议草案和债权人会议表决通过，未能涵盖破产和解的全过程，同时也无法回答契约为何对不同意和解的少数债权人也具有约束力，契约为何须经法院认可方能生效等问题，因而不足以采信。裁判说只强调了法院对和解协议的裁定认可，无法全面评价和解各阶段的作用，片面抬高了法院对于和解成立的作用，亦不足采信。权利说脱离了和解的形成过程，有失偏颇。结合行为说看似面面俱到，实则含糊其辞，以模糊的概念混淆了和解各个阶段的法律性质，更不能令人信服。④

## （三）　特殊行为说

该说又称结合行为说、混合行为说，认为破产法中的和解是由债务人

---

① 邹海林：《论我国破产程序中和解制度及其革新》，载《法学研究》1994年第 5 期；汤维建：《破产程序与破产立法研究》，人民法院出版社 2001 年版，第358~359 页。

② 池宏伟：《破产和解的应用与思考》，载王欣新、尹正友主编《破产法论坛（第三辑）》，法律出版社 2009 年版，第 184 页；霍敏主编：《破产审判前沿问题研究》，人民法院出版社 2012 年版，第 229 页。

③ 沈贵明主编：《破产法学》，郑州大学出版社 2004 年版，第 258 页。

④ 韩长印主编：《破产法学》（第二版），中国政法大学出版社 2016 年版，第283 页。

申请、债权人会议决议、法院认可三种行为结合而成的特殊行为，具有诉讼法行为和民事法律行为双重性质。

支持该说的学者认为，和解是一种特殊的合同，这种合同既非完全出自双方各个当事人自愿，也非完全出自法院的裁判，合同本身由债权人和债务人双方的签订，而合同的成立生效则取决于债权人会议的通过和法院的裁定认可，因此特殊行为说较为合理。① 破产法中的和解的特殊性在于，它混合了债务人的申请和解行为、债权人会议的表决行为和人民法院的认可行为，它是以债权人会议通过和解协议草案的形式表现出来的，经人民法院的裁定认可而成立。② 并且，结合行为说从行为角度来考察和解，对于传统和解的认识是比较全面的。其同等重视债务人提出和解协议、债权人会议的决议以及法院的裁定认可，而不偏向于某一方，法律要求的因素都满足了，和解程序也就完成了。③ 事实上，正如不同法律部门之间的界限已日益模糊并出现了兼具多种法律部门属性的法律一样，法律制度中也出现了这种混合了多种法律属性的诸多法律制度。和解制度即属于混合了不同法律制度属性的特殊法律行为，因而不能以某一制度性质为标准对其作绝对化界定，而应基于其主要特征对其作出总括性界定。④

### 四、和解制度的特征

关于和解制度的特征，国内学者有着不同的表述，本书将国内学者之观点归纳为两个方面，即实体方面的特征与程序方面的特征。

和解制度实体方面的特征为：①和解的原因是债务人出现破产原因；②和解的目的是避免债务人破产；③和解的主要内容是债务人与债权人协

---

①　顾培东、张卫平、赵万一：《企业破产法论》，四川省社会科学院出版社1988年版，第95页。

②　陈正云、孙福全：《企业破产与破产操作》，法律出版社1998年版，第157页。

③　李国光主编：《新企业破产法理解与适用》，人民法院出版社2006年版，第440页；罗培新主编：《破产法》，格致出版社2009年版，第292页；齐明：《破产法学：基本原理与立法规范》，华中科技大学出版社2013年版，第168页。

④　范健、王建文：《破产法》，法律出版社2009年版，第228~229页。

商，通过债权人的让步与妥协，就债务的减免、延期清偿达成协议。①

而和解制度程序方面的特征为：①和解以债务人向法院提出和解申请为必要，债权人以及其他利害关系人通常不能申请和解；②和解的成立取决于债权人会议的双重多数表决同意，即由出席会议有表决权的债权人过半数通过，且其代表的债权额占无财产担保债权总额的三分之二以上；③因和解协议并非经全体和解债权人同意，为使其对全体和解债权人有约束力，和解协议必须经过法院的裁定认可。②

### 五、和解制度的意义

有学者认为，各国规定的和解制度的意义有所不同，有的在于尽快终结破产程序，有的在于预防债务人破产，有的则兼容两种目的。破产宣告前的和解，一般认为具有预防破产的意义。破产宣告后的和解，则不具有预防债务人破产的意义，其目的仅在于加快分配债务人财产，尽快完成破产清算程序。③

---

① 珂善芳、潘志恒：《破产法概论》，广东高等教育出版社 1988 年版，第 242~245 页；王卫国：《破产法》，人民法院出版社 1999 年版，第 96~97 页；王卫国：《破产法精义》，法律出版社 2007 年版，第 278~279 页；范健、王建文：《破产法》，法律出版社 2009 年版，第 225~226 页；吴长波：《变革中的破产法理论与实证》，知识产权出版社 2012 年版，第 222 页；韩长印主编：《破产法学》（第二版），中国政法大学出版社 2016 年版，第 282 页。

② 邹海林：《破产程序和破产法实体制度比较研究》，法律出版社 1995 年版，第 165~166 页；许亮东主编：《破产案件审理程序》，人民法院出版社 1997 年版，第 74 页；钟鸣主编：《浴火重生——企业的破产、收购与兼并》，人民中国出版社 1998 年版，第 32 页；王卫国：《破产法》，人民法院出版社 1999 年版，第 96~97 页；郑文舫、舒畅主编：《破产法实务与案例评析》，中国工商出版社 2003 年版，第 132 页；徐永前：《企业破产法讲话》，法律出版社 2006 年版，第 339~340 页；王卫国：《破产法精义》，法律出版社 2007 年版，第 278~279 页；杨森主编：《破产法学》，中国政法大学出版社 2008 年版，第 107~108 页；王延川主编：《破产法理论与实务》，中国政法大学出版社 2009 年版，第 43 页；薄燕娜主编：《破产法教程》，对外经济贸易大学出版社 2009 版，第 200~201 页；吴长波：《变革中的破产法理论与实证》，知识产权出版社 2012 年版，第 222 页；韩长印主编：《破产法学》（第二版），中国政法大学出版社 2016 年版，第 282 页。

③ 顾培东、张卫平、赵万一：《企业破产法论》，四川省社会科学院出版社 1988 年版，第 93 页。

也有学者认为，和解制度一方面能够淘汰一些经营管理不善、素质低下且没有存在价值的企业；另一方面也能挽救亏损企业，使其获得重生，恢复正常生产经营。①

另一些学者认为，和解制度主要具有两点意义：①有利于保护债务人的合法权益。和解可以使债务人摆脱因破产宣告而受到的公私法上的限制，通过债权人的让步，还可以减轻债务人的债务清偿负担，使债务人获得再生希望。②有利于维护社会稳定。和解客观上能够减少破产企业的数量，避免因企业破产、职工失业而给社会带来不稳定因素，在一定程度上维护了社会的稳定。②

但是，学界通说认为，和解制度不仅仅具有以上两点意义，还具有相较于破产清算成本较低，可以最大程度上实现债权人利益的优势。③

本书认为，和解制度的意义可以归纳为：①和解制度本身的意义，即成本较小；②对于债权人的意义，即能够使债权人获得最大限度的清偿；③对债务人的意义，即解除其所受公私法上的限制；④对社会的意义，即可以避免因企业破产而带来的社会动荡，维护社会秩序稳定。

---

① 柴发邦主编：《破产法教程》，法律出版社 1990 年版，第 103 页。

② 池宏伟：《破产和解的应用与思考》，载王欣新、尹正友主编《破产法论坛（第三辑）》，法律出版社 2009 年版，第 184~185 页；王艳华主编：《破产法学》，郑州大学出版社 2009 年版，第 269 页；霍敏主编：《破产审判前沿问题研究》，人民法院出版社 2012 年版，第 299~300 页；王欣新主编：《破产法原理与案例教程》（第二版），中国人民大学出版社 2015 年版，第 266 页。

③ 顾培东主编：《破产法教程》，法律出版社 1995 年版，第 98 页；李永军：《破产法律制度》，中国法制出版社 2000 年版，第 370~371 页；傅长禄主编：《破产案件审理与破产清算实务》，上海人民出版社 2003 年版，第 82~83 页；王艳梅、孙璐：《破产法》，中山大学出版社 2005 年版，第 209~210 页；汤维建主编：《新企业破产法解读与适用》，中国法制出版社 2006 年版，第 296~298 页；安建、吴高盛主编：《企业破产法实用教程》，中国法制出版社 2006 版，第 107~108 页；李永祥、丁文联主编：《破产程序运作实务》，法律出版社 2007 年版，第 303~304 页；杨剑：《破产和解制度刍议》，载《北方经济》2007 年第 14 期；王艳丽：《论我国破产和解制度的完善》，载《南京审计学院学报》2008 年第 4 期；李永军：《破产法——理论与规范研究》，中国政法大学出版社 2013 年版，第 386~397 页；沈志先主编：《破产案件审理实务》，法律出版社 2013 年版，第 324~325 页；李永军、王欣新、邹海林、徐阳光：《破产法》（第二版），中国政法大学出版社 2017 年版，第 174 页。

## 六、和解制度的缺陷

国内学者针对和解制度的不足之处有着不同的看法，本书将其归纳如下：

（1）债务人只能在自身出现破产原因后才能启动和解程序，此时债务人已陷入破产危机，和解程序难以取得理想效果。[①]

（2）和解协议无法约束享有物权担保及法定特别优先权的债权人权利的行使，造成和解债权人获得的清偿比例较低。债务人如要避免担保物被执行，则要与优先受偿的债权人达成个别和解，这在实践中则相对困难。[②]

（3）缺乏保障和解协议履行的法律手段。人民法院裁定认可和解协议后，和解程序即告终结。而就如何保障债务人履行和解协议，按期清偿债务，法律并无相关规定。而债务人也往往借助和解转移、藏匿财产。[③]

（4）从实质上说，和解重在债务的清偿，债权人只关注自己债权是否得到满足，而不在乎债务人是否能够通过和解获得重生。并且和解制度主要是通过债权人的让步，给予债务人以喘息的机会，却不能通过多种手

---

① 王欣新：《破产法专题研究》，法律出版社 2002 年版，第 80 页；王欣新：《破产法》（第三版），中国人民大学出版社 2011 年版，第 227 页；佟金玲：《破产法原理释义与实践适用》，辽宁大学出版社 2011 年版，第 160 页；齐明：《破产法学：基本原理与立法规范》，华中科技大学出版社 2013 年版，第 167 页。

② 王欣新：《破产法专题研究》，法律出版社 2002 年版，第 80 页；孙应征主编：《破产法法律原理与实证解析》，人民法院出版社 2004 年版，第 78~79 页；余艺：《论企业破产和解与重整制度》，载《商场现代化》2006 年第 12 期；任盛楠：《破产和解制度价值之反思》，载《消费导刊》2009 年第 12 期；王欣新：《破产法》（第三版），中国人民大学出版社 2011 年版，第 227 页；佟金玲：《破产法原理释义与实践适用》，辽宁大学出版社 2011 年版，第 160 页。

③ 王欣新：《破产法专题研究》，法律出版社 2002 年版，第 80 页；孙应征主编：《破产法法律原理与实证解析》，人民法院出版社 2004 年版，第 78~79 页；任盛楠：《破产和解制度价值之反思》，载《消费导刊》2009 年第 12 期；王欣新：《破产法》（第三版），中国人民大学出版社 2011 年版，第 227 页；佟金玲：《破产法原理释义与实践适用》，辽宁大学出版社 2011 年版，第 160 页；齐明：《破产法学：基本原理与立法规范》，华中科技大学出版社 2013 年版，第 167 页。

段使债务人得以真正重生。①

本书认为，和解制度确实有不足的地方，但并不能因此而将其完全否决。鉴于和解制度的意义，其在我国还有一定的实际价值，因而应在我国未来的立法中将其不断完善，使其发挥更大的作用。

# 第二节 和 解 程 序

## 一、申请的提出

### （一）和解原因

我国《企业破产法》规定的和解申请原因与破产清算申请原因相同，即"企业法人不能清偿到期债务，并且资产不足以清偿全部债务或者明显缺乏清偿能力的"。对此，我国学者并不完全赞同。

有学者认为和解制度注重债权人的让步，通过债权人的让步来缓解债务人的债务清偿压力，使其能够获得重生。因此，和解应当主要适用于债务人经营以外的原因引起的债务困难，如季节性的经营萧条等。②

也有学者认为，应将和解的申请条件规定得比破产清算更宽松，以最大限度地发挥和解程序的预防破产功能。若债务人企业已具备破产原因，再提起和解以求再生，其复苏的希望可以说是极其渺茫，这也明显不利于提早预防债务人破产。③

至于和解原因的宽松程度，一些学者认为，和解制度建立的根本目的是预防和避免破产，给予企业以重生的机会。若在具备破产原因时才能开始和解程序，则大大降低了和解成功的可能性，因此，应将具备明显丧失清偿能力可能也作为和解申请原因，在有可能出现破产原因时即允许债务

---

① 余艺：《论企业破产和解与重整制度》，载《商场现代化》2006 年第 12 期；任盛楠：《破产和解制度价值之反思》，载《消费导刊》2009 年第 12 期。

② 张璟慧：《我国破产和解与整顿制度的立法完善》，载《河南大学学报（社会科学版）》2002 年第 5 期。

③ 陈东：《新〈破产法（草案）〉中重整及和解程序评析》，载《晟典律师论坛》2005 年第 2 期。

人提出和解申请。①

本书认为，我国和解制度的主要目的在于避免债务人进入破产清算程序、预防债务人破产，而若在债务人出现破产原因后才能提出和解申请，企业复苏的可能性已大大降低，并且往往已失去恢复生产经营的可能，因此应将和解原因予以扩宽。在此，可以借鉴重整制度，将"具有明显丧失清偿能力可能的"也规定为和解的申请原因。这样，债务人就可以在生产经营出现危机时，尽早提出和解申请，尽早采取措施，以达到避免企业破产的目的。

### (二) 和解申请人

关于和解申请人，大陆法系国家认为，和解程序的申请人只能是债务人自己，债权人等利害关系人均不得申请启动和解程序，法院也不得依职权主动启动和解程序。而英美法系则认为，债务人和债权人都有权提出和解申请，但是对于和解申请的性质应有所区分。其认为，在法律性质上，债务人提出的和解申请为和解要约，而债权人提出的和解申请为要约邀请。② 我国学者对和解申请人的范围存在一些争议，本书将在下文予以详细介绍。

1. 债务人说

此观点认为，和解程序的申请人只能是债务人，但其理由不尽相同。

有学者认为，和解程序的申请人只能是债务人的原因如下：第一，和解程序的目的和功能主要是预防破产、使得债务人得以继续经营；第二，只有债务人自身最清楚其发生经营状况恶化以致支付不能的原因和自身状况，和解协议是否具有履行可行性也只有债务人最清楚；第三，和解协议的履行取决于债务人，假如债务人并无履行和解协议的真实意愿，债权人

---

① 董红、王有强：《论完善我国的破产和解制度》，载《西安电子科技大学学报（社会科学版）》2003 年第 2 期；蔡一文：《论我国破产和解制度的完善》，载《湘潭大学学报（哲学社会科学版）》2005 年第 S1 期；严彬：《论我国新破产法中的和解制度》，载《今日湖北（理论版）》2007 年第 4 期；金春：《中国重整程序与和解程序的功能及构造》，载《政法论坛》2008 年第 1 期；宋珂、崔艳峰：《破产和解的价值分析和制度完善——与破产重整的比较视角》，载《今日中国论坛》2013 年第 21 期。

② 齐树洁主编：《破产法研究》，厦门大学出版社 2004 年版，第 225 页。

申请和解也是徒然。① 也有学者补充认为，因为债务人要承担不能按照和解协议规定的条件清偿债务所引起的法律责任，② 并且只有债务人为申请人时，债权人才能为决议人，所以和解程序的申请人只能是债务人。③

也有学者认为，这是实用主义的立法政策在和解制度设计中的体现。基于和解制度无法对违反和解协议的行为追究责任这一缺陷，立法者一般将和解制度列为辅助性的破产预防制度，作为破产重整程序的补充，因此通过限定申请主体的范围来限制和解程序的司法应用。④

还有学者认为，如此规定的原因在于：由债务人提出和解申请，不仅符合和解程序运行的经济原则和市场主体自我决定市场生命这一要义，还会推动展开的谈判向和解成功迈进。⑤ 因此，和解申请人只能是债务人。

2. 债权人说

此观点认为，债权人也可以成为和解申请人。

主要理由如下：第一，债权人在一定情形下可以转换身份，成为债务人，如债权人将其债权转化为对企业的投资，并控制了可以形成决议的份额时；⑥ 第二，债权人申请和解，表明其对和解程序持支持态度，可以增

---

① 傅长禄主编：《破产案件审理与破产清算实务》，上海人民出版社 2003 年版，第 83~85 页；李永祥、丁文联主编：《破产程序运作实务》，法律出版社 2007 年版，第 304~305 页；王欣新主编：《破产法原理与案例教程》（第二版），中国人民大学出版社 2015 年版，第 269~270 页；韩长印主编：《破产法学》（第二版），中国政法大学出版社 2016 年版，第 287 页。

② 蒋黔贵主编：《〈中华人民共和国企业破产法〉释义》，中国市场出版社 2006 年版，第 217~218 页；李国光主编：《新企业破产法理解与适用》，人民法院出版社 2006 年版，第 449~450 页。

③ 傅长禄主编：《破产案件审理与破产清算实务》，上海人民出版社 2003 年版，第 83~85 页；李永祥、丁文联主编：《破产程序运作实务》，法律出版社 2007 年版，第 304~305 页。

④ 齐明：《破产法学：基本原理与立法规范》，华中科技大学出版社 2013 年版，第 170 页。

⑤ 沈志先主编：《破产案件审理实务》，法律出版社 2013 年版，第 332 页。

⑥ 艾春岐、罗鹏主编：《企业破产实务》，经济管理出版社 1996 年版，第 104~105 页。

加和解成功的机会;① 第三，和解不仅有利于债务人的复兴，还能使债权人得到更多清偿，对债权人同样有利。② 同时，也有学者提出，应将享有和解申请权的债权人的债权数额限制在占债权总额的一定比例以上，并限定债务人接到通知后在一定期限作出答复，以提高和解效率。③

但是，也有一些学者反对此观点，其主要理由如下：第一，和解的达成通常是基于债权人的让步与妥协，而若债权人能够主动妥协让步，则完全可以通过民事和解的方式轻易达成协议对债权债务关系进行调整，不必启动成本相对较高的破产程序。④ 第二，在实践中，债权人以诉讼方式直接执行债务人财产的效果要比和解好得多。并且，债权人的和解意愿推动和解成功的可能性不大，允许债权人申请和解，只会增加成本。⑤ 第三，允许债权人申请和解，易使债务人顺水推舟，成立无债务人诚意的和解，最终损害的还是债权人利益。⑥

3. 股东、投资人与开办单位说

此观点认为，债务人企业的股东、投资人和开办单位也可以成为和解申请人，其理由如下：第一，破产企业的投资人、股东实质上也是债务人，其提出和解的，应视为债务人提出和解。⑦ 第二，债务人的开办单

① 邹海林;《论我国破产程序中的和解制度及其革新》，载《法学研究》1994年第5期；齐树洁主编：《破产法研究》，厦门大学出版社2004年版，第226~227页；宋珂、崔艳峰：《破产和解的价值分析和制度完善——与破产重整的比较视角》，载《今日中国论坛》2013年第21期。

② 蔡一文：《论我国破产和解制度的完善》，载《湘潭大学学报（哲学社会科学版）》2005年第S1期。

③ 王亮：《破产和解法律适用问题研究》，载《中国律师》2010年第4期；佟金玲：《破产法原理释义与实践适用》，辽宁大学出版社2011年版，第168~170页。

④ 齐明：《破产法学：基本原理与立法规范》，华中科技大学出版社2013年版，第170页。

⑤ 邢立新编著：《最新企业破产法实务精答》，法律出版社2007年版，第173页。

⑥ 李永军：《破产法律制度》，中国法制出版社2000年版，第373~374页；李永军：《破产法——理论与规范研究》，中国政法大学出版社2013年版，第390页；李永军、王欣新、邹海林、徐阳光：《破产法》（第二版），中国政法大学出版社2017年版，第207页。

⑦ 马向伟：《破产和解制度》，载《山东审判》2002年第6期。

位、股东通常有较为雄厚的经济实力和企业管理经验，对于破产企业的情况最为熟悉，提出的和解协议草案也较为可行。[1] 同时，也有学者提出，应将享有和解申请权的出资人的出资比例限制在占出资总额的一定比例以上，并限定债务人接到通知后在一定期限作出答复，以提高和解效率。[2]

4. 第三方说

此观点认为，在符合法律规定的前提下，第三方转换其法律身份，可以成为债务人，进而申请和解。具体情形如下：第一，第三方企业通过收购与合并，获得债务企业的资产和全部债务，就从第三方转化为债务人了。第二，第三方企业为债务企业向债权人作出承诺，向债务企业申请和解提供担保，或者直接购买债权人债权，促使债务人提出和解申请，甚至直接达成自行和解。第三，对于国有企业或国有资本占主导地位的企业，其上级资产管理机构可以按法定程序改变企业法人权力机构的人员组成，从而可以争取实现其和解与整顿的意愿。[3]

本书认为，和解申请应当只能由债务人提出。虽然在理论上，由债权人提出和解申请可以增加和解几率，使债权人获得更为有效的清偿。但是，在实践中，和解程序能否顺利进行，和解协议有无履行的可能完全取决于债务人，若债务人并无进行和解的意愿或者没有履行和解协议的能力，就算债权人可以提出和解申请也毫无意义，只会造成司法资源的浪费。

### （三）和解申请提出时间

根据《企业破产法》第95条规定，债务人在出现破产原因后，人民法院尚未宣告破产前，均可提出和解的申请。由此可见，债务人在人民法院裁定宣告破产后无权再申请和解。对此，我国学者有着不同的看法，主要争议集中在是否允许在破产宣告后申请和解。

1. 肯定说

---

[1] 汤维建主编：《新企业破产法解读与适用》，中国法制出版社2006年版，第303页。

[2] 王亮：《破产和解法律适用问题研究》，载《中国律师》2010年第4期；佟金玲：《破产法原理释义与实践适用》，辽宁大学出版社2011年版，第168~170页。

[3] 艾春岐、罗鹏主编：《企业破产实务》，经济管理出版社1996年版，第104~105页。

肯定说认为，应允许债务人在破产宣告后申请和解，其理由如下：第一，根据各国立法通例，和解申请最迟应在最后破产分配开始前提出，我国也应采纳。① 第二，破产宣告后的和解可以增加和解成功的可能性，若债务人确有起死回生的希望，且债务人在清偿债务后能够恢复正常生产经营，法院就可以在和解协议执行完毕后，裁定撤销破产宣告，终结破产程序，恢复债务人的原始法人资格。② 第三，和解制度的功能并不仅仅在于处理债权债务并促成债务人再生，还有一种功能是解决债权债务，并且如果不允许破产宣告后再提出和解申请，就等于说再生无望，只能按照清算处理，结果是一个简单的问题被复杂化了。③ 第四，我国司法实践中存在破产宣告后开启破产预防程序的情形，并且最高人民法院在《人民法院破产程序法律文书样式（试行)》中也包括法院认可债务人同全体债权人自行达成和解协议的民事裁定书，并说明若宣告破产后裁定认可和解协议的，在裁定主文中一并撤销宣告破产裁定。④

2. 否定说

否定说认为不应允许在破产宣告后申请和解，其理由如下：第一，在现行法律条件下，破产宣告裁定未被撤销之前，启动和解程序不符合法律规定。⑤ 第二，破产宣告后的和解应当仅限于债务人与所有债权人达成完全一致的自行和解，而不应包括强制和解，以强化法律制度设计的经济性和效率性。⑥ 第三，《破产审判纪要》中明确指出："债务人被宣告破产

---

① 朱国光：《破产和解申请初探》，载《法学天地》1997 年第 3 期；蔡一文：《论我国破产和解制度的完善》，载《湘潭大学学报（哲学社会科学版)》2005 年第 S1 期。

② 李国光主编：《最高人民法院关于破产法司法解释的理解与适用》，人民法院出版社 2002 年版，第 49 页。

③ 李永军：《破产法——理论与规范研究》，中国政法大学出版社 2013 年版，第 39 页。

④ 张善斌：《法院外破产和解的功能阐述及运用》，载张善斌主编《破产法的"破"与"立"》，武汉大学出版社 2017 年版，第 25~26 页。

⑤ 池宏伟：《破产和解的应用与思考》，载王欣新、尹正友主编《破产法论坛（第三辑)》，法律出版社 2009 年版，第 189~190 页；霍敏主编：《破产案件审理精要》，法律出版社 2010 年版，第 205 页；

⑥ 王欣新主编：《破产法原理与案例教程》（第二版），中国人民大学出版社 2015 年版，第 271 页。

后，不得再转入重整程序或和解程序。"

本书认为，根据我国《企业破产法》规定，和解申请只能在破产宣告前提出。虽然《企业破产法》第 105 条规定的和解对申请提出时间没有限制，但是如前文所述，此和解要求债务人与债权人全体协商一致，并具有终结破产程序的效力，因此不属于破产法上的和解，当然也不是破产宣告后和解。

## 二、法院对和解申请的审查

我国《企业破产法》第 96 条对法院审查和解申请仅有一个概括的规定，对于法院具体审查的内容为何，并无具体规定，我国学者也对此有不同的看法，其主要观点如下：

1. 程序审查与实体审查

此观点认为，法院对和解申请的审查可分为程序上的审查与实体上的审查，程序上的审查主要包括：债务人是否已宣告破产；债权人会议是否曾经否决和解协议；法院是否曾不认可和解协议。实体上的审查主要包括，申请人经法院传唤是否无正当理由拒不到庭；申请人有无向法院作不真实陈述；申请人是否未按法院指定的时间提交相关文件；和解协议草案是否欠缺必要内容；和解协议是否显不具备可行性。[①]

2. 形式审查与实质审查

此观点认为，法院主要对和解申请的形式要件和实质要件进行审查。虽然学者对和解申请的实质要件与形式要件的归纳并不完全相同（如有学者认为实质要件包括债务人请求和解的意思表示与和解申请人的资格，形式要件主要指和解申请书、和解协议草案与其他必备文件。[②] 而另一些学者认为，实质要件包括债务人的和解能力与债务人的破产原因，形式要件主要包括申请人资格，和解申请时间与形式符合法律规

---

① 李永祥、丁文联主编：《破产程序运作实务》，法律出版社 2007 年版，第 307 页。

② 李国光主编：《新企业破产法教程》，人民法院出版社 2006 年版，第 332 ~ 333 页。

定的和解协议等文件①），但我们可以看出，实质审查的重点为债务人的破产原因，而形式审查的重点为申请人、申请时间与必要法律文件和相关材料等，即形成审查的内容主要包括：①和解申请人的申请权；②法院是否具有管辖权；③和解申请资料，即和解申请书与和解协议草案是否符合法律规定，是否提交了相关资料。②

但也有学者认为，法院对和解申请的审查应仅为形式审查，而实质审查则由债权人会议进行。③

还有学者认为，人民法院对于和解申请的审查重点应是实质审查。同时参考外国的法律规定，人民法院还应当审查债务人申请和解的目的、是否有破产欺诈行为、申请所附的和解协议草案中的和解条件是否符合法律的规定、是否损害债权人的一般利益。④

另有学者认为法院除了对前述债务人提出的和解申请的形式要件和实质要件进行审查外还需要审查和解的障碍与和解协议草案。和解的障碍主要包括：存在重整申请或处于重整程序；债务人缺乏诚意；债权人会议已否决和解或法院已作出和解撤销裁定。和解协议草案的审查内容主要包括，和解协议草案的内容是否违反法律规定或债权人的一般利益，或者明

---

① 韩长印主编：《破产法学》（第二版），中国政法大学出版社 2016 年版，第 287～288 页。

② 蒋黔贵主编：《〈中华人民共和国企业破产法〉释义》，中国市场出版社 2006 年版，第 219 页；李国光主编：《新企业破产法教程》，人民法院出版社 2006 年版，第 332～333 页；邢立新编著：《最新企业破产法实务精答》，法律出版社 2007 年版，第 176 页；李永军：《破产法——理论与规范研究》，中国政法大学出版社 2013 年版，第 392 页。

③ 徐永前主编：《新企业破产法 100 问》，企业管理出版社 2006 年版，第 278 页；徐永前：《企业破产法讲话》，法律出版社 2006 年版，第 345 页；尹正友、张兴祥：《中美破产法律制度比较研究》，法律出版社 2009 年版，第 201 页；王欣新：《破产法》（第三版），中国人民大学出版社 2011 年版，第 232 页；佟金玲：《破产法原理释义与实践适用》，辽宁大学出版社 2011 年版，第 170 页；齐明：《破产法学：基本原理与立法规范》，华中科技大学出版社 2013 年版，第 171 页。

④ 汤维建主编：《新企业破产法解读与适用》，中国法制出版社 2006 年版，第 302 页。

显不可能履行。①

3. 初始和解的审查与破产程序中和解的审查

此观点认为，法院审查应当区分初始和解和在已经开始的破产程序中提出和解两种情形。在债务人直接提起和解申请的情况下，法院应审查债务人是否具备破产原因，是否提交破产申请书及相关证据，只有债务人具有破产原因才考虑审查其和解协议，决定是否受理。而当和解申请是在法院受理破产申请后提出时，法院应重点审查和解协议草案的形式要件，只要和解协议具有可行性，就应当受理和解申请。②

本书认为，我国破产和解可以分初始和解与在已经开始的破产程序中提出的和解。与之相对应，法院对和解申请的审查也应因申请时间不同而不同。若破产和解申请是在法院受理破产申请后提出的，则法院已经审查债务人是否具有破产原因等实质要件，为节约司法资源和避免不必要的浪费，此时仅就形式要件进行审查即可。并且，法院在审查和解申请时仅对和解协议草案进行初步审查即可，而对和解协议草案进一步的审查应放在债权人会议决议通过后进行。

## 三、债权人会议的表决

我国《企业破产法》第 97 条规定："债权人会议通过和解协议的决议，由出席会议的有表决权的债权人过半数同意，并且其所代表的债权额占无财产担保债权总额的三分之二以上。"对于此表决规则，国内学者都表示同意，但对于表决过程中的一些问题，学者之间存在着一些争议。

### （一）有表决权的债权人范围

有学者认为，根据我国《企业破产法》规定，对债务人的特定财产享有担保权的债权人，未放弃优先受偿权利的，可不受和解协议约束，而

---

① 罗培新主编：《破产法》，格致出版社 2009 年版，第 300～301 页；吴长波：《变革中的破产法理论与实证》，知识产权出版社 2012 年版，第 227～228 页；韩长印主编：《破产法学》（第二版），中国政法大学出版社 2016 年版，第 287～288 页。

② 郁琳：《我国企业破产法和解制度评析》，载《中国青年政治学院学报》2008 年第 6 期；薄燕娜主编：《破产法教程》，对外经济贸易大学出版社 2009 年版，第 207～208 页；邹海林、周泽新：《破产法学的新发展》，中国社会科学出版社 2013 年版，第 232 页；王欣新主编：《破产法原理与案例教程》（第二版），中国人民大学出版社 2015 年版，第 272 页。

直接就该特定担保物行使权利，因此对和解协议不享有表决权。①

也有学者认为，和解协议不影响有财产担保债权人权利行使，因而有财产担保的债权人对和解协议也没有表决权。② 但是，同时应注意，超出担保物实际价值的那部分债权可以参加和解协议草案的表决，而与担保财产实际价值相当的那部分债权，仍可通过担保物变现受偿。③

还有学者认为，我国《企业破产法》对于享有别除权及优先权的债权人所采取的原则是：只要债权人未放弃别除权或优先权，或者其别除权或其优先权的行使没有受到限制的，就不应对和解协议的通过享有表决权。④

另有学者认为，根据《企业破产法》第113条规定的清偿顺序，职工债权、税款债权优先于普通债权受偿。根据《企业破产法》第100条第2款的规定："和解债权人是指人民法院受理破产申请时对债务人享有无财产担保债权的人"，享有优先权的债权人不属于和解债权人，除非其放弃优先受偿的权利。故理论上认为，基于优先受偿的性质，职工债权、税款债权不属于和解债权，职工和国家税务机关不能作为债权人参与和解协议的表决。⑤ 破产企业所欠职工的债权如需要予以延期偿还或者减免，由双方依据有关劳动法律法规等另行协商解决。为了和解程序的顺利进

---

① 徐永前主编：《企业破产法讲话》，法律出版社2006年版，第347~348页；刘德璋：《新企业破产法理解与操作指南》，法律出版社2007年版，第324页；杨森主编：《破产法学》，中国政法大学出版社2008年版，第113页；李智、高战胜主编：《新编破产法案例教程》，中国民主法制出版社2008年版，第283页；尹正友、张兴祥：《中美破产法律制度比较研究》，法律出版社2009年版，第202页；李培进主编：《企业破产法的理论与实践》，中国政法大学出版社2011年版，第211页；韩长印主编：《破产法学》（第二版），中国政法大学出版社2016年版，第288~289页。

② 汤维建主编：《新企业破产法解读与适用》，中国法制出版社2006年版，第305页；薄燕娜主编：《破产法教程》，对外经济贸易大学出版社2009年版，第210页。

③ 王欣新主编：《破产法原理与案例教程》（第二版），中国人民大学出版社2015年版，第275页。

④ 李永军：《破产法——理论与规范研究》，中国政法大学出版社2013年版，第394~395页。

⑤ 王欣新：《破产法》（第三版），中国人民大学出版社2011年版，第233页；沈志先主编：《破产案件审理实务》，法律出版社2013年版，第336页。

行，企业对所欠的税款也可以向国家提出予以减免或者延期的申请，由国家税务机关根据实际情况作出决定。[1] 但也有学者指出，以上观点仅属于学界观点，从我国现行《企业破产法》的规定来看，职工债权人和税收债权人并没有被排斥在对和解协议具有表决权的债权人范围之外，因此司法实践中涉及对职工债权和税收债权的调整有待在立法中进一步明确规定。[2]

本书认为，有表决权的债权人的范围要根据和解协议的约束力范围来确定。若某些债权人债权的实现不受和解协议的约束，则和解协议的内容确定及成立与否就与其无关，其对和解协议的表决也就无任何意义。并且，若允许这些债权人行使表决权，还可能损害其他债权人的利益。因此，只要债权人债权的实现不受和解协议约束，就不应对和解协议享有表决权。根据我国《企业破产法》规定，和解协议不影响有财产担保的债权人权利的行使，并且债权人可不受和解协议约束而要求债务人的保证人和其他连带债务人承担责任。因此有财产担保、保证人和连带债务人的债权人债权的实现不受和解协议影响，因而不应对和解协议的通过享有表决权。但是应注意，超出担保财产实际价值部分的债权仍为普通债权，应对和解协议有表决的权利。同样，若承认和解协议对抵销权的行使无约束力，则享有抵销权的债权人在抵销权的范围内也不享有对和解协议的表决权。

### (二) 二次表决问题

关于在债权人会议未通过和解协议草案时，是否应给予其补救的机会，有的国家的破产法明确规定有二次表决制，而我国《企业破产法》对此并没有任何规定。

有学者认为，根据《企业破产法》第 65 条规定，我国对于和解协议

---

[1] 顾培东、张卫平、赵万一：《企业破产法论》，四川省社会科学院出版社1988 年版，第 100 页；柴发邦主编：《破产法教程》，法律出版社 1990 年版，第 110页；尹正友、张兴祥：《中美破产法律制度比较研究》，法律出版社 2009 年版，第 202页；王欣新主编：《破产法原理与案例教程》（第二版），中国人民大学出版社 2015年版，第 275 页。

[2] 齐明：《破产法学：基本原理与立法规范》，华中科技大学出版社 2013 年版，第 172 页。

的二次表决采取的是否定态度，因为和解协议不在二次表决的范围之内。①

也有学者认为，各国破产法都比较提倡以和解清理债权债务，若和解未被债权人会议接受，一般不限制债务人或者破产人请求债权人会议再次表决和解协议草案。例如，伊朗破产法规定："债权人会议表决同意和解协议的债权人过半数，但是其所代表的债权额不足无财产担保债权总额四分之三的，则应当在一周内另行召开债权人会议再行表决。"这种立法规定给予当事人第二次机会，可以适当修改和解协议以促进和解成功，对进一步完善我国的和解制度具有一定的借鉴意义。②

还有学者认为，如果债权人会议对和解协议草案表决符合法定条件之一，如出席会议有表决权的债权人过半数同意或者同意的债权人所代表的债权额占无财产担保债权总额的 2/3 以上，为鼓励和解，法院应当允许债权人会议对和解协议草案进行修改并再次表决，而暂不作出宣告破产的裁定。③

## 四、人民法院对和解协议的审查

### （一）审查内容

关于人民法院对和解协议的审查内容，我国《企业破产法》并无明确规定，国内学者也有不同的看法。

一些学者认为，法院对和解协议主要审查如下内容：①债权人会议决议和解协议的程序是否合法，表决票数及表决权数额统计有无差错，表决

---

① 李永军：《破产法——理论与规范研究》，中国政法大学出版社 2013 年版，第 394~395 页。

② 邹海林：《论我国破产程序中的和解制度及其革新》，载《法学研究》1994 年第 5 期；邹海林：《破产程序和破产法实体制度比较研究》，法律出版社 1995 年版，第 180 页；王欣新：《破产法》（第三版），中国人民大学出版社 2011 年版，第 233 页；王欣新主编：《破产法原理与案例教程》（第二版），中国人民大学出版社 2015 年版，第 275 页。

③ 池宏伟：《破产和解的应用与思考》，王欣新、尹正友主编《破产法论坛（第三辑）》，法律出版社 2009 年版，第 192 页；霍敏主编：《破产案件审理精要》，法律出版社 2010 年版，第 212 页。

中有无欺诈胁迫现象；②和解协议的内容是否违反法律、法规，损害国家、社会或他人利益，是否损害债权人利益或违反公平清偿原则；③债务人有无和解诚意（如是否存在破产欺诈行为），和解之目的是否正当等。① 在此基础上，有学者认为，法院还应审查和解协议是否具有履行的可行性。②

也有学者认为，法院应当从程序与实体两个方面对和解协议进行全面审查。程序方面的审查，主要是对和解程序、债权人会议决议程序的合法性进行审查，若程序方面的瑕疵能够消除，法院仍可以作出认可裁定。实体方面审查的内容，包括是否在决议成立后发生和解障碍事由，债权人会议关于和解协议的决议是否违反破产债权人一般利益，是否损害少数债权人、其他利害关系人以及第三人的利益等。③

但是，还有学者认为，法院审查应该是对相关文件、报告或者处理反馈信息的形式审查，而难以对和解协议实质部分进行审查。④

虽然我国《企业破产法》对法院审查的标准没有明确规定，但是由于经过法院认可的和解协议对全体和解债权人包括少数持反对意见的债权人都有约束力，因此法院对和解协议的审查至关重要。本书认为，除了审查和解协议的达成程序是否符合法律规定外，更重要的应当是审查和解协

---

① 沈贵明主编：《破产法学》，郑州大学出版社 2004 年版，第 264 页；尹正友、张兴祥：《中美破产法律制度比较研究》，法律出版社 2009 年版，第 202 页；佟金玲：《破产法原理释义与实践适用》，辽宁大学出版社 2011 年版，第 172 页；王欣新：《破产法》（第三版），中国人民大学出版社 2011 年版，第 233 页；王欣新主编：《破产法原理与案例教程》（第二版），中国人民大学出版社 2015 年版，第 276 页。

② 邹海林：《破产程序和破产法实体制度比较研究》，法律出版社 1995 年版，第 182 页；沈贵明主编：《破产法学》，郑州大学出版社 2004 年版，第 264 页；佟金玲：《破产法原理释义与实践适用》，辽宁大学出版社 2011 年版，第 172 页；李培进主编：《企业破产法的理论与实践》，中国政法大学出版社 2011 年版，第 213 页。

③ 郑文舫、舒畅主编：《破产法实务与案例评析》，中国工商出版社 2003 年版，第 142 页；李智、高战胜主编：《新编破产法案例教程》，中国民主法制出版社 2008 年版，第 284 页；罗培新主编：《破产法》，格致出版社 2009 年版，第 303~304 页；沈志先主编：《破产案件审理实务》，法律出版社 2013 年版，第 336~338 页；韩长印主编：《破产法学》（第二版），中国政法大学出版社 2016 年版，第 289 页。

④ 齐明：《破产法学：基本原理与立法规范》，华中科技大学出版社 2013 年版，第 173 页。

议是否存在欺诈行为，是否侵害少数持反对意见债权人、其他利害关系人、第三人及社会公共利益等。

### （二）审查结果

有学者认为，法院不认可和解协议一般基于以下事由：①强制和解的程序或债权人会议的议决程序违反法律的强制性规定，并且没有补救的余地的；②和解协议决议的成立方式不正当；③和解协议侵害了债权人的一般利益。侵害债权人一般利益的情形通常表现如下：第一，债务人没有和解的诚意；第二，债权人根据和解协议得到的清偿少于破产清算；第三，和解条件没有履行的可能性。①

也有学者认为，对于债权人会议否决和解协议草案或者拒绝和解程序的，人民法院只进行程序审查即可，主要审查债权人会议决议的程序是否合法，不必再就和解协议草案的内容进行实质审查。审查处理结果如下：①债权人会议否决和解协议草案的，法院应当裁定终止和解程序，并宣告债务人破产。②债权人会议的召集程序、表决方式等存在程序上的瑕疵，如果瑕疵是可以消除或者修正的，法院应当通知债权人会议重新作出决议，但债权人会议拒绝重新决议或存在无法补正的瑕疵时，法院应当裁定不认可和解协议，同时宣告债务人破产。③债权人会议表决通过和解协议程序合法，但协议内容存在违法事由或者侵害了部分债权人、利害关系人利益的，法院可就存在的问题向当事人进行释明，要求当事人纠正并修改和解协议草案；无法纠正或修改的，法院应当裁定不认可和解协议，同时宣告债务人破产。②

还有学者认为，对不认可和解的处理方法，我国《企业破产法》没有作具体规定。根据其他国家和地区的破产法，一般是由法院以裁定的形式否决和解协议的效力。程序上不合法的，债务人企业应根据法律规定重新提请债权人会议决议；债权人会议也必须根据法律规定进行表决，然后

---

① 李永军：《破产法律制度》，中国法制出版社 2000 年版，第 378 页；李培进主编：《企业破产法的理论与实践》，中国政法大学出版社 2011 年版，第 212 页；李永军：《破产法——理论与规范研究》，中国政法大学出版社 2013 年版，第 395 页；李永军、王欣新、邹海林、徐阳光：《破产法》（第二版），中国政法大学出版社 2017 年版，第 210 页。

② 沈志先主编：《破产案件审理实务》，法律出版社 2013 年版，第 338～339 页。

再交由人民法院进行审查以决定是否认可。内容不合法的，应由债务人企业与债权人会议对和解协议内容进行修改，使之符合法律规定，再交由债权人会议表决，表决通过的提请人民法院认可。不认可的裁定只是对和解协议效力的否定，债权人会议和企业之间还可以重新达成新的和解协议提交人民法院认可。①

## 第三节　和解协议的效力

通说认为，和解协议具有对破产程序的优先效力，对债权人和债务人的约束力以及对保证人、连带债务人及物上保证人的效力。②

（1）和解协议对破产程序的优先效力。具体包括，破产和解申请与破产清算申请同时提出时，法院优先受理和解申请；和解协议于破产程序

---

① 顾培东、张卫平、赵万一：《企业破产法论》，四川省社会科学院出版社 1988 年版，第 98 页；柴发邦主编：《破产法教程》，法律出版社 1990 年版，第 108 页。

② 邹海林：《破产程序和破产法实体制度比较研究》，法律出版社 1995 年版，第 182~186 页；许亮东主编：《破产案件审理程序》，人民法院出版社 1997 年版，第 84~85 页；陈正云、孙福全：《企业破产与破产操作》，法律出版社 1998 年版，第 159~160 页；李永军：《破产法律制度》，中国法制出版社 2000 年版，第 378~341 页；蔡晓玲主编：《破产案件律师办案指引》，中国检查出版社 2001 年版，第 40~41 页；郑远民：《破产法律制度比较研究》，湖南大学出版社 2002 年版，第 49~50 页；王欣新：《破产法专题研究》，法律出版社 2002 年版，第 88~90 页；齐树洁主编：《破产法研究》，厦门大学出版社 2004 年版，第 230~238 页；沈贵明主编：《破产法学》，郑州大学出版社 2004 年版，第 266~267 页；王卫国、朱晓娟编著：《破产法原理·规则·案例》，清华大学出版社 2006 年版，第 61~62 页；汤维建主编：《新企业破产法解读与适用》，中国法制出版社 2006 年版，第 309~310 页；罗培新主编：《破产法》，格致出版社 2009 年版，第 305~306 页；齐树洁主编：《破产法》（第二版），厦门大学出版社 2009 年版，第 160~166 页；范健、王建文：《破产法》，法律出版社 2009 年版，第 236~242 页；王欣新：《破产法》（第三版），中国人民大学出版社 2011 年版，第 234~236 页；吴长波：《变革中的破产法理论与实证》，知识产权出版社 2012 年版，第 229~230 页；李永军：《破产法——理论与规范研究》，中国政法大学出版社 2013 年版，第 396~398 页；沈志先主编：《破产案件审理实务》，法律出版社 2013 年版，第 339~341 页；王欣新主编：《破产法原理与案例教程》（第二版），中国人民大学出版社 2015 年版，第 281~282 页；韩长印主编：《破产法学》（第二版），中国政法大学出版社 2016 年版，第 291~295 页；李永军、王欣新、邹海林、徐阳光：《破产法》（第二版），中国政法大学出版社 2017 年版，第 211~212 页。

开始前成立生效的，可阻却破产清算的启动；和解协议于破产程序开始后成立生效的，破产程序应当中止或终结。

（2）和解协议对债权人的效力。首先，和解协议仅约束和解债权人，即在人民法院受理和解申请时对债务人享有无财产担保债权的债权人。其次，有财产担保的债权人在担保物实际价值范围内的债权不受和解协议约束，除非其主动放弃优先受偿的权利。再次，在和解协议生效后产生的新债权与共益债权，不受和解协议约束。最后，未在规定期限内申报的债权，在和解协议执行期间不得行使，在和解协议执行完毕后，可以按照和解协议规定的清偿条件行使权利。

（3）和解协议对债务人的效力。首先，债务人重新获得对其财产的管理支配权。其次，债务人应当无条件地履行和解协议的内容。再次，在和解协议尚未执行完毕前，债务人不得对个别债权人给予和解协议以外的特殊利益。最后，债务人依和解协议可以获得相对免责。

（4）和解协议的效力不及于债务人的保证人和连带债务人，但债务人的保证人和连带债务人的追偿权和预期追偿权均为破产债权，应受和解协议约束。

也有学者补充认为，和解协议还对续行破产程序有对抗效力。[1] 和解协议生效后，债务人因不执行或不能执行和解协议而受破产宣告或恢复进行破产程序的，债权人依和解协议所受的清偿，可以在续行程序中对抗任意第三人。还有部分学者补充认为，和解协议应具有强制执行效力。[2] 债

---

[1] 邹海林：《破产程序和破产法实体制度比较研究》，法律出版社1995年版，第182~186页；罗培新主编：《破产法》，格致出版社2009年版，第305~306页；吴长波：《变革中的破产法理论与实证》，知识产权出版社2012年版，第229~230页。

[2] 李永军：《破产法律制度》，中国法制出版社2000年版，第381页；齐树洁主编：《破产法研究》，厦门大学出版社2004年版，第230~238页；沈贵明主编：《破产法学》，郑州大学出版社2004年版，第267页；汤维建主编：《新企业破产法解读与适用》，中国法制出版社2006年版，第311页；罗培新主编：《破产法》，格致出版社2009年版，第305~306页；齐树洁主编：《破产法》（第二版），厦门大学出版社2009年版，第166页；王艳华主编：《破产法学》，郑州大学出版社2009年版，第279页；吴长波：《变革中的破产法理论与实证》，知识产权出版社2012年版，第229~230页；李永军：《破产法——理论与规范研究》，中国政法大学出版社2013年版，第398页；韩长印主编：《破产法学》（第二版），中国政法大学出版社2016年版，第294~295页。

权人若不申请终止和解协议的履行，而选择申请强制执行和解协议，人民法院应当予以同意。

对于和解协议的程序优先效力具体为何、和解协议对抵销权有无约束力以及和解协议有无强制执行效力等问题，学界尚无统一观点，本书将于下文予以具体讨论。

一、和解协议的程序优先效力

和解协议的程序优先效力主要表现为：在破产程序开始后，债务人和债权人会议达成和解协议并经过人民法院的裁定认可的，破产程序应当中止或终止。但破产程序究竟应当中止还是终止，根据《企业破产法（试行）》规定，和解协议生效后，破产程序中止，但《企业破产法》却无明确规定。我国学者对此也有不同的看法，主要存在以下三种观点，即："和解程序终止说""破产程序中止说"与"破产程序终止说"。

（一）和解程序终止说

和解程序终止说认为，人民法院裁定认可和解协议后和解程序即告终止，人民法院应将对和解协议进行审查的情况以及终止和解程序的决定进行公告。管理人应将财产和营业事务移交给债务人，向人民法院报告执行职务的情况，并对此前从事的管理工作进行必要的归纳与总结，向人民法院进行如实的汇报。①

（二）破产程序中止说

破产程序中止说认为，和解协议经债权人会议通过并经人民法院认可后，发生法律效力，双方当事人均应遵守和解协议，并中止其他破产程序事项的进行，即破产程序的中止，而不是和解程序的终止。②"中止"是指暂时性的停止，还可能恢复，而"终止"是彻底结束，不再有恢复的可能。一旦债务人在和解协议的执行过程中，不执行、非法执行或者不能执行和解协议，都将导致破产清算程序被恢复，债务人将再次面临破产清

---

① 薄燕娜主编：《破产法教程》，对外经济贸易大学出版社2009年版，第211页。
② 汤维建主编：《新企业破产法解读与适用》，中国法制出版社2006年版，第305~306页。

算的危险。① 并且，因为我国《企业破产法》采取破产程序受理开始主义，若认为和解协议具有终止破产程序的效力，那在和解协议不执行或不能执行的情形下需要重新开启破产程序。重新开始破产程序就意味着法院要重新受理破产案件，重新进行破产宣告前的一切审查活动。而重新开始已经进行过的破产程序势必导致程序的拖延和资源的浪费，所以，规定和解协议具有中止破产程序效力是与我国破产受理开始主义相适应的。②

### （三）破产程序终止说

破产程序终止说认为，在我国《企业破产法》的立法过程中，对和解协议成立并生效后破产程序应当终止还是中止曾经存在过不同的意见，但最终立法明确规定采取程序终止的立法模式。③ 债权人会议通过和解协议并经人民法院裁定认可意味着和解程序即告终结，接下来进入债务人执行和解协议，恢复生产经营的状态中，此期间并不属于破产期间。④ 并且，虽然我国《企业破产法》对此问题没有明确规定，但从整个程序设计上看，如果和解是债务人在破产清算程序开始后申请的，应认为和解协议具有终结破产程序的效力。⑤ 具体理由如下：如果和解协议生效后破产程序中止而不是终止，则债务人仍处于破产程序中，没人敢与其发生业务关系，其融资、产品销售等活动也将会遇到极大的阻碍，导致债务人继续进行生产经营活动遇到极大的困难，从而难以使债务人重获生产经营能力。⑥

本书认为，破产程序中止说更加符合我国和解制度的需要。首先，我

---

① 《〈中华人民共和国企业破产法〉释义》编写组编著：《〈中华人民共和国企业破产法〉释义》，南海出版公司 2006 年版，第 245 页。

② 齐树洁主编：《破产法》（第二版），厦门大学出版社 2009 年版，第 160~161 页。

③ 王欣新：《破产法》（第三版），中国人民大学出版社 2011 年版，第 234 页。

④ 齐明：《破产法学：基本原理与立法规范》，华中科技大学出版社 2013 年版，第 173 页。

⑤ 李永军、王欣新、邹海林、徐阳光：《破产法》（第二版），中国政法大学出版社 2017 年版，第 211 页。

⑥ 范健、王建文：《破产法》，法律出版社 2009 年版，第 237 页；许蓝之：《论我国的破产和解制度》，载《法制与社会》2011 年第 23 期。

国采取破产程序受理主义，若和解协议成立生效后破产程序终止，则重新开始破产程序需要重新进行一系列的申请与审查工作，必定会造成程序的拖沓和司法资源的浪费。其次，在和解协议的执行过程中，破产程序暂时停止，并有随时恢复破产清算的危险，更能督促债务人积极履行和解协议，避免恢复破产清算。最后，就算和解协议成立生效后破产程序终结，其他企业在与债务人企业进行交易时仍会考虑债务人企业曾处于破产程序之中的事实，债务人企业的生产经营活动仍会受到不少影响。对比来说，破产程序中止说更为合理。

## 二、和解协议的效力是否及于抵销权

对于和解协议的效力是否及于抵销权的，我国《企业破产法》无明确规定，我国学者也有不同观点，主要分为积极说和消极说。

### （一）积极说

积极说认为，和解协议对抵销权无约束力。

其主要理由如下：第一，抵销权具有担保债务履行之目的，通过抵销权的行使，一方当事人在对方当事人不履行或不能履行债务时，其债权能够得到一定程度的满足。并且，在法院认可和解后，抵销权人对和解债务人既享有债权，又负有债务，其所负债务可被视为债务人履行清偿责任的担保，因此立法上应按处理别除权的方法对待抵销权人。[1] 第二，允许和解债权人行使抵销权，是赋予对债务人负有债务的债权人的一项特别保护利益，在效果上相当于直接用债务人的财产来清偿依破产程序受偿的和解债权，使得和解债权人可以避免因破产程序减值清偿而受到的损失。[2]

### （二）消极说

消极说认为，和解协议对抵销权有约束力。

其主要理由如下：第一，破产抵销权设置的目的是保护对破产债务人

---

[1] 闫小龙：《论破产案件中和解协议的效力》，载《法制与经济》1998 年第 2 期。

[2] 邹海林：《破产法——程序理念与制度结构解析》，中国社会科学出版社 2016 年版，第 469 页。

负有债务的债权人。但是，如果允许对债务人负有债务的债权人在和解协议执行过程中不依和解协议行使抵销权，则势必会造成债权人之间的不公平清偿。① 第二，若法律没有强行规定抵销债权人必须申报债权，和解协议当然不应对之产生影响，有抵销权的债权人可以按照一般民法上的规定行使抵销权。但是，若抵销权人已按照程序申报债权并出席债权人会议，接受和解协议，则应受到和解协议的约束。② 第三，抵销权的行使以主动债权为基础，应随主动债权的变更而变更。并且，和解条件对所有和解债权人一律平等，抵销权所依赖的主动债权并不具有法律上的优越性，若认可抵销权不受和解协议的约束，则实质上赋予抵销权人的主动债权以优先地位，违反了和解条件平等原则。③ 第四，我国《企业破产法》第 40 条关于抵销权除外的规定中并没有和解协议生效的情形，根据此条规定似乎应认为和解协议并不影响抵销权人抵销权的行使。但由于抵销权人所持债权同样属于和解债权，而《企业破产法》第 100 条明确规定所有和解债权均受和解协议约束，并仅将别除权人排除在和解债权人范围之外，因而应认为抵销权同样受和解协议约束。④

综上可见，我国大多数学者同意消极说，认为抵销权应受和解协议约束。

但是，本书认为积极说更为合理，和解协议对抵销权应无约束力。具体理由如下：①破产抵销权设立之目的为担保债务人债务的履行，避免对债务人负有债务的债权人必须全面履行其债务，而其享有的债权只能作为破产债权在破产清算中按比例受偿所带来的不公平现象。若承认和解协议的效力及于抵销权，则债权人只能按照和解协议的内容实现其债权，但还应全面履行其对债务人所负债务，这就导致破产抵销权的设立目的无法实现。②享有担保物权的债权人行使其担保物权，同样会造成债权人之间的不公平清偿，但学界通说却认为担保物权的行使不受和解协议的限制。而

---

① 李永军：《破产法律制度》，中国法制出版社 2000 年版，第 380 页；齐树洁主编：《破产法》（第二版），厦门大学出版社 2009 年版，第 163 页。

② 李永军：《破产法——理论与规范研究》，中国政法大学出版社 2013 年版，第 397~398 页。

③ 韩长印主编：《破产法学》（第二版），中国政法大学出版社 2016 年版，第 293 页。

④ 范健、王建文：《破产法》，法律出版社 2009 年版，第 240 页。

破产抵销权与担保物权的主要区别在则于破产抵销权非债务人主动设立，若仅因此就认为破产抵销权的地位不如担保物权而应受和解协议约束，似乎说不过去。③若抵销权受和解协议约束，则那些对债务人负有债务的债权人就不会申报其债权，而会选择按照民法上的一般规定行使其抵销权，这样做的最终的效果与抵销不受和解协议约束的情形一样，并且还会使债务人处于多种程序之中，造成司法资源不必要的浪费。

### 三、和解协议的效力是否及于优先顺位请求权

优先顺位请求权是指劳动债权、社会保险费用请求权和税收请求权等优先于普通债权受偿的债权。关于和解协议的效力是否及于优先顺位请求权，我国学者的意见并不一致，具体可分为肯定说与否定说。

#### （一）肯定说

肯定说认为，和解协议的效力及于优先顺位请求权。

支持此观点的学者认为，根据《企业破产法》第 100 条规定，和解债权人是指在破产程序启动时对债务人享有无财产担保的债权人，其范围应当包括优先请求权人，而和解协议对所有和解债权人均有约束力，因此优先顺位请求权也应受和解协议约束。① 但其同时也认为，和解协议的内容不能违反破产法的绝对优先原则，即在优先顺位请求权得到完全清偿前，普通债权不能得到任何清偿。②

#### （二）否定说

否定说认为，和解协议的效力不及于优先顺位请求权。

支持此观点的学者认为，优先请求权优先于普通债权受偿，根据《企业破产法》第 100 条第 2 款："和解债权人是指人民法院受理破产申请时对债务人享有无财产担保债权的人"的精神，享有优先权的债权人不属于和解债权人，不受和解协议约束，除非其放弃优先受偿的权利。③

---

① 齐明：《中国破产法原理与适用》，法律出版社 2017 年版，第 180 页。

② 齐明：《破产法学：基本原理与立法规范》，华中科技大学出版社 2013 年版，第 173 页。

③ 王欣新：《破产法》（第三版），中国人民大学出版社 2011 年版，第 233 页；沈志先主编：《破产案件审理实务》，法律出版社 2013 年版，第 336 页。

至于破产企业所欠职工的债权，如需要予以延期偿还或者减免，由双方依据有关劳动法律法规等另行协商解决。而企业对所欠的税款也可以向国家提出予以减免或者延期的申请，由国家税务机关根据实际情况作出决定。①

本书认为，否定说较为合理。虽然《企业破产法》第 100 条第 2 款仅将有担保的债权人排除在和解债权人之外，但实际上，优先权人、有连带债务人的债权人甚至抵销权人的权利的行使都不受和解协议的约束，因此并不能仅凭此条规定就认定优先请求权受和解协议约束。而且，优先请求权通常涉及职工工资、税款征收等社会公共利益，社会影响较大，其具体的减免、延期通常需要通过其他途径解决，因此，和解协议的效力不应及于优先顺位请求权。

四、和解协议的强制执行效力

关于和解协议是否具有强制执行效力，我国《企业破产法》没有明确规定，我国学者对此也有不同看法，主要分为肯定说和否定说。

（一）肯定说

该说认为，和解协议应当具有强制执行效力。

其主要理由有三：第一，赋予和解协议以强制执行效力符合破产法的发展趋势，大多数国家都认为，经法院认可的和解协议对债务人具有执行力。② 第二，在债务人已经依生效的和解协议清偿了大部分债务，只剩下小部分债务因能力欠缺而未能全部清偿的情况下，如果还是毫不留情地宣告债务人破产，就意味着破产和解失败，债务人的之前的努力将毫无意

---

① 顾培东、张卫平、赵万一：《企业破产法论》，四川省社会科学院出版社 1988 年版，第 100 页；柴发邦主编：《破产法教程》，法律出版社 1990 年版，第 110 页；尹正友、张兴祥：《中美破产法律制度比较研究》，法律出版社 2009 年版，第 202 页；王欣新主编：《破产法原理与案例教程》（第二版），中国人民大学出版社 2015 年版，第 275 页。

② 李永军：《破产法律制度》，中国法制出版社 2000 年版，第 381 页；李永军：《破产法——理论与规范研究》，中国政法大学出版社 2013 年版，第 398 页。

义，这违背了鼓励和解的初衷。① 第三，赋予和解协议以强制执行力，给予了债权人另一条救济途径，使其可以运用强制执行程序最大限度地保护自己免受损失。②

并且，根据《企业破产法》第4条规定，有关破产案件的审理程序，若《企业破产法》没有规定的，则可适用民事诉讼法的相关规定。因此，此时和解协议的效力应当准用民事诉讼法调解书的强制执行力。③

### （二）否定说

否定说认为，和解协议不具有强制执行效力。

其主要理由如下：第一，和解协议仅为确定债权人与债务人之间新的履行条件的法律文件，虽然它确定了各种清偿债权的方法、担保和其他措施，但如债务人一方不履行，债权人也无权要求法院强制执行，只能请求法院依法宣告债务人破产。④ 第二，和解协议在性质上属于诉讼契约，只具有程序法上的意义，而不具有实体法上的意义，因此不具有强制执行力。⑤ 第三，赋予和解协议以强制执行力的出发点似乎是好的，但会因此引发许多新的问题，如：可能导致对债权人清偿不公平；与我国现行法律规定明显矛盾；因缺乏量化标准，在司法实践中难以操作等。并且我国完全可以通过建立和解撤销与和解让步撤销制度，来解决债务人不履行和解协议的问题，而无需赋予和解协议以强制执行效力。⑥

本书认为，根据《企业破产法》规定，在债务人不执行或不能执行

---

① 沈贵明主编：《破产法学》，郑州大学出版社2004年版，第267页；汤维建主编：《新企业破产法解读与适用》，中国法制出版社2006年版，第311页；齐树洁主编：《破产法》（第二版），厦门大学出版社2009年版，第166页；韩长印主编：《破产法学》（第二版），中国政法大学出版社2016年版，第294~295页。

② 韩长印主编：《破产法学》（第二版），中国政法大学出版社2016年版，第294~295页。

③ 王艳华主编：《破产法学》，郑州大学出版社2009年版，第279页。

④ 谢邦宇主编：《破产法通论》，湖南大学出版社1987年版，第214页。

⑤ 汤维建：《破产程序与破产立法研究》，人民法院出版社2001年版，第359页。

⑥ 王欣新：《破产法》（第三版），中国人民大学出版社2011年版，第239页；王欣新主编：《破产法原理与案例教程》（第二版），中国人民大学出版社2015年版，第283页。

和解协议的情况下，债权人只能申请法院裁定终止和解协议的执行，并且宣告债务人破产。债权人在和解程序中所受清偿仍然有效，未受清偿部分则作为破产债权在之后的破产清算程序中接受分配，但仅能在其他债权人所受分配与其到达同一比例时，才能继续接受分配。但是，这样规定存在以下两点缺陷：①和解协议执行终止后，债务人将不可避免走向破产，而不考虑其执行和解协议的情况。这对于那些努力执行和解协议，却因为一些客观情况不能完全执行的债务人很不公平。②破产清算的成本较高，导致债权人所受清偿比例也相对较低。若在债务人不执行或不能执行和解协议时，债权人可申请强制执行债务人的财产，则不仅能使债权人得到更高比例的清偿，而且还能避免债务人进入破产清算程序，保留其恢复正常生产经营的希望。可见，强制执行对债权人和债务人均有好处，因此在今后立法有必要赋予和解协议以强制执行效力，并对其适用情形作出相应规定。

## 第四节　和　解　失　败

我国《企业破产法》中规定的和解失败的情形包括债权人会议否决和解协议、人民法院未通过和解协议、和解协议无效与和解协议执行终止四种。本节主要讨论和解协议无效与和解协议执行终止，并对其他国家和地区立法中出现的和解让步取消制度作简要介绍。

### 一、和解协议无效

#### （一）概述

根据我国《企业破产法》第103条规定，债务人通过欺诈或者其他违法行为与债权人会议达成和解协议的，人民法院应当裁定该和解协议无效，并宣告债务人破产。在上述情况下，和解债权人因执行和解协议所受的清偿，在其他债权人所受清偿同等比例的范围内，不予返还。

#### （二）适用情形

根据我国《企业破产法》，法院裁定和解协议无效的条件为因债务人的欺诈或其他违法行为而成立和解协议，但我国学者对和解协议无效的具体适用情形有着不同的看法。

有学者认为在和解程序中，债务人欺诈，指债务人在和解过程中故意告知债权人会议虚假情况，或者隐瞒真实情况，诱使债权人会议作出错误的意思表示，从而表决通过和解协议草案；而债务人的其他不法行为，包括胁迫、恶意串通等违反法律强制性规定的行为。[1]

也有学者认为在和解程序中，欺诈还表现为采取胁迫、恶意串通等方式，使得债权人会议作出不利于债权人利益的决议。而"其他违法行为"，主要包括违反和规避有关法律和行政法规的行为。[2]

还有学者认为"欺诈"或者其他"违法行为"主要指假借和解之名，行拖延时间进行破产欺诈或转移财产之实，或者假借和解程序逃避行政监管或行政审批，或者以和解为名，侵害国家、集体或者他人合法利益的行为。[3]

另有学者认为，根据保证和解协议的合法性以防止损害个别债权人利益的立法目的，可认为"债务人的欺诈或其他违法行为"应包括《企业破产法（试行）》中所列举的严重损害债权人利益的行为。而且不局限于此，从而在实务中对抗恶意债权人、充分保护在和解协议中让步的债权人。[4]

并有学者认为，应从当事人的意思行为、和解协议的内容是否违法等方面判断和认定和解协议是否无效。如存在债务人与部分债权人恶意串通损害其他债权人利益，和解协议的内容违反法律、公共道德或者社会公共利益等情形，则应认定和解协议无效。[5] 即债务人实施了其他违反《合同法》第 52 条规定的行为。[6]

本书认为，和解协议无效应当主要适用在和解协议成立过程中发生的欺诈和其他违法行为，而在和解协议执行过程中发生的侵害债权人合法权

① 徐永前主编：《破产法讲话》，法律出版社 2006 年版，第 353 页。

② 沈志先主编：《破产案件审理实务》，法律出版社 2013 年版，第 346 页。

③ 齐明：《中国破产法原理与适用》，法律出版社 2017 年版，第 182~183 页。

④ 汪涛编著：《破产法》，武汉大学出版社 2015 年版，第 141~142 页。

⑤ 王欣新主编：《破产法原理与案例教程》（第二版），中国人民大学出版社 2015 年版，第 280 页。

⑥ 齐树洁主编：《破产法》（第二版），厦门大学出版社 2009 年版，第 167 页；薄燕娜主编：《破产法教程》，对外经济贸易大学出版社 2009 年版，第 214 页。

益应属于和解协议执行终止的情形。因此，仅在因违法行为成立和解协议时，才适用和解协议无效，而具体情形应结合具体案件进行判断。只要可以认定和解协议的成立基于违法行为，或者在和解协议成立的过程中存在违反法律和行政法规的行为，法院就应依职权认定该和解协议无效，宣告债务人破产。

### （三）法律后果

根据民法原理，协议被认定无效具有溯及力。但若和解债权人都已受同比例的清偿，再要求其全额返还则会造成重复清偿。若部分债权人比其他债权人多受偿，则在裁定和解协议无效后，该债权人应将多收部分返还，用于公平分配。①

## 二、和解协议执行终止

### （一）概述

关于和解协议的终止执行，不同学者有着不同定义。

有学者称其为和解程序的取消，② 也有学者称其为和解废止，或取消和解协议的执行或者终止和解协议的执行。③ 但其具体内容都大致相同，即指法院根据债权人的申请或者依职权裁定终止执行和解协议。

本书认为，将其定义为和解程序的取消或者和解废止，都不足以将和解协议无效与和解协议执行终止进行区分，而二者在适用条件与法律后果等诸多方面均有不同，因而有必要将二者进行明确区分。因此，本书将和

---

① 徐永前主编：《破产法讲话》，法律出版社 2006 年版，第 353～354 页；王欣新主编：《破产法原理与案例教程》（第二版），中国人民大学出版社 2015 年版，第 280 页。

② 李永军：《破产法律制度》，中国法制出版社 2000 年版，第 381 页；沈贵明主编：《破产法学》，郑州大学出版社 2004 年版，第 264～265 页；李永军：《破产法——理论与规范研究》，中国政法大学出版社 2013 年版，第 399 页；李永军、王欣新、邹海林、徐阳光：《破产法》（第二版），中国政法大学出版社 2017 年版，第 212 页。

③ 邹海林：《破产法——程序理念与制度结构解析》，中国社会科学出版社 2016 年版，第 471 页。

解协议执行终止单独定义，即在债务人不能执行或者不执行和解协议时，人民法院依债权人申请裁定终止和解协议的执行并宣告债务人破产的法律程序。

### （二）启动

根据《企业破产法》规定，和解协议执行终止只能由债权人申请启动，我国学者对此有着不同的看法。

1. 对申请人是否应施加限制

有学者认为，许多国家的破产法对和解协议执行终止的申请者的人数及代表的债权额均规定有严格的条件，造成了债权人无法有效利用此程序对抗债务人不履行和解协议的行为。所以，我国现行《企业破产法》对此没有作出限制性规定。[①]

但是，也学者认为，和解协议终止执行的结果事关和解债务人的身份地位，更关系到所有和解债权人的利益，若对提出申请的和解债权人不施加任何限制，则有可能损害多数和解债权人的利益。因此，破产立法应当对提出申请的和解债权人在人数和其所代表的债权额方面有所限定，以维护多数债权人的合法权益。[②]

还有学者认为，虽然我国对申请人资格不加限制的规定有利于对债权人利益的保护，但相较于其他国家和地区的破产法规定而言，则显得慎重不足。因此，为使和解制度能够更好地发挥其挽救债务人的效果，我国应当借鉴其他国家和地区的立法经验，分别设立和解撤销与和解让步取消制度，并在和解协议执行期间保留债权人会议，以监督债务人对和解协议的执行，维护债权人利益，同时作为议决和解撤销的法定机构。[③]

本书认为，我国《企业破产法》没有对申请人施加限制，确实有可能损害债务人与多数和解债权人的利益，但若仅仅效仿国外立法对申请的和解债权人在人数和其代表的债权额方面施加限制则会损害少数和解债权

---

① 李永军：《破产法——理论与规范研究》，中国政法大学出版社 2013 年版，第 399 页。

② 邹海林：《破产法——程序理念与制度结构解析》，中国社会科学出版社 2016 年版，第 473~474 页。

③ 王欣新：《破产法》（第三版），中国人民大学出版社 2011 年版，第 237~238 页。

人的利益。因此，为平衡少数和解债权人利益与多数和解债权人利益，最好的选择是在今后立法中对申请人施加适当限制，同时设立和解让步取消制度，使不符合申请和解协议执行终止的部分债权人可以通过和解让步的取消来维护自己的合法权益。

2. 法院能否依职权启动

有学者认为，我国《企业破产法》没有明文规定法院可依职权裁定废止和解，但在法解释论上，若存在《企业破产法》第 103 条第 1 款规定之事由，法院可依职权裁定和解无效，并宣告债务人破产，即《企业破产法》第 103 条第 1 款一定程度上为法院依职权裁定和解废止提供了依据。①

但也有学者表示反对，认为在和解协议执行过程中的债务人企业只是受到和解协议约束，除此之外与正常经济主体没有本质区别。如果法院可依职权裁定终止和解协议执行，则可能导致公权力对正常经济交易的影响，不利于我国社会主义市场经济建设。因此，法院应无权直接决定终止和解协议的执行。②

本书认为，若债务人不能执行或者不执行和解协议，主要损害了债权人的利益，则仅应将申请权赋予和解债权人。否则，若债权人愿意承担债务人不执行或不能执行的风险，而法院仍依职权终止和解协议的执行，则明显侵害了当事人的意思自治。但是，如果债务人在不执行或不能执行和解协议的同时，存在其他违法行为，损害国家、集体和社会公共利益，人民法院也应有权直接裁定终止和解协议的执行，并宣告债务人破产。

3. 适用情形

有学者将和解协议终止执行的情形与和解协议无效的情形合并，表述为：①条件偏颇，即没有参加债权人会议或者虽然参加债权人会议但没有同意和解条件的债权人，认为和解条件偏向于其他债权人。②债务人在和解后被发现有欺诈行为。③债务人违反和解协议的规定。④和解债权人之

---

① 邹海林：《破产法——程序理念与制度结构解析》，中国社会科学出版社 2016 年版，第 472~473 页。

② 齐明：《破产法学：基本原理与立法规范》，华中科技大学出版社 2013 年版，第 177 页。

外的新的债权人因债务人不能履行到期债务而申请其破产。① 除此之外，现行《企业破产法》第 31、32 条规定了对债务人财产性行为的撤销与无效制度，具备这些行为的，也应当认为构成法院依职权裁定和解协议终结的事由。②

而大多数学者认为和解协议执行终止的情形为债务人不履行和解协议与债务人不能履行和解协议。债务人不履行和解协议是指债务人客观上具备履行和解协议的能力，但其主观上无履行和解协议的诚意，因而客观上不履行和解协议。而债务人不能履行和解协议是指债务人主观上愿意履行和解协议，但因存在清偿能力上的缺陷，因而在客观上不能履行和解协议。③ 但也有学者认为，除不执行与不能执行和解协议外，和解协议执行终止的情形还应包括企业有严重损害债权人利益的行为，即隐匿、私分或者无偿转让财产，以明显不合理的价格进行交易、对没有财产担保的债务提供担保，对未到期的债权提前清偿，放弃自己的债权等。④

另有学者认为，只要严重影响到债权人利益的实现，无论是全部不执行或不能执行，还是部分不执行或不能执行，都应该也允许债权人申请终止和解协议执行。⑤ 即不论不执行和解协议的原因是什么，也不论不执行和解协议的行为客观上情节轻重，均不影响债权人申请和解协议执行终

① 李永军：《破产法律制度》，中国法制出版社 2000 年版，第 382~383 页；李永军、王欣新、邹海林、徐阳光：《破产法》（第二版），中国政法大学出版社 2017 年版，第 213 页。

② 李永军：《破产法——理论与规范研究》，中国政法大学出版社 2013 年版，第 400~401 页。

③ 沈贵明主编：《破产法学》，郑州大学出版社 2004 年版，第 265 页；徐永前主编：《破产法讲话》，法律出版社 2006 年版，第 354 页；沈志先主编：《破产案件审理实务》，法律出版社 2013 年版，第 346 页；齐明：《破产法：基本原理与立法规范》，法律出版社 2013 年版，第 176 页。

④ 鲁生：《和解与整顿》，载《人民司法》1987 年第 8 期；珂善芳、潘志恒：《破产法概论》，广东高等教育出版社 1988 年版，第 270 页；王卫国：《破产法》，人民法院出版社 1999 年版，第 107 页；傅长禄主编：《破产案件审理与破产清算实务》，上海人民出版社 2003 年版，第 88 页；齐树洁主编：《破产法》（第二版），厦门大学出版社 2009 年版，第 168 页。

⑤ 薄燕娜主编：《破产法教程》，对外经济贸易大学出版社 2009 年版，第 215 页。

止。但是，对于情节轻微的违约行为，如果债务人能及时改正，和解债权人也可不提出终止和解协议执行的申请。[1]

本书认为，债务人不执行或不能执行和解协议应为申请和解协议执行终止的概括事由，虽然有必要将其具体化以便在实践中适用，但具体事由还是要以债务人不执行或不能执行和解协议为标准。只要债务人出现不能执行和解协议的情形，或者其行为表现出不愿执行和解协议的意图，无论其具体情形为何，皆可适用和解协议执行终止。

4. 法律后果

一些学者认为，和解协议执行终止具有以下法律后果：①宣告债务人破产。②债权人依和解协议所受的清偿不因和解程序的取消而受影响，未受清偿部分则列入破产债权参加破产分配。但只有在其他债权人所受分配与其到达同一比例时，才能再受分配。[2]

但是，更多学者认为，除以上两项后果外，和解协议执行终止的法律后果还应包括为和解协议的执行提供的担保继续有效，担保人应当按照和解协议中约定的内容承担担保责任。[3]

### 三、和解让步的取消

我国现行《企业破产法》并没有规定和解让步的取消，国内学者也对其研究较少，因此本书在此仅对和解让步的取消作简要的介绍。

---

[1]　王欣新：《破产法》（第三版），中国人民大学出版社 2011 年版，第 236~237 页。

[2]　李永军：《破产法律制度》，中国法制出版社 2000 年版，第 383~384 页；傅长禄主编：《破产案件审理与破产清算实务》，上海人民出版社 2003 年版，第 89 页；汪涛编著：《破产法》，武汉大学出版社 2015 年版，第 142 页；李永军、王欣新、邹海林、徐阳光：《破产法》（第二版），中国政法大学出版社 2017 年版，第 214 页。

[3]　徐永前主编：《破产法讲话》，法律出版社 2006 年版，第 354~355 页；薄燕娜主编：《破产法教程》，对外经济贸易大学出版社 2009 年版，第 216 页；王延川主编：《破产法理论与实务》；中国政法大学出版社 2009 年版，第 51~52 页；齐树洁主编：《破产法》（第二版），厦门大学出版社 2009 年版，第 168~169 页；沈志先主编：《破产案件审理实务》，法律出版社 2013 年版，第 347~348 页；齐明：《破产法学：基本原理与立法规范》，华中科技大学出版社 2013 年版，第 177~178 页；邹海林：《破产法——程序理念与制度结构解析》，中国社会科学出版社 2016 年版，第 475~479 页。

　　和解让步的取消，是指在债务人不执行和解协议时，个别债权人将和解协议中自己所作的让步取消的意思表示。这种制度主要是弥补有的国家和地区的破产法规定对债务人不履行和解协议而申请取消和解程序的条件过于苛刻而作的救济性措施。从日本和我国台湾地区的立法来看，主要适用于债务人不履行和解协议的情形。其法律后果为，债权人在和解协议中所作的让步消灭，回复其原债权额。但是，由于已记载于和解协议中的债权具有执行名义，因取消而回复的债权额，非于债务人对于其他债权人完全履行和解条件后，不得对债务人行使。① 我国若在今后的破产立法中，对和解协议执行终止的申请条件作出严格规定，则有必要考虑引入和解让步取消制度，以维护少数和解债权人的利益。

# 第五节　我国和解制度的完善

## 一、放宽和解原因

　　有关和解原因的相关问题，本书在前文已经予以讨论，在此仅作简要总结。

　　根据我国《企业破产法》规定，和解只有在债务人出现破产原因后才能申请，而此时债务人已陷入破产困境，其通过和解程序实现企业重生的可能性已大大降低，并且往往已失去恢复生产经营的能力。针对此问题，国内部分学者提出可以将明显丧失清偿能力可能也作为和解申请原因，即在出现破产原因之虞时债务人即可提出和解申请。②

　　本书同意上述学者的观点，认为在今后破产法修订时可以借鉴重整制

---

① 李永军：《破产法律制度》，中国法制出版社 2000 年版，第 385 页；李永军：《破产法——理论与规范研究》，中国政法大学出版社 2013 年版，第 402 页。

② 汤维建：《破产程序与破产立法研究》，人民法院出版社 2001 年版，第 372 页；董红、王有强：《论完善我国的破产和解制度》，载《西安电子科技大学学报（社会科学版）》2003 年第 2 期；蔡一文：《论我国破产和解制度的完善》，载《湘潭大学学报（哲学社会科学版）》2005 年第 S1 期；严彬：《论我国新破产法中的和解制度》，载《今日湖北（理论版）》2007 年第 4 期；金春：《中国重整程序与和解程序的功能及构造》，载《政法论坛》2008 年第 1 期；宋珂、崔艳峰：《破产和解的价值分析和制度完善——与破产重整的比较视角》，载《今日中国论坛》2013 年第 21 期。

度，规定债务人在有明显丧失清偿能力可能时即可申请和解。这样，债务人就可以尽早提出和解申请，尽早采取措施，避免企业破产。

## 二、限制担保权行使

我国《企业破产法》并不限制和解程序中担保物权的行使，但在实践中，债权人行使担保物权将占据债务人大量资金，不利于债务人企业的再建与重生，因此有必要在今后的立法中对担保债权的行使进行必要的限制。

有学者认为，规定担保债权同普通债权一起参加和解程序而在和解履行顺序上赋予担保债权优先受偿地位，是较为可行的方案。它既可促进债务人事业再建，又能维护担保债权的优势地位。①

也有学者认为，我国可以参照日本《民事再生法》第 48 条规定，对担保权人作出一些限制，但该限制仅限于为和解所必须。②

本书也认为，应限制和解程序中担保物权人权利的行使。至于如何进行限制，以及相关保障措施等，有待学者进一步研究。

## 三、建立商会和解制度

我国《企业破产法》中规定的和解程序较为单一，未明确规定破产宣告后和解，对法院外和解的规定也不够详细。因此，部分学者认为，可以借鉴我国台湾地区的商会和解制度，使和解制度多样化，更好的发挥和解制度的作用。

商业会和解，是指在未向法院申请破产和解、破产清算之前，具有商人身份之债务人，向当地的商业会申请和解，由商业会许可而进行的和解程序。

有学者认为，在和解制度中规定商会和解制度，将对推进我国个人破产制度有积极意义，同时对于减少和解费用，提高和解效益，集中法院力

---

① 王平生、黄扬波：《从日本破产和解立法的得失谈我国破产和解制度的完善》，载《湘潭大学学报（哲学社会科学版）》1998 年第 6 期。

② 宋珂、崔艳峰：《破产和解的价值分析和制度完善——与破产重整的比较视角》，载《今日中国论坛》2013 年第 21 期。

量有积极的推动作用。①

也有学者认为，商业会和解有以下优势：①保持优良传统，构建和谐社会；②程序简单，节省费用；③促进社会信用体系良性运行。因此，设立商业会和解制度的理由为：①可以未雨绸缪，及早给予处于困境企业一个重生的机会；②自行解决争议，可以节省诉讼资源及交易成本；③商业会和解与法院和解相比，更具有专业性、亲和性，更能灵活地解决矛盾。②

四、建立简易和解程序

根据《企业破产法》，和解程序包括提出和解申请、法院审查受理、债权人会议表决、法院审查认可、公告和解等阶段。在此过程中，债务人的财产始终处于闲置状态，造成了社会资源的浪费，不利于债权人债权的实现。导致了和解制度的简易、灵活、低成本的优势丧失殆尽。

因此，有学者建议，对于那些破产财产价值不大、权利义务关系较为明确的和解案件，可适用简易程序，允许当事人以口头或书面形式提出和解申请，采用独任制审判方式。并规定债务人应在法定时间内将与债权人会议达成的和解协议提交人民法院，督促当事人双方迅速解决权利义务关系明确、争议不大的破产纠纷，最大限度维持破产财产价值，避免实践中双方互相推诿、久"和"不决。③ 适用简易和解程序应当满足以下几个条件：①和解债权总额较小，不足 100 万元；②破产债权总额虽然较大，但双方争议不大或无争议；或债权人人数不足 5 人，经多数债权人同意；③法院认为破产财团可能不足以偿付破产费用的。④

也有学者认为，可以从程序机构、程序行为、程序环节和程序期限四个方面来简化和解程序。①简化程序机构。法院对于双方当事人已达成和解协议的案件，可以考虑由一个审判员独任审理。②简化程序行为。允许

---

① 蔡一文：《论我国破产和解制度的完善》，载《湘潭大学学报（哲学社会科学版）》2005 年第 S1 期。

② 王艳华主编：《破产法学》，郑州大学出版社 2009 年版，第 280~281 页。

③ 林双华：《论我国破产和解制度的现实意义及立法完善》，载《行政与法（吉林省行政学院学报）》2002 年第 4 期。

④ 蔡一文：《论我国破产和解制度的完善》，载《湘潭大学学报（哲学社会科学版）》2005 年第 S1 期。

双方当事人自由选择表决的形式，只有在无法商定的情况下再交由法院定夺。③简化程序环节。只有法院裁定和解的公告、中止和解程序的公告以及宣告债务人破产的公告予以保留，其他公告均可省略。④简化程序期限。相应缩短债权人会议召集通知发出等的期限，以简化和解程序，提高效率。①

### 五、完善和解监督

根据我国《企业破产法》规定，和解协议成立生效后，债务人能够不受限制地对其财产占有、使用、收益和处分。一些不法债务人会借此机会转移、隐匿或私分财产，损害债权人利益。同时，债权人会议不是常设机构，不可能对破产和解进行经常性的监督，而法院由于自身事务繁忙，也难以监督和解协议的执行。因此，为保证和解协议的顺利执行，加强对和解的监督就显得十分必要。

一些学者认为，应当建立一个由股东、债权人代表、律师、注册会计师、审计师以及其他相关专业人员组成的和解监督组对和解协议的执行情况进行监督。一方面了解和监督债务企业的生产经营管理活动，另一方面审核、检查债务企业的会计簿册、文件。② 但也有学者认为应采用意定原则，由债权人根据债权人人数的多少、破产财产的价值大小、破产财产清算的复杂程度等因素来决定是否设立监督人以及具体人选。③

也有学者建议采取管理人监督的方法，其理由如下：①管理人由人民法院指定的，具有专门资格和专业知识的主体组成，能起到有效监督的作

---

① 张钦昱：《破产和解之殇——兼论我国破产和解制度的完善》，载《华东政法大学学报》2014 年第 1 期。

② 汤维建：《破产和解制度的改革与完善》，载《中国法学》1995 年第 2 期；林双华：《论我国破产和解制度的现实意义及立法完善》，载《行政与法（吉林省行政学院学报）》2002 年第 4 期；董红、王有强：《论完善我国的破产和解制度》，载《西安电子科技大学学报（社会科学版）》2003 年第 2 期；蔡一文：《论我国破产和解制度的完善》，载《湘潭大学学报（哲学社会科学版）》2005 年第 S1 期；方韧、李卫国：《论我国现行破产和解制度的完善》，载《探求》2005 年第 3 期。

③ 严斌彬、陈月秀：《论完善我国的破产和解制度》，载《华东政法学院学报》1999 年第 5 期；杨浩：《完善我国破产和解制度的理发构想》，载《中山大学学报论丛》2000 年第 5 期。

用；②管理人处于中立地位，可公平地保护各方利益主体；③管理人是在破产程序受理时即被法院指定负责破产事务的主体，对债务人企业比较了解，有利于履行监督职责。①

① 宋珂、崔艳峰：《破产和解的价值分析和制度完善——与破产重整的比较视角》，载《今日中国论坛》2013 年第 21 期。

# 第九章　破产清算

## 第一节　破产宣告

　　破产清算是我国现行《企业破产法》"狭义破产"的基础路径，是当债务人丧失清偿能力之时，通过破产清算的司法程序，拆分债务人企业，变卖相关财产，对债权人进行分配并最终注销债务人企业主体资格的程序。1986年《企业破产法（试行）》所述的破产程序便是破产清算程序。虽然我国现行《企业破产法》在制度构建上采取"广义破产"，但在很多概念运用上，却保持着"狭义破产"的内涵。比如，"宣告破产"成为破产清算程序上的法律确认，而不是破产处理的确认，也不是和解、重整的确认，而仅指破产清算的确认。在深化供给侧结构性改革，大力破除无效供给，推动化解过剩产能的背景下，破产清算作为具有淘汰落后产能、优化市场资源配置直接作用的法律程序，对于清理"僵尸企业"、提升社会有效供给的质量和水平、防止产生新的产能过剩等具有重要意义。《破产审判纪要》强调人民法院在适用破产法律制度服务和保障供给侧结构性改革的过程中，一方面要重视发挥重整及和解制度对于预防企业破产清算、挽救困境企业的积极作用；另一方面，也不能忽视破产清算的制度价值与功能，对于那些不具救治价值或救治无望的企业，要及时果断通过破产清算实现市场出清，尽快盘活存量资产，释放资源要素，促进经济高质量发展。清算的意义在于使破产债权依法得到公平的清偿，最终使困境中的企业合理退出市场。在破产清算中，破产宣告后破产财产的变价、分配，债权的受偿顺序是各方当事人博弈的重点。

　　破产宣告，是对债务人的破产事实，即其具备破产原因这一事实进行的宣告。在破产程序受理开始主义中，破产宣告仅仅是债务人存在破产原因的一个法律后果，破产宣告是债务人由破产申请向破产清算的转折点，也是破产案件开始进入破产清算程序的标志。①

## 一、破产宣告的概念

我国最早提及"破产宣告"概念，是在 1906 年奏准的《大清破产律》。该法第 1 条开宗明义："商人因贸易亏折或遇意外之事不得已自愿破产者，应赴地方官及商会呈报，俟查明属实，然后将该商破产宣告于众。"破产宣告后方展开"董事指定"（该法第 9 条以下，相当于现行法的管理人指定）、破产财产清理、召开"债主会议"（该法第 17 条以下，即债权人会议）等事项。1935 年中华民国《破产法》也使用了"宣告"的概念。该法分为总则、和解、破产、罚则四章。在破产一章，第一节规定了破产宣告及其效力。其中第 57 条规定了破产宣告的基本条件是无法清偿到期债务；第 58 条规定了破产宣告的申请人；第 65 条规定了破产宣告的公告事项；第 64 条规定破产宣告后应指定破产管理人，并确定破产债权申报期限和第一次债权人大会召开日期；第 75 条规定破产债务人因破产宣告而丧失对破产财产的管理权。该法仍然在我国台湾地区沿用。根据上述对破产宣告的定义，破产宣告本质上等同于破产受理，充其量是突出地强调了其中"公告"的属性，而不具有破产程序开始之外的任何其他含义。②

有学者认为，破产宣告是会导致破产清算程序进入确定而无可挽回的阶段并最终导致破产分配的法律后果。③ 也有学者认为，破产宣告是指法院依据当事人的申请或法定职权宣告债务人破产进行清偿债务的活动，也就是说法院根据法定程序对已经具备破产条件的债务人所作出的宣告其为破产人的司法裁定。④ 还有学者认为，破产宣告是指法院根据当事人的申请或依职权，在确认债务人具有无法消除的破产原因时所作出的宣告债务人破产并进行破产清算的裁定或者命令。⑤ 另有学者认为，破产宣告就是

---

① 尹正友、张兴祥：《中美破产法律制度比较研究》，法律出版社 2009 年版，第 231 页。

② 许德风：《破产法论——解释与功能比较的视角》，北京大学出版社 2015 年版，第 464～465 页。

③ 范健、王建文：《破产法》，法律出版社 2009 年版，第 251 页。

④ 齐树洁、程春华：《破产法研究》，厦门大学出版社 2004 年版，第 250 页。

⑤ 沈贵明主编：《破产法学》，郑州大学出版社 2004 年版，第 77 页。

指法院对债务人具备破产原因的事实作出具有法律效力的认定,① 或者是法院对债务人不能清偿债务而应当被清算的事实所作出的法律上的判定。② 一般认为，破产宣告是指法院以裁定方式作出的，债务人被认定为已经丧失清偿能力，应当依照破产清算程序，清理债务关系的法律判定。破产宣告是破产清算程序开始的标志，在传统的破产法中，破产清算作为唯一目标，破产宣告是破产程序的核心环节。③ 但现代破产法也以挽救企业免于破产为其重要目标，法院对破产案件的受理，并不必然的导致对债务人财产的清算和分配。只有当债务人被宣告破产时，破产清算程序才开始进入启动阶段，债务人此时才被称为破产人，债务人的财产由此变为破产财产，与此同时人民法院在受理破产申请时，债务人享有的债权才能够被称为破产债权。由于破产宣告直接影响到债权人和债务人以及企业职工等利害关系人的利益，因此必须在立法中对破产宣告的适用条件以及法律效力予以明确。

法院作出破产宣告既可以依职权，也可以依申请。有学者认为，在我国《企业破产法》中，债务人的破产宣告一般由人民法院根据申请作出。当符合下列情况时，法律赋予了人民法院依职权宣告债务人破产的权力：债权人会议同债务人不能达成和解协议的；达成的和解协议违反法律、行政法规，人民法院经审查不予认可的；债务人的和解申请不符合规定的；债权人请求确认和解协议无效，人民法院经审查确认和解协议无效的同时宣告企业破产。④ 除此之外，重整程序废止后，在法院是否可以依职权宣告破产的问题上，理论上也存在不同的观点。有的学者认为，在尊重当事人意思这一原则的前提下，如果重整程序已经结束，但没有提出申请也不可以宣告破产。原因主要归结于两点：一是重整程序开始的原因比破产清算原因范围更大；二是债务人还可以通过和解解决破产纠纷，如果法院直接宣告破产，则是剥夺了当事人选择其他程序解决问题的机会。但是，倘若重整程序结束，并且已经满足破产条件的，但又没有宣告破产，将会极

---

① 王卫国：《破产法精义》，法律出版社 2007 年版，第 305 页。

② 李永军、王欣新、邹海林、徐阳光：《破产法》（第二版），中国政法大学出版社 2017 年版，第 248 页。

③ 齐明：《中国破产法原理与适用》，法律出版社 2017 年版，第 195 页。

④ 汤维建主编：《新企业破产法解读与适用》，中国法制出版社 2006 年版，第 320~321 页。

大可能给债务人提供转移财产的机会和时间，从而损害债权人的利益。当然，法院依职权宣告破产，必须严格掌握其适用的条件。[1]

在我国实行破产程序受理开始主义的背景下，破产宣告是法院在破产程序进行过程中因法定清算事由的发生，依当事人申请或职权裁定对债务人进行破产清算的司法行为，其采申请主义或职权主义，与破产程序的开始无关，仅对具有启动实质上的破产清算程序具有特别意义。一般情况下，破产宣告遵循当事人自治原则，由当事人申请法院作出。但是，当事人申请受其申请能力所限，在绝对清算事由发生时，法院依职权宣告债务人破产，符合破产程序的根本目的。[2] 在我国《企业破产法》中，法院可以在下列情况下依职权宣告债务人破产：一是重整计划的草案没有通过并且没有取得法院的强制批准，抑或是虽然重整计划已经通过但没有得到法院批准；二是和解协议草案在债权人会议进行表决但没有通过，抑或是在债权人会议中通过了和解协议但该协议没有得到人民法院认可；三是和解协议是出于债务人的欺诈或其他违法行为而成立的。可见，破产宣告是破产程序中一个极为重要的时间节点，在法律上意味着企业已经无法通过破产路径的转化实现挽救和重生，已经不可逆转的进入破产程序，此时，通过重整或者和解使得债务人财产价值的最大化这一救济之路已不可行，破产宣告之后，如何高效合理的对破产财产估值、分配是主要任务。

## 二、破产宣告的适用条件

在破产案件受理后，通常需经过一系列的程序，法院方可作出是否宣告破产的裁定。根据破产宣告依据的不同，世界各国的破产立法上也有申请主义与职权主义的区别。其中，申请主义，是指法院必须在债权人、债务人、管理人以及其他利害关系人申请的基础上，方能作出。而职权主义，是指在法律规定的特定情况下，即使没有债权人、债务人、管理人以及其他利害关系人的申请，法院也可以依职权作出破产宣告。在我国，破产程序开始的依据通常以申请主义为原则，以职权主义作为补充规定。需

---

[1] 付翠英：《破产法比较研究》，中国人民公安大学出版社 2004 年版，第 265 页。

[2] 邹海林、周泽新：《破产法学的新发展》，中国社会科学出版社 2013 年版，第 283 页。

注意的是，法院作出破产宣告的依据与作出破产案件受理裁定的依据是不同的，我国立法目前对破产案件的受理采取申请主义。

关于破产宣告的适用条件，一些学者认为应当将其划分为直接适用条件和间接适用条件两类。直接适用条件主要是指在利害关系人提出破产清算的申请后，法院在判断是否作出破产宣告时，遵守以下破产宣告适用的条件：一是债务人具有破产能力；二是存在特定的事实状态，即该企业发生破产原因且无法通过其他方式消除；三是申请人提出破产清算申请；四是经法院审查符合法律规定。① 间接适用条件主要适用于重整程序与和解程序向破产清算的转换。②

具体来说，第一，依据《企业破产法》规定，所有的企业法人均具有破产能力。同时根据《企业破产法》第 135 条的规定和《合伙企业法》第 92 条、《农民专业合作社法》第 52 条、《民办教育促进法》第 58 条第 2 款以及相关司法解释的规定，企业法人之外的其他组织，如农民专业合作社、合伙企业、个人独资企业、民办学校等也可以适用破产清算程序。在我国，自然人尚不具有破产能力，不能被宣告破产。第二，企业发生破产原因且无法通过其他方式消除，这里是说企业发生破产原因，且不能通过重整、和解等企业挽救程序予以解决，同时也不具有免于破产宣告的条件。所谓免于破产宣告的条件是指，在法院宣告债务人破产前，债务人通过某种方式解决或者缓解债务纠纷的，法院可以免于宣告破产，裁定终结破产程序。第三，申请人在下列情形下提出破产申请：①债务人无法清偿到期债务，且资产不足以清偿全部债务或者明显缺乏清偿能力的；②债务人无法清偿到期债务，债权人可以向人民法院提出对债务人进行破产清算申请；③企业法人已经解散但还未完成清算或者清算没有完成，资产不足以清偿债务的，依法负有清算责任的人向人民法院提出破产清算申请。第四，法院对申请人提出的破产清算申请进行审查，认为符合法律规定条件的，应当宣告债务人破产。在债务人的重整程序或和解程序开始后，于法定情形下，法院可以依职权直接宣告债务人破产。

---

① 韩长印主编：《破产法学》（第二版），中国政法大学出版社 2016 年版，第 290 页。

② 尹正友、张兴祥：《中美破产法律制度比较研究》，法律出版社 2009 年版，第 214 页。

破产宣告作出的时点至关重要，如果过早，则可能会丧失挽救企业重生的机会，如果过晚，则可能导致破产程序过度拖延以至于增加债权人的时间成本，错过财产保值变现的时机。因此，破产宣告的认定应该在基本认定债务人没有被挽救的空间时作出，譬如，行业持续走低、欠缺融资能力、经营产品或项目不具有吸引力等。①

### 三、破产宣告的障碍

学者认为，债权人向法院提出申请债务人破产的原因最关键之处在于债务人已经无法清偿到期债务，如果第三人能够为债权人的权利实现提供相应担保，使债权人的债权能够得到充分保障，则无需对债务人继续进行破产清算。除此之外，在破产程序中，债务人被申请破产大多是由于不能清偿到期债务，这种不能清偿到期债务既可能由资不抵债引起，也可能是由于一时的资金头寸不足。在后面这种情形下，债务人极有可能会在现金流压力得到缓解之后逐步恢复清偿能力，从而就消除了不能清偿到期债务的破产原因，也就没有理由再对债务人继续进行破产清算。②

我国破产宣告的障碍主要有三个方面：第一是债务人清偿债务；第二是第三人提供了担保；第三是开始和解或者重整程序。这其中涉及我国《企业破产法》第 108 条规定，具有以下多种意义：①其规定的破产障碍的两种情形分别是清偿了债务或者提供了担保；②第三人或债务人清偿的债务是到期债务，这种清偿不仅阻却了破产宣告的发生，也阻却了未到期债权的受偿；③破产终结的障碍是发生在破产宣告前；④破产终结裁定的前提是基于第三人或债务人的积极行为，即担保与清偿；⑤终结破产的裁定是法院基于职权作出的。③

值得注意的是，本书以为此处"债务"是指清偿或担保所有在破产程序中依法申报确认的所有债务，包括"视为到期"的债务，债务人是

---

① 齐明：《中国破产法原理与适用》，法律出版社 2017 年版，第 193 页。

② 罗培新主编：《破产法》，格致出版社 2009 年版，第 317~318 页。

③ 韩长印主编：《破产法学》（第二版），中国政法大学出版社 2016 年版，第 314 页。

否因清偿行为导致承担新的债务在所不问。[1] 当企业商业信用已降低至必须进入破产程序来对债权债务加以清理时，破产程序才是必要的，当债务人自身提升商业信用或者案外第三方增加债务人的商业信用时，债务人的企业可以继续安全有效地生产和经营，此时破产程序不是必要程序，债务人恢复正常经营状态时，应给予其退出破产程序的机会。

### 四、破产宣告的法律效力

#### (一) 对债权人

债务人在被宣告破产之后，此时法院受理破产申请时对债务人享有的债权就被称之为破产债权。破产债权的确定时间点为"法院受理破产申请时"，在此点之后形成的债权，除《企业破产法》有特别规定外，不属于破产债权。破产债权包括有担保债权和无担保债权，无担保债权只能在破产清算程序中按照通过的破产财产分配方案得以受偿；有担保债权的担保分为人的担保和财产的担保（物的担保），人的担保不构成别除权；对破产人的特定财产享有担保权的债权可以通过行使别除权得到优先偿还，不按照破产清算程序偿还。[2]

由此可以分为两类进行讨论：第一，有财产担保的债权人能够通过担保物权得到清偿。对于债权人而言，破产宣告使得他们拥有了行使权利的许可。在破产宣告前，所有的债权请求都保持着一种被冻结的状态。在破产宣告后，由于在此之前的原因发生的请求权，可以按照破产程序的相关规定得以清偿。根据《企业破产法》第109条规定："对破产人的特定财产享有担保权的权利人，对该特定财产享有优先受偿的权利。"《企业破产法》第110条进一步规定，有财产担保的债权人在行使优先受偿权之后依旧没能得到完全受偿的，其未受偿部分债权作为普通债权；放弃优先受偿权利的，其债权可以作为普通债权获得清偿。因此，别除权人应当在

---

[1]　如果仅限于解决截至破产启动之前到期的债务，将无法实现启动破产程序的效益最大化，反复启动和终结破产程序是对司法资源的浪费。齐明：《中国破产法原理与适用》，法律出版社2017年版，第197页。

[2]　王欣新主编：《破产法原理与案例教程》（第二版），中国人民大学出版社2015年版，第314页。

破产宣告做出之后，及时行使权利，这样才能够参加随后发生的破产分配。① 第二，没有财产担保的债权人按照破产分配计划获得清偿。没有财产担保的债权人无权享受特定财产的优先受偿，因此只能够遵循法律中规定的顺位进行，集体通过法定的程序来确认分配方案，并从破产财产中获得相应的清偿。《企业破产法》第 107 条第 2 款规定，人民法院在受理破产申请时对债务人所享有的债权称之为破产债权，这也就确定了破产债权的一般范围，划定了参加破产清算的债权的时间界限。与之相对应的破产程序进行期间发生的破产费用和共益债务不属于破产债权的范围。可见参加破产清算的破产债权分为三种情况，即无财产担保的债权、有财产担保的债权中不足额担保部分和放弃优先受偿权利的有财产担保的债权。

## （二）对债务人

破产宣告是导致企业法人终止的法定原因之一，但是破产宣告并不自动产生消灭破产人企业主体资格的法律后果。我国还没有采用自然人破产主义，因此破产宣告只对企业法人和其负责人产生效力。债务人在被宣告破产后，债务人就被称为破产人，此时他完全丧失了对其财产的管理控制权，由管理人对债务人的全部财产进行破产清算，将产生相应的法律后果：债务人至此成为破产人，同时债务人的财产成为破产财产，债务人在破产程序终结前还要履行相应的义务。

破产企业首先丧失的是对其财产的经营管理权。在破产宣告后直至破产程序结束前，破产企业的法人资格仍然存续，但其权利能力和行为能力受到多重限制。主要限制是：管理人代替破产企业对机构进行管理，同时管理人会负责破产财产的保管、清理、估价、处理，破产企业的债务人和财产持有人，只能向管理人清偿债务或者交付财产；对于破产企业还没有履行的合同，管理人可以决定进行履行或者解除合同，等等。

其次，债务人的财产在成为破产财产之后，这些财产作为财产集合体将会受到破产法的保护。破产财产属于执行财产，其存在仅仅是以破产分配为目的，其范围不包括已经设定担保物权的财产。同时债务人财产属于保全财产，它的存在首先服务于继续经营和企业拯救的目的，满足债权清偿的目的，因此在原则上也包括已经设定担保的财产。

---

① 王卫国：《破产法精义》，法律出版社 2007 年版，第 310 页。

最后，自宣告破产之日起至破产程序终结之日，债务人的法定代表人、财物管理人员和其他经营管理人员，继续承担下列义务：①妥善保管其占有和管理的财产、印章和账簿、文书等资料；②根据人民法院、管理人的要求进行工作，并如实回答询问；③列席债权人会议并如实回答债权人的询问；④未经人民法院续许可，不得离开住所地；⑤不得新任其他企业的董事、监事、高级管理人员。对于债务人的所有职工在破产宣告后，除必要的留守人员外，管理人应尽快使其与债务人企业解除劳动合同，另谋职业或称为社会救济的失业人员。相关人员若违反其中一些义务，则将依《企业破产法》第十一章承担相应责任，详见本书第十五章"破产责任"。

### （三）　破产宣告的溯及力

《企业破产法（试行）》第 35 条规定："人民法院受理破产案件前六个月至破产宣告之日的期间内，破产企业的下列行为无效：一、隐匿、私分或者无偿转让财产的；二、非正常压价出售财产；三、对无担保的债务提供财产担保；四、对还没有到期的债务进行提前清偿；五、放弃自己的债权。破产企业有前款所列行为的，清算组有权向人民法院申请追回财产。追回的财产，并入破产财产。"而《企业破产法》将该条修改为，对于这五项行为发生于人民法院受理破产申请前一年内者，管理人有权请求人民法院予以撤销。破产宣告的溯及力问题也就是指，破产宣告是否可以在一定时期内追溯使得特定时期的债务人的一定的行为归于无效的问题。

有关破产宣告与溯及力问题，在理论上有相互对立的两种立法主义。赞成德国破产法的学者认为，破产宣告只能在该宣告以后限制债务人作出的一定行为，在宣告之前，对债务人所进行的一系列关于财产的行为没有任何影响，这叫做无溯及力原则。赞成英国破产法的学者认为破产宣告的效力可以溯及破产宣告前的行为，也就是赞同溯及力原则，具体来说就是破产宣告会使得债务人管理和处分其财产的效力归于消灭，并且效力会溯及至破产宣告前法律规定的特定时期内的债务人所有有关财产的行为，并使其归于无效。两者又分别派生出破产撤销权制度和破产行为无效制度。① 在《企业破产法》施行前，针对《企业破产法（试行）》第 35 条究

---

① 邹海林：《论破产宣告的溯及效力》，载《法学研究》1996 年第 6 期。

竟属于哪一种立法原则，学者中存在不同的看法。有的学者认为，该条确认了一项"在破产程序中，债权人所享有的，并通过清算组来行使的"撤销权。[①] 但也有学者认为，这一做法显然与我国破产法的基本规定相背离，若直接采用以德国为代表的破产撤销权这一大陆法系术语，来推导我国当时破产法的规定，必然会导致悖论。因为我国《企业破产法（试行）》所规定的破产无效行为，应当归为特别法规定中的当然无效行为，其根本就无法构成所谓的破产撤销权或否认权的客体。

### （四）破产宣告后待履行合同的处理

当债务人被宣告破产之后，原则上其经营活动应全部停止，清算人将接管并着手处理各种债权债务关系。但在实践中，清算活动难免会遇到一些还未履行完毕的合同关系。破产法通常赋予管理人对待履行合同行使选择履行权，同时规定对某些特殊合同中管理人的合同解除权加以限制，租赁合同尤其是不动产租赁合同是其中最为典型的一种。我国《企业破产法》第 18 条仅对此作出了一般性的规定，该法条分为两款，第 1 款规定管理人对继续履行抑或解除待履行合同有选择权，第 2 款为该选择权规定了期限并赋予了对方当事人催告权。可以看出，对于租赁合同、委托合同以及知识产权许可合同等特殊类型的合同，《企业破产法》对其处理没有作出特别规定。

有学者认为，对于上述特殊类型待履行合同处理的规则应当是，权利人在破产以外已经实际获得的权利应当在债务人破产时得到持续性的保护，如果双务合同的存在导致了破产，则应当允许债务人或者破产管理人以拒绝履行的方式来免除其合同义务。原因主要在于，这种处理一方面最大限度地延续了实体法的规定，并充分考虑了在合同关系中，特别是持续性合同关系之中一方当事人的预期以及某些合同所具有的财产权或准物权的属性，另一方面也大大减少了破产财产所承受的负担。[②]

针对待履行合同中最为常见的租赁合同，有学者提出了更为细致的处理方案，即对于未到期租赁合同的处理规则，要限制出租人的解除权；对于出租人破产时未到期的租赁合同应遵循尽可能承认债权人在破产程序启

---

① 王欣新：《析我国破产法中的撤销权》，载《法学》1987 年第 8 期。
② 许德风：《论破产中尚未履行完毕的合同》，载《法学家》2009 年第 6 期。

动前对债务人及其资产所享有之各种权利的原则，为维护租赁关系的稳定，此时作为一般原则应适用"买卖不破租赁"和优先购买权的规则。①

## 第二节 估价、变价和分配

### 一、破产财产的估价

估价是破产程序中必不可少的环节，在破产程序启动之初，需要通过估价确认债务人财产的价值；在破产程序路径转换之时，需要通过估价证明转换的正当性与可行性。② 一般认为，在破产财产变价之前，也应当对其进行预先评估。长期以来，我国破产程序中，财产变价没有得到应有的重视，估价与变价环节缺少监督，成为破产司法中腐败和暗箱操作的高发区。③ 破产程序中法官、破产管理人和破产债权人最为看重的是债务人财产的价值，而评估出的估价就是确定破产财产价值的参考。虽然破产财产的估价并不能决定最后破产财产能够转换成的货币金额，但是只有充分准确地了解破产财产的价值，才能科学合理地为其设计变价方案，以最大限度保护债权人利益。《企业破产法》对于在破产财产变价前对破产财产进行估值没有明确的规定。《关于审理企业破产案件若干问题的规定》第83条和第84条规定了可以由有相应评估资质的评估机构进行评估。除国有资产外，债权人会议对破产财产的市场价格无异议的，经人民法院同意后，可以不进行评估。

对于估价主体为何的问题，《关于审理企业破产案件若干问题的规定》认为应当由有相应评估资质的评估机构进行估价。司法实践中，法院通常做法是筛选出符合条件的评估机构，组成评估机构库，再采用抽签方式确定最终的评估机构。评估的方式由评估机构根据需要评估对象的实

---

① 王欣新、乔博娟：《论破产程序中到期不动产租赁合同的处理方式》，载《法学杂志》2015年第3期。

② 齐明：《破产法学：基本原理与立法规范》，华中科技大学出版社2013年版，第240页。

③ 齐明：《破产法学：基本原理与立法规范》，华中科技大学出版社2013年版，第240页。

际情况选择，通常包含成本法、收益法、市场法。① 对破产财产的评估结论、费用有异议的，可要求重新评估。② 有学者认为，对于破产财产的预先估价，若管理人具有相应的估价能力，可以由管理人自行估价。管理人认为有必要时也可以委托专业人员或者国家指定的财产评估机构代为办理。但是，我国法院在司法实务中多认为，破产人的固定资产即使存在预先评估，在变价前也必须重新评估。破产财产中的无形资产，如土地使用权、商号和商誉、特许经营权等，在变价前更有必要由专门的估价机构予以估价。③

## 二、破产财产的变价

破产财产的变价，指将非金钱的破产财产通过折价、变卖、拍卖等法定条件和方式转换为金钱形态的行为或过程。为确保破产财产分配的公正与便捷，破产财产的分配原则上应以等质化货币形态进行。破产财产的变价是破产财产货币化的过程，是破产财产分配的前提。破产财产变价的制度设计本身会影响到破产程序的公正与便捷，进而影响到债权人的利益。只有好的破产财产变价程序才能实现尽可能满足债权人清偿要求的目标。

### （一）破产财产变价方案

依《企业破产法》第 111 条，管理人应当及时拟订破产财产变价方案，提交债权人会议讨论，并按照方案，通过拍卖或债权人会议决议适时变价。对于破产财产的变价方案，理论界着重讨论了以下几个问题。

首先，破产财产变价方案的拟定人是管理人。考虑到管理人的主要职责是接管破产债务人、管理和处分破产债务人的财产，由管理人进行变价既是破产管理人的重要职权也是其义务之一。④

破产财产变价方案最后决定权应当在债权人会议手中，由管理人拟定

---

① 龚柳青：《我国破产财产制度的法律检视与法制进路》，载《长春师范大学学报》2017 年第 5 期。

② 杨森主编：《破产法学》，中国政法大学出版社 2008 年版，第 158 页。

③ 李永军、王欣新、邹海林、徐阳光：《破产法》（第二版），中国政法大学出版社 2017 年版，第 257 页。

④ 王延川主编：《破产法理论与实务》，中国政法大学出版社 2009 年版，第 258 页；杨森主编：《破产法学》，中国政法大学出版社 2008 年版，第 157 页。

的变价方案只有经债权人会议讨论并以决议的形式通过才具有执行力，而法院也只有在债权人会议表决未通过时，才能以裁定的形式确定破产财产的变价方式。这与破产财产的性质密切相关。进入破产清算程序，破产财产基本上难以清偿所有破产债权，虽然破产财产仍为破产债务人所有，但实际上应为全体债权人的共同财产。① 不同情况下破产财产的状态各有不同，法律难以以强制性规定的方式确定何种方式变价破产财产最符合破产债权人利益，只能以债权人的团体意思限定变价方式。

根据《民诉意见》第 246 条规定，债权人会议讨论通过的财产处理和分配方案，报请人民法院裁定后执行。② 有学者认为，该条只是对破产财产"处理"的规定，并未涉及破产财产变价方案，法院也不应以裁定对债权人会议以决议的形式通过的变价方案进行干预。因此，破产财产的变价方案经债权人会议通过后，无须经法院裁定即可据以执行。③

其次，变价方案的拟定应当"及时"，变价出售破产财产应当"适时"。根据《德国破产法》第 159 条规定，破产管理人应当"毫不迟延地变价"属于破产财产的财产。相互对比可以发现，德国更注意强化破产清算的效率，最大限度地减少破产财产价值可能的减损，以维护债权人利益。④ 我国《企业破产法》则赋予了管理人在处置破产财产上更大的灵活处置空间，可以衡量实施变价方案的时机，在其认为最有利于债权人利益的时候将破产财产变价。⑤ 当然这对破产管理人提出了更高的要求，管理人应当恪守最大诚信原则，严格履行其勤勉、忠实的义务，以破产财产变价价值最大化为实施变价的唯一目标。⑥

最后是在破产财产变价方案实施过程中对管理人的监督问题。在变价

---

① 安建主编：《中华人民共和国企业破产法释义》，法律出版社 2006 年版，第 153 页。

② 目前该条文已被废止。

③ 李永军、王欣新、邹海林、徐阳光：《破产法》（第二版），中国政法大学出版社 2017 年版，第 258 页。

④ 王延川主编：《破产法理论与实务》，中国政法大学出版社 2009 年版，第 259~260 页。

⑤ 王艳华主编：《破产法学》，郑州大学出版社 2009 年版，第 294 页。

⑥ 王延川主编：《破产法理论与实务》，中国政法大学出版社 2009 年版，第 258 页。

方案的拟定阶段，破产债权人尚可以通过债权人会议表决的形式对管理人进行监督。但如上所述，我国管理人在破产财产变价方案实施过程中具有较大的灵活处置空间。尽善良管理人忠实勤勉的义务，除了依靠管理人自身的专业素养之外，也需要通过制度设计使得管理人的行为被置于债权人会议的监管之下。比如根据《德国破产法》第 160 条的规定，破产管理人在准备出让企业或一项营业、出让整个仓库、直接出卖不动产标的、出让债权人在另一企业持有的股份等"特别重要的法律上的行为"时，应当征得债权人委员会或债权人会议的同意。① 我国《企业破产法》中没有规定破产财产变价方案实施过程中债权人会议的监管作用。有学者认为《企业破产法》第二章和第七章中有关债务人财产管理和处分的规定，在管理人变价处分破产财产时仍可适用，以此解决变价实施阶段管理人的监管问题。②

### （二）破产财产的变价方式

破产财产的变价方式将直接影响破产债权人的受偿利益。根据《企业破产法》第 112 条的规定，变价出售破产财产应当通过拍卖进行，但是债权人会议另有决议的除外；破产企业可以全部或者部分变价出售。企业变价出售时，无形资产和其他财产可以单独变价出售；不能拍卖或者限制转让的财产，应当按照国家规定的方式处理。理论界在破产财产的变价方式这一部分关注较多的有以下几点。

#### 1. 拍卖

管理人在将破产财产变价时，应当以破产财产变现价值最大，价格最高为其目标。拍卖作为一种公平竞价的变价方式，可以保证破产财产变价的公平公开，但是拍卖的成本较高，并不是任何情况下都是最理想的选择。③《关于审理企业破产案件若干问题的规定》第 85 条第 2 款规定，依法不得拍卖或者拍卖所得不足以支付拍卖所需费用的，不进行拍卖。当然

---

① 王延川主编：《破产法理论与实务》，中国政法大学出版社 2009 年版，第260 页。

② 李永军、王欣新、邹海林、徐阳光：《破产法》（第二版），中国政法大学出版社 2017 年版，第 258 页。

③ 王艳华主编：《破产法学》，郑州大学出版社 2009 年版，第 294~295 页。

在未经拍卖之前无法知晓最后"拍卖所得",因此这里的拍卖所得应当是估价基础上的"预期所得"。① 实践中还针对管理人自行拍卖处置成本较大,公开性不强等问题,进行了通过网络司法拍卖平台处置破产财产的有益探索,收到处置效率大大提升的效果。②

拍卖方式也需要充分考虑破产财产变价的特殊性妥善选择,破产财产的变价作为一种商事法律关系,更注重效率、收益和自治。我国采取的英格兰式竞价拍卖虽有利于价格的竞争,但也容易导致价格共谋,并因此导致低价拍出或流拍,有学者建议采用英荷混合式,即在评估价的基础上先进行增价拍卖,若无人应价则转入降价竞价直到确定市场底价,再在市场底价的基础上重新进行增价拍卖,并充分尊重当事人对评估的自治权,合理确定保留价。③

2. 全部变价出售

《企业破产法》承认了破产企业全部变价出售的变价方式,破产企业的全部变价出售实际上涵括了构成破产企业的全部财产要素和非财产要素,乃至于破产企业的法律人格,在法律性质上接近于企业的并购。④ 破产企业的全部变价出售有助于保存破产财产中具有特殊营业价值的财产的特定使用价值,也有助于提高财产的售价,客观上有助于社会的稳定。⑤当然整体出售不同于破产和解和破产重整,仍要以破产财产价值最大化为判断标准,若整体出售的价值不如分别变价出售,仍以分别变价出售为宜。根据《关于审理企业破产案件若干问题的规定》第86条的规定,一般应当整体出售成套设备。司法实务中也推崇成套设备整体变价的方法,

---

① 张志强:《该破产财产未拍即卖亦有效》,载《江苏经济报》2013年11月5日。

② 潘光林:《僵尸企业司法处置的温州路径》,载《人民司法·应用》2016年第16期;潘光林等:《企业破产财产可优先适用司法网拍平台处置》,载《人民法院报》2015年11月19日第6版。

③ 郭瑞:《商事思维模式下破产财产变现问题研究》,载《西南政法大学学报》2017年第3期。

④ 王延川主编:《破产法理论与实务》,中国政法大学出版社2009年版,第259页。

⑤ 李永军、王欣新、邹海林、徐阳光:《破产法》(第二版),中国政法大学出版社2017年版,第254页。

主要考虑的还是成套设备整体出售价值更高。若成套设备整体出售的价值比不上分散出售，经过债权人会议同意，也可以分散出售。①

除了拍卖、全部变价出售之外，实务中还有以下集中变价方式：①招标出售。由管理人发出标书征求投标者出价购买破产财产，这种方式的优点在于成本较低，缺点在于缺少公开的竞价，无法达到拍卖的竞价效果；标价出售，即对于零散财产直接提出价格寻求买主，其优点在于操作简单费用较低，缺点在于难以获取最有利的售价。②协议出售。对于难以定价、难以出售的财产，通过非公开的方式寻找买主，双方磋商确定价格。其优点在于较为灵活，缺点在于不够公开透明，容易造成破产财产价值流失。② 上述方案各有利弊，应当由管理人根据待变价的破产财产的实际情况进行选择，并且由债权人会议进行确认，以保证债权人的利益得到充分保护。

采取其他方式对破产财产进行变价需要坚持三个基本原则：一为必须经过债权人会议通过；二为必须符合法律法规；三为必须有利于实现财产价值最大化。③

### （三）变价过程中的其他问题

1. 对于房屋、股权等的优先购买权能否行使的问题

对已出租的房屋、股权等待变价的破产财产享有优先购买权的利害关系人能否向管理人主张优先购买权的问题，德国法持否定的态度。根据《德国民法典》第 512 条、第 1098 条的规定，对变价的标的物享有优先购买权的人不得在破产管理人变价该标的物的情形下行使优先购买权，只有在破产管理人任意出售不动产的情形下，该不动产可以行使优先购买权。1991 年最高人民法院《关于贯彻执行〈中华人民共和国企业破产法（试行）〉若干问题的意见》第 60 条曾对法人型或合伙型联营体的优先购买权予以规定，但是这一司法解释已于 2013 年失效，现行规范性文件

---

① 李永军、王欣新、邹海林、徐阳光：《破产法》（第二版），中国政法大学出版社 2017 年版，第 255 页。

② 王卫国：《破产法精义》，法律出版社 2007 年版，第 327~328 页。

③ 龚柳青：《我国破产财产制度的法律检视与法制进路》，载《长春师范大学学报》2017 年第 5 期。

中没有关于在破产财产变价中优先购买权的规定。有学者认为，既然优先购买权是以购买条件相同为前提，不会减少变价收入，不妨允许管理人对破产财产进行变价时，允许对该标的物有优先购买权的人行使优先购买权。但是采取委托拍卖和公开招标的方式变价财产时，因其性质与优先购买权的行使会有冲突，不得行使优先购买权。①

本书认为，虽然对变价财产有优先购买权的人是在同等条件下行使优先购买权，但若有优先购买权的人行使优先购买权，必然会影响到变价程序的效率与成本。且不说若因管理人在变价过程中侵犯了他人的优先购买权可能会导致的诉累，单就行使优先购买权本身而言，就需要花费更多的时间和金钱。行使优先购买权的前提在于确认某一交易条件，在与这一条件相同的基础上，还需要与优先购买权人重新进行磋商。如此势必会降低破产程序的效率，增大破产程序的成本，这与破产程序的功能与目的相背离。行使优先购买权会减少破产财产的变价收入，影响破产债权人的利益。因此，主张在破产变价程序中行使优先购买权需要更为充分的理由。

2. 变价违反破产程序的效力问题

当管理人变价违反破产法程序性规定时，其变价的行为是否有效？对于未经许可的重大财产处分行为，德国和日本的立法均认为管理人应当对利益受损的债权人、债务人或者第三人承担赔偿责任。对于该行为的效力，德国法认为该行为有效，而日本法则认为该行为无效，但该无效不得对抗善意第三人。有学者认为，这一行为的效力与物权变动模式相关。结合我国相关立法与我国破产实际，对此种行为应采效力待定更为合适。②也有学者认为管理人具有独立地位，是处理债务人财产的唯一代表机关。管理人变价财产为遵循债权人会议的决议，属于管理人和债权人会议之间的程序法事项，不及于管理人变价破产财产的行为。因此，管理人变价破产财产的行为不因管理人变价破产财产违反破产法的程序性规定而受影响。③

---

① 李永军、王欣新、邹海林、徐阳光：《破产法》（第二版），中国政法大学出版社 2017 年版，第 256 页。

② 陈政：《放权与控权——破产管理人破产财产处分权的合理配置》，载《河北法学》2014 年第 5 期。

③ 李永军、王欣新、邹海林、徐阳光：《破产法》（第二版），中国政法大学出版社 2017 年版，第 260 页。

本书认为，管理人在变价破产财产时的地位与公司的法定代表人相近，其代表破产债权人处理破产债务人财产的权限范围是由法律赋予的，因此可以类推适用表见代表的规定，债权人会议是追认权主体。

三、破产财产分配

（一）破产财产分配的概念

破产财产分配，又称破产分配，是指管理人在优先清偿破产费用和共益债务之后，将破产财产依照法定的清偿顺位公平分配给各请求权人的行为和程序。① 破产分配不仅标志着清算工作的终结，同时它的完成也是破产程序终结的原因。债权人通过债权人会议表决并通过破产财产分配方案后，由管理人将该方案提交给人民法院获得裁定认可。破产分配方案经过债权人会议进行二次表决但仍没有通过的，由人民法院作出裁定。法院裁定认可或者直接作出裁定的分配方案，由管理人执行。

有学者认为，破产分配的特征主要包括：①破产分配首先是以存在的可供分配的破产财产为必要。管理人实施破产分配的财产以破产财产为限，不属于破产财产的、破产人的自由财产等不应由债权人受偿的财产，不能作为破产分配的标的。②接受破产分配的债权人仅以破产债权人为限。这里的破产债权人应作广义的理解，包括破产法规定的优先顺位请求权人和普通债权人。再者，破产债权人接受破产分配受破产程序约束，除法律特别规定外（如依《企业破产法》第48条第2款，劳动债权等不必申报，由管理人调查后列出清单予以公示），均应当依法申报债权；不依法申报债权的破产债权人，不能参加破产分配。③破产分配为依法定顺位进行的公平分配。④破产分配具有强制执行力。②

还有学者将破产分配制度的特征概括为三点：①《企业破产法》第113条规定了破产财产支出分配的规则，这里的破产分配顺序并非破产财产的所有支出，在实践中必须要考虑破产费用和共益债务部分支出。②破

① 李永军、王欣新、邹海林、徐阳光：《破产法》（第二版），中国政法大学出版社2017年版，第261页。

② 李永军、王欣新、邹海林、徐阳光：《破产法》（第二版），中国政法大学出版社2017年版，第261~262页。

产分配制度体现了立法者对损失的分配，破产分配既是在分配破产财产的利益，同时也是在分配损失。③关于职工债权的优先性现行破产法赋予了过渡性的规定。《企业破产法》第 132 条确立了新案件新办法、老案件老办法的原则，其重要性表现在规定了在特定的情况下，职工债权优先于别除权实现，进而实现职工债权真正的优先保障①。

### （二）破产分配的原则

由于现实情况的复杂性，分配方案并不是都可以马上兑现，除了市场变现之外，一般债权的具体清偿方式受到资金到位程度以及其他种种因素的制约，大多数情况下变现资金不可能一次性到位，特别是在整体售卖的情况下，更是如此。因此，债务清偿一般是分次兑现，这就涉及清偿先后顺序的问题，一般债权人不论金额大小地位一律平等，所以具体的清偿顺序只能进行协商，寻找合理的形式进行。有学者指出，在实践中，清偿的一般规律是：第一，先远后近，距离比较远的债权人先行偿付，一次性了结，减少债权人人力、财力和时间的浪费。第二，先小后大，由于小额债权比较容易结清，因此"小"债权人一次性付清，结束债权债务关系，避免按比例兑现的繁琐手续。②

### （三）破产分配方案

1. 概念和内容

破产分配方案是记载破产财产如何分配的书面文件，是管理人执行破产分配的依据。③ 破产分配方案既表达了破产债权人的共同意志，也反映了法院司法裁判的意志。④

对于破产分配方案中应当包括的内容，有学者认为至少应当包括分配

---

① 齐明：《破产法学：基本原理与立法规范》，华中科技大学出版社 2013 年版，第 241 页。

② 庄太源：《浅谈企业破产清算》，载《商业会计》1996 年第 7 期，第 16~17页。

③ 李永军、王欣新、邹海林、徐阳光：《破产法》（第二版），中国政法大学出版社 2017 年版，第 265 页。

④ 王延川主编：《破产法理论与实务》，中国政法大学出版社 2009 年版，第293 页。

总额、财产请求权、分配时间、地点与方式。① 对此，我国《企业破产法》第 115 条规定，破产财产分配方案应当载明参加破产财产分配的债权人名称或者姓名、住所；参加破产财产分配的债权额、可供分配的破产财产数额；破产财产分配的顺序、比例及数额；实施破产财产分配的方法。

2. 生效

对于破产分配方案的生效，各国立法例有直接生效模式和裁定模式。直接生效模式下，管理人制定的破产分配方案生效直接产生执行力，不需要债权人会议的同意。日本和德国采用此种模式。从《企业破产法》第 115 条第 3 款规定来看，我国采用裁定模式。依据《企业破产法》第 64 条的规定，管理人制定的破产分配方案需要经出席会议的有表决权的债权人过半数通过，且其所代表的份额占无担保债权的二分之一以上。依据《企业破产法》第 65 条第 2 款，两次表决不能通过的，由人民法院裁定。依据《企业破产法》第 115 条第 3 款管理人将表决通过的分配方案提交人民法院裁定认可。两次表决不能通过的，由法院裁定。

**（四）分配方案的执行**

依《企业破产法》第 116 条，破产财产分配方案经人民法院裁定认可后，由管理人执行。

1. 破产财产的分配方法

破产方案中需要对破产财产分配方法作出规定。就破产财产的分配方法问题，《企业破产法》第 114 条规定以货币分配方式进行，但是债权人会议另有决议的除外。对于债权分配，《关于审理企业破产案件若干问题的规定》第 94 条规定，列入破产财产的债权，可以进行债权分配。债权分配以便于债权人实现债权为原则。将人民法院已经确认的债权分配给债权人的，由清算组向债权人出具债权分配书，债权人可以凭债权分配书向债务人要求履行。债务人拒不履行的，债权人可以申请人民法院强制执行。

破产财产的分配方式依照分配的次数分为一次性分配和多次分配，依

① 李永军、王欣新、邹海林、徐阳光：《破产法》（第二版），中国政法大学出版社 2017 年版，第 265~266 页。

照分配的标的分为金钱分配和非金钱分配。

（1）金钱分配与非金钱分配

金钱分配又称货币分配，非金钱分配包括实物分配和债权分配，以货币分配最为常见。对于实物分配和债权分配适用的范围，有学者认为实物分配常适用于大量积压的、不便于变现的库存产品及可以化整为零分散处理的产品。债权分配方式适合于表现为对外债权的破产财产，而这些债权分散在各地，不便于集中追缴，清算费用不足。① 债权分配的优点主要在于：第一，将追讨债权法院从一家变多家，加大执行力度。第二，充分调动债权人积极性以保护其利益。

采用债权分配时需要注意的是：第一，债权必须是已经确认的债权。该债权真实存在，具有请求权行使依据，已确认数额且未超过诉讼时效。第二，债权有收回的可行性。第三，尽可能选择较近债权，以方便债权人，减少讼累。第四，贯彻破产财产公平分配的原则，债务人的债权在价值上应基本与债权比例相当。第五，清算组应向债务人发出通知，并在债权分配时出具具有强制执行力的债权分配书，以便债权人主张权利。②

（2）一次性分配和多次分配

依照破产分配的次数可以分为一次分配和多次分配。对于多次分配，依照分配时间可以具体分为初次分配、中间分配和最后分配。初次分配指分配方案允许的第一次分配，其在不能一次完成而又有可供分配财产时存在。中间分配是介于破产财产初次分配和最终分配之间的各次分配，其在于确保从速分配而不至于使债权人受时间上的损失。最后分配指破产程序终结前实施的最后一次分配，是破产程序终结的标志。③ 依《企业破产法》第116条第2款，管理人按照破产财产分配方案实施多次分配的，应当公告本次分配的财产额和债权额。管理人实施最后分配的，应当在公告中指明，载明已提存分配额之附条件债权的分配情况。

此外，特殊情况下，在最终分配之后存在追加分配。其是指在破产财

---

① 李曙光：《破产财产的分配》，载《法制日报》2008年3月9日第7版。

② 刘兴：《论破产财产的处置及相关法律问题的思考》，湘潭大学2002年硕士学位论文。

③ 李永军、王欣新、邹海林、徐阳光：《破产法》（第二版），中国政法大学出版社2017年版，第267~268页。

产的最后分配后，又发现可供分配的财产时，经法院许可而实行的补充分配。① 我国《企业破产法》第123条对追加分配做了具体的规定，当临界期内债务人存在个别清偿，可撤销行为，无效行为，债务人的董事、监事和高级管理人员利用职权从企业获取非正常收入或侵占的企业财产，发现破产人有应当供分配的其他财产时，破产终结之日起两年内，债权人可以向法院申请追加分配。

各国的破产立法和实务可供追加分配的财产主要还有：第一，破产分配时提存分配额的有异议或者涉讼未决的债权，债权人在破产程序终结后败诉或者部分败诉的；第二，已支付而本不应支付的款项或者承认的权利；第三，在破产最后分配完结前仍然不能收取或不能变现又无法实物分配给债权人的破产财产；第四，破产最后分配或者破产程序终结后始发现的应当用于破产分配的财产;② 第五，最后分配表公告后法定除斥期间内不能行使的附条件的债权提存分配额;③ 第六，债权人未受领的。④

2. 提存分配及效果

（1）附条件债权的提存

附解除条件的债权提存。附解除条件的破产债权是指当所附条件成就时，即告消灭的破产债权。此类债权有消灭的可能，若允许债权人受领破产分配，不利于保护其他债权人的利益。对于此类债权的处理，日本区分一次性分配和多次分配。在多次分配下，应当由债权人对附条件破产债权提供担保，债权人如果没有提供担保，应提存其分配额。然后视所附的条件是否成就决定是否分配。在一次性分配中，附解除条件的债权所附的条件未成就的，可接受破产分配。条件成就的，破产债权消灭。破产债权人不得参加破产分配，不产生提存问题。我国《企业破产法》第117条规定，管理人提存的分配额，在最后分配公告日，生效条件未成就或解除条件成就的，应当分配给其他债权人，否则应当交付给债权人。我国实际上采用日本的做法。

---

① 邹海林：《破产程序和破产实体制度比较研究》，法律出版社1995年版，第378页。

② 张作顺：《破产程序法律制度研究》，中国政法大学2002年博士学位论文。

③ 陈荣宗：《破产法》，台湾三民书局1986年版，第387页。

④ 李永军：《破产法的程序结构与利益平衡机制》，载《政法论坛》2007年第1期。

附停止条件的债权提存。附停止条件的破产债权是指条件成就前债权虽已有效成立，但效力尚不发生（效力停止），待条件成熟时发生效力的破产债权。若完全不允许债权人受领分配，对债权人不公。因此，多次分配下，附停止条件的债权人由破产管理人提存其分配额。最终能否得到该提存额，取决于所附的条件是否成就。一次性分配中，在破产分配方案公告后的法定期间内尚不能行使的附停止条件的债权，不能参加分配。①

（2）未确定债权的提存

所谓的未确定债权是存在异议、诉讼未决或者仲裁未决的已依法申报的债权。其能否获得分配取决于在最后分配日之前能否确定或在最后分配日之后的法定时间内能否确定。我国对于该法定期限的规定为破产程序终结后两年内。

（3）未受领破产财产分配额的提存

我国《企业破产法》第 118 条规定，债权人未受领的破产财产分配额，管理人应当提存。债权人自最后分配公告之日起满二个月仍不领取的，视为放弃受领分配的权利，管理人或者人民法院应当将提存的分配额分配给其他债权人。对于债权人放弃领受的分配额，法律不加以干涉，此规定也可以督促债权人行使权利，领受自己的份额。②

# 第三节　破产程序终结

## 一、破产程序终结概说

我国《企业破产法》虽然规定了重整、和解和破产清算三种各自独立的程序，但是就重整与和解程序进行的结果，并没有使用终结的概念。一旦重整计划或者和解协议获得法院的批准或者裁定认可，或者出现法律规定终止重整、和解程序并宣告债务人破产的情形，重整程序与和解程序就终止。如果重整计划或者和解协议得到执行或者履行的，重整程序与和

---

① 张作顺：《破产程序法律制度研究》，中国政法大学 2002 年博士学位论文。

② 李永军、王欣新、邹海林、徐阳光：《破产法》（第二版），中国政法大学出版社 2017 年版，第 272 页；王延川主编：《破产法理论与实务》，中国政法大学出版社 2009 年版，第 298 页。

解程序自然得以终结。

　　有学者认为，清算程序开始的目的在于公平分配债务人的财产，满足多数债权人的清偿要求，在清算程序开始后，债务人没有财产可供分配，或者债权人没有受偿的可能，或者债权人已经通过某种清算程序外的方式获得公平清偿，或者债权人已经接受破产分配，继续进行清算程序已无必要的，法院应当依职权或者依申请，裁定终结已开始的清算程序。① 诚然，法院在清算程序中占据着主导地位，并有权决定清算程序是否继续进行。在清算程序进行中，除破产人申请终结清算程序的特殊情况以外，法院在行使职务已经获取发生终结清算程序的法定原因而有终结清算程序的必要时，应当依职权终结清算程序。② 有终结清算程序的法定原因时，利害关系人以及管理人都可以申请法院终结清算程序。

　　有学者认为，根据《企业破产法》的规定，在已经开始的重整程序中，重整计划没有获得通过或者不能得到法院批准的，法院应当裁定终止重整程序，并宣告债务人破产；并且，已经交付执行的重整计划，债务人不能执行或者不执行的，经管理人或者利害关系人请求，人民法院也应当裁定终止重整计划的执行，并宣告债务人破产。和解协议不能获得通过或未获得法院的裁定认可，或者付诸履行的和解协议不能得到履行的，法院也应当依法宣告债务人破产。③ 因此，破产程序终结的唯一方式似乎只有破产清算了。重整程序与和解程序的终结，法律使用的是终止的概念，如果重整失败或者和解失败，方最终进入破产终结程序。显然，立法用语上仍然在狭义上使用重整与和解的内涵，不把它们笼统地列入破产的范畴之内。本来，破产清算程序的终结是广义上的破产程序终结的原因之一，但在我国立法的语境之内，它既是直接开始的破产清算程序得以终结的方式之一，也是重整程序以及和解程序在非正常终止后必经的终结方式。

　　因此本书认为，破产程序终结事由应当有以下四项：①因和解、重整程序顺利完成或者全体当事人自行达成和解协议而导致破产程序终结；

---

　　①　李永军、王欣新、邹海林、徐阳光：《破产法》（第二版），中国政法大学出版社 2017 年版，第 272 页。

　　②　陈荣宗：《破产法》，台湾三民书局 1986 年版，第 383 页。

　　③　齐明：《破产法学：基本原理与立法规范》，华中科技大学出版社 2013 年版，第 251 页。

②因债务人的破产财产不足以支付破产费用而终结；③破产宣告前，第三人为债务人提供足额担保或者全部到期债务获得清偿，或者债务人与全体债权人达成协议而导致破产终结；④因破产财产分配完毕，无其他可供分配财产而导致破产程序终结。

## 二、破产程序终结的分类

有的学者将破产程序终结分为破产废止的终结和破产分配的终结。①破产废止的终结，是指破产宣告裁定作出之后，由于破产财产不足以清偿破产费用，或者破产财产虽足以清偿破产费用，但无财产可供分配的终结。依照宣告破产废止的时间不同，将破产废止分为两种，分别是同时废止和异时废止。同时废止是指在宣告破产时发现财产不能够完全支付破产费用时实施的废止；异时废止是指在宣告破产后、实施分配期间破产财产不能够完全支付破产费用而实施的废止。不论何种废止，都可以直接成为导致破产程序终结的缘由。在破产程序中，因为破产财产的不足导致程序终结，是各国破产在立法上的通例。如果破产财产的数额不足以支付破产费用，破产债权人的债权就完全无法再从破产财产中得到任何的分配。此时，破产程序既无法继续进行也没有带来任何实际的利益。从保护债权人的利益、高效利用法院人力、物力的角度考虑，法院此时应当裁定终结破产程序。因此，我国《企业破产法》第43条第4款规定：债务人财产不足以清偿破产费用的，管理人应当提请人民法院终结破产程序。人民法院应当自收到请求之日起十五日内裁定终结破产程序，并予以公告。第120条第1款同时规定：破产人无财产可供分配的，管理人应当请求人民法院裁定终结破产程序。破产分配的终结，是指破产案件经过破产分配程序，在最后分配完毕后所产生的终结。《企业破产法》第120条第2款规定，管理人在最后分配完结后，应当及时向法院提交破产财产分配报告，并提请法院裁定终结破产程序。

还有学者将破产终结分为正常终结与非正常终结。② 正常终结是指因

① 许德风：《破产法论——解释与功能比较的视角》，北京大学出版社2015年版，第471页。

② 吴长波：《变革中的破产法理论与实证》，知识产权出版社2012年版，第250页。

为破产财产分配完毕，破产程序的目的得以实现而终结破产程序。破产分配完毕之后的终结，是实现了破产程序预期目标之后的终结，破产债权均得到一定比例的清偿。非正常终结是指没有经过破产财产分配就终结破产程序，主要包括四种情况：①因财产不足以支付破产费用而终结；②因全体债权人同意而终结；③因没有财产可供分配而终结；④因债权得到足额担保或者足额清偿而终结。我国《企业破产法》第105条、第108条对债务人与全体债权人就债权债务的处理自行达成协议和第三人提供足额担保、第三人或者债务人清偿全部到期债务，法院裁定终结破产程序作出了规定。第105条位于第九章"和解"，但显在和解程序之外达成，该条位置是否妥当，仍可商榷。

### 三、破产程序终结的法律后果

有学者认为，破产程序终结的法律后果主要体现在以下几个方面：第一，随着破产程序的终结，除应办理有关债务人企业注销登记的工作外，破产管理人的使命即告完成；第二，债务人的有关人员在破产程序中承担的各种义务终止；第三，诉讼或仲裁未决债权的提存分配额的存续期间开始计算；第四，管理人办理注销登记的期间开始起算，法院追加分配财产的期间开始起算，依《企业破产法》第121条，管理人应当自破产程序终结之日起十日内，持法院终结破产程序裁定，向破产人的原登记机关办理注销登记；第五，破产人董事、监事和高级管理人员资格限制期间开始起算（见第十五章破产责任）。① 在性质上，破产程序终结裁定的作出意味着破产程序的完结，此种完结具有不可逆性。当然，破产程序终结也并不意味着债权人自此以后便无法再主张权利。事实上，若债权人事后发现债务人的其他财产，仍有主张权利的可能性，比如法院追加分配。

有学者认为，我国《企业破产法》规定法院实施追加分配，具有明显的不当，原因有三。第一，追加分配为破产分配的继续，管理人实施破产分配，应当实施追加分配。第二，依照我国《企业破产法》的规定，管理人在破产程序终结后，并不当然终止执行职务；尤其是在有未决诉讼或者仲裁的情形下，管理人应当继续执行职务，由管理人实施追加分配程

---

① 许德风：《破产法论——解释与功能比较的视角》，北京大学出版社2015年版，第471页。

序上更加自然。第三，由法院实施追加分配，只会增加程序操作的复杂性，债权人请求法院实施追加分配，其程序上的地位要比债权人请求管理人实施追加分配更加复杂。因此，追加分配由管理人实施，更加合理更具有操作性。①

　　在《企业破产法（试行）》中，还规定了破产免责的内容：破产财产分配完毕，由清算组提请人民法院终结破产程序。破产程序终结后，未获得清偿的债权不再清偿。这些规定在现行破产法中已经被删除。有学者主张，破产免责虽然把债务人从债务中解脱出来，但是完全不符合我国传统的债法理念，不利于保护债权人的利益，还可能动摇社会的信用体系和道德基础②。但本书认为，立法机关删除此规定的原因不在于此。其一，如果破产之后债务人仍须偿还未于破产程序中清偿的债务，以符合我国传统，有强制执行法即可，留现代意义破产法何用？其二，我国《企业破产法》仅认可企业法人和非法人组织的破产能力，不认可自然人破产能力，法人在破产程序终结后，经过注销登记即终止，除合伙企业外，免责与否并无意义。

――――――――――

　　①　李永军、王欣新、邹海林、徐阳光：《破产法》（第二版），中国政法大学出版社 2017 年版，第 280 页。
　　②　齐明：《破产法学：基本原理与立法规范》，华中科技大学出版社 2013 年版，第 252 页。

# 第十章 管 理 人

## 第一节 管理人的概念

### 一、管理人的称谓

管理人在各个国家和地区的称谓并不相同，即使同一国家和地区的不同时期，管理人的称谓也可能不同。例如，德国 1877 年的《破产清算法》称为破产管理人，1994 年制定、1999 年生效的《支付不能法》则称为"支付不能管理人"。① 我国台湾地区使用"破产管理人"概念，但在和解程序中使用"监督辅助人"概念；俄罗斯在不同的具体程序及不同阶段中使用了"仲裁管理人""临时管理人""行政管理人""外部管理人"等概念；日本称为"破产财产管理人"，并设置了保全程序中的"保全管理人"；法国在司法重整程序中使用"司法管理人"概念，在司法清算程序中则使用"清算人"概念；美国分别在破产宣告前后使用"破产受托人"（bankruptcy trustee）和"官方接管人"（official receiver）等概

---

① 杜景林、卢谌译：《德国支付不能法》，法律出版社 2002 年版，第 32 页。当然，也有学者认为，由于德国此前存在"破产清算法"（Konkursordnung）和"破产和解法"（Vergleichsordnung），而 1999 年实施的新破产法将破产清算与和解合二为一，统称为 Insolvenzrecht，更名的主要原因就是与原 Konkursordnung 区分开来，表明新法与旧法的不同。按照 Insolvenzrecht 的字面意思，应直译为"关于支付不能状况的法律"，汉语对应之词汇恰为"破产法"，译作"支付不能法"会与作为破产原因的"支付不能"（Zahlungsunfaehigkeit）混淆，令人误解。正是基于这样的认识，该学者选择了破产管理人概念。参见［德］莱因哈德·波克：《德国破产法导论》，王艳柯译，北京大学出版社 2014 年版，"译者说明"及第 24 页。

念；我国香港地区采用"受托人"概念；联合国贸易法委员会《破产法立法指南草案》采用了"破产代表"概念。总的来说，大陆法系国家和地区一般采用破产管理人概念，英美法系国家和地区一般采用破产受托人、破产接管人概念。①

我国《企业破产法（试行）》没有管理人制度，管理人的部分职责主要由清算组承担。2006 年的《企业破产法》借鉴了国外立法经验，取消了清算组制度，引入了管理人制度。不过，《企业破产法》没有采用"破产管理人"概念，而是称为"管理人"，原因在于根据《企业破产法》的规定，在法院受理破产案件时就应当指定管理人，而这时债务人还没有被宣告破产，因此不能称为破产管理人。②

也有学者认为，我国《企业破产法》基本上是在广义上使用"破产"概念，并且这种术语使用方法并没有导致混淆，因此不妨将广义上的"管理人"概念直接称为"破产管理人"。就此而言，和解与重整也不妨称为破产和解与破产重整。这种全部带上"破产"字样的概念不仅不会引起混淆，反而与"破产法""破产案件""破产程序"等广泛使用的广义破产概念相协调表现出概念上的一致性。尽管未必要将这一概念使用方法贯彻于立法，但至少在学理上可作此选择。③ 赞成这一观点的学者还认为，债务人即便进入的是非破产清算的和解、重整程序，也需先行提出"破产申请"，因为《企业破产法》第 8 条有明确规定。另外，《企业破产法》的立法名称，也表明这是在广义上使用破产概念。④

正是由于认识上的不一致，有的学者使用"管理人"概念，有的学者使用"破产管理人"称谓。本书使用"管理人"概念，但介绍学者观点时，如果该学者使用"破产管理人"概念，为尽量准确表达学者观点，也可能使用"破产管理人"称谓。

---

① 范健、王建文：《破产法》，法律出版社 2009 年版，第 88~89 页；王欣新：《破产法》（第三版），中国人民大学出版社 2011 年版，第 63~64 页。

② 李永军：《破产法——理论与规范研究》，中国政法大学出版社 2013 年版，第 159 页。

③ 范健、王建文：《破产法》，法律出版社 2009 年版，第 89 页。

④ 韩长印主编：《破产法学》（第二版），中国政法大学出版社 2016 年版，第 72 页。

## 二、管理人的定义

关于管理人的定义，学者的表述不尽相同。

有学者从机构的角度定义管理人。诸如，管理人，是指在破产程序进行过程中负责破产财产的管理、处分，业务经营以及破产方案的拟定和执行的专门机构。[1] 管理人，是指破产案件受理后，在法院的指导和监督之下全面接管债务人企业并负责债务人财产的保管、清理、估价、处理和分配等事务的专门机构。[2]

也有学者从个人的角度定义管理人。诸如，所谓管理人，是指法院受理破产案件后接管债务人财产并负责债务人财产管理和其他事务的专业人员。[3] 管理人是在破产程序中被依法指定或选任的，负责管理破产财产、处理破产事务的人。[4]

还有学者同时从机构和个人的角度定义管理人。诸如，管理人是指依照破产法规定，在重整、和解与破产清算程序中，全面接管债务人、负责债务人财产的管理、处分和其他事项的组织、机构和个人。[5] 管理人是指依照破产法规定，在重整、和解和破产清算程序中负责债务人财产管理和其他事项的机构或个人。[6]

另外，有学者区分广义上的管理人与狭义上的管理人。广义上的管理人，是指在不同破产程序中，以及破产程序的各个阶段负责债务人财产和经营事务管理的机构；狭义上的管理人，是专指在破产宣告以后成立的全

---

[1]　李永军：《破产法律制度》，中国法制出版社 2000 年版，第 49~50 页；范健、王建文：《破产法》，法律出版社 2009 年版，第 88 页；李永军、王欣新、邹海林、徐阳光：《破产法》（第二版），中国政法大学出版社 2017 年版，第 41 页；齐明：《破产法学：基本原理与立法规范》，华中科技大学出版社 2013 年版，75 页。

[2]　王欣新：《破产法》（第三版），中国人民大学出版社 2011 年版，第 63 页；王延川主编：《破产法理论与实务》，中国政法大学出版社 2009 年版，第 130 页。

[3]　李曙光：《新破产法的管理人制度》，载《人民法院报》2004 年 7 月 30 日理论版。

[4]　叶军：《破产管理人理论和实务研究》，中国商务出版社 2005 年版，第 1 页。

[5]　薄燕娜主编：《破产法教程》，对外经济贸易大学出版社 2009 年版，第 62 页。

[6]　韩长印主编：《破产法学》（第二版），中国政法大学出版社 2016 年版，第 72 页。

面接管破产企业、负责破产财产清算和分配的机构。《企业破产法（试行）》中的清算组概念是狭义上使用的，仅适用于破产清算程序；《企业破产法》规定的管理人概念是广义上的管理人。①

尽管学者对管理人定义表述不同，但都是在广义上界定管理人的概念，而且从机构的角度定义管理人是多数学者的观点。实际上，管理人的定义与对管理人的法律地位的认识有关，后面将进一步阐述。

### 三、管理人的特征

曾有学者针对《企业破产法（试行）》的规定，总结清算组的特点，认为清算组是专门机构，独立于债权人和债务人双方，也独立于法院，是一种临时性机构。② 虽然清算组不是严格意义上的管理人，但学者归纳的清算组的特点基本上反映了管理人的特征。

就《企业破产法》的规定而言，总的来说，管理人具有以下特征③：

1. 独立性。管理人作为专业机构或人员，必须能够完全超脱于破产案件各方当事人及其利害关系人，依法严格履行职责，才能有效实现管理人的制度价值。因此，管理人的独立性是其首要要求。管理人的独立性主要表现为身份上的独立性和意思表示上的独立性。管理人既不隶属于债权人与债务人，也不隶属于法院，具有身份上的独立性，能够以自己的名义从事职责范围内的活动。管理人在履行职责的过程中，不是根据法院的指示、债权人或债务人的要求行事，而是依照法律规定，独立作出意思表示。

2. 中立性。管理人的独立性决定了其应同时具有中立性特征。中立性是指管理人在履行职责过程中，应严格恪守客观中立的立场从事具体的管理和处分破产财产的行为，而不应为某一方当事人或利害关系人谋求利益。

3. 专业性。管理人必须具备相应的专业知识和技能。为此，各国破产法都对管理人的任职资格作了明确规定。

---

① 王欣新：《破产法》（第三版），中国人民大学出版社 2011 年版，第 64 页；齐明：《破产法学：基本原理与立法规范》，华中科技大学出版社 2013 年版，75 页。

② 柴发邦主编：《破产法教程》，法律出版社 1990 年版，第 136 页。

③ 范健、王建文：《破产法》，法律出版社 2009 年版，第 90 页。

4. 法定性。管理人的职责并非由法院随时安排，也不是管理人与债权人或债务人协商设定，而是由《企业破产法》明确规定。

除了上述四点之外，还有学者提出了管理人存在的法定性和时限性的特征。管理人基于法院指定而产生，并通常在办理破产人注销登记的次日终止执行事务，其成立和存续时间均具有法定性，即管理人的成立、存续期间及终止，均由法律具体规定，不受债权人、债务人的干预。①

独立性和中立性是管理人制度之根基，专业性是机构和个人担任管理人的条件，法定性则是管理人职责的依据和履行职责的保障。这些都是学界公认的，没有争议。理论界和实务部门专门阐述管理人特征的不多，但在论证管理人法律地位时或多或少会涉及这些内容。

## 第二节　管理人的法律地位

我国学者关于管理人法律地位的学说，主要是继受传统破产法学关于管理人地位之学说而形成。英美法系国家以信托关系为基础，称管理人为破产程序中的受托人。大陆法系国家以不同民法理论为基础，存在代理说、财团代表说、职务说、清算机构说等不同学说。这些学说在我国破产法学界都曾经被采用过。②

### 一、代理说

代理说是关于管理人在破产程序中所处地位最早的一种学说。代理说将民法上的代理人理论引入管理人之中，认为管理人实质上是代表被代理人的利益，以被代理人的名义参与破产事务的代理人。③ 根据利益归属的不同，又分为破产人代理说、债权人代理说、破产人和债权人共同代理说。破产人代理说指管理人是破产人的法定代理人，设立管理人是为了代表破产人，对破产财产进行清理，以改变破产宣告后对破产财产无人行使

---

① 余俊福：《中国破产管理人实务》，法律出版社 2015 年版，第 8 页。

② 邹海林、周泽新：《破产法学的新发展》，中国社会科学出版社 2013 年版，第 105 页。

③ 康晓磊、仲川：《对破产管理人法律地位的思考》，载《法学论坛》2007 年第 6 期。

所有权的空缺状况；债权人代理说指破产宣告后债权人对破产财产就取得了质权或扣押权，为了保证债权人取得应有的清偿，设立管理人就是委托管理人代表债权人行使质权或扣押权，管理人实为债权人的法定代理人；① 破产人和债权人共同代理说指管理人在为债权人的团体利益执行职务时，是债权人的代理人，管理人在行使破产财产的管理权、处分权时，又成为破产人的代理人。另外，有学者提出法院或国家机关代理说，该说认为管理人有时代表法院执行一定职能，因而也属于法院或国家机关的代理人。②

在《企业破产法》草案起草过程中，存在法定机构说和债权人代表说两种观点。债权人代表说认为，管理人不是所有人利益的代表，尤其是在破产清算程序中管理人仅仅是债权人利益的总代表，代表债权人的利益而负责管理、变卖和分配破产财产，以维持债权人、债务人利益博弈的一种平衡关系，实现债权人利益最大化。管理人是破产法"债权人利益充分保护"原则的主要体现者，不是一个中立的第三方，不能把管理人的角色与法官混淆起来。有学者认为，《企业破产法》基本采纳了后一种观点，其第56条规定，债权人会议有权确认、选任、撤换管理人，决定管理人的费用和报酬。③

代理说曾经是德国和日本破产理论中的通说，但现在已经很少得到支持。反对代理说的核心理由是用代理解释管理人的法律地位有违法理，主要理由包括：①管理人在清算活动中有独立人格，以自己名义而不是以所谓的被代理人——破产人、债权人、破产人和债权人抑或破产财产名义实施法律行为；②如果管理人是代理人，无法解释管理人为何拥有比破产人、债权人更大的权利；③如果管理人是代理人，其同时代

---

① 我国台湾地区学者关于债权人代理说又可以进一步细分为各债权人代理说、债权人团体代理说、有共同质权之债权人全体代理说（参见汤维建：《破产程序与破产立法研究》，人民法院出版社2001年版，第284~285页），不过，这一观点没有为我国大陆学者所接受。

② 谢邦宇主编《破产法通论》，湖南大学出版社1987年版，第144~145页；齐树洁主编：《破产法》（第二版），厦门大学出版社2009年版，第99页。

③ 李曙光：《新破产法的管理人制度》，载《人民法院报》2004年7月30日理论版；韩长印主编：《破产法学》（第二版），中国政法大学出版社2016年版，第73页。

理有利益冲突的破产人、债权人双方，不合代理制度之基本法理；④破产财产自始是债权人行使权利的客体，也是管理人执行职务的对象，破产财团代理说无法说明破产财产成为权利主体的问题；⑤代理说与破产程序的性质不相符合，破产程序实际上是一种概括性的、公法上的执行程序，不同于一般的公司清算程序，管理人对破产财产的管理、估价和分配行为，带有公法上的执行性，这种执行性是一般民事代理行为不能取代的；⑥管理人的职权并非来自于债权人或债务人的授权；⑦管理人的管理活动不仅为了债权人或债务人的利益，还涉及取回权人、撤销权人等其他利害关系人的利益。另外，按照代理说，管理人的法律地位具有从属性，其法律地位来源于债权人和债务人的授权，其法律责任的设置受民事代理关系的限制，代理说下的代理人将失去中立地位，在现实中很难平衡三方主体的利益。①

## 二、职务说

职务说又称公吏说或国家机关说，指的是破产程序在法律性质上是全体债权人对破产人所进行的强制执行程序，管理人由法院选任，对法院负责，以法律为执行职务依据，既要维护债权人的利益，又要维护破产人的利益，故是执行特定公务的国家机关。职务说中，又分为公法上的职务说和私法上的职务说。公法上的职务说认为，管理人对破产财产的管理、估价的行为类似于公法上的执行机关，是履行公法上的职务；私法上的职务说则认为，管理人的职务虽是由国家指定或委托，但它只是在私人名义下进行，所以是履行私法上的职务。职务说曾是日本通说。②

---

① 柴发邦主编：《破产法教程》，法律出版社1990年版，第134页；汤维建《论破产管理人》，载《法商研究》1994年第5期；王欣新：《破产法》（第三版），中国人民大学出版社2011年版，第65页；范健、王建文：《破产法》，法律出版社2009年版，第91~92页；李永军、王欣新、邹海林、徐阳光：《破产法》（第二版），中国政法大学出版社2017年版，第42~43页；张军：《论破产管理人的法律地位》，载《武汉大学学报（哲学社会科学版）》2012年第4期；许德风：《破产法论——解释与功能比较的视角》，北京大学出版社2015年版，第258页；谢辉：《我国破产管理人的法律地位》，载《人民法治》2016年第11期。

② 李永军、王欣新、邹海林、徐阳光：《破产法》（第二版），中国政法大学出版社2017年版，第41~42页。

有学者针对我国《企业破产法（试行）》关于破产清算组的规定，认为破产清算组是一种准司法机构，本质上属于职务说的范畴。主要理由在于：第一，从清算组的产生来看，清算组由法院指定产生，实际上具有委任司法的意蕴；第二，从清算组的成员看，均来自国家有关职能部门，正好说明了立法者对破产清算组的公法职能的刻意维持；第三，从清算组成员被指定后的态度看，被法院指定后，清算组成员只有服从的义务，而没有选择的权利；第四，从清算组的监督主体看，唯有人民法院才能成为它的监督主体，是领导与被领导的关系。[1]

在我国，职务说也并没有得到广泛支持，主要原因在于：首先，管理人不具有法院执法人员或国家公务员的身份，管理人是临时机构，随破产程序的终结而告解散，这种清算行为也不是基于国家强制力对财产进行执行；其次，职务说强调管理人具有诉讼当事人的法律地位，能够以自己的名义参加有关破产财产的诉讼，在执行过程中把国家的执法机关作为诉讼当事人，显然与强制执行的基本法理相悖；再次，职务说不能解释管理人某些管理行为的属性，以及对行为后果的承担，如管理人可以行使撤销权，但撤销权的利益获得者是债权人；最后，如果管理人是国家公务员或法院执行人员，管理人在破产程序中实施不法行为，有关机关应以渎职罪依法追究其法律责任，受害人可以获得国家赔偿。但实务中遇此情形，管理人承担的是民事赔偿责任。[2] 也有学者认为，管理人虽由法院任命，但管理人通常由中介机构的人员担任，其主要职责也是清理和变现破产财产，无论身份还是行为，都无公法属性。[3]

---

① 汤维建：《论破产管理人》，载《法商研究》1994 年第 5 期。

② 柴发邦主编：《破产法教程》，法律出版社 1990 年版，第 134 页；汤维建：《论破产管理人》，载《法商研究》1994 年第 5 期；王欣新：《破产法》（第三版），中国人民大学出版社 2011 年版，第 65 页；范健、王建文：《破产法》，法律出版社 2009 年版，第 91~92 页；张军：《论破产管理人的法律地位》，载《武汉大学学报（哲学社会科学版）》2012 年第 4 期。

③ 许德风：《破产法论——解释与功能比较的视角》，北京大学出版社 2015 年版，第 259 页。该学者赞成"机构说"，认为现有研究对"机构说"的批评多建立在"公机构说"（即"公的职务说"）基础上，乃是误解了"机构说"的含义。

### 三、破产财团代表说

破产财团代表说，是指债务人财产因破产程序的开始或者破产宣告裁定的作出而成为以破产预防或破产清算为目的而独立存在的财产，这些财产整体人格化而形成破产财团，管理人是这种人格化财产的代表机关。① 有学者认为，破产财团代表说指的是，破产财产是因破产宣告、并且是以破产清算为目的而独立存在的财产，使这种法人财产人格化，管理人就是这种人格化财产的代表人或代理人。② 也有学者认为，破产财团代表说是指英美法上信托说的概括，即认为破产财团具有相对的独立人格，管理人是破产财团的受托人，在破产人之外取得独立的地位，以破产财团所有权人的名义管理、变价和分配破产财产。③ 还有学者认为，破产程序开始以后，破产人就失去了对破产财产的管理和处分权，破产财产成为破产财团，并具有独立法律主体资格，从破产财团成为财团法人的角度出发，管理人就是财团法人的代表机关。该学说目前是大陆法系的通说，德国、日本和我国台湾地区都采用破产财团代表说来说明管理人的法律地位。④

赞同者认为：第一，该说以破产财产人格化为理论基础，很好地解释了管理人的独立法律地位，针对学者批评的破产财产人格化问题，认为，人格的获得并不以其本身是人的组合或者是财产的组合为标准，主要是看法律有无赋予其一定人格的必要。第二，能清晰地解释破产法上的诸多法律现象，如管理人以法定代表人身份执行职务、参与诉讼，实施侵权行为时由破产财团承担责任。第三，可以很好地解释破产费用的范围和优先次序问题。第四，可以很好地解释管理人对谁负责的问题，管理人是破产财产的代表人，应该为破产财产的保值增值和复兴而服务，其应对在破产财产上有法律应该保护的利益的关系人负责，且这个利害关系人的范围还可

---

① 韩长印主编：《破产法学》（第二版），中国政法大学出版社 2016 年版，第73 页。

② 石雁：《论破产管理人的法律地位》，载《研究生法学》1996 年第 4 期。

③ 黄锡生：《破产管理人的法律地位及其职业化研究——以破产法律制度的目标价值为基础》，载《浙江学刊》2004 年第 5 期。

④ 张艳丽：《企业破产管理人法律地位评析》，载《北京理工大学学报（社会科学版）》2004 年第 6 期。

以随国家经济、制度等各方面形势的发展变化进行一定微调。①

反对者则认为，该说虽然具有较高的合理性，但能否作为我国破产法关于管理人地位的解释，却不无疑问。首先，破产财团代表说是以破产财团人格化为前提的，由于我国《民法通则》和《民法总则》并没有采纳财团法人及财团的概念，破产法也没有将破产财产确定为主体，因此破产财团代表说的立法基础并不存在。其次，按照破产财团代表说，管理人应以破产财团的名义处理破产程序中的各种事务，但是，无论在立法上还是在司法实践中，管理人始终都是以其自己的名义从事活动的，这显然与破产财团代表说的主张不符。破产财团代表说于法无据，只是学理上的一种解释而已，不宜作为解释我国破产法上管理人法律地位的学说。②

四、信托说

信托说也称为破产受托人说。英美法系国家将信托观念引入破产法，管理人被称为"破产托管人"（bankruptcy trustee）和"官方接管人"（official receiver）。由于托管人能够以自己的名义独立于各方当事人实施法律行为，因而回避了解释管理人何以具有独立地位的理论困境。③ 关于破产受托人的内涵，有学者认为，在英美法中，破产受托人代表破产债权人的利益，在个人破产、公司清算、公司重整等不同程序中享有不同的权利和职责，破产受托人在法院、破产人、破产债权人之外取得独立地位，仅以受托人的名义为法律行为，并在法律上取得对破产财团的管理权，以破产财团所有权人的名义，为破产债权人的利益管理、变价和分配破产财团，对

---

① 王欣新：《破产法》（第三版），中国人民大学出版社 2011 年版，第 65 页；齐树洁：《破产法》（第二版），厦门大学出版社 2009 年版，第 101 页；唐军：《论我国破产管理人的法律地位》，载《公民与法》2010 年第 8 期；韩长印主编：《破产法学》（第二版），中国政法大学出版社 2016 年版，第 73 页。

② 张艳丽：《企业破产管理人法律地位评析》，载《北京理工大学学报（社会科学版）》2004 年第 6 期；张在范：《论破产管理人的法律地位》，载《北方论丛》2005 年第 1 期；范健、王建文：《破产法》，法律出版社 2009 年版，第 94 页；张军：《论破产管理人的法律地位》，载《武汉大学学报（哲学社会科学版）》2012 年第 4 期。

③ 范健、王建文：《破产法》，法律出版社 2009 年版，第 94 页。

破产财团的诉讼要以自己的名义起诉和应诉。① 另有学者指出，美国破产法上的破产受托人是由债权人选任的，更多的是维护债权人的利益，而大陆法系国家管理人一般是由法院选任的，并对法院负责，负担着维护债权人、债务人及其他利害关系人的利益甚至公共利益。②

支持者的主要理由：第一，破产法的目标价值与信托制度有着内在的契合性，管理人与债权人和其他利害关系人的法律关系是以破产财产为核心建立起来的，这与委托人和受托人的法律关系是相同的。第二，将信托制度融入破产法后，破产人是委托人，管理人是受托人，而债权人为最终受益人，破产财产即成为信托财产。信托制度并不需要强行将破产财产人格化，它仍然可以作为权利的客体存在。破产受托人独立于委托人（法院、破产人）和信托受益人（破产债权人），依照受托人的法律地位独立对信托财产进行管理，行使权利和履行义务，在付出劳动的同时获取相应的报酬。为使债权人利益最大化，管理人应当尽忠实、勤勉之责，接受法院和受益债权人的监督。③ 第三，基于信托制度中受托人的中立性的特点，管理人可以完全自主地、更有效地履行对破产财产的管理职责，从而有利于提高管理人的积极性。第四，信托制度的引入能够较好地解决大陆法系中关于破产人代理说和债权人代理说的冲突问题，且避免了职务说原本不能自圆其说的理论矛盾。④ "用信托关系来解释破产管理人与破产企业的关系最为恰当。"⑤

当然，也有学者认为"信托说"优于"机构说"的观点值得商榷。前者为英美法上的常用工具，后者是大陆法体系下的教义推演。在制度的

---

① 张艳丽：《企业破产管理人法律地位评析》，载《北京理工大学学报（社会科学版）》2004 年第 6 期。

② 盛琪：《刍议破产管理人的法律地位及其民事责任》，载《中国商界》2009 年第 12 期。

③ 张在范：《论破产管理人的法律地位》，载《北方论丛》2005 年第 1 期。

④ 张艳丽：《企业破产管理人法律地位评析》，载《北京理工大学学报（社会科学版）》2004 年第 6 期；盛琪：《刍议破产管理人的法律地位及其民事责任》，载《中国商界》2009 年第 12 期；张军：《论破产管理人的法律地位》，载《武汉大学学报（哲学社会科学版）》2012 年第 4 期。

⑤ 李永军、王欣新、邹海林、徐阳光：《破产法》（第二版），中国政法大学出版社 2017 年版，第 43 页。

构造上，"信托说"需要明确的规范要点，与大陆法上的"私机构说"无异。①

## 五、法定机构说

法定机构说认为，管理人就是一个法定的机构，管理人并非某一方利益的代表，而应当是中立的各方利益的平衡者，独立地依照破产法的规定行使权利、履行义务和承担责任，此种观点认为管理人应由法院委任并受其监督。② 有学者认为，《企业破产法》实际上采用了法定机构说，主要依据是该法第 13 条、第 22 条第 1 款和第 2 款、第 23 条第 1 款。③

与法定机构说观点相似的还有特殊机构说、专门机构说、独立机构说等。特殊机构说认为，破产法规定的清算组，是接管破产企业并对破产财产进行清算的特殊机构。其特殊性在于，清算组独立于债务人和债权人；虽然向法院负责，并受法院监督，但不是司法机关的派出机构；清算组是一种临时性的机构。④ 专门机构说认为，管理人是由法院选任的在破产程序中接管破产企业并独立执行破产事务的临时性专门机构（专门机关）。⑤ 独立机构说认为，管理人不是债权人或债务人的代理人，更不是政府机构，而是依法对破产财产进行管理、变价、分配等清算事务的独立的专门主体。该学说认为，管理人作为专门的独立机构，以相对超脱的身份介入破产事务，能更公平地维护全体利益关系人的利益，这也是其专业性、中立性和独立性的法律特征的要求，与管理人的职业化目标是一

---

① 许德风：《破产法论——解释与功能比较的视角》，北京大学出版社 2015 年版，第 259~260 页。

② 李曙光：《新破产法的管理人制度》，载《人民法院报》2004 年 7 月 30 日理论版；王卫国、李永军、邹海林：《破产法十年》，载赵旭东主编《公司法评论（2005 年卷第 1 辑）》，人民法院出版社 2005 年版，第 159~160 页。

③ 李燕：《论我国破产法中管理人的法律地位》，载《当代法学》2007 年第 6 期。

④ 柴发邦主编：《破产法教程》，法律出版社 1990 年版，第 136 页。

⑤ 李国光主编：《新破产法理解与适用》，人民法院出版社 2006 年版，第 140~141 页；邹海林、周泽新：《破产法学的新发展》，中国社会科学出版社 2013 年版，第 109 页。

致的。①

## 六、其他学说

除上述学者们着墨较多的学说，其他关于管理人法律地位的观点也常为学者们提到，以下对这些观点作简单介绍。

1. 破产社团代表说。该说认为，破产人与债权人都以调整相互之间的财产关系为其共同目的，故双方事实上共同构成一个具有权利能力的社团，而管理人即为该社团的代表机构。② 由于所谓的破产社团并不存在，且破产人与债权人之间不存在共同一致的目的，也无法形成社团所要求的共同意思。因此，极少学者支持这一学说。③

2. 破产企业法定代表人说，也称为清算机构说。该说认为企业进入破产程序后其法人人格继续存在，只是其权利范围和组织机构发生了变化，管理人代替原管理机构成为企业在破产程序中的代表机构，破产企业的法定代表人就是管理人，管理人的行为效力和诉讼结果归属于破产企业。清算机构说也存在明显缺陷，无法解释作为破产企业的代表机构为何对企业在进入破产程序前的行为拥有撤销权；无法解释作为破产企业的组织机构为何保持独立与中立，为何受法院和债权人监督而不是对破产企业负责。有学者认为，该说虽难以自圆其说，但相对而言符合我国立法和司法实践，更具合理性。④ 也有学者曾提出过"清算法人机关说"，认为企业法人被宣告破产后，成立一个清算法人，其以破产财产作为具有法人资格的财产基础，并在此基础上进行必要的民事活动。⑤

3. 管理机构人格说。该说认为，将破产财团作为具有法人地位的主体并不恰当，而应赋予管理人以法人资格。将管理人概念分为管理机构及其执行者两种。对于作为管理机构的管理人应承认其法人资格，并认可其

---

① 康晓磊、仲川：《对破产管理人法律地位的思考》，载《法学论坛》2007 年第 6 期。

② 柴发邦主编：《破产法教程》，法律出版社 1990 年版，第 135 页。

③ 范健、王建文：《破产法》，法律出版社 2009 年版，第 94 页。在该著作中，作者将破产社团代表说与破产财团代表说并列，为"代表说"的两个下位概念。

④ 范健、王建文：《破产法》，法律出版社 2009 年版，第 94~95 页。

⑤ 马俊驹、余延满：《我国企业破产程序若干问题探讨》，载《政法论坛》1989 年第 5 期。

对财团的管理处分权。①

也有学者认为从我国《企业破产法》体系来讲,在破产程序的不同阶段,管理人的法律地位不同,不能用一种特性来定义管理人法律地位。以破产清算程序为例,第一,从破产受理到第一次债权人会议召开,此时管理人的身份地位比较特殊,虽对外是独立的机构,但对涉及债务人处置事项的行为没有决定权,在管理人与法院的关系中,管理人扮演的是法院委派的(司)法专员的角色。管理人不仅要接受债权人的监督,还要向法院报告工作,而且更重要的是法院可以依职权径行更换管理人。第二,第一次债权人会议结束后至破产财产分配完毕,此时管理人的法律地位类似于破产财产的代表,能更好地体现管理人在破产程序中的实际作用与功能。第三,在参加对外法律程序及注销程序方面,虽然管理人是以债务人代理人的身份参加法律活动,然而这种代理并非通常意义上的代理,管理人是债务人的代理人而代理的后果则由债权人承担。②

还有学者从民事诉讼的角度对管理人的地位进行论述,认为管理人民事诉讼地位存在错位。确定管理人的诉讼地位应当根据民事诉讼法原理和破产法的宗旨进行抉择。现有的法律规定将管理人在相关民事诉讼程序分别置于债务人的诉讼代表人和当事人的位置,缺乏对相关法律原理的贯通,造成实务中的种种混淆。主张运用诉讼担当的制度原理,赋予管理人一般性诉讼实施权,就破产程序中涉及的所有诉讼程序以自己的名义进行诉讼。③ 也有学者对管理人可能涉的诉讼进行分类,并具体指出在各种情形下管理人的法律身份。④

纵观上述不同学说,尽管侧重点各不相同,但有两点是共同的,一是学者始终着眼于管理人在破产程序中应具有的职能,不同学者基于对管理

---

① 李永军、王欣新、邹海林、徐阳光:《破产法》(第二版),中国政法大学出版社 2017 年版,第 42 页。

② 田维桢、罗义新:《律师履行担任破产管理人的执业要点及风险防范》,载《法治研究》2007 年第 9 期;董会莲:《论破产管理人的独立性》,载《晟典律师评论》2009 年第 1 期。

③ 冀宗儒、钮杨:《破产管理人民事诉讼地位错位之分析》,载《河北法学》2016 年第 4 期。

④ 吴兴武:《浅议破产管理人的民事诉讼地位》,载《洛阳理工学院学报(社会科学版)》2011 年第 5 期。

人的不同期许而作出不同定性；二是学者都致力于在包括债权人、破产人、法院甚至破产财团在内的利害关系人这样一个破产程序的总体格局中勾画管理人，选择不同关系人为基点就有对管理人的不同定位，从而出现不同的学说。①

无论采用何种学说对管理人的法律地位进行解释，在实务中均应注意管理人自身特点。第一，管理人是由法院指定，向法院报告工作并受法院监督，管理人不只代表破产企业及其股东的利益，也代表债权人等其他利害关系人的利益，因此管理人是具有特殊身份、独立功能的实体。第二，管理人在处理破产事务时，在法律规定的职权范围内，具有相对的独立性，不受法院、债权人会议等组织的任意干预。第三，破产程序涉及多方当事人，各方利益存在冲突的可能性，需要法院及管理人共同加以平衡。管理人在一定程度上代表各方利益，又不完全代表任何一方当事人利益，具有利益上的中立性，以超脱于任何一方当事人的身份介入破产事务。②

# 第三节　管理人的选任

## 一、管理人的选任主体

### （一）法院——职权主义模式

职权主义模式，是指管理人由法院自行选任或指定，一般不受其他人包括债权人会议的干涉。

有学者认为，应由法院选任管理人，但要给予债权人以异议权，即如果债权人认为法院任命的管理人不能胜任或不能公正地执行职务，可向法院提出异议。但债权人会议不得自行选任另外的管理人以替代法院选任的

---

① 邹海林、周泽新：《破产法学的新发展》，中国社会科学出版社 2013 年版，第 109 页。

② 郑志斌：《公司重整：角色与规则》，北京大学出版社 2013 年版，第 71~72 页；许德风：《破产法论——解释与功能比较的视角》，北京大学出版社 2015 年版，第 260 页。

管理人。① 也有学者认为，选任的方式应当包括债权人与债务人的协商、债权人选任以及法院指定等，同时要规定相互之间的程序以及更替，从而维护各方的利益。考虑到管理人的重要性以及债权人与债务人之间的利益冲突，总体上可以比照仲裁员选任制度，规定管理人应由人民法院从债权人或债务人向法院递交的申请中所列的候选人名单中指定。如果各债权人推举的候选人不一致的，法院有权从中指定。债权人未推举或未积极推举候选人时，法院根据该破产案件其他参与人的建议或直接从名册中指定管理人。必要时，人民法院可以从有关政府部门推选的候选人中指定管理人。②

法院选任模式的优点在于：第一，及时产生管理人，提高破产程序的效率。债权人会议人数众多，有可能因为债权人之间意见相左而无法及时选出管理人，由法院选任效率更高。③ 第二，可以在宣告破产的同时选任管理人，及时接管破产债务人财产，有效避免破产债务人的财产被非法隐匿或不当清偿。④ 第三，由法院选任更能体现公正。⑤ 管理人代表的是债务人、债权人以及社会公众等多方利益，自身应该处于中立的地位，因此也应该由处于中立地位的法院选任。⑥ 由债权人选任可能置债务人利益与公共利益于不顾。⑦ 法院选任能够避免各方当事人的利益冲突。⑧ 第四，法院经常处理破产案件，相对于债权人来说，对挑选合适的管理人有一定

---

① 李永军：《破产法——理论与规范研究》，中国政法大学出版社 2013 年版，第 160 页。

② 杨忠孝：《破产程序中利益平衡目标的实现与管理人制度》，载顾功耘主编《中国商法评论（2008 年卷）》，北京大学出版社 2008 年版，第 252 页。

③ 程春华：《破产救济研究》，法律出版社 2006 年版，第 337 页。

④ 叶军：《破产管理人制度理论和实务研究》，中国商务出版社 2005 年版，第 172~173 页。

⑤ 王立挺、周凯军：《浅析破产管理人制度的若干问题》，载《合肥工业大学学报（社会科学版）》2003 年第 4 期。

⑥ 何志红：《关于破产管理人制度的思考》，载《广西社会科学》2005 年第 5 期。

⑦ 冯兵、朱俊伟：《论我国破产管理人制度的构建》，载《西南政法大学学报》2004 年第 5 期。

⑧ 姚彬、孟伟：《破产程序中管理人制度实证研究》，中国法制出版社 2013 年版，第 99 页。

的经验。①

法院选任模式存在的问题：①面临司法资源短缺的问题，难以操作；②部分法院在破产案件的审理中还没有完全摆脱《企业破产法（试行）》的立法思路和破产操作模式的影响，倾向于指定清算组为管理人，限制了社会中介组织作用的发挥，可能违背债权人意愿，对债权人保护不利；③由法院随机公开指定管理人难以确保选择出适合的管理人，可能无法胜任；④制定管理人名册并从中选出管理人相当于法院对管理人市场设置准入机制，这与法院的职能不符；⑤法院在管理人的指定中权力过于集中。②

**（二）债权人会议——意思自治主义模式**

意思自治主义模式是债权人会议对选任管理人享有自主权，法院不干涉债权人会议选任管理人。

该模式的优点在于：第一，充分反映了私法自治的精神，充分体现了破产法尊重和保护债权人权益的立法宗旨。③ 发挥债权人自治能力是现代破产法的立法趋势，完全由法院选任可能会忽视债权人利益。④ 第二，管理人是"债权人代表"而不是所有人利益的代表，是债权人利益的保护者，以实现债权人利益最大化为目标，应当由债权人会议选任。⑤ 第三，有利于防范司法专断。在我国政府处于强势地位、地方保护主义盛行的背景下，法院自身的独立性也有待检验。⑥ 第四，由法官选任容易因法官权力过大导致司法腐败、权力寻租等现象的出现。⑦ 第五，根据《企业破产

---

① 齐树洁主编：《破产法研究》，厦门大学出版社 2004 年版，第 306 页。

② 文诚公：《理性评述与完善路径：论我国破产管理人指定制度》，载《经济与社会发展》2013 年第 4 期。

③ 杨森主编：《破产法学》，中国政法大学出版社 2008 年版，第 42 页。

④ 赵伯祥、石有维：《对我国破产财产管理人制度的立法思考》，载《律师世界》2003 年第 1 期。

⑤ 董士忠、刘正操、刘合英：《我国破产管理人制度研究应当关注的几个重要问题》，载《安阳师范学院学报》2011 年第 3 期。

⑥ 胡婧：《完善我国破产管理人制度之构想——兼评新〈企业破产法〉第三章》，载《重庆科技学院学报（社会科学版）》2009 年第 7 期。

⑦ 杨森主编：《破产法学》，中国政法大学出版社 2008 年版，第 42 页。

法》，债权人对破产管理人只有监督权，而且这一监督权较难实现保护债权人利益的目的，应赋予债权人会议选择管理人的权利。①

该模式也存在许多弊端：首先，债权人会议选任管理人必然出现在法院受理破产申请并召开第一次债权人会议之间的一段时间，或者破产案件成立到破产宣告之间的一段时间，由谁来管控债务人财产的问题；其次，债权人会议选任出的管理人很可能为了债权人利益而置债务人和其他利害关系人的利益于不顾，因此，对债权人会议的选任权应有制衡机制；再次，需要认真设计债权人会议选任管理人的程序，既要尊重全体债权人对管理人选任的意志，又要考虑破产法所要求的效率原则，不能给一些恶意债权人提供拖延程序或者追求不适当目的的可乘之机；最后，法律应当明文规定，在债权人会议不选任或选不出管理人的情况下，法院或者有关政府机关可以直接选任或者指定管理人，或者把临时管理人直接转为正式管理人，以作为债权人会议选任模式的补充。②

### （三）双轨制选任

在这种模式中，法院和债权人会议都具有重要的作用，但是依其主次地位不同，又可分为：其一，以法院选任为原则，以债权人会议选任为补充的双轨制；其二，以债权人会议选任为原则，以法院选任为补充的双轨制。

有学者认为，选任管理人首先应当通过债权人自治过程实现，在第一次债权人会议召开时由债权人会议确认或另行选任，只有当选任的管理人不适于担任管理人职务时，法院方可参与任命。③ 这样不仅可以充分尊重债权人的意志，而且可以减轻法院的负担，使法院可以从一般事务性工作中解脱出来，集中精力行使审判权。只有当无法通过债权人自治选任管理人时，为了保证破产程序的顺利高效进行，在选任规则中确认法院的补选规则，即在破产债权人会议无法选任出合格管理人的情况下，由法院在征

---

① 李梦：《新破产法中破产管理人制度的缺陷与完善》，载《求索》2008 年第5 期。

② 霍敏主编：《破产案件审理精要》，法律出版社 2010 年版，第 40 页。

③ 张国君、蔡子英、李玉军：《完善我国破产管理人制度的法律分析与构想》，载王欣新、尹正友主编《破产法论坛（第四辑）》，法律出版社 2010 年版，第 159页。

求占多数债权额的债权人意见后决定管理人人选。①

也有学者认为，管理人原则上由法院指定，如债权人会议认为法院指定的管理人不能尽到善管注意义务，不能尽到维护债权人合法权益的职责，则债权人会议可以推选出自己的管理人并申请法院替换，法院经审查理由成立的予以支持，否则予以驳回。②

另有学者认为，破产程序本身就带有私法程序与公法程序相结合的属性，两种极端观点都不科学。在双轨制的选任模式中，只要进行科学合理的权责分配，应该是可以达到吸收前两者的优点，克服前两者缺点效果的。③ 双轨制的选任方式可以在一定程度上吸收两种方式的优点，既平衡各方利益，又使破产程序不因管理人的不能及时产生而拖延。但当法院的选任意见和债权人的选任意见冲突时，拥有最终决定权的一方依然有机会压制对方。④

管理人由谁选任归根结底是对利益平衡的考虑，既需要考虑破产程序中利害关系人主要是债权人的利益，又要反映国家公权力的强制和监督作用。就目前的发展趋势来看，双轨制是管理人选任模式的大趋势。其实，确立管理人的选任方式应当首先从根本上解决管理人的地位以及管理人在破产程序中的作用这两个问题。

## 二、管理人的选任范围

### (一) 清算组

有学者认为，在特殊历史背景下创设的清算组制度已经不能应付目前破产实践的需要，呈现出明显的制度设计缺陷和不适应性。其一，破产清算组不能承担破产法之外的使命；其二，破产清算组制度难以保障公平有序清偿；其三，维护国有资产不是破产清算组制度存废的理由；其四，破产清算组和破产清算组成员的责权失衡；其五，破产清算组制度缺乏激励

---

① 叶军：《破产管理人制度理论和实务研究》，中国商务出版社 2005 年版，第 181~183 页。

② 钱丽红：《破产管理人选任相关问题探析》，载王欣新、尹正友主编《破产法论坛（第二辑）》，法律出版社 2009 年版，第 164~165 页。

③ 杨森主编：《破产法学》，中国政法大学出版社 2008 年版，第 43 页。

④ 罗培新主编：《破产法》，格致出版社 2009 年版，第 69 页。

和制约机制，降低了清算质量。①

　　持相同观点的学者认为，在过去的司法实务中，清算组的运作存在许多问题：①工作效率低下；②专业水平低；③利益不超脱；④债权人会议的监督权难以行使；⑤清算组的责任难以有效追究；⑥清算组工作报酬的支付处于两难境地。清算组存在的以下弊病多受批评：首先，行政色彩浓厚，不侧重于公平保护债权人利益；其次，政府部门派出的人员担任清算组成员只是兼职，效率无保障；再次，清算组作为临时性组织，没有责任财产，成员是无偿工作，对清算组的违法失职行为无法追究法律责任。随着国有企业改革的进一步深化，在破产程序中指定清算组为管理人的情形会逐步减少甚至消失。②

　　目前多数学者对于清算组担任管理人持反对意见。但也有学者认为，之所以没有彻底废除清算组制度是因为政策性破产在 2008 年之前还要沿用，政策性破产解决的主要是社会问题，而不是债权清偿问题，由政府官员组成清算组担任管理人对解决政策性破产企业特殊问题更为有利。此外，清算组担任管理人的模式可以使金融资产管理公司能够借助成为清算组成员的形式担任管理人职务，解决其因不属于社会中介机构而无法成为管理人的资格难题。当然，清算组作为管理人的模式不应是选任管理人的主要形式，对清算组担任管理人的案件范围必须加以限定。③

　　有学者认为《企业破产法》保留清算组制度，表面上看是旧制度的延续，但从积极的一面看，其实质上与旧的清算组制度截然不同。《企业破产法》的清算组制度是以公平清理债权债务、保护债权人和债务人合法权益，维护社会主义市场经济秩序为价值取向的。其组成也不再是清一色的政府部门和政府官员，有关部门、编入管理人员名册的社会中介机构、金融资产管理公司都可以成为清算组成员，人民银行及金融监督管理

　　①　叶军：《破产管理人制度理论和实务研究》，中国商务出版社 2005 年版，第 120~127 页。

　　②　邹海林：《破产法——程序理念与制度结构解析》，中国社会科学出版社 2016 年版，第 161~162 页；陈寒冰：《破产法与破产管理人制度若干问题探析》，载杨燧全主编《民商法争鸣（第 4 辑）》，法律出版社 2013 年版，第 253 页。

　　③　王欣新：《破产法》（第三版），中国人民大学出版社 2011 年版，第 70~72 页。

机构也可以按照有关法律法规的规定派人参加清算组。目前我国还有大量僵尸企业需要通过破产程序出清，为了应对国有资产流失以及职工安置等问题，破产案件的妥善处理得依赖于政府各部门的支持协调配合，因此保留清算组担任管理人有其合理性，但应明确清算组担任管理人的案件范围。① 应以"有借助政府力量之必要"为衡量标准，限定为以下两类案件：一是企业财产不足以支付破产费用的案件；二是职工矛盾大、协调任务重、存在稳定隐患的破产案件。②

### （二）律师事务所、会计师事务所

有学者认为，社会中介机构担任管理人是首选组织形式，个人和清算组担任只是例外，理由是：首先，社会中介机构一般与破产人、债权人、取回权人、别除权人、职工等没有利益牵扯关系，符合中立性；其次，列入管理人名册的律师事务所、会计师事务所或破产清算事务所具有较强的专业技术能力，能够处理破产过程中大量的法律事务、财会事务，符合专业性要求；再次，列入管理人名册的社会中介机构都具有独立的法律主体地位，拥有长期稳定的组织、住所和财产，能够用自己的名义独立地行使权利，履行义务，承担责任，符合独立性要求。③

也有学者认为，律师事务所是担任管理人最合宜的中介机构。一方面，在机构的设立方面，规范律师事务所的法律法规比较完善。另一方面，由于企业破产管理涉及相当多的法律，既包括破产法律，还包括劳动、税收、合同等其他法律，这样繁杂的法律工作无疑只能由律师事务所来完成；虽然核资是最主要的破产管理工作之一，应当由会计师事务所来完成，但是，这一切工作的开展都必须以法律作为基础和前提，而会计师事务所对于法律判断的能力是欠缺的。④

---

① 刘涛：《破产管理人选任制度研究》，载王欣新、尹正友主编《破产法论坛（第四辑）》，法律出版社 2010 年版，第 68 页。

② 陆晓燕：《法院指定破产管理人规则之构建——以对某市两级法院实践模式的分析为基础》，载王欣新、尹正友主编《破产法论坛（第六辑）》，法律出版社 2011 年版，第 35 页。

③ 罗培新主编：《破产法》，格致出版社 2009 年版，第 70~71 页。

④ 姚彬、孟伟：《破产程序中管理人制度实证研究》，中国法制出版社 2013 年版，第 95~96 页。

### （三）破产清算事务所

有学者认为由于我国并没有专门的管理人资格考试和相应的行业协会以及专门的资质管理，因此，破产清算事务所良莠不齐。虽然有相当一部分破产清算事务所在国有企业破产中发挥了重要作用，积累了丰富的破产清算经验，但更多的破产清算事务所成立之初就存在一些问题，如人员结构复杂、组织形式多样、承担民事责任能力差、缺乏必要的专业知识，其能否胜任管理人职责令人担忧。① 在实践中，破产清算事务所组织形式既不统一，也不规范。有公司制企业、事业单位，还有采取合伙制的。由于实务中对其资格条件等缺乏限制，因此可能会出现规避法律规定、滥设机构以抢办破产案件的现象。

也有学者认为应允许破产清算事务所担任管理人，不仅因为这是法律的明文规定，而且实践证明有些破产清算事务所办理过很多破产案件，具备担任管理人的一般资质。这些清算事务人员办理破产清算具体工作，可能要比没有承办过破产案件的律师事务所等更有经验和效率。② 此外，破产清算事务所以破产业务为最主要甚至是唯一的营业内容，更符合破产管理的职业化方向，构成了破产执业队伍的主力军，如其在管理人领域不占据从业优势，与兼营甚至主营其他业务的会计师事务所、律师事务所一样机会均等地被指定为管理人，将不利于破产管理职业队伍的发展壮大。破产清算事务所应当优先于会计师事务所和律师事务所担任管理人。③

### （四）个人

我国《企业破产法》第 24 条第 2 款规定，人民法院根据债务人实际情况，可以在征询有关社会中介机构的意见后，指定该机构具备相关专业知识并取得执业资格的人员担任管理人。但是实践当中却几乎不见个人担任管理人的情形，就连管理人名册当中也很少见到个人管理人的身影。以

---

① 范建、王建文：《破产法》，法律出版社 2009 年版，第 100 页

② 王欣新：《破产法》（第三版），中国人民大学出版社 2011 年版，第 72 页。

③ 陆晓燕：《法院指定破产管理人规则之构建——以对某市两级法院实践模式的分析为基础》，载王欣新、尹正友主编《破产法论坛（第六辑）》，法律出版社 2011 年版，第 39~40 页。

北京市为例,《企业破产法》施行七年来,指定个人担任管理人的案件不超过 10 件。① 从广东、浙江、江苏、湖北四省的司法实践来看,大多数中级法院没有编制个人管理人名册,即使个人被编入管理人名册,其编入标准不同,实际操作混乱,反映个人担任管理人缺乏广泛认同,个人管理人制度没有发挥应有的作用。②

对于个人是否能够担任管理人,学界一直存有争议。

反对者的主要理由:第一,破产工作繁重,个人管理人的专业知识难以应对;第二,我国信用制度不完善,道德风险无法控制;③ 第三,自然人赔偿能力不足,难以承担管理人的责任;④ 第四,在国有企业破产时,不利于保全国有资产;⑤ 第五,自然人担任管理人,与我国《律师法》等法律规定相冲突。⑥

赞成者则认为,管理人应由个人担任为宜。理由在于:首先,实际处理破产事务的都是具体的个人,而不是机构,个人的能力、资格和经验不是一个机构所能够反映出来的;其次,集体负责在中国现实中是个失败的例子,个人责任更易明确到位,而集体和机构责任既不明晰也不合理;再次,西方各发达国家破产法中的管理人就是个人,他们一般具有特别的准入资格,具有个人信用,还有丰富的破产实务经验。⑦ "在各国破产法中,个人担任管理人是名副其实的惯例。"⑧

甚至有学者认为,我国未来的管理人选任范围应以具有专业知识的个

---

①　徐阳光、殷华:《论简易破产程序的现实需求和制度设计》,载《法律适用》2015 年第 7 期。

②　陈雯:《个人管理人制度的障碍及其排除》,载张善斌主编《破产法的"破"与"立"》,武汉大学出版社 2017 年版,第 322 页。

③　许德风:《破产法论——解释与功能比较的视角》,北京大学出版社 2015 年版,第 249 页。

④　李燕:《论我国破产法中管理人的法律地位》,载《当代法学》2007 年第 6 期。

⑤　叶军:《破产管理人制度理论和实务研究》,中国商务出版社 2005 年版,第 136 页。

⑥　王延川主编:《破产法理论与实务》,中国政法大学出版社 2009 年版,第 132 页。

⑦　李曙光:《破产法的转型》,法律出版社 2013 年版,第 104 页。

⑧　王欣新:《破产法》(第三版),中国人民大学出版社 2011 年版,第 73 页。

人为主，理由在于：第一，个人担任管理人工作效率高于中介机构；第二，个人担任管理人时可以聘用专业人士辅助其工作，聘用人员不当执行职务产生的后果由管理人承担，这与中介机构担任管理人时，仍需派遣个人代表机构进行具体的破产事务管理工作无本质区别；第三，信用度不是取决于团队或个人，而在于外在的约束和内在的自律；第四，经过国外实践检验，选任自然人比选任中介机构更适于公平、公正和高效地处理破产事务。自然人和法人一样，都是独立的市场经济主体，都具有独立的行为能力以及责任能力，都适宜担管理人，无优劣之分，不应限制自然人担任管理人。①

个人担任管理人既是学界共识，也符合现行法的规定，但目前个人担任管理人仍面临法律障碍。我国没有个人执业制度，律师和注册会计师必须加入律师事务所或者会计师事务所，由机构接受委托后再指派个人具体经办，不能以个人身份接受委托执业。《企业破产法》与其他法律的衔接问题亟待解决。

## 三、管理人的任职资格

破产管理事务繁杂琐碎，涉及法律、财务、管理、社会等多方面，这对管理人的专业素质和管理能力要求较高，因此各国对管理人的任职资格都有明确要求。英国规定，管理人任职的积极条件为参加政府承认的职业团体并直接申请取得贸工部颁发的个人执业许可；法国破产程序中的管理人由法院从全国委员会制定的名单中指定，并且只能由这些人充当管理人。当然，也有国家在立法中对管理人的任职资格无特别规定，但在实践中仍然基本上是由律师、会计师等专业人士担任。②

我国学者多从积极资格和消极资格来解读管理人的任职资格。积极资格，是指法律规定担任管理人的必备要件。消极资格，是指依照法律规定不能担任管理人的人员范围。

### （一）积极条件

现行法律没有明确规定选任管理人的积极条件，学者多从抽象的执业

---

① 霍敏主编：《破产案件审理精要》，法律出版社2010年版，第48～50页。

② 韩长印主编：《破产法学》（第二版），中国政法大学出版社2016年版，第74页。王欣新：《破产法》（第三版），中国人民大学出版社2011年版，第69页。

能力、执业经验、商誉或品行等方面予以界定。如有学者认为，一般而言，管理人应当具备相应的行为能力和权利能力，具有相应的专业知识，具有较高的信誉或良好的品行。① 也有学者从相对具体的角度分析选任管理人的积极条件，认为管理人应当具备以下五项基本要求：一是管理人应当是或者是应当拥有复合型人才，具备相关的法律知识、处置资产所需要的专业知识和商业经验；二是管理人应当具有良好的职业素质和品行；三是管理人应当与破产案件没有利害关系，处于中间立场；四是管理人应当具有承担民事责任的能力；五是管理人不得具有法律规定的禁止性情形。②

关于管理人的专业知识和执业能力，有学者认为，管理人除要求具备一般法律知识外，还要研究两个方面的问题：一是公司法关于董事的资格要求是否可以比照适用管理人；二是管理人必然担当清算、经营等业务，是否需要管理人满足执业需要的专门知识与能力要求。③ 也有学者认为，我国创建管理人制度后，应当进行较为严格的资格管理，科学、合理、规范、标准统一而又排除人为干预地从众多具备法律规定基本资格的中介机构与个人中选拔出与司法实践发生的破产案件数量大体相应的管理人候选名册，并根据一定标准对管理人名册进行动态调整。设置专门的管理人执业资格考试是解决问题的简单、有效渠道。④ 为此，有必要专门建立执业资格体系，包括可能由行政部门组织全国统一的管理人执业资格考试以及进行实践技能考核。因为破产是市场竞争的产物，作为企业经营活动终结前的最后一环，牵涉到债权人、债务人、企业职工和第三人等多个社会环节的利益，管理人所需具备的知识不仅仅在于法律、审计等领域，其还必须具备一定的企业经营管理知识和实践经验。我国已初步具备了建立专门的破产管理人资格考试制度条件。目前可以仿照此前证券律师的做法，允许有一定的过渡期。在过渡期内对有律师、会计师资格证的人员进行法律或财会知识培训，然后对参加培训的人员采取管理人资质认证或考核的办

① 齐树洁主编：《破产法》（第二版），厦门大学出版社 2009 年版，第 108 页。
② 霍敏主编：《破产案件审理精要》，法律出版社 2010 年版，第 52 页。
③ 杨忠孝：《破产程序中利益平衡目标的实现与管理人制度》，载顾功耘主编《中国商法评论（2008 年卷）》，北京大学出版社 2008 年版，第 250~251 页。
④ 王欣新：《破产法》（第三版），中国人民大学出版社 2011 年版，第 75 页。

法，成绩合格的颁发管理人资质证书，以提高管理人从业人员的专业素质，待时机成熟后，再逐步推行全国统一的管理人资质考试制度及执业资格考试制度。①

　　与执业资格考试观点相类似，有学者认为管理人的任职资格应立足于具体执行破产事务的个人的执业能力，因此应建立管理人执照制度。管理人执照制度，是指根据法律规定，只有具有经过法律授权的合法破产执业团体的会员才有担任管理人资格的制度。理由是，破产执业最本质的工作是提供高质量的服务，最终提供服务的是个人，不是资本。而做好服务工作，执行好破产管理人业务的最重要的是胜任能力。管理人执照制度可以确保个人担任管理人的胜任能力问题，也可以解决机构担任管理人的胜任能力问题。因为即使是律师事务所、会计师事务所接受法院指定担任破产案件的管理人，还是要任命有胜任能力的个人来执行破产事务。②

　　除了管理人的专业知识和执业能力，有学者提出，管理人必须具备一定的从业经验。管理人毕竟需要应对庞杂的法律事务和经营管理事务，所以单纯具备专业知识或取得资格证书并不足以胜任破产管理工作，还要求管理人在金融、商业、会计和法律等相关领域以及在破产程序方面须具有某种程度的经验。③

　　还有学者从专业性、独立性、中立性的角度解读管理人的积极资格：第一，管理人应当由具备相应专业知识的执业人员担任。破产管理事务牵涉的利益广泛，影响极大，加之需要处理的事务大多是专业性极强的法律、财务、会计等工作，因此要求具备相应专业技能并获得相应执业资格的富有责任感的专业人员担任管理人可以说是破产制度的内在本质要求。第二，管理人应当具备独立性。管理人不隶属于政府，也不是破产债务人或债权人的代理人，更不是法院的执行机构或下属机构，而是公平维护债

　　①　刘国华、邱维焱：《破产管理人的选任制度研究》，载王欣新、尹正友主编《破产法论坛（第四辑）》，法律出版社 2010 年版，第 75 页；张国君、蔡子英、李玉军：《完善我国破产管理人制度的法律分析与构想》，载王欣新、尹正友主编《破产法论坛（第四辑）》，法律出版社 2010 年版，第 160 页。

　　②　刘伟光：《中国破产管理人制度设计研究》，大连出版社 2009 年版，第 76 页。

　　③　姚彬、孟伟：《破产程序中管理人制度实证研究》，中国法制出版社 2013 年版，第 88~89 页。

权人和债务人的利益，依法以自己名义独立行使职权，完成破产事务。第三，管理人必须具备中立性。中立性是指，管理人保持利益中立，超脱于债权人与债务人之间的利益纠葛与纷争。①

### （二）消极条件

根据《企业破产法》第 24 条的规定，禁止担任管理人的条件包括：①因故意犯罪受过刑事处罚；②曾被吊销相关专业执业证书；③与本案有利害关系；④人民法院认为不宜担任管理人的其他情形。

有学者认为，下列人员不宜担任管理人：一是因违背诚信、欺诈受刑事处罚，或受刑事处罚尚未执行完毕，或受 3 年以上有期徒刑者；二是律师、会计师被吊销执照未满法定限制年限者；三是因受破产宣告未复权者；四是其他与债务人有利害冲突者。②

持相同观点的学者从行为能力、道德素质、利益冲突三方面进行归纳，认为构成管理人的消极资格主要包含以下几方面的内容：一是关于行为能力的消极资格。对于个人管理人而言，必须具备完全的民事行为能力。二是个人道德素质的要求。管理人必须声誉良好，无犯罪记录或不当经济行为。三是利益冲突的回避。管理人在破产程序中具有独立的法律地位，管理人必须以自己的名义，不偏不倚地处理破产事务。管理人必须能够显示出超然于既得利益的素质，不论这些利益是经济利益、家庭利益还是其他性质的利益。③

也有学者认为，一个对破产管理相关知识非常熟悉的管理人如果没有良好的职业道德，那么也不可能维护好各方利害关系人的合法权益。仅仅在选任时是无法考评管理人的执业道德的，这只能是一个长期考察的过程，所以有必要建立行业协会或者由行政机关对其进行相应的考评。④

---

① 李震东：《公司重整中债权人利益衡平制度研究》，中国政法大学出版社 2015 年版，第 123~126 页。

② 魏莉、雷道茂：《论破产管理人的性质和任职条件》，载《海南大学学报（人文社会科学版）》2004 年第 3 期。

③ 姚彬、孟伟：《破产程序中管理人制度实证研究》，中国法制出版社 2013 年版，第 90 页。

④ 刘国华、邱维焱：《破产管理人的选任制度研究》，载王欣新、尹正友主编《破产法论坛（第四辑）》，法律出版社 2010 年版，第 76 页。

对于"利害关系"的理解，有学者认为，主要是从经济关系、业务关系、身份关系方面界定的，实质性的判断标准是是否存在可能影响公正、忠实履行管理人职责的情形。对于司法解释列举的情况只是存在利害关系的一般外观表现，在一定情况下是需要法院依据实质原则进行必要的裁量判断。[①]

对于"人民法院认为不宜担任管理人的其他情形"的理解，有学者认为，除了《指定管理人规定》第 9 条作了细化外，还应该包括《指定管理人规定》第 26 条明确的不应被指定为管理人的情形："社会中介机构或者个人有重大债务纠纷或者因涉嫌违法行为正被相关部门调查的，人民法院不应指定该社会中介机构或者个人为本案管理人。"[②]

显然，我国学者多认为，机构和个人担任管理人的积极资格应当是具备相应的执业能力和执业经验，但执业能力过于抽象，在实践中难以客观评判，因此有学者提出了管理人资格考试，甚至主张建立管理人执照制度。相比之下，学者更侧重于对管理人任职的消极资格的研究。[③] 的确，没有专门的管理人资格考试制度，法院确定管理人名册没有统一的标准，可能出现滥竽充数的现象；而设置管理人资格考试制度，或者设置管理人执照制度，又可能造成市场准入的障碍，影响公平竞争，也与取消不必要的职业门槛，逐渐放开市场准入条件的大趋势相违背。本书认为，已经通过司法考试、注册会计师资格考试等相关专业考试并获得执业资格的个人，已经具备了从事破产事务的能力。依法设立的律师事务所和会计师事务所等中介机构本身就是由一定数量的律师、会计师组成，这些机构同样也满足了担任管理人的资格要求。因此，不需要再设置管理人资格考试或者另行颁发管理人执照，此时明确管理人任职的消极条件就显得更有意义。当然，如何判断破产清算事务所是否具备破产事务的胜任能力，还需要进一步研究。

---

[①] 王欣新：《破产管理人指定中"与本案有利害关系"的认定》，载《人民法院报》2014 年 4 月 9 日第 7 版。

[②] 罗培新主编：《破产法》，格致出版社 2009 年版，第 73 页。

[③] 邹海林、周泽新：《破产法学的新发展》，中国社会科学出版社 2013 年版，第 121 页。

## 四、管理人的选任方式

### (一) 随机方式

随机方式包括轮候、抽签、摇号等形式。"轮候"是指将有关中介机构管理人名单、个人管理人名单按某种顺序编列，人民法院按照破产案件立案的顺序，依次从名单中指定管理人。"抽签"和"摇号"是指将既定的中介机构管理人名单、个人管理人名单的顺序打乱，进行随机摇号或抽签，人民法院根据摇号或抽签的结果指定管理人。

有学者认为，随机方式指定管理人不存在人为的判断和参与，其程序公开、透明，可以有效防止人民法院的有关人员不当行使权力的现象发生。[1] 这种方式，一般只要是本地管理人名册中的社会中介机构管理人和个人管理人都可以成为候选人。即使是普通破产案件，难易程度亦相差甚远，如何确保适用随机方式指定的管理人在专业和管理能力上能够适应具体破产案件的实际需要，是受理案件的人民法院必须考虑的问题。[2] 另有学者认为，随机方式是我国法院指定管理人的一般方式，因为根据《企业破产法》的规定，法院在接到破产申请后，可用于考虑指定管理人的有效时间是很短的，而随机方式并不需要过多人为判断，可由司法辅助人员及时完成指定工作，保证案件审理的效力。[3]

也有学者认为，随机方式的弊端在于：一是法院无法保证在具体的个案中指定出适格的管理人，案件针对性不强。[4] 为了保证破产审判的质量，法院不得不继续深度介入企业的破产管理事务，投入过多的时间和精力，让"案多人少"的审判困局雪上加霜。[5] 二是不利于促进从业者的

---

[1] 王欣新：《破产法》(第三版)，中国人民大学出版社 2011 年版，第 82 页。

[2] 霍敏主编：《破产案件审理精要》，法律出版社 2010 年版，第 50 页。

[3] 罗培新主编：《破产法》，格致出版社 2009 年版，第 77 页。

[4] 蒋馨叶：《管理人在破产重整中的角色定位及其规制完善》，载王欣新、尹正友主编《破产法论坛(第四辑)》，法律出版社 2010 年版，第 109 页。

[5] 瞿卫东、谢江武：《论我国管理人制度的运行机制——以破产审判与管理人市场培育为视角》，载王欣新、尹正友主编《破产法论坛(第七辑)》，法律出版社 2012 年版，第 132 页。

专业研究和专业投入，也不利于整个管理人行业水平的提高。① 在随机指定方式下，管理人获得案源的途径取决于"运气"，与管理人的投入、经验、专业能力、人才和信誉无关，这将会加剧整个管理人队伍的投机心理，影响整体素质的提高。②

另有学者认为，随机方式选任管理人仅仅体现了形式意义的公平、公正，并未充分保护到破产企业债权人的利益。有待于在操作层面进一步完善：一是管理人选任中强化债权人自治；二是管理人的选定需要破产法提供救济途径；三是随机方式要求完善破产案件排定和审理流程规范的配套规定。③

还有学者建议建立政府机构主导与市场机制结合的我国管理人选任制度，建立破产执业人的职业市场，在政府机构的官方信息平台上公布破产执业人及破产案件的真实信息。④

## （二）竞争方式

竞争方式是指对于特别的破产案件，人民法院采取公告的方式，邀请编入各地人民法院管理人名册中的社会中介机构参与竞争，从参与竞争的社会中介机构中指定管理人的方式。

金融机构或在全国范围内有重大影响的大型企业的破产案件，对管理人的素质要求通常比对一般破产案件高，采取随机方式指定管理人难以保障被指定的管理人能够胜任。而且，此类破产案件管理人报酬也较高，常会成为社会中介机构竞逐的目标，如果没有严格的程序规定，易出现指定不公正、权力寻租的现象。因此，最高人民法院《指定管理人规定》第21条规定了类似于招投标的竞争方式，设计了通过竞争指定管理人的一

---

① 尹正友、张兴祥：《中美破产法律制度比较研究》，法律出版社 2009 年版，第 73 页。

② 雷道茂：《关于破产管理人制度的思考》，载王欣新、尹正友主编《破产法论坛（第四辑）》，法律出版社 2010 年版，第 169~170 页。

③ 马爱平：《论随机方式在选定管理人中的适用》，载王欣新、尹正友主编《破产法论坛（第四辑）》，法律出版社 2011 年版，第 46~49 页。

④ 刘伟光：《中国破产管理人制度设计研究》，大连出版社 2008 年版，第 150~151 页。

套程序。①

学者认为，对金融机构或重大、复杂、债务人财产分散的企业破产案件，有必要采取竞争的方式指定管理人，以保证指定出最有资格、最适宜处理特定案件的管理人。而且金融机构破产往往设有前置行政处置程序，在破产案件受理前决定管理人的时间相对较宽裕，可以采取这种竞争方式，但一般的破产案件不可能有足够的时间通过竞争方式指定管理人。②

也有学者认为，竞争的方式缺点在于耗时长、成本大，而且操作不当容易产生权力寻租的问题。此外，竞争指定方式程序复杂，一旦出现管理人不能履行职责需要更换时，可能会使债务人财产的管理工作出现较长时间的空白。对以竞争方式指定管理人的适用范围应留有余地，操作方式应予简化，以免实践中需要尽快以竞争方式指定管理人时无法可依。③

### （三）接受推荐方式

对于经过行政清理、清算的商业银行、证券公司、保险公司等金融机构的破产案件，人民法院可以在金融监督管理机构推荐的已编入管理人名册的社会中介机构中指定管理人。金融监管部门推荐的管理人往往参加了对该金融机构破产前的部分行政处置工作，或参加过对其他金融机构的破产管理工作，对金融企业的情况比较熟悉，由其担任管理人，可以节省破产费用与实践，保障处理质量。④

有学者认为，该方式只适用于金融机构破产。金融机构破产通常破产财产数额大、债权债务量多复杂、政策性强、社会影响大，许多国家都采取特别程序进行破产清算，管理人的指定方式也与一般破产案件有所不同。我国尚未出台关于金融机构破产的统一的实施办法，但从已有的政策和证券公司破产的实践来看，金融机构破产均需经过行政清算前置程序。根据《指定管理人规定》第 22 条的规定，法院既可以根据第

---

① 罗培新主编：《破产法》，格致出版社 2009 年版，第 77 页。

② 王欣新：《破产法》（第三版），中国人民大学出版社 2011 年版，第 83 页。

③ 尹正友、张兴祥：《中美破产法律制度比较研究》，法律出版社 2009 年版，第 74 页；王保民：《破产管理人制度研究》，载王欣新、尹正友主编《破产法论坛（第四辑）》，法律出版社 2010 年版，第 97 页。

④ 王欣新：《破产法》（第三版），中国人民大学出版社 2011 年版，第 83 页。

18 条第 1 项的规定直接指定清算组为管理人，也可以不直接指定清算组为管理人，而是接受金融监管机构的推荐来指定管理人，这给法院更多选择的余地。①

### （四）竞争加随机方式

有学者认为，人民法院可以采取"竞争加随机"的方式，在决定受理相对比较复杂的破产案件时，如果认为此案件非所有进入本地名册的中介机构或者个人能够胜任，可以首先采用竞争的方式，选出多家适格的中介机构或者个人，再从已选出中介机构或者个人中采取随机的方式指定管理人，此种方式能够在较快地指定适格的破产管理人的同时，尽量避免权力寻租。②

也有学者认为，应当引入竞争机制与摇号相结合的方式确定管理人。在充分尊重各方意思的情况下，引入管理人竞争机制，让有关单位、中介机构针对个案出具完整的工作预案，并在工作预案和其他方面的条件都符合管理人工作实际要求的基础上，选出两类专业中介机构，一类是以财务见长的清算事务所或会计师事务所，另一类是以法律知识见长的律师事务所，两类专业机构进行结合。再通过公开摇号的方式，来确定具体案件的管理人。③

对于重整案件的管理人指定，有学者认为有其特殊性。由于企业重整不同于破产清算，它比破产清算的工作难度更大，某些情况下，比破产清算的周期更长，对管理人的要求更高，这就要求管理人不但要熟悉法律政策，还要熟悉企业的经营管理。对于企业财产单一、难度不大的案件，可以采用摇号或抽签的方式随机指定管理人。企业财产量多分散、重整难度较大的案件，可在本省管理人名册内通过竞争的方式指定管理人。④

---

① 罗培新主编：《破产法》，格致出版社 2009 年版，第 77~78 页。

② 尹正友、张兴祥：《中美破产法律制度比较研究》，法律出版社 2009 年版，第 75 页。

③ 蒋馨叶：《管理人在破产重整中的角色定位及其规制完善》，载王欣新、尹正友主编《破产法论坛（第四辑）》，法律出版社 2010 年版，第 111~112 页。

④ 王保民：《破产管理人制度研究》，载王欣新、尹正友主编《破产法论坛（第四辑）》，法律出版社 2010 年版，第 96~97 页。

# 第四节　管理人的职责

## 一、管理人中心主义理念

管理人职责的设定涉及管理人在破产程序中的地位，涉及管理人、法院、债权人之间的关系和权利分配问题。①

在《企业破产法》制定过程中，我国学者提出了管理人中心主义的观点。有学者认为，应明确破产清算程序中的管理人中心的定位。企业一旦进入破产清算程序，债权人的利益最容易受到侵害。管理人是破产法"债权人利益充分保护"原则的主要体现者。不能把管理人的角色与法官混淆起来。管理人在债权人债务人利益平衡中应更加倾向于债权人的利益，实现破产过程中的债权人利益最大化。② 所谓管理人中心主义，是指破产程序的事务性工作通过管理人来进行，管理人在破产程序开始后依法对债务人的财产进行管理、清理、保管、营运以及必要的处分，以更好地保护债权人的利益。《企业破产法》第13条、第23条、第25条关于管理人及其地位的规定，基本上反映了破产程序中的管理人中心主义。③

管理人中心主义就是要将法院从具体的破产事务性工作中解脱出来，由管理人来操作。④ 因此，如果秉持管理人中心主义理念，破产法就会设计非常广泛的管理人权限，涉及破产程序的各个方面。

## 二、管理人的基本义务

有学者认为管理人以受托人的地位管理破产财产，在基本义务方面也与信托法中受托人的基本义务相近。参照信托法中受托人的一般义务，管

---

① 邹海林：《新企业破产法与管理人中心主义》，载《华东政法学院学报》2006年第6期。

② 李曙光：《关于新破产法起草中的几个重要问题》，载《政法论坛》2002年第3期。

③ 韩长印主编：《破产法学》（第二版），中国政法大学出版社2016年版，第74页。

④ 王卫国、李永军、邹海林：《破产法十年》，载赵旭东主编《公司法评论（2005年卷）》，人民法院出版社2005年版。

理人应当履行以下基本义务：诚实信用义务；分别管理的义务；亲自管理的义务；有效管理的义务。[①]

也有学者认为管理人的义务包括执行职务情况的三个方面：报告义务、注意义务和忠实义务。报告义务是指管理人应当将执行职务的情况向有关机构报告，报告的对象既包括人民法院，也包括债权人会议和债权人委员会。报告义务的设置实际上是监督管理人机制的重要组成部分。注意义务要求管理人在执行职务时，应以善良管理人的注意谨慎行事。"勤勉尽责"应理解为善良管理人的注意所应达到的程度。忠实义务是为了保证管理人公正执行职务而设置的一项义务，管理人不得将自己置于与其职务相冲突的地位，除报酬外不得从管理中获得其他利益。[②]

也有学者认为管理人的义务主要包括：勤勉义务；忠实义务；保密义务；向人民法院报告工作的义务；接受债权人会议和债权人委员会监督的义务；无正当理由不得拒绝指定或辞去委托的义务。[③]

另有学者认为，管理人注意义务的内容包括胜任、勤勉、谨慎三个方面。（1）胜任。是指管理人应具有胜任管理人工作的能力，这意味着具备关于被任命或选定去做某事的专业知识、经验和技能。（2）勤勉。是指管理人产生后，要认真履行管理人职责，要尽可能多地将时间和精力花费在破产事务的管理方面，而不能怠于行使其相关职责。管理人勤勉义务又包含两层内涵：一是自己行为；二是及时行为。自己行为，是指管理人产生后，应由其本人亲自从事破产管理工作，履行管理人职责，而不能以任何方式将管理人应当履行的职责全部或者部分转让给其他人。及时行为，是指管理人产生后，管理人应迅速地完成破产管理工作，不能拖延。（3）谨慎。是指管理人产生后，其履行职责时应在避免债务人财产损失的前提下行为。管理人忠实义务的内容包括：第一，不处于利益冲突地位；第二，不从交易行为中获得额外利益。[④]

---

① 叶军：《破产管理人制度理论和实务研究》，中国商务出版社 2005 年版，第 296~301 页。

② 齐树洁主编：《破产法》（第二版），厦门大学出版社 2009 年版，第 117~119 页。

③ 张小炜、尹正友：《〈企业破产法〉的实施与问题》，当代世界出版社 2007 年版，第 88~92 页。

④ 姚彬、孟伟：《破产程序中管理人制度实证研究》，中国法制出版社 2013 年版，第 175~188 页。

由此可见，大多数学者都认可忠实义务和勤勉义务（注意义务）为管理人的两大基本义务。但对于忠实义务和注意义务内涵的理解，仍存在分歧。

有学者认为，忠实义务属于一种客观性义务，同时也是一种道德性义务。建议在司法解释中规定具体的忠实义务，如管理人在执行职务期间，为保证其公正的执行职务，禁止个人与破产企业之间的交易，也禁止管理人介绍第三人与破产企业进行交易。注意义务是一种积极义务，本质上是一种管理性的义务，建议对注意义务作出细化规定：一是因占有破产财产产生的职责；二是因管理破产财产产生的职责；三是因变价、分配破产财产而生的职责。①

也有学者认为，勤勉尽责是指管理人在履行职务的过程中应当以"善良管理人"的注意，认真、谨慎、合理、高效地处理破产事务，做到不疏忽、不懈怠。就忠实义务而言，指的是管理人在执行职务的时候，应当尽到最大限度地维护债务人财产和全体债权人利益的最大化，做到不隐瞒不徇私。忠实执行职务的规定还可以被解释为对管理人设定了诚实信用的义务。②

另有学者认为，管理人的勤勉义务是较抽象的义务，因而需要对其作出合适的界定。在对管理人是否履行了勤勉义务的界定标准作具体判断时，可以借鉴公司法理论中关于董事、监事、高级管理人员勤勉义务的界定。③要做到勤勉尽责、忠实执行职务，有学者认为应做到：讲究效率，勤劳务实，勤俭节约，忠实履职，谨慎处事。④

## 三、管理人的一般职责

根据《企业破产法》第 25 条的规定，管理人具有以下具体职责：

①　张国君、蔡子英、李玉军：《完善我国破产管理人制度的法律分析与构想》，载王欣新、尹正友主编《破产法论坛（第四辑）》，法律出版社 2010 年版，第 163~164 页。

②　李震东：《公司重整中债权人利益衡平制度研究》，中国政法大学出版社 2015 年版，第 170~171 页。

③　范建、王建文：《破产法》，法律出版社 2009 年版，第 120 页。

④　丛喜武、王铁成：《破产管理人制度应遵循的基本准则》，载王欣新、尹正友主编《破产法论坛（第四辑）》，法律出版社 2010 年版，第 147 页。

①接管债务人财产、账簿、印章等；②调查债务人财产状况、清收债权，接受履行；③对债务人进行内部日常管理，决定日常开支；④提议召开债权人会议，并通知已知债权人，在第一次债权人会议召开前，决定继续或停止债务人营业；⑤管理和处分债务人财产；⑥代表债务人参加诉讼、仲裁等法律程序；⑦人民法院认为管理人应当履行的其他职责。①

有学者将管理人的职责分为以下几方面：一是接管债务人的财产、印章和账簿、文书等资料；二是清理、管理、处分债务人的财产；三是经营管理权、撤销权并承认抵销权、取回权；四是代表债务人参加诉讼、仲裁或者其他法律程序；五是提议召开债权人会议。②

### 四、管理人在破产程序各阶段的相关职责

除了一般职责外，管理人在破产程序的不同阶段具有一些特定职责。

#### （一）重整程序

有学者认为，在重整程序中，管理人的职责包括以下九个方面：经营权与聘任权；对待履行合同的处理；监督权，这是《企业破产法》在赋予债务人自行管理财产和营业事务权利的同时，为避免债务人不尽心尽责，或损害其他利害关系人合法权益而设立的利益平衡机制；重整计划草案的制定权；撤销权和追回权；特别追回权；补缴出资请求权；重整人事权，是指管理人在重整程序中可以聘任必要工作人员或辅助人员的权利；融资的权利。③ 也有学者认为，在重整与和解程序中管理人主要的职责包括以下四个方面：一是财产和营业事务的移交。二是重整计划草案的制作、提交与说明。三是重整计划的提请批准。四是重整计划执行的监督与报告。④

---

① 罗培新主编：《破产法》，格致出版社 2009 年版，第 96~101 页。
② 王延川主编：《破产法理论与实务》，中国政法大学出版社 2009 年版，第147~150 页。
③ 李震东：《公司重整中债权人利益衡平制度研究》，中国政法大学出版社2015 年版，第 131~166 页。
④ 树洁主编：《破产法》（第二版），厦门大学出版社 2009 年版，第 115~116页。

有学者认为，重整程序中管理人的职责应当区分为两种情况：一是债务人自行管理时的管理人职责；二是管理人在重整程序中的特殊职责。第一种情况下，债务人自行进行管理，弱化了管理人中心主义，即管理人的职能向重整程序中的债务人发生了有条件的转移，管理人自破产程序开始而应有的职责，在重整程序中是继续存在的，只不过在债务人自行管理时，管理人的职权转由债务人行使。第二种情况下，管理人在重整程序中负有以下其他特殊职责：监督自行管理债务人；借款与担保；制作并提交重整计划草案；提出批准重整计划的申请；在法院批准重整计划后，向债务人移交财产和营业事务；监督债务人并提交监督报告；请求法院宣告债务人破产。①

也有学者认为，管理人在重整的两个阶段职责不同，从提出重整申请、法院裁定准许重整到法院批准重整计划是第一个阶段；从法院批准重整计划到重整计划执行完毕是第二个阶段。在第一个阶段，管理人的主要任务是对包括担保债权人、取回权人在内的债权人或其他权利人的权利实施"冻结"，制定重整计划，帮助债务人度过财务危机。具体包括：①管理债务人财产和营业事务，或者监督债务人自行管理财产和营业事务；②办理重整计划草案制定、提交、讨论、批准等相关事宜；③申请终止重整程序。在第二个阶段，管理人的主要任务就是落实重整计划。基于重整计划与债务人的内在联系和生死攸关的利害关系，《企业破产法》规定由债务人负责执行重整计划。但债务人执行重整计划，不能脱离管理人的监督。管理人在此阶段的具体职责包括：移交债务人财产和营业；监督债务人执行重整计划；及时向法院报告债务人执行重整计划的情况；向法院提交监督报告。②

另有学者认为，重整程序具有较为独特的目的和功能，不以实现全体债权人的债权为目的，故在重整程序中，管理人的职责不是围绕债务人的财产，而是围绕重整计划而展开。具体职责包括：第一，由管理人负责管理财产和营业事务时的职责：特殊的经营管理职责、制作重整计划。第二，由债务人自行管理财产和营业事务时的职责：细化管理人监督职责的

---

① 邹海林：《破产法——程序理念与制度结构解析》，中国社会科学出版社2016年版，第181~183页。

② 罗培新主编：《破产法》，格致出版社2009年版，第101页。

内容、建立相应的救济措施。第三，监督重整计划的执行：细化管理人的监督职责、加强债权人委员会的监督职能。①

在重整程序中，重整计划的执行存在债务人为执行人的债务人自行管理模式、管理人为执行人的管理人管理模式，模式不同，管理人的职责迥异。《企业破产法》第89条规定，重整计划由债务人负责执行。依此规定，即使重整计划草案是由管理人负责制定的，在批准之后也要由债务人负责执行。有学者认为这一规定过于绝对化，主张在债务人存在破产欺诈或其他严重损害债权人利益的违法行为等情况下，应当允许管理人负责执行重整计划。②

本书认为，现行法已经排除了管理人为重整计划执行人，因此管理人在重整程序中的职责只有债务人自行管理模式下的职责。在债务人自行管理模式下，有关债务人经营方面的职责原则上由债务人自行行使，与重整程序有关的职责则由管理人履行。

### （二）和解程序

法院直接裁定和解的，管理人应当履行的职责，适用法院受理破产清算申请后管理人职责履行的有关规定。法院受理破产申请后又裁定和解的，管理人仍应履行破产清算程序中管理人应履行的职责直至履行完毕。管理人的职责可以分为和解协议通过之前、和解协议执行期间、和解协议终止之后三个阶段。第一，管理人在和解协议通过之前的职责包括：刻制印章和开立账户；接管债务人财产和营业事业；调查债务人财产状况；管理债务人财产和营业事务；代表债务人参加诉讼、仲裁或者其他法律程序；接受及审查申报债权；召开债权人会议。第二，管理人在和解协议执行期间的职责，主要包括：基于《企业破产法》第31、32条的规定行使撤销权；基于第31条至第34条以及第128条的规定请求返还财产；基于第35条的规定要求出资人缴纳应缴纳而未缴纳的出资；基于第36条的规定要求债务人的董事、监事和高级管理人员返还非正常收入和侵占的企业财产。第三，管理人在和解程序终止后的职责，包括：将管理人印章销

---

① 姚彬、孟伟：《破产程序中管理人制度实证研究》，中国法制出版社2013年版，第242~252页。

② 王欣新：《破产法》（第三版），中国人民大学出版社2011年版，第279~280页。

毁，并说明管理人接管期间债务人财产和营业事务的变化情况，同时向法院提交执行职务的报告；法院裁定终止和解程序并宣告债务人破产的，管理人应立即接管债务人财产和营业事务，按照破产清算程序执行职务。①

因客观原因债务人不能执行和解协议，或者债务人不执行和解协议，债权人可以申请法院裁定终止执行和解协议，并宣告债务人破产清算。②

### （三）破产清算程序

有学者认为破产清算程序中管理人的具体职责包括以下五个方面：财产变价方案的拟定、提交与财产的适时变价；财产分配方案的拟定与提交；财产分配方案的执行；特殊债权分配额的提存与处理；终结破产程序的请求与注销。③

也有学者认为，在破产清算阶段，管理人的主要职责不再是对债务人或债务人的财产的管理，而是将破产财产变现，然后在全体债权人之间进行实际的分配，从而终结破产程序。具体包括：拟定并执行破产财产变价方案；拟定和执行破产财产分配方案；企业注销登记。④

# 第五节　管理人的报酬

## 一、管理人报酬的决定主体

根据《企业破产法》的规定，管理人的报酬由人民法院确定，债权人会议享有异议权。管理人的报酬的决定主体，从目前的各国及地区立法来看，大致有两种模式：一种是由法院确定，譬如德国、韩国、日本及我

---

① 余俊福：《中国破产管理人实务》，法律出版社 2015 年版，第 262、272~273、276 页。

② 邹海林：《我国企业再生程序的制度分析和适用》，载《政法论坛》2007年第 1 期。

③ 齐树洁主编：《破产法》（第二版），厦门大学出版社 2009 年版，第 116~117 页。

④ 姚彬、孟伟：《破产程序中管理人制度实证研究》，中国法制出版社 2013 年版，第 193 页。

国台湾地区；另一种是由债权人会议确定，以英国、俄罗斯、澳大利亚为代表。① 鉴于管理人的报酬由债务人财产优先支付，管理人的报酬高低与债权人的清偿利益直接相关，我国《企业破产法》赋予债权人会议对管理人报酬的异议权，赋予债权人表达不同意见的机会。

有观点认为，现行法院确定模式有缺陷，建议由管理人先提出报酬的方案，债权人有意见的可以先进行协商，然后报法院核准。如果管理人和债权人对法院核准的报酬有异议可上诉，而不是仅仅提出没有任何保障的异议权。原因是：第一，管理人既然是按市场化方式运作处理破产事务的专业机构和人员，按市场法则其报酬就应该由市场化方式来确定，更应该由最后承担可能损失的债权人来确定。第二，法院在日常繁忙的工作中很难深入管理人的工作中去监督，由法院来决定管理人的报酬就存在着很大的不足。第三，如果完全采用债权人确定的模式，在客观上就存在着利益冲突。②

## 二、管理人报酬的数额

根据最高人民法院《关于审理企业破产案件确定管理人报酬的规定》的相关规定，管理人的薪酬以最终清偿的财务额为基数进行计算，③ 即债务人财产的价值扣除破产费用、共益债务之后所剩的数额，这种数额的计算方式将管理人的自身收入和"忠实勤勉"义务联系在一起，对管理人职责履行具有激励作用。

有学者认为现行法借鉴了美国确定模式，但在债务人破产财产较少工

---

① 《德国破产法》第 64 条规定，破产法院以裁定确定破产管理人的酬金和应向其归还的垫款，对于此项裁定，破产管理人、债务人和任何破产债权人均有权提出即时抗告。《日本破产法》第 87 条第 1 款规定，破产财产管理人可以接受预付的费用以及法院确定的报酬。我国台湾地区"破产法"第 84 条规定，破产管理人之报酬，由法院定之。《俄罗斯联邦无支付能力（破产）法》第 26 条规定，仲裁管理人因履行其职权每月所得的报酬数额，由债权人（债权人会议）确定；破产债权人、被授权机关或债权人会议，可以确定仲裁管理人的额外报酬。参见王延川主编：《破产法理论与实务》，中国政法大学出版社 2009 年版，第 156～160 页。

② 邱维焱、王宇：《论破产管理人及相关人员的报酬》，载《北方经贸》2009年第 11 期。

③ 深圳市律师协会公司解散与清算专业委员会编著：《律师从事破产清算业务指导标准》，法律出版社 2015 年版，第 170 页。

作较多、或破产财产较多而工作较少时，该种确定模式存在不合理的可能。①

也有学者认为，在考虑到激励管理人的同时，也不能忽略保护债权人的利益，故设计细致精确的考核模式来衡量管理人的工作。管理人薪酬制度也可以考虑分块，根据其经营业绩、制定计划、破产企业规模、会议活动、寻找投资者等工作的评价来设计薪酬。②

还有学者认为，我国的管理人报酬标准，相比于美国、德国、法国关于管理人报酬的规定过低，不利于对管理人的保护。③ 对于确定管理人报酬的方法，主要争议是管理人是采取计时取酬还是以可分配财产标的额按比例取酬。有的学者提出，薪酬标准以可分配财产标的额按比例确定基础上、下限报酬范围，在上、下限的范围内计时或计件计算报酬。④

### 三、管理人聘请其他工作人员的报酬

有学者认为，相关中介机构对因其专业所限不能完成的法律事务可以聘用其他中介机构来完成，所产生的费用应作为破产费用从破产财产中支付而不从其报酬中支付。而对于其本身能够从事的管理事务如果聘用他人完成，则只能从其报酬中支付相关费用。⑤

也有学者认为，当管理人不具备本专业的某些资质，必要且合理地聘请其他本专业中介机构或者人员，若此时的费用仍须管理人支付，则损害了管理人的利益；而如果管理人与聘请的非本专业社会机构或者专业人员名为不同机构，实为一个组织团体，此时所需费用若作为破产费用从债务人财产中支付，也不能科学保护债权人利益。所以我们可以参考美国在这

---

① 邱维焱、王宇：《论破产管理人及相关人员的报酬》，载《北方经贸》2009年第11期。

② 冯雪倩：《破产管理人薪酬制度设计——以美法制度为对比的思考》，载《长春工程学院学报（社会科学版）》2016年第2期。

③ 陈夏红：《再穷不能穷破产管理人》，载《法制日报》2016年7月20日第12版。

④ 刘伟光：《中国破产管理人制度设计研究》，大连出版社2008年版，第150~151页。

⑤ 邱维焱、王宇：《论破产管理人及相关人员的报酬》，载《北方经贸》2009年第11期。

方面的规定，管理人利用自身专业知识有权获得相同于行业标准的津贴，且此津贴作为破产费用从债务人财产中支出。①

### 四、清算组的报酬

有学者认为，从激励机制角度出发，清算组除了获得工资外应当获取相应的报酬，这样才能激发他们更好的工作。否则可能会使其人浮于事、履行职责没动力，这样对破产管理工作的高效、有序极为不利。在清算组获得报酬的同时应当明确清算组的责任体系。②

本书认为，清算组的报酬主要涉及金融机构等重大破产案件法院指定清算组担任管理人的情形，清算组中的有关政府部门工作人员参与破产工作的，其所在单位支付工资即可，额外获得报酬没有法律依据，因为参加破产工作是他们应尽的职责；清算组聘请律师、会计师等参与破产清算工作的，应当支付相应的报酬，报酬数额可以协商确定。清算组的报酬问题既涉及清算组担任管理人是否正当的问题，也涉及清算组担任管理人的承担责任问题。对此，还需要进一步研究。

### 五、管理人报酬基金

司法实践中部分破产案件由于债务人财产不足以清偿破产费用，管理人无法获得合理报酬，甚至管理人垫付的成本都无法收回。为解决无法支付管理人管理费用的情况，有学者提出四种模式：第一，是"高低搭配"（交叉补贴），即管理人搭配参与有大额财产的企业破产案件和无财产或仅有少量财产的企业破产案件，以使管理人报酬的总量平衡。德国即由法官任意指定管理人，法官在指定管理人时，可以对管理人报酬作总量平衡，以在整体上保证管理人能够取得合理收益。第二，设定公共管理人，专司入不敷出的企业破产案件的管理工作。第三，设置破产费用基金或管理人报酬基金。③ 基金或来源于政府专项拨款，或通过企业在工商登记设

---

① 冯雪倩：《破产管理人薪酬制度设计——以美法制度为对比的思考》，载《长春工程学院学报（社会科学版）》2016 年第 2 期。

② 邱维焱、王宇：《论破产管理人及相关人员的报酬》，载《北方经贸》2009年第 11 期。

③ 《北京建立国企破产准备金制度》，载《河北审计》2000 年第 7 期。

立之初预先缴纳，或通过特殊的税收设置取得，或通过法院收取破产案件受理费补贴，以补偿管理人报酬的不足。也有学者指出，为确保资不抵债企业有序退出市场以及管理人队伍的健康发展，成立"管理人报酬基金"，以解决无可分配财产的破产案件中管理人报酬的问题，应是将来我国完善管理人制度的发展方向。① 第四，由各方利害关系人垫款，包括国家作为利害关系人时的垫款。上述第二、三、四种方案，均涉及国家财政、税收等问题，依现时政策，尚不具备可操作性或可操作性较差；而第一种方案，由于改变了以随机指定管理人为主的既定指定方式，又与最高人民法院《关于审理企业破产案件指定管理人的规定》的有关规定有差异。故建议建立管理人内部的报酬互助基金，对由于非管理人自身原因导致的管理人报酬不足实施援助补偿，有助于解决上述实践难题。具体运作为：依管理人内部援助原则获取管理人报酬基金的资金来源；依责权利相一致原则确定管理人报酬基金的补偿对象；依填平式补偿原则计算管理人报酬基金的补偿金额；建立基金收支、运作的监管机制。②

也有学者认为，在我国《企业破产法》中，如果企业遭遇无产可破的困境，相关利害关系人若不出资垫付相关费用，当事人只能向法院提请中止破产程序。但是破产程序继续有助于检查破产企业及其董事、监事、高级管理人员是否履行了勤勉义务，是否在经营管理过程中实施了损害公司利益的不良行为，能够在一定程度上规范社会主义市场经济秩序。因此，可以借鉴法国经验为准司法援助行为垫付相关费用。而最低报酬的确定，应当结合区域间经济发展水平、破产案件具体情况、基金规模的大小、管理人所付出的必要且合理的劳动等因素综合考虑。至于破产基金的来源，则可以考虑财政专项拨款，社会各界捐助以及非无产可破案件的管理人报酬的一部分。③

---

① 沈志先主编：《破产案件审理实务》，法律出版社2013年版，第103~104页。
② 张磊、陆晓燕：《论破产管理人报酬基金制度之构建》，载《法律适用》2013年第5期。
③ 冯雪倩：《破产管理人薪酬制度设计——以美法制度为对比的思考》，载《长春工程学院学报（社会科学版）》2016年第2期。

# 第六节 对管理人的监督

有学者认为，管理人的监督机制主要涉及三个层面：一是内部监督层面，即为管理人规定良心上的注意义务；二是外部监督层面，即法院和其他监督主体对管理人行为的监督；三是法律责任监督层面，不仅包括违反义务所应承担的民事法律责任，还包括造成严重后果应当承担的刑事责任。① 综合来看，多数学者都认为对管理人的监督存在法院和债权人两方主体，事前监督和事后监督两个方面，人民法院监督的主要内容是以听取管理人工作报告的形式监督管理人职务行为的合法性，而债权人会议及债权人委员会主要针对管理人的职务执行情况进行监督，债权人可以主动询问管理人相关事宜。②

## 一、法院监督

法院是破产程序的领导机关，管理人是法院指定的，因此管理人依法执行职务应当向法院报告工作，接受法院的监督。法院监督的方式主要是对管理人的管理行为进行认可、裁定或接受其事务报告等。

有学者认为，对于管理人的监督，法院居于核心地位。在破产管理实务中，要把握好法院对管理人的监督程度。一方面，要避免出现在《企业破产法》体制下，管理人行政色彩过浓，法院监督力度薄弱，管理人在处理重整事务时"先斩后奏"，脱离法院监督的情况，特别是对政府部门工作人员组成清算组作为管理人的案件；另一方面，也要防止管理人过于依赖法院，事无巨细都向法院请示批准的情况，甚至由法院越俎代庖处理事务。管理人在法律规定的职权范围内，可以自由判断，亦应独立执行其职务，法院绝非对于同一行为，而有同一职权之上级机关。③

---

① 陈义华：《理性批判与制度构建：破产管理人监督机制论纲》，载《生产力研究》2011 年第 7 期。

② 齐明：《破产法学：基本原理与立法规范》，华中科技大学出版社 2013 年版，第 84~85 页。

③ 郭毅敏主编：《破产重整·困境上市公司复兴新视野——以审判实务研究为中心》，人民法院出版社 2010 年版，第 108~109 页。

## 二、债权人会议监督

债权人会议作为全体债权人的意思自治机关和共同利益维护机关,有权对管理人的行为实施监督。《企业破产法》第 23 条明确规定了管理人执行职务应接受债权人会议的监督,管理人应当列席债权人会议,向债权人会议报告职务执行情况,并回答询问。

有学者认为,债权人会议的监督主要是通过行使知情权与异议权来实现的。通过报告及询问获得相关信息,债权人会议可以对管理人处理破产事务的相关行为进行监督,但如果债权人会议对管理人的报告有疑问,而管理人拒绝监督时如何救济自己的权利,则没有规定,此时应该赋予债权人会议异议权,请求人民法院作出处理。债权人会议的异议权包括:对于选任管理人的异议权;对于管理人报酬的异议权;对于管理人报告的异议权。①

## 三、债权人委员会监督

债权人委员会作为债权人会议的常设机关和代表机关,在债权人会议闭会期间,应当承担债权人会议监督管理人的工作。《企业破产法》第 23 条规定,管理人依照本法规定执行职务,应接受债权人委员会监督。

有学者认为,债权人委员会的监督具有重要地位,因为债权人委员会是常设机构,可以对管理人进行经常性的监督,从而能够及时发现和制止管理人的不当行为,保护债权人的利益。由于法院审判任务繁重,无力进行经常监督,而债权人会议召开次数有限,无法进行经常监督,这就导致了管理人实施恣意行为损害债权人利益的现象无法及时被发现和纠正。②

也有学者认为,可以由债权人会议选举产生一名或者多名常设的监督人,再由债权人会议委派到管理人中,管理人对破产事务进行处理、决策时应向监督人通报,监督人将其认为可能侵害债权人利益的事项向债权人

---

① 杨姝玲:《破产管理人监督机制的解读与重构》,载《学术交流》2011 年第 11 期。

② 齐树洁主编:《破产法》(第二版),厦门大学出版社 2009 年版,第 124~125 页。

会议进行通报，由此进行进一步监督。① 本书认为这一建议值得商榷。常设的监督人是否会为私益损害债权人的利益不无疑问，况且债权人会议的组成本身就是为统一不同利益主体的权宜之计，再另行选出代表，不仅无法对各方利益主体进行代表，还存在私益贪腐的可能。

四、行政机关监督

有学者认为，应当成立行政机构性质的破产管理局管理和监督管理人。在司法部内部设一个常设管理机构——管理人管理办公室或破产事务管理局，同时在各省设立相应的垂直领导的分支机构，并赋予该机构管理破产案件和管理破产案件管理从业人员即管理人的行政职能。管理人管理办公室的工作人员属于国家公务员，专门管理破产案件和管理人，其经费来源于国家财政预算。②

也有学者认为，应当建立一个专门的破产管理机构，目的之一是分担一些法院对管理人的监督职责，承担监督和管理管理人的行政性和日常性事务的工作，使法院从繁重琐碎的日常性监督工作中解放出来，回归裁判者的本位。可以直接由国务院或是其下属的部委如司法局等设立一个破产管理局，建立中央和地方三级垂直管理机构，与法院系统相对应。③

还有学者认为，没必要专设行政主体监督管理人，因为英美等国的此类机构一般有其特殊的设立背景。而大陆法系国家对管理人监督主要依赖破产程序体系内的监督（包括法院的监督），这种监督能够使各监督主体之间相互制衡，避免监督权滥用，并且有司法权的中立性和权威性作为最终保障，能够较好地发挥监督作用，更适合我国的国情。④

---

① 曲冬梅主编：《新企业破产法疑难问题与实务》，法律出版社 2012 年版，第15 页。

② 张国君、蔡子英、李玉军：《完善我国破产管理人制度的法律分析与构想》，载王欣新、尹正友主编《破产法论坛（第四辑）》，法律出版社 2010 年版，第 162 页。

③ 张培森：《论我国破产管理人的监督机制》，载王欣新、尹正友主编《破产法论坛（第四辑）》，法律出版社 2010 年版，第 190~191 页。

④ 李江鸿：《论对破产管理人的监督》，载王欣新、尹正友主编《破产法论坛（第四辑）》，法律出版社 2010 年版，第 185 页。

### 五、多元主体监督

有学者认为，为防止管理人为了一己私利而损害各方当事人利益，建立多层次、多元化的监督机制无疑是最佳选择。一是人民法院的监督，体现在管理人的指定中的监督、对管理人履职情况的监督、对管理人报酬确定的监督和破产程序终结后的审计责任的监督等。二是债权人会议的监督，体现在申请人民法院更换不称职的管理人、审查管理人的费用和报酬等。三是债务人的监督，管理人未依照本法规定勤勉尽责、忠实执行职务的，给债权人、债务人或者第三人造成损失的，依法承担赔偿责任。四是破产事务管理局的监督，考虑设立专门的管理人办公室，负责管理人资格、能力考查，对符合条件的授予管理人资格证书，并推荐列入法院的管理人名册；听取债权人会议和债权人委员会对管理人的监督意见并对其发现的问题进行调查、处理；对法院任命管理人进行监督；监督管理人的履职行为；对管理人违规行为进行处理。①

也有学者提出，管理人监督机制应包含管理人行业自律监管机构和专门的行政主体监督，这样可以分化法院的权力和压力，形成协作制衡的监督机制。② 也有学者认为，应该在现有监督机制的基础上设立更加超脱的监督机构，或者规定破产企业工会也有相应的监督权。因为我国虽然规定管理人也要接受债权人委员会的监督，但债权人委员会成员毕竟是代表债权人利益，其中职工或工会代表有限。而且，国外大多采用多元化的监督主体制度，除了法院和债权人的监督外，还确立了与债权人会议、管理人相互独立的破产监督人机构。③ 也有学者支持此类观点，指出由破产执业人协会对破产执业人的执业进行行业自律监管，国家破产管理署对破产执业人行业进行管理监督，此外，建立执业担保制度，明确法律责任也有利于提高对管理人的业务监管。④

---

① 黄小丹：《反思与重塑：试论我国破产管理人制度的完善》，载王欣新、尹正友主编《破产法论坛（第四辑）》，法律出版社 2010 年版，第 104～105 页。

② 余俊福：《中国破产管理人实务》，法律出版社 2015 年版，第 47～49 页。

③ 马继远：《论破产管理人的公正性》，载王欣新、尹正友主编《破产法论坛（第四辑）》，法律出版社 2010 年版，第 131～132 页。

④ 刘伟光：《中国破产管理人制度设计研究》，大连出版社 2008 年版，第 151 页。

还有学者认为，将法院、债权人会议、债权人委员会监督结合起来，再辅之以其他主体监督职能，形成管理人监督机制的有机整体。法院是破产案件大局的主导者，在监督体制中处于核心地位，制定并维护规则。在监督管理人的同时，法院应审查债权人会议及债权人委员会监督人针对管理人行为提出的异议，对偏激的提议进行驳斥。债权人会议是债权人共同利益的代表，对管理人有监督权和弹劾建议权，是债权人委员会权力的来源，是管理人监督体制不可或缺的组成部分。债权人委员会作为代表债权人会议进行日常监督的机构，弥补了法院及债权人会议对管理人日常监督的不足，是债权人会议监督权的有力延伸。①

## 第七节　管理人制度的完善

### 一、管理人制度的不足

管理人作为破产事务最主要的处理者，是破产程序中不可或缺的重要角色，可以说破产程序能否高效公正进行，各方利益能否得到保障，很大程度上都系于管理人一身，因而管理人制度也是破产法律规范中重要一环。我国现阶段对于管理人的规定主要集中于《企业破产法》以及最高人民法院于 2007 年发布实施的《关于审理企业破产案件指定管理人的规定》和《关于审理企业破产案件确定管理人报酬的规定》两部司法解释。从《企业破产法（试行）》对清算组寥寥数条的规定，到《企业破产法》和两部司法解释中对管理人的选任条件、管理人的职责、管理人的监督与解任等事项较为详尽的制度设计，可以看出我国理论与实务界都逐渐认识到管理人在破产程序中的重要作用，管理人制度日臻成熟。但是我国管理人制度尚未完善，一方面，在"宜粗不宜细"的立法原则的影响下，许多制度的设计比较原则，需要进一步阐释；另一方面，随着对破产法的讨论逐渐深入，主流观点更迭，一些规定可能也需要修改。正如学者所言，就管理人制度的实际运转来看，就像破产法本身一样，并没有完全达到立

---

① 瞿卫东、谢江武：《论我国管理人制度的运行机制——以破产审判与管理人市场培育为视角》，载王欣新、尹正友主编《破产法论坛（第七辑）》，法律出版社 2012 年版，第 184 页。

法当时的"预期",未来仍需磨合与校正。① 理论界普遍认为管理人制度还存在以下问题。

## (一) 管理人选任程序中的问题

### 1. 法院权力过大,债权人利益保护不足

如前所述,管理人选任存在三种立法例。一是法院选任,突出法院在破产程序中的主导作用,法国、意大利、日本等国采取了这一种形式;二是债权人会议选任,充分体现破产程序中债权人自治的精神,为美国、加拿大和瑞典等国所接受;三是实行双轨制,既可由债权人会议选任,也可由法院或特定的政府机关选任,英国和我国台湾地区采用此模式。鉴于无论是法院选任还是债权人选任都是偏执一端,带有一定的极端性,与破产程序私法属性与公法属性相结合的性质相冲突。② 故而绝对的法院选任与绝对的债权人选任逐渐被域外立法所抛弃,法院选任和债权人选任相互融合成为国际立法趋势。③ 目前我国学界虽然存在是以债权人会议选任还是以法院选任为原则的争议,但基本上赞成采双轨制。通过合理的权利分配,双轨制可以吸收上述两种方法的优点,尽可能规避二者的不足,既可以平衡各方利益,又可以提高选任效率。④

根据《企业破产法》第 22 条第 1 款、第 2 款的规定,管理人由人民法院指定,债权人会议认为管理人不能依法、公正执行职务或者有其他不能胜任职务情形的,可以申请人民法院予以更换。我国现行法采用的是法院选任、债权人可以提出异议的模式。但是,债权人如果想更换管理人,首先需要管理人存在"不能依法、公正执行职务或者有其他不能胜任职务"这一前提条件;其次必须在债权人会议中形成决议;最后还需要由法院审核并决定是否变更。如果法院不予变更,现行法也没有赋予债权人申请复议的权利。而且管理人即使侵犯某部分债权人的利益,这些债权人

---

① 许德风:《破产法论——解释与功能比较的视角》,北京大学出版社 2015 年版,第 248 页。

② 杨森主编:《破产法学》,中国政法大学出版社 2008 年版,第 43 页。

③ 汤维建:《论破产管理人》,载《法商研究》1994 年第 5 期。

④ 罗培新主编:《破产法》,格致出版社 2009 年版,第 69 页

很可能也无法举证证明。① 可以说，我国现行法虽然赋予债权人以申请更换的权利，但是申请更换需要符合较为严格条件，而且最后是否更换的决定权还是在法院手上，因此我国实际上采取的是由法院选任的模式。债权人不能通过选任和更换管理人的方式对管理人进行有效约束，债权人的合法权益难以得到保障。

2. 选任范围中保留了清算组，自然人担任管理人受歧视

根据《企业破产法》第 24 条第 1 款的规定，管理人可以由有关部门、机构的人员组成的清算组或者依法设立的律师事务所、会计师事务所、破产清算事务所等社会中介机构担任。其中清算组无疑来源于《企业破产法（试行）》的规定，清算组作为管理人有其积极一面，政府有关部门直接参加清算，可以对破产清算中企业职工分流安置、退休人员移交社会化管理、非经营资产的移交、长期投资的清理等工作提供行政上的支持与配合。② 但清算组也饱受学界批评。在《企业破产法（试行）》施行阶段，学界对于清算组的批评主要集中在以下几个方面：一是"清算组"的名称中"清算"不能体现该机构在破产程序中的作用，还有可能与企业非破产清算程序相混淆。③ 二是"清算组"中的"组"说明至少为两人以上，对于相对简单的破产案件，一个人也可以处理，按名称一定为两人以上不利于简化案件。④ 三是由与破产企业有利害关系的上级主管部门组成清算组成员，难以期望清算公正顺利进行。⑤ 四是法院与同级人民政府协商一致才能设立清算组，限制了法院行使审判权的独立性；清算组成员全部来自国家机关职能部门，容易受地方保护主义干扰，实践中资产未

① 李棽：《新破产法中破产管理人制度的缺陷与完善》，载《求索》2008 年第 5 期。

② 高民尚：《〈关于审理企业破产案件指定管理人的规定〉的理解与适用》，载《人民司法》2007 年第 9 期。

③ 王欣新：《论新破产法中管理人制度的设置思路》，载《法学杂志》2004 年第 5 期。

④ 赵伯祥、石有维：《对我国破产财产管理人制度的立法思考》，载《律师世界》2003 年第 1 期。

⑤ 汤维建：《论破产管理人》，载《法商研究》1994 年第 5 期。

完全清算的情况时有发生。① 五是"有关部门""有关人员"缺少界定。② 六是相较于律师、会计师等专业人员，清算组成员不熟悉法律政策，缺少专业技能，其非专业性与不稳定性降低处理破产事务的效率。③ 七是清算组一般由政府官员临时组成，其成员往往有其他工作难以全身心投入，而且不同成员来自不同政府部门，也不领取报酬，难以追责。④ 而在《企业破产法》生效后，虽然有学者认为《企业破产法》中的清算组性质上属于管理人，需要承担《企业破产法》所规定的管理人的职责，与《企业破产法（试行）》中的清算组存在区别。⑤ 但不可否认的是，《企业破产法（试行）》中清算组存在的问题在《企业破产法》中依旧存在。

根据最高人民法院《关于审理企业破产案件指定管理人的规定》第18条的规定，只有在四种情形下可以指定清算组为管理人：破产申请受理前，根据有关规定已经成立清算组，清算组成员符合法律、司法解释规定的；审理《企业破产法》第133条规定的案件，也就是政策性破产的案件；有关法律规定企业破产时成立清算组；人民法院认为可以指定清算组为管理人的其他情形。然而，兜底条款的存在导致法院指定清算组为管理人实际上并无限制。实践中一些法院仍然偏重于用政府人员为主导的清算组担任管理人。⑥ 保留清算组不能防止国有资产流失，反而是引入专业机构可以从根本上将企业破产程序透明化，才能防止国有资产的流失。⑦ 解决职工安置也不是破产法的任务，行政机关不宜再通过清算组对市场正

---

① 吴秋发、邵爱红：《完善我国破产财产管理人制度的构想》，载《中国司法》2001年第6期。

② 王晓云、荆龙：《我国破产管理人制度的完善》，载《人民法院报》2003年9月3日。

③ 汤维建：《论破产管理人》，载《法商研究》1994年第5期；吴秋发、邵爱红：《完善我国破产财产管理人制度的构想》，载《中国司法》2001年第6期。

④ 王卫国：《中国新破产法草案中的管理人》，载《中国法律》2004年第6期。

⑤ 李永军：《破产法——理论与规范研究》，中国政法大学出版社2013年版，第164页。

⑥ 王欣新：《论破产管理人制度完善的若干问题》，载《法治研究》2010年第9期。

⑦ 张廷栓：《浅议破产管理人制度实施中的几个法律问题》，载《广西社会主义学院学报》2009年第5期。

常破产行为进行干预。① 尤其是伴随着国有企业改制的进行，政策性破产正式退出历史舞台，清算组继续存在的必要性存疑。

《企业破产法》第 24 条第 2 款与第 4 款规定了自然人（个人）担任管理人应当具备的条件，从中可以看出在我国自然人担任管理人需满足相较于机构担任管理人更高的要求。自然人不仅需要是有关社会中介机构的成员，具备专业知识并取得职业资格，还需要参加执业责任保险，人民法院在指定前还需要征询有关社会中介机构的意见。而最高人民法院《关于审理企业破产案件指定管理人的规定》第 17 条则更进一步限制了自然人担任管理人的空间，只有同时满足事实清楚、债权债务关系简单、债务人财产相对集中这三个条件的企业破产案件，人民法院才可以指定管理人名册中的自然人为管理人。可见我国立法者对于自然人是否有能力担任管理人深表怀疑，一再限制自然人担任管理人的空间。

当然，有学者认为不应该对自然人担任管理人抱有偏见。相关理由在本章第三节已经具体论述，不再赘述。

3. 管理人名册编制存在寻租空间，个案中管理人指定方式还需优化

最高人民法院《关于审理企业破产案件指定管理人的规定》第 1 条规定，管理人应当从管理人名册中指定；第 2 条至第 14 条规定了管理人名册具体制定方法。有学者对由法院编制管理人名册提出了质疑，认为这种先要将潜在的管理人编入名册，再从管理人名册中选择管理人的入库规则脱离了破产法本意，限制了公平竞争，成为一种司法许可。而且整个过程完全由法院确定，缺少监督，容易滋生腐败。②

《企业破产法》规定自然人担任管理人应当具有相应的执业资格，但是并没有说明是何种资格。有学者根据最高人民法院《关于审理企业破产案件指定管理人的规定》，认为这一资格应为律师或者会计师执业资格，同时对于中介机构担任管理人的，也需要中介机构成员具有法律或注册会计师资格或经营管理经验。一方面，管理人作为一种特殊的职业，其职业要求不完全等同于律师也不完全等同于会计师，律师往往熟悉法律法

---

① 李琴：《新破产法中破产管理人制度的缺陷与完善》，载《求索》2008 年第 5 期。

② 陈煜儒：《破产管理人制度不能变味》，载《法制日报》2009 年 3 月 13 日第 6 版。

规却难以胜任财会方面的破产事务，会计师对于破产人财务监管很有经验，却对代表破产人参加诉讼仲裁或其他法律程序力不从心。① 另一方面，只有具备基本素质要求和必要专业技能的管理人，才能公正、高效地开展工作，最大限度提升破产财产的变现价值，否则不仅难以处理各项事务，还可能造成破产财产的贬值和破产成本的增加，必然会损害债权人的利益，因此严格的管理人资格准入制度是十分必要的。② 因此对于管理人资格是否应该单独予以认定，由谁予以认定都需要长远的制度设计。

除此之外，在管理人名册的编制和个案中管理人指定方式上还有需要优化的地方。首先，根据最高人民法院《关于审理企业破产案件指定管理人的规定》第 2 条的规定，由高级法院或中级法院编制管理人名册，高级法院辖区大，潜在的入册管理人数量多，编制管理人名册成本大效率低。编制完管理人名册之后，下级法院选择管理人时需要将全省管理人统一进行抽签摇号，成本也比较大，最后确定的管理人若不在该下级法院辖区，管理人跨区履责也不方便。③ 其次，根据最高人民法院《关于审理企业破产案件指定管理人的规定》，具体案件中有三种指定管理人的方式，其中以随机方式公开指定管理人为原则，对于金融机构或在全国范围内有重大影响、法律关系复杂、债务人财产分散的案件可以采用竞争的方式指定管理人，而对于经过行政清理、清算的金融机构破产案件，可以直接接受金融监管机构推荐的在册机构为管理人。实践中不同的破产案件处理难易程度存在区别，管理人能够取得的报酬也有不同，除去金融机构破产等破产案件之外，其他的破产案件不进行区分，统一随机分配；这种做法主要目的是维护负责选任的法官的中立性，但并不会有益于债权的实现，反而会增加法官的工作量，增大破产案件审理成本。④ 还可能会存在以下的问题：第一，将无产可破或管理人无报酬可取的破产案件一并随机分配会

---

① 王欣新：《论破产管理人制度完善的若干问题》，载《法治研究》2010 年第 9 期。

② 叶能强、钟文渊：《破产管理人制度运行中的几个问题》，载《中国律师》2010 年第 8 期。

③ 王保民：《破产管理人制度之完善》，载《中国律师》2009 年第 8 期。

④ 许德风：《破产法论——解释与功能比较的视角》，北京大学出版社 2015 年版，第 270 页。

影响律师事务所、会计师事务所报名加入管理人名册的积极性;① 第二,随机指定的管理人能力、经验、专业知识不能胜任实际工作。②

### (二) 管理人的功能不明和定位不清

我国破产法中的管理人是广义上的管理人,包括了域外在法院受理破产案件后至宣告破产前设置的临时管理人和宣告破产后设置的管理人两种不同的制度。有学者认为实际上法律赋予了管理人三种身份,即临时管理人、重整程序中的管理人和破产管理人。③ 还有学者认为《企业破产法》中包括五种管理人,即清算程序下的管理人、和解程序下的管理人、重整程序下债务人的替代者、债务人继续营业的监督者和执行重整计划的监督者。④ 这样规定好处在于条文简洁,缺点在于不同的制度有其不同的目的与功能,如果在制度设计上无视这些差异,适用时就必须不断调整以适应解决实际问题的需要。

管理人功能与定位的不清晰在重整程序中体现最为明显。根据现行法,管理人在重整程序中可能存在三种不同身份:一是直接负责管理债务人的财产和营业事务;二是负责监督债务人自行管理财产和营业事务;三是在重整计划执行阶段负责重整计划的执行。但是现行法对于重整程序下管理人有关事项的规定过于简陋,立法并没有明确说明管理人什么时候负责直接管理债务人的财产和营业事务,什么时候负责监督债务人自行管理,如果管理人直接负责经营,则需要判断管理人在商业经营中是否尽到了善良管理人的注意义务;⑤ 如果管理人作为监督者,又存在欠缺监督手段、监督职责和监督地位不明等问题;在重整计划执行阶段以何身份监

---

① 蒋国艳:《论破产管理人制度》,载《改革与战略》2009 年第 6 期。
② 周五四:《浅议破产管理人与债权人利益保护》,载《法制与社会》2009 年第 23 期。
③ 张磊:《论我国破产管理人制度之完善——以临时管理人制度为视角》,载《暨南学报 (哲学社会科学版)》2012 年第 8 期。
④ 李曙光:《破产法的转型》,法律出版社 2013 年版,第 107~108 页。
⑤ 董士忠、刘正操、刘合英:《我国破产管理人制度研究应当关注的几个重要问题》,载《安阳师范学院学报》2011 年第 3 期。

督、如何监督等问题也都需要解决。① 因此，重整程序的不同阶段对管理人的要求是不同的，笼统规定无法突出重点，随机选任的管理人可能无法满足某项程序的具体要求。

### （三）管理人报酬确认方式缺少债权人的意思，报酬无法保障

管理人的报酬是激励管理人忠实勤勉地处理破产事务最为重要的机制，最高人民法院《关于审理企业破产案件确定管理人报酬的规定》对于管理人报酬的确认方式有较为细致的规定，但这些规定在实践中不能完全起到激励管理人工作的作用。主要存在以下问题：

第一，债权人的意思在管理人报酬确定中难以体现，而管理人报酬又是从破产财产中优先支付的，导致管理人可能会损害债权人合法权益。上文已经说明了在现行法下，债权人的意思在管理人的选任中几乎没有办法得到体现，而根据现行法的规定，在管理人报酬的确定上同样不容债权人置喙。最高人民法院《关于审理企业破产案件确定管理人报酬的规定》第1条第2款便开宗明义："管理人报酬由审理企业破产案件的人民法院依据本规定确定。" 因此与管理人选任一样，我国管理人报酬的决定权在人民法院而不是债权人手上。这么做的好处在于如果由债权人会议确认报酬，可能会因为意见不一致拖延破产程序，降低效率。② 而法院相对而言较为中立客观，可以尽快确认报酬的数额。然而，债权人虽然可以对尚未最后确认的管理人的报酬提出异议，但是异议同样需要以决议的方式作出，而且人民法院认为异议不成立的，债权人没有进一步救济的手段。由法院确认管理人的薪酬不仅与法院负责裁判的职能不符，缺少相应的监管还容易滋生腐败。③ 债权人作为利益相关人，最有动力去调查判断在破产案件中支付多少报酬较为合适。④ 如果在薪酬确认上完全置债权人意思不

---

① 邹海林：《新企业破产法与管理人中心主义》，载《华东政法学院学报》2006年第6期。

② 王欣新：《论新破产法中管理人制度的设置思路》，载《法学杂志》2004年第5期。

③ 冯尚宗、张国刚：《试论破产管理人法律制度》，载《湖北社会科学》2008年第5期。

④ 周五四：《浅议破产管理人与债权人利益保护》，载《法制与社会》2009年第23期。

顾，则管理人也不需要把主要心思放在维护债权人利益之上，这一薪酬制度的激励作用自然也难以最大化。

第二，管理人薪酬难以保证。破产案件耗时长，工作量大，最高人民法院《关于审理企业破产案件确定管理人报酬的规定》中报酬给付标准已经不足以吸引优秀人才的加入，无法培养优秀的管理人队伍。① 将无产可破的案件一并随机分配会进一步降低优秀人才进入管理人名册的积极性。除此之外，无产可破或者管理人所获报酬较低的案件还是需要有管理人去处理，除非这些案件全部安排清算组无偿处理，否则必须建立起一套机制保证处理这些案件的管理人至少能够收回处理的成本。

除了这两个主要问题，管理人报酬部分还有一些比较琐屑的问题。比如，在按照债务人最终清偿的财产价值总额确定管理人报酬的前提下如何避免管理人与债务人制造虚假的债务状况；破产申请被驳回时管理人报酬如何确定；破产宣告前，法院依法终结破产程序时管理人报酬如何确定；清算组中的中介机构人员的报酬如何确定与落实；重整与和解程序中管理人报酬的确定，等等问题。这些问题都是在"宜粗不宜细"的立法框架下为现行法所忽略而又在实务中不得不面对与解决的问题。

### （四）管理人监督机制不完善，责任难以追究

对于管理人的外部监督，《企业破产法（试行）》采取的是由人民法院主要负责，债权人会议和企业的上级主管部门分担部分监督职能的模式。② 《企业破产法》则采取的是以人民法院为主导，债权人会议和债权人委员会为两翼的二元监督模式。③ 现阶段管理人外部监督体系主要问题包括：第一，法院审判任务繁重，只可能对破产案件中重大或有争议的事项进行监督，对于其他事项的监督力有未逮。④ 第二，债权人会议作为一种非常设性会议体机构无法进行日常监督，开债权人会议耗时费资，而且

---

① 蒋国艳：《论破产管理人制度》，载《改革与战略》2009 年第 6 期。

② 郑海英：《论我国现行破产管理人制度的缺陷与完善》，载《长春大学学报》2006 年第 11 期。

③ 张子连、戴义斌：《完善我国破产管理人制度构建之设想》，载《中国律师》2008 年第 10 期。

④ 郑海英：《论我国现行破产管理人制度的缺陷与完善》，载《长春大学学报》2006 年第 11 期。

债权人也不具有专业知识，难以应对破产程序中出现的专业问题。① 第三，管理人由法院指定，报酬由法院确定，管理人成为法院的代言人，监督管理人无异于监督法院，债权人会议的监督又必须通过法院才能发挥作用，债权人和债务人难以有效监督管理人。② 第四，债权人委员会委员各自有日常工作，不可能实施日常性监督。③ 第五，债权人委员会不是法定机构，如果债权人会议决定不设立债权人委员会，还是需要法院来负责日常监督。④ 第六，公司职工、公司股东、公司原管理层等利害关系人没有被赋予监督权，其利益无法得到保障。⑤ 第七，法律没有规定监督报告应当列明的内容和对报告有异议时的救济方式，管理人退出破产程序过于简单。⑥ 而且在清算组担任管理人的情况下，清算组人员由政府有关部门人员组成，法院出于与地方政府的利益关联难以有效监管，本身也缺乏监管的动力。⑦ 因此，虽然《企业破产法》的监督主体与监督措施相较于《企业破产法（试行）》无疑是有长足的进步，但是监督措施仍相当粗糙，难以发挥多层次、多元化的监督作用。⑧

对于管理人的监督方式，除了外部监督，还包括为管理人执行职务设

---

① 张子连、戴义斌：《完善我国破产管理人制度构建之设想》，载《中国律师》2008 年第 10 期；郑海英：《论我国现行破产管理人制度的缺陷与完善》，载《长春大学学报》2006 年第 11 期。

② 李梦：《新破产法中破产管理人制度的缺陷与完善》，载《求索》2008 年第 5 期；王从烈：《我国破产"管理人"的困惑与出路》，载《江西金融职工大学学报》2010 年第 5 期。

③ 冯尚宗、张国刚：《试论破产管理人法律制度》，载《湖北社会科学》2008 年第 5 期。

④ 薄燕娜主编：《破产法教程》，对外经济贸易大学出版社 2009 年版，第 81 页。

⑤ 齐明：《破产法学：基本原理与立法规范》，华中科技大学出版社 2013 年版，第 95 页。

⑥ 齐明：《破产法学：基本原理与立法规范》，华中科技大学出版社 2013 年版，第 95 页。

⑦ 叶军：《破产管理人制度理论和实务研究》，中国商务出版社 2005 年版，第 290 页。

⑧ 冯尚宗、张国刚：《试论破产管理人法律制度》，载《湖北社会科学》2008 年第 5 期。

定财产担保制度和相应法律责任的法律责任方面的监督。① 《企业破产法》虽然在第 130 条和第 131 条规定了管理人的民事赔偿责任和刑事责任，但是规定的较为原则，实践中可操作性不强，具体规则还需要进一步细化。

## 二、完善管理人制度的建议

管理人的制度是否完善，是否具有可操作性，直接关系到破产法律规范的实施效果。针对现行法中管理人制度的种种缺陷，学者们提出了自己的建议，这些建议虽然不一定都具有可操作性，不一定满足实际需要，但是可以供立法者与人民法院参考，以期逐渐完善管理人制度。

### （一）强化债权人会议在管理人选任中的作用

考虑到法院在管理人选任中有过大的权力，可以适当强化债权人会议在管理人选任中的作用，让债权人的意思能够在管理人的选任中得以体现，以此保障债权人的合法权益。

考虑到完全由债权人会议选任效率过低，学者们一般都是在双轨制的基础上提出自己的方案。第一种方案是在法院选任管理人后，经有表决权债权总额三分之二以上的债权人表决通过后，债权人会议可以向法院申请更换管理人。② 对此时的更换申请，法院一般情形下不应拒绝。第二种方案是规定管理人应由人民法院从债权人或债务人向人民法院递交的申请书中所列候选人名单中指定，若债务人与债权人推举的候选人不一致，债权人推举的候选人优先，如果债权人之间推举的候选人不一致则由人民法院指定。③ 第三种方案是吸收英美法经验，由债权人或其授权机构选任管理人，并允许利害关系人提出异议。若一定时间内未选出管理人人选，则法院与债权人协商决定，若无法商定，则法院享有指定权。最后由法院颁发

---

① 汪世虎：《论破产管理人的监督机制》，载《特区法坛》2002 年第 5 期。

② 沈贵明：《论我国破产管理人选任的立法失误及其纠正》，载《郑州大学学报（社会科学版）》2000 年第 6 期。

③ 付翠英编著：《破产法比较研究》，中国人民公安大学出版社 2004 年版，第 285～286 页。

管理人证书并出具正式公函。① 第四种方案是在首次债权人会议之前，由法院指定临时管理人，在首次债权人会议上，由全体债权人表决是确认临时管理人继续履职还是另行选任管理人，在债权人会议确定之前，临时管理人不得辞去职务。债权人若认为管理人有利害关系，可以向法院申请撤换，由法院决定。法院起到指定临时管理人以及最后审核审查的作用。② 而首次债权人会议选任的管理人，若无法定事由，法院一般予以确认。③

### （二）严格限制清算组担任管理人，解除对个人担任管理人的限制

清算组作为经济体制改革刚刚开始不久且管理人市场尚未建立之时，处理企业破产清算的权宜之计，在一段时间内确实发挥了重要作用。但是随着市场经济体制逐步建立，政策性破产退出历史舞台，管理人市场逐渐成长，政府不宜再借助清算组对企业破产进行直接干预。清算组的优势渐渐消失，缺陷渐渐突显，继续保留清算组作为管理人的备选项弊大于利。考虑到实际需要，目前不能完全取消清算组担任管理人的资格，但是应该严格限制清算组的适用范围。有学者建议，只有在这三类案件中可以指定清算组为管理人：一是历史遗留问题多，协调任务重，需要与政府沟通的案件；二是敏感度高，政策性强，利益关系众多的案件；三是无产可破的案件。④

现行法对于自然人担任管理人的限制过于严格，没有充分的理由将自然人与机构在担任管理人这一问题上区别对待，因此应解除对自然人担任管理人的不适当的限制，甚至有学者认为应以自然人担任管理人为宜。⑤

---

① 赵伯祥、石有维：《对我国破产财产管理人制度的立法思考》，载《律师世界》2003 年第 1 期；叶军：《破产管理人制度理论和实务研究》，中国商务出版社2005 年版，第 183 页。

② 王欣新：《论新破产法中管理人制度的设置思路》，载《法学杂志》2004 年第 5 期；王利明：《破产立法中的若干疑难问题探讨》，载《法学》2005 年第 3 期；李琴：《新破产法中破产管理人制度的缺陷与完善》，载《求索》2008 年第 5 期；龚卿、王文佳：《破产管理人选任主体研究》，载《法制与社会》2009 年第 10 期。

③ 叶军：《破产管理人制度理论和实务研究》，中国商务出版社 2005 年版，第181 页。

④ 蒋国艳：《论破产管理人制度》，载《改革与战略》2009 年第 6 期。

⑤ 王从烈：《我国破产"管理人"的困惑与出路》，载《江西金融职工大学学报》2010 年第 5 期；李曙光：《破产法的转型》，法律出版社 2013 年版，第 104 页。

### （三） 建立管理人执业资格考核与确认制度，优化指定管理人方式

破产法律制度的贯彻和落实需要一批专业的管理人，对于我国管理人执业资格考核和确认制度的建构，理论界提出了以下设想。第一种方案是原则上不单独设置管理人的资质认证或考核办法，只是考虑到我国管理人市场尚不成熟，可以设置一定的过渡期，在过渡期内可以进行专门的资质认证或考核，以提高管理人从业人员的专业素质，等条件成熟后将其并入统一的司法考试和注册会计师考试。① 第二种方案是单独设立一套统一的管理人执业资格考核与确认制度，仿效律师、注册会计师行业的办法，由国家进行严格管理。② 第三种方案考虑到没有特殊的资格管理制度，可能会出现滥竽充数的现象，设置资格考试制度又可能造成市场准入障碍，因此采用折中的方法，不再设置专门的执业资格考试，而是由有关协会培训后认定资格。③ 第四种方案将管理人分为公共管理人和私人管理人两类，公共管理人主要是负责接管那些涉及国家和公共利益事务的破产案件，以及那些私人管理人不愿意介入的破产案件；而私人管理人主要是按照市场化原则去接管那些私债务人的破产案件。公共管理人由国家设立的破产事务管理局管理，私人管理人必须是注册会计师协会、律师协会等专业协会的成员，由专业协会制定准入门槛。④ 第五种方案是在基本保持现有准入标准不变的情况下，对编入管理人名册的机构和个人进行专门的技能培训，进行定期考评，及时淘汰不能胜任的管理人并补充适合条件的管理人。⑤

对于具体案件的管理人指定方式，有以下几种优化建议。第一种方案是与由债权人会议选任管理人的观点相结合，既然由法院编制名册并由法

---

① 张子连、戴义斌：《完善我国破产管理人制度构建之设想》，载《中国律师》2008 年第 10 期。

② 周五四：《浅议破产管理人与债权人利益保护》，载《法制与社会》2009 年第 23 期。

③ 王欣新：《论新破产法中管理人制度的设置思路》，载《法学杂志》2004 年第 5 期。

④ 李曙光：《破产法的转型》，法律出版社 2013 年版，第 106 页。

⑤ 叶能强、钟文渊：《破产管理人制度运行中的几个问题》，载《中国律师》2010 年第 8 期。

院选任管理人与法院的职能不符，并且属于人为制造垄断，那么直接由全体债权人在债权人会议上决定是否改选，若改选则由债权人通过机选、公开招标、多方协商等方式确认管理人。① 第二种方案认为现阶段可以由入库的管理人提出工作方案进行公开竞选，由法院、破产企业、破产债权人和破产企业主管单位组成的评审委员会依据公平、公正的标准择优选任，一旦市场成熟可以取消管理人入库备案制度，每次都发挥市场竞争机制面向社会公开选聘管理人。② 第三种方案是在保留管理人名册的前提下对管理人名册进行完善，具体又包括以下几种措施：首先，可以由行业协会等专门机构遴选名册，再由法院指定管理人。③ 其次，编制管理人名册要综合考察中介机构的业绩，而且不能仅凭中介机构自己的说明认定中介机构的业绩，还需要有关部门确认；高级法院可授权中级法院编制管理人名册，也可以授权中级法院在高级法院制定的名册中确认该法院辖区两级法院可适用的管理人并报高级法院备案，且要对名册中的管理人实行动态管理。④ 再次，对于无产可破的案件，可以先根据所辖区的情况按破产标的进行分类，对同一类的破产案件采取随机方式公开指定管理人，也可以直接由法院指定管理人。⑤ 最后，应当适当扩大竞争方式确认管理人的适用范围，对一些具有特殊性的、对管理人能力和经验有特殊要求或者利益较大的案件可以以竞争方式指定管理人。⑥

---

① 李琴：《新破产法中破产管理人制度的缺陷与完善》，载《求索》2008 年第 5 期；周五四：《浅议破产管理人与债权人利益保护》，载《法制与社会》2009 年第 23 期。

② 陈煜儒：《破产管理人制度不能变味》，载《法制日报》2009 年 3 月 13 日第 6 版。

③ 张磊：《论我国破产管理人制度之完善——以临时管理人制度为视角》，载《暨南学报（哲学社会科学版）》2012 年第 8 期。

④ 王保民：《破产管理人制度之完善》，载《中国律师》2009 年第 8 期。

⑤ 张子连、戴义斌：《完善我国破产管理人制度构建之设想》，载《中国律师》2008 年第 10 期；王欣新：《论破产管理人制度完善的若干问题》，载《法治研究》2010 年第 9 期。

⑥ 蒋国艳：《论破产管理人制度》，载《改革与战略》2009 年第 6 期；周五四：《浅议破产管理人与债权人利益保护》，载《法制与社会》2009 年第 23 期；王欣新：《论破产管理人制度完善的若干问题》，载《法治研究》2010 年第 9 期。

### （四）设置临时管理人，对不同程序中管理人分别进行规定

提出设置临时管理人的观点最早是为填补《企业破产法（试行）》的漏洞。根据《企业破产法（试行）》第 24 条的规定，清算组在法院宣告破产后最多还有 15 天才成立，也就是说在法院受理破产后至宣告破产前乃至宣告破产后 15 天内，债务人的财产和营业仍由债务人掌管和控制，债务人可能会实施侵害债权人利益的行为，《企业破产法（试行）》虽然规定了破产无效行为等制度可以予以救济，但是这些制度作为事后补救措施通常会加大破产程序的成本，且财产一旦转手，责任的追究、财产的追讨难以实现。[1] 而且市场主体难以了解交易对象的状况，事后通过牺牲善意第三人的利益保护债权人的利益，有损交易安全。[2]

针对破产财产无人管理的"真空期"问题，有学者论证了设置临时管理人的必要性，也提出了临时管理人具体制度设计。临时财产管理人应该由法院指定，主要职责在于保全破产财产，主要负责在法院受理破产案件直到破产程序依和解方式终结，或者法院宣告企业破产指定管理人这一时间段内，监管债务人财产并进行必要民事活动，管理处分财产并可继续经营，调查债务人的行为和财务状况，向法院提交有关债务人的报告，代行管理人职权，向法院请求召开债权人会议等工作。临时管理人执行职务应当遵守善良管理人的注意义务。临时管理人的报酬，依照法律规定的原则，由法院确定，列入破产费用，从债务人的财产中优先支付。临时管理人违反善良管理人的注意义务，造成债务人以及债权人损失的，应当承担民事赔偿责任。[3]

支持设立临时管理人的学者还认为，临时管理人制度和管理人制度是有区别的。首先，临时管理人的目的是尽可能全面地收集财产，而管理人的任务主要是依照破产程序合理地清算和分配财产；其次，临时管理人一

---

[1]　王晓云、荆龙：《我国破产管理人制度的完善》，载《人民法院报》2003 年 9 月 3 日。

[2]　赵伯祥、石有维：《对我国破产财产管理人制度的立法思考》，载《律师世界》2003 年第 1 期。

[3]　邹海林：《破产程序的财产管理人制度》，载《法学》1994 年第 10 期；赵伯祥、石有维：《对我国破产财产管理人制度的立法思考》，载《律师世界》2003 年第 1 期。

般由受理破产申请的法院指定，管理人的选任方式不限于法院指定；再次，有些国家临时管理人由政府官员担任，管理人的人选中一般排除政府官员。① 还有学者认为，在未宣告破产前，债务人尚未破产，管理人过早介入并全面接管企业，有侵害债务人自主经营权的嫌疑，也可能有人利用破产申请恶意竞争。②

《企业破产法》对此的解决方案是将管理人的指定时间提前。根据《企业破产法》第 13 条的规定，人民法院裁定受理破产申请的，应当同时指定管理人。照此规定，对债务人的财产管理不再存在真空期，因而有学者认为，在现行破产立法体系下，已丧失借鉴引入临时管理人制度的实益，有关争议即自行消解。③ 除了已经不存在管理真空期之外，反对设立临时管理人的理由还包括：第一，为了使破产程序中的财产管理活动具有连续性，减少交接带来的成本；④ 第二，在破产程序中新增临时管理人的概念，增加了概念的复杂性，当事人更难以理解，同样存在被不诚实经营者利用扰乱他人正常经营的可能性；⑤ 第三，域外即使采取了临时管理人制度，但为了贯彻破产程序的连续性，实践中临时管理人往往直接担任管理人，很少更换。⑥

也有学者认为，《企业破产法》第 13 条规定的"管理人"应明确为临时管理人，临时管理人应由法院根据案件的难易程度，从编制的管理人名册中指定机构或者个人担任。⑦

本书认为，英国、德国等国之所以规定临时管理人，与其以债权人会

---

① 齐树洁主编：《破产法研究》，厦门大学出版社 2004 年版，第 305 页。

② 赵然：《探索实施"准临时管理人制度"的设想》，载《人民法院报》2011 年 7 月 6 日第 7 版。

③ 林恩伟：《我国破产管理人制度刍议——以管理人中心主义架构为视角》，载《北京化工大学学报（社会科学版）》2011 年第 2 期。

④ 冯尚宗、张国刚：《试论破产管理人法律制度》，载《湖北社会科学》2008 年第 5 期。

⑤ 张磊：《论我国破产管理人制度之完善——以临时管理人制度为视角》，载《暨南学报（哲学社会科学版）》2012 年第 8 期。

⑥ 最高人民法院民事审判第二庭编著：《最高人民法院关于企业破产法司法解释理解与适用》，人民法院出版社 2007 年版，第 37 页。

⑦ 张子连、戴义斌：《完善我国破产管理人制度构建之设想》，载《中国律师》2008 年第 10 期。

议选任管理人为原则的制度有一定的关系。如果管理人只有在第一次债权人会议上才能正式确定，那么无论破产程序是自受理时开始还是自宣告时开始，在破产程序开始后到第一次债权人会议召开之前都存在一段管理上的真空期，有必要由法院指定临时管理人负责这一阶段破产事务的处理。因此，如果我国立法仍然坚持法院选任管理人的模式，则没有临时管理人制度存在的必要，但如果改采债权人选任管理人的模式，则需要由临时管理人负责破产程序开始后到正式管理人选任前破产事务的处理。

有学者针对破产清算、重整和和解三种不同的制度分别设计不同的管理人的选任条件、选任方式、职责权限等。三种制度所需要处理的工作不同，三种制度所需要的管理人的能力也各不相同。在破产清算程序中，管理人主要职责是调查确认并运用法律手段维护破产财产，确认破产债权并且最后实现公平分配。因此管理人需具备法律与财会方面的知识与技能。而在重整程序中，如果是管理人负责重整期间的营业事务，则管理人需要有较强的经营管理能力；如果是由债务人负责营业，则管理人需要有较强的监督能力，以保证债务人按照重整计划进行营业。[1]

不同的破产程序对管理人有不同的要求，最好的解决方法是将三种不同程序独立成章，分别予以系统的规定，但是在统一规定管理人制度的立法惯性下很难调整，补救性办法就是针对某一可能出现问题的地方单独予以调整。[2] 具体而言，有以下几个部分需要注意。首先是管理人的选任上，因为不同程序管理人所需要处理的事务并不相同，所需要的能力也有差异，所以应该对不同的破产程序设置不同的管理人选任条件。[3] 比如对于重整案件中管理人的选任，如果企业财产单一，重整难度不大，可以随机指定管理人；但如果企业财产量多且分散，重整难度较大，可在本省管理人名册内通过竞争的方式指定管理人。[4] 破产案件进入重整程序，可以允许管理人在目前法律框架下在人员结构方面进行适当调整，将对资本市

① 张廷栓：《浅议破产管理人制度实施中的几个法律问题》，载《广西社会主义学院学报》2009 年第 5 期；胡婧：《完善我国破产管理人制度之构想——兼评新〈企业破产法〉第三章》，载《重庆科技学院学报（社会科学版）》2009 年第 7 期。

② 王欣新：《论新破产法中管理人制度的设置思路》，载《法学杂志》2004 年第 5 期。

③ 蒋国艳：《论破产管理人制度》，载《改革与战略》2009 年第 6 期。

④ 王保民：《破产管理人制度之完善》，载《中国律师》2009 年第 8 期。

场、企业经营等方面具有操作经验的机构或人员指定为管理人团队成员。① 其次，破产清算中管理人主要任务是有效核查破产企业财产状况，采取法律措施防止破产财产不当减少，而重整中的管理人主要职责是经营管理或者监督债务人经营管理，因此也应该设置不同的地位和职责。②

对于重整阶段中管理人身份如何确定，有学者认为，在一般重整案件中，债务人对内部运作方式、经营结构、人员管理更为熟悉，而在金融机构破产或者有严重破产欺诈嫌疑的重整案件中，管理人的独立客观公正的中立地位则显得更为重要，因此有必要针对不同类型的破产案件有针对性地确立不同控制权主体；为避免控制权反复更替，在一般破产案件中以债务人保留控制权为原则，只有在特殊情况下法院可以决定由管理人控制，一旦决定就意味着债务人不再适合控制经营。③

**（五）完善报酬确认方式，设立报酬保障基金**

与管理人选任相类似，为解决法院确认管理人报酬带来的种种弊端，一般建议是增大债权人在管理人报酬确认中的话语权，尽可能用市场竞争的方式确定管理人报酬。第一种方案认为，可以由法院、破产管理局、破产债权人共同采用招标方式市场化运作的方法来确定工资报酬，但因为报酬涉及多方利益，应当保留法院的最终审查权。④ 第二种方案则认为，当债权人对于报酬的确定与管辖法院不能达成一致时，可以赋予债权人上诉的权利。⑤

而对于无产可破的案件，理论上和实践中围绕"报酬保障基金"这一主要解决方式，存在多种制度设计，具体内容详见于本章第六节。

---

① 王欣新：《论破产管理人制度完善的若干问题》，载《法治研究》2010年第9期。

② 胡婧：《完善我国破产管理人制度之构想——兼评新〈企业破产法〉第三章》，载《重庆科技学院学报（社会科学版）》2009年第7期。

③ 齐明：《破产法学：基本原理与立法规范》，华中科技大学出版社2013年版，第103~104页。

④ 冯尚宗、张国刚：《试论破产管理人法律制度》，载《湖北社会科学》2008年第5期。

⑤ 周五四：《浅议破产管理人与债权人利益保护》，载《法制与社会》2009年第23期。

## （六）设立专门监督机构，细化管理人责任

管理人外部监督失效主要原因在于缺少一个专业专职的监督机构，理论界主要有以下几种解决方案。第一种方案是借鉴域外先进立法经验，引入监督人制度，由债权人会议选任监督人专司对管理人的日常监督。① 第二种方案是在法院、债权人会议、债权人委员会监督的基础上增加行政机关监督。参照英美立法例，在司法局内常设破产事务管理局或破产管理人办公室，或者设立破产管理局作为国务院直属的政府部门，经费来源于国家财政预算，由其管理与监督破产管理人和破产事务，监管破产案件的具体流程和破产管理人行为的合理性，并为社会或破产法院提供咨询服务。② 第三种方案是设立非官方的管理人行业协会，该协会除负责制定准入标准之外，还负责管理人的监督与奖惩。③ 而该管理人行业协会的业务主管部门可以由最高人民法院和司法部、财政部共同协商确定，也可以由最高人民法院直接担任。④ 第四种方案是进一步完善债权人委员会监督机制，一方面建立严格的破产清算财务会计制度，管理人应编制详尽的财务账册以供债权人委员会查阅；另一方面由债权人委员会推选监督代表，列席管理人团队会议，随时了解处理情况。⑤ 而且《企业破产法》第69条第1款的"报告"应与第2款"报告"作同等解释，不仅仅是"知会"而是许可，债权人委员会若不反对管理人的报告，则管理人可以继续处

---

① 郑海英：《论我国现行破产管理人制度的缺陷与完善》，载《长春大学学报》2006年第11期；张子连、戴义斌：《完善我国破产管理人制度构建之设想》，载《中国律师》2008年第10期。

② 冯尚宗、张国刚：《试论破产管理人法律制度》，载《湖北社会科学》2008年第5期；董士忠、刘正操、刘合英：《我国破产管理人制度研究应当关注的几个重要问题》，载《安阳师范学院学报》2011年第3期；李曙光：《中国迫切需要建立破产管理局》，载《南方周末》2010年7月1日第F31版,

③ 周五四：《浅议破产管理人与债权人利益保护》，载《法制与社会》2009年第23期。

④ 王欣新：《论破产管理人制度完善的若干问题》，载《法治研究》2010年第9期。

⑤ 叶能强、钟文渊：《破产管理人制度运行中的几个问题》，载《中国律师》2010年第8期。

分，若反对，则管理人或债权人委员会就要提请召开债权人会议讨论。①

　　现阶段对于管理人责任的规定比较原则，需要予以细化。在民事赔偿责任的认定上，有学者建议应考虑到破产管理具有高风险的性质，为避免管理人责任过于严苛而阻碍管理人行业的发展，在责任判断上应采纳过错责任说，在因果关系的认定上可以借鉴商业判断标准，当管理人直接控制企业经营决策时，只要基于合理的商业目的进行的风险性经营活动，即使失败也免于追究责任。② 考虑到管理人在履行职务过程中意志受到诸多限制，也应该对其责任予以限制。域外包括赋予管理人一定的责任豁免权，针对不同请求权设置长短不一的诉讼时效，确定最高赔偿额限制以及设置执业责任保险四种措施。③

　　此外为保障管理人有能力承担民事赔偿责任，设置完善的保证金和执业责任保险制度是必要的，有关内容详见本书第十五章"破产责任"。

---

　　①　李永军：《破产法——理论与规范研究》，中国政法大学出版社 2013 年版，第 183 页。

　　②　罗培新主编：《破产法》，格致出版社 2009 年版，第 104 页。

　　③　蒋国艳：《论破产管理人制度》，载《改革与战略》2009 年第 6 期。

# 第十一章　债权人会议

## 第一节　债权人会议

### 一、债权人会议的概念

对于债权人会议概念之界定，学界存在不同观点。有从债权人会议性质入手进行定义者，也有基于债权人会议职权进行界定者。

从职能上看，债权人会议是指破产程序中由经过债权申报登记在册的全体债权人组成的，为方便债权人参与破产程序、行使权利、表达意志、统一行动、维护共同利益设立的议事机构。① 其具有全体债权人参加、对破产程序中的专门机构实施监督、调查债权以平衡债权人间利害关系、同债务人进行和解以为债权人取得妥协利益、具体决定债务人财产管理办法、表达全体债权人共同意志、便于债权人参与破产程序、对破产事项进行讨论表决等作用。②

从参与主体上看，债权人会议是全体债权人参加破产程序、表达共同意志、代表债权人整体利益并依法行使职权的临时性决议和监督机构。③ 其是全体债权人表达共同意思，维护共同利益，协调债权人间利益差距，适当满足债权人各自利益的组织形式，是破产程序中特殊的自治组织。④

---

① 宋晓明主编：《〈中华人民共和国企业破产法〉制度设计与操作指引》，人民法院出版社2006年版，第108页。

② 邹海林：《我国新破产法与债权人自治》，载《法学家》2005年第2期；王延川主编：《破产法理论与实务》，中国政法大学出版社2009年版，第192页。

③ 薄燕娜主编：《破产法教程》，对外经济贸易大学出版社2009年版，第137页。

④ 范建、王建文：《破产法》，法律出版社2009年版，第185页。

从作用范围上看，债权人会议既可以指集合静态的概念，定义为由债权人构成的程序组织，也可以指具体的动态范畴，将其定义为债权人、法院、管理人、破产人以及其他利害关系人参加的集合性程序活动。[1] 债权人会议兼具内外之作用，对内协调形成共同意思，对外通过参与对破产程序之监督而实现债权人破产参与权。[2]

在对债权人的性质的界定上，有议事机构、临时性决议和监督机构、特殊的自治组织、程序组织、意思表示机关、意思发布机关、临时性自治机构等不同观点。[3]

总之，对于债权人会议的概念定义反映了不同学者对于债权人会议性质与职权范围的不同理解，但对债权人会议具体意涵所指向的对象基本不存在较大差异。

## 二、债权人会议的立法例

债权人会议的立法体例主要有三种：

第一，仅规定由部分债权人组成的"债权人委员会"，不认可由全体债权人组成的债权人会议。意大利破产法采此做法。[4]

第二，不设立由债权人组成的任何机构，而是从社会专业性组织（如律师事务所、会计师事务所、审计事务所等）中选定债权人代表，全程参加破产程序。法国《1985 年破产法》采此模式。[5]

第三，将债权人会议作为最高权力机构进行设置，同时设立常设机构

---

[1] 汤维建：《破产程序与破产立法研究》，人民法院出版社 2001 年版，第 231 页。

[2] 王欣新：《破产法》（第三版），中国人民大学出版社 2011 年版，第 204 页。

[3] 汤维建：《破产程序与破产立法研究》，人民法院出版社 2001 年版，第 231 页；宋晓明主编：《〈中华人民共和国企业破产法〉制度设计与操作指引》，人民法院出版社 2006 年版，第 108 页；邹海林：《我国新破产法与债权人自治》，载《法学家》2005 年第 2 期；薄燕娜主编：《破产法教程》，对外经济贸易大学出版社 2009 年版，第 137 页；王欣新：《破产法》（第三版），中国人民大学出版社 2011 年版，第 204 页；范建、王建文：《破产法》，法律出版社 2009 年版，第 185 页。

[4] 汤维建：《破产程序与破产立法研究》，人民法院出版社 2001 年版，第 217 页。

[5] 汤维建：《破产程序与破产立法研究》，人民法院出版社 2001 年版，第 217 页。

债权人委员会行使全体债权人的参与权和监督权。此方法为大部分国家所采用，德日英美均采之。①

此外，我国《企业破产法（试行）》曾经只规定债权人会议，此外不再设置诸如债权人委员会这样的常设机构。但在《企业破产法》正式颁布时已经改采分设债权人会议与债权人委员会之主流模式。

综上可见，同属债权人会议的职权范围不尽相同，有宽有窄，或侧重于实体或侧重于程序。债权人会议是发挥巨大作用，主导破产程序进程，还是作为辅助制度甚至流于形式，需结合各国具体情况及其他法律制度设计综合考虑判断。

## 三、债权人会议的法律性质

债权人会议的概念上的界定，深受对其性质不同理解的影响。由于债权人会议的性质关系到方方面面，尤其会对以下问题产生影响：破产程序中债权人会议之地位为何；法院及其他利害关系人是否包含于破产法律关系之中；债权人会议如何根据其性质设置相应的职权；债权人会议与管理人的分工问题；如何认定债权人会议与债权人委员会的关系问题，等等。因此，研究债权人会议的法律性质需要通观破产程序全程，并考虑时间上与之相关的破产程序、功能上与之相交的破产程序主体。

对于债权人会议性质的主要学说有：

### （一）团体机构说

该说主张债权人会议为债权人团体的机构。其理论视角在于，共同利益存在于所有债权人之中，全体债权人构成的债权人团体的意思机构或者权力机关即为债权人会议。此说为日本学界通说。②

我国较多学者持此观点，主要理由为：①债权人会议的职能一为内部协调，产生全体债权人的共同意思；二为外部监督，实现全体债权人的破产参与权。因此其性质是自治性组织，拥有其自治权限。②此种定性方式既解决了债权人会议实现其破产参与权的方式，如提出申请、作出决议、

---

① 汤维建：《破产程序与破产立法研究》，人民法院出版社 2001 年版，第 217 页。

② 陈荣宗：《破产法》，台湾三民书局 1982 年版，第 170 页。

听取报告、监督执行等；又决定了债权人会议职权的内容，如集会、决议、监督、选举撤换管理人、申请终结和解等。① ③债权人会议代表的是一般利益，归属于全体债权人，并非特殊利益。④债权人会议不具有一般民事主体资格。其没有民事权利能力和行为能力，不具备当事人能力和诉讼能力，也不能独立承担民事责任，对于重大问题的决议在法院认可之前不能直接发生法律效力。②

但也有学者对此种定性表示担忧。尽管此说将债权人团体与债权人会议分开考察，并将后者建构于前者之上，使之成为其权力机构，强调了关键性质的程序功能，对程序地位进行了界定。但其过于强调债权人会议的决策职能，忽略了它对破产程序的其他功能和作用，未免失之片面。③

### (二) 临时机构说

该说主张债权人会议为法院召集于期日成立的事实上的组织。④ 其理由为：第一，债权人会议仅在破产程序中与法院、管理人等有关当事人交涉，处理共同利益相关问题，协调债权人之间的法律行为，采用多数决方式决议在其职权范围内的破产事宜。第二，其属于仅于会议召开期间存在的法定必设临时性机构。⑤ 第三，其有法定职权，但无执行能力，仅作为决议机关与破产程序主体发生关系，作出决议后一般由管理人负责执行。⑥ 债权人会议是在破产程序中债权人据法院通知或公告组成的表达意

---

① 罗培新主编：《破产法》，格致出版社 2009 年版，第 224 页；宋晓明主编：《〈中华人民共和国企业破产法〉制度设计与操作指引》，人民法院出版社 2006 年版，第 125 页；王卫国、朱晓娟等编著：《破产法原理·规则·案例》，清华大学出版社 2006 年版，第 43 页；韩长印：《债权人会议制度的若干问题》，载《法律科学》2000 年第 4 期。

② 李永军：《破产法律制度》，中国法制出版社 2000 年版，第 124~125 页。

③ 汤维建：《破产程序与破产立法研究》，人民法院出版社 2001 年版，第 222 页。

④ ［日］中村宗雄：《破产法原论》，敬文堂出版部 1973 年版，第 160 页；［日］加藤正治：《破产法要论》，日本东京有斐阁 1934 年版，第 207 页。

⑤ 王欣新：《破产法》(第三版)，中国人民大学出版社 2011 年版，第 202 页。

⑥ 徐永前主编：《企业破产法讲话》，法律出版社 2006 年版，第 264 页。

志、参与程序、进行表决的临时性自治机构,① 依法对处理债务人破产事件具有独立的程序主体地位和权利。②

有学者评论称,此说将债权人会议性质局限于动态的群众性集会,忽视了债权人会议的程序地位。若依此说,除被法院等召集开会时外,债权人会议在其余时间不存在,各个债权人分别同法院和其他程序机构发生联系。显然此观点同债权人会议所具有的内在纪律约束机制产生了背离,故此,认为该说是错误的。③

### (三) 自治组织说

该说主张债权人都是债权人会议中的成员,均处平等地位,因此债权人会议是一种自治组织。④ 债权人会议是表达债权人共同意思、维护债权人共同利益、协调相互间利益差异,以满足债权人各自利益的组织形式。其本质属性应当是特殊的自治组织。⑤ 由于债权人会议进行债权人团体之意思发布,债权人会议的职能在于,行使全体债权人作为一个整体的权利、作出处分的意思表示,并可以为维护共同利益采取必要行动。因此其本质上非临时机构,而是组织体。⑥

债权人会议在破产程序中可表达意思、行使权利,有独立的意思表示能力,这种能力源于破产法的创制。债权人会议行使职权的每一行为均是其在破产程序上独立地位的证明。⑦ 债权人会议与相关机构的关系亦可以证明其具有独立性:其一,债权人会议可以为全体债权人对债务人行为进行监督,有权要求债务人对相关事项作出说明;其二,在债权人会议与法

---

① 王延川主编:《破产法理论与实务》,中国政法大学出版社 2009 年版,第 192 页。

② 王东敏:《新破产法疑难解读与实务操作》,法律出版社 2007 年版,第 90 页。

③ 汤维建:《破产程序与破产立法研究》,人民法院出版社 2001 年版,第 222 页。

④ 柴发邦主编:《破产法教程》,法律出版社 1990 年版,第 87 页;陈计男:《破产法论》,台湾三民书局 1992 年版,第 146 页。

⑤ 范建、王建文:《破产法》,法律出版社 2009 年版,第 185 页。

⑥ 覃有土主编:《商法学》,中国政法大学出版社 2006 年版,第 197~198 页。

⑦ 邹海林主编:《中国商法的发展研究》,中国社会科学出版社 2008 年版,第 169~170 页。

院的关系中，法院虽处于主导地位，但应尊重债权人会议，维护公正性。同时，债权人会议享有对不公正裁决的申诉权，可以请求法院重新作出选择。①

有反对观点认为，此说只揭示了各债权人之间的内部协同关系，却忽略了外在关系。因债权人会议形成的程序决议不仅规范全体债权人，对包括法院在内的诸程序机构也有一定的拘束力。因此，自治团体说无法自圆其说。②

### （四）最高权力机关说

此说认为债权人会议是破产财团的最高权力机关。③ 该说似乎是受公司法概念影响，将债权人会议与股东大会相类比。最高权力机关说与团体机关说主要区别在于认定债权人会议的基础不同：认为其基础为债权人团体的，为团体机关说；认定其基础在于破产财团的，则是最高权力机关说。

破产宣告后债务人未丧失破产财团的所有权，仍具有主体地位。在破产清算程序结束前，债权人会议的"法定抵押权"只起演化程序权利的作用，达不到决定破产财产命运的地步，实践中亦行不通。虽然英美国家的破产程序有浓厚自治色彩，法院相对居于超然地位，破产受托人也基于债权人会议选任产生，受债权人会议广泛监督，但破产受托人的权利总和不致超出债权人会议。④

### （五）法人说

此说认为，破产债权人在破产宣告后构成强制的、自动的法人组织，由法院指定的司法受托人充当法定代表人。法国 1995 年破产法废弃债权

---

① 李国光主编：《新企业破产法理解与适用》，人民法院出版社 2006 年版，第 322~333 页。
② 汤维建：《破产程序与破产立法研究》，人民法院出版社 2001 年版，第 223 页。
③ 江平编著：《西方国家民商法概要》，法律出版社 1984 年版，第 330 页。
④ 江平编著：《西方国家民商法概要》，法律出版社 1984 年版，第 325~326 页。

人会议而改采债权人代表制度之前，法国最高法院判例提出并坚持了此观点。①

虽然法人说强调破产财产作为完善的组织有利于协调步伐、统一意志、提高效率并维护全体债权人的共同利益，但其具有学理上难以自洽的尴尬：其一，法人必须有独立的财产，但债权人会议不拥有破产财产的所有权，同时撤销之诉和损害赔偿之诉能否取得财产尚处于未定状态。其二，债权人会议没有独立的法律利益，债权人会议与债权人其实是二位一体的关系，但要成立法人，具有独立的利益是构成要素之一。其三，债权人会议之成员范围随其适用法律的变动而变动。法人则是一个稳定和统一的组织体，其构成因素不可因法律解释而发生变动。② 其四，此说法欠缺现行法上的依据。

### （六）综合说

此说认为，债权人会议是意思机构、权力机构、决策机构、监督机构的结合体。债权人会议决议能影响破产程序的进行方向与进行速度，同时其具有监督机构的属性。英美法较注重债权人会议的决策职能，而大陆法更重视监督职能，此决定了债权人会议在不同法系中法律性质的差异性。

但是自破产法由近代发展至现代，英美法系破产法偏向私法，大陆法系破产法公法属性较强的严格分野呈现缓和。英美破产法公权色彩日益增加，法院代表国家全面介入和控制破产程序，大陆破产法则缓和了法院对破产程序的控制权和监督权，适当提高了债权人会议在破产程序中的地位作用。因此，现代破产法在两大法系的相互渗透、相互融汇中逐渐实现了公正化、秩序化、效率化和民主化的总体平衡。③

总的来说，对于债权人会议法律性质问题的讨论仍在持续。但也有学者认为对法律性质的讨论没有意义。其理由在于：

其一，抽象讨论债权人会议的法律性质意义不大。不同学说的法律基

---

① 沈达明编著：《比较民事诉讼法初论》，中信出版社 1991 年版，第 248～249 页。

② 沈达明编著：《比较民事诉讼法初论》，中信出版社 1991 年版，第 248～249 页。

③ 汤维建：《破产程序与破产立法研究》，人民法院出版社 2001 年版，第 224～225 页。

础不同，不同国情之间不可比。各国对于债权人会议制度的立法根植于不同国家的社会基础之上，笼统照搬各国学说难以全面概括我国债权人会议的性质。①

其二，除研究时观察角度不同外，学术界对于债权人会议性质的不同观点更多源于各国破产立法对债权人会议采取不同的政策，赋予了不同职权，使其在破产程序中发挥了不同作用，折射出不同职能。无论破产立法对债权人会议采取什么样的态度，其基本功能都相差不大。②

## 四、债权人会议的设置意义

由于对债权人会议性质的认识不同，对债务人会议在破产程序中应具有的地位、作用和价值目标的认识不同，学界对债权人会议的结构功能提出了不同看法。

总的来说，债权人会议是作为债权人在破产程序中的代表，设置债权人会议是兼顾效率与公平的必然要求。

### （一）有利于提高破产效率

第一，债权人人数众多，若每一个债权人都单独行使权利，将使破产程序变得相对复杂，难以操控。多数债权人的存在是破产程序的主要特征，甚至多数债权人的存在曾被有些国家的破产立法作为裁定债务人适用破产程序的条件之一。多数债权人存在的情况下若不设置同类当事人相对集中的会议制度，任由分散的多数债权人分别行使权利，则破产程序进程将会遭遇时间的拖延和费用的增加，操作程序更加复杂。③

第二，所有债权人有共同的目的和利益，可以合并。债权人可以采用开会的形式共同协商、决策其参与破产程序中遇到的共同问题，如如何使破产财产价值最大化、破产财产变价是否合理、与债务人达成和解或重整的必要性、管理人是否尽到勤勉义务等。将这些关系到所有债权人的共同利益的问题交由债权人会议代表债权人发表共益声明，有利于破产程序的

---

① 王欣新：《破产法》（第三版），中国人民大学出版社 2011 年版，第 204 页。

② 王东敏：《新破产法疑难解读与实务操作》，法律出版社 2007 年版，第 91 页。

③ 齐树洁主编：《破产法研究》，厦门大学出版社 2004 年版，第 185 页。

简化与便捷。①

第三，债权人会议可以对外表达全体债权人的共同意志、统一维护和满足各个债权人的合法权益、提高程序效率、贯彻诉讼经济原则。破产财产的总量有限且不变，在债权是否存在、债权存在多少以及债权性质如何等方面，总量不能满足全部要求势必产生利益冲突，展现出不同债权人利益的差异。若放任这种冲突发展，破产程序恐会陷于"无政府主义"状态。因此可以通过设立一个临时性机构，就破产事项协调意见，形成表达债权人共同意志的有效机制，并决定具体采取何种诉讼程序。此种做法既通畅了破产程序进行之路，又不堵塞债权人参与破产程序的路径。②

### （二） 给予各债权人公平受偿的机会

首先，为保障破产程序能公平、公正对待每一类权利主体和每一个权利主体，应当保证各权利主体在其同类性质的权利人中获得平等对待。破产实践中存在各种性质或类型的权利或利益冲突，同性质的权益中也有不同的价值取向。债务人财产不能满足全部债权，清偿风险现实存在。如何协调安排各利益主体的权利，提高破产程序透明度，保障权利主体享有充分的民主权利，是破产法律制度追求的目标。组成债权人会议的目的之一，是安排债权人在债权人会议中协调其间的个体差异，以保证每一个债权人都能够获得公平的机会和程序。③

其次，逐步实现破产程序有序化、规范化和文明化，需要债权人会议加强全体债权人内部集体纪律约束，统一步骤。破产虽从经济发展的宏观层面看有其优点长处，但自所涉及的当事人的微观层面，是利弊互存甚至是弊大于利的不幸事件——债权可能遭遇部分落空，有时其债权的受偿率甚至是零或者负数。

最后，债权人会议可实现债权人相互协调、相互约束，从而实现对债权人程序地位的平等性和受偿几率的一致性的保障。债权人在破产程序中有强烈的受偿欲望，若期望值与受偿可能性相去甚远，可能产生个人间的

---

① 齐树洁主编：《破产法研究》，厦门大学出版社 2004 年版，第 185 页。
② 齐树洁主编：《破产法研究》，厦门大学出版社 2004 年版，第 185 页。
③ 王东敏：《新破产法疑难解读与实务操作》，法律出版社 2007 年版，第 90~91 页。

冲突对抗，并增加对破产程序的抵触情绪。这对破产程序的有序运作不利。因此，立法上有必要进行组织协调，建立债权人相互之间的约束机制，保障其程序地位的平等性和受偿几率的一致性。①

### （三）对有利于明确程序中的相互关系、安排实体权利义务关系

有学者认为，债权人会议可以对新旧债权人进行区分。二者分界在于债权请求及其事实原因形成于破产程序开始前或后。依破产法的通常规定，二者在破产程序中所处的地位和受偿顺序不同。② 债权人会议是划分新旧界限的组织形态。同时，能够参加债权人会议也意味着参加者具有了参与破产财产分配的资格。

也有学者认为，破产财产法定抵押权需要以债权人会议为归属。债务人宣告破产后，尽管由管理人或破产清算组享有和行使对破产财产的管理权及处分权，但行使结果应当归于全体债权人。全体债权人拥有的法定抵押权具有统一性，不能分散为个人权利，为给此权利设定统一归属主体，有设立债权人会议的必要。③

此外，有观点认为，新得财产需要归属于债权人会议。破产程序开始后取得的新财产，例如行使撤销权取得的财产，判令公司负责人损害赔偿的所得财产等等，应当肯定其为全体债权人所有。这种对新财产共同共有的法律关系状态，使得债权人会议作为其主体成为必要。④

也有观点认为，债权人会议方便全体债务人行使起诉权。基于共同利益，破产程序中的债权人可能会产生诉讼要求。例如向债务人提起撤销诈欺行为之诉，向管理人提起损害赔偿之诉等。概括的、松散的全体债权人不具有诉讼当事人能力，单独债权人未必拥有起诉权，因此以相对稳定的团体形态作为诉讼当事人。此一团体形态以债权人会议为当然选择。⑤

---

① 柴发邦主编：《破产法教程》，法律出版社 1990 年版，第 87 页。

② 陈荣宗：《破产法》，台湾三民书局 1986 年版，第 209～214 页。

③ 汤维建：《试论债权人会议的立法体例、设立原因与法律性质》，载《法商研究》1996 年第 3 期。

④ 沈达明编著：《比较民事诉讼法初论》，对外贸易教育出版社 1993 年版，第 249 页。

⑤ 沈达明编著：《比较民事诉讼法初论》，对外贸易教育出版社 1993 年版，第 251 页。

总之，债权人会议的设置显然具有安排各参与主体实质权利的实体意义，在程序上亦具备独立的价值。

## 五、债权人会议的程序运作

### （一）债权人会议的组成

一种观点认为，所有债权人为债权人会议的当然成员，不考虑债权的性质与数额，均有出席会议、发表意见、表决及请求召开债权人会议的权利。[①] 据此，债权人会议的成员具体包括：享有优先权的债权人、担保债权人、附期限或附条件的债权人、普通债权人等债权人，以及连带债务人、不可分债务人、保证人、物上保证人、担保财产的第三取得人、共有人等代位求偿权人。[②] 我国《企业破产法（试行）》第13条规定，所有债权人均为债权人会议成员，享有表决权，但是有财产担保的未放弃优先受偿权者除外。

另一种观点认为，依法申报债权的债权人为债权人会议的成员，享有出席会议的权利。[③] 主张此种观点的理由是：首先，债权人参加破产程序、行使权利的基本形式就是债权人会议，如果不依照破产程序行使债权申报权利，债权人会议就难以组成；其次，若债权人的破产程序当事人地位因未依法申报债权而丧失，其结果亦是丧失参加债权人会议的权利；因此，债权人会议成员应当限于依法申报债权者。[④]

《企业破产法》第59条规定："依法申报债权的债权人为债权人会议的成员，有权参加债权人会议，享有表决权。债权尚未确定的债权人，除人民法院能够为其行使表决权而临时确定债权额的外，不得行使表决权。对债务人的特定财产享有担保权的债权人，未放弃优先受偿权利的，对于本法第六十一条第一款第七项，第十项规定的事项不享有表决权。债权人可以委托代理人出席债权人会议，行使表决权。代理人出席债权人会议，

---

[①] 齐树洁主编：《破产法研究》，厦门大学出版社2004年版，第189~190页。

[②] 李永军：《破产法律制度》，中国法制出版社2000年版，第125~131页。

[③] 王卫国：《破产法精义》，法律出版社2007年版，第169页。

[④] 李国光主编：《新企业破产法理解与适用》，人民法院出版社2006年版，第323~324页。

应当向人民法院或者债权人会议主席提交债权人的授权委托书。债权人会议应当有债务人的职工和工会的代表参加，对有关事项发表意见。"本书认为，仅依该条第 1 款规定并不能断定我国采依法申报债权的债权人方为债权人会议成员之主张，因该款后段可解释为对于享有表决权之债权人的原则性规定。此外，债权人享有参加债权人会议之权利，与其实际上是否参加债权人会议显非同义。承认所有债权人均为债权人会议当然成员，不会对实质上参与债权人会议的债权人产生不利影响，且同时可为因故未参加债权人会议之债权人主张自身权利提供一定的理论支持。故相对而言，所有债权人均为债权人会议之组成人员的观点更为合理。

### （二）债权人会议的召集

#### 1. 召集条件

《企业破产法（试行）意见》第 24 条规定，人民法院召集第一次债权人会议时，应当宣布债权人资格审查结果，宣布债权人会议的职权及其他有关事项，并通过债务人的生产、经营、财产、债务的情况。由此，在第一次会议召开前债权申报的期限已经届满，法院应当完成债权人资格的审查工作；债务人经营和财务等情况的调查和审查工作也应在会议通报债务人的基本情况前完成。① 虽该司法解释已于 2013 年 1 月被最高人民法院废止，但由于《企业破产法》颁布后的相关司法解释中并无新规定，此规定似可一定程度上作为债权人会议召集条件之参考。

另有观点认为，我国应增加出席会议的最低法定债权人人数限制，作为会议召开的标准：其一，明确数量上的要求，规定"不足三人应全部出席"之内容。其二，当出席会议债权人未达到最低法定人数标准时，"不得作出有效程序决议"应改为"不应召开会议"。英国破产法，以三人为界分，若债权人人数在三人以上，则至少有三人出席债权人会议，此会议才能召开；债权人在三人以下者，则必须全体债权人出席方可召开会议。但选举会议主席、接受债权人的债权证明材料与作出推延会议决定不在此限。据此，我国规定债权人会议决议应以出席会议有表决权人过半数通过，应当解释为涵盖债权人在三人以上（含本数）的要求，否则无法

---

① 韩长印：《债权人会议制度的若干问题》，载《法律科学（西北政法学院学报）》2000 年第 4 期。

达到过半数之标准。①

本书认为，因债权人会议实质系为代表全部债权人利益进行决断，故若出席债权人会议的债权人不足一定人数，即意味着其代表性不够充足，此时不应召开债权人会议，或者不得形成有效的决议，以保证破产程序公正，债权人得到平等保护。我国规定债权人会议决议应以出席会议有表决权人过半数通过，同时规定行使肯定表决权的债权人代表之债权数额占无财产担保总债权数额的半数以上或三分之二以上，系对出席会议的债权人所达成的决议提出更高的"质"上要求，体现了对未出席会议之债权人利益的保护。②

出席债权人会议的人数达不到作出决议之标准，自身即可说明该债权人会议未获得多数债权人支持，其决议即便作出，代表性之疑问已存。破产程序的公正与债权人平等保护存在冲突时，就债权人会议制度设计而言，应当以债权人平等保护为先。毕竟，此为债权人会议设置目的所在。因此，在债权人会议召开之前对可能参加的债权人及其所代表之债权多寡可进行粗略统计，若出席债权人会议人数达不到决议通过人数，则不可贸然召开债权人会议。

2. 召集主体

召集权主体的设置是区别破产程序属于自治或官治的判断标准之一。对于第一次债权人会议的召集人的确定，大陆法系国家将此召集权限赋予法院，英美法国家则多由破产事务官进行召集。各国对召开时间的规定也不尽相同。有进行具体约束者，如日本法、英国法及我国破产法之规定；③ 也有笼统规定"合理时间"以及"应迅即召集"者。④ 总而言之，各国均认同第一次债权人会议之召开必须迅速，以方便破产程序的进行、提高破产效率、节约时间成本。

有关召集主体，各国及地区立法例主要有四种：

---

① 汤维建：《破产程序与破产立法研究》，人民法院出版社 2001 年版，第 236 页。

② 汤维建：《破产程序与破产立法研究》，人民法院出版社 2001 年版，第 235 页。

③ 汤维建：《破产程序与破产立法研究》，人民法院出版社 2001 年版，第 229 页。

④ 香港"破产条例"第 17 条。

一是法院召集主义。即法院独享召集权，其他程序主体均只有申请权。德国、日本、我国台湾地区均采用此做法。①

二是法院和债权人会议主席并行召集主义。在我国司法实践中，因债权人会议主席系第一次债权人会议上由法院自有表决权之债权人中选出，第一次债权人会议只能由法院进行召集。有学者认为，尽管债权人不享有召集权，但其拥有以集体形式加以表达的申请权，这样的申请权应当解释为对法院具有拘束力。否则，无法解释提出申请的债权人必须达到一定标准的规定之基础为何。②

三是管理人召集主义。英美法国家多采用此种做法。依此立法原则，破产程序中的所有债权人会议，包括第一次债权人会议的召集权均归破产管理人享有，法院不得进行召集。《美国联邦破产法》规定，联邦破产管理人召集和主持第一次债权人会议。英国破产法规定，第一次债权人会议由破产事务官（The Official Receiver）自由裁量决定召集，或者在债权额度超出总额四分之一的债权人的申请下召集。其后由破产事务官或者破产管理人召集。③ 有学者指出，英美两国在法院与债权人会议之间的关系上有重大区别。美国法上，法院不能参加债权人会议；英国破产法则无此规定，且其明文规定法院对债权人会议自始至终拥有"完全的控制权"。④

四是债权人会议主席召集主义。第一次债权人会议是破产程序开始后必须由法院召集的债权人会议，因此时债权人会议尚不存在。债权人会议主席召集权是有限制的召集权，只有当管理人、债权人委员会、占总债权四分之一以上债权人向债权人会议主席提议召开时方能行使。⑤ 立法没有明确第一次债权人会议的主持人及其后债权人会议的召集人，但依据其他

---

① 《德国破产法》第93条第1项，《日本破产法》第176条，我国台湾地区"破产法"第64条第2款与第116条。

② 汤维建：《破产程序与破产立法研究》，人民法院出版社2001年版，第229页。

③ 汤维建：《破产程序与破产立法研究》，人民法院出版社2001年版，第229页。

④ 汤维建：《破产程序与破产立法研究》，人民法院出版社2001年版，第230页。

⑤ 李国光主编：《新企业破产法理解与适用》，人民法院出版社2006年版，第336页。

规定看，人民法院有权主持第一次债权人会议，就有权指定会议主席主持第一次债权人会议；其后召集权归属于债权人会议主席。① 与法院和债权人会议主义并行召集主义不同之处在于，第一次债权人会议之后的所有债权人会议召集权仅由债权人会议主席行使。

我国《企业破产法》第 62 条赋予了债权人会议主席以会议召集权。德日等大陆法系国家规定了债权人会议由法院指挥或受法院领导，而由法院对债权人会议行使具体的召集权、组织权与指挥权。英美国家破产法规定了债权人会议主席的职位，但他们不认同债权人会议主席是独立的、常设的程序机构，而认为其仅是会议主持者和指挥者的一种称谓。② 可见，我国破产法之规定与大陆法系国家与英美法系国家的规定均有不同，较为独特。

也学者认为，对《企业破产法》第 62 条解释，可以得出两种理解。其一，一律由债权人会议主席召集，同时法院、管理人、债权人委员会及占债权总额四分之一以上债权人享有提议权。如此理解，将导致主导破产程序的法院受制于债权人会议主席，显然不妥。其二，由法院自行召集及在管理人等提议时由债权人会议主席召集。如此，第一次债权人会议由法院在法定期限内召开，不得提前或者无故推迟，亦不可不召开。此后的债权人会议在法院认为必要时或者享有提议权之主体向债权人会议主席提议召开。故此，在我国《企业破产法》上，应认为人民法院和债权人会议主席均有债权人会议召集权。③

有学者研究发现，除第一次债权人会议外，《企业破产法》对其他债权人会议的召集人没有明确规定，学者各有见解，但缺乏对债权人会议主席召集债权人会议的实证分析。在究竟债权人会议主席能否召集债权人会议及如何召集债权人会议的问题上缺乏司法实务角度的深入研究。该学者主张，《企业破产法》对债权人会议主席可否召集债权人会议没有明文规定，本身就是对原司法意见基本明确的"债权人会议主席召开债权人会

---

① 韩长印主编：《破产法学》（第三版），中国政法大学 2016 年版，第 221~222 页。

② 汤维建：《破产程序与破产立法研究》，人民法院出版社 2001 年版，第 230 页。

③ 王欣新：《破产法》（第三版），中国人民大学出版社 2011 年版，第 215~216 页。

议"规则的不认同。①

本书认为，基于债权人会议的召集主体是决定破产程序属于自治主义或者官治主义的重要参照因素，我国目前应采法院和债权人会议主席并行主义。从《企业破产法（试行）》中明确将该权利授予债权人会议主席至目前《企业破产法》规定由法院自行召集或在管理人等提议时由债权人会议主席召集之现状，可以理解为法律制度设计根据现实应用情况作出的相对调整。《企业破产法》对债权人会议主席是否拥有召集权并未明确规定，也可以解读为相对灵活的制度设计。在立法倾向的考虑上，我国破产法立法更贴近于自治主义，否则无法解释立法上对管理人制度的大力推动与债权人会议监督职能的不断加强。当下债权人的能力相较法院较为弱小，不够成熟。在此过渡阶段，借用法院的成熟经验对债权人进行辅助甚至教育培养，是能够起到令破产程序高效安全运转之目的的。因此，目前采用法院和债权人会议主席并行主义，更能适应我国破产法发展的现实需要，也能更灵活地应对接下来发展中遇到的挑战。

3. 召集程序

依《企业破产法》第62条，第一次债权人会议由人民法院召集，自债权申报期限届满之日起十五日内召开。以后的债权人会议，在人民法院认为必要时，或者管理人、债权人委员会、占债权总额四分之一以上的债权人向债权人会议主席提议时召开。召开债权人会议，管理人应当提前十五日通知已知的债权人。

### （三）债权人会议的职权

各国对债权人会议程序地位的态度不一致集中表现在债权人会议的职权的规定上。债权人会议的职权设定与规制明确了各程序主体之间的破产法律关系，体现了破产程序的结构、功能与价值，其实现组成了破产程序。② 债权人会议的地位高低，完全可以从其职权设置上体现出来。

债权人会议职权的规定实际上是破产法允许债权人参与破产程序的程

---

① 邹海林、周泽新：《破产法学的新发展》，中国社会科学出版社2013年版，第139页。

② 汤维建：《破产程序与破产立法研究》，人民法院出版社2001年版，第231页。

度。选择赋予债权人会议更多职权还是将更多的权利交给管理人，折射出各国破产制度传统和立法态度。国际上有两种立法模式：一种立法模式赋予管理人更多职权，对管理人执业能力水平有更高要求，对管理人忠实和勤勉义务的要求也较为严格。以管理人承担赔偿责任制度弥补债权人较少参与决策之不足。另一种立法模式赋予债权人参与破产程序更多的职权，债权人会议在破产程序中自始至终发挥作用，管理人行动受债权人会议指挥或接受债权人会议监督，包括向管理人提出质询意见、批准管理人的行为和决定、提出建议或请求法院对管理人实施一定行为等。① 我国《企业破产法》基本上采取了后一种主张，第61条赋予了债权人会议较多的权利，并且要求债权人会议承担对管理人的监督职能。

在具体制度安排上，债权人会议的职权主要体现在三个方面：决策、监督与通知传达。

1. 决策

债权人会议以讨论的方式研究与债权人整体利益相关的问题，通过投票表决的方式形成决议。在其决议没有被法院撤销之前，任何人不可否定会议决议的效力或者停止执行会议决议。②

决策职权具体包括：第一，决定债务人是否继续营业及其营业事务；第二，决定是否通过对债务人的重整计划与和解协议；第三，决定是否通过对债务人财产的管理、变价和分配方案和破产财产的处理、分配方案；③ 第四，人事决定，包括间接选任管理人；④ 第五，决定债权人委员会的设立、人员选任与撤换，或向法院提出此请求；⑤ 第六，选任和撤换监督机构。⑥

① 王东敏：《新破产法疑难解读与实务操作》，法律出版社2007年版，第99~100页。

② 王东敏：《新破产法疑难解读与实务操作》，法律出版社2007年版，第91~92页。

③ 韩传华：《企业破产法解析》，人民法院出版社2007年版，第227页；王欣新：《破产法学》，中国人民大学出版社2004年版，第108~109页。

④ 李国光主编：《新企业破产法教程》，人民法院出版社2006年版，第134~136页。

⑤ 王欣新：《破产法学》，中国人民大学出版社2004年版，第108~109页。

⑥ 李永军：《破产法律制度》，中国法制出版社2000年版，第132~133页。

2. 监督

破产法普遍设置管理人制度，并同时赋予债权人会议广泛的监督职能。由于债权人会议不具有具体操作处理债务人财产等事务的功能，为维护债权人合法权益，债权人会议在破产程序中的监督职能必不可少。①

监督职能具体包括：第一，债权核查。审查确认有财产担保债权的有无，若有，则确认数额。② 第二，监督破产管理人。③

3. 通知传达

债权人会议承载着向债权人发出通知、接收法律规定的各种报告、提供信息以及审核债权、处理债权人内部事务等多种功能。④

4. 对债权进行审查和确认

我国《企业破产法（试行）》曾规定将债权人会议作为债权的审查和确认主体，引起了学界的不满。后《企业破产法》改变此规定，将管理人作为债权审查主体，最终由人民法院裁定确认。关于债权人会议能否作为破产债权申报主体的探讨，已在本书"破产债权"部分进行讨论。

### （四）债权人会议的表决规则

1. 立法规定

在债权人会议决议表决权问题上，我国区分了一般与特殊两种情形。一般情形下，必须达到双重标准该决议才可通过，即出席会议的有表决权的债权人过半数通过，且同时其所代表的债权数额必须占无财产担保债权总额半数以上。特殊情形仅限于重整计划草案、和解协议草案的讨论通过，其要求出席会议的有表决权的债权人过半数通过，且同时其所代表的债权数额必须占无财产担保债权总额三分之二以上。有学者认为这是重整

---

① 王东敏：《新破产法疑难解读与实务操作》，法律出版社 2007 年版，第 91~92 页。

② 李国光主编：《新企业破产法教程》，人民法院出版社 2006 年版，第 134~136 页；汤维建：《破产程序与破产立法研究》，人民法院出版社 2001 年版，第 238 页。

③ 韩传华：《企业破产法解析》，人民法院出版社 2007 年版，第 227 页。

④ 王东敏：《新破产法疑难解读与实务操作》，法律出版社 2007 年版，第 91~92 页；王欣新：《破产法学》，中国人民大学出版社 2004 年版，第 108~109 页。

计划和和解协议能够代表大部分债权人意志的基础之一。①

比较法上，德日破产法与我国的规定相类似，但法国法稍异。其规定一般决议需要绝对多数票方可通过，但同时，其投票票数系以债权数额进行计算。②

2. 表决权计算

依《企业破产法》第 64 条第 1 款，债权人会议的决议由出席会议的有表决权的债权人过半数通过，并且其所代表的债权额占无担保债权总额的二分之一以上，但该法另有规定的除外。另依《企业破产法》第 64 条第 2 款，债权人认为债权人会议的决议违反法律规定，损害其利益的，可以自债权人会议作出决议之日起十五日内，请求人民法院裁定撤销该决议，责令债权人会议依法重新作出决议。在表决权的计算的基准上，针对债权人人数规定与所代表的债权占比规定，各个学者提出了不同的看法。

（1）债权人人数计算

支持《企业破产法》规定者认为，现行规定系公平合理的。③ 在采取债权人人数和债权额双重标准的决议机制下，债权人人数计算应当以出席债权人会议的债权人人数为准，且实现身份上的均等化，即无论债权人名下的债权种类或项目多少，均按一人计算。债权人委托代理人出席的，视为债权人本人出席，但一个代理人代理多个债权人的，按照代理的债权人人数为准。④

（2）债权总额计算

有学者认为债权人会议通过决议条件应更改为只需取得出席会议债权人所代表的债权额多数即可。若规定债权人会议决议通过需要有表决权债

---

① 汤维建：《破产程序与破产立法研究》，人民法院出版社 2001 年版，第 235 页。

② 参见德国破产法第 94 条和第 182 条，日本破产法第 179 条和第 306 条。转引自汤维建著：《破产程序与破产立法研究》，人民法院出版社 2001 年版，第 236 页。

③ 罗培新主编：《破产法》，格致出版社 2009 年版，第 234 页；韩长印主编：《破产法学》（第二版），中国政法大学出版社 2016 年版，第 225 页。

④ 邹海林、周泽新：《破产法学的新发展》，中国社会科学出版社 2013 年版，第 141 页。

权人之债权占无担保债权总额之二分之一甚至三分之二，可能出现出席债权人所代表的债权数额达不到通过决议数额之情形，则此时无法通过任何有效决议。① 本书认为，若以此为标准，必须对出席债权人所占债权人全体人数加以限制。举例说明，若仅有债权人总数三分之一出席债权人会议，又以出席债权人会议人数过半通过决议，最终决议其实只体现了债权人总数六分之一的债权人意志。这种对于出席债权人占总人数比的限制约定，实质上系剥夺了原有的一部分属于债权人的权利。此与我国破产法立法坚持当事人自治的趋势相去甚远。

有关债权总额的计算又存在两种观点：一是依出席会议的债权人所持有的债权额计算；二是无论债权人是否出席会议，均以所有债权总额计算。前一个观点能够确保债权人会议召开并使破产程序不受债权人会议不能有效议决影响，但弊端在于无法保障未出席债权人利益。后者计算简便，但有可能因出席债权不足而使债权人会议决议不符合未出席债权人的意思。②

支持以出席会议的债权人所持有的无担保债权总额为基准的观点认为，债权人不出席会议的情形可以视为放弃自己参加会议并表决的权利，对此法律当为许可。③ 反对者认为，《企业破产法》以无担保债权作为计算基础不甚妥当。因别除权人除对通过和解协议与破产财产分配方案不具表决权外享有表决权。《企业破产法》一方面承认别除权人所享有的表决权，另一方面又只允许计算其参与表决时的代表人数，而不得计算其代表债权额，自相矛盾，实质上剥夺了别除权人的表决权。因此其主张应当以对该决议享有表决权的债权总额为债权人会议各项决议通过的计算标准。④

本书认为，考察债权人会议表决机制设定双重标准之目的，应系将对

---

① 王欣新：《论新破产立法中债权人会议制度的设置思路》，载《法学家》2005 年第 2 期。

② 邹海林、周泽新：《破产法学的新发展》，中国社会科学出版社 2013 年版，第 141 页。

③ 邹海林、周泽新：《破产法学的新发展》，中国社会科学出版社 2013 年版，第 141 页。

④ 王欣新：《破产法》（第三版），中国人民大学出版社 2011 年版，第 221 页。

债权人最大程度平等保护体现于债权人会议制度之中。因此，在表决规则的设置中应当尽最大可能实现此目的。

### （五）债权人会议的决议效力

绝大多数学者认为，债权人会议决议系全体债权人意思表示的结果。因此，其对所有债务人均有约束力。至于债权人是否出席债权人会议、是否享有表决权、是否支持决议意见，在所不问。① 我国《企业破产法》第 64 条第 3 款亦采用此说。

1. 肯定说

肯定说认为，担保债权人应受债权人会议有关破产财产决议约束。理由在于，若不受决议约束，担保债权人不享有债权人权利，不具有债权人会议成员的地位，不必参加债权人会议。担保债权人的利益需要债权人会议的保护，其债权需要在会议上审查确认。若规定有担保债权人不受决议约束，存在权利与义务的不相对应，可能损害有担保债权人的正当利益。②

2. 反对说

反对担保债权人受债权人会议有关破产财产决议约束的学者们提出了以下理由：

因债权人会议决议无权改变有担保债权优先受偿的效力，有物权担保债权人可就担保物单独受偿。③

担保物权的行使不应因第三人合意而受到影响。无担保债权人意思表示一致的结果体现于债权人会议决议中。因有财产担保债权人未参加表

---

① 罗培新主编：《破产法》，格致出版社 2009 年版，第 235 页；范建、王建文：《破产法》，法律出版社 2009 年版，第 191 页；韩长印主编：《破产法学》（第二版），中国政法大学出版社 2016 年版，第 226 页；邹海林：《中国商法的发展研究》，中国社会科学出版社 2008 年版，第 178 页；邹海林、周泽新：《破产法学的新发展》，中国社会科学出版社 2013 年版，第 142 页。

② 王欣新：《论新破产立法中债权人会议制度的设置思路》，载《法学家》2005 年第 2 期。

③ 王欣新：《论新破产立法中债权人会议制度的设置思路》，载《法学家》2005 年第 2 期。

决，且担保物权优先于债权受偿，债权人会议无权对其约束；此外，有财产担保的债权人若受到债权人会议决议的约束，势必受到破产程序之支配，这与民法创设担保制度本意相违背，也不符合别除权的精神。另外，有财产担保的债权人若受到债权人会议决议的约束，本身却无表决权，于理不合，显失公平,① 可能使有财产担保债权人承受双重法律权利的损失。②

但有学者提出，从立法上来看，《企业破产法》修正了我国以前排除担保债权人表决权之立场，充分尊重有财产担保债权人在债权人会议上的地位，除和解协议与破产财产分配方案的决议外，有财产担保的债权人对债权人会议决议事项具有表决权，因此，除和解协议与破产财产分配方案的决议外，有财产担保的债权人受债权人会议决议的约束。③

本书认为，债权人会议是全体债权人之意思表示作出、作用于破产程序的组织和桥梁，其设置目的即在于对外表达全体债权人的共同意志、对债权人的合法权益进行统一维护，对内对各个债权人进行利益平衡，实现破产程序的高效完成，实现债权人的公平受偿。故从债权人会议的性质与目的上看，不宜根据有无表决权之区分将在部分破产程序中不享有表决权的债权人从债权人会议决议约束范围中进行摘除。从排除造成的后果与价值权衡进行考虑，既然未出席债权人会议之债权人，即对自身债权利益关心程度较低，仍被算作债权人会议之当然组成人员，受债权人会议决议之约束，那么对在部分破产程序中不享有表决权，但积极关注破产程序进程、愿意参与破产程序的债权人而言，又为何要将其排除出债权人会议决议约束范围？此举可能会导致该部分债权人参与其他破产程序积极性下降，典型者如重整程序。综上，本书认为债权人会议的决议效力范围应当涵盖全体债权人。

---

① 李国光主编：《新企业破产法理解与适用》，人民法院出版社 2006 年版，第343 页。

② 薄燕娜主编：《破产法教程》，对外经济贸易大学出版社 2009 年版，第 153页。

③ 邹海林、周泽新：《破产法学的新发展》，中国社会科学出版社 2013 年版，第 143 页。

# 第二节 债权人委员会

## 一、债权人委员会的概念

### (一) 含义

有学者提出，债权人委员会是代表债权人会议的常设机构，其表达债权人共同意思，议决事项，并对破产程序进行监督。① 其由债权人会议根据程序的需要设立，代表债权人的一般利益。② 有学者欲突出债权人委员会对管理人的监督作用，认为债权人委员会是为了对管理人进行有效的外部监督和权力制约而依据法律设立的常设机构。③

### (二) 债权人委员会与债权人会议之关系

对于债权人委员会与债权人会议之关系，因对债权人委员会的性质之认识不同而存在不同观点，有认为债权人委员会系债权人会议代表机构、债权人会议常设机关、独立机构以及综合机构的不同表述。具体介绍详见本章后文"债权人委员会的性质"。

### (三) 债权人委员会与管理人之关系

依据《企业破产法》第 23 条规定，管理人须接受债权人会议和债权人委员会的监督。第 68 条规定，当管理人违反《企业破产法》规定，拒绝接受监督时，债权人委员会仅有权就监督事项请求人民法院作出决定。从我国《企业破产法》的设计看来，设置债权人委员会的目的是监督管理人对破产债务人的财产性管理与处分行为。④

---

① 柴发邦主编：《破产法教程》，法律出版社 1990 年版，第 95 页。
② 李大何、李永军：《论破产法上债权人委员会的地位》，载《海南大学学报》2011 年第 6 期。
③ 王卫国：《破产法精义》，法律出版社 2007 年版，第 173 页。
④ 李永军：《破产法的程序结构与利益平衡机制》，载《政法论坛》2007 年第 1 期。

## 二、债权人委员会的设立必要性

在我国《企业破产法》通过之前，不同学者对是否设立债权人委员会存在争议。

### （一）肯定说

持肯定意见的学者主张，第一，设立债权人委员会是利益平衡的需要。破产法是对债务人财产的一次性概括处理，需要不断就利益冲突进行谈判磋商，处理过程中冲突屡见不鲜。各种利害关系人的利益冲突需要建立协商机制和组织机构进行处理。因债权人人数众多，债权人会议无法满足理想的协商要求，设立债权人委员会则可以代而为之。① 债权人委员会是债权人会议自治职能的自然延伸，是债权人团体的意思表示机关以决议方式选任可信任人员充任代表，是对全体债权人负责的体现。②

第二，设立债权人委员会是维护债权人利益的需要。破产财产原则上是债权人全体可供分配的财产，某种程度上可以将其认为是债权人的将来财产。因实际掌握甚至有权支配这些财产的管理人并非由债权人会议选择的，而是由法院指定，债权人担心自己的权益受到侵害并不稀奇。但债权人会议人数众多，集体共同监督存在困难，且其并非常设机构，对于破产程序进行中发生的事务监督恐不及时。专司对破产程序的监督工作的债权人委员会应运而生。③ 当债权人会议闭会时，债权委员会可对破产程序进行的各阶段予以日常化不间断监督，有助于债权人会议监督破产程序的彻底化。④ 债权人委员会的组建标准即在于其对于充分维护其所代表的权利主体的利益是否是必要的。⑤

第三，设置债权人委员会是节约成本的需要。除第一次债权人会议外，由债权人委员会专门行使债权人会议监督职权，有利于避免债权人会

---

① ［美］大卫·G. 爱泼斯坦：《美国破产法》，韩长印译，中国政法大学出版社 2003 年版，第 748 页。

② 邹海林：《我国新破产法与债权人自治》，载《法学家》2005 年第 2 期。

③ 陈荣宗：《破产法》，台湾三民书局 1986 年版，第 178 页。

④ 邹海林：《我国新破产法与债权人自治》，载《法学家》2005 年第 2 期。

⑤ ［美］大卫·G. 爱泼斯坦：《美国破产法》，韩长印译，中国政法大学出版社 2003 年版，第 749 页。

议的频繁召开或长时间召开，提高监督的性价比。①

第四，设置债权人委员会可以解决债权人对破产程序态度消极冷漠的问题。由于进入破产程序的债务人清偿能力很低，对糟糕的清算后果，很多债权人不抱受偿期望，一些债权人（尤其小额债权人）对参加破产程序态度消极冷漠，因此要考虑由少数债权人组成债权人委员会，以方便灵活的方式直接参与破产程序。②

第五，设置债权人委员会体现了债权人自治精神。债权人委员会设立与否取决于债权人会议，设立后的债权人委员会对债权人会议负责，此为债权人自治精神之体现。这一点，日本商法之变化可谓最明显之佐证。日本废止旧商法破产编中不能充分保护债权人利益的破产主任官制度后，引进了监察委员制度。日本立法将监察委员交由债权人选任系基于债权人自治的理念。2004 年后，监察委员改称债权人委员会。③

第六，设立债权人委员会有利于破产程序的顺利进行。仅靠管理人难以协调破产程序中的所有矛盾，这些矛盾有可能阻碍破产程序的顺利进行。债权人委员会可以解决一部分矛盾。例如，在美国，正式组建的委员会可就案件的管理与债务人进行磋商、调查债务人的营业和财产状况、参与制订重整方案以及履行其他职能。④ 可见，债权人委员会的设置对促使破产程序顺利进行有较大意义。

第七，债权人委员会的创立符合历史趋势。破产立法例普遍规定的债权人委员会制度已有数百年历史，我国《企业破产法》对其进行规定可使得我国破产立法进程更为完善。⑤

### （二）否定说

持否定说的学者理由大致可归纳为：①法律规定债权人委员会要支付

---

① 邹海林：《我国新破产法与债权人自治》，载《法学家》2005 年第 2 期。
② 王东敏：《新破产法疑难解读与实务操作》，法律出版社 2007 年版，第 103～104 页。
③ ［日］伊藤真：《破产法》，刘荣军译，中国社会科学出版社 1995 年版，第 72 页。
④ ［美］大卫·G. 爱泼斯坦：《美国破产法》，韩长印译，中国政法大学出版社 2003 年版，第 751 页。
⑤ 邹海林：《我国新破产法与债权人自治》，载《法学家》2005 年第 2 期。

债权人委员会委员们的报酬，此会使破产财产减少；②当其与破产财产管理人的意见冲突时，有阻碍管理人工作、造成程序长期化的可能；③委员会委员可能造成法院无法正确把握财产管理的具体业务；④作为委员的债权有撤销理由时，撤销权难以行使；⑤法院的意见替代委员同意时，难以体现债权人自治的立法意图。①

有学者认为，债权人委员会是否设置应当在尊重债权人会议意愿之基础上由法院参酌决定。需要考虑的因素包括债权人人数、破产财产总额、破产案件处理难易程度与复杂程度、案件影响面等因素。②

### 三、债权人委员会的设立模式

总的来说，债权人委员会的设立有两种模式，即债权人委员会的法定设立模式和任意设立模式。

#### （一）法定设立模式

在有的国家或地区，债权人委员会是破产程序中的必设机构，债权人只能就具体的人选作出决定，但就是否选任没有决定权。例如，我国台湾地区"破产法"第 120 条规定：债权人会议得决议选任监查人一人或者数人，代表债权人监督破产程序的进行。对该条规定有学者解释称，债权人会议无权决定免设监查人，故应将此条理解为债权人委员会为依照法律必设之机构。③

#### （二）任意设立模式

大多数国家破产法采任意设立模式。是否选任、所任何人均取决于债权人会议。例如，按照《日本破产法》第 144 条的规定，法院依利害关系人申请，可以批准由破产债权人组成的符合法定条件的债权人委员会参与破产程序。按照该条的规定，选任债权人委员会的成员由破产债权人过半数同意。美国破产法上的债权人委员会也是采取任意设立的政策，根据

---

① ［日］伊藤真：《破产法》，刘荣军译，中国社会科学出版社 1995 年版，第 72~74 页。

② 柴发邦主编：《破产法教程》，法律出版社 1990 年版，第 96 页。

③ 陈荣宗：《破产法》，台湾三民书局 1986 年版，第 179 页。

美国一位法官统计，破产案件越趋向于大体量，债权人越倾向于设立债权人委员会。以 280 万美元及 6000 万美元作为两个划分点，小型破产案件设立债权人委员会情形仅有 10%，至中型破产案件选择设立债权人委员会的比例飙升至 40%，大型破产案件设立债权人委员会的比例则高达 97%。① 德国对债权人委员会的设置也采取任意设立的政策。根据《德国破产法》第 67 条、第 68 条的规定，破产法院在第一次债权人会议前可以任命成立债权人委员会。但是，在召开第一次债权人会议时，债权人会议仍然有权对是否设立债权人委员会作出决议，对破产法院任命的债权人委员会决定是否保留。②

我国《企业破产法》最终采取"可以设立"之表述，由此可知我国破产法在债权人委员会的规定上采取任意设立的立法例。我国债权人委员会组成具有机构设置任意性。③

## 四、债权人委员会的性质

对于债权人委员会的性质，我国学者未形成一致意见。

### （一）代表机构说

此说认为，债权人委员会为债权人全体的代表机构。债权人会议和债权人委员会履职目的归结于维护债权人全体的清偿利益。但是债权人委员会履行职责受债权人会议决议的约束，从这一角度看，债权人会议地位处于债权人委员会之上。经债权人委员会同意的内容，得由债权人会议决议确定；二者意见不同时，从债权人会议决议。④

### （二）常设机关说

此说认为，债权人委员会是由债权人会议选任的常设机关，债权人委

---

① LUBBEN Stephen J. The Types of Chapter 11 Cases, American Bankruptcy Law Journal, 2010（Spring），pp. 84-233. 转引自李大何、李永军：《论破产法上债权人委员会的地位》，载《海南大学学报》2011 年第 6 期。

② 李大何、李永军：《论破产法上债权人委员会的地位》，载《海南大学学报》2011 年第 6 期。

③ 范建、王建文：《破产法》，法律出版社 2009 年版，第 194~195 页。

④ 邹海林：《我国新破产法与债权人自治》，载《法学家》2005 年第 2 期。

员会与债权人会议是代表与被代表的关系。同时其强调，债权人委员会是维护债权人共同利益的机构，其维护的既不是债权人委员会成员之利益，亦不是某债权人的利益，体现的是债权人的共同意思。①

债权人委员会在债权人会议闭会期间，代行债权人会议相关职能，并对破产程序进行持续、及时、有效之监督，以保障监督职能的有效实行。综合其职能、设立、职责等方面因素考虑，债权人委员会系债权人的自治组织，类似于人民代表大会与人民代表大会常务委员会的关系，债权人委员会实际上是债权人会议的缩影。②

### （三）独立机构说

此说认为，债权人委员会与债权人会议是各自独立的机构。债权人委员会的职能在于监督程序、保护债权人和监督管理人。债权人委员会有具体的权利义务，并能够对于因其行为不当导致之不良后果对债权人承担民事责任。因此，债权人委员会不是债权人会议的代理人，而是一个独立的机构。③ 在法国、意大利等只设债权人委员会、无债权人会议的国家，由法院、主审法官和破产管理人对债权人委员会行使控制权或监督权。④ 债权人委员会委员造成债权人损害的，任何债权人可就个人遭受的损失起诉债权人委员会委员，如果所有债权人均遭受损害，则由新的债权人委员会向旧的债权人委员会提起诉讼。⑤

### （四）综合说

此说认为，债权人委员会具有非单一的性质。我国债权人委员会人员

---

① 齐树洁主编：《破产法》（第二版），厦门大学出版社 2009 年版，第 91~92页。

② 王延川主编：《破产法理论与实务》，中国政法大学出版社 2009 年版，第204 页。

③ 李大何、李永军：《论破产法上债权人委员会的地位》，载《海南大学学报》2011 年第 6 期。

④ 汤维建：《破产程序与破产立法研究》，人民法院出版社 2001 年版，第 249页。

⑤ 汤维建：《破产程序与破产立法研究》，人民法院出版社 2001 年版，第 249页。

构成除债权人代表之外，还有债务人企业的职工代表或者工会代表，这在一定程度上反映出我国债权人委员会为公正、中立地对破产管理和清算事务进行监督的机构。因此不能简单地将债权人委员会理解为字面含义的债权人会议的常设监督机构。除了着重维护共同利益外，债权人委员会还需兼顾其他权利主体的合法利益，如别除权人的利益。①

## 五、债权人委员会的选任

对于债权人委员会的选任主体问题，各国规定不同。法国破产法规定，只有法院可指定债权人代表，该指定必须在宣告破产程序开始的判决中作出。② 英、美、日等国规定债权人代表由债权人会议选择任命。德国采取双轨选任制，即法院和债权人会议均可选任。③

## 六、债权人委员会的组成

### （一）立法例

各国及地区对于具备何种资格的人可被选任为债权人委员会委员存在不同规定。德国和我国台湾地区对资格要求最为宽松，规定债权人和其他人员均可被选任为债权人委员会成员。此时只要是完全民事行为能力人，并且对于案件中的财产事业有专门知识经验的，就可以作为债权人委员会委员。④ 英国与意大利则规定较为严格，认为所有债权人委员会委员均应当是债权人，且他们所提供的债权证明材料必须未遭否定。⑤ 法国对此规定最为独特，规定债权人委员会委员不得是债权人，而仅能从每个上诉辖

---

① 韩长印主编：《破产法学》（第二版），中国政法大学出版社 2016 年版，第 227~228 页。

② 沈达明、郑淑君编著：《比较破产法初论》，对外经济贸易大学出版社 2015 年版，第 241 页。

③ 汤维建：《破产程序与破产立法研究》，人民法院出版社 2001 年版，第 249 页。

④ 耿云卿：《破产法释义》，台湾五南图书出版公司 1992 年版，第 140~141 页。

⑤ 汤维建：《破产程序与破产立法研究》，人民法院出版社 2001 年版，第 249 页。

区的受托清理人名单中选任。① 同时，各国均规定破产管理人不得作为债权人委员会委员。②

### （二）债权人委员会成员资格

依《企业破产法》第 67 条第 1 款和第 2 款，债权人委员会由债权人会议选任的债权人代表和一名债务人的职工代表或工会代表组成。债权人委员会成员不得超过九人，成员应当经人民法院书面决定认可。

1. 债权人

（1）债权人是债权人委员会的当然成员。债权人代表在破产程序中的职权主要是监督，其监督权之行使有两大特点，其一，监督对象特定，因债权人代表向全体债权人负责，因此其只对管理人行使监督权，对于债务人及其他程序主体没有监督权。其二，监督方式多样，因其监督职权比较广泛，故其监督方式既有直接又有间接，既有宏观亦有微观。③

（2）债权人委员会成员是否局限于债权人？有学者认为，不可将债权人排除出债权人委员会委员范围，同时也不可局限于债权人范围内选任。选任应当将是否具有执行监督职能之足够知识、经验及素质作为考察对象。④ 由专业人员出任债权人委员会部分委员或可为监督职能的履行与保障共同利益提供更有效力量。

也有观点认为应当从参与破产程序的利害关系主体中选任的，理由是债权人委员会有监督破产程序中发生各项活动的功能，所有与破产事件的处理有利害关系的主体均可以通过债权人委员会参与监督。

此外，也有主张从无利害关系人中选任，由无利害关系人员组成者。采取这种做法的理由是：其一，只有无利害关系人行使职权时才能保证公正的立场。⑤ 债权人委员会委员与破产程序无关时或更有利于对程序的公

---

① 沈达明、郑淑君编著：《比较破产法初论》，对外经济贸易大学出版社 2015 年版，第 208 页。

② 耿云卿：《破产法释义》，台湾五南图书出版公司 1992 年版，第 351 页。

③ 汤维建：《破产程序与破产立法研究》，人民法院出版社 2001 年版，第 251 页。

④ 汤维建：《破产程序与破产立法研究》，人民法院出版社 2001 年版，第 250 页。

⑤ 韩长印：《债权人会议制度的若干问题》，载《法律科学》2000 年第 4 期。

正监督。① 其二，无利害关系人参与债权人委员会的工作报酬可以列入共益债务或者破产费用。否则债权人委员会成员的工作报酬支出难以处理。②

2. 职工代表

（1）职工代表是否为债权人委员会的当然成员

从《企业破产法》第67条规定来看，我国债权人委员会组成具有成员构成限定性的特点，即债权人委员会必须包括债权人会议选任的债权人代表和一名债务人职工代表或工会代表。③ 也有反对观点认为，在债权人委员会中设立一名破产企业职工代表或工会代表的前提应当为职工对债务人企业享有数额较大的债权。若企业对职工未有负债或负债数额较小，则不应当再选任职工代表或工会代表作为债权委员会委员。④

（2）职工代表选任

债权人委员会中职工代表如何产生，我国法律中未有明确规定。目前学者提出的解决办法有：第一，职工代表或者工会代表应当由职工债权人进行推荐。⑤ 第二，应当由司法解释进行进一步明确职工代表由债权人会议选任产生还是由职工债权人或工会选任产生。⑥ 第三，采取按双重选任制，既可以由工会推举，也可以由职工代表大会选举职工代表或工会代表。⑦ 第四，债权人委员会的成员均应当由债权人会议选举产生，职工代表亦不例外。但是债权人会议可能对债务人的职工与工会情况不甚熟悉，在选任职工代表或者工会代表时应当得到列席会议的债务人的职工和工会成员的支持。若债权人会议非因自身原因无法选任职工代表或工会代表

---

① 李大何、李永军：《论破产法上债权人委员会的地位》，载《海南大学学报》2011年第6期。

② 王东敏：《新破产法疑难解读与实务操作》，法律出版社2007年版，第90~91页。

③ 范建、王建文：《破产法》，法律出版社2009年版，第194~195页。

④ 王欣新：《论新破产立法中债权人会议制度的设置思路》，载《法学家》2005年第2期。

⑤ 安建、吴高盛主编：《企业破产法实用教程》，中国法制出版社2006年版，第75页。

⑥ 罗培新主编：《破产法》，格致出版社2009年版，第242页。

⑦ 范建、王建文：《破产法》，法律出版社2009年版，第195页。

的，应当视为职工代表或工会代表放弃其作为债权人委员会成员的权利，此项放弃不应当影响债权人委员会的成立。①

　　本书认为，首先，债权人委员会中必须有职工代表或者工会代表，不以职工对债务人享有债权为必要。债权人委员会设置职工代表或工会代表本就意味着法律赋予的对于职工的特殊保护，此保护恰是法律保护由权利本位向社会本位发展的具体体现。企业破产关涉众多人的权利义务，一个企业在经济生活中联系可能是盘根错节、牵一发而动全身的。破产企业职工的安置与发展是破产法欲取得较好的社会实践效果所必须纳入考虑视野的一个重大影响因素。法律在此设置专款规定破产企业职工代表或工会代表参与债权人委员会，不是出于职工作为债权人身份对企业所享有的权利进行考虑，而是考虑到债权人对债务人财产之处理可能对职工产生较大影响，认为职工应有代表集中行使他们的知情权、参与权。

　　其次，不应该设置任何例外情形排除职工代表或工会代表作为债权人委员会成员。此规定可能导致职工代表或工会代表有意被排除在债权人委员会之外。债权人与职工相比，处于相对强势地位。若债权人恶意制造排除情形将职工代表或工会代表排除在债权人委员会之外，此结果即与法律特意作出规定之目的背道而驰。

　　最后，职工代表或者工会代表应由职工代表大会或者工会选举产生。设置债权人委员会的初衷在于：其一，在债权人会议闭会期间进行一定程度的、须经债权人会议决议最终确定的自治。其二，持续监督破产程序。其三，提高破产程序效率。从其拥有少量的自治权来看，债权人委员会委员是被全体债权人信任的人员，应对全体债权人负责。由于我国《企业破产法》专门规定了债权人委员会中须有一名职工代表或工会代表，作为委员会委员的职工代表或工会代表也应受到上述之约束，对全体债权人负责。为能确保此项，宜采纳通过会议议程投票的方式进行选拔。但从监督与效率角度看，职工代表或工会代表由职工代表大会或工会进行选任，更有利于对债权人委员会内部的自我监督。此外，债权人往往对债务人牵涉的劳动关系或劳务关系不甚了解，要求债权人会议选举产生破产企业职工代表或工会代表进入债权人委员会需要债权人对职工代表或工会代表进行相当细致的调查，此种方式显然不利于提高破产程序效率。

---

　　①　韩传华：《企业破产法解析》，人民法院出版社 2007 年版，第 249 页。

### 3. 人数限定问题

人数限定是指债权人委员会成员的最高或者最低人数限制。[1] 我国现行《企业破产法》规定债权人委员会最多以 9 人为限，但未规定最低人数、是否必须为单数。限定最高人数的目的在于防止债权人委员会过于臃肿，演变成为第二个债权人会议，专门设立债权人委员会的必要性就大打折扣。[2]

就最低人数限定，有不同观点：①有观点认为应提示性规定债权人委员会人数。例如，可以选任一人组成债权会议。[3] ②认为应当将其规定为二人以上。[4] ③虽然理论上债权人委员会可以选任一人或数人组成债权人委员会，但其名称本身即表明委员会应由多人组成。[5]

对于人数是否必须为单数，学者们普遍持赞成态度。主要理由是：第一，债权人委员会单数是基于引入民主集中制，以在债权人委员会内部进行内在监督所作之考量。[6] 第二，虽破产法没有规定单数还是双数的问题，但一般对该人数设置应采单数，这样便于形成多数局面，以便于决议的作出。[7]

### 六、债权人委员会的职权

我国《企业破产法》第 68 条规定，债权人委员会行使以下职权：①监督债务人财产的管理和处分；②监督破产财产分配；③提议召开债权人会议；④行使债权人会议委托的职权。立法还规定了管理人需及时报告债权人委员会其实施的对债权人有重大影响的财产处分行为。债权人委员会执行职务时，有权要求管理人、债务人对其职权范围内的事务作出说明或者提供有关文件；遇到有管理人、债务人的相关人员拒绝接受监督时，

① 范建、王建文：《破产法》，法律出版社 2009 年版，第 194~195 页。

② 王东敏：《新破产法疑难解读与实务操作》，法律出版社 2007 年版，第 105 页。

③ 邹海林：《我国新破产法与债权人自治》，载《法学家》2005 年第 2 期。

④ 王卫国：《破产法精义》，法律出版社 2007 年版，第 191 页。

⑤ 邹海林：《我国新破产法与债权人自治》，载《法学家》2005 年第 2 期。

⑥ 罗培新：《破产法》，格致出版社 2009 年版，第 244 页。

⑦ 王东敏：《新破产法疑难解读与实务操作》，法律出版社 2007 年版，第 105 页；王欣新：《破产法》（第三版），中国人民大学出版社 2011 年版，第 211 页。

债权人委员会有权就监督事项请求人民法院作出决定。[1]

《企业破产法》并没有赋予债权人委员会过多的职能,并有意限定了债权人委员会行职权的效果。虽《企业破产法》第 69 条规定了管理人就所列事项及时报告于债权人委员会的要求,但对于管理人报告后债权人委员会可采取何种措施缺乏规定。[2]

总的来说,债权人委员会的职能应有三个方面:第一,监督职能。主要是代表债权人会议监督管理人的行为。监督的方式是双向的,一方面是管理人在破产程序中的重大活动应当及时向债权人委员会报告,主动接受债权人委员会的监督;另一方面,债权人委员会主动监督,可以随时要求管理人对其管理债务人财产事务的行为作出说明。具体包括:①调查财产状况,监督破产财产分配;②监督、审查同意管理人处分财产的具体行为。第二,咨询职能。债权人委员会对破产程序进程、管理人对债务人财产实施具体管理和处分的行为及其理由与方案比较了解,掌握处理破产事件的大量信息,因此在其认为有必要时有权提议召开债权人会议,对会议议题向债权人会议提出建议。例如,陈述和解协议意见,监督债务人执行;申请解任管理人;申请法院禁止执行债权人会议的决议;申请召开债权人会议等。第三,债权人会议赋予的其他职权。债权人委员会开展工作时,不仅涉及债权人会议授予的权限,还涉及债权人利益以及与管理人和债务人等主体之间的关系。因此,债权人会议如果对债权人委员会有特别授权时,应当报人民法院审查批准。债权人委员会在行使职权时,不能妨碍债权人会议或债权人继续参与破产程序并行使权利。[3]

---

[1] 王欣新:《论新破产立法中债权人会议制度的设置思路》,载《法学家》2005 第 2 期。

[2] 邹海林:《我国新破产法与债权人自治》,载《法学家》2005 年第 2 期。

[3] 王东敏:《新破产法疑难解读与实务操作》,法律出版社 2007 年版,第 107~108 页;邹海林:《我国新破产法与债权人自治》,载《法学家》2005 年第 2 期。

# 第十二章 破 产 程 序

## 第一节 破产程序的性质

### 一、关于破产程序性质的学说

破产法为私法，并属大陆法系传统的商法范畴，破产法律制度的性质为何，理论上存在争论。目前主要存在三种学说，即诉讼制度说、非讼制度或非讼程序说、特殊程序说。

#### （一）诉讼制度说

该说主张，破产制度本质上属于诉讼制度，为德国目前的通说。其主要理由为：①债权人或债务人向人民法院提出破产请求或向管理人主张债权从而参与破产程序即相当于提起诉讼；②调查并确认债权人权利与诉讼中的确认判决相同；③债权人申请的破产宣告相当于在诉讼程序中对债务人的全部财产进行冻结和扣押；④破产程序中对债权进行清偿的效果与采取民事强制执行措施取得的效果基本相同；⑤破产程序中债权人之间的关系，相当于共同诉讼中各诉讼人当事人之间的关系或强制执行中各共同申请人之间的关系；⑥各国破产法一般就破产法中没有规定的事项作出准用民事诉讼法的有关规定，这进一步说明了破产制度作为诉讼制度的特点。

#### （二）非诉讼制度说

该说认为，破产事件涉及大多数债权人利益，为了避免债务人财产被分散或减少，法院有必要进行干预；财团债务和财团费用问题导致破产程序较一般诉讼程序更为复杂。为使法院能以职权主义方法，适当及时地根据具体情况开始破产程序，应将破产程序认定为非诉程序。① 有学者认为，破产程序的目的是使债权人在公平合理的基础上受偿债务人的全部财产，这一目的需要通过具有强制性的国家权力来实现，因此，破产程序具有强制性清算程序的本质属性，而强制清算程序并不属于诉讼程序。②

### (三) 特殊程序说

该说主张，破产程序是结合了诉讼程序、非讼程序和执行程序的一种特殊程序。③ 同意这一观点的学者认为，首先，破产程序的开始可以由债务人自行申请，也可以由法院主动启动，这种启动程序的方式与诉讼程序不一致；其次，许多国家破产程序法律中均规定可"准用"民事诉讼程序的相关规定，"准用"即意味着破产程序非民事诉讼程序，而属于特种程序，准用规则只是立法技术上的考虑；最后，破产宣告、债权申报、管理人等制度是决定破产程序性质的程序，但这些程序都是民事诉讼程序、非讼程序和民事执行程序所不能涵盖的。

## 二、本书对破产程序性质的界定

### (一) 破产法与民事诉讼法的关系

破产法属于私法的范畴，破产程序属于民事程序自没有异议。学者大多认为，从性质上言破产之于民事诉讼是一种特殊行为，破产程序是民事诉讼法的一种特别程序，④ 破产法与民事诉讼法是一种互补的关系。⑤

---

① 陈荣宗：《破产法》，台湾三民书局 1982 年版，第 11~12 页。
② 丁海湖、房文翠：《破产程序的理论与实务》，载《北方论丛》1994 年第 6 期。
③ 赞同特殊程序说学者包括：李永军、王欣新、邹海林、徐阳光：《破产法》(第二版)，中国政法大学出版社 2017 年版，第 3~4 页；邹海林：《破产程序和破产法实体制度比较研究》，法律出版社 1995 年版，第 5 页；丁海湖、房文翠：《破产程序的理论与实务》，载《北方论丛》1994 年第 6 期。韩长印、郑金玉：《民事诉讼程序之于破产案件适用》，载《法学研究》2007 年第 2 期。
④ 齐树洁主编：《破产法》(第二版)，厦门大学出版社 2009 年版，第 7 页。
⑤ 孙杨：《对我国破产受理程序的分析与思考》，载《内蒙古财经学院学报(综合版)》2009 年第 5 期。

《企业破产法（试行）》规定的破产仅适用于全民所有制企业，1991 年《民事诉讼法》遂以第二编第十九章专门规定"企业法人破产还债程序"，以填补非国有企业法人的破产还债程序之立法空白。2007 年《企业破产法》对企业法人破产程序作了统一规定，称为破产程序，还规定企业法人以外的组织的破产清算参照此程序。2007 年《民事诉讼法》修改时，"企业法人破产还债程序"被删去。自此，破产程序仅见于《企业破产法》而从狭义民事诉讼法中剥离，但这无碍破产程序法属广义的、特别的民事诉讼法。《企业破产法》第 4 条亦对此予以确认，破产案件审理程序，企业破产法没有规定的，适用民事诉讼法的有关规定。

从功能看，传统的破产清算程序是作为补充民事诉讼强制执行手段而存在的；在规范形式上，民事诉讼中的许多条款在破产法条文中得到进一步具体化；在破产程序的推进方面，破产程序中的某些活动遵循着民事诉讼法确定的规则运行。因此，破产法与民事诉讼法处于相对应的地位。实行破产，法院将与该债务企业有关的所有债权债务关系统一于一个完整的复合型程序之中，以实现破产宗旨。因此，破产程序即为一种特殊形态下的民事诉讼程序，破产法是民事诉讼法的特别法。[1]

## （二）破产程序的性质

本书认为，破产程序应属于特殊的民事司法程序，以传统民事诉讼程序或非诉程序进行定义均未正确认识到破产程序所具有的特质。如上所述，破产程序与民事诉讼程序存在天然的联系，其中的法院主导、债权清偿都是民事诉讼程序、民事执行程序的特征之一。但是，破产程序有民事诉讼程序所不能包含的部分，尤其是在破产概念扩大的背景下，重整、公司拯救成为破产程序的重要组成部分，与公司法、债权人等对市场经济的把握的联系更加紧密，这已经不是民事诉讼程序、民事执行程序所能包含的了。此外，破产程序的核心制度如管理人制度、债权人会议制度等都是传统的诉讼程序抑或非诉程序中从未出现的制度。将破产程序进行中涉及的广泛实体权利义务，强行归于传统诉讼制度或非讼制度下，漠视破产程序自身的特殊性，显然不能将破产程序的功能发挥到最大限度，实现最大

---

① 袁岳：《析破产程序与民事诉讼的关系》，载《现代法学》1988 年第 2 期；曹守晔：《企业法人破产还债程序中的几个问题》，载《人民司法》1993 年第 5 期。

限度公平清偿债权人的目的。另，破产程序虽在部分内容中准用民事诉讼法的相关规定，但是"准用"的部分并不构成破产法的主要内容，仅是破产程序在个别方面与民事诉讼程序或执行程序交叉的结果。因此，不能以此为据武断地将破产程序归为诉讼程序的范畴，特殊的民事司法程序说更具有合理性。

# 第二节　破　产　管　辖

## 一、地域管辖

《企业破产法（试行）》第 5 条规定，破产案件应由债务人所在地人民法院管辖。1991 年《企业破产法（试行）意见》将"债务人所在地"限定为"企业主要办事机构所在地"。1992 年《最高人民法院关于适用〈中华人民共和国民事诉讼法〉若干问题的意见》第 4 条则规定，法人的住所地指的是法人的主要营业地或者主要办事机构所在地。从条文看，破产法关于破产案件的地域管辖权规定同民事诉讼法保持了一致，即破产案件应由破产企业的主要办事机构所在地人民法院管辖。然而，全民所有制企业才是《企业破产法（试行）》的适用主体，其他企业应适用民事诉讼法的规定，故在此意义上说，全民所有制企业破产案件由企业主要办事机构所在地人民法院管辖，而非全民所有制企业破产案件则由法人的主要营业地或主要办事机构所在地管辖。

有学者指出，"主要营业地"和"主要办事机构所在地"是含义不同的概念。"住所地"在民事和经济法中得以适用，此处的混用破坏了法律的统一性。此外，为防止各法院之间因管辖权相互推诿、保护破产企业财产，企业破产案件应由主要营业地法院管辖。① 设定破产案件的地域管辖规则，应当遵循是否方便破产财产清算、债权人主张债权以及法院审理的原则。对于住所地、主要经营地或主要办事机构所在地暂时无法确定的情况，应以企业在开办登记中登记的住所为依据。针对审判实践中可能出现

---

① 杨峰、蔡善强：《我国破产法院管辖若干问题探讨》，载《河北法学》2000年第 2 期；黄良军：《论企业破产程序的完善》，载《南京经济学院学报》2001 年第 4期。

的如职工安置等特殊情况，法律可以且应当作出特殊规定，如通过设定专属管辖和指令管辖，赋予本不享有管辖权的法院对具体破产案件管辖权，以更好地审理各类企业破产案件。①

《企业破产法》部分采取了学者们的观点，其第 3 条规定，破产案件应当由债务人住所地人民法院管辖。自《企业破产法》实施，无论是全民所有制企业还是非全民所有制企业均适用该法的规定，该法中没有规定的再适用民事诉讼法的规定。相较于《企业破产法（试行)》的表述，《企业破产法》与《民事诉讼法》保持了一致，既统一了破产案件的管辖也协调了其与民事审判的适用关系。

除关于破产案件地域管辖的一般规定外，对于特殊的破产案件，最高人民法院为了更好地利用审判力量作出了特别规定。如 2012 年最高人民法院印发了《关于审理上市公司破产重整案件工作座谈会议纪要》的通知，其中规定："上市公司破产重整案件应当由上市公司住所地的人民法院，即上市公司主要办事机构所在地法院管辖；上市公司主要办事机构所在地不明确、存在争议的，由上市公司注册登记地人民法院管辖。"《破产审判纪要》"关联企业破产"部分第 35 条规定，实质合并方式下审理的关联企业破产案件，应当由关联企业中的核心控制企业住所地人民法院行使地域管辖权。核心控制企业不明确的，则应由关联企业主要财产所在地人民法院管辖。此处涉及"上市公司登记注册地""核心控制企业住所地""主要财产所在地"等概念，尚待学者进一步确定其内涵。

## 二、级别管辖

《企业破产法（试行)》对级别管辖未作规定，从立法体系上看不够完善。如何确定破产案件的级别管辖，立法上一直处于不断探索的状态。根据 1991 年《企业破产法（试行）意见》的规定，以破产企业登记机构的行政等级作为划分破产案件级别管辖的标准，县、县级市或区的工商行政管理机关核准登记企业的破产案件应由基层人民法院管辖；地区、地级市（含本级）以上工商行政管理机关核准登记企业的破产案件由中级人民法院管辖；此外，个别案件的级别管辖，可以参照《民事诉讼法》第 39 条第 1 款和第 2 款的规定办理。针对该种级别管辖模式，学者们指出，这种

①　张晓宇、韩德洋：《破产案件的管辖》，载《人民司法》1997 年第 11 期。

全民所有制企业的两级管辖模式与非全民所有制企业的四级管辖模式并行的双轨制割裂了破产案件的审判；破产案件的级别管辖也不应当与登记的行政级别挂钩，而应该根据破产案件的特点，结合确定级别管辖的一般原则，充分考虑破产案件的难易程度、债权额的大小以及破产时的实际情况，然后决定破产案件由何级法院进行审理。一般情况下，标的额大、案情复杂、处理难度大的破产案件应由中级人民法院审理，高级人民法院可以对个别在全省有重大影响的破产案件进行审理，其余的破产案件均可由基层法院审理。①

立法和司法机关逐渐意识到，破产案件的复杂性和专业性是传统商事案件所无法达到的，进而提出审判专业化的概念。反映到破产案件的管辖问题上，即通过调高审判级别对破产案件投入更多的司法力量，进行专业化处理。如最高人民法院《关于审理上市公司破产重整案件工作座谈会议纪要》的通知指出，上市公司破产重整案件应当考虑到其涉及法律关系复杂，影响面广，对专业知识和综合能力要求较高，人力物力投入较多等客观情况，在衡量审判力量的前提下，交由中级人民法院管辖。

为了提高审判力量以解决日益繁重的破产审判工作，2016 年最高人民法院《关于在中级人民法院设立清算与破产审判庭的工作方案》指出，破产审判具有助推企业有序退出市场的重要意义，积极探索建设破产审判庭具有紧迫性。破产审判庭一般建立在中级人民法院，审理本级（及以上）工商行政机关登记企业的强制清算与破产案件。因特殊情况需对中级人民法院审理破产案件进行调整的，须经当地高级人民法院批准。《破产审判纪要》在"破产审判的专业化建设"部分第 2 条提到，要考虑到破产案件的数量、案件的难度、审判的实力等，合理分配各级法院的审判任务。破产案件中债权债务关系复杂、审理难度大的，高级人民法院可积极探索实行中级人民法院集中管辖为原则、基层人民法院管辖为例外的管辖模式；债权债务关系简单、审理难度小的破产案件，则主要由基层人民法院管辖，采取快速审理程序。从基层人民法院管辖为原则到原则上由中级人民法院管辖，再到繁简分流机制的探索，破产案件的级别管辖模式正在不断地完善。

---

① 张晓宇、韩德洋：《破产案件的管辖》，载《人民司法》1997 年第 11 期；杨峰、蔡善强：《我国破产法院管辖若干问题探讨》，载《河北法学》2000 年第 2 期。

# 第三节 破产程序的启动

## 一、破产程序的启动主体

### （一）《企业破产法》颁布之前关于破产申请主体之观点

依《企业破产法（试行）》第 7 条和第 8 条，债权人与债务人均可作为破产程序启动的主体，其中债务人无法清偿到期债务，债权人可以申请宣告债务人破产，债务人申请破产的则需要经其上级主管部门同意。债权人提出破产申请时，应当提供关于债权数额、有无财产担保以及债务人不能清偿到期债务的有关证据。债务人提出破产申请时，应当说明企业亏损的情况，提交有关的会计报表、债务清册和债权清册。随着实践的不断深入，立法和理论上不断反思破产申请主体的范围是否合理。

在 20 世纪 90 年代和 21 世纪伊始，不断有学者提出破产申请主体应当扩大的观点，指出在债权人和债务人之外，一定范围的第三人也应当具有破产申请权。何为"第三人"，有学者提出可限定在同破产案件的解决结果有一定利害关系的其他个人。具体可借鉴日本法中规定的"监督人"、和解监督组、依破产和解协议或破产协调计划负担实体法律义务的第三人以及人民检察院等。[1] 还有学者以"准债务人"的概念界定此处的第三人，其内涵与上述第三人并没有区别，但是在具体范围上则有不同，主要包括法人的理事、清算人、董事、董事会；合伙企业（无限公司、两合公司）、股份两合公司的无限责任股东清算人；股份公司和有限公司的董事、董事会、经理部成员、业务执行人和清算人；法人、合伙企业以及公司的清算人；继承财产的继承人，遗嘱执行人和继承财产的管理人。[2]

在非法人企业投资人是否应当享有破产程序启动权问题上，有学者指

---

[1] 汤维建：《谈谈破产申请的法律主体》，载《现代法学》1994 年第 6 期；林宁波：《完善破产宣告制度之思考》，载《法律适用》2003 年第 Z1 期。

[2] 李显先：《论我国破产申请主体制度之完善》，载《人民司法》2006 年第 2 期。

出，其对企业债务承担无限责任，且非法人企业股权不易转让，为了防止投资人财产损失过大，保护投资人利益，维持稳定的企业关系，应当允许非法人企业中的个别投资人以个人名义申请债务人破产。① 在《企业破产法（试行）》确定的破产主体制度下，非法人企业不享有破产的权利，因此也就不涉及非法人企业的投资人是否享有破产申请权的问题。随着破产观念的不断发展，破产主体范围在不断扩大，这点反映在《企业破产法》的具体规定中，在此背景下讨论非法人企业破产申请主体即有了现实意义。

《企业破产法（试行）》确定了债权人的破产申请权，但是关于债权人破产申请权理论上仍存在争议，如未到期债权、有担保债权、自然债权、职工债权等债权人应否享有破产申请权。关于有担保债权人，有学者认为其申请破产的权利不应受到限制。② 但有些学者则认为，虽然应当赋予有担保债权人破产申请权，该种申请权仅在特定情况下可行使，即只有担保债权人在破产申请书中明示放弃担保或在债权额超出担保价值仍有余额时。③ 此外，关于提起破产申请的债权人是否应有债权额的限制也存在争议，有学者主张为防止权利滥用应当予以限制，而有学者则认为无此必要。至于是否要限制债权人的数量，则持否定观点。④

### （二）《企业破产法》颁布之后破产启动主体之争

《企业破产法》规定，当事人可以直接向人民法院申请对债务人进行"破产清算""和解"或者"重整"，主体范围均有明确规定。如破产清算程序的启动主体仅包括债权人或者债务人；和解程序只能由债务人提出；债务人、债权人则均可启动重整程序；具备特定条件的投资人也可成为重整程序的启动主体。以上仅是立法中关于破产程序启动主体的规定，理论上对于破产程序的启动主体范围仍存在争论。

1. 人民法院

---

① 张晨颖：《破产"申请主义"制度之修正》，载《法律适用》2006 年第 8 期。

② 石建辉：《债权人申请破产理论新探》，载《法制与社会》2007 年第 3 期。

③ 梁君：《论破产申请主体》，载《河北软件职业技术学院学报》2006 年第 1 期。

④ 刘正林：《试论我国破产程序启动机制的不足与完善》，载《武汉职业技术学院学报》2005 年第 2 期。

　　从世界范围来看，破产程序的启动大致分为两种模式：依申请和依职权，其中依申请是两大法系大多数国家及地区的通行原则，比如《德国破产法》第 13 条规定破产程序仅经申请而开始；《美国联邦破产法》也规定破产程序仅能在当事人申请下开始，法院或其他机构不得依职权启动。依职权启动模式仅存在于少数国家和地区，如法国《困境企业司法重整与司法清算法》第 620 条规定法庭可以依职权或者应检察官的申请立案；《日本民法典》第 70 条规定法人不能清偿其债务时，法院则因其理事或债权人的请求或依职权实行破产宣告；《公司更生法》《日本和议法》均规定法院可以依职权开始破产程序。我国台湾地区"破产法"第 60 条规定在民事诉讼程序或执行程序进行中，法院获知债务人不能清偿到期债务，可依职权宣告债务人破产。然而，日本涉及依职权启动破产程序的法典已相继被废除，台湾地区也在着手修改"破产法"。①

　　在我国，无论是《企业破产法（试行）》还是《企业破产法》都建立了破产程序的申请启动机制。在执行程序移送破产程序的启动上，执行法官在确定被执行人无财产可供执行时仍须征求被执行人或申请执行人的同意，才能启动破产程序，可见尊重当事人的处分权仍放在首位。

　　否定职权主义启动破产程序的学者认为，破产法律规范隶属于民商事法律体系，民商法律基本理论应当成为其立法的基石，依职权将正在进行的民事诉讼或民事执行程序变更为破产宣告程序，而无须经过民事诉讼或民事执行程序当事人同意，违背了司法的被动性，与民商法的基本原则相悖。② 此外，法院或者执行机构以自身名义提出申请破产，法院将会陷入自立自审的境地，尤其是执行法院与破产法院重合时，将出现申请主体、受理主体和审理主体一致的问题，审判法院丧失中立立场，难以保证案件的公正审理且审判结果也难以让人信服。虽然执行庭在执行过程中掌握了债务人的基本财务状况，但在我国现有企业管理制度下，企业信息相对封闭，执行庭采取"四查一搜"的方式判断被执行企业是否符合破产标准过于草率；破产案件相对疑难复杂，对法官的专业素养有较高要求，在法律层面之外也要求法官有较强的协调能力，引入职权模式不符

---

　　① 　廖丽环：《洛克同意论对执转破程序启动要件的端视与修正》，载《南海法学》2017 年第 5 期。
　　② 　林宁波：《完善破产宣告制度之思考》，载《法律适用》2003 年第 Z1 期。

合我国的实际。①

　　肯定职权主义启动破产程序的学者认为②，首先，职权主义启动模式是客观需要的结果。债务人或债权人在执行不能的情况下均缺乏申请破产的主观能动性。其次，职权主义模式有理论基础。今天的企业已经已不是简单的私有领域，而是关涉社会制度的重要组成部分，具有了公共性，要求人民法院积极介入。③ 最后，所谓法院的中立地位，专指审判中立。对于审判工作，被动、中立是必须遵循的要求，而执行工作正好相反，其本质上是执行权，作为公权力的执行权只有保持能动性，才能有效地发挥其制度功能，因此，应积极构建职权模式，允许法院依职权将符合条件的执行案件移送破产程序。

　　人民法院应否享有径行启动破产程序的权力，应当从破产程序的性质

---

　　① 汤维建：《谈谈破产申请的法律主体》，载《现代法学》1994 年第 6 期；王欣新：《破产原因理论与实务研究》，载《天津法学》2010 年第 1 期；孙静波：《执行与破产程序相衔接立案实务研究》，载《人民司法》2013 年第 7 期；周建良：《执行程序与破产程序衔接制度的完善》，载《人民法院报》2015 年 12 月 9 日第 8 版。

　　② 支持职权主义的学者包括：林祖彭、李浩：《建议在司法执行中建立强制性破产制度》，载《政治与法律》1998 年第 5 期；郭婕：《强制执行制度与破产立法》，载《信阳农业高等专科学校学报》2003 年第 2 期；齐树洁主编：《破产法研究》，厦门大学出版社 2004 年版，第 808 页；张守国：《破产程序与执行程序的博弈与双赢》，载《人民法院报》2012 年 6 月 20 日第 8 版；池宏伟：《执行转破产程序的运行机制与机构改革设想》，载《人民法院报》2014 年 8 月 13 日第 8 版；李帅：《论执行案件中法院职权主义破产启动程序的构建》，载《法律适用》2015 年第 11 期；徐建新、汝明钰：《执行程序与破产程序衔接机制的实务探索》，载《人民法院报》2015 年 9 月 17 日第 A01 版；曹守晔、杨悦：《执行程序与破产程序的衔接与协调》，载《人民司法》2015 年第 21 期；郭洁：《论强化法院对涉众案件执行转接破产程序的职权干预——基于 2011 年至 2014 年沈阳市两级法院执行不能案件的分析》，载《法学》2016 年第 2 期；王富博：《〈关于执行案件移送破产审查若干问题的指导意见〉的理解与适用》，载《人民司法》2017 年第 10 期；严银：《执行程序中的查封优先权》，载《人民司法》2017 年第 10 期。

　　③ ［日］金泽良雄：《经济法概论》，满达人译，甘肃人民出版社 1985 年版，第 149 页；郭洁：《论强化法院对涉众案件执行转接破产程序的职权干预——基于 2011 年至 2014 年沈阳市两级法院执行不能案件的分析》，载《法学》2016 年第 2 期；韩亮：《对执行程序转换破产程序之制度设计的再思考》，载《山西煤炭管理干部学院学报》2016 年第 3 期。

予以理解。破产程序是为使各债权人获得公平清偿而对不能清偿到期债务的债务人所进行的一种特别程序。① 无论人民法院在破产程序中采取何种司法措施，其目的都是为了解决民事主体之间的债权债务，性质上仍是解决民事争议。因此，破产程序首先应当遵循意思自治。但是破产程序又不同于一般的民事诉讼程序，它还肩负着使市场主体有序退出的使命，影响着有序市场秩序的构建，在这个意义上，破产程序要求体现司法的能动性，对当事人的自由意志进行适当限制。2015 年《民诉法解释》第 513 条至第 516 条确定了民事执行程序向破产程序的转化途经，2017 年最高人民法院颁布了《关于执行案件移送破产审查若干问题的指导意见》对该程序进行了细化，《破产审判纪要》再次强调了执行法院的告知义务、释明义务及移送职责。在坚持申请主义的前提下，不断加强执行法官对启动破产程序的释明义务，是平衡司法能动主义与司法谦抑性的结果。

2. 检察机关

否定法院职权主义启动破产程序的学者认为，国家机关公权主义能够有效解决破产程序启动困难的问题。② 在当前的经济体制转折背景下，完全委诸当事人实现市场机制的完善和经营机制的彻底转变非常困难，适当的国家机关公权主义对当事人主义进行补充就具有现实意义，且落实在人民检察院身上最为理想。除考虑在执行程序与破产程序的衔接上赋予检察机关以破产程序启动权外，在涉破产犯罪案件中、涉经济秩序稳定的破产案件中以及人数众多、影响面广、债务额高的破产案件中，无人申请时以及检察机关认为有必要时，检察机关都有权力启动破产程序。③

## 二、破产案件立案审查模式

### （一）实际操作中的审查模式——实质审查模式

1991 年《企业破产法（试行）意见》第 6 条规定，人民法院收到破

---

① 李永军、王欣新、邹海林、徐阳光：《破产法》（第二版），中国政法大学出版社 2017 年版，第 1 页。
② 汤维建：《谈谈破产申请的法律主体》，载《现代法学》1994 年第 6 期。
③ 李显先：《对检察机关启动破产程序的思考》，载《人民法院报》2004 年 12 月 29 日。

产申请后，应当审查是否具有破产原因、破产障碍、被申请人不能清偿到期债务的事实以及企业亏损的情况。该审查范围实际上确立了破产案件立案审查的实质审查模式。

后有学者提出，随着立审分离模式的构建，破产案件的材料接收和具体案件受理裁定的作出分别由不同的部门负责，是否应当受理当事人的破产申请应属于审判庭的职权。虽然学者们讨论热烈，但《企业破产法》并未对破产案件的立案审查模式作出改变。2011 年颁布的《破产法解释一》第 7 条规定，人民法院收到破产申请后对申请人的主体资格、债务人的主体资格和破产原因，以及有关材料和证据等均进行审查，实际上仍然采用了实质审查模式。

### （二）理论上的倡导——形式审查模式

在我国采用受理开始主义的理论基础上，学者们主张应当在破产受理阶段仅进行形式审查。根据《企业破产法》的规定，人民法院需在收到破产申请 15 日内作出裁定。首先，对企业的资产进行清点、对债权债务进行核实分析是实质审查应当进行的内容，如此有限的时间内实际上无法完成实质性审查。其次，审查破产能力和破产原因，是为了判断能否对债务人宣告破产，破产案件受理时，一般不需立即决定是否应宣告破产。[①]最后，在程序起始阶段即谈论程序保障实属多余，只有在破产程序真正开始之后，才涉及利害关系人参与程序并享有权利承担义务，人民法院在决定是否受理的程序内，审查实体要件并不合适。[②]

支持形式审查说的学者对在破产受理阶段应当进行的审查内容也存在一定分歧。有的学者认为被申请的债务人是否达到破产界限、可否适用破产程序、有无可供分配的财产、债权债务关系是否已过诉讼时效都应作为形式审查的内容。[③]另有学者则认为，申请人是否已预交破产案件受理费也应当作为破产受理审查的对象。[④]被申请人是否具有破产能力以及申请

---

① 谢迎春：《对破产申请的审查》，载《人民法院报》2004 年 1 月 21 日。
② 郑金玉、张保贵：《我国破产案件受理程序浅析》，载《韶关学院学报（社会科学版）》2003 年第 10 期。
③ 佩秦：《试论我国破产案件的申请与受理》，载《法律适用》1995 年第 4 期。
④ 郑金玉、张保贵：《我国破产案件受理程序浅析》，载《韶关学院学报（社会科学版）》2003 年第 10 期。

人是否有权申请破产，即是否为实质债权人实际上都是实质审查的内容，在坚持破产受理应形式审查的同时又将实质审查的内容加之于内，存在矛盾之处。

### 三、破产案件立案登记制

虽然在学者的论述中，破产案件立案的形式审查模式被极力倡导，但是正如上面提到的，立法机关和司法机关在受理破产案件时仍采用实质审查模式。当然立法也并非没有进步，如从最初人民法院直接作出是否受理的裁定到要求人民法院收到破产申请时，应当向申请人出具收到申请及所附证据的书面凭证，体现了破产立法对当事人程序利益的保护。

2015 年 5 月 1 日根据《最高人民法院关于全面深化人民法院改革的意见》的要求全面实行立案登记制，即人民法院对于符合法定起诉条件的民事、行政案件，应当登记立案。破产案件作为特殊民事案件的一种，是否适用立案登记制，在实务界和理论界都引发了讨论，有学者认为，破产案件适用立案登记制应没有障碍。[①] 主要理由在于，破产案件与普通民事案件并无本质区别，立案审查制与立案登记制的区分不是以是否进行实质审查作为判断标准的。债务人具有破产原因是破产案件立案的实质性条件，但这并不意味着每个破产案件的立案审查程序都需要经过实质性判断，尤其是在司法解释将破产案件的立案审查对象从破产原因转换为破产申请原因后。[②] 此外，实践中一个突出的问题是，一些法院设定了诸多法外申请及受理条件来限制当事人的破产申请权，实际上侵害了当事人程序权利。

2016 年《最高人民法院关于破产案件立案受理有关问题的通知》回应了学者们关于破产案件适用立案登记制的呼声。该通知明确破产案件的受理决定了破产程序能否顺利启动，同时，对债权人、债务人等法定主体提出的破产申请材料，人民法院立案部门应一律接收并出具书面凭证，然后进行形式审查。若提交的材料符合法律规定，应当当场立案，并将案件

---

① 禹爱民、李明耀：《立案登记制如何穿越现实屏障》，载《人民法院报》2015 年 5 月 4 日第 2 版。

② 王富博：《破产立案制度改革之我见》，载《人民法院报》2017 年 1 月 26 日第 5 版。

及时移送至负责审理破产案件的审判业务部门，审判业务部门应组成合议庭审查破产申请，并决定是否受理。

在对破产案件立案登记制的理解上，有学者也指出，并非所有的破产案件均可适用立案登记制。例如：债务人经人民法院通知在法定期限内对申请提出异议的，在异议符合法律规定的情况下，应转入对相关争议的实质性审查程序；提出申请重整的案件不适用立案登记制。此外，对申请文件的形式审查也具有一定的复杂性，且通常很难在现场进行，因此，立案登记制在破产案件中可能与一般的诉讼案件相反，即以在法律规定的期限内立案为原则，以当场登记立案为例外。① 立案登记制仅是解决立案难的一种途径，重要的是应正确理解立案登记制的指导思想，改变过去在《企业破产法（试行）》和国有企业政策破产影响下形成的错误观念，依法受理破产案件，保护债权人与债务人的合法权益，维护社会主义市场经济秩序。②

### 四、无启动经费破产案件受理问题

启动破产程序需要资金支付各种费用，主要包括：①公告刊登费用；②开户、刻章费用；③债务人财产状况调查费用；④聘用法务、审计及其他相关人员的费用；⑤诉讼费用等。③ 针对启动费用不足的问题，法院在没有人垫付又催促无果的情况下，有三种方案，即不受理案件、受理后作中止处理或先受理并通过摇号选定管理人后由其选择继续推进或提请终结程序。④ 破产诉讼费用作为破产费用从破产财产中随时支付，破产程序的启动应首先解决破产费用的问题。

---

① 王富博：《破产立案制度改革之我见》，载《人民法院报》2017 年 1 月 26 日第 5 版。

② 王欣新：《立案登记制与破产案件受理机制改革》，载《法律适用》2015 年第 10 期。

③ 宁建文、郭一鸣：《论无启动经费破产案件受理难问题之解决》，载《法治论坛》2016 年第 4 期；张继明：《寻求公众利益与社会稳定的最佳契合点——社会本位下的破产费用财政垫付机制》，载《山东审判》2013 年第 6 期。

④ 宁建文、郭一鸣：《论无启动经费破产案件受理难问题之解决》，载《法治论坛》2016 年第 4 期。

### （一）实践中的做法

深圳市中级人民法院首先提出，由政府财政拨款和从管理人报酬中提取一定比例资金组成破产费用援助基金，解决破产费用不足、援助资金短缺问题。① 温州市中级人民法院于 2013 年推动温州市财政局出资建立破产援助专项资金。河北省资产管理有限公司于 2017 年 7 月 6 日成立专门用于支付破产费用、共益债务的专项基金，联合省内各市政府分别设立子基金，以母子基金方式运作。② 2011 年 9 月，常熟市人民法院颁布《破产专项基金管理办法》和《破产专项基金设立公约》，并在苏州设立了第一个破产专项基金，目前主要有五种资金来源，如对管理人报酬较高的案件，按照丰欠互补的原则，提取管理人报酬注入资金池。③ 2017 年 12 月 19 日南京成立了金陵破产管理人援助基金会，为破产费用、共益债务、债务人职工权益等款目提供支付保障，以资金援助的方式，给予"无产可破"的债务人破产机会。④ 厦门市中级人民法院在与厦门市政府协商后，制定了破产援助资金管理和使用办法，由市政府从财政资金中拨款设立企业破产援助资金，解决破产费用及职工安置补偿费用无法支付造成的破产程序难以推进的问题。⑤

除上述落实在实践操作中的解决方法外，宁夏回族自治区积极探索从立法上解决破产费用问题。在 2018 年宁夏回族自治区两会上，民盟宁夏区委会提出议案，认为可设立破产援助基金，专供僵尸企业无产可破以及没有破产启动资金的企业垫付破产启动资金，有效解决企业因无力支付破产费用而无法进入破产程序的难题。法院应出台专门文件明确破产援助基金的垫付功能，确定破产援助资金属于公益债务，劣后于职工债权，但优

---

① 唐荣、肖波：《深圳中院"执转破"工作成典范》，载《法制日报》2018 年 5 月 14 日第 3 版。

② 范志勇：《市场化破产的路径选择》，载《中国经济报告》2018 年第 3 期。

③ 商中尧、吴欢：《常熟法院首次启用破产专项基金 保障破产管理人有效有序做好破产管理》，载《苏州日报》2017 年 7 月 24 日第 A07 版。

④ 范志勇：《市场化破产的路径选择》，载《中国经济报告》2018 年第 3 期。

⑤ 安海涛、胡欣：《打通转化渠道 破解执行难题——福建省厦门市中级人民法院执行转破产工作调查》，载《人民法院报》2016 年 12 月 15 日第 5 版。

先于其他债权受偿。①

## （二）理论上的观点

### 1. 建立破产援助基金

针对司法实践中存在的破产费用不足问题，有学者主张应建立破产费用援助基金制度。② 其必要性在于：破产虽是在法院主导下进行的司法程序，但会产生一系列超出司法控制范围的问题，此时政府应当提供资源予以解决。破产程序可在追回破产财产的基础上，通过重整、和解使企业起死回生；高素质的机构和个人加入管理人队伍以促进企业最大限度的清算或拯救；追究破产责任人的法律责任。其可行性在于：北京、厦门等地已经设立了国有企业破产准备金制度，支持国有企业改革和政策性破产；财政资金垫付破产费用保障了破产程序的正常运行，可减少公共安全支出；优化产业结构；与诉讼费用主要由国家负担一脉相承。③

除上述外，破产费用由财政垫付也有域外经验可资借鉴，如英国设置的官方管理人以处理破产费用不足的案件。官方管理人由破产署指定，且管理案件的费用从破产和清算不动产基金中支付。关于我国如何设计破产援助基金制度，有学者也进行了构想。先由管理人在查清债务人企业财产状况，在制定破产费用预算并获得债权人会议同意的前提下向受理破产案件的同级人民政府财政部门提出申请垫付；政府财政部门收到申请并审查是否应垫付以及垫付金额的多少，并与管理人签订借款协议、拨付款项；若债务人经重整、和解程序获得新生，应按协议向财政部门清偿借款；若最终走向破产清算，该部分借款从破产财产中优先获得清偿，无法偿还部分向财政部门申请核销。④

### 2. 破产援助基金来源

---

① 张红霞：《依法推进破产审判 妥善处理"僵尸企业"》，载《华兴时报》2018 年 4 月 11 日第 5 版。

② 杜万华：《依法处置"僵尸企业" 开创破产审判工作新局面》，载《人民法院报》2016 年 3 月 28 日第 2 版。

③ 张继明：《寻求公众利益与维护稳定的最佳契合点——社会本位下的破产费用财政垫付机制》，载《山东审判》2013 年第 6 期。

④ 张继明：《寻求公众利益与维护稳定的最佳契合点——社会本位下的破产费用财政垫付机制》，载《山东审判》2013 年第 6 期。

建立援助基金解决破产费用不足问题具有现实性，但最重要的是该资金从何而来。正如上面所言，从财政资金中获取破产援助基金被大力提倡，但由于财政拨款涉及政府财政支出的统筹安排，地方政府对相关问题有不同程度的理解，缺乏明确的法律规定和政策指导，难以申请破产费用的财政拨款。因此，该资金来源可行，但不易行。①

有学者提出由利益攸关方垫付破产费用的观点，主要由债权人、管理人、债务人的出资人或者其他利害关系人等垫付。在司法实践中，绝大部分都是破产申请人（债权人或债务人）或债务人股东垫付相关费用。其理由在于：申请人申请启动清算程序，基本都有一定的利益驱动；而债务人股东是债务人的清算义务人或者上级主管单位，其有动力或责任推动清算程序开始。法官抑或是管理人则不愿选择垫付的方式。原因在于，无产可破的案件中，管理人在清算程序中不仅付出了劳动还拿不到报酬，再要求他们垫付费用，不甚公平。此外，即使利害关系人垫款的方式解决了实践中的一些问题，其局限性也是显而易见的。原因在于：首先，垫付是非强制的。债权人、管理人、债务人的出资人或者其他利害关系人垫付相关费用没有法律依据，只能建立在自愿的基础上。其次，垫付破产费用缺乏利益驱动。当破产企业缺乏拯救希望以增加债权的可清偿性，支出的资金将很难得到补偿。对于小股东而言，若大股东下落不明，在认为自身是受害者的心理下不愿意作出"公益性支付"。②

有学者提出市场化援助资金的方案，主要包括互助和保险。其中互助指：一方面，由运营大病风险保障业务的互助组织开发针对破产费用、共益债务、破产企业职工保障等款目的互助计划；另一方面，有相关保障需求的公司可以组织建立致力于破产互助计划的互助平台，由平台成员分担"无产可破"会员因破产需要支付的相关费用。此外，可以成立与发展专门经营破产费用保障的互助保险公司，利用商业保险理念实现破产程序中部分风险的转移与分散。③

---

① 宁建文、郭一鸣：《论无启动经费破产案件受理难问题之解决》，载《法治论坛》2016年第4期。

② 宁建文、郭一鸣：《论无启动经费破产案件受理难问题之解决》，载《法治论坛》2016年第4期。

③ 范志勇：《市场化破产的路径选择》，载《中国经济报告》2018年第3期。

破产程序是市场主体退出市场的程序，随着市场推行和破产观念的改变，将会有越来越多的交易主体通过破产的方式退出市场，仅仅依靠政府财政资金解决破产费用不足的问题将会使财政负担过大，且给行政权力干预市场主体退出以契机。因此，积极探索市场化破产援助基金制度更具有现实意义。

### （三）破产诉讼费用

有学者指出，法院应依照相关法律法规对进入破产程序确无破产财产的企业减少或免除诉讼费用，并结合当地情况，要求利害关系人先行垫付破产诉讼费用或从其他破产案件的管理人报酬中提取出一定比例资金以解决破产费用不足问题。[①]

民事诉讼案件应当缴纳诉讼费用是各国的通行做法，即使美国联邦最高法院于 1963 年在 Gideon v. Waincoright 案判决中确立了无支付能力原告和贫穷被告有要求法院免收诉讼费用的权利，[②] 仍不代表免除了所有诉讼费用的缴纳。我国 2006 年的《诉讼费用交纳办法》规定，申请人申请人民法院审理破产案件应当交纳申请费或诉讼费用，且前述费用于清算后从破产财产中支付。

针对清算后缴纳诉讼费用的规定，有学者认为该种做法无法有效制约那些恶意提出破产申请的人，且外国立法均将预交破产诉讼费用作为开始破产程序的先决条件，如《美国联邦破产法》第 707 条规定，债务人提出破产申请时，必须缴纳申请费；[③] 日本破产法也规定，由法官综合考虑应当预交受理费的数额，申请人不得提出不服申请。因此，我们也有必要要求申请人提前支付一定数额的申请费作为破产受理的前提条件。[④] 但值得考虑的问题是，在积极探索建立破产援助资金的背景下，对于确实无法支付破产费用的企业，是否仍具有要求其在获取援助资金后缴纳破产诉讼

---

①　重庆市北碚区人民法院、王新亮、郭佳琦：《执行案件移送破产审查面临的司法困境及完善》，载《人民法院报》2017 年 11 月 29 日第 7 版。

②　沈达明编著：《比较民事诉讼法初论（下）》，中信出版社 1991 年版，第 212 页。

③　[美] 大卫·G. 爱泼斯坦等：《美国破产法》，韩长印等译，中国政法大学出版社 2003 年版，第 22 页。

④　付翠英：《论破产费用和共益债务》，载《政治与法律》2010 年第 9 期。

费用的必要。

### 五、提高破产效率的措施

破产程序是公平清偿债务人债务的程序，目的是最大限度地实现对所有债权人的公平清偿，因此，最大化破产财产是破产程序的阶段性目标之一。破产费用需要从破产财产中支付，从外部借入资金来解决破产费用是解决破产财产不足以支付破产费用的无奈之举，在市场化背景下，破产程序的顺利进行主要还是应当循序市场规律，使参加主体合理分担商业风险。为提高破产效率、方便当事人、最大限度实现破产清偿，实践中出现了借助新型科技手段提高破产效率的新举措，这无疑会降低破产成本保障破产程序顺序进行。

### （一）全国企业破产重整案件信息网开通

2016 年 8 月 1 日，最高人民法院成立的全国企业破产重整案件信息网正式开通，以确保信息网络的顺利运行，最高人民法院制定并发布了《关于企业破产案件信息公开的规定（试行）》和《关于依法开展破产案件审理积极稳妥推进破产企业救治和清算工作的通知》等文件。全国企业破产重整信息网由全国企业破产重整案件信息互联网、企业破产案件法官工作平台、破产管理人工作平台三部分组成。其中，全国企业破产重整案件信息互联网是互联网资讯平台，按照案件流程全公开的原则，对破产案件各种信息分级进行发布，投资者可以在债务人信息披露区域获得相关案件债务人企业信息，并可以通过网站发布投资需求、订阅债务人企业动态信息、与破产管理人互动交流等。债权人、债务人、投资者等相关主体可以通过该平台行使破产法赋予的相关权利，进行各种线上活动，如预约立案、申报债权、提交异议申请、参与债权人会议并进行表决等。企业破产案件法官工作平台、破产管理人工作平台作为支持系统，根据法院和破产管理人具有的不同法律职责自动完成工作推送。[①]

全国企业破产重整案件信息网的开通使得债权人、债务人企业、市场投资者、其他利害关系人以及人民法院联系紧密，不仅实现了企业破产程

---

① 吴仕春：《破产重整案上网　智慧法院再提速》，载《人民法院报》2016 年8 月 22 日第 002 版。

序的高效便捷启动，还促进了破产案件各环节正当法律程序的落实，实现依法公平保护。作为"智慧法院"建设的组成部分，该网络平台有力推动了开放、动态、透明、便民的阳光司法机制的建立。

### (二) 网络手段助推破产程序进行

曾有学者在论述充分发挥债权人意思自治时提到，第一次债权人会议可以决定债权人会议的具体召集方式，为了降低会议成本、提高会议效率，可以考虑采取灵活多样的会议形式，如微信、网络、电话等。[①] 在广州市中级人民法院主办全国首例共享单车破产案（即广州悦骑信息科技有限公司破产案）中，第一次债权人会议即首次采用了"现场+网络"方式。[②] 凭借网络平台召开债权人会议的方式考虑到个案的实际情况，创造性地解决了债权人参加破产程序障碍。对于本案而言，大部分用户债权人持有的债权额仅 200 元左右，前往审理法院参加债权人会议将会耗费大量时间与资金，成本的投入与获得债权清偿不成比例会使得许多债权人放弃行使合法权利，这与破产程序强调债权人参与相左。新型网络手段一定程度上解决了债权人参与破产程序的困难，参与成本的大幅度减少提高了相关利害关系人进入破产程序的积极性，有助于推动破产程序顺利进行。

# 第四节　破产保全

我国破产法上并没有破产保全的概念，国外立法的称谓也不统一。理论上破产保全是指破产程序开始时为保持债务人财产的完整性而限制以债务人财产为标的的执行行为及其他行使权利的行为的制度。[③] 与民事诉讼保全为了保证裁判的顺利执行，对被申请人的行为或特定的财产采取的法定强制措施不同，破产保全是为了保持债务人财产的完整性以实现破产预防和破产债权最大化受偿。破产保全的实质就是保护债务人的财产在破产

---

① 范志勇：《市场化破产的路径选择》，载《中国经济报告》2018 年第 3 期。

② 《"小鸣单车"欠债 5540 万元账面仅有 35 万》，载《法制日报》2018 年 7 月 12 日第 8 版。

③ 付翠英：《破产保全制度比较——以美国破产自动停止为中心》，载《比较法研究》2008 年第 3 期。

程序启动时处于完整的状态，可以增加，但不得以任何形式减少。①

《企业破产法（试行）》以第 11 条和第 12 条两个条文，对破产保全制度作了简单规定。关于其具体适用，还有必要联系《企业破产法（试行）意见》第 12、19、20 条的规定，该规定增强了破产保全的可操作性，并在《关于审理企业破产案件若干问题的规定》中得到了补充。由于上述规定对破产保全制度规定过于粗糙，《企业破产法》对破产保全制度进行了一定程度的完善，具体体现在第 16、17、19、20 条和第 75 条，如加重了第三人的义务，增加了对担保权的限制。美国和日本在破产保全方面已经形成了体系性的制度，我国的破产保全制度则起步较晚，故有学者建议我国应采美国法上的"自动停止"制度或日本法上的破产保全制度抑或是德国法上的临时管理人制度，但是也有学者持反对意见。② 以下对学者们的主要论述进行介绍。

## 一、破产保全的启动

### （一）启动模式

如何启动破产保全？美国法上的自动停止制度规定，破产保全的开启无需任何条件，只要提出破产申请即自动生效，且无论破产是出于自愿申请还是被迫施加，任何人都负有不得破坏破产财产完整性的义务。善意违反自动停止原则，其行为无效；恶意违反的，则需要承担相应的刑事责任和赔偿责任。日本破产保全制度则规定，破产保全需要法院发布命令且公告后方可生效，关于其启动的时间，可以在破产申请时，也可以在破产案件受理之后。

关于我国的破产保全启动模式，有学者指出，破产法是民商事特别法，与其他民事法律相比，其最大的区别就是破产的司法干预原则，企业法人破产的宣告以及整个破产程序的进行都必须在法院的监督和指导下。因此，在我国破产保全制度的启动上，法院应当依职权启动并辅之以当事

---

① 付翠英：《破产保全制度比较——以美国破产自动停止为中心》，载《比较法研究》2008 年第 3 期。

② 孙静波、张进：《保全制度在破产案件中运用》，载《人民司法》2014 年第 17 期。

人的申请。①

与上述观点不同的是，有学者认为，我国的破产保全启动模式应当坚持申请主义，且不排斥法院依职权启动的方式。② 原因在于，保全措施对当事人权益影响重大，不得轻易启动。破产程序启动前，债务人是否存在破产原因尚不明确，法院也不可能预料到其经营状况，无法依职权启动。此外，基于不告不理原则，若当事人并未提出申请，法院不应主动介入当事人之间的纠纷。

### （二）破产保全生效的时间

关于破产保全开始的时间，2004 年联合国贸易法委员会《破产法立法指南草案》提出了两种做法：其一，自提出申请之时生效。其二，自破产程序启动之时生效，且规定了从申请至启动期间的临时措施，这些临时措施可包括：指定临时破产代表或其他人（不包括债务人）管理或监督债务人经营的业务，并保护债务人的资产和利益；禁止债务人处分资产；控制债务人部分或全部资产，并暂停债权人对债务人担保权的执行；中止债权人对债务人资产采取的任何行动等。

破产申请一经提出，无论提出主体为何，即意味着债务人将要被剥夺对其财产的管理权，并将所有财产交付管理人管理并留待对全体债权人进行清偿；而债权人也面临将只能从"公共鱼塘"按顺序和比例取得有限的清偿，也可能根本得不到清偿。破产申请的提出，将债务人和债权人同时置于恐慌状态。从各自的利益出发，他们极有可能对债务人暂时处于"无人管理状态"的财产做出"侵蚀"行为。我国从《企业破产法（试行）》到《企业破产法》，都是以法院受理时间作为破产保全生效时间，而从破产申请的提出到法院受理中间存在至少 15 日的保全空白，且我国无此期间效力追溯的规定，掌握优势信息资源的债权人极有可能抢先执行进而损害其他债权人的利益。③

---

① 朱梅芳：《对构建我国破产保全制度的建议》，载《江苏经济报》2006 年 11 月 29 日第 B03 版。

② 孙静波、张进：《保全制度在破产案件中运用》，载《人民司法》2014 年第 17 期。

③ 韩长印、李玲：《简论破产法上的自动冻结制度》，载《河南大学学报（社会科学版)》2001 年第 6 期。

为解决破产保全措施采取的不及时而减损债务人财产的问题，有学者建议我国应借鉴美国自动冻结制度，即规定破产保全自破产申请提出时自动生效，不依赖于利害关系人的申请，且对所有主体产生约束力。或者至少应当采纳日本破产法关于破产保全的规定，建立破产程序开始以前的临时保全措施制度，在破产申请提出后，法院可以根据利害关系人申请或依职权启动保全措施。① 有的学者则建议，应允许当事人在申请破产的同时一并提出保全申请。债权人、债务人以及管理人可以决定是否提出保全申请，但为了防止债权人恶意破产损害其他债权人的利益，该学者认为，应当要求申请者提供担保，防止权利滥用。②

## 二、破产保全的效力

### （一）破产保全的一般效力

在破产保全的效力广度上，美国的"自动停止"制度及于所有关于债务人财产的行为，且在此基础上，还对特殊保护对象进行了例外处理，即将基于身份产生的抚养费、赡养费等权利的行使、维护破产财产收益的行为等 13 种行为排除在外；日本破产保全制度也在颁发一般程序禁令的基础上，赋予法官根据情况撤销或变更保全命令的权力。通过对比可以发现，我国破产保全的效力范围仅有列举式规定，而非在一般适用原则的基础上排除例外情况，此种规范模式不仅限制了破产保全的适用，也将降低破产保全的公平性。③

有学者认为，我国破产保全的适用范围仅及于民事债权，国家税费、行政罚款债权则没有明确的规定。④ 有学者则认为，现行《企业破产法》第 113 条明确规定了债务人欠缴的税款在破产财产分配顺位中的地位，即意味着，在破产程序开始后，税务机关对企业追缴税款的行政行为也是暂

---

① 张艳丽：《破产保全制度的合理设置》，载《政法论坛》2008 年第 1 期。

② 孙静波、张进：《保全制度在破产案件中运用》，载《人民司法》2014 年第 17 期。

③ 付翠英：《破产保全制度比较——以美国破产自动停止为中心》，载《比较法研究》2008 年第 3 期。

④ 付翠英：《破产保全制度比较——以美国破产自动停止为中心》，载《比较法研究》2008 年第 3 期。

时停止的。因此，虽然《企业破产法》没有以条文的形式明确破产保全适用于税款，但实际上是适用的。否则该法第 113 条关于税款受偿顺序的规定就形同虚设。但同时该学者也提出，为了避免适用中的纠纷，比较妥当的做法还是在《企业破产法》中对破产保全适用于国家税费、行政罚款予以明确规定。何况破产保全仅仅是在时间上对权利的行使作出一种符合程序的限制，而非剥夺这些权利既定的优越地位。①

### （二）破产保全对有担保债权的效力

我国《企业破产法（试行）》曾规定，有担保债权人可以不申报债权，担保标的物也不属于破产财产。然而，担保权的行使意味着债务人财产的减少，甚至影响债务人财产的保值和增值且超过被担保债权的财产还应用于对其他债权人的清偿，故为了实现破产预防和债权人利益最大化目标，各国破产法均规定破产保全适用于担保债权的行使。

我国《企业破产法》对于破产程序中担保债权行使进行了规定：①重整期间内对债务人的特定财产享有的担保权暂停行使；②破产清算程序中，对债务人特定财产享有担保权的权利人，对该特定财产享有优先受偿的权利。同时，删除了担保物不作为破产财产的规定。根据上述规定，担保债权仅在重整程序中限制行使，而在破产清算和破产和解中，担保债权人只需向管理人或清算组主张债权，债权合法有效即可行使。因此可以发现，破产保全对担保债权的限制仅存在于重整环节下，其他环节下担保权的行使只能说是增加了行使的程序，实质上并未对其产生影响。

在企业财产几乎均用于担保的客观现实下，破产法对担保权的"宽容"必然阻碍破产立法目标的达成。有学者认为，不论是破产清算还是破产预防程序，也不论是重整还是债务整理程序，担保权都不能直接行使，除非担保物对企业再建失去价值或者担保权人有足够的需要保护的理由。然而，也有学者认为，破产法应当尊重破产程序前已经形成的实体法律关系，除非有特殊原因，不应加以限制，如根据物权法设定的担保物

---

① 陈政、任方方、周小洁：《中美破产保全制度比较研究》，载《天中学刊》2012 年第 6 期。

权，否则有违破产程序的程序性质。①

### （三）破产保全对人身和行为的适用

债务人是对自身财务状况以及经营状况最为了解的主体，无论是被采取破产措施还是主动申请破产，都应当承担一定的义务，包括如妥善保管财产、账簿，随时接受法院或管理人询问等。《企业破产法》第 15 条规定，债务人在破产申请受理之后，未经人民法院准许不得离开住所，并在第十一章规定了强制措施。但是在实践中，破产多由债务人主动提起，且提出申请之前债务人恶意转让财产的行为时有发生。因此，仅仅是限制其他主体对破产财产采取行动不足以充分保护破产财产的完整性。故可借鉴日本破产法的相关规定，在破产程序开始之前采取其他保全措施不足以保护破产财产的，法院可以对债务人和债务人有关人员采取暂时禁止通信和实行拘留措施，而不仅是"不得离开住所地"。②

### 三、破产保全的救济

破产保全的救济是指由于实施破产保全而对个别权利人造成损害的补救措施。各国立法在规定破产保全适用范围的一般原则时都相应规定了具体的救济措施，因此，破产保全的救济被视为破产保全的一部分。破产保全救济的对象主要是那些因破产保全而受损害的权利人或者破产保全适用的除外情形。

有学者认为，我国规定了特殊情形下解除破产保全效力的情形，但该救济制度比起美国破产法自动停止的救济实在不能说有效。③《企业破产法》第 75 条规定，担保物有损坏或者价值明显减少的可能足以危害担保权人权利的，担保权人可以向人民法院请求恢复行使担保权。该规定存在以下问题：第一，没有考虑该制度设立的目标。破产法限制担保权的目的是为了挽救企业实现再建，仅以担保物有损害或价值明显减少可能为条件

---

① 韩长印、韩永强：《债权受偿顺位省思—基于破产法的考量》，载《中国社会科学》2010 年第 4 期。

② 张艳丽：《破产保全制度的合理设置》，载《政法论坛》2008 年第 1 期。

③ 付翠英：《破产保全制度比较——以美国破产自动停止为中心》，载《比较法研究》2008 年第 3 期；陈政、任方方、周小洁：《中美破产保全制度比较研究》，载《天中学刊》2012 年第 6 期。

就允许请求恢复行使担保权，将会直接影响企业再建。第二，救济标准和救济措施不完善。为了实现破产立法的目标，除了因限制担保权可能损害担保权人的权利这一标准应被考虑外，必须衡量担保物对企业再建具有的价值，且这应是认定是否给予破产保全救济的首要标准。此外，还可采取迂回措施，即以再建不需要的财产设定替代担保。

考虑到破产保全措施范围和效力都比较广泛，它不可避免地影响债务人及其债权人等利益相关者。有学者建议我国应当借鉴民事诉讼保全中的规定，设定解除、变更部分或全部保全措施的条件，如利害关系人复议成立、足额担保消除破产原因、破产案件审理完毕、债务人偿付全部债务等。①

# 第五节　破产程序与民事诉讼程序的衔接

## 一、破产程序启动后对执行程序的影响

### （一）一般执行中止

破产企业无担保债权人法律地位平等，要求破产程序必须确立执行中止制度；为确保破产程序顺利进行以保证司法统一，也必然要求破产程序确认执行中止制度。执行中止制度缺位将损害债务人和全体债权人以及利益相关人的合法利益、有损人民法院公正执法的形象，严重妨碍破产程序的正常进行。②

《企业破产法（试行）》规定，人民法院受理破产案件后，对债务人财产的其他民事执行程序必须中止，自此确立了破产程序吸收执行程序的规则。1993 年最高人民法院在给四川省高级人民法院的批复（下文简称法复［1993］9 号）（已失效）中进一步指出，以破产债务人为被执行人的执行案件，执行法院虽对债务人的财产已决定采取或者已经采取了冻结、

---

① 孙静波、张进：《保全制度在破产案件中运用》，载《人民司法》2014 年第 17 期。

② 王福祥：《破产程序中执行中止问题研究》，载《法制与社会发展》1998 年第 1 期。

扣留、查封或扣押等措施的，仍属于未执行财产，均应当依法中止执行。执行被中止后，申请执行的债权人可凭生效的法律文书向受理破产案件的人民法院申报债权，若受理破产案件的人民法院裁定宣告债务人破产，被中止执行的财产应当作为破产财产；如果破产案件审理终结，债务人不被宣告破产，被中止的执行程序可恢复进行。

《关于审理企业破产案件若干问题的规定》对该规则进行了重申，在山西省大同市矿区法院执行案与湖南省株洲市中院破产案发生冲突请求最高人民法院协调的答复函中，最高人民法院明确要求大同煤矿通过债权申报的方式保护自己的债权。《企业破产法》第 19 条和最高人民法院《关于正确审理企业破产案件为维护市场经济秩序提供司法保障若干问题的意见》第 17 条均坚持了此前关于破产程序与执行程序之间的衔接关系，即破产程序对执行程序具有排除效力。

### （二）有担保债权执行中止

在《企业破产法》颁布之前有学者指出，破产案件受理之后，已经进入执行程序的，应当中止执行，但对担保债权的执行应当排除在中止效力之外。① 原因在于，首先，有担保债权人依法享有就担保标的物行使权利的资格，如果限制其优先权，则与担保物权性质不合。其次，中止对有财产担保债权人提起的执行程序，无法实现维持对破产债权人公平清偿的目的。再次，有财产担保的债权人享有优先受偿权，该种优先权包括排斥破产程序对债务清偿所作出的各种限制。最后，对担保物的执行被中止与《民法通则》和《经济合同法》确立的有关担保制度规则相悖。② 因此，担保物权人在经人民法院同意后可行使执行权。《企业破产法》回应了学者们提出的有关担保债权执行程序是否因破产程序中止的争议，规定了原则上执行中止不及于担保债权执行，但在重整期间，由于担保物通常构成债务人主要财产，为了保障重整程序的顺利进行，在第 75 条中限制了重整期间有担保债权的行使。

---

① 韩长印：《论破产案件受理的法律效力》，载《法商研究》1994 年第 6 期。

② 王欣新：《谈破产案件受理后被申请破产企业所涉诉讼的处理》，载《法学家》1993 年第 3 期。

### （三）执行完毕的界定

破产程序开始导致尚未执行完毕的执行程序中止执行，"尚未执行完毕"作为确定是否应当中止的界限，须对其内涵予以明确。关于其内涵的确定经历了从学理争论到立法确认的过程。

最初，最高人民法院在法复［1993］9号（已失效）中认为，即使债务人的财产被决定采取或已经采取了冻结、扣留、查封或扣押等措施的，仍属于尚未执行的财产，属于"尚未执行完毕"。后有学者主张，应以执行的积极结果作为判断执行是否完毕的标准。① 其认为，执行结果是整个执行程序最终的结果状态，这个结果状态无非有以下几种，一种是积极的结果，即通过执行将被执行的财产实际交付执行申请人；一种是消极的结果，即在执行过程中发现被执行人无财产可供执行而必须中止执行，待查明有财产之后再恢复执行。积极的执行结果肯定意味着执行完毕，消极的执行结果则只导致执行中止或中断。破产程序中的执行完毕与否显然是指积极结果是否出现的执行状态。

2017年最高人民法院在《答复〈关于破产申请受理前已经划扣到执行法院账户尚未支付给申请执行人的款项是否属于债务人财产及执行法院收到破产管理人中止执行告知函后应否中止执行问题的请示〉的复函》中明确了另一种情形下的"尚未执行完毕"，即人民法院裁定受理破产申请时款项虽然已经扣划到执行法院账户但还未支付给申请人，该被扣划的款项仍属于债务人财产，破产申请被裁定受理后，该执行程序应当中止。《破产审判纪要》"执行程序与破产程序的衔接"部分，第42条重申了1993年批复确定的认定尚未执行完毕的规则，在"执行完毕"的界定上，立法和司法机关仍持的是一以贯之的理念。

### （四）破产程序向执行程序转化

执行程序和破产程序均属于强制还债程序，但二者侧重点不同，互为补充。积极探索搭建破产程序与执行程序之间转化桥梁，有助于充分发挥各自的作用。在破产中往往遇到债务人财产不足以清偿破产费用的情形，

---

① 王福祥：《破产程序中执行中止问题研究》，载《法制与社会发展》1998年第1期。

但债务人可能存在财产，只是通过破产程序无法顺利推进变现等，此时完全可以考虑利用执行程序进行差别化处理。但前提仍然是全面理解企业破产法的相关规定，避免盲目适用法条，从而对债务人有财产但财产不足以支付破产费用的只终结破产程序，不宣告债务人破产，最大限度维护各债权人利益。①

## 二、破产程序开始前已经进行的涉债务人民事诉讼的处理

1991 年最高人民法院《企业破产法（试行）意见》第 12 条规定，以破产企业为债务人的诉讼：尚未审结且没有连带责任人的，应当终结诉讼，由债权人向受理破产案件的人民法院申报债权；尚未审结但有连带责任人的，应当中止诉讼，债权人向受理破产案件的人民法院申报破产债权，待破产程序终结后，恢复审理。第 13 条规定，以破产企业为债权人的民事纠纷案件，案件不能在三个月内审结的，应当移送至受理破产案件的人民法院依照规定审理，受理破产案件的人民法院发现其他法院存在前述情形的，也应主动告知其他法院移送审理。

针对上述关于破产程序与民事诉讼程序衔接的问题，有学者指出，破产案件受理后，破产企业所涉诉讼不应终结或中止。② 提出该种主张的依据在于，破产程序是一种执行程序，并不解决当事人间的实体权利义务纠纷，且破产程序以裁定的方式确定实体权利义务纠纷从实质上改变了《民法通则》《民事诉讼法》《经济合同法》等基本法律关于实体权益纠纷的规定。③ 还有学者从民事实体争议应当采取公开开庭的方式进行审理，不因进入破产程序而消失的角度反对破产企业所涉诉讼因破产程序的受理而中止或终结。④

---

① 曾祥生、胡志超：《破产程序向执行程序的转化——以债务人财产不足以清偿破产费用为视角》，载《人民司法》2015 年第 19 期。

② 李祖发：《破产程序与有关民事诉讼程序的冲突及解决建议》，载《天水行政学院学报》2003 年第 6 期。

③ 杜鑫华、蒋美仕：《企业破产案件审理中亟待明确的几个问题》，载《湖南大学学报（社会科学版）》2000 年第 3 期；王欣新：《破产立法与执法研究之二：对破产企业涉讼案件的处理》，载《民商法学》2000 年第 7 期。

④ 杜鑫华、蒋美仕：《企业破产案件审理中亟待明确的几个问题》，载《湖南大学学报（社会科学版）》2000 年第 3 期。

虽然学者们大多反对因破产程序的开始导致涉及破产企业的民事诉讼中止或终结的规定，但是《关于审理企业破产案件若干问题的规定》仍延续了 1991 年司法解释确定的规则，① 只不过对其分类标准作了更改，即原先以尚未审结是否有连带责任人改为尚未审结是否有其他被告或无独立请求权第三人。在此规定颁布之后，即有学者指出，破产案件受理时，被申请破产企业的主体资格仍然存在，有权进行法律规定允许的经营活动，包括诉讼在内。破产程序没有民事诉讼程序中那些保障当事人诉讼权利的措施，移送审理破产案件法院管辖还会打乱级别管辖和地域管辖的规定，司法解释如此规定有待商榷。②

在总结实践操作经验和理论研究的基础上，《企业破产法》对破产程序受理后涉破产企业民事诉讼和仲裁程序作了统一规定，依该法第 20 条，破产申请被人民法院受理后，有关债务人的民事诉讼或者仲裁已经开始但尚未终结的应当中止，待管理人接管债务人的财产后，该诉讼或者仲裁继续进行。对于该规定，有学者认为，其中"有关债务人的民事诉讼"含义过窄，建议将"民事诉讼"的字面含义扩大解释为"民事纠纷"。③

## 三、破产程序开始后涉债务人的破产衍生诉讼

### （一）破产衍生诉讼审判模式

相比于之前由破产程序对当事人实体权利义务采取"一裁终局"的

---

① 参见《关于审理企业破产案件若干问题的规定》第 20 条："人民法院受理企业破产案件后，对债务人财产的其他民事执行程序应当中止。以债务人为被告的其他债务纠纷案件，根据下列不同情况分别处理：（一）已经审结但未执行完毕的，应当中止执行，由债权人凭生效的法律文书向受理破产案件的人民法院申报债权。（二）尚未审结且无其他被告和无独立请求权的第三人的，应当中止诉讼，由债权人向受理破产案件的人民法院申报债权。在企业被宣告破产后，终结诉讼。（三）尚未审结并有其他被告或者无独立请求权的第三人的，应当中止诉讼，由债权人向受理破产案件的人民法院申报债权。待破产程序终结后，恢复审理。（四）债务人系从债务人的债务纠纷案件继续审理。"

② 李祖发：《破产程序与有关民事诉讼程序的冲突及解决建议》，载《天水行政学院学报》2003 年第 6 期。

③ 赵蔚红：《破产企业民事纠纷的管辖探讨》，载《江苏法制报》2010 年 7 月 13 日第 C01 版。

做法，《企业破产法》以分别审判的方式，赋予当事人通过诉讼的方式来维护自己实体权益的权利。① 破产程序启动后，涉及债务人的债权确认纠纷、破产财产纠纷以及劳动合同纠纷、管理人责任纠纷、出资人责任纠纷等都不可避免地进入法院。如何处理此类因破产引发的案件，除了直接影响破产程序运行的效率，更重要的是对当事人的实体权利义务产生直接影响，是矛盾化解的关键。因此，法院在审理破产衍生诉讼时，应当持特别谨慎的态度。破产衍生诉讼属于普通民事诉讼，在审理时应适用普通民事诉讼的程序，但作为破产程序背景下衍生的诉讼程序，其又具备一些其他特征，比如：真正权利主体缺位，管理人在证据方面存在弱势或不积极履行管理责任等。因此，在审理时则相应地作一些变通。

随着中国民事审判改革的逐步推进，基本确立了由当事人主导的诉讼构造，当事人主义和辩论主义也已经基本确立。但是，由于破产衍生诉讼本身的特点，导致在破产衍生诉讼的实践中，管理人因滥用处分权或者囿于证据不足而处于辩论的弱势地位引发管理人怠于起诉、任意撤回起诉现象，并进而导致破产审判中频发虚构破产债权、逃废破产企业债务、虚假自认、恶意调解等现象发生。②

导致上述问题发生的原因主要有以下几点：①权利主体通常缺位。破产企业的债权人多为诉讼案件结果的最终承受者，但是这类案件的主体大多无法亲自参加诉讼，发挥的监督作用有限，易受到人数众多、分散性强、专业知识欠缺、信息不对称等固有因素的制约，导致相对于企业一方的当事人往往缺位。②诉讼证据缺失。管理人接管企业，通常会被迫面临各种原因造成的破产人生产经营相关资料丢失、熟悉企业状况的员工流失、债务人员工隐瞒相关信息等影响顺利交接的问题。管理人接管企业之前难以对企业的状况有一个详细的了解，虽然接管企业之后依照法律规定应当将所有资料交管理人保存，但从实践来看，除资料被毁损缺失外，管理人自身繁重职责的限制导致其可能无充足的精力或过大的成本阻碍对破产企业作全面细致的调查，更甚之即使管理人采取措施也可能受到种种阻挠。在具体的案件中，管理人作为破产企业的代表参与诉讼程序，与诉讼

---

① 罗书臻：《依法开展破产案件审理，稳妥处置"僵尸企业"——专访最高人民法院审判委员会专职委员杜万华》，载《人民法院报》2016 年 4 月 26 日第 2 版。

② 梁闽海、陈长灿：《论破产衍生诉讼的审判方式——以适度强化的职权主义审判方式为视角》，载《法学》2011 年第 2 期。

的相对方相比，其作为非事实上当事人掌握的材料毕竟有限，形成信息不对称局面，管理人常常处于弱势地位。③道德风险。其一，大量衍生诉讼工作耗时费力，管理人往往投入大、收益低，由此容易导致管理人怠于起诉或消极应诉；其二，破产企业原有经办人员由于长期业务往来，与对方当事人建立起了较深的情感，加之破产衍生诉讼的结果与其无多大关联，由此容易导致双方之间恶意串通而隐匿证据、提供虚假证言等。①

基于以上原因，在审理破产衍生诉讼时，有观点认为不应机械地适用当事人主义模式，而应适时适度强化职权主义审判方式的具体应用。② 具体内容如下：①尊重当事人的诉讼地位。强化职权主义审判方式的具体应用，并不意味着要忽略当事人的诉讼地位，任意剥夺普通民事诉讼程序中当事人的权利，而是仍应以当事人为主导。在相关案件事实的主张和证据提出层面，仍需要当事人承担起主要责任，而法院做好配合和协助。②加强法院在案件诉讼中的衡平职能。针对破产衍生诉讼的固有特点，法院在审理过程中应正确把握法律适用原则，从实际出发，实现公平正义。具言之，主要有以下几点措施：一是根据具体案情，合理配置举证责任；二是适当放宽举证期限，证据失权规则要审慎适用；三是法院在确定破产法规定的期限时，要根据现实情况斟酌确定。③加强法院对案件的诉讼监督。法院对破产衍生案件的监督，体现在多个方面：一是加强对债务人及其员工与债权人之间的监督，尤其在涉及当事人自认、自行调解或者其他

---

① 梁闽海、陈长灿：《论破产衍生诉讼的审判方式——以适度强化的职权主义审判方式为视角》，载《法学》2011 年第 2 期；刘敏、梁闽海：《企业破产清算案件中的审判实务问题——以闽发证券有限公司破产清算案为视角》，载《法律适用》2013 年第 7 期；梁闽海、陈长灿：《重视实质公正 兼顾诉讼效率——闽发证券有限责任公司破产衍生诉讼案件的审判实务工作》，载《中国审判》2012 年第 3 期。

② 梁闽海、陈长灿：《论破产衍生诉讼的审判方式——以适度强化的职权主义审判方式为视角》，载《法学》2011 年第 2 期；刘敏、梁闽海：《企业破产清算案件中的审判实务问题——以闽发证券有限公司破产清算案为视角》，载《法律适用》2013 年第 7 期；梁闽海、陈长灿：《重视实质公正 兼顾诉讼效率——闽发证券有限责任公司破产衍生诉讼案件的审判实务工作》，载《中国审判》2012 年第 3 期。实践中已经有相关做法，参见：赵鸿飞：《深圳中级人民法院发布〈破产审判白皮书〉国企破产案件不重大幅下降》，载《深圳商报》2011 年 12 月 21 日第 B01 版；王懿：《浦东法院发布破产清算案件白皮书 破解企业退出机制"三大难题"》，载《上海金融报》2014 年 11 月 4 日第 A13 版。

涉及破产债务人或债权人合法权益等事项时，应严格审查相关事实和证据，防止虚构破产债权、逃废破产企业债务的现象发生；二是加强对管理人的监督。如前所述，基于多种原因，管理人容易在诉讼中产生懈怠心理或者为了尽早结案而滥用诉讼中的各项权利。因此，在破产衍生诉讼中，尤其在涉及管理人行使处分权时，比如，起诉权、撤诉权和调解权等，应加强法院的审查力度。此外，法院应与管理人建立对接机制，定期听取管理人对破产工作的反馈，并将其在管理工作中的表现作为此后参与其他破产案件管理人竞选的考核标准之一，以督促管理人恪尽职守、勤勉尽职。

### （二）破产衍生诉讼管辖

《企业破产法》第 20 条和第 21 条就破产衍生诉讼的管辖问题作出了规定，明确了破产受理法院对破产衍生诉讼案件的集中管辖模式即专属管辖模式。

1. 集中管辖

关于破产案件的管辖权，《关于审理企业破产案件若干问题的规定》第 2 条有明确规定，但是否同样适用于破产衍生诉讼案件，并无明确依据。有学者即指出，《企业破产法》中有关于集中管辖的规定，确定了破产衍生诉讼的管辖权规则。但同时其认为，破产衍生诉讼的复杂程度以及标的额大小等与破产案件本身并不一定在同等程度，亦即依据《民事诉讼法》与依据《企业破产法》确定的管辖级别存在差异。而让中级及以上人民法院审理简单民事案件抑或要基层人民法院审理复杂的破产衍生诉讼案件都可能导致不效率和不公正。因此，虽然破产法确定了集中管辖规则，但可以灵活运用《民事诉讼法》上确立的指定管辖规则，破产案件受理后针对破产企业提起的诉讼可以由其他法院管辖。

关于管辖权的调整，该学者提到，对于标的额不大且争议小的劳动争议案件若由高级人民法院或中级人民法院审理，实无必要；基层人民法院经常审理此类案件具有丰富的审判经验，故在不违背专属管辖的基本指导原则下，指定基层人民法院审理部分此类案件，充分运用审判力量。而对于一些需要上级人民法院审理的疑难案件，可以按照《民事诉讼法》第 37 条和第 39 条的相关规定处理，并在审理的过程中积极运用简易程序、小额诉讼制度和完善的支付令制度，充分发挥调解等便捷有效的裁决处理方式，尽早化解纠纷。①

2. 协调审理

2011 年召开的全国性破产工作会议对破产衍生诉讼审理进行了相关讨论。② 该会议认为，审理破产案件的商事审判庭原则上仅审理属于商事案由的衍生诉讼案件，其他案由的衍生诉讼案件则依据《民事诉讼法》的一般规定，根据审判部门设置进行分工审理。不同庭之间应当保持必要的沟通和协调，如果成立了专门的破产案件审判庭或合议庭，也可以由其审理所有的衍生诉讼案件。

针对建立专门破产业务审判庭处理破产衍生诉讼问题，有学者进一步指出，破产衍生诉讼可能存在跨省市执行的问题，还涉及各法院的协调审理问题。故从根本上解决破产审判问题、破产衍生诉讼审判问题只能是从国家层面建立起一套专门的破产法院体系，这不仅突破了地域障碍，还大大节约了司法成本，提高审判效率的同时直接影响破产案件的处理效果，提高对当事人权益的保护。闽发证券破产清算案较好地反映了人民法院在破产衍生诉讼中的创新审理模式。③

### （三） 管理人的诉讼地位

管理人能否成为破产衍生诉讼的当事人，抑或管理人在涉债务人案件中的地位如何，在《企业破产法》正式规定之前一直存在争议。

有观点认为，管理人就是破产衍生诉讼的当事人。理由有三：其一，管理人具有相对独立的地位，直接向人民法院报告工作，并接受来自债权人会议以及债权人委员会的监督；其二，管理人有自己独立的意思，能够以自己的公章进行法律行为；其三，赋予管理人独立的诉讼地位的规定在各国破产法中均可见到。④

① 刘敏：《企业派生诉讼案件审理中有关问题的研究》，载《民商事审判指导》2009 年第 1 期。

② 孙晓光：《充分发挥审判职能作用 为建立公平有序的市场经济秩序提供司法保障》，载《人民司法》2011 年第 23 期；奚晓明：《当前审理企业破产案件需要注意的几个问题》，载《法律适用》2012 年第 1 期。

③ 李曙光：《一个具有标志性意义的案例——闽发证券破产审判实务评论》，载《中国审判》2013 年第 3 期。

④ 李季宁：《管理人制度相关问题探析》，载《法律适用》2007 年第 10 期。

但也有观点认为，管理人不是破产衍生诉讼的当事人。其理由在于：一是在破产衍生诉讼中，破产债务人才是衍生诉讼实体权利义务的享有者和承受者，管理人只是代为处理相关事务，与实体无涉；二是根据最高人民法院《关于企业法人营业执照被吊销后，其民事诉讼地位如何确定的复函》以及最高人民法院《关于适用〈中华人民共和国公司法〉若干问题的规定（二）》第10条的规定，进入破产程序之后、被宣告破产以及注销登记之前的破产债务人仍然具有法人资格，具有民事权利能力和民事行为能力；三是《企业破产法》第25条第1款第（七）项已经确定了管理人的地位，即管理人的行为仅具有代表性，不是诉讼主体。[1]

还有观点认为，一般情况下，应将破产债务人列为诉讼当事人，管理人仅作为破产债务人的诉讼代表人参加诉讼，但涉及破产撤销权、追回权、取回权、《企业破产法》第四章规定的债务人财产以及共益债务等诉讼时，应将管理人列为诉讼当事人。《企业破产法》规定管理人是一个法定的机构，不是特定方（如债权人）利益的代表，而是为了破产程序所有参与者的利益，以自己的名义而不是其他主体的名义成为原告或者被告；在管理人行使撤销权诉讼中，破产企业即为被告，若仍认为此时只有破产企业才是诉讼当事人，则原被告为同一主体，法理上和实践操作上都是行不通的。[2]

## 四、破产债权争议诉讼

### （一）破产债权争议诉讼的确立

破产债权争议诉讼并不是一开始就在破产程序中确立的，在《企业破产法（试行）》中并无关于破产债权争议诉讼的规定，1991年《企业破产法（试行）意见》更是明确，人民法院发布立案公告后，债权人只能申报债权，不能向受理破产案件的人民法院提起新的诉讼。真正承认破产

---

[1] 王储：《破产派生诉讼法律适用问题探讨》，载《法制博览》2013年第10期；雷震、帅晓东：《破产派生诉讼若干法律问题探讨》，载《人民司法》2010年第17期；刘玉妹：《管理人实务操作中的几个问题》，载王欣新、尹正友主编《破产法论坛（第二辑）》，法律出版社2009年版，第181页。

[2] 雷震、帅晓东：《破产派生诉讼若干法律问题探讨》，载《人民司法》2010年第17期。

债权人可以提起破产债权争议诉讼的应属《关于审理企业破产案件若干问题的规定》，其第 63 条规定，清算组对债权进行确认，若债权人有异议则可以向清算组提出，债权人对清算组的处理结果仍有异议的，人民法院即应在查明事实的基础上对该债权争议依法作出裁决。根据上述规定，人民法院对债权异作出裁决的前置程序是，债权人应当先向清算组提出异议。相对于上述规定中要求清算组处理债权异议前置的安排，《企业破产法》第 58 条规定，只要债务人、债权人对管理人编制的债权表记载的债权存有异议，即可以直接向受理破产申请的人民法院提起债权争议诉讼。

不同于上述规定中对债权人向法院提出债权争议诉讼的条件设置，有学者认为，债权争议诉讼的前提是人民法院对通过债权人会议确认的债权表作出债权确认裁定。因为，确认、不确认或暂时不确认的债权之法律区别只有在人民法院对债权表作出裁定结果之后才存在，债权人才享有诉权。其他条件下债权人申请确认债权的，人民法院应当不予受理。此外，人民法院对债权表作出认定与利害关系人提起债权争议诉讼进而作出确认判决具有不同的法律效果，前者不影响实体权利义务，因此也不存在一事不再理的问题。① 关于人民法院对异议债权作出认定的法律形式，有学者即指出，不应以确认债权表的方式作出裁定，此种方式将程序性认定与实体判决相混淆，与《企业破产法》第 58 条的规定不符。②

## 二、破产债权争议诉讼的性质

关于破产债权争议诉讼的性质，有给付之诉说和确认之诉说之分。给付之诉说主张，债权人向人民法院提起债权争议诉讼的最终目的不仅仅是对债权作出认定，而是为了实现破产清偿，从提出诉讼的最终目的出发应当属于给付之诉，当事人确实是通过此诉讼才得到清偿的事实也支持了前述观点。支持确认之诉说的学者则认为，给付之诉并未认识到破产程序本身就是给付程序且具有优先性和排他性，破产程序的启动直接导致其他给付程序被吸收，并限制对债权人进行个别清偿。因此，债权人提起债权争议诉讼的最终目的在于获得清偿，但该诉讼中仅能也只需要解决对债权进

---

① 王欣新：《论破产债权的确认程序》，载《法律适用》2018 年第 1 期。

② 邹海林、周泽新：《破产法学的新发展》，中国社会科学出版社 2013 年版，第 226 页。

行确认的问题，给付问题留待破产程序自身解决。债权争议诉讼性质上只能为确认之诉。① 有学者补充道，破产程序启动前已经提起而尚未审结的涉及债务人财产的诉讼应当变更诉讼请求为确认之诉，破产程序启动后新提出的债权争议诉讼在性质上也应为确认之诉。②

# 第六节 执行案件移送破产审查程序

执行案件移送破产审查并非最近几年新提出的概念。1991 年最高人民法院《企业破产法（试行）意见》第 15 条规定，人民法院在民事诉讼程序或民事执行程序进行中获悉债务人不能清偿到期债务的，应当告知债务人可以向其所在地人民法院申请破产。当企业进入执行程序且发现没有财产可供继续执行后，就需要重新考虑其存续的意义。破产程序作为市场主体有序退出的制度，肩负着清理无效企业、维护市场信用的功能，人民法院需要做好破产程序与执行程序的衔接工作，确保妥善处置破产财产。在新时代供给侧结构性改革的浪潮中，执行案件移送破产审查又有着特殊的研究意义。2015 年《民诉法解释》第 513 条至第 516 条确定了民事执行程序向破产程序的转化，2017 年最高人民法院颁布了《关于执行案件移送破产审查若干问题的指导意见》，对执行案件移送破产审查程序进行了较全面的规定，为实践提供了依据，也为理论研究提供了素材。

## 一、执行案件移送破产审查的障碍

### （一）申请主义缺乏利益驱动机制

破产是解决"执行难"的有力手段，但是依靠申请执行人或被申请执行人申请，难以有效促进执行程序积极向破产程序的转化。主要原因在于：第一，我国执行制度相对破产制度存在优势。在我国目前的司法体制下，执行程序相比于破产程序具有成本低、门槛低、效率高、债权受偿比

---

① 王欣新：《破产债权争议诉讼的性质与收费标准》，载《人民法院报》2014年 7 月 16 日第 7 版。
② 李永军、王欣新、邹海林、徐阳光：《破产法》（第二版），中国政法大学出版社 2017 年版，第 186 页。

例较大、债权有后续清偿机会等优点。第二，当事人对提出破产申请缺乏积极性。对于普通债权人而言，由于申请执行的前后可以享受程序优先权的福利，而在破产程序中就只能同其他普通债权人一起按比例接受清偿；对于享有担保权的债权人而言，依执行程序或破产程序所受清偿没有太大区别，但是执行程序更加便捷；对于债务企业的投资人而言，进入执行程序能够保存企业的主体资格，而破产程序很有可能使企业归于消灭。[1] 第三，相比于市场的优胜劣汰，政府的行政目标往往在于 GDP 数值、坏账率、就业率、信访率等显性的绩效指标，并且侧重于当届政府任期内的绩效指标；同为国家公权力机关，行政的喜好也会影响司法的判断，企业破产将隐而不发的僵尸问题集中引爆，法院担心多方矛盾集中至法院。[2] 正是由于依申请程序促使执行程序向破产程序转化存在上述难题，部分学者指出应当赋予人民法院依职权启动破产程序的权力。[3]

### （二）职权主义存在困境

由于申请主义模式下，破产程序的启动存在上述障碍，职权主义被提出并作为研究对象，但是职权主义同样存在适用困境。首先，在实际操作上，虽然法院执行部门在执行中掌握了债务人的基本财务状况，但并不意味着就对债务人的真实财务状况有足够认知。执行仅是单独对个别债权进行清偿，不涉及企业的经营问题，如果法院依职权将执行案件移送破产审查，会因缺乏商业判断而使被执行人失去复苏的机会。其次，在理论上，由法院依职权启动破产程序将会陷入自立自审的悖论中，使法院丧失中立

---

[1]　张佳莉：《依职权启动执行程序转破产程序的必要性研究》，载《法制与经济》2017 年第 2 期。

[2]　刘旭东、陆晓燕：《效益法则框架下"执转破"之功能透视及其制度建构》，载《法律适用》2017 年第 11 期。

[3]　林祖彭、李浩：《建议在司法执行中建立强制性破产制度》，载《政治与法律》1998 年第 5 期；李帅：《论执行案件中法院职权主义破产启动程序的构建》，载《法律适用》2015 年第 11 期；徐建新、汝明钰：《执行程序与破产程序衔接机制的实务探索》，载《人民法院报》2015 年 9 月 17 日第 A01 版；郭洁：《论强化法院对涉众案件执行转接破产程序的职权干预——基于 2011 年至 2014 年沈阳市两级法院执行不能案件的分析》，载《法学》2016 年第 2 期。

裁判的立场。① 最后，破产法作为商法的一部分，法院依职权启动破产程序有违私法自治原则。此外，从现行《企业破产法》来看，普通破产程序启动即采用申请主义以尊重当事人意愿，在执行程序移送破产审查程序中采取职权主义缺乏法理依据。②

### （三）"执转破"制度不健全

首先，虽然《民诉法解释》和《关于执行案件移送破产审查若干问题的指导意见》对执行转破产程序作了明确安排，但由于破产案件法律关系复杂，审理难度大，存在审判力量不足的问题，部分法院对"执转破"存在畏难情绪甚至抵触心理。此外，目前很多法院对破产案件的绩效考核采用普通民商事判断标准，这种不科学的判断标准也直接影响了人民法院采取破产程序审理案件的积极性。其次，"执转破"衔接机制不完善。执行案件移送破产审查实行以中级人民法院管辖为原则、基层人民法院管辖为例外的管辖原则。虽然《关于执行案件移送破产审查若干问题的指导意见》对移转程序作出了规定，但过于原则化，没有具体的操作标准，可能引发不同法院之间、法院内部相互推诿。最后，"执转破"费用保障机制亟待完善。破产费用直接关乎破产程序能否顺利进行，虽已经有法院在积极探索建立破产费用保障机制，但并不完善，许多法院至今尚未建立相关保障机制，这也是"执转破"的一大阻碍。③

### （四）其他解决模式

根据《关于执行案件移送破产审查若干问题的指导意见》的规定，执行案件进入破产程序必须得到申请执行人或被申请执行人的同意，实际上是采用了申请主义的观点。有学者指出，考虑到现实情况，在坚持申请

---

① 汤维建：《谈谈破产申请的法律主体》，载《现代法学》1994 年第 6 期；王欣新：《破产原因理论与实务研究》，载《天津法学》2010 年第 1 期；孙静波：《执行与破产程序相衔接立案实务研究》，载《人民司法》2013 年第 7 期；周建良：《执行程序与破产程序衔接制度的完善》，载《人民法院报》2015 年 12 月 9 日第 8 版。

② 沈德咏主编：《最高人民法院民事诉讼司法解释理解与适用（下）》，人民法院出版社 2015 年版，第 1364 页。

③ 重庆人北碚区人民法院、王新亮、郭佳琦：《执行案件移送破产审查面临的司法困境及完善》，载《人民法院报》2017 年 11 月 29 日第 7 版。

主义的前提下，有必要考虑将人民法院依职权启动执转破程序作为一个阶段性措施。尤其是针对无财产、无住所、无人员的"三无"案件以及被执行人虽已解散但未自行清算的执行不能案件等特殊类型的案件。① 全国人大常委会法制工作委员会虽认为，职权主义确实可以解决当下面临的主要问题，但是以司法解释或司法政策的形式突破现行法律规定有所不妥，有违合法性原则，故不采取职权主义。②

针对法院不能依职权启动破产程序，有学者提出引入国家公权启动主义的观点，即赋予除人民法院外其他合适的国家公权机关启动破产程序的权力，其中人民检察院最为适合。③ 也有学者认为，非当事人意志下破产程序的启动方式，可以考虑赋予替代组织，如行业组织、工商业联合会等申请破产的权利义务，缓解破产程序启动难的问题。④ 虽然替代组织不是专门针对执行程序向破产程序转化提出的思路，但是执行条件下破产程序的启动也可以考虑此种解决办法，以期既能缓解执行难、破产启动难的现实问题，又能符合法理。

除上述解决办法外，有学者提出在执行程序与破产程序的衔接之间增加强制清算程序，以解决和预防一部分"执行难"的问题。⑤ 被执行人拒绝履行生效法律文书确定的义务且法院穷尽执行措施不能清偿债务的，人民法院即可依职权指定清算组对被执行人清算。赋予清算组在发现被执行人财产不足以清偿债务符合破产条件时，申请破产的强制义务。还有学者主张，可以通过修改公司法中关于公司法定代表人、高级管理人责任的方式，要求其承担申请企业破产的强制义务。⑥

---

① 王欣新：《破产与执行程序的合理衔接与转换》，载王欣新、郑志斌主编《破产法论坛（第九辑）》，法律出版社 2015 年版，第 9 页。

② 王富博：《〈关于执行案件移送破产审查若干问题的指导意见〉的理解与适用》，载《人民司法》2017 年第 10 期。

③ 汤维建：《谈谈破产申请的法律主体》，载《现代法学》1994 年第 6 期。

④ 孙静波：《执行与破产程序相衔接立案实务研究》，载《人民司法》2013 年第 7 期。

⑤ 谭秋佳：《执行程序与破产程序衔接机制的理论思考》，载《人民法院报》2015 年 6 月 10 日第 8 版。

⑥ 郭洁、郭云峰：《论执行与破产的对接程序》，载《人民司法》2015 年第 11 期。

厦门市中级人民法院率先在福建省范围内开展执行转破产工作，建立预审查机制，将执行转破产的程序审查关口前移，避免因执转破材料多方移送或移送不全导致执转破条件审查不严情况的发生。在移转过程中，各部门分工合作，其中执行局突出"搜集""评估"和"引导"职能，民六庭重在"审查""协调"和"处理"，立案一庭负责"配合"。①

## 二、执行案件移送破产审查案件的管辖

### （一）地域管辖

关于执行案件移送破产审查案件的管辖，《关于执行案件移送破产审查若干问题的指导意见》规定由被执行人住所地人民法院管辖，这同部分学者的主张一致。② 理由在于，首先，破产案件疑难复杂，债务人所在地法院更容易查清案件事实；其次，破产案件涉及协调多方主体关系的问题；最后，债务人住所地管辖有利于避免争议，耗费资源。

### （二）级别管辖

有学者主张，为契合目前的司法审判力量，主要由中级人民法院审理执行移转破产审查案件更为适宜。③ 有观点则认为，实践中以企业作为被执行人的案件一般都在基层法院，基层法院也有能力审理破产案件。若依据破产案件的管辖规则由县一级工商部门登记的由基层法院管辖、由市一级工商部门登记的由中级人民法院管辖的模式，将被执行人由市一级工商机关登记的执行案件均移交中级人民法院审理，不仅造成了司法资源的浪费和程序法上的拖沓，也增加了当事人的诉累。因此，各地根据实际情况

---

① 安海涛、胡欣：《打通转化渠道 破解执行难题——福建省厦门市中级人民法院执行转破产工作调查》，载《人民法院报》2016年12月15日第5版。

② 王富博：《〈关于执行案件移送破产审查若干问题的指导意见〉的理解与适用》，载《人民司法》2017年第10期；严银：《执行程序中的查封优先权》，载《人民司法》2017年第10期；孙静波：《执行与破产程序相衔接立案实务研究》，载《人民司法》2013年第7期。

③ 王富博：《〈关于执行案件移送破产审查若干问题的指导意见〉的理解与适用》，载《人民司法》2017年第10期；严银：《执行程序中的查封优先权》，载《人民司法》2017年第10期。

中院只需负责审理被执行人的债权人数多、标的额大、影响力大的执转破案件，其他的由基层人民法院统一管辖更适宜。①

### 三、执行法院和破产法院的衔接问题

执转破程序的衔接是整个程序中的关键问题，其关乎执行转破产程序是否得以顺利进行，不能具有随意性，而违背程序设计的初衷。实践中有以下操作经验可供参考：②　①建立涉企执行筛查制度，由执行实施人员利用查控系统或引入第三方中介机构评价机制，减轻执行法院调查及案件识别压力。此外，进行充分沟通，共建执行转破产管理信息网，充分利用新媒体信息化的优势。②建立释明引导责任制度，及时约谈申请人和被申请人并告知不进入破产程序的法律后果，积极动员申请人和被申请人主动选择破产程序。③建立移送案件预审制度，先由执行、立案、破产审理部门法官组成的执行移送破产程序案件预审小组审查；预审小组在收到拟移送破产案件材料后出具预审意见，尽量避免经立案审查后被裁定不予受理。④明确责任，规范执行移送破产程序衔接，并做好立案审查对接。③

在审查期间，申请执行人或被执行人基于自身利益考量，可能会提出异议，法院应保障当事人依据《企业破产法》享有的异议权，对存在破产原因的依法裁定受理，否则即裁定不予受理。此外，2009 年上海市长宁区人民法院执转破的实践、2015 年济南市平阴县人民法院制定的《破产案件合议庭运行规则》以及 2018 年深圳市中级人民法院制定的《深圳市中级人民法院关于执行案件移送破产审查的操作指引（试行）》和《深圳市中级人民法院关于执行转移送破产案件管理人工作指引（试行）》等实践和规定也为执转破的衔接问题提供了诸多经验。

---

① 潍坊市中级人民法院课题组、姜树政、叶伶俐：《关于完善执行转破产程序的调研报告》，载《山东审判》2017 年第 1 期。

② 胡丕敢、王春飞：《执行移送破产工作的实践探索》，载《人民法院报》2017 年 2 月 15 日第 8 版；张艳丽、库颜鸣：《执行转破产：功能定位及运行》，载《人民法治》2017 年第 12 期。

③ 宋晓明、张永健、刘敏：《〈关于适用企业破产法若干问题的规定（一）〉的理解与适用》，载《法律适用》2011 年第 21 期；张艳丽、库颜鸣：《执行转破产：功能定位及运行》，载《人民法治》2017 年第 12 期。

# 第七节　简易破产程序

## 一、简易破产程序的确立

### （一）否定阶段

简易破产程序的概念早已提出，但是简易破产程序并未受到足够的重视，且学者也认为不应当设置简易破产程序。① 原因在于，其认为简易程序适用范围有限，司法实践中未有成熟经验；破产案件即使涉及数额小、债权债务关系清楚也并不简易，破产程序复杂，任何一道程序的忽略都有可能损及债权人利益；以一裁终局的方式审理破产案件与破产权益保护不符。

### （二）理论与实践探索

#### 1. 理论探索

在《企业破产法（试行）》施行时间较短、国有企业为主要破产主体的社会背景下，早期反对简易破产程序构建的观点有其道理。随着破产实践经验的不断丰富、破产主体的不断扩大，再探索简易破产程序的构建具有现实意义。

支持简易破产程序的学者们认为②：首先，建立简易破产程序有必要

---

① 王利明：《关于制定我国破产法的若干问题》，载《中国法学》2002 年第 5 期。

② 支持简易破产程序的观点参见：黄少彬：《关于建立我国简易破产制度的思考》，载《山西大学学报（哲学社会科学版）》2004 年第 5 期；周洪生、冯鹏玉：《析简易破产程序的设立》，载《法学》2004 年第 11 期；刘子平：《简易破产程序研究》，载张卫平主编《民事程序法研究（第二辑）》，厦门大学出版社 2006 年版，第 130~131 页；黄少彬：《我国设立简易破产程序的必要性可行性及路径研究》，载《江南大学学报（人文社会科学版）》2010 年第 6 期；柳俨芳：《简易破产程序因时而需——试论小额破产简易程序在我国的设立》，载《商品与质量》2011 年第 S9 期；徐建新、鞠海亭、王怡然：《简化破产程序问题研究——以温州法院试行简化破产案件审理程序经验为样本》，载《法律适用》2014 年第 8 期；汤维建《修订我国破产法律制度的若干问题思考》，载《政法论坛》2002 年第 3 期；曹思源：《论现代破产法的修改》，载《开放时代》1999 年第 1 期。

性。中小企业特别是小型企业退市问题是当前亟待解决的问题，以普通程序审理小额破产问题不仅时限长，也没有必要。其次，构建简易破产程序具有可行性。《企业破产法》通过缩短破产程序中的时间等措施为构建简易破产程序确立了制度上的可能性，国外简易破产程序立法也为我国设立简易破产程序提供了可资借鉴的经验。对于反对建立简易破产程序学者提出的程序的简化将会损及债权人利益的问题，支持的学者回应道，破产程序是一个综合的系统工程，对债权人的保护体现在整体及各个环节上，不能单纯以时间论，只要法院对清算组加强监督，将申报债权通知送达到，就不会损害债权人的利益。① 对于一裁终局的问题，破产法也可以考虑设立申诉、上诉、复议等程序加强对简易程序的监督以实现对债权人利益保护的最大化。②

2. 规则制定

简易破产程序已经不仅仅是理论上的探讨，司法实践中已经有多处法院积极探索简易破产程序，具有代表性的即为深圳市中级人民法院和温州市中级人民法院。在深圳中级人民法院制定的《破产案件审理规程》和温州中级人民法院制定的《关于试行简化破产案件审理程序的会议纪要》中对简易程序的具体程序进行了规定，发展出"温州模式"和"深圳模式"，③ 为破产实践和立法提供了经验素材。

2018 年最高人民法院召开了全国法院审判工作会议，根据会议的讨论结果发布了《破产审判纪要》，在该纪要第五部分"破产清算"中提到，建立破产案件审理的繁简分流机制。最高人民法院指出，人民法院审理破产案件应当提升审判效率，在确保利害关系人程序和实体权利不受损害的前提下，建立破产案件审理的繁简分流机制。对于债权债务关系清晰、债务人资产状况不复杂的破产案件，可以通过限缩各程序时间、简化债权申报、清算流程等方式以加快案件审理，但简化方式不得突破法律的最低要求。

最高人民法院颁布的《破产审判纪要》虽然不是立法，但是可以看

---

① 刘子平：《简易破产程序研究》，载张卫平主编《民事程序法研究（第二辑）》，厦门大学出版社 2006 年版，第 130~131 页。

② 周洪生、冯鹏玉：《析简易破产程序的设立》，载《法学》2004 年第 11 期。

③ 郭靖祎：《破产程序简化的理论探究》，载《求索》2017 年第 12 期。

出，简易破产程序的构建已经得到最高司法机关的重视，在司法审判中已经开始逐步推行繁简分流机制的适用。立法在于解决现实生活中的问题，每次立法的进步都离不开理论的探讨和实践的总结，简易破产程序有望在以后进入立法程序，构建一个完善的破产案件繁简分流机制。

## 二、简易破产程序的适用对象

破产案件的繁简分流机制在于将复杂的案件留由普通破产程序处理，简单的案件由简易破产程序处理。何为"简单的案件"，是一个判断标准的问题，直接影响着简易破产程序实施的效果，设计应具有合理性。

对于简易破产案件适用的对象，学者们有不同的观点。支持单一标准的学者认为，破产债务总额在一定数额以下的债务人可适用简易破产程序处理。支持复合标准的学者则认为，适用简易破产程序需满足多种条件，如债权债务关系清楚、债权人较少且破产财产数额较小并无担保债权且一般应为自然人，包括商自然人和普自然人。① 支持复合标准的学者占据大多数，但在具体标准的设定上还存在一定的分歧。如有的学者认为破产财产数额在 100 万元以下比较合适，有的学者则主张，考虑到我国目前的经济发展水平和各地经济发展的不平衡性，可参照小额诉讼程序放权于各地高级人民法院的做法，并确定数额的上限在某万元上下浮动的方式，确定适用简易破产程序的标准。②

以上仅是讨论通过在法律上设定简易程序适用标准的方式，对符合条件的破产案件可由人民法院适用简易破产程序审理。此外，若破产程序参与方各方意思表示一致，该案件也应当可以适用简易破产程序。有学者认为，是否适用简易程序，法院具有审查职能，因此不宜就此专门限定范围，不适合简易程序的，法院可以直接决定。对此，本书认为，简易破产程序设定的目的不在于减损各参与方的合法权益，而在于通过快速审结的

---

① 周洪生、冯鹏玉：《析简易破产程序的设立》，载《法学》2004 年第 11 期。

② 徐阳光、殷华：《论简易破产程序的现实需求与制度设计》，载《法律适用》2015 年第 7 期；黄少彬：《我国设立建议破产程序的必要性可行性及路径研究》，载《江南大学学报（人文社会科学版）》2010 年第 6 期。

方式更好地保护各参与方的利益，因此，若各参与方同意适用简易破产程序快速审结案件，人民法院自然不应当阻止。但是，简易破产程序相较于普通程序，无法承担审查复杂案件的职能，因此，如果是超出简易程序审理能力范围外的案件，人民法院应当有权予以审查并拒绝适用简易破产程序。

需要特别指出的是，因简易破产程序适用对象的特殊性以及执行程序与破产程序之间天然的联系，以执行程序部分替代简易破产程序功能的观点被提出来。① 该观点认为，执行程序部分替代简易程序功能具有必要性，有大量符合条件需要转入破产程序的执行案件且立法上没有规定简易破产程序，该种替代具有理论上和制度上以及现实的可行性。简而言之，执行程序部分替代简易破产程序功能的具体路径就是在执行程序中完成财产调查、控制和处置，主要针对两类破产案件：①"无财产、无账册、无人员"的"三无"债务人企业破产案件；②仅有少量资产的破产清算案件。

## 三、简易破产程序的管辖

### （一）派出法庭是否可以适用简易破产程序审理破产案件

学者们对人民法院派出法庭是否可以适用简易破产程序审理破产案件存在较大争议。持否定观点的学者认为，审理破产案件的最低审级法院即为基层人民法院，并且应由审判业务庭审理。② 破产案件具有专业性较强、涉及面较广、法律关系复杂等特点，派出法庭审判力量有限，无法胜任该审判工作。赞同者则认为，满足简易程序审理条件的破产案件都比较简单，且实践中已经有派出法庭成功审结破产案件的例子，随着我国法官队伍法律素养的不断提高，派出法庭的业务能力也日益增强，目前派出法庭设置都相对集中，基层人民法院对其的业务指导也日益强化，完全有能力审理相应的破产案件。

---

① 王雄飞：《执行程序部分替代简易破产程序功能的必要性和可行性》，载《人民法院报》2017 年 7 月 5 日第 7 版。

② 黄少彬：《我国设立简易破产程序的必要性可行性及路径研究》，载《江南大学学报（人文社会科学版）》2010 年第 6 期。

### （二） 中级人民法院是否可适用简易破产程序

反对中级人民法院可以适用简易破产程序审理破产案件观点的学者认为，适用简易破产程序的案件都较为简单，应当仅由基层人民法院进行审理。更有甚者建议在重构管辖制度的基础上，规定破产案件均由基层人民法院管辖，以减轻中级人民法院的审判压力。笔者认为，如果坚持《企业破产法》确立的破产案件级别管辖规则，如依据案件的标的额或者破产企业的行政工商级别作为判断依据，中级人民法院存在审理符合简易破产程序适用条件案件的可能。如虽然企业规模较大，但因停产过久，实际上已经没有可供清偿的财产、法律关系简单或债权人均同意适用简易破产程序审理。中级人民法院本身审判力量不足，且负担着指导辖区内法院审理工作以及审理复杂案件的责任，为充分利用司法资源，对于可适用简易破产程序的案件可交由辖区内基层人民法院审理。

### 四、简易破产程序制度设计

简易破产程序主要在于对普通破产程序进行简化，体现在以下几点中：

第一，缩短程序时间。破产程序是复杂的民事程序，其中多处涉及时间问题，如破产公告时间、第一次债权人会议召开的时间、人民法院作出破产宣告的时间等，这些时间是主要影响破产进程的因素。不管是学者还是司法者都意识到，要简化破产程序，应当从缩短破产程序中的各种期限入手。[①] 如相比于普通破产程序，建议简易破产程序的公告时间为：已知债权人申报期限的为 15 日，未知的为 60 日。

第二，根据《企业破产法》和最高人民法院颁布的一系列文件的规定来看，破产案件的审理应当由破产审判业务庭审理，且采用合议制的审判组织。但是对于适用简易破产程序的案件，独任制足以解决破产程序中需要解决的司法问题，同时加强法院与清算组、管理人之间的协作，也能够缓解独任制面临的业务压力。

第三，简化债权人会议。债权人会议由全体债权人组成，既行使债权人权利又对破产程序进行监督，在破产程序中占据重要地位。破产程序中

---

① 黄少彬：《我国设立简易破产程序的必要性可行性及路径研究》，载《江南大学学报（人文社会科学版)》2010 年第 6 期

涉及债权人利益的重大决定，如是否重整、重大财产的处置等均须取得债权人会议的同意。然而，频繁地召开债权人会议不仅效率低下而且还会增加不必要的成本。因此，有学者建议，应当适当简化债权人会议。如尝试为中小债权人及异地债权人提供与债权人同步的网络表决方式，仅召开第一次债权人会议等方式。① 有学者提出可以取消债权人会议。反对该观点的学者则认为，债权人会议是全体债权人的意思表示机构，完全剔除有碍司法公平公正，纵观国外破产立法，也并无完全摒除债权人会议的立法例。

第四，简化公告程序。简化公告程序主要是指，缩小公告程序适用范围，仅就几种列举的事项进行公告。如仅对受理破产申请、指定管理人、破产宣告、裁定终结破产程序进行公告。

第五，其他简化措施。除上述简化措施之外，减少和解次数、分配次数，破产财产分配方案一次性表决、缩短整顿期限以及简化费用收取等都被学者提出可作为简化措施。为规范简易破产程序的运行，有必要在简化各程序的基础上，建立管理人的指定与报酬等配套制度。②

# 第八节　破产程序中的其他问题

## 一、破产程序中的监督

### (一) 破产程序中的检察监督

依《宪法》和《人民检察院组织法》，检察机关享有广泛的监督权力，赋予破产程序中检察机关以监督权在比较法上也有先例可循，如美国、法国均有相关规定。③ 我国有学者提出，应当建立破产程序中的检察监督。主要理由在于：首先，能有效扼制国有企业破产程序中存在的不当

---

① 徐阳光、殷华：《论简易破产程序的现实需求与制度设计》，载《法律适用》2015 年第 7 期。

② 贺小荣：《供给侧结构性改革背景下破产审判的重点问题及未来走向》，载《人民法院报》2017 年 6 月 7 日第 7 版。

③ 郑志锋：《检察监督在企业破产程序中的作用》，载《南都学坛（人文社会科学学报）》2010 年第 3 期；张晓林、李蕾：《浅议企业破产程序的检察监督》，载《山西警官高等专科学校学报》2008 年第 3 期。

行政干预，监督法院的审理活动和清算组的清算活动，填补司法程序上的空白。① 其次，作为国家和公共利益的代表，检察机关进行监督可以防止司法裁判不公，保护国家、社会和公民的权益。最后，破产制度不仅非常复杂还具有公益性，客观上要求检察机关参与。②

除前述赋予检察机关启动破产程序的权力外，检察机关还应享有监督管理人和人民法院，对破产违法犯罪案件提起诉讼的职权。检察机关应享有针对破产程序中作出的裁定进行抗诉的权力。关于可提出抗诉的对象，有学者指出，结合最高人民法院的司法解释，检察机关可提出抗诉的对象包括三种裁定，具体包括宣告企业法人破产还债程序终结的裁定、债权人优先受偿的裁定以及人民法院在破产程序中就破产企业的债权债务予以确认的裁定。但也有学者提出不同的观点，认为检察机关对破产终结裁定不享有抗诉或提出检察建议的权力。③

除抗诉这一监督方式外，检察建议也被学者提出可作为监督的方式之一。检察建议不是抗诉的前置程序，④ 检察机关可以根据需要提出检察建议或进行抗诉，尤其是检察建议属于较为缓和的监督方式，可以对不适用抗诉的人民法院的行为进行有效监督。检察机关行使监督权应有相应的权力作为保障措施，如有权调阅破产案件卷宗，复制、摘录有关的案卷内容。

## （二） 破产程序中的审判监督

由于破产案件审判实行一审终审，缺乏必要的、具体的监督机制，地方保护主义作祟，在破产诉讼中萌生出一些逃避债务等不良情形，侵害了国家利益、集体利益及相关债权人的合法利益。故有学者提议构建体系完

① 黄良军：《论企业破产程序的完善》，载《南京经济学院学报》2001 年第 4 期。

② 李显先：《对检察机关启动破产程序的思考》，载《人民法院报》2004 年 12 月 29 日。

③ 汤维建：《民事检察监督范围若干问题浅议》，载最高人民检察院民事行政检察厅编《民事行政检察指导与研究（第 4 集）》，法律出版社 2006 年版，第 162 页。

④ 刘辉：《破产法实施中检察权配置研究》，载《中国检察官》2008 年第 3 期；章满群、吴通赛：《对破产案件的裁定检察机关是否可以抗诉的几点思考》，载《检察实践》2003 年第 3 期。

善的破产审判监督机制，防止破产审判中出现错案。①

《关于审理企业破产案件若干问题的规定》第 104 条即规定了破产程序中的审判监督，该条规定，最高人民法院若发现各级人民法院，或上级人民法院发现下级人民法院在破产程序中作出的裁定确有错误的，应当通知其纠正；不予纠正的，可以裁定指令下级人民法院重新作出裁定。此外，2004 年最高人民法院在对湖北省高级人民法院适用《关于审理企业破产案件若干问题的规定》第 38 条、第 44 条第 2 款规定的答复中提到，最高人民法院正在探索如何完善上级人民法院对下级人民法院审理企业破产案件进行审判监督的具体形式。《企业破产法》颁布后，2011 年公布的《破产法解释一》第 9 条对上下级人民法院之间的审判监督模式进行了具体规定，回应了实践中关于审判监督的需求。该条规定，申请人向人民法院提出破产申请，人民法院未接收其申请，或者未按本规定第 7 条执行的，申请人可以向上一级人民法院提出破产申请。上一级人民法院接到破产申请后，应当责令下级法院依法审查并及时作出是否受理的裁定；下级法院仍不作出是否受理裁定的，上一级人民法院可以径行作出裁定。上一级人民法院裁定受理破产申请的，可以同时指令下级人民法院审理该案件。

多级审理也是审判监督的一种方式，然而我国的破产案件一直采取的是一审终审，该种审级模式多受诟病。1991《企业破产法（试行）意见》确立了人民法院对破产案件作出的裁定，除驳回破产申请的裁定外一律不准上诉的规则后，即有学者指出，我国的破产案件应当在立法上确立适用两审终审制。② 主要理由在于：首先，两审终审制是我国的基本司法制度，能够解决事后监督不力、监督不能的现象；其次，在审判中发生不公正的情形，拒绝采用两审终审制即剥夺了当事人一条救济途经；再次，实

---

① 王文起、冀祥德：《完善破产案件审判监督制度的构想》，载《山东公安专科学校学报》2000 年第 6 期。

② 刘建民：《完善破产操作程序防止国有资产流失》，载《华东经济管理》1999 年第 1 期；杜鑫华、蒋美仕：《企业破产案件审理中亟待明确的几个问题》，载《湖南大学学报（社会科学版）》2000 年第 3 期；徐静：《破产企业债务清偿率低的成因及对策：兼论破产立法的完善》，载《淮阴师范学院学报（哲学社会科学版）》1999 年第 5 期；魏建文：《猴王破产案的诉讼法思考》，载《湖南公安高等专科学校学报》2002 年第 2 期；包一民：《破产程序中债权人派生诉讼的正当性——基于股东派生诉讼的启示》，载《黑龙江省政法管理干部学院学报》2016 年第 1 期。

行两审终审制是保护债权人合法权益和国有资产的客观要求；最后，在域外法上，破产案件大多允许上诉，如英国、美国、德国、意大利、日本和韩国等，我国建立两审终审制也有可资借鉴的域外资料。

不同于对破产程序整体采取两审终审制的观点，有学者提出应当分类别讨论。其中，程序性裁定不可以上诉，而实体裁定或判决可以上诉，两审终审，为当事人提供救济渠道保障其合法利益。关于实体裁定的范围，该学者也进行了列举，包括：宣告破产的裁定、破产财产分配的裁定、破产终结的裁定、不足以支付破产费用的裁定。[1]

## 二、府院联动机制

### （一）府院联动机制实践

2018 年 6 月 29 日，在甘肃省高级人民法院召开了甘肃省企业破产府院联动机制第一次会议和全省法院破产审判工作推进会，高级人民法院、省级人民检察院、省发展与改革委员会、省工业和信息化厅等 19 家成员单位参加。该会议强调，"要加快建立现代企业制度……以'府院联动'工作机制为抓手，进一步加大破产处置力度，确保资源协调利用，坚决防止国有资产流失"。[2] 不仅是甘肃省大力强调构建府院联动机制处理僵尸企业退出市场问题，全国各地法院均在中央去产能、去杠杆的政策指引下，积极探索构建府院联动机制促进企业破产的方案。[3]

---

[1] 刘道清：《企业破产案件适用二审终审制的立法思考》，载《法律适用》1999 年第 3 期。

[2] 虎文心：《甘肃省企业破产府院联动机制会议召开》，载《甘肃日报》2018 年 6 月 29 日第 2 版。

[3] 单卫东、张帆：《优化府院联动机制 合力推进破产审判——浙江绍兴中院关于破产审判府院联动机制的调研报告》，载《人民法院报》2018 年 5 月 31 日第 8 版；茶莹、王超：《破产重整 府院联动——云南僵尸企业"煤老大"的破茧重生之路》，载《人民法院报》2017 年 10 月 20 日第 3 版；余建华、孟焕良：《浙江推动建立破产审判府院联动机制》，载《人民法院报》2016 年 7 月 15 日第 1 版；陈魁伟：《构建府院联动机制 提高破产审判效能》，载《人民法院报》2017 年 8 月 24 日第 5 版；陈坚、顾建兵：《南通市政府与市法院共建府院联动机制》，载《江苏法制报》2018 年 1 月 24 日第 1 版。

### （二）府院联动机制的理论探索

破产程序具有强外部性，除债权债务清偿、破产财产分配、挽救破产企业等问题，还会引发一系列的社会问题，如职工的救济和安置、修复重整企业信用、税款缴纳以及工商登记等大量需要政府协调的社会性工作。这就决定了企业破产案件，特别是重大企业破产案件需要来自外部的支持，尤其是地方党委与政府的支持。[①]

司法实践响应中央关于产业结构调整的政策，为化解去产能，处理僵尸企业过程中产生的社会负效应，积极探索府院联动机制借助政府力量的做法值得肯定。目前来看，由于府院协作机制尚处于探索阶段，还存在各种问题，如仅局限于个案，缺乏长期性；与打击逃废债、惩罚金融犯罪没有有效衔接；忽视事前研判预警；监管法规与破产法存在一定冲突等。针对上述问题，有学者即提出建议：强化责任感，强化府院之间协调合作的使命感；主动采取措施，创建"僵尸企业"和破产审判大数据信息共享机制；发挥政府职能作用，构建制度化的破产沟通协调机制；注重体系解释，严格适用破产法律；完善企业的识别和审查，实践和发展以市场为基础的破产路径。[②]

针对府院联动机制存在的问题，有法院积极探索解决之路，比较有代表性的是江山市人民法院。2014 年年底，江山市人民法院被最高人民法院认定为破产审判改革试点法院。江山市人民法院对破产资产的有效处置、构建府院联动机制、归并执转破衔接等方面进行了积极探索。为贯彻中央提出的供给侧结构性改革要求，充分发挥企业破产法律制度在优化资源配置、规范经济秩序中的重要作用，江山市人民法院发布司法建议书（衢江法建〔2016〕4 号）。江山市政府与江山市人民法院联合发布了《关于"府院联动"加快处置"僵尸企业"助推经济转型升级的意见》（江政发〔2016〕30 号）、《破产费用专项基金管理和使用办法》（江

---

[①]　王欣新：《论破产案件受理难问题的解决》，载《法律与适用》2011 年第 3 期；王欣新：《紧抓破产难点 把握审判走向》，载《人民法院报》2017 年 7 月 13 日第 5 版；王欣新：《府院联动机制与破产案件审理》，载《人民法院报》2018 年 2 月 7 日第 7 版。

[②]　单卫东、张帆：《优化府院联动机制 合力推进破产审判——浙江绍兴中院关于破产审判府院联动机制的调研报告》，载《人民法院报》2018 年 5 月 31 日第 8 版。

法〔2016〕46号）等文件，将府院联动规则化、常态化。① 对各地法院构建府院联动机制具有积极的借鉴意义。

　　破产程序是包含有诉讼因素与非诉讼因素的复杂司法程序，既处理程序问题又涉及实体争议，而正因为其复杂性，破产法学者们前赴后继地投入到破产法的研究当中。我国完整的破产法律自1986年制定，后又在原有破产法的基础上结合实践经验以及借鉴国际上破产法的立法经验制定了2007年《企业破产法》，无论是在程序设计上，还是在权利保护上都能体现立法的进步。当然，社会是在不断发展的，破产的实践也是在不断地丰富，这对我国破产法律制度的构建提出了新的要求。在刚开始探索破产程序时，普通破产程序完全能够覆盖到所有满足条件的破产案件，但是随着破产案件的增加，要求立法者和理论研究者们思考是否可以建立一种简易的破产制度，以节约司法资源、更有效率地处理破产事宜。同时，在原有破产程序的基础上，法学者们开始思考如何让破产程序与其他程序进行衔接以充分发挥破产程序的功能。

---

① 陈魁伟：《构建府院联动机制 提高破产审判效能》，载《人民法院报》2017年8月24日第5版。

# 第十三章　破产法中的职工保护

## 第一节　概　　述

### 一、我国破产法职工利益保护的背景

职工保护，或称破产救济，也即在处理企业破产的进程中，应当注意体现企业职工的民主权利，在众多的债权中优先保障劳动债权，充分考虑破产企业职工的安置及失业救济。职工保护是我国破产法律规范基本原则之一。[①] 加强职工权益的破产保护是国际趋势，1992 年国际劳工组织通过的第 173 号《雇主破产情况下保护工人债权的公约》强调在雇主支付困难的情况下，赋予工人债权以优先权以保护职工。[②] 而我国作为公有制占主导的社会主义国家，职工的保护更显得尤为重要，《企业破产法（试行）》将职工保护列为基本原则，学者分析有以下几点原因：

第一，受高度集中的计划经济影响，我国在分配关系上采取"高福利、低工资"的制度，个人与家庭缺少储蓄，职工一旦失业，生活将难以为继。[③]

第二，长期以来，国有企业被迫承担包括退休养老、工伤救助、医疗教育在内的社会管理职能。一旦企业破产，原有企业保障将失灵。又因企业保障的存在，我国始终没有建立起社会保障制度。短时间内大量企业破

---

① 齐树洁主编：《破产法研究》，厦门大学出版社 2004 年版，第 78~80 页。
② 王延川主编：《破产法理论与实务》，中国政法大学出版社 2009 年版，第 32 页。
③ 戴文标：《推行破产制度后的工资福利与社会保障问题的探讨》，载《绍兴师专学报》1990 年第 3 期。

产，社会保障制度不足以满足全部失业职工的基本需求，国家短时间内也难以拿出资金安置大量失业职工。①

第三，受经济政策影响，工人的工资远远低于为国家贡献所应得的劳动报酬，在低工资的背景下，他们过去所创造的价值大部分为国家或社会所占有，国家应该对工人所创造的这部分价值进行补偿。不同层次的职工，对社会的贡献有差别，在低工资无奖金的情况下，工作时间越长为社会提供的积累越多，贡献也越大，有必要在补偿上体现差别。②

第四，过去因为宣传上存在失误，人们对国企职工的地位以及破产法有错误的理解。在生产资料公有制、劳动者是生产资料主人的理论影响下，职工已形成"铁饭碗"的思维定式。人们普遍接受私营企业的就业岗位优于个体，集体企业的就业岗位优于私营企业，国有企业的就业岗位又优于集体企业这一观点。职工在感情上难以接受企业破产，需要一定经济上的安抚。③

第五，我国劳动力资源丰富，在企业破产前已有较多社会待业人数，就业难问题显现，大量企业破产，失业人数激增，不尽快安置会影响社会的稳定。④

第六，企业破产所引起的与职工有关的问题，不是纯粹的法律层面上的问题，还具有一定的社会影响，尤其在职工欠薪矛盾激化、职工人数较多的情况下，处理不当易导致出现不良的社会影响。⑤

综上，我国将破产救济、职工保护作为破产法基本原则，除了破产对社会影响巨大，向弱者适当倾斜，保障人的生存权之外，最重要的原因是我国作为社会主义国家对职工进行救济具有独特的政治意义。⑥ 解决好破

---

① 谢俊林：《中国破产法律制度专论》，人民法院出版社 2005 年版，第 135 页。

② 王广洪：《论体制转轨时期保证职工基本生活问题》，载《经济评论》1994 年第 1 期。

③ 王福重：《论国有企业破产及职工的再就业》，载《江西社会科学》1996 年第 5 期。

④ 谢俊林：《中国破产法律制度专论》，人民法院出版社 2005 年版，第 135 页。

⑤ 姚明：《法院受理破产案件与政府协调作用的发挥从破产企业职工权益保护的视角》，载《中国律师》2010 年第 10 期。

⑥ 齐树洁主编：《破产法研究》，厦门大学出版社 2004 年版，第 78~80 页。

产企业劳动力的出路问题是《企业破产法（试行）》得到贯彻的基本条件。① 破产安置对我国经济体制改革和社会安定都有重大影响。② 可以说《企业破产法（试行）》制定之前的计划经济背景决定了《企业破产法（试行）》不可能是一部完全的市场经济下的破产法，必须兼顾甚至将重心放在破产职工的救济之上。

到制定《企业破产法》之时，我国社会保障措施开始逐步健全，大量低效益的国有企业逐步淘汰，职工"铁饭碗"的观念开始逐渐转变，但是职工保护依旧是立法过程中不能回避的问题。《企业破产法》从1995年即启动起草工作直到2006年才通过，之所以花费十数年时间，就是因为立法者无法找到一个能够被各方接受的职工权益保障机制，在《企业破产法》草案于2004年提交给全国人大常委会审议后，立法机关仍然花了两年的时间完善职工权益的破产保障机制。③ 说明自始至终职工保护都是我国破产法立法、实践以及理论研究中必须重视的问题。

二、职工及职工权益的界定

何者为破产法中的"职工"，是需要先予以明确的问题。我国《企业破产法》第6条将企业职工与企业经营管理人员相并列，在全国人大法工委的解释中，仅说明这里的企业经营管理人员指的是企业的董事、经理、监事等主要负责人，④ 未明确说明经营管理人员是否属于职工。《企业破产法》第113条第2款规定破产企业的董事、监事和高级管理人员的工资按照该企业职工的平均工资计算，同样也没有回答董事、监事、高级管理人员是不是职工的问题。

德国劳动法曾将雇员分为工人和职员，并按职员主要从事脑力劳动而工人主要从事体力劳动的原则进行分类，这一区分于现在的德国法上已不

① 戴文标：《推行破产制度后的工资福利与社会保障问题的探讨》，载《绍兴师专学报》1990年第3期。
② 谢俊林：《中国破产法律制度专论》，人民法院出版社2005年版，第135页。
③ 王延川主编：《破产法理论与实务》，中国政法大学出版社2009年版，第41页。
④ 安建主编：《中华人民共和国企业破产法释义》，法律出版社2006年版，第18页。

再具有意义。① 但是德国理论界上仍然存在高级职员的概念，即在职员中承担着雇主典型功能的人，并于法律上存在特殊规定。② 我国劳动法学界有观点认为，企业高级管理人员是企业利益的代表者，事实上处于"雇主"的地位，应将其排除出劳动者范畴之外。③ 有些国家也采用法律明确规定的形式将企业经理排除于职工之外。④ 也有观点认为职业经理人能否视为劳动法上的劳动者，应该判断其是否为从属劳动，一般从人格从属、组织从属、经济从属及人格从属与经济从属相结合角度来判断。⑤ 而在破产法学界有学者认为，企业职工是指企业根据生产经营的需要，通过签订劳动合同招用的从事生产加工等工作的人员，包括短期与长期、固定与不固定的工作人员。⑥ 企业经营管理人员也难谓"从事生产加工"，因此学界普遍对董事、监事、高级管理人员等企业经营管理人员纳入劳动者或职工的范畴持保留态度。

本书认为，考虑到破产法中职工保护制度设计目的更多在于保障缺少积蓄和再就业能力的普通职工的生存权益，程序上的设计也是为了保障普通职工的知情权和参与权。相比较普通债权人，经营管理人员具有较强的抗风险能力，也具有更强的获取相应信息、参与破产程序并进行表决的能力，经营管理人员的合法债权自是需要保护，但是没有足够的理由为其提供超过普通债权的保护力度，因此此处的职工不包含董事、监事、高级管理人员。然而，考虑到董事、监事、高级管理人员确为破产主体之生产经营付出劳动，对于其不高于职工平均工资的部分予以优先于普通债权的保护。

而破产法中应当保护的职工的利益为何，也需要明确。职工的工资债

① ［德］W·杜茨：《劳动法》，张国文译，法律出版社 2005 年版，第 20 页。

② ［德］雷蒙德·瓦尔特曼：《德国劳动法》，沈建峰译，法律出版社 2014 年版，第 60 页。

③ 程延园：《劳动合同立法如何平衡劳动者与企业的权益》，载《法学杂志》2007 年第 3 期。

④ 王全兴主编：《劳动法学》（第二版），高等教育出版社 2008 年版，第 95 页。

⑤ 郑尚元等：《劳动和社会保障法学》，中国政法大学出版社 2008 年版，第 52 页。

⑥ 王延川主编：《破产法理论与实务》，中国政法大学出版社 2009 年版，第 30 页。

权、经济补偿乃至安置费用等实体法上的利益，作为职工及其亲属生存、生活的需要，当然应予保护。有学者认为，在破产程序中职工需要保护的利益包括：①企业继续生产经营时的劳动保护与工资权益；②拖欠工资等费用的求偿权；③要求支付的社会保险金；④企业关闭破产应支付给职工的补偿金；⑤包括集资款、企业债券、向职工募集的股份等其他有关权益。① 除此之外，破产法又具有程序法的特征，如果缺少程序上的保障，实体权益也难以实现。因此，职工在企业破产过程中应当具有知情权和参与权，作为债权人还应具有表决权。这些程序法上的权益如果没有法律明确规定以及法律实施过程中强有力的保障，很可能因职工人数多、每个人债权数额较小等原因而被忽视，进而损害职工的实体利益。因此，破产法中应保护的职工权益既包括劳动债权等实体性权益，也包括知情权、参与权、表决权等程序性权益。

### 三、我国破产法中的职工保护制度

职工保护作为我国破产法立法原则之一，于《企业破产法（试行）》与《企业破产法》中都多有体现。在《企业破产法（试行）》中，对职工保护规定的较为简单，其第 4 条对于职工保护作了原则性规定，以宣示性条款明确了应于破产中应妥善安置职工的原则：国家通过各种途径妥善安排破产职工重新就业，并保障他们重新就业前的基本生活需要，具体办法由国务院另行规定。其第 37 条规定了破产财产在拨付破产费用后优先清偿破产企业所欠职工工资和劳动保险费用，劳动债权甚至先于企业所欠税款受偿。这在当时普遍认为企业欠国家的钱优先偿还是天经地义的背景下是难能可贵的。②

而《企业破产法》中对职工保护的规定更为细致。概括起来包括以下几个方面：

第一，重申了破产实践中应重视对职工权益的保障。③

---

① 王延川主编：《破产法理论与实务》，中国政法大学出版社 2009 年版，第 30～31 页。

② 陈夏红：《从核心到边缘：中国破产法进化中的职工问题（1986—2016）》，载《甘肃政法学院学报》2016 年第 4 期。

③ 《企业破产法》第 6 条："人民法院审理破产案件，应当依法保障企业职工的合法权益，依法追究破产企业经营管理人员的法律责任。"

第二，债务人提出破产申请应附职工安置预案。①

第三，劳动债权不必申报。②

第四，应有职工代表参加债权人会议并可发表意见。③

第五，于破产重整中得组成单独表决组。④

第六，劳动债权于第一顺位清偿。⑤

第七，采用"新老划断"的方式判断劳动债权与担保债权的清偿顺序。⑥

因劳动债权的申报与清偿已于"破产债权"部分进行了介绍，故下文主要就《企业破产法》中其他几项职工保护措施以及实践中还存在的一些职工保护方式的争议，域外立法中的职工保护方式以及学者对我国破产企业职工利益保护提出的建议予以梳理与阐述。

---

① 《企业破产法》第8条第3款："债务人提出申请的，还应当向人民法院提交财产状况说明、债务清册、债权清册、有关财务会计报告、职工安置预案以及职工工资的支付和社会保险费用的缴纳情况。"

② 《企业破产法》第48条第2款："债务人所欠职工的工资和医疗、伤残补助、抚恤费用，所欠的应当划入职工个人账户的基本养老保险、基本医疗保险费用，以及法律、行政法规规定应当支付给职工的补偿金，不必申报，由管理人调查后列出清单并予以公示。职工对清单记载有异议的，可以要求管理人更正；管理人不予更正的，职工可以向人民法院提起诉讼。"

③ 《企业破产法》第59条第5款："债权人会议应当有债务人的职工和工会的代表参加，对有关事项发表意见。"

④ 《企业破产法》第82条第1款："下列各类债权的债权人参加讨论重整计划草案的债权人会议，依照下列债权分类，分组对重整计划草案进行表决……（二）债务人所欠职工的工资和医疗、伤残补助、抚恤费用，所欠的应当划入职工个人账户的基本养老保险、基本医疗保险费用，以及法律、行政法规规定应当支付给职工的补偿金……"

⑤ 《企业破产法》第113条第1款："破产财产在优先清偿破产费用和共益债务后，依照下列顺序清偿：（一）破产人所欠职工的工资和医疗、伤残补助、抚恤费用，所欠的应当划入职工个人账户的基本养老保险、基本医疗保险费用，以及法律、行政法规规定应当支付给职工的补偿金……"

⑥ 《企业破产法》第132条："本法施行后，破产人在本法公布之日前所欠职工的工资和医疗、伤残补助、抚恤费用，所欠的应当划入职工个人账户的基本养老保险、基本医疗保险费用，以及法律、行政法规规定应当支付给职工的补偿金，依照本法第113条的规定清偿后不足以清偿的部分，以本法第一百零九条规定的特定财产优先于对该特定财产享有担保权的权利人受偿。"

# 第二节 职工保护的范围

## 一、破产企业职工生活保障

破产职工的生活保障主要是指职工在失业期间基本生活的维持，无论是失业职工在失业期间的基本生活来源，还是失业职工到了退休年龄以后必要的生活保障，通过社会保障制度解决无疑是最佳的。但是鉴于我国社会保障制度几乎是在《企业破产法》实施之后才逐步完善的，很长一段时间理论界和实务界都不得不面对如何在社会保障缺位的情况下保障破产职工基本生活的问题。而在社会保障制度逐渐完善之后，还面临着企业一旦破产，往往无力清偿所欠职工工资和社会保险费，这时如何对社会保障制度进行补充，除提升劳动债权清偿顺序之外，还有没有其他解决措施等问题。

在《企业破产法（试行）》通过前后，为了回应对制定破产法的反对意见，为破产法能够顺利通过铺平道路，国务院颁布了一系列规范性文件，这些规范性文件一方面引入合同工制以取代原有固定工制，破除"铁饭碗"的观念，另一方面尝试引进失业保险制度，以期缓解《企业破产法（试行）》实施之后可能引发的大规模显性失业浪潮。

《企业破产法（试行）》中对破产企业职工生活保障也有规定，主要体现在将破产企业所欠职工工资和劳动保险费用列为第一清偿顺位《企业破产法（试行）》只能适用于全民所有制企业，其他企业的破产缺少直接的法律依据，因此1991年《民事诉讼法》于第十章专门规定了企业法人破产还债程序，也是通过提升劳动债权的清偿顺序来保障职工基本生活。学界对于职工生活保障的讨论主要集中于三个问题之上，第一个是提升劳动债权清偿顺序之外的职工劳动债权保障措施，第二个是破产企业原有福利设施的处理，第三个是职工住房的保障。

### （一）劳动债权保障措施

从比较法上来看，除了在劳动债权的清偿顺序上予以职工较充分的保障之外，各国及地区往往还设有特殊的职工工资保障基金或者保险，以便在企业破产不能清偿职工工资时，对职工的基本生活提供更全面的保护。

比如德国设计有比较完善的劳动保障基金制度，费用由企业主负责缴纳，可以用于清偿企业破产前三个月的职工工资。① 法国则由职工债权保险予以保障，该保险由全国职工债权保险管理协会管理，通过雇主投保以保证在破产程序中对职工债权的偿付。② 而我国香港地区于 1985 年公布了"破产欠薪保障条例"，并根据"条例"成立了破产欠薪保障基金委员会，负责在雇主破产，无力清偿债务时，向雇员发放"特惠款项"，给予破产企业职工一定经济上的帮助，保障破产企业职工的基本生活。该基金的资金来源主要是对每张商业登记证每年收取一次征费。③

我国学者则在参考域外经验的基础上，就职工劳动债权的清偿与职工基本生活保障提出了以下几种方案。

1. 劳动债权保障基金

在《企业破产法（试行）》刚刚实施不久，就有学者提出要建立破产倒闭企业救济基金，保障企业破产之后企业职工及家庭的基本生活。其资金来源有以下几种方式：第一，可以按一定比例从职工工资中抽取救济金。④ 第二，可以来自于国家拨款、社会捐助、企业缴纳的一部分原来列入福利的费用以及个人和企业缴纳的专项税金。⑤

而在社会保障制度逐渐完善之后，有学者建议建立职工劳动债权保障基金制度作为社会保障制度的补充，职工劳动债权保障基金可以分散职工在企业破产时劳动债权无法得到清偿的风险，若破产企业无法清偿劳动债权，则由职工劳动债权保障基金代破产企业向职工支付，从而更为全面地保障职工合法权益。对于资金的来源，第一种观点认为，可以来自于财政列支的社会保障补助资金、破产企业资产变现收入、银行贷款等；第二种观点认为，因为我国企业现阶段所要缴纳的税费较重，若这一基金全部由

---

① 王欣新：《德国和英国的破产立法》，载《人民法院报》2005 第 10 期。

② 王卫国：《法国治理企业困境的立法和实践》，载《外国法译评》1996 年第 4 期。

③ 于印辉、李兴华：《香港破产制度简介》，载《外国经济与管理》1996 年第 9 期。

④ 刘永贵、靳春明：《关于建立破产倒闭企业救济基金探讨》，载《经济体制改革》1986 年第 5 期。

⑤ 戴文标：《推行破产制度后的工资福利与社会保障问题的探讨》，载《绍兴师专学报》1990 年第 3 期。

企业缴纳将进一步增加企业的负担，而如果从商业登记和每年年检中抽取这一笔费用，也会增加商业登记和年检的成本，不利于鼓励创业，因此这一基金的主要资金来源应为财政补贴，同时在企业领取营业执照，以及通过年检时所交费用中提取适当费用作为补充。

保障基金应当有代位求偿权，当基金清偿完职工债权之后可以在破产分配中就其代为清偿的部分受偿。如果破产财产分配完毕仍有不足的部分，可以向违法欠付职工工资的责任人追偿。应当由政府专门部门对基金进行管理与监督。当然保障基金也不是全额垫付所有的职工债权，在数额和时间上都应该有所限制。职工债权未完全清偿的部分，仍然可以继续从破产程序中得到清偿。①

2. 劳动债权破产保险金

在《企业破产法（试行）》实施前后，也有学者建议设立破产保险。② 其好处在于：第一，企业破产后，职工可以按规定领取生活费，有利于社会安定；第二，保险基金由企业统筹缴纳，不增加财政负担；第三，保险救济金只能满足失业职工短时间的基本生活费用，有利于促使职工重新就业，关心企业经营成果。③ 这里的保险实际上就是社会保险，可为当时已有的"国营企业职工待业保险"即失业保险所涵盖。④《国营企业职工待业保险暂行规定》就规定职业待业保险基金由企业按其全部职工标准工资总额的1%缴纳，由当地劳动部门所属的劳动服务公司负责，由企业开户银行代为扣缴，按月转入专门账户。但是这一方法低估了当时破产问题的严峻性。一方面，大量企业短时间内破产；另一方面，之前根本没有保险或者救济金基金的存在，仓促之下难以筹集足够所有破产企业职工基本生活所需的资金。

在《企业破产法》实施之后，有学者建议设立劳动债权破产保险金，

---

① 王欣新、杨涛：《破产企业职工债权保障制度研究——改革社会成本的包容与分担》，载《法治研究》2013年第1期；威海市中级人民法院课题组、王继青：《关于审理破产案件情况的调查报告》，载《山东审判》2009年第1期。

② 吴荫祥：《初探破产保险》，载《银行与企业》1985年第2期。

③ 王兴生：《开展破产倒闭企业职工救济金保险的实践》，载《中国金融》1989年第4期。

④ 郝利才：《实施破产法的关键是建立失业职工安置基金——著名经济学家曹思源先生访谈录》，载《财金贸易》1994年第11期。

此种制度与劳动保障基金制度有所不同，劳动保障基金制度是以政府为主导，以地方政府财政收入为主要基金来源，辅以其他途径的社会捐款等组成基金；而对于劳动债权的破产保险金制度，政府在其中只起到倡导的作用，本地企业和劳动者个人缴纳的劳动保险金为主要资金来源。在用人单位发生欠薪情形时，此保险金可以根据劳动者的生存要求先行垫付部分或全部工资使劳动者生活得以为继，以免发生影响社会安定的事件，尤其是社会群体性事件，待劳动者通过协商、仲裁或诉讼得到工资的情况下再交还保险金，或者直接赋予保险公司直接追偿的权利，当然此保险费用应该是在企业订立初期或每年在固定的日期缴纳给保险公司，在企业发生破产时，保险公司在企业资产不足以清偿劳动债权的情况，对劳动者负补充责任。[1] 劳动债权破产保障基金或者劳动债权破产保险金可以作为基本社会保障制度的补充，有其存在的价值。

3. 企业负责人、股东个人责任

除了设立专项基金或保险，对于企业欠缴社会保险导致职工利益受损的情形，有学者认为，应当考虑由企业的负责人或责任人承担民事责任。在企业经营过程中，企业未按期缴纳社会保险费用的，应当承担相应的法律责任，例如《劳动法》第十二章即有明确的规定。这种责任在企业内部是可以落实到具体的责任人或者负责人的。在企业破产时，如果财产尚不足以清偿职工债权，那么企业的责任人或者负责人应当就企业所欠职工债权承担赔偿责任。这种责任的认定，可以比照《公司法》中因未履行忠实义务和勤勉义务给公司造成损失时的赔偿责任认定，也可以比照公司强制清算中的导致无法清算时的赔偿责任进行认定。职工可以通过提起诉讼的方式，向债务人企业的责任人或负责人主张。另外，当企业进入破产程序前，如果存在欠付工资尤其是欠缴社保费用但股东进行分红的情形，那么股东应就其分红所得承担赔偿责任。可以考虑以职工提起诉讼方式行使权利。[2]

---

① 刘锦城：《破产清偿中劳动债权优先受偿保护途径新探》，载《学术交流》2011 年第 9 期。

② 姚明：《法院受理破产案件与政府协调作用的发挥从破产企业职工权益保护的视角》，载《中国律师》2010 年第 10 期。

### (二) 破产企业所办福利设施的处理

很长一段时间内，在我国城镇中，企业作为实施社会保障和社会福利的主要主体，承担了繁重的保障任务，社会保障已在很大程度上演变成为企业保障。保障的对象，不仅包括本企业的职工，还要包括职工的家属。保障的内容，既包括生育、养老、疾病、死亡、伤残保障等属于社会保险的部分，也包括衣食住行、休闲娱乐等职工福利部分。有学者粗略统计，认为大致包括七大项三十余种待遇，此外还有各式各样的补贴。① 因此，由企业所办的幼儿园、医院、学校等福利设施也与职工基本权益息息相关。福利设施如何处理，也是职工保护中必须重视的问题。

学界对于公益福利性设施是否属于破产财产及其具体处理，在"破产财产"一章已有论述，在此不再赘述。

### (三) 职工住房保障

住房是人之生存的基本需求。但在原有计划经济体制下，职工并不享有所居住房屋的所有权，所有权归单位所有。一旦企业破产，如果将职工住房作为企业破产财产予以分配，势必会引起职工的恐慌和抗拒，进而影响到社会的稳定。

对于职工居住的属于企业的住房，理论界有三种处理建议。第一种观点认为，可由债权人卖给国家专门救济机构，由专门机构以此为救济项目，低租金或无租金租给职工，待职工找到工作后或收回或提高租金。② 第二种观点认为，破产财产应当包括破产企业的职工宿舍、住房等财产，因此职工住房在破产清算中也应该一并变价分配给债权人。但在处分房屋时应当遵循"买卖不破租赁"的原则。并且在变卖其房屋时，职工作为承租人享有优先购买权。③ 第三种观点认为，职工住房是否属于破产财产

---

① 中国经济体制改革总体设计课题组：《企业社会保障职能的独立化》，载《经济研究》1993 年第 11 期。

② 陶阳：《实施"企业破产法"还需要做什么》，载《社会科学》1986 年第 6 期。

③ 王延川主编：《破产法理论与实务》，中国政法大学出版社 2009 年版，第 227 页；王艳梅、孙璐：《破产法》，中山大学出版社 2005 年版，第 101 页；杨森主编：《破产法学》，中国政法大学出版社 2008 年版，第 104 页。

需要根据所有权是否在破产企业名下来判断，在破产企业名下的房屋虽然属于破产财产，但是只能通过向职工出售房屋所有权的方式将其变现。①

## 二、破产企业职工安置

### （一）破产法规定职工安置的背景

破产企业职工安置主要是指职工在企业破产后能够找到新的工作，解决再就业问题。从理论上讲，职工安置本不属于破产法律制度的范畴，而属于社会保障的范畴。但我国《企业破产法（试行）》第 4 条以宣示性条款形式确立了破产法中企业职工保护的原则，明确规定国家应当通过各种手段妥善安排破产企业职工重新就业，并保障他们重新就业前的基本生活需要，具体办法由国务院另行规定。因此，在很长一段时间内，企业如何解决破产职工的安置成为破产案件审理过程中较为棘手的问题。《企业破产法》虽未再明确规定国家应通过各种途径对职工进行安置，但是根据《企业破产法》第 8 条第 3 款的规定，债务人提交破产申请时应一并提交职工安置预案，说明企业破产案件审理过程中仍然需要考虑职工安置的问题。

对于是否在破产法中规定职工安置的内容，学界存在不同的看法。一种意见认为，不应该由破产法律规范解决职工的安置问题，破产法的根本目的是公平地清理债权债务关系，若想真正解决好破产企业的职工安置问题，不能依靠破产法，而应该综合各方面因素进行统筹考虑。最后还是要靠完善的社会保障体系和成熟的劳动力市场予以解决。② 另一种意见认为，企业破产后，应支付职工的补偿费用及安置费用，实现国有企业的无震荡破产，有必要在破产法中规定职工的安置问题。职工的安置问题是国有企业的特殊问题，这一问题解决得好坏，不仅涉及破产法能否顺利实施的问题，而且还涉及整个社会经济制度的架构问题。虽然当时既没有完善的社会保障制度，也没有健全有效的劳动力市场机制，劳动力市场中买方市场和卖方市场又严重失衡，破产企业职工的基本生活的确难以保障，但

---

① 王欣新：《试论破产立法与国企失业职工救济制度》，载《政法论坛》2002 年第 3 期。

② 李永军：《新〈破产法〉焦点问题透视》，载《财会学习》2006 年第 10 期。

是不能等这些制度完善之后再行破产立法。现代企业制度的创新乃至整个经济制度的重建，都不是一蹴而就的，只能是一项制度时机较为成熟就先行立法，法律能规定进去的，尽量规定进去，以便于实践的操作。①

实务中往往也采取相类似的观点，在《企业破产法（试行）》实施之后很长一段时间里，因为缺乏社会保障制度，为了避免因企业破产出现大量失业人员，影响社会稳定，政府倾向于运用行政手段解决破产失业问题。比如在山西纺织印刷厂破产一案中，山西纺织印刷厂近万名职工和四千多离休人员，70%由其他企业在政府要求下接收，剩下的30%也是由政府"协调工作"而解决的，没有政府的领导、组织以及物质上的帮助，山西纺织印刷厂是很难"破产"的。② 而在另一个破产案件中，则是由法院承担了破产职工的安置工作。法院多次召开不同层级的会议，对各级职工宣传破产法律规范，以稳定职工们的情绪，还呼吁社会各界协助破产企业解忧，关心破产企业职工。为了努力落实待业救济金的发放与职工安置，法院多次与区政府、区劳动局及其下属部门协商解决破产企业职工的生活安置事宜。最后法院亲自出面安排职工安置问题，对于个别有专长、有能力的职工，法院动员、鼓励其调动至外系统、外单位，并积极地办理相应手续。若职工自动要求辞职则发放辞职金，对于难以再就业的一部分职工则组织其自救。③ 这种考虑与做法势必会影响到破产法律规范的制定与实施。

### （二）安置职工的方式

在《企业破产法（试行）》实施之后，学者除了建议设立救助基金或救助保险，也建议应当设立失业职工安置基金，帮助职工重新就业，确保职工能够得到妥善安置。

而这对于一笔资金来源，学者多认为应由政府投入，具体又可以包括原来亏损企业补贴、税收收入和压缩的行政经费开支等部分，而政府财政

---

① 郑尚元：《破产立法与劳动者权益的保护》，载《经济与管理研究》1997年第4期。

② 蔚新旺：《社会保障与规范破产》，载《政府法制》1997年第10期。

③ 朱雅宣：《对破产企业职工安置问题的探讨》，载《人民司法》1994年第7期。

紧张，可以考虑从破产企业的土地转让费中划拨，如果国有土地转让费还不足以补偿安置资金，可以从国有资产转让费中弥补一部分。① 学者关于职工安置费的建议一部分被政策性破产所采纳。

除了以金钱的形式为职工提供基本生活保障之外，实践中还存在破产兼并一步走；通过社会"再就业工程"，建立相适应的职业咨询机构，搞好职业教育，促进破产企业职工再就业以及呆坏账核销制度等多重手段，② 并且这些措施逐渐被规范性文件承认。③ 职工安置确实是保护职工利益，维护社会稳定的重要方式，在社会保障体系尚未全部完善之前，应当在破产法律规范中予以体现。

本书认为，法律目的定位的模糊很有可能最终导致任何一个目的都无法实现。因此建立相应的社会保障制度，并且将纸面上的社会保障制度落到实处，至少让破产企业职工能够有基本的生活保障，从而将社会保障功能剥离出破产法，是破产法能够真正得到贯彻实施的关键。上述措施也存在较强的任务性，且往往会侵犯其他债权人的利益，比如破产兼并会侵害兼并破产企业的企业的利益，而呆、坏账核销会侵害银行的利益，因此随着社会保障的健全，这些制度也应当得到相应的调整或删除。

---

① 郝利才：《实施破产法的关键是建立失业职工安置基金——著名经济学家曹思源先生访谈录》，载《财金贸易》1994 年第 11 期；王福重：《论国有企业破产及职工的再就业》，载《江西社会科学》1996 第 5 期。

② 祝发龙：《关于破产企业职工的安置问题及其思考》，载《中国煤炭经济学院学报》1996 年第 2 期；戴文标：《推行破产制度后的工资福利与社会保障问题的探讨》，载《绍兴师专学报》1990 年第 3 期。

③ 包括《中共中央、国务院关于切实做好国有企业下岗职工基本生活保障和再就业工作的通知》《劳动部、国家计委、国家经贸委、国家体改委、财政部、人事部、公安部、中国人民银行、国家税务总局、国家工商行政管理局、中共中央办公厅、国务院办公厅信访局、全国总工会关于进一步做好企业职工解困和再就业工作的通知》《劳动部、国家经贸委、财政部关于在企业"优化资本结构"试点城市建立再就业服务中心的通知》《劳社部关于加强国有企业下岗职工管理和再就业服务中心建设有关问题的通知》《劳动部关于建立下岗职工基本生活保障制度的通知》《国务院关于在全国建立城市居民最低生活保障制度的通知》《劳动和社会保障部、民政部、财政部关于做好国有企业下岗职工基本生活保障、失业保障和城市居民最低生活保障制度衔接工作的通知》等二十余个。刘远生：《完善我国现行的破产企业职工救济制度研究》，载《理论与改革》2006 年第 1 期。

### 三、政策性破产

#### (一) 政策性破产中对职工保护特殊规定

在《企业破产法（试行）》生效后很长一段时间，无论是政府、企业还是职工都没有严格实施破产法的意愿与动力，《企业破产法（试行）》没有实现预定的目标。而 20 世纪 90 年代开始的经济改革已经不满足于小修小补，严格按照《企业破产法（试行）》中破产审理时间、破产程序以及担保物权的绝对优先等规定已经不能满足产权结构调整等重大改革的需要。"政策性破产"应运而生。① 国务院于 1994 年发布了《国务院关于在若干城市试行国有企业破产有关问题的通知》（国发［1994］59 号），其中职工权益的保护被置于绝对优先的地位。② 在国务院《关于在若干城市试行国有企业破产有关问题的通知》实施过程中，也逐渐暴露了政策性破产范围不适当扩大，缺少统一监管等种种问题，于是 1997 年国务院又发布《关于在若干城市试行国有企业兼并破产和职工再就业有关问题的补充通知》（国发［1997］10 号），对国务院《关于在若干城市试行国有企业破产有关问题的通知》实施过程中发现的问题予以了回应，强调了非试点城市只能适用《企业破产法（试行）》，非国有企业破产只能适用民事诉讼法，都不能适用政策性破产。并且在中央和地方各级政府成立

---

① 陈夏红：《从核心到边缘：中国破产法进化中的职工问题（1986—2016）》，载《甘肃政法学院学报》2016 年第 4 期。

② 根据《国务院关于在若干城市试行国有企业破产有关问题的通知》的规定，企业破产时，企业依法取得的土地使用权，应当以拍卖或者招标方式为主依法转让，转让所得首先用于破产企业职工安置。有关政府应当采取各种措施，妥善安排破产企业职工重新就业，并保障他们在重新就业前的基本生活需要。对自谋职业的，政府可以根据当地的实际情况，发放一次性安置费。破产企业职工失业期间，享受失业保险待遇。失业保险期满无法重新就业的职工，符合社会救济条件的，由当地民政部门按照规定发给社会救济金。破产企业离退休职工的离退休费和医疗费由当地社会养老、医疗保险机构负责管理。没有参加养老保险、医疗保险基金社会统筹或者养老保险、医疗保险基金社会统筹不足的，从企业土地使用权出让所得支付；处置土地使用权所得不足以支付的，不足部分从处置其他破产财产所得中拨付。破产企业职工的安置费用来源不足的，按照企业隶属关系，由破产企业所在地的市或者市辖区、县的人民政府负担。

企业兼并破产和职工再就业工作领导小组，负责全国试点城市企业兼并破产和职工再就业工作的组织、领导、协调与指导工作。并且对职工安置工作进一步进行细化。① 因此在这一阶段，对于国有企业的职工，存在国有企业下岗职工基本生活保障、失业保险、城市居民最低生活保障制度"三条保障线"。②

从历史的角度来看，客观公正地说，"政策性破产"在一定程度上可以说实现了"甩包袱"的改革目标。以"政策性破产"为手段，我国淘汰了大量效率低、收益差的国有企业，保留下来的国有企业内部治理结构更为完善，抗击市场风险的能力更强，其经济状况比改革之前有了明显的改善。这里面原因可能会有很多，但以"政策性破产"为核心的"组合拳"，应是最重要的原因之一。③

### （二）学界对政策性破产的批评

对于政策性破产，学界有以下批评意见。

第一，"政策性破产"违反了平等原则，一方面各破产债权之间没有平等处理，另一方面试点城市和非试点城市、国有企业和非国有企业对于破产企业职工的保护也并不平等。④

---

① 根据《国务院关于在若干城市试行国有企业兼并破产和职工再就业有关问题的补充通知》的规定，各试点城市从上到下建立再就业服务中心。安置破产企业职工的费用，从破产企业依法取得的土地使用权转让所得中拨付。破产企业以土地使用权为抵押物的，其转让所得也应首先用于安置职工，不足以支付的，不足部分从处置无抵押财产、抵押财产所得中依次支付。破产企业财产拍卖所得安置职工仍不足的，按照企业隶属关系，由同级人民政府负担。职工安置费一律拨付到再就业服务中心，统筹使用。破产企业离退休职工的离退休费和医疗费由当地社会养老、医疗保险机构负责管理。破产企业进入破产程序后，职工的生活费从破产清算费中支付。破产企业财产处置所得，在支付安置职工的费用后，其剩余部分按照《企业破产法》的规定，按比例清偿债务。

② 劳动和社会保障部、民政部、财政部《关于做好国有企业下岗职工基本生活保障失业保险和城市居民最低生活保障制度衔接工作的通知》（劳社部发〔1999〕13号）

③ 陈夏红：《从核心到边缘：中国破产法进化中的职工问题（1986—2016）》，载《甘肃政法学院学报》2016年第4期。

④ 王欣新：《新破产立法与国企政策性破产的关系》，载《人民法院报》2004年7月9日。

第二，"政策性破产"是以破产的名义将政府的责任转移给债权人，国有企业存在的各种问题往往都是市场机制尚不健全之时政府干预的结果，应当由政府予以解决，由此产生的费用也应该由政府负担。破产成为一种解决亏损国有企业、安置职工和减轻政府费用负担等问题的廉价工具。破产资产优先进行职工安置，显然是以牺牲债权人利益为代价偿还政府历史欠债，这直接违背了破产法的立法意旨，而且破产法本身不应该也不可能解决这一问题。①

第三，"政策性破产"意图将职工安置的问题全部置于破产法之下，为破产法所不能承受之重，破产职工安置问题的解决更应该充分运用社会保障制度。破产企业职工安置费可以拆为职工失业期间救济费用、破产企业离退休职工离退休费和医疗费、破产企业职工再就业安置费用，对于职工失业期间的救济费用，非必要职工应当解除合同领取失业保险，必要职工工资列入破产费用，对于破产企业离退休职工离退休费和医疗费，应由养老、医疗保险基金支付，而破产企业职工再就业安置费用应于失业保险基金中支付。②

第四，无论土地使用权是有偿出让还是无偿划拨取得，都不应该规定从其转让所得中支付破产企业职工安置费用。土地使用权的取得分为无偿划拨和有偿出让两种形式，土地出让金中无偿划拨土地的转让费不属于企业，国家可以决定以其安置职工，而有偿转让的土地的转让费属于破产财产，不能用于职工安置。③

实际上企业破产使得原本被隐藏的"超额贡献"问题暴露出来，原本国有企业职工的超额贡献在企业正常运行时还能有一定的补偿，但是企业破产之后职工的超额贡献将无法得到弥补，政府、社会都会因此承受巨

---

① 谢俊林：《中国破产法律制度专论》，人民法院出版社 2005 年版，第 85~86 页。

② 王欣新：《试论破产立法与国企失业职工救济制度》，载《政法论坛》2002 年第 3 期。

③ 杨冬梅：《破产法与破产企业职工安置》，载《政法论坛》1998 年第 2 期；王艳华：《劳动债权与担保权之争——市场化破产发展趋势中劳动债权的保护》，载《公民与法（法学版）》2010 年第 2 期。

大的压力。① 为解决这一问题，有学者认为应该在公司制改造中实现对于老职工超额贡献的补偿。② 也有学者认为，只有无偿划拨的土地使用权、未设立抵押的免交费用的探矿权、采矿权等特殊财产可以用来安置职工。③ 还有学者建议应扩大职工安置资金渠道，通过政府设立的维稳基金或鼓励第三方垫资等方式，解决破产企业职工的安置问题。④

　　随着各种历史遗留问题被一一解决，政策性破产于 2008 年彻底终结。⑤ 政策性破产针对的对象仅限于国有企业，这些企业大多并不是以公司的形式组建的，企业治理与营业也不是完全按照市场规律来运行，再加上我国此时仍未建立起完善的社会福利保障制度，最后考虑到改革开放初期政府面临巨大的财政压力，财政收入捉襟见肘，光靠国家财政无法完全保障破产企业职工利益的现实情况，有必要通过行政手段"纠偏"并保障职工的合法权益，以确保社会稳定与新市场秩序的建立。政策性破产具有明显的时代烙印，虽然存在种种缺陷，但是对解决国有企业存在的历史遗留问题的同时保障职工基本生活进而维持社会稳定仍起到了重要的作用。当然，随着政策性破产的任务完成，政策性破产也必然会退出历史的舞台。

## 第三节　破产程序中的职工保护

　　我国破产法既然以职工保护为原则，那么除了与社会保障法相配合，使破产失业职工基本生活能有保障，劳动债权尽可能得到清偿之外，还应当在破产程序中体现该原则。尤其是当破产法的职工实体权利保障功能逐

---

　　① 谢俊林：《中国破产法律制度专论》，人民法院出版社 2005 年版，第 85～86 页。

　　② 杨冬梅：《破产法与破产企业职工安置》，载《政法论坛》1998 年第 2 期。

　　③ 王欣新：《试论破产立法与国企失业职工救济制度》，载《政法论坛》2002 年第 3 期。

　　④ 王艳华：《劳动债权与担保权之争——市场化破产发展趋势中劳动债权的保护》，载《公民与法（法学版）》2010 年第 2 期。

　　⑤ 《国务院办公厅转发全国企业兼并破产和职工再就业工作领导小组关于进一步做好国有企业政策性关闭破产工作意见的通知》（国办发〔2006〕3 号）："……实施政策性关闭破产的期限为 2005 年至 2008 年。2008 年后不再实施政策性关闭破产。"

渐由日益成熟的社会保障体系取代的时候，在破产程序中加强对职工利益的保障日趋重要。

## 一、破产申请与受理中的职工保护

### （一）破产申请时应提交劳动债权支付情况与安置预案

《关于审理企业破产案件若干问题的规定》在总结各地破产实践经验的基础上，规定债务人申请破产，应当向人民法院提交企业职工情况和安置预案。《企业破产法》进一步将于司法解释的规定吸收进立法，根据第8条第3款的规定，如果是债务人申请破产，则申请人除提交《企业破产法》第8条规定的基本材料之外，还应当向人民法院提交职工安置预案和职工工资的支付和社会保险费用的缴纳情况的说明。根据第11条第2款的规定，如果债权人申请破产，债务人也应该自裁定送达之日起15日内向人民法院提交一份职工工资的支付和社会保险费用的缴纳情况的说明。违反该规定的法律责任，见第十五章"破产责任"。

对于债务人提出破产申请时必须提交职工安置预案的规定，有学者认为，在企业破产程序启动之前，如果能够合理制定职工安置方案，并确保将安置方案落到实处，则为职工权益的破产保护打下了坚实基础。企业不同，职工安置预案的内容也应该有所区别。国有企业、集体企业以及国有控股企业等公有制或公有制占主导的企业，职工安置预案的内容主要是职工安置渠道和安置费用的来源，以及职工再就业安排，原则上由政府制定并由政府落实。而私营、民营等非公有制企业破产职工安置预案，在内容上仅限于落实职工权益，不包括职工安置费用和安排职工再就业的内容。[1]

但也有学者认为，债务人提出破产申请时不应该一并提交职工安置预案。这一规定在政策性破产中尚可理解，但是规定在《企业破产法》中存在以下问题：首先，安置职工并非破产企业的职责而是政府的职责，要求债务人提交职工安置方案可能导致政府推卸责任，不利于职工保护；其次，这一规定在实践中不具有可操作性，一方面，《企业破产法》要求法

---

[1] 王延川主编：《破产法理论与实务》，中国政法大学出版社2009年版，第34页。

院在债务人发生破产原因时应当受理破产案件；另一方面，若法院对职工安置预案的审核不影响案件的受理，债务人可以随意编制不具有可操作性的方案，从而架空提交职工安置预案的规定。因此建议通过司法解释对提交职工安置方案作扩大解释，即使债务人提交的方案为"由政府负责依法安置职工"等无实质性内容的方案，也应该视为提交了符合法定要求的文件。①

### （二）职工知情权的保障

在法院受理程序中，主要通过保障职工知情权的方式对职工权益加以保护。1991 年最高人民法院发布的《企业破产法（试行）意见》，重申职工保护的同时，规定了职工的知情权，第 22 条第 1 款规定："人民法院受理破产案件的，应向企业全体职工发布公告，要求他们保护好企业财产，不得非法处理企业的账册、文书、资料和印章，不得隐匿、私分、无偿转让、非正常压价出售企业的财产。"虽然条文内容是以公告的形式要其职工保护企业资产，但是鉴于普通职工几乎不可能处分企业财产、账簿、文书、资料和印章，所以公告通知的目的不在于要求职工妥善保管公司财物，而是使职工了解劳动债权的相关事项。而根据《企业破产法》第 48 条的规定，管理人调查的劳动债权清单应当予以公示，以保障职工的知情权。

### （三）劳动债权人的破产申请权

对于劳动债权的债权人是否享有破产申请权，存在肯定说和否定说两种观点。否定说的理由包括以下几点：第一，劳动债权属于小额债权，赋予其破产申请权没有必要；第二，劳动债权在性质不属于民事债权；第三，学界普遍认为作为破产申请人的债权人的债权是指私法上的债权，故基于公法上的职工群体债权的债权人，社会保险经办机构和工会组织不能申请债务人破产；第四，劳动债权具有优先权属性，不应当再赋予劳动债权人破产申请权；第五，从比较法来看，有的国家采取其他方式补偿职

---

① 范健、王建文：《破产法》，法律出版社 2009 年版，第 67 页；王欣新：《破产法》（第三版），中国人民大学出版社 2011 年版，第 49~50 页。

工，职工也没有申请破产的积极性，域外实践中职工申请破产非常罕见。①

肯定说则有以下理由：第一，劳动债权本质上仍然属于民事债权，实践中也采取民事诉讼程序加以保护；第二，在债务人歇业、被撤销等情形下或者劳动债权通过集体决定方式主张破产申请时，申请破产债权并不会损害劳动者的劳动权；第三，当职工债权人已明知企业不能清偿到期债务时，却因无法主动申请破产救济，只能被动承受债权可能落空的后果；第四，企业职工债权人对企业的现状更加了解，职工债权人一旦有权申请企业破产，则更加有利于公司的治理，使企业经营者更能够守法经营；第五，我国破产法没有破产申请的数额限制和人数限制，职工债权也有优先性，职工单独或者联合申请企业破产以实现自己的债权的优先性，这种可能还是存在的。②

而鉴于职工债权人确实具有人数多、数额小等问题，持肯定说的学者也建议，未来破产法立法、司法解释中可以对破产申请人所持债权数额作出合理限制，或者规定职工债权人的破产申请权应当由其推举的代表统一行使，以防止职工债权人破产申请权的滥用。由于职工债权具有一般债权的属性，职工债权人申请破产也可以通过担保、和解、重整等程序妥善解决。③

## 二、债权人会议中职工权利保障

### （一）职工债权人能否参加债权人会议、行使表决权

关于职工债权人是否属于债权人会议成员以及能否行使表决权的问

---

① 韩长印主编：《破产法学》（第二版），中国政法大学出版社2016年版，第46页；陈卿谋：《破产企业中职工合法权益的确认和实现——对〈企业破产法〉相关规定的评析》，载《福建法学》2006年第4期；李永军：《破产法——理论与规范研究》，中国政法大学出版社2013年版，第75页。

② 韩长印主编：《破产法学》（第二版），中国政法大学出版社2016年版，第46页；陈卿谋：《破产企业中职工合法权益的确认和实现——对〈企业破产法〉相关规定的评析》，载《福建法学》2006年第4期；赵学利：《新破产法下的职工权益保护问题》，载《中国社会保障》2009年第2期；李永军：《破产法——理论与规范研究》，中国政法大学出版社2013年版，第75页。

③ 赵学利：《新破产法下的职工权益保护问题》，载《中国社会保障》2009年第2期；范健、王建文：《破产法》，法律出版社2009年版，第64~65页。

题，理论上存在不同的观点。第一种观点认为，职工债权人不能参加债权人会议，不能行使表决权。其理由如下。第一，根据《企业破产法》第59条的规定，只有依法申报债权的债权人才能成为债权人会议的成员，并有权参加债权人会议以及享有表决权。职工债权的债权人无须申报债权，所以不适用上述条文的规定。① 第二，因为职工的上述债权源于劳动关系，与因商业活动产生的债权于性质上有一定的区别，这一点从各国立法中都赋予劳动债权以优先清偿的效力即可看出。由于可以通过劳动债权优先受偿这一制度设计充分保障职工的利益，因此破产财产的处理、分配等程序一般不会影响到职工的民事权益。② 第三，职工债权的债权人数量较多，全部出席债权人会议成本高效率低。第四，我国以人数为决议在债权人会议中通过的法定标准之一，大量的职工债权人参加债权人会议将会影响债权人会议中决议的通过效率，也有可能损害其他债权人的利益。③第五，对于《企业破产法》第59条第5款的规定，应理解为劳动债权人原则上非债权人会议成员，只是为保护职工利益，例外确定职工和工会的代表参加债权人会议。④

第二种观点认为，职工应当为债权人会议成员并行使表决权，其理由如下。第一，依法理，职工债权的债权人既为债务人的债权人，也当为债权人会议的成员。第二，正如有财产担保的债权人不因其优先受偿地位而影响其债权人会议成员资格一样，劳动债权在破产程序上的优先受偿地位也不能成为劳动债权债权人不能成为债权人会议成员的正当理由。第三，破产法规定职工债权不必申报债权，只是对职工债权人债权申报义务的豁免，实际上由管理人调查后列出职工债权清单并予以公示，与职工债权申报具有同等效果。第四，职工债权人应分为一个组类，参加债权人会议对重整计划进行表决，实际上明确了职工债权人为债权人会议成员的地位。

---

① 李国光主编：《新企业破产法理解与适用》，人民法院出版社2006年版，第170~171页。

② 罗培新主编：《破产法》，格致出版社2009年版，第225页；刘德璋：《新企业破产法理解与操作指南》，法律出版社2007年版，第276页；殷慧芬主编：《破产法》，法律出版社2014年版，第133页。

③ 王欣新：《论新破产立法中债权人会议制度的设置思路》，载《法学家》2005年第2期。

④ 范健、王建文：《破产法》，法律出版社2009年版，第187页。

第五，职工债权人面临着工作丧失的可能性，企业能够成功重整，职工能够重获就业机会，是职工债权人的利益所在。第六，人数众多不构成对债权人会议行使职权的根本性障碍，可以通过推选代表的方式参加债权人会议。①

第三种观点认为，职工债权人可以参加债权人会议，但不能行使表决权。其主要理由在于，我国法律规定债权人会议应有职工和工会代表，目的在于对职工利益的保护，但是"发表意见"显然不同于"行使表决权"。② 职工债权人仅对与职工利益有关的事项享有发表意见的权利。③ 即使没有申报债权，也可以成为债权人会议的成员，只是不能行使表决权。④

第四种观点认为，可以有条件承认职工债权人为债权人会议的成员并行使表决权。有学者认为，对于职工对公司享有的其他债权，如借贷款，职工可以以普通债权人的身份参加债权人会议。⑤ 也有学者认为，只有在劳动债权人的利益不能通过优先受偿权得到充分保障，而债权人会议决议的事项又会影响到劳动债权人的利益时，才允许劳动债权人参与到债权人会议中并行使表决权。⑥

## （二）债权人委员会中职工代表的选任

对于《企业破产法》第 67 条，也有学者不赞同所有企业破产中债权

---

① 邹海林、周泽新：《破产法学的新发展》，中国社会科学出版社 2013 年版，第 137 页；许德风：《破产法论——解释与功能比较的视角》，北京大学出版社 2015 年版，第 203~204 页；韩传华：《企业破产法解析》，人民法院出版社 2007 年版，第 237~239 页；齐明：《破产法学：基本原理与立法规范》，华中科技大学出版社 2013 年版，第 151 页。

② 齐明：《中国破产法原理与适用》，法律出版社 2017 年版，第 127 页。

③ 杨淼主编：《破产法学》，中国政法大学出版社 2008 年版，第 60 页。

④ 李永军、王欣新、邹海林、徐阳光：《破产法》（第二版），中国政法大学出版社 2017 年版，第 34 页。

⑤ 罗培新主编：《破产法》，格致出版社 2009 年版，第 225 页；刘德璋：《新企业破产法理解与操作指南》，法律出版社 2007 年版，第 276 页；殷慧芬主编：《破产法》，法律出版社 2014 年版，第 133 页。

⑥ 王欣新：《论新破产立法中债权人会议制度的设置思路》，载《法学家》2005 年第 2 期。

人委员会都应有职工代表，职工对债权人企业享有债权且数额较大是在债权人委员会中设置职工代表或工会代表的前提，如果该破产企业的劳动债权数额较小，就不应该在债权人委员会中强制性要求有职工代表或工会代表的存在。①

《企业破产法》没有指明债务人的职工代表和工会代表的选任主体，学界尚存争议。有关职工代表的选任问题，在"债权人会议"一章中已有阐述，在此不再赘述。

### （三）立法的态度

《企业破产法》第 59 条第 5 款规定，债权人会议应当有债务人的职工和工会的代表参加债权人会议，职工和工会代表有权对有关事项发表意见。第 67 条规定，如果债权人会议决定设立债权人委员会，则可以选任不超过九名债权人委员会成员，其中至少应当包括一名债务人的职工代表或者工会代表。

因为企业破产过程中重大事项均由债权人会议决定，所以职工作为劳动债权的债权人，能够列席债权人会议并行使相应权利是职工权利能够得到充分保障的条件之一。在破产法草案中规定的是"债务人企业的职工和工会可以派代表参加债权人会议"，有全国人大代表就建议将"可以"改为"应当"，无论是企业破产还是重整、企业破产时无论是否有清偿所欠职工工资的情况，都应该有职工和工会的代表参加债权人会议。还建议在法律中明确规定职工和工会代表有表决权。并建议在债权人委员会构成中"应当有一名破产企业职工"后加上"和工会代表"，因为工会代表比职工代表更重要，更了解全厂职工的情况。② 这些观点为之后的立法所吸纳，最终形成了现行《企业破产法》第 59 条、第 67 条的相关规定。

### 三、重整中的职工保护

《企业破产法》在企业重整程序中也设计了一系列制度对职工加以保

---

① 王欣新：《论新破产立法中债权人会议制度的设置思路》，载《法学家》2005 年第 2 期。

② 杨柳：《破产法修改：力挺职工权益》，载《瞭望新闻周刊》2004 年第 44 期。

护，根据第 82 条的规定，债务人所欠职工的工资和医疗、伤残补助、抚恤费用，所欠的应当划入职工个人账户的基本养老保险、基本医疗保险费用，以及法律、行政法规规定应当支付给职工的补偿金的债权人应分为单独一组，与对债务人的特定财产享有担保权的债权、债务人所欠税款、普通债权等其他三类债权一起由债权人就重整计划草案进行表决。第 83 条规定，重整计划不得减免债务人欠缴职工的工资和医疗、伤残补助、抚恤费用，所欠的应当划入职工个人账户的基本养老保险、基本医疗保险费用，以及法律、行政法规规定应当支付给职工的补偿金以外的社会保险费用；该项费用的债权人不参加重整计划草案的表决。而根据第 86 条的规定，重整计划草案的通过是以组的形式进行，因此作为单独一组，如果对重整方案不满意，可以否决重整计划。根据第 87 条第 2 款第 2 项的规定，只有在重整计划中劳动债权得到全额清偿情况下，法院才可以强制批准该重整计划。

有学者认为，在重整程序中应当通过以下几个措施对劳动者进行保护。首先，在重整期间，不得降低劳动者工资福利待遇。债务人与债权人草拟的重整计划，不得降低劳动者的工资福利待遇，重整期限届满，债务人没有摆脱困境的，上述工资福利待遇应计入劳动债权。其次，重整计划应当实行公开讨论、公开监督的原则。债务人与债权人草拟的重整计划应向广大职工公开，群策群力，以建立完善的重整计划。最后，重整期间，管理人及经营者的经营活动、重整计划的实施应接受劳动者的监督。①

# 第四节　破产中劳动争议的解决

## 一、破产与劳动合同的解除

破产案件在实践中的处理时间往往以年计算，十分漫长，这期间企业停产停业，职工实际上也处于待业状态。及时解除破产企业与职工之间的劳动合同以便职工找到新的工作，更有利于职工利益的保障。及时解除劳动合同也有利于及时确定劳动债权的数额，避免作为优先债权的劳动债权

---

① 郑尚元：《破产立法与劳动者权益的保护》，载《经济与管理研究》1997 年第 4 期。

不断累积损害普通债权人的利益。而在破产程序中解除劳动合同，面临着以下问题。首先是解除的主体为何。域外立法中，往往赋予破产管理人和受雇人契约解除权。例如，根据《德国破产法》第 113 条的规定，在雇佣人破产的情况下，破产管理人及另一方得不顾自己已约定的合同期限或者排除合同解除权的约定而宣布解除合同。但是，如果员工认为，破产管理人解除其工作关系所根据的理由不在解约保护法所规定的理由之内，可在收到解除合同的通知 3 周内向劳动法院提起诉讼。根据《日本民法典》第 631 条的规定，劳动者及破产管理人均有权解除劳动契约关系，劳动者有契约解除权，却无契约继续履行选择权。而破产管理人则不同，他具有解除权及继续履行选择权。① 根据《企业破产法》第 18 条和《劳动合同法》第 41 条的规定，管理人或破产债务人可以在破产程序开始后解除劳动合同。当然相对于其他合同，劳动合同因其与劳动者生存和弱者保护息息相关因而在解除条件上应有一定限制，管理人或者破产债务人单方解除劳动合同应受我国《劳动合同法》第 41 条第 1 款、第 43 条所规定的条件的限制。而劳动者能否在破产程序开始后解除合同，是否需要一定的条件，解除效力如何，立法上没有明确规定，可能还需要进一步完善。

其次是破产程序中劳动合同何时解除的问题，实践中存在三种观点。第一种观点认为，劳动合同应于企业被宣告破产时终止。该观点以现行法的规定为其论据，一是根据《劳动合同法》第 44 条的规定，"用人单位被依法宣告破产的"劳动合同终止，这是最直接的法律规定；二是《最高人民法院关于实行社会保险的企业破产后各种社会保险统筹费用应缴至何时的批复》规定，参加社会保险的企业破产时，欠缴的社会保险统筹费用应当缴至人民法院裁定宣告破产之日，从侧面证明了劳动合同应于宣告破产时终止。

第二种观点认为，劳动合同终止时间应当是人民法院裁定受理破产申请之日止。理由是，第一，根据《企业破产法》第 44 条、第 46 条、第 48 条的规定，企业所拖欠的职工劳动债权只有在人民法院受理破产申请时才能转换为破产债权，而且未到期的债权此时应视为到期。第二，《企业破产法》作为特别法，在破产领域应当优先于《劳动合同法》适用。

---

① 李永军：《破产法——理论与规范研究》，中国政法大学出版社 2013 年版，第 128 页。

第三，为了保持法律内部体系的协调，无论是破产清算程序，还是重整程序和和解程序，都应当统一认定劳动合同的基准日，以减少法律适用上的混乱。第四，劳动债权应与其他破产债权的确定适用相同的基准日，更符合利益平衡原则。第五，能充分保障职工的权益。第六，在实践中更具可操作性。而且劳动合同应于企业被宣告破产时终止的观点会导致职工债权与其他债权认定时间不一致，进而使劳动债权与其他债权之间的利益失衡，缺少可操作性的问题。自管理人通知解除劳动合同之日终止的问题在于，管理人解除劳动合同具有较大的随意性，不利于破产程序的顺利进行。故劳动合同应当在一确定的基准日终止，以减少职工债权数额的变动对破产程序和其他债权人利益的影响。①

第三种观点，也是学界主流观点认为，劳动合同应自管理人通知解除劳动合同之日终止。破产申请只是终止劳动合同的法定事由，最后仍然需要管理人根据破产程序的需要及时办理劳动合同解除事宜。理由如下，第一，根据《企业破产法》第18条的规定，管理人可以解除破产申请受理前未履行完毕的合同，这其中当然也包含劳动合同。② 第二，人民法院裁定受理破产案件只是劳动合同的解除的法定事由，劳动合同并不因此而当然解除。③ 第三，我国2012年修订的《劳动合同法》的规定是错误的。该法第44条将破产规定为劳动合同自动终止的法定事由，事实上，在对企业进行破产清算时，还有"转让型"清算的选择，即将企业整体变现以清偿债务。一律采用自动消灭各种劳动关系的态度，将迫使企业在希望保有雇员时被迫与员工重新签订劳动合同，造成额外的缔约成本支出，破坏劳动关系的稳定性，即使"破产宣告"是劳动合同法定终止的情形，但是破产企业仍然可以以解除的方式终止劳动合同，《劳动合同法》第44条的规定只是劳动合同终止的法定事由而不是统一的"基准日"。重整和解与破产清算应当有所区别，二者目的在于挽救企业，挽救成功后企业继

---

① 邵艺：《破产企业劳动合同终止基准日的确定》，载《人民法院报》2014年11月12日第7版。

② 朱忠虎：《企业破产或撤销，如何计算经济补偿》，载《中国劳动保障报》2015年3月24日第5版；樊卓然：《企业破产了，劳动合同怎么办》，载《人民法院报》2012年1月30日第8版。

③ 朱忠虎：《企业破产或撤销，如何计算经济补偿》，载《中国劳动保障报》2015年3月24日第5版。

续存在与经营，并不需要终止劳动合同，更不存在完全不考虑持续经营需要，而以某个基准日期统一终止全部劳动合同的情况。① 第四，所谓的"基准日"是劳动债权等破产债权的确定时间，但并不是劳动合同的终止时间，管理人在破产申请受理日方被指定，实务中也不可能在破产申请受理时就解除完全部劳动合同。②

出于以上考虑，有学者建议扩张解释《劳动合同法》第 41 条第 1 款第 1 项，不将破产受理或宣告本身作为劳动关系终止的条件，而是规定劳动关系原则上不受破产程序的影响，而管理人若要解除劳动合同，须有充分的理由，并不得违反《劳动合同法》的一般规定。管理人解除合同后，应当按照《劳动合同法》的规定向其支付经济补偿。③ 因破产程序的需要而聘用的留守人员的工资应作为共益债务予以清偿。④

## 二、破产与劳动仲裁前置

另一个与劳动法律规范相关的问题是，破产程序中发生劳动争议，是否要先经过劳动争议仲裁程序。解决这一问题首先需要判断破产程序中劳动争议的性质，这一性质决定纠纷的适用程序。如果将破产案件中的劳动争议界定为破产法中的问题，应适用破产程序，职工在对债权清单有异议而管理人拒不更正的情况下，可不经劳动仲裁直接向法院提起诉讼。如果将破产案件中的劳动争议界定为劳动争议纠纷，那么就需要按照现行法对劳动争议处理的规定，在提起诉讼前需经过仲裁程序。

第一种观点认为，劳动仲裁应该前置。其理由为：第一，破产程序中的劳动者权益纠纷包括劳动关系的确认、工伤认定、经济补偿金的计算、人事关系的确认等，涵盖劳动者人身权益和财产权益的方方面面，应当得

① 许德风：《破产法论——解释与功能比较的视角》，北京大学出版社 2015 年版，第 153 页。

② 李松、黄洁：《破产程序时间过长劳动者"等不起"，专家主张破产企业应尽早"了结"劳动合同》，载《法制与经济（上旬）》2011 年第 12 期；王欣新：《谈破产企业劳动合同的终止问题》，载《人民法院报》2014 年 12 月 17 日第 7 版。

③ 许德风：《破产法论——解释与功能比较的视角》，北京大学出版社 2015 年版，第 153 页。

④ 樊卓然：《企业破产了，劳动合同怎么办》，载《人民法院报》2012 年 1 月 30 日第 8 版。

到较为充分和全面的保障，破产程序中职工债权确认方式过于简易，有可能损害职工的利益，因此应当适用劳动纠纷解决的程序。第二，法院在司法实践中就是这么操作的，往往认为这些纠纷应当经过劳动仲裁程序，并建议根据当事人法律关系及案件性质，在劳动争议案由项下，增设企业破产衍生劳动争议的三级案由。①

第二种观点认为，劳动仲裁不应该前置。其理由主要有以下几点。第一，在破产程序中效率是首要问题，相比于债权人权利实现的公平性，时效性更为重要。破产程序追求效率，而且债权人之间应当同等对待，劳动债权前置会延长处理时间，有损全体债权人的利益，对其他债权人也不公平。② 第二，在破产法中应重视职工保护，如对管理人的调查结果不认同但管理人不更正的，职工可直接通过诉讼实现债权，这对职工权益保护更为有利。③ 第三，工资报酬、经济补偿金等职工对企业的债权在企业破产后已经转化为破产债权了，裁决机关不能再根据劳动者的请求要求企业进行支付，只能确认其为破产债权的基础上根据破产程序进行处理，并于最后依法得到清偿，因此不存在"劳动者权益"的纠纷，而是破产债权的确认。而且《企业破产法》在处理破产企业的劳动债权这一问题上，相对于《劳动法》《劳动争议调解仲裁法》等法律规范属于特别法，按特别法优于一般法的原则应优先适用。因此劳动者无须经劳动仲裁即可向人民法院起诉。④

综上所述，即使在《企业破产法》通过之后，破产中的职工保护仍然不是一个单纯的法律问题。在相应制度还没有构建完善之前，政府部门、法院、管理人应当充分配合，化解企业破产可能对职工和社会带来的不利影响。同时也须认识到，破产法律制度最基本的目的不在于救济，而在于清算债务人之财产，并在债权人之间公平清偿，破产企业失业职工的

---

① 柴学伟：《平衡破产企业利益妥处劳动争议案件》，载《人民法院报》2017年1月26日第8版。

② 樊卓然：《企业破产了，劳动合同怎么办》，载《人民法院报》2012年1月30日第8版。

③ 徐淳：《破产企业职工债权确认是否需要仲裁前置》，载《中国劳动保障报》2017年6月6日第6版。

④ 陈传胜：《涉破产企业劳动争议诉讼不必仲裁前置》，载《人民法院报》2015年12月16日第7版。

救济应纳入社会保障法律体系。随着国有企业公司制改造的开展、社会保障体系的建立健全，政策性破产的终结，破产法在职工的保护中所担的责任应当有所减轻。相对应的，正如学者总结的那样，职工保护在破产法中的影响也在逐渐下降，其地位经历了由中心到边缘的过程。① 按年份归纳有关职工保护的文献可以发现，今后相关讨论可能会集中在协调现有规范性文件，如何运用现有规范性文件为职工提供更全面的保障之上。但不可否认的是，在相当长的一段时间内，职工保护仍将贯彻于我国破产法立法与司法的之中。

---

① 陈夏红：《从核心到边缘：中国破产法进化中的职工问题（1986—2016）》，载《甘肃政法学院学报》2016 年第 4 期。

# 第十四章 跨 境 破 产

## 第一节 跨境破产的含义

对于"跨境破产"这一术语，也有学者采用"跨国破产"、"涉外破产"、"国际破产"、"越界破产"的概念。① 对于跨境破产的含义，我国理论界有不同的阐述。主要有两种：第一，跨境破产是指含有涉外因素或国际因素的破产。在这种破产案件中，债权人、债务人或破产财产位于两个以上的国家或地区。② 第二，跨境破产是由于债权人和债务人分属不同的国家或地区，或是由于破产财团中的财产分散于不同的国家或地区，或是由于破产债权是因受域外法支配的一项交易而产生。③ 本书认为，跨境破产是指含有涉外因素的破产。涉外因素主要体现在：破产主体中的涉外、破产债权人的涉外、破产客体的涉外，即破产财产或者破产的内容即债权债务关系的发生具有涉外性。跨境破产涉及的问题主要包括：一国或地区破产宣告是否有域外效力，即一债务人在一国或地区被宣告破产之后，是否需要在其他国家或地区申请破产宣告；何国或地区对破产案件有管辖权；适用何国或地区的法律；对其他国家和地区裁判的承认和执行。

---

① 石静霞：《跨国破产的法律问题研究》，武汉大学 1998 年博士学位论文；齐树洁主编：《破产法研究》，厦门大学出版社 2004 年版，第 529 页。

② 石静霞：《跨国破产的法律问题研究》，武汉大学 1998 年博士学位论文。

③ 李双元编著：《中国与国际私法统一化进程》，武汉大学出版社 1999 年版，第 371 页。

## 第二节  破产的域外效力

### 一、破产域外效力的基础理论

对于破产的域外效力，主要分为普遍主义、属地主义和折中主义。

### (一) 普遍主义

普遍主义又称为普及主义、普遍性原则、普适主义、单一破产制。普遍主义认为，一个企业应当只破产宣告一次，例如在破产的住所或所在地国的破产宣告应包括债务人境内外所有财产，他国应当帮助破产财产管理人收集当地的破产财产、禁止债权人的自行扣押。① 其主要理论依据包括：①债务人财产的统一性。债权人的债权以债务人的总财产为担保，无论破产债务人财产位于哪国或地区（境），债务人财产都具有统一性。破产的目的在于把债务人的总财产分配到各债权人，因而债务人在域外的财产也应归于破产财产而进行分配。② ②总括继承债务人的财产说。由于破产财产对债权人的清偿就是由债权人总括地继承债务人的财产，因而破产财产应包括债务人的总财产。③破产财团当然形成法人说。债务人在被宣告破产后，其所有的财产均形成法人。④法律上的互助义务说。各国和地区有义务由债权人完全取得和拥有。涉外破产案件中相互协助，正因为此，破产具有普及性。⑤代理关系说。该观点认为管理人是债权人、债务人的代理人，因而可以请求将债务人位于域外的财产纳入破产财产。⑥事实变更说。该说认为破产宣告是对债务人破产的一种事实确认，这种确认应当得到各国和地区的承认，破产宣告因此取得普适性的效力。⑦身份变更说。此说认为，债务人一旦受破产宣告，其身份就随之发生变更，变更的法律后果是债务人对其全部财产丧失管理处分权，因而破产宣告应当具有普适效力。⑧治外法权说。该说认为破产裁判有着不同于其他裁判的特

---

① 余劲松：《论破产的地域效力》，载《中南政法学院学报》1989 年第 4 期。
② 汪炜、陈国靖：《破产宣告的域外效力及我国的立法对策》，载《理论月刊》1999 年第 6 期；汤维建：《论国际破产》，载《比较法研究》1995 年第 6 期。

殊性，它被作出后就自动取得了治外法权的效力，他国和地区对此应予尊重。①

不少学者指出，普及主义有其独特优势：①普及主义有助于法律的统一适用，降低破产程序中的各项成本；②普及主义有助于商人、投资者以及借贷者更好地对于跨境破产有关的风险进行权衡，可以降低信用成本，促进经济活动；③有助于更好地维护债权人的利益；④有助于跨国企业重整与价值保全。②

然而，普及主义过于理想主义的缺陷也为学者批判。各国政治、经济与法律制度的差异使普及主义的实施存在巨大困难。有学者提出，普及主义的问题在于：①普及主义之下，国内关系将完全受到外国法和外国法院管辖，东道国国内的经济活动极易受到干扰。②难以确定"母国"，特别是在公司集团破产情形下。没有一套统一的有效的规则确定对公司集团的管辖权。③容易诱发挑选法院的问题。④破产对经济发展影响巨大，各国基于主权考虑，一般不认可普遍主义。③

## （二）严格属地主义

属地主义又称为地域性原则、复合破产制。其主张各国依据本国破产法对境内财产作出破产宣告，破产宣告效力仅及于本国境内，域外法院破产宣告的效力不及于国内。理论基础主要在于：①安宁秩序说。考虑到破产法的实施对于国家秩序、社会经济秩序的稳定都有较大影响，破产宣告的效力仅应及于各主权国家或地区的管辖范围内。②意见解释说。债权人

---

① 齐树洁主编：《破产法研究》，厦门大学出版社 2004 年版，第 534 页；汤维建：《论国际破产》，载《比较法研究》1995 年第 6 期；汪炜、陈国靖：《破产宣告的域外效力及我国的立法对策》，载《理论月刊》1999 年第 6 期。刘力：《国际破产宣告的域外效力》，载《人民司法》2002 年第 4 期。

② 解正山：《跨国破产立法及适用研究——美国及欧洲的视角》，法律出版社 2011 年版，第 24 页；刘力：《国际破产宣告的域外效力》，载《人民司法》2002 年第 4 期。

③ Frederick Tung. Is International Bankruptcy Possible? Michigan Journal of International Law, 2001 (23), pp. 31, 43; Lynn Lopucki. Cooperation in International Bankruptcy: A Post-Universalist Approach. Cornell Law Review, 1999 (84), pp. 676, 709-725.

在与债务人进行交易活动时，内心的信用基础仅仅为债务人域内的财产。③消除顾虑说。该说认为如果采用普遍主义，债权人在与债务人交易时难以预测债务人破产时应适用何国或地区法律。④破产程序性质决定说。该说认为从破产程序的性质来说，破产程序是一种对物管辖权的行使。这种物即"破产财产"。依照英美法系理论，法院行使严格意义上的对物管辖权时，该物应当位于其管辖范围内，而且这种对物管辖的效力不及于位于裁判国之外其他主权国家的财产。破产程序的对物性质，使得破产法院的权力被限制在它的对物管辖上，逻辑上的结果便会导致严格的地域主义原则。⑤强制执行说。破产案件是一种全面的强制执行程序，即利用国家权力进行的一种特殊的债务清偿，属于公法上的行为，执行的效力仅能及于一国的领土之内。①

属地主义的优点在于：①可以将国内债权人置于本国破产法，避免在适用域外破产法时遭受歧视待遇或者利益受损。②各国或地区破产法规定不同，各国或地区在制定本国破产法时不可能顾及他国或地区的经济秩序，因此经济利益的维护必须由本国或地区破产法完成。②

有学者认为我国应采用属地主义，其主要理由在于：第一，我国法律上对于破产域外效力没有明确规定（但现已有《企业破产法》第5条进行了规定），而且也没有和其他国家签订相关条约，且实践中大多采用属地主义原则。③ 第二，在我国宣告破产的企业在外国的财产不宜作为破产财产，而根据对等原则，外国法院宣告我国在国外的全民所有制企业破产的，其效力也不及于该企业在我国境内的财产。④

### （三）折中主义

所谓的折中主义是在普遍主义和属地主义之间寻找一个中间的方法。折中主义体现"新实用主义"的理念和精神，实质上是在坚持理想主义

---

① 石静遐：《破产域外效力的比较分析》，载《法学研究》1995年第3期；汤维建：《论国际破产》，载《比较法研究》1995年第6期。

② 石静遐：《跨国破产法律问题研究》，武汉大学出版社1999年版，第24页。

③ 马俊驹、余延满：《关于我国企业破产法若干问题的研究》，载《中南政法学院学报》1989年第4期。

④ 张卫平：《破产程序导论》，中国政法大学出版社1993年版，第189页。

模式的基础上加入实用主义的因素，以务实的态度关注各国或地区利益的保护。① 理论界有从财产性质、国家主权两个角度对折中主义的内涵进行描述。早期有学者从财产性质角度分析，认为折中主义是依据财产的性质区别对待破产的域外效力。一国或地区的破产程序只及于域外的动产，不及于不动产。② 也有从国家主权角度解释折中主义的，认为折中主义除了体现在依照财产的性质区分破产的域外效力，还体现在规定本国的破产宣告具有域外效力，外国的破产宣告只具有地域效力。③但也有学者认为折中主义并非完全否认外国破产宣告的域外效力，只要外国破产符合一定的条件，也承认其在本国的效力并予以适当协助。④

　　折中主义包括合作的地域主义和改良的普及主义。合作的地域主义建立在地域主义的基础上，强调不同国家和地区间的法院的合作。改良的普及主义是指对于跨境破产的域外效力，在坚持普及主义下保持相对的灵活性，对于其他国家和地区的破产宣告，规定在符合一定条件的情况下，予以承认，并给予协助。⑤

　　有观点认为我国应采取折中主义的做法，本国破产宣告具有域外效力，域外破产宣告在符合一定条件下具有域外效力。但对于承认域外破产宣告的条件，理论界有不同的看法。主要有：第一，对于外国破产宣告，我国法院通过司法审查，认为它具有法定不予承认的情形时，应作出裁定否定其在我国境内的法律效力。⑥ 第二，对于外国破产宣告首先考虑采用属地主义原则。当我国债权人的债权得到清偿之后，外国破产管理人请求支配破产企业在我国财产的，我国法院可以承认外国破产管理人有权依照

---

①　何其生：《新实用主义与晚近破产冲突法的发展》，载《法学研究》2007 年第 6 期。

②　石静遐：《跨国破产的法律问题研究》，武汉大学出版社 1999 年版，第 26 页。

③　李双元、金彭年等：《中国国际私法通论》（第二版），法律出版社 2005 年版，第 268 页。

④　余劲松、石静遐：《涉外破产的若干法律问题》，载《中国社会科学》1996 年第 4 期；宋俐：《略论破产宣告的域外效力》，载《法学杂志》1998 年第 3 期。

⑤　王晓琼：《跨境破产中的法律冲突问题研究》，华东政法大学 2006 年博士学位论文。

⑥　汤维建：《论国际破产》，载《比较法研究》1995 年第 2 期。

法定程序收回破产债务人在我国的财产余额。这一做法的主要目的是为了维护我国国家（主要是税务当局）和企业债权人的利益。①

本书认为折中主义既把握住了跨境破产发展方向，又能较好地尊重现实，更值得采纳。主要理由在于：①破产问题往往会涉及一国公共利益而各国破产法相差甚远，因而普遍主义的主张过于理想化。②不可否认普遍主义是跨境破产的追求方向，属地主义和相对属地主义的观点过于保守。而且我国《企业破产法》第5条已规定本国破产裁判具有域外效力，域外破产裁判在一定条件下可得到我国法院的承认与执行，再转为属地主义和相对属地主义是一种倒退。

## 二、破产域外效力的典型立法例

### （一）联合国

《联合国国际贸易法委员会跨国界破产示范法》（以下简称《跨国界破产示范法》）就域外效力问题将普遍主义与属地主义结合，体现折中主义。普遍主义体现在：区分主要程序和非主要程序。对于主要程序，一旦被承认为外国主要程序，即自动产生一系列停止或中止的法律效果。并且允许将债务人位于内国的全部或部分财产移交给外国代表进行管理、变卖或分配。即使没有债权人提出异议，外国非主要程序只能获得具有任意性质的救济而非自动停止所产生的强制性措施。但根据内国的冲突法规则，不应由非主要程序管辖的财产将被禁止移交。属地主义体现在：第一，规定了公共政策的例外，允许内国法院以保护本国公共利益为由而拒绝承认外国程序。第二，不限制平行破产的存在。第三，赋予了内国法院对外国破产法的适用进行实质性损害评估的裁量权。②

### （二）欧盟

《欧盟理事会破产程序规则》（以下简称《欧盟规则》）同样区分了

---

① 李国安：《试论破产宣告的域外效力》，载《厦门大学学报（哲学社会科学版）》1995年第4期。

② 解正山：《跨国破产立法及适用研究——美国及欧洲的视角》，复旦大学2010年博士学位论文。

主要程序和非主要程序，承认主要破产程序后，另一成员国为债务人营业所所在国的仍然可以启动附属程序。虽然附属程序的效力仅及于破产债务人位于程序开始国的财产，但该程序与主破产程序一样也可获得承认。①

### （三）日本

日本长期采取严格的属地主义原则。但随着日本企业跨国经营活动的日益频繁，学界不断呼吁废除属地主义的做法。司法实务中也不再固守属地主义。② 2004 年日本出台了《关于境外破产程序的承认协助法》，并修改完善了《日本破产法》《民事再生法》和《公司更生法》，规定在符合一定条件下，日本可以承认与执行域外破产裁判。

### （四）美国

1898 年美国采用属地主义，后为了保护本国债权人和符合国际社会发展需要，1978 年修改了破产法，在规定本国的破产具有域外效力的同时允许外国管理人在美国启动辅助程序，协助外国管理人。③

## 第三节　跨境破产的管辖权问题

跨境破产管辖权是指一国或地区法院或具有审判权的其他司法机关受理、判决含有涉外因素的破产案件的权限。管辖权的确定一直是涉外案件关注的焦点，直接影响冲突规则的适用，决定以何国或地区法律为准据法。而又由于长期以来，实践中普遍存在单纯适用法院地法处理跨境破产问题的情况，管辖权问题更加突出。理论界对于如何确定跨境破产中的管辖权一直存在争议。

---

① 解正山：《跨国破产立法及适用研究——美国及欧洲的视角》，复旦大学2010 年博士学位论文。

② 李国安：《试论破产宣告的域外效力》，载《厦门大学学报（哲学社会科学版）》1995 年第 4 期。

③ 王晓琼：《跨境破产中的法律冲突问题研究》，华东政法大学 2006 年博士学位论文。

## 一、跨境破产管辖权的特点

1. 确定管辖权的连结点具有多元性。各国对于跨境破产管辖权的确定依据各不相同。如债务人住所地、国籍所在地、主要营业地或者主要办事机构所在地、资产所在地等因素均有被作为确定管辖权的连结点。并且同一连结点在不同的国家或地区可能有不同的定义，如住所地、国籍等因素的认定，在不同国家或地区可能存在不同。然而目前国际上关于上述因素还未能形成被广泛采纳的统一规定，管辖权连结点的确定也因此变得复杂。

2. 针对同一债务人的跨境破产程序，多个国家或地区主张的管辖权不一定相互排斥。这主要是由于跨境破产的主要目的是维护全体债权人的权益，为了更好地清偿全体债权人的债权，可以采取如主破产程序与从属破产程序并行等多个国家或地区同时行使管辖权的方式来推进程序。[1]

## 二、传统的管辖权理论

传统管辖理论包括属地管辖、属人管辖和依照当事人意愿管辖。

### （一）属地管辖

按照属地规则确定管辖权所属国，即根据一定的地域因素来决定某个国家或地区对某特定案件是否拥有司法管辖权，或者说某具体的地域因素是某国或地区享有司法管辖权的正当理由。各个学者总结的属地管辖之连结点存在不同：有学者认为属地管辖包括：①基于财产的存在行使管辖，即管辖权的依据是债务人在该国或地区拥有财产；②住所地管辖，如果公司在本国或地区成立或债务人在本国或地区有住所，本国或地区具有管辖权；③基于营业行使管辖权，即管辖权的依据是债务人在一国或地区领土内设有营业所，并进行业务活动；④基于存在商业利益管辖，即主张对于商业利益位于其管辖地域范围内的企业有破产管辖权。[2] 也有学者将属地管辖权总结为：以营业所所在地为依据；以财产所在地为依据；以本地有

---

① 杨立：《跨境破产法律制度研究》，吉林大学 2014 年硕士学位论文。

② 石静遐：《跨国破产的法律问题研究》，武汉大学出版社 1999 年版，第 79 页。

经营活动为依据；以住所地为依据。① 还有学者将属地标准总结为：债权人债务人总部所在地、住所地和营业所所在地；债务人的主要利益中心；债务人财产所在地；债务人在该国缴纳税款；债务人在该国存在商业利益。②

以属地原则为管辖权确定依据，同样面临诸多连结点的选择，跨境破产案件的复杂性可见一斑。有学者指出上述众多标准的缺陷和不足：第一，标准确定的依据既有仅涉及事实判断的，如财产所在地、总部所在地，又有涉及法律判断的，如营业所在地、主要利益中心。第二，对于同一标准的理解存在分歧，典型的如主要利益中心、住所地。第三，各个标准之间并非泾渭分明，常常存在交叉，给适用增加了麻烦。如住所地与总部所在地，有商业利益与有经营活动。③ 本书将针对几个主要的属地标准进行论述。

1. 债务人住所地法院

在跨境破产中，以债务人住所地法院管辖标准启动的破产程序通常被称为住所地破产，许多国家与地区的立法及判例也体现出对债务人住所地法院管辖的承认。如《美国联邦破产法》将债务人住所地与主要营业地、财产所在地一起规定为在美国开启破产程序的条件，要求债务人须有上述地点位于美国才能启动程序；英国法院一般将债务人住所地法院管辖视为其承认外国法院破产管辖权的标准之一；德国的实践操作、法国的判例等均表明这些国家承认该标准。

对于住所地的确定，也存在不同标准，主要包括：以法人管理中心地为住所地；以法人注册地为法人住所地；以法人主要营业地为法人住所地。支持债务人住所地标准的观点认为，对于公司或者法人，在没有相反证明的情况下，管理中心所在地一般是注册地。住所地同债务人经济上的联系一般最为密切。④ 有学者认为其弊端主要在于，一方面，各国或地区对住所地的理解和判定标准不一。另一方面，实践中，无论是注册地还是

① 王晓琼：《跨境破产中的法律冲突问题研究》，华东政法大学 2006 年博士学位论文。

② 郑维炜：《破产的国际私法问题研究》，吉林大学 2010 年博士学位论文。

③ 杨立：《跨境破产法律制度研究》，吉林大学 2014 年硕士学位论文。

④ 石静遐：《跨国破产的法律问题研究》，武汉大学出版社 1999 年版，第 79页。

办事机构所在地都可能只是一个形式意义上的"利益中心"。①

2. 债务人营业所所在地

有学者认为以债务人营业所所在地确定管辖法院的做法的缺点主要在于，仅仅以债务人在本地有营业所或进行营业活动为依据确定管辖权，会造成内国管辖权的不适当扩大，并易引发"挑选法院"现象的产生。② 由此，美国、日本等将债务人营业所所在地改进为债务人主营业地，其主要优点在于：破产债务人的相关债权债务多发生于主营业地，由主营业所法院管辖有利于查清相关债权债务，便于管理人接管相关资料。并且可能更加符合公众的预期和利益。③ 弊端在于主营业所所在地的判断在实践中也存在困难。④

3. 债务人财产所在地

依照财产所在地确定管辖权在各国立法例中十分普遍，英国、美国等都有所规定。学者认为其优点在于：第一，可以防止出现因为债务人在他的住所地国没有被宣告破产，或在住所地破产但不打算将位于破产宣告国外的财产包括在内，或者债务人和其住所地没有实际联系而没有适当管辖权的情况。第二，也有学者认为当住所地与债务人主要营业地不一致时，债务人财产所在地国家在破产财产分配中往往有更重要的经济利益。⑤ 第三，方便解决跨境破产纠纷、便于对原告的保护和财产分配，当原告难以在债务人住所地起诉或者在外国取得的判决难以在本国承认和执行时，给予原告援助。但其弊端在于当内国财产价值远小于诉讼标的额时，依照此方式不方便内国法院对案件的审理，并且有扩张内国管辖权的嫌疑。因此学者建议可以对该原则进行限制，例如只有当被告的这些财产与争议有直

---

① 王晓琼：《跨境破产中的法律冲突问题研究》，华东政法大学 2006 年博士学位论文。

② 王晓琼：《跨境破产中的法律冲突问题研究》，华东政法大学 2006 年博士学位论文。

③ 张媛：《跨国破产法律制度研究》，吉林大学出版社 2012 年版，第 22～23 页。

④ 王晓琼：《跨境破产中的法律冲突问题研究》，华东政法大学 2006 年博士学位论文。

⑤ 余劲松、石静遐：《涉外破产的若干法律问题》，载《中国社会科学》1996 年第 4 期。

接关系，或是案件争议标的物，或是案件的担保财产时，财产所在地才作为独立的管辖标志。而且财产的价值与诉额应达到一定的比例。①

### 4. 主要利益中心

主要利益中心作为一个概念在跨境破产法律制度中被运用，始于1990 年欧洲理事会《关于特定国际破产的欧洲公约》。关于主要利益中心的确定，《跨国界破产示范法》第 16 条"关于承认的推定"第 3 款规定："如无相反证据，债务人的注册办事处或个人的经常居住地推定为债务人的主要利益中心。"《欧盟规则》将"与债务人惯常对其利益进行管理并可被第三人查证之地"作为判定标准，并将注册事务所所在地推定为主要利益中心。有学者评价主要利益中心这一属地连结点，认为其具有灵活性，可以适应经济发展、贸易活动的可变性，但同时也增加了法律判断和适用上的困难，尤其是目前欧盟成员国对于主要利益中心的理解和适用还存在分歧。②

### （二）属人管辖

属人管辖是指按照债务人的国籍确定管辖权的归属，无论债务人的财产是否在国内，债务人是否在国内进行经营活动，都依照债务人或债权人的国籍确定管辖权。属人管辖的理论基础在于，本国法律以保护本国国民利益为原则，为本国国民利益服务。法国是适用属人管辖原则的典型代表，在跨境破产中，如果债务人注册地在法国，或债务人、债权人是法国公民，法国法院将有管辖权。除此之外，英国、比利时、芬兰、瑞典、挪威、丹麦、卢森堡等国也均适用属人管辖原则。③

属人管辖原则主要包括按照国籍、本地个人存在确定管辖权。④ 但有学者认为国籍标准不能作为确立管辖权的一般原则，但若本国当事人在外

---

① 王晓琼：《跨境破产中的法律冲突问题研究》，华东政法大学 2006 年博士学位论文。

② 张玲：《欧盟跨界破产管辖权制度的创新与发展——"主要利益中心"标准在欧盟适用的判例研究》，载《政法论坛》2009 年第 2 期。

③ 李玉泉主编：《国际民事诉讼与国际商事仲裁》，中国政法大学出版社 1994年版，第 68 页。

④ 李双元、金彭年等：《中国国际私法通论》（第二版），法律出版社 2005 年版，第 271 页。

国被拒绝司法救济或救济不能时，可作为本国法院行使属人管辖权的最后连结点。基于本地个人存在确定管辖是指，当债务人是自然人时，某些国家可以依据个人在本地存在行使破产管辖权。本地个人存在的管辖标准在英美法国家常常是可行的。例如挪威、丹麦、瑞典和芬兰等国家，在特定情形如个人没有固定住所时，个人存在标准也可以适用。①

属人原则的优点显而易见，其不论债务人与债权人国籍之外的其他因素，可以为国籍国的债务人或者债权人利益提供充足保护，同时也扩张了国籍国的管辖权。然而，属人原则同时也构成了对他国主权的忽视和挑衅，极易引起摩擦和争端，且增加了跨国破产案件处理的难度。因此，属人原则遭人诟病。②

### （三）以"当事人意愿"管辖

以"当事人意愿"为基础的管辖原则分为协议管辖和被告同意管辖。协议管辖是指双方当事人在订立合同时或者在争议产生后达成协议确定管辖。被告同意管辖是指在诉讼中被告以明示或者默示的方式接受管辖，放弃提出管辖权异议的权利。学者认为协议管辖的优点在于，一方面避免管辖权的冲突，有利于保障法律适用的可预见性和当事人之间权利义务的确定性，另一方面管辖权的确定也有利于一国破产裁判在域外得到承认与执行。③

### 三、管辖权冲突的解决途径

管辖权冲突主要包括：第一，立法上的冲突。各国或地区对于跨界破产管辖权规定存在差异。各国或地区政治、经济、社会需求不同，管辖权确定标准制定不同，况且即使规定了同样的管辖权标准，但也存在因为对管辖权标准解释不一导致管辖权差异的问题。第二，司法上的冲突。不同国家或地区的法院对同一债务人的破产程序都主张享有管辖权，并依据各

---

① 王晓琼：《跨境破产中的法律冲突问题研究》，华东政法大学 2006 博士学位论文。

② 杨立：《跨境破产法律制度研究》，吉林大学 2014 年博士学位论文。

③ 张媛：《跨国破产法律制度研究》，吉林大学出版社 2012 年版，第 38～39 页。

自国家或地区的法律启动了破产程序。第三，积极冲突。这主要是指各国或地区争夺对跨境破产案件的管辖权。跨境破产案件管辖权的确定在很多时候相当于法院地国的民事诉讼程序规则将被援用，导致法院地国的冲突规范将得以适用，由此可能导致各国法院管争夺管辖权。① 第四，消极冲突。这主要是指不同国家或地区的法院互相推诿，不行使管辖权的情况。

当出现管辖权冲突时，理论界主要提出了两种途径：第一，通过国内立法或判例规定冲突发生时的解决规则。第二，国际协调。

### （一）管辖权连结点的限制

造成跨境破产案件管辖权冲突的主要原因之一在于管辖权连结点的冲突——各个国家或地区在国内或地区法上规定了不同管辖权连结点。所以，解决管辖权冲突，首先需要各国或地区在国内或地区立法上坚守管辖权连结点的正当性，控制长臂管辖，避免管辖权的随意扩张。

对于连结点正当性的判断，联合国国际贸易法委员会《破产法立法指南》以充分的联系作为标准——"除了拥有必要的企业或经济特征外，债务人还必须与实施破产法的国家有充分的联系才能受其破产法管辖。""充分的联系"与英国的"适宜法院理论"类似，尽管判定较为模糊，但此种标准弹性恰恰是必需的。

### （二）通过国内立法或者判例解决管辖权冲突

这一方式主要包括确定先受理原则、不方便法院原则、区分主要破产程序与非主要破产程序、追求协商合作、肯定协议管辖几种方式。有学者认为在采用这种途径解决管辖权冲突时，各国或地区必须对自身的管辖权进行适当的限制。②

1. 先受理原则

先受理法院原则，是指若同一当事人基于同一事实和理由，就同一涉外民商事纠纷分别在不同国家或地区提起诉讼，最先受理的国家或地区法

---

① 王晓琼：《跨境破产中的法律冲突问题研究》，华东政法大学 2006 年博士学位论文。

② 张媛：《跨国界破产法律制度研究》，吉林大学出版社 2012 年版，第 45 页。

院行使管辖权。先受理原则被许多国家立法和实践采纳，如英国、瑞士。① 对于先受理原则，学者认为其优点在于简便易行，弊端在于可能出现一方当事人抢先在他国或地区提起诉讼而阻止对方当事人在另一国或地区进行诉讼达从而拖延审理的问题。② 对于其具体应用，有学者认为当先受理法院的管辖规定不合理时，应由与所涉案件具有最密切联系国家或地区的法院行使管辖权。后一受诉法院在决定自己是不是对相同当事人的同一诉讼不予受理或暂停同一诉讼时，应考虑前一受诉法院管辖权是否合理，是否与本国或地区的专属管辖权相抵触，原告是否可在前一受诉法院中获得全部救济以及暂停诉讼是否可以缓和无意义的重复诉讼等因素。③

2. 不方便法院原则

英美法系国家多规定了不方便法院原则。在本质上，不方便法院原则的运用是一国或地区法院基于国际礼让，通过行使自由裁量权，使立法管辖权与司法管辖权发生分离，以此解决管辖权冲突。④ 不方便法院原则的作用主要有：第一，避免管辖权过于宽泛。第二，灵活性高。第三，防止当事人挑选法院。第四，有助于避免相互矛盾的判决。弊端在于：第一，各国或地区没有统一的标准。第二，法院裁量性过大，确定性差。第三，容易被用来拖延诉讼。第四，有很强的结果决定性。⑤ 我国《民诉法解释》第 532 条对此作了规定。

3. 区分主要破产程序和非主要破产程序

区分主要破产程序和非主要破产程序是《跨国界破产示范法》和《欧盟规则》所确定的原则。主要利益中心地法院启动主要破产程序，具有域外效力。营业所在地法院启动非主要破产程序，效力限于域内。主要利益中心在没有反证的情况下为注册地。我国规定债务人住所地法院具有管辖权，法人住所地一般为主要办事机构所在地，而主要办事机构所在地

① 王晓琼：《跨境破产中的法律冲突问题研究》，华东政法大学 2006 年博士学位论文。

② 郑维炜：《破产的国际私法问题研究》，吉林大学 2010 年博士学位论文。

③ 王晓琼：《跨境破产中的法律冲突问题研究》，北京大学出版社 2008 年版，第 201 页。

④ 张玲：《跨境破产合作中的国际私法问题研究》，中国政法大学 2005 年博士学位论文。

⑤ 徐伟功：《不方便法院原则在中国的运用》，载《政法论坛》2003 年第 2 期。

一般为主要利益中心地，我国和《跨国界破产示范法》、《欧盟规则》的规定相符。① 但也有观点指出其弊端在于非主要程序可能会引起企业分支机构所在国对财产的分割，从而可能会实际妨碍企业的重整。②

4. 肯定协议管辖

英美国家判例表明在符合一定条件时，允许双方当事人协议确定破产管辖法院。对于协议管辖，有学者提出应当区分核心问题和非核心问题，对于非核心问题允许协议管辖，核心问题不允许协议管辖。③

### （三） 通过国际协调解决管辖权冲突

通过国际协调，签订国际条约来减少或避免管辖权的冲突也是确定跨境破产管辖权的一种途径。这是一种比较理想和适宜的方式。④ 其主要意义在于：第一，在一定程度上可以抑制各国或地区管辖权膨胀。条约的参与国家或地区越多，管辖权冲突越能得到缓解。第二，有利于各国或地区统一承认与执行域外破产程序的标准，实现更广泛的国际合作。⑤

本书认为，我国在解决跨境破产管辖权问题上，应当在先受理原则的基础上考虑不方便法院原则。先受理原则是解决管辖权冲突的一个普遍原则，且高效、明确、便利。相应地，其存在挑选法院的弊端，但该弊端可以通过不方便法院原则予以解决。此外可以将主要利益中心和营业所概念引入，区分主要程序和非主要程序。主要程序具有普遍效力，非主要程序的效力仅及于本国。虽然对于主要利益中心地的含义，《欧盟规则》和《跨国界破产示范法》并没有明确界定，实践中也一直存在争议。但不可否认的是，主要利益中心地的做法较好地平衡了破产普遍主义的理想目标

---

① 石静遐：《中国的跨界破产法：现状、问题及发展》，载《中国法学》2002年第1期。

② 王晓琼：《跨境破产中的法律冲突问题研究》，华东政法大学2006年博士学位论文。

③ 黄少彬、张旭、温文治：《国外跨境破产管辖制度及对我国立法的启示》，载《湖南财政经济学院学报》2011年第4期。

④ 王晓琼：《跨境破产中的法律冲突问题研究》，华东政法大学2006年博士学位论文。

⑤ 张玲：《跨境破产合作中的国际私法问题研究》，中国政法大学2005年博士学位论文。

和各国本身利益的保护的需求，也使一国的破产裁判在域外能够得到较好的承认与执行。主要利益中心地确定的困难不应当成为否认利益中心地主义适用的理由。而且与用"企业注册地"等这一类明确的概念确定管辖法院相比，较为灵活的主要利益中心概念可能更加能够适应日益复杂的跨境企业破产问题。

## 四、跨国企业集团管辖权的确定

### （一）普通跨国企业集团管辖权问题

1. 管辖权的确定标准——主要利益中心

传统的管辖权理论在跨境破产中的缺陷于跨国企业集团破产中也有体现，甚至更甚。跨国企业集团下对于住所地、主营业地的判断更加困难，财产所在地更加广泛，跨国企业集团的国籍与跨国企业集团的紧密程度有限。基于此，有学者提出通过主要利益中心地标准来解决跨国企业集团破产问题。适用主要利益中心地标准需要考虑如何为跨国企业集团确定主要利益中心。主要利益中心地理论以对每一实体单独进行评估为前提性假设，但有学者认为当经济联系密切的实体破产时，应当为整个企业集团确定主要利益中心地。① 一方面，其优点在于有利于减少平行破产、实现全球管理、实现所有集团成员的价值最大化、减少法院选择、有助于实现全球范围内的重整。另一方面，其弊端在于：第一，跨国企业集团主要利益中心地难以定义并且如果各国法院无法在此问题上达成一致，主要利益中心地的优势难以实现。第二，若主要利益中心地在母公司所在地，而母公司未破产，位于其他地方的子公司破产时，难以实现对程序进行统一管理和监管。第三，可能出现母公司所在国破产法律的扩张，进而导致对其他法域的债权人的歧视。②

对于如何确定跨国企业集团的主要利益中心地，有命令控制说、管理中心说、债权人期待说和区分说。

① 解正山：《跨境破产立法及适用研究——美国及欧洲的视角》，法律出版社2011年版，第167~169页。

② 解正山：《跨境破产立法及适用研究——美国及欧洲的视角》，法律出版社2011年版，第167~169页。

命令与控制说主要通过分析跨国企业机关母公司和子公司之间在经营管理上的关系来确定主要利益中心地。如果跨国企业集团的一体化程度很高，那么集团各成员国的主要利益中心地同母公司的主要利益中心地一致。但理论界认为此做法的弊端在于：第一，不利于保护集团其他成员所在管辖区域的债权人的利益，使其合理期待落空。第二，在集团各方实体没有协商一致时，将一国的管辖权和有关法律强加给集团中的各个实体，难以实现，也不公平。①

管理中心说本身的含义较为模糊。有观点将其理解成战略决策作出的地方，包括公司的方针政策的制定、资金流向的选择以及公司命运的决定等；也有观点将其理解为真正的住所。有通过考察跨国企业集团的各实体在日常经营事务的管理上是否有独立的自主权来判断管理中心，但这种理解同命令控制说差别不大。②

债权人期待说认为在运用命令与控制的方法确定破产债务人的主要利益中心地是否与集团母公司主要利益中心地一致的同时，还需要衡量第三方债权人的期待，单纯的一体化程度不足以成为其他法域放弃管辖的正当基础。但此因素的弊端在于：第一，容易成为歧视不同债权人的借口，主要与当地子公司进行交易的外国债权人很容易被跨国企业集团总部所在地的法院所轻视。第二，公司可能存在多类债权人，其期待并非一致。对于具体如何衡量债权人的期待，有学者认为应当谨慎，债权人的合理期待应当是绝大多数债权人的期待，而非个别债权人的期待。另外有观点认为需要考虑确定统一的利益中心是否对国内债权人，尤其是在本国享有较高优先权的债权人构成不利影响。③

区分说区分位于我国境内的是母公司还是子公司，主张分别采取不同的措施。如果母公司位于我国境内，且该集团的集中化程度高，我国是主要利益中心地。如果跨国企业集团的子公司位于我国境内，为保护位于我国债权人利益，应当启动属地破产程序，不考虑集团一体化程度如何。若

---

① 邓瑾：《论跨国企业集团破产中"主要利益中心地"的确定——"命令和控制"方法的探讨》，载《河北法学》2014 年第 3 期。

② 邓瑾：《论跨国企业集团破产中"主要利益中心地"的确定——"命令和控制"方法的探讨》，载《河北法学》2014 年第 3 期。

③ 解正山：《跨境破产立法及适用研究——美国及欧洲的视角》，法律出版社2011 年版，第 179 页。

审理过程时发现该子公司是"信箱公司"，应该与其他启动了破产程序的国家进行合作，通过程序性合并、实体性合并、跨境破产协议等各种方式，公平合理地分配破产财产。①

### （二）跨国银行破产管辖权问题

跨国银行破产管辖权冲突的原因主要有以下几点：①各国银行破产法律制度存在显著的差异。②各国利益冲突商业银行作为特殊的公司实体，涉及本国重大经济利益。跨国经营的商业银行所具有的社会和经济意义更加突出，对本国甚至全球金融安全都有重大影响。③缺乏统一的国际通用的商业银行跨境破产管辖权确定规则。④各国管辖权确立标准不一致。⑤不同国家分别采取普遍主义和地域主义也容易导致管辖权冲突。⑥在金融自由化下，许多国家开始寻求本国经济法的域外适用，增加连结点，争夺管辖权。②

对于确定跨国银行的管辖权问题，有学者主张应当遵守以下三点原则：①利益平衡原则，不能仅仅片面的从保护本国债权人角度出发。②管辖的合法性和有效性原则。③方便管辖原则。③

对于具体应当如何确定管辖权，理论界一直存在争议。

有学者否定传统管辖权的连结点在跨国银行破产中的适用，主要理有以下几点：①人身性连结点的弊端在于：第一，如果将国籍视为连结点，跨国金融机构的国籍同国家的联系不够密切，而且如何确定法人的国籍一直存在争议；第二，如果采用住所标准，如何判断法人住所，各国一直存在争议；第三，许多国家通过住所地或者居所地确定法人的国籍，国籍标准和住所地标准在适用上本身存在问题。②财产性连结点的弊端在于，此原则只有大陆法系国家和少数英美法系国家采用，且一般作为补充连结点

---

① 邓瑾：《跨国企业集团破产的立法模式研究》，载《政治与法律》2013 年第5 期。

② 朱龙云：《跨国银行破产的法律冲突与法律适用问题研究》，复旦大学 2009 年硕士学位论文。

③ 李爱君：《商业银行跨境破产法律问题研究》，中国政法大学出版社 2012 年版，第 108~109 页。

适用，如采用这种标准存在不被其他国家承认的问题。①

对于上述问题的解决学者提出两种路径选择：①修改现行破产法，专章对管辖权问题作出规定，以债务人主要利益中心地为管辖权确定依据。考虑主要营业地、主要办事机构、注册地等债务人主要利益中心的连结因素的同时，还可以考虑财产所在地、债务人国籍等管辖权根据。② 对于何为跨国银行的主要利益中心地，理论界有不同的观点。有学者认为传统的推定注册地为主要利益中心地的做法不适用于跨国银行破产。理由在于如今跨国银行全球业务开展中，往往并非由母国直接向东道国进行投资，而是先在海外设立一个一般为空壳的离岸公司。若将该空壳公司注册地视为主要利益中心地显然不合适。③ 也有学者认为，跨国银行的母国是主要利益中心地，主要理由包括：第一，母国是跨国银行的注册地、总行所在地；第二，银行分支庞大，其总行势必会成为银行跨国营业的核心，分支机构一般也以商业银行的名义开展业务，并不具备独立的资本，不能独立承担法律责任。④ ②适当的管辖权自限。具体方式有，对涉外破产管辖权问题在企业破产中作为特别法规定，避免管辖权扩张。参加区域性或者全国性公约，当与民事诉讼法冲突时采用公约的规定。引入不方便法院原则等理论，给予法官自由裁量权，将管辖权让与最适宜法院。⑤

# 第四节 跨境破产的法律适用

在跨境破产实践中，各国基本上排除了冲突规则在跨境破产中的法律适用，而是更加关注管辖权的确定问题。一般情况下，适用普遍主义的国

---

① 李良才：《跨国金融机构破产案件的管辖权选择》，载《法学》2009年第8期。

② 李良才：《跨国金融机构破产案件的管辖权选择》，载《法学》2009年第8期。

③ 高嵩：《跨国银行破产管辖权与法律适用研究》，华东政法大学2010年硕士学位论文。

④ 李爱君：《商业银行跨境破产法律问题研究》，中国政法大学出版社2012年版，第181~182页。

⑤ 李良才：《跨国金融机构破产案件的管辖权选择》，载《法学》2009年第8期。

家统一适用法院地法，而在选择属地主义的国家一般适用本国法律。但这实际上混淆了法律选择和法院选择，有悖于传统的冲突法的思维模式。完全的适用法院地法也会给破产裁判的承认与执行问题造成困难。

## 一、统一适用法院地法模式

采用法院地法解决跨境破产的法律适用问题的优点在于：第一，在使破产准据法保持统一性的同时，公平对待所有债权人，并且满足公共政策的考虑，满足破产诉讼迅速、有效的要求，不会在准据法上犹犹豫豫。[①]第二，便于确定权利和破产后果，避免旷日持久耗资巨大的诉讼。在许多情况下适用法院地法可以减少程序成本和延误，有利于债权人的利益和财产价值的最大化。[②] 其弊端在于，由于各国破产法律规定多有不同，若法院都适用本国法律解决跨境破产问题，会导致承认不能。不能简单地指望用某一个国家的法律来解决所有涉外破产问题。[③]

也有观点认为在跨境破产法律适用问题上，原则上适用法院地法，但允许存在例外。[④] 允许存在例外的主要理由在于例外性的规定有利于债权人利益的保护、案件处理的公平性和国际合作。[⑤] 也有学者认为法律适用应当与作为破产程序核心的目标与价值一致，注意顾及全体而非个别，追求破产财产的价值最大化和所有处境类似的债权人待遇相同。[⑥] 就法院地法例外问题，域外立法上主要规定支付和结算系统的合同、劳动合同、担保权益和撤销权等问题不适用法院地法。[⑦]

---

[①] 黄进主编：《国际私法》，法律出版社1999年版，第372~373页。

[②] 何其生：《新实用主义与晚近破产冲突法的发展》，载《法学研究》2007年第6期。

[③] 刘力：《论涉外破产的法律适用》，载《法律适用》2002年第7期。

[④] 何其生：《新实用主义与晚近破产冲突法的发展》，载《法学研究》2007年第6期；邓瑾：《论跨境破产法律适用的发展趋势》，载《暨南学报（哲学社会科学版）》2013年第12期。

[⑤] 何其生：《新实用主义与晚近破产冲突法的发展》，载《法学研究》2007年第6期。

[⑥] 韩德培主编：《国际私法》，高等教育出版社、北京大学出版社2014年版，第296页。

[⑦] 何其生：《新实用主义与晚近破产冲突法的发展》，载《法学研究》2007年第6期。

## 二、分割适用法律模式

分割适用法律模式主张在跨境破产案件中，不同的事项应有不同的法律适用规则，法院地法并非当然地适用于跨境破产中所有的法律冲突。有学者认为在采用分割制的方式解决跨境破产中实体问题的法律适用应当坚持以下三个基本原则为：①实用主义的态度。由于有关跨境破产问题解决的国际条约缺失，对跨境破产冲突的解决主要是靠各国或地区法院来完成。在处理跨境破产案件时注意协调。②普遍主义与地域主义相结合。这是实用主义的具体体现。③国际合作。通过国际合作可以减少法律冲突。在法律适用方面，一方面可以注重与律师的联系，另一方面，一些国际组织和民间团体近年来也拟定了若干跨国破产的条约和示范法，大力倡导这一领域的国际合作精神。①

对于具体应当应用何种分割模式，理论界一直存在争议，主要有按照破产环节分割模式、区分主要程序和非主要程序模式。

按照破产的各个环节进行分割，主要涉及破产要件、破产程序、破产财产、破产债权和破产管理的分割。但对各个环节应当适用何种法律，学者内部也存在争议。①破产要件主要涉及诉讼程序问题，应适用法院地法。②破产程序问题应适用法院地法。② 但也有观点认为此并非绝对，如债权人申报债权的时间、方式可以适用债权人所在国家的法律，这样有利于外国人申报债权的方便。③ ③破产财产问题中的破产财产范围问题应适用法院地法，但动产、不动产的识别适用财产所在地法，债权人对财产的物权适用物之所在地法，债务人对抗债权的权利适用法院地法。④ 对于财产的估价和变价，为了更好地评算财产价值，更易为债权人和债务人所接

---

① 余和平：《跨境破产的法律适用》，载《西南民族大学学报（人文社科版）》2004 年第 10 期。

② 刘力：《论涉外破产的法律适用》，载《法律适用（国家法官学院学报）》2002 年第 7 期。

③ 王晓琼：《跨境破产中的法律冲突问题研究》，华东政法大学 2006 年博士学位论文。

④ 田园：《论国际破产的法律适用》，载《河南省政法管理干部学院学报》1999 年第 2 期。

受，应当适用财产所在地法。① ④对于破产债权的范围、清偿顺序等的法律适用，主要有两种观点，即适用法院地法和破产宣告时财产所在地法。主张采用法院地法的学者认为大多国家都规定破产债权必须依照破产程序行使。而且，破产债权因涉及申报、调查和确认以及分配等程序性事项，也只能通过破产程序才能行使。② 适用财产所在地法的学者主要考虑到破产涉及财产所在地的经济利益和公共政策。③ ⑤对于破产管理中的有关问题，主要有两种观点。第一种观点认为应当统一适用法院地法。④ 另有观点认为，应区分破产管理中的程序问题和实体问题，程序问题应适用法院地法，实体问题应区分适用法院地法、原法律关系自身的准据法或财产所在地法。⑤

在主张区分主要破产程序和非主要破产程序适用法律的观点下，主要破产程序所适用的法律为主要破产程序开始地法。而非主要破产程序所适用的法律，程序问题上适用非主要破产程序开始地法律，实体上适用主要破产程序开始地法律。⑥

# 第五节　外国破产裁判的承认与执行

## 一、承认与执行外国破产裁判的方式

承认与执行外国破产的方式主要有以下几种：

---

① 刘力：《论涉外破产的法律适用》，载《法律适用（国家法官学院学报）》2002 年第 7 期。

② 刘力：《论涉外破产的法律适用》，载《法律适用（国家法官学院学报）》2002 年第 7 期。

③ 田园：《论国际破产的法律适用》，载《河南省政法管理干部学院学报》1999 年第 2 期。

④ 刘力：《论涉外破产的法律适用》，载《法律适用（国家法官学院学报）》2002 年第 7 期。

⑤ 田园：《论国际破产的法律适用》，载《河南省政法管理干部学院学报》1999 年第 2 期。

⑥ 郑维炜：《中国应对跨境破产法律问题的策略选择》，载《当代法学》2012 年第 1 期。

### （一） 全面程序

当债务人在其他国家开始了外国破产程序，其有理由在本国提起破产程序。有学者认为全面程序的优点在于可以更好地处理债务人在本国的财产，有利于保护本国债权人的利益。① 但其弊端在于成本过高，如果已经存在的破产程序能够充分保护债权人的利益，没必要再提起一个破产程序。②

### （二） 辅助程序方法

辅助程序方法是指当一个主要破产程序在域外有效开始后，其指定的管理人可以在本国或地区申请开始一个简单的辅助程序，指定一个本国或地区的清算人，管理债务人位于本国或地区的破产财产，之后将这些财产移交给域外或地区管理人。美国采取此类方法。③

### （三） 普通转让方法

普通转让方法，即把破产看作向债权人全面转让财产，域外的管理人可以直接向当地法院提出请求而不需要开始当地破产程序，这是普通法系国家采取的方式。④

### （四） 申请执行令的方式

内国法院对受理了的承认与执行某一外国法院破产裁判的请求进行形式上的审查。如果符合内国法所规定的有关条件，内国法院作出一个裁定，并发给执行令，从而赋予该域外法院裁判与内国法院裁判同等的效

---

① 石静遐：《跨国破产的法律问题研究》，武汉大学出版社 1999 年版，第 113 页。

② 王晓琼：《跨境破产中的法律冲突问题研究》，华东政法大学 2006 年博士学位论文。

③ 余劲松、石静遐：《涉外破产的若干法律问题》，载《中国社会科学》1996 年第 4 期。

④ 余劲松、石静遐：《涉外破产的若干法律问题》，载《中国社会科学》1996 年第 4 期。

力。这是大陆法系国家常采用的方式。①

### （五）登记程序

内国法院在收到外国破产管理人的书面请求后，一般只要查明有关的域外破产裁判符合本国或地区法院所规定的条件，就可以只履行一个登记程序，由胜诉方在裁判作出后一定时间内进行登记。这是英国采用的方式。②

## 二、我国对外国破产裁判的承认与执行

### （一）承认与执行的方式

对于我国如何承认与执行域外破产裁判，有学者认为跨境破产案件案情复杂，对域外破产裁判的执行应与一般民事裁决的执行有所区别，往往不能通过简单地发布一个执行令来解决。对于具体应当如何承认与执行，有学者认为当域外破产债务人位于中国的财产较少、债权债务关系比较简单时，可采取普通转让法，允许域外管理人提出申请，取得我国境内的破产财产。相反则可采取辅助程序方法，指定其在我国的破产清算人，搜集其在我国的破产财产，清理债权债务关系，必要时可对有担保债权人实行优先清偿，将剩余财产移交给域外的破产管理人。③ 除以上两者，如果外国已经在管辖权更适当的法院启动了破产程序，我国法院对债权人在国内申请的破产程序就应当按照非主要程序来处理。④ 对于我国内地和香港、澳门地区之间的承认与执行，有观点认为可以采用登记制度，即债权人或管理人可以持任何一地生效的法律文书，在另一地的法院进行登记，另一地法院即认可生效法律文书的效力，并给予协助执行，以便减少一国内不

---

① 王晓琼：《跨境破产中的法律冲突问题研究》，华东政法大学 2006 年博士学位论文。

② 王晓琼：《跨境破产中的法律冲突问题研究》，华东政法大学 2006 年博士学位论文。

③ 余劲松、石静遐：《涉外破产的若干法律问题》，载《中国社会科学》1996年第 4 期。

④ 贾申：《跨国破产国际私法问题探究》，清华大学 2005 年硕士学位论文。

同法域之间的法律冲突，便利对破产裁判的承认与执行。①

**（二）承认与执行的条件**

域外各国对于承认与执行域外破产裁判的条件一般包括：第一，该国法院有适当的管辖权；第二，不损害本国债权人的利益；第三，不违反本国公共政策；第四，域外的诉讼程序不违背根本的法律价值。

我国《企业破产法》借鉴了《民事诉讼法》关于域外民商事裁判承认与执行的规定，法院依照我国缔结或者参加的国际条约，或按照互惠原则，审查域外破产裁判是否违反我国法律的基本原则，是否损害国家主权、安全、社会公共利益和我国债权人的合法权益。

有学者认为在承认与执行时应当区分债务人住所地法院启动的破产程序和非债务人住所地法院启动的破产程序。当多国或地区对债务人启动多个破产程序，且都向我国提出承认其破产程序效力的申请时，优先承认债务人住所地所在国或地区开始的破产程序。对于非住所地法院启动的破产程序，原则上不得给予其多于债务人住所地所在国或地区之破产代表所得到的救济权利，除非其能证明这种限制是不公平的。当债务人住所地国或地区没有启动破产程序，或者规定破产程序没有域外效力，我国法院可以承认非债务人住所地所在国或地区法院启动的破产程序。但当债务人住所地国或地区法院申请承认与执行且我国承认了的，应修改已经给予非债务人住所地所在国或地区的破产代表的各项救济权利，使其原则上不得多于债务人住所地所在国或地区破产代表获得的救济权利，除非其能证明这种限制有不公平之处。②

对于我国承认域外破产裁判的条件，理论界莫衷一是，主要包括以下几个条件：

（1）外国或地区破产法规定其破产裁判具有域外效力。③

（2）互惠对等原则。外国或地区法院对我国法院的破产宣告曾经作

①　王晓琼：《跨境破产中的法律冲突问题研究》，华东政法大学 2006 年博士学位论文。

②　王欣新、王健彬：《我国承认外国破产程序域外效力制度的解析及完善》，载《法学杂志》2008 年第 6 期。

③　汤维建：《论国际破产》，载《比较法研究》1995 年第 2 期；余劲松、石静遐：《涉外破产的若干法律问题》，载《中国社会科学》1996 年第 4 期。

出过否认，那么在相同情形下，我国法院对该国或地区破产宣告的域外效力也不予承认。对于"相同情况"的判断，有观点认为，如果一个法院以我国的破产宣告在该国的承认与执行会损害其社会公共利益为由予以否认，而事实上也确实如此时，不视为此处的"相同情况"。①

对于互惠的要求，有学者持反对意见，主要理由有：第一，我国的规定应与《跨国界破产示范法》相协调，《跨国界破产示范法》对于域外破产裁判的承认与执行没有互惠的要求。② 第二，过于强调互惠原则会导致大量平行诉讼的存在。③

另有学者并不完全否定互惠原则，但主张对其进行限制，但如何限制也有不同观点。①有观点认为应当采取一分为二的思想。立法上保留对互惠原则的规定，实践上采用灵活的态度。只要一国或地区在立法中确立了承认外国破产程序域外效力的规则，就可以被视为在此问题上实行了对中国的法律互惠。④ ②也有观点认为只要一国或地区立法上确立了与我国相近似或更加宽松的承认外国或地区破产程序域外效力的规则，可以视为在此问题上对我国存在互惠。⑤

（3）对外国或地区破产宣告的承认和执行，不会违反我国法律的基本原则或者国家主权、安全和社会公共利益。⑥ 对于其判断，有学者认为需要从承认的结果出发，若承认不违背我国法律的基本原则，损害国家主

---

① 汤维建：《论国际破产》，载《比较法研究》1995年第2期；余劲松、石静遐：《涉外破产的若干法律问题》，载《中国社会科学》1996年第4期；韩德培主编：《国际私法》，高等教育出版社、北京大学出版社2007年版，第209页。

② 石静遐：《中国的跨界破产法：现状、问题及发展》，载《中国法学》2002年第1期。

③ 郑维炜：《破产的国际私法问题研究》，吉林大学2010年博士学位论文。

④ 郑维炜：《中国应对跨境破产法律问题的策略选择》，载《当代法学》2012年第1期。

⑤ 王欣新、王健彬：《我国承认外国破产程序域外效力制度的解析及完善》，载《法学杂志》2008年第6期。

⑥ 汤维建：《论国际破产》，载《比较法研究》1995年第2期；李国安：《试论破产宣告的域外效力》，载《厦门大学学报（哲学社会科学版）》1995年第4期；余劲松、石静遐：《涉外破产的若干法律问题》，载《中国社会科学》1996年第4期；李国安：《试论破产宣告的域外效力》，载《厦门大学学报（哲学社会科学版）》1995年第4期。

权、安全和社会公共利益时，即可承认。①

（4）域外破产程序没有给予中国债权人不公平待遇，承认与执行该破产裁判对中国债权人合法权益没有损害。② 也有学者更进一步认为承认与执行的条件之一为域外破产程序公平地对待所有的债权人，不仅仅限于中国债权人。③ 有学者对此提出反对观点，其主要理由在于：第一，此条弹性过大。什么是损害，依照什么法律判断是否有损害存在争议。第二，考虑到各国或地区破产法在破产债权的法律适用、破产分配顺序、优先权等问题规定上的差异，能做到完全不损害中国境内债权人利益的十分少。④ 对于何为债权人合法权益，理论界也存在争议。

对于我国债权人的合法权益之判定，存在不同意见。有学者认为当我国对债务人的破产案件具有管辖权时，债权人的合法权益范围为我国各项法律包括《企业破产法》产生的所有权益。否则只能是依据《企业破产法》以外的其他民事法律以及依据作出破产裁定的该外国或地区的破产法所产生的相关权利。清偿顺序的不同不能视为损害债权人合法权益。⑤ 也有学者认为只有在域外清偿顺序同我国清偿顺序一致时才能承认与执行域外破产裁判，债权人的合法权益及清偿顺序在域外裁判中并未处于更为不利的地位。⑥ 还有学者认为应当按照"实质相似性"理论，审查确认域外破产法中的实体规定，比如别除权、撤销权、抵销权、清偿顺序等，

---

① 郑维炜：《中国应对跨境破产法律问题的策略选择》，载《当代法学》2012年第1期。

② 余劲松、石静遐：《涉外破产的若干法律问题》，载《中国社会科学》1996年第4期；宋倜：《略论破产宣告的域外效力》，载《法学杂志》1998年第3期；汪炜、陈国靖：《破产宣告的域外效力及我国的立法对策》，载《理论月刊》1999年第6期。

③ 李国安：《试论破产宣告的域外效力》，载《厦门大学学报（哲学社会科学版）》1995年第4期；汪炜、陈国靖：《破产宣告的域外效力及我国的立法对策》，载《理论月刊》1999年第6期。

④ 何其生：《新实用主义与晚近破产冲突法的发展》，载《法学研究》2007年第6期。

⑤ 王欣新、王健彬：《我国承认外国破产程序域外效力制度的解析及完善》，载《法学杂志》2008年第6期。

⑥ 李国安：《试论破产宣告的域外效力》，载《厦门大学学报（哲学社会科学版）》1995年第4期。

是否同我国《企业破产法》大体相同。①

（5）破产宣告由适当的有管辖权的法院作出。②

### （三）我国承认与执行外国破产裁判之机制的构建

有学者提出，我国承认与执行机制的构建应当满足如下要求：①尽量减少对域外破产裁判承认与执行的限制条件；②尽量避免多重外国或地区破产程序带来的不利因素。各国应该就之间的平行破产程序模式进行必要的规制，可以考虑事先沟通，相互提供有关的法律意见，对本国或地区法律及其可能的适用作出解释。③

理论界对于承认与执行的条件要求呈现从严到宽的趋势，从早期大量的关于正当管辖权、互惠、公共政策、债权人权益等限制（有的学者还采取了不完全列举的方式），到后来的对法律规定中要求的互惠、公共政策、债权人合法权益等条件做限制性解释。早期的做法实际上否认了对域外破产裁判的承认与执行，这不符合跨境破产的发展趋势，也不利于本国破产裁判域外效力的发挥。后期的做法更加可取。本书认为，在承认与执行问题上，在没有条约存在的情况下，不应当一概不予承认与执行域外破产裁判，法院之间应当加强合作。由于我国明确规定破产案件由债务人住所地法院管辖，不允许当事人之间协议管辖，寄希望于协议管辖原则并不现实，与我国现行法律相违背。然而这并不排除法院之间在没有管辖协议的情况下，在个案中加强合作，国外已经有相关的实践。美国法院在一个案件中曾经向荷兰法院详细说明了美国的法律，并附文件说明了荷兰法院接受或者拒绝美国法院判决时，美国法院可能采取的行动。美国联邦第三巡回上诉法院也曾以法院之间应该有一个基本的对话，在交流的基础上尽力达成理解，努力寻求合作为由在一个案件中推翻了破产法院作出的禁诉令。④ 而且在立法进程还没有开展之时，在现有法律体系的框架下开展一

---

① 汤维建：《论国际破产》，载《比较法研究》1995 年第 2 期。

② 余劲松、石静遐：《涉外破产的若干法律问题》，载《中国社会科学》1996 年第 4 期；汪炜、陈国靖：《破产宣告的域外效力及我国的立法对策》，载《理论月刊》1999 年第 6 期。

③ 郑维炜：《破产的国际私法问题研究》，吉林大学 2010 年博士学位论文。

④ 王晓琼：《跨境破产中的法律冲突问题研究》，北京大学出版社 2008 年版，第 64~65 页

定的司法协作，且通过个案之间的交流合作，可以加强法院之间对彼此破产法律的认识，破产政策的理解，促进有关条约的达成。

　　理论界对于跨境破产的主要争议在于跨境破产的域外效力、跨境破产中管辖权的协调、跨境破产中的法律适用和域外破产裁判的承认与执行。对于破产域外效力问题，普遍认为折中主义在反映普遍主义的趋势的同时更加务实。就跨境破产的管辖权问题，越来越多的学者建议采用《跨国破产示范法》和《欧盟规则》区分主要破产程序和非主要破产程序的做法。对于承认与执行域外破产裁判的条件，虽然我国法律已经作出了规定，但对于现有规定，理论界仍然存在争议。总的来说，理论界对于承认与执行的条件要求呈现从严到宽的趋势，这也符合国际合作的需要。

# 第十五章　破　产　责　任

## 第一节　概　　述

我国《企业破产法》第 6 条规定："人民法院审理破产案件，应当依法保障企业职工的合法权益，依法追究破产企业经营管理人员的法律责任。"法律责任，系指因违反法定或约定义务所产生的，相关主体应当承担的强制不利后果，或曰违法行为人必须接受制裁的法律地位。法律后果是法律对具有法律意义的行为赋予某种结果，其否定性者成为法律责任。就本章而言，破产责任即相关主体违反破产法，所应承担的强制不利后果。唯有明定法律责任，课以不利后果，《企业破产法》各种规定始具备法律规则"假定—行为模式—法律后果"之完整逻辑结构，有法律规范效力，不为宣告性条文。处于应承担法律责任地位之人，会由特定国家机关依其所承担法律责任之性质，实施人身、精神、财产等方面的强制惩罚措施，将此责任具体化、现实化，是为法律制裁。破产责任依其所违反法律之性质，得为民事、行政或刑事责任，行为人可能面临民事、行政与刑事制裁；在破产程序中，相关人员破坏破产程序之进行，应面临对妨害破产程序的强制措施。①

学者对破产责任意义之总结，迄今为止已颇具见地。破产法与公司法俱以完善商界和企业家之行为标准为共同目标，欲使董事、监事、高级管理人员（以下称"高管"）善尽义务者免于个人责任，背弃义务者承担相应责任，并使因高管背弃义务蒙受损失之人获得赔偿。此目标有破产责

---

① 李龙、汪习根：《法理学》，武汉大学出版社 2011 年版，第 317 页、第 348 页、第 320 页；陈家林：《外国刑法理论的思潮与流变》，中国人民公安大学出版社、群众出版社 2017 年版，第 368 页。

任加持，更易达成。破产责任法与破产实体法、破产程序法一道，属"破产法大厦之基石"，有利于填补、救济行为人违反破产法的行为招致的损失，保障债权人依法获公平清偿，防止职工、股东及上下游企业等利害关系各方受到损失，教导破产者和其他社会成员，预防破产违法行为，维护破产实体公平公正、确保破产程序顺利进行。① 总而言之，设置破产责任，扬正常破产拯救债务人并保护债权人、促进市场优胜劣汰之长，避肆意破产损害利害相关方利益、浪费社会资源、妨害社会稳定之短，使破产法循正确路径达成目的，而不使其为心怀叵测之人规避法律、中饱私囊、逃废债务的工具。

我国破产法以《企业破产法》及一系列司法解释、司法指导性文件等民事法律规范为主要渊源，但破产法"不独包括民法、商事法、民事诉讼法、强制执行法，亦包括刑事法规及行政法规"，是"上述诸法之混合法"②，编纂方式或有不同，规范性质并无二致。破产实体法调整平等主体间财产关系，属民商法范畴；涉及破产程序者，却是用以调整进行于法院、当事人、其他诉讼参与人间之破产案件审理活动及发生于此过程中之法律关系，不论采何学说（见"破产程序"一章），均应归入民事诉讼法；破产行政管理之规定，调整行政主体与行政相对人间之行政管理关系，应属行政法；规制破产犯罪的法条，不论保护破产实体或程序，位于刑法典或破产法、单行法，均因规定犯罪、刑事责任、刑罚，设定国家刑罚权范围，以禁止、处罚犯罪行为为内容，③ 而属刑法之列。立法机关将本属不同法律部门之各种破产法律规范置于同一部法典中，以该法典囊括破产实体、破产程序并规定破产责任，法学名之为"破产法"以为学科，使最高立法机关不必另立法典，教学科研院所毋庸单编教材。如此安排，

---

① 王卫国：《破产法精义》，法律出版社 2007 年版，第 363 页；齐树洁主编：《破产法研究》，厦门大学出版社 2004 年版，第 468 页、第 471 页；汪涛编著：《破产法》，武汉大学出版社 2015 年版，第 98 页；韩长印主编：《破产法学》，中国政法大学出版社 2007 年版，第 227 页；陈晓峰编著：《破产清算法律风险管理策略》，法律出版社 2011 年版，第 202~203 页；本书编写组编著：《中华人民共和国企业破产法释义及实用指南》，中国民主法制出版社 2012 年版，第 298 页。

② 吴传颐编著：《比较破产法》，商务印书馆 2013 年版，第 4 页、第 14 页、第 17 页。

③ 张明楷：《刑法学》（第五版），法律出版社 2016 年版，第 26 页。

盖出于增进立法效率、便利检索利用、开展一体研究的考量，却不妨碍破产法各条文分属不同部门法。当今所谓"公法私法化""私法公法化""公私混合法""公私法融合"者，无外立法机关将同一社会生活领域中私主体、私生活之规范与国家介入之规范写入同一部法律文件甚至同一个法律条文而已，至多于手段上有所创新借鉴，并未创造全新的调整对象、调整方法，并未消融其不同法律部门之界限和属性。此一区分，对理解法律规范意旨、保护目的，准确把握各种责任的性质尤为重要。

中文"责任"一词，在不同语境下有不同含义。例如"保证责任"及一人有限公司股东对公司债务"连带责任"之"责任"，指涉债务人不履行债务、债务人与股东财产不能证明独立时，保证人、股东履行债务之义务（《担保法》第二章第三节、《公司法》第 63 条），而"法律责任"之"责任"含义如前；"责任"在刑法上还有行为人辨认控制自己行为、应答社会规范的非难可能性的含义。[1] 破产免责与非免责主义，系指破产程序终结后债务人对未能清偿的债务是否继续清偿，此无关破产违法行为，纯为破产对债务人的后果，显属第一种理解，与破产责任不应混为一谈。在我国不承认自然人破产能力的前提下，法人被宣告破产、依法进行破产清算并完成注销登记时即终止（《民法总则》第 68 条第 1 款、第 73 条），除合伙企业破产外（《合伙企业法》第 92 条第 2 款），所谓破产免责与否，并无意义。[2]

## 第二节　对妨害破产程序的强制措施

破产程序，因我国《企业破产法》采"大破产"之立法例、法律责任一章为整部法律所共用，应理解为包括破产清算程序、和解程序、重整程序，行为人妨害各种破产程序的行为，皆为该法所规制。破产程序法属广义的、特别的民事诉讼法（详见第十二章"破产程序"），对《企业破

---

① 张明楷：《刑法学》（第五版），法律出版社 2016 年版，第 241 页；陈家林：《外国刑法理论的思潮与流变》，中国人民公安大学出版社、群众出版社 2017 年版，第 368 页。

② 李永军、王欣新、邹海林、徐阳光：《破产法》（第二版），中国政法大学出版社 2017 年版，第 9~10 页。

产法》第十一章未作规定之妨碍破产程序行为及行为人，仍得依《民事诉讼法》第十章及《民诉法解释》第八章之一般规定处以强制措施。唯对妨害民事诉讼的强制措施适用于一切民事司法程序，非专门适用于破产程序，不在本专题专述。

## 一、《企业破产法》施行前的规定

《企业破产法》施行前，该类措施未见于《企业破产法（试行）》，但在《企业破产法（试行）意见》中有所体现。

《企业破产法（试行）意见》第 19 条第 2 款规定，债务人收到人民法院关于停止清偿债务的通知后，仍然对部分债权人清偿债务或者有破产欺诈行为者，人民法院除应当裁定无效，追回该项财产外，并可对法定代表人、上级主管部门负责人以及其他直接责任者进行处罚。第 21 条规定，债务人的开户银行收到人民法院通知后，扣划债务人的既存款和汇入款抵还贷款，拒不退回的，人民法院除裁定其退回并向其开户银行制发协助执行通知书外，仍可处罚有关人员和直接责任者。处罚依 1991 年《民事诉讼法》第 102 条、第 104 条，为罚款、拘留，构成犯罪的依法追究刑事责任。《企业破产法（试行）意见》第 22 条规定，破产企业的法定代表人在破产程序终结以前，擅离职守或以其他方式逃避的，或者拒绝向清算组办理交接手续的，或者有 1991 年《民事诉讼法》第 102 条所列行为之一的，人民法院可以根据情节轻重，予以罚款、拘留；构成犯罪的，依法追究刑事责任。

## 二、"妨害破产程序责任"之法律性质

有学者将《企业破产法》规定的人民法院训诫、拘传、罚款、拘留等措施，称为"妨害破产程序的法律责任"或"破产司法责任"，甚至将其归入"行政责任"之列。[①] 本书认为这一观点值得商榷。此称谓有其现行法律来源，即《企业破产法》第 11 章之章名"法律责任"和《企业破产法（试行）意见》所称"处罚"。在很多国家，此类行为为构成犯罪

---

① 前者如李永军、王欣新、邹海林、徐阳光：《破产法》（第二版），中国政法大学出版社 2017 年版，第 198 页、第 200 页；后者如齐树洁主编：《破产法研究》，厦门大学出版社 2004 年版，第 483 页。

（破产程序罪），其性质应属法律责任且为刑事责任，殊无疑义。而在我国，妨害破产程序的行为除符合犯罪构成者而受刑事制裁外，未被专门规定为犯罪行为，对其规制措施之种类和决定主体，均该当《民事诉讼法》上"对妨害民事诉讼的强制措施"之要件，《破产法解释一》第 6 条第 2 款亦称之为"强制措施"。我国如此安排妥当与否暂且不论，但域外之安排不应混淆我国法上其应有地位，此类措施究竟属何性质，应于我国法律体系内独立判断。对妨害民事诉讼的强制措施，是法院在民事诉讼中，为了维护诉讼秩序，保障审判活动顺利进行，依据民事程序法对有妨害诉讼行为之人所采取的带有强制性的约束、教育手段的总称。既为"总称"，则当然包括其他法律中一切规定，何况破产程序法本为广义民事诉讼法之一部分。在破产程序中，行为人竟以法所不许的方式破坏破产程序，法院自当采取措施制止其行为，给予一定惩戒和教育，以促进破产程序顺利进行，保障债权人等相关人得以充分行使诉讼权利、充分享有实体利益，维护国家法制及法院尊严，这与法律责任及作为责任衍生强制惩罚措施之法律制裁殊为不同。① 此类措施于当事人有一定不利，但其核心意蕴终究不在惩戒不法，而在为程序保驾护航、排除障碍，与通常所称法律责任意涵相比，有超出的内容。称为"司法责任"已属牵强，称为行政责任更无根据，因其行为并非违反行政法而是违反程序法、该措施不是行政行为而是司法行为、此时法院是审判权主体而非行政主体。此类措施，就是对妨害破产程序的强制措施。强制措施，有的有惩罚性，例如司法拘留、罚款，有的无惩罚性，例如刑事强制措施、行政强制措施以及引渡拘留、被判刑人移管回国先行关押。其有一定惩罚性，不妨碍称为强制措施。

### 三、受强制措施之主体

根据《企业破产法》的规定，妨害破产程序的行为，有由债务人实施者，亦有由有关人员实施者，有作为亦有不作为，但皆以违反《企业破产法》所规定义务为前提。我国破产法未确立自然人破产制度，仅企业法人可为破产主体，其他组织破产清算参照适用《企业破产法》规定的程序，因此妨害破产程序的"债务人"均为组织而不可能为自然人。

---

① 赵钢：《民事诉讼法》（第三版），武汉大学出版社 2015 年版，第 214～215 页。

但人民法院采取强制措施的对象，仅为债务人的法定代表人、有关人员、直接责任人员或管理人，而非债务人。债务人既已进入破产程序，债权人权益得以完全满足的概率已然不大，企业仅剩的财产最终也将被首先用于支付破产费用、偿还共益债务，有剩余者才被用以清偿债权。因妨害破产程序处罚债务人本身，最终必使债权人为妨害破产程序行为埋单，丝毫无益于督促企业相关人员履行义务，更遑论有利于保护债权人利益。

法定代表人，依《民法总则》第 61 条和《公司法》第 13 条，系指依照法律或者法人章程的规定，依法登记，代表法人从事民事活动的负责人，在公司包括董事长、执行董事或者经理；有关人员，依《企业破产法》第 15 条第 2 款，系指法定代表人，经人民法院决定，可以包括企业的财务管理人员和其他经营管理人员；直接责任人员，系指对企业违法行为有直接关系的人；① 管理人，即依《企业破产法》确定的管理人。

## 四、各种强制措施

### （一）违反列席义务

依《企业破产法》第 126 条前段，有义务列席债权人会议的债务人的有关人员，经人民法院传唤，无正当理由拒不列席债权人会议的，人民法院可以拘传，并依法处以罚款。此义务源于《企业破产法》第 15 条第 1 款第 3 项。

### （二）违反说明义务

依《企业破产法》第 126 条后段，债务人的有关人员违反本法规定，拒不陈述、回答，或者作虚假陈述、回答的，人民法院可以依法处以罚款。此义务源于《企业破产法》第 15 条第 1 款第 2 项和第 3 项，以及《企业破产法》第 68 条第 2 款对债权人委员会的说明义务、第 84 条第 3 款向债权人会议说明重整计划草案并回答询问义务。

本条的两项义务，主体为有义务列席债权人会议的债务人的有关人员，自不包括依《企业破产法》第 23 条第 2 款应当列席债权人会议的管

---

① 李国光主编：《新企业破产法条文释义》，人民法院出版社 2008 年版，第 550、554 页。

理人以及依该法第 85 条可以列席的出资人代表。此类人员相较于债权人、股东，更熟悉企业经营及管理情况，应于所列席的债权人会议中，向债权人会议如实说明，并如实回答人民法院、管理人的询问。①

### （三）违反提交义务

依《企业破产法》第 127 条第 1 款，债务人违反本法规定，拒不向人民法院提交或者提交不真实的财产状况说明、债务清册、债权清册、有关财务会计报告以及职工工资的支付情况和社会保险费用的缴纳情况的，人民法院可以对直接责任人员依法处以罚款。此源于《企业破产法》第 11 条第 2 款关于债权人申请债务人破产时，债务人自裁定送达之日起十五日内，向人民法院提交财产状况说明、债务清册、债权清册、有关财务会计报告以及职工工资的支付和社会保险费用的缴纳情况的规定，不包括《企业破产法》第 68 条第 2 款关于向债权人委员会提供有关文件的规定。

### （四）违反移交义务

依《企业破产法》第 127 条第 2 款，债务人违反本法规定，拒不向管理人移交财产、印章和账簿、文书等资料的，或者伪造、销毁有关财产证据材料而使财产状况不明的，人民法院可以对直接责任人员依法处以罚款。依《企业破产法》第 15 条第 1 款第 1 项、第 25 条第 1 款第 1 项，管理人有 "接管债务人的财产、印章和账簿、文书等资料" 之权，而债务人有关人员有 "妥善保管其占有和管理的财产、印章和账簿、文书等资料" 之义务。本条不规制依《企业破产法》第 73 条、第 89 条、第 98 条之重整程序、和解程序中管理人对债务人的移交义务。

本条所科义务，系因债务人受法律要求，于破产案件受理后将财产及有关资料移交人民法院或管理人，以为审理破产案件、分配破产财产的基础。其由管理人接管，是确保债务人财产安全、确保债权人等人利益之重要手段。债务人不照此执行，会影响破产相关事务的开展，威胁债务人财

---

① 《中华人民共和国企业破产法》起草组编：《中华人民共和国企业破产法释义》，人民出版社 2006 年版，第 350 页。

产安全，进而妨害债权人、其他人的合法权益。① 处罚债务人本身有害无利，相关资料又往往为直接责任人员所掌握，法律遂规定强制措施由直接责任人员承受。

### （五）违反居住限制义务

依《企业破产法》第129条，债务人的有关人员违反本法规定，擅自离开住所地的，人民法院可以予以训诫、拘留，可以依法并处罚款。

此为《企业破产法》中唯一一处司法拘留的规定，其义务源于《企业破产法》第15条第1款第（4）项的规定。债务人有关人员，身处企业核心，掌握债务人真实情况及相关资料，又有《企业破产法》所科各项义务待履行，对破产事务处理尤为关键，且外人无从了解、替代。如许此类人任意离开住所地，则他们可能逃避藏匿、销毁资料，至少对破产事务处理构成极大阻碍，造成破产程序不畅。② 《德国破产法》第98条，也对包括准备逃跑等一系列违反义务的行为，规定了法院强制拘提债务人的强制措施。③

### （六）管理人渎职

依《企业破产法》第130条前段，管理人未依照本法规定勤勉尽责，忠实执行职务的，人民法院可以依法处以罚款。《关于审理企业破产案件指定管理人的规定》第39条第1款规定了"管理人申请辞去职务未获人民法院许可，但仍坚持辞职并不再履行管理人职责，或者人民法院决定更换管理人后，原管理人拒不向新任管理人移交相关事务"情形中，人民法院依《企业破产法》第130条对管理人的罚款。此处对社会中介机构为管理人的罚款为5万元至20万元人民币，对个人为管理人的罚款为1万元至5万元人民币，在《民事诉讼法》第115条范围内。

---

① 《中华人民共和国企业破产法》起草组编：《中华人民共和国企业破产法释义》，人民出版社2006年版，第352页；邢立新编著：《最新企业破产法实务精答》，法律出版社2007年版，第267~268页。

② 《中华人民共和国企业破产法》起草组编：《中华人民共和国企业破产法释义》，人民出版社2006年版，第359页；邢立新编著：《最新企业破产法实务精答》，法律出版社2007年版，第269~270页。

③ 韩长印主编：《破产法学》，中国政法大学出版社2007年版，第229页。

另外，原管理人在破产程序终结前，拒不依《关于审理企业破产案件指定管理人的规定》第37条第2款接受询问，是否承担责任，司法解释未作规定。本书认为，可参照第39条第1款处以罚款。

# 第三节 破产民事责任及其附随效果

破产民事责任，系指实施违反破产法行为之人，承担的民法上不利后果。[①] 破产民事责任为过错责任，并要求违法行为、损害结果和因果关系。破产法属商事法，未涉人身关系，其责任形式为财产责任，如赔偿损失、返还财产。[②]

## 一、高管民事责任

导致企业破产之民事责任，其依据在于企业高管违反义务。实践中，常有高管使企业资产大量流失，以致无产可破或债务清偿率极低，自身却逃废债务。[③] 严格规定导致企业破产的法律责任，在破产企业财产被最大限度分配于债权人外，再追究高管个人责任，有助于强化企业高管的忠实、勤勉意识，约束其行为，预防企业破产，同时尽量填补损害。这是建立破产约束机制的重要条件，亦为保护债权人、其他人利益所必须。

### （一）民事责任之内容

依《企业破产法》第125条第1款，企业董事、监事或者高级管理人员违反忠实义务、勤勉义务，致使所在企业破产的，依法承担民事责任。此项民事责任不应过度扩大化，应限于在执行职务时违反义务，排除正常经营风险，以企业高管有过错，即违反忠实义务、勤勉义务为要件，还要求造成企业破产之后果。[④] 如企业因政策调整、市场突变、经营不善

---

① 齐树洁主编：《破产法研究》，厦门大学出版社2004年版，第479页。

② 本书编写组编著：《中华人民共和国企业破产法释义及实用指南》，中国民主法制出版社2006年版，第321~322页。

③ 李国光主编：《新企业破产法条文释义》，人民法院出版社2008年版，第548页。

④ 安建、吴高盛主编：《企业破产法实用教程》，中国法制出版社2006年版，第163~164页。

而破产，只要高管尽了忠实、勤勉义务，非因过错致使企业破产，就不承担民事责任，① 此为市场须承受之风险。此项民事责任内容，应赖《公司法》上忠实、勤勉义务而定，② 通常因违反《公司法》第147条、第148条第1款而生。此民事责任仅限于企业高管，决不允许扩及股东、其他工作人员。公司既为企业的典型形态，且民法并不禁止类推，则其他企业管理人员违反义务致使企业破产的民事责任，可参照适用《公司法》。承担民事责任的主要方式即返还财产、损害赔偿，以填补企业所受损害为限，③ 其相当部分已为《公司法》所规定但非专门适用于破产（如违反忠实、勤勉义务所得收入归公司所有）。依举轻以明重之当然解释原理，高管未致企业破产尚且应当赔偿，致使企业破产自应赔偿企业损失。另有学者主张在破产民事责任中引入惩罚性赔偿，④ 以使违法者得不偿失，有利于企业高管尽到忠实、勤勉义务，本书认为可以作为考虑方向。

必须承认，本条规定较为粗疏抽象，仍有颇多问题待解，容下详述。

### （二）民事责任之请求权人

#### 1. 主要观点

《企业破产法》第125条未指明应由何人主张民事责任，亦未指明所依何法。在企业高管导致企业破产全过程中，有多个主体的民事权益受到损害。高管所在企业，其财产被挥霍，其业务遭废弛，至于破产境地，所受损害毋庸赘言；债权人之债权将陷于永久不能清偿，高管行为最终将导致其损失；企业职工，因其工作岗位丧失、工资收入减少、社会保障或有缺损，也受有损害；公司其他股东，丧失股东权利，出资颗粒无收，所受损失也不小。企业高管导致企业破产，损害范围如此之广，难言其严重程度以何者为最。然何人有追究民事责任的资格？依《民事诉讼法》第119

---

① 罗培新主编：《破产法》，格致出版社、上海人民出版社2009年版，第367页。

② 甘培忠、赵文贵：《论破产法上债务人高管人员民事责任的追究》，载《政法论坛》2008年第2期。

③ 王卫国：《破产法精义》，法律出版社2007年版，第367页。

④ 周立英、邓斌：《浅议破产责任制度的重构》，载《企业经济》2004年第8期。

条，民事之诉于原告与本案有直接利害关系时方为合法。民事责任请求权人，牵涉到提起民事诉讼时，何人为适格原告。

有观点认为适合原告仅限于企业，① 此类主张确有其一定道理。依信托关系说、代理关系说和委任关系说，企业高管与企业有直接法律关系。② 本条对企业高管违反忠实、勤勉义务行为所导致结果有明文规定，限于"致使所在企业破产"，则违反本条之行为定然发生于企业破产前之经营管理过程之中，③ 而非破产程序中、破产程序终结后，行为时公司仍有完整的自主经营权，高管仅依公司法对企业、股东负责，尚不存在保护债权人利益问题，此为忠实、勤勉义务之本义，义务对象只能是公司。至多在公司"将有破产可能""接近破产之际"和"已陷破产境地"时，债权人利益才易受高管行为影响，高管始需对债权人利益予以重视，平衡公司、股东与债权人利益，为债权人预留足够财产。例如英国 1986 年破产法第 214 条规定"如果公司董事知道或者应当知道公司将产生无力清偿债务之合理期待"，则对债权人利益负有一定义务。④

有学者主张，此民事责任包括对企业和债权人或者破产后受害第三人（出资人、债权人）的责任，也不乏理由以为支撑。在董事会中心主义趋势下，为防止董事滥权，很多国家确立了董事对第三人的民事责任，使董事履职有重大过失致第三人损害者，直接对他人负损害赔偿责任。⑤ 就我国法而言，法条毕竟未将责任对象限于债务人（企业）。如限于债务人，则《公司法》第 149 条已有规定，本条成为重复立法；破产中更应保护债权人利益；企业破产时，由破产企业追究企业高管责任

---

① 胡晓静：《公司破产时董事对债权人责任制度的构建——以德国法为借鉴》，载《社会科学战线》2017 年第 11 期。

② 赵旭东主编：《公司法学》（第二版），高等教育出版社 2006 年版，第 414 页。

③ 王艳华主编：《破产法学》，郑州大学出版社 2009 年版，第 328 页。

④ 韩长印：《经营者个人对企业的破产责任》，载《法学评论》2003 年第 1 期；王艳梅、孙璐：《破产法》，中山大学出版社 2005 年版，第 287 页。

⑤ 赵旭东主编：《公司法学》（第二版），高等教育出版社 2006 年版，第 414 页。

存在程序上之困难。① 况且企业高管与企业有法律关系，与第三人也并非无直接法律关系。虽然高管违反《公司法》之忠实、勤勉义务，并未侵害债权人、职工之所有权，因为他们并无所有权而只有债权，而债权并非侵权责任法保护对象，也因属于相对权而无以为高管所侵害，但我国《侵权责任法》第 2 条第 2 款所列保护对象，除"权利"之外还有法律所保护之"利益"，高管违反公司法上之忠实、勤勉义务致使所在企业破产，损害前述主体财产利益，自属于违反法律和公序良俗故意加损害于他人。

2. 民事权益救济途径为多元而非一元

本书认为，上述两说均不无道理。《企业破产法》第 125 条所涉法律关系有"高管—企业""企业—第三人"和"高管—第三人"，而该条极具抽象性、原则性、概括性，对责任之法律依据、请求权人均语焉不详，可作两种解释，容纳数种救济途径并行不悖。

首先，法条并未规定企业对债权人有忠实、勤勉义务。违反忠实、勤勉义务而承担民事责任，意为民事责任以违反义务为要件，不符合此要件则不承担民事责任。高管在企业破产前仅对企业而不对债权人、职工负有忠实、勤勉义务，与违反义务致使企业破产时对第三人直接承担民事责任，并不冲突。

其次，重复立法之说并不成立。《公司法》规定之忠实、勤勉义务，并不限于不得导致企业破产，而是高管不得为任何损害公司利益之事，不论此事是否会导致企业破产。其适用于任何种类、任何情况下的公司，企业高管如从事此类行为，也并非只有致使所在企业破产才承担赔偿责任。本条相较于《公司法》第 149 条，除具备其全部要素而外，更溢出"致使所在企业破产"这一要素，适用于高管违反义务致使企业破产之特定情形，以企业最终破产为前提，是《公司法》的特别法，无所谓重复规定。

再次，高管违反忠实、勤勉义务而产生的对公司造成损失的赔偿责

① 郭丁铭：《公司破产与董事对债权人的义务和责任》，载《上海财经大学学报》2014 年第 2 期；李永军、王欣新、邹海林、徐阳光：《破产法》（第二版），中国政法大学出版社 2017 年版，第 200 页；《中华人民共和国企业破产法》起草组编：《中华人民共和国企业破产法释义》，人民出版社 2006 年版，第 349 页。

任，系依《公司法》第 149 条，早在破产前就已产生，延及破产。又依《民法总则》第 68 条、第 72 条、第 73 条，清算期间法人存续，只是不得从事与清算无关的活动，然须待破产清算并完成法人注销登记方告终止。高管对企业的民事责任既依《公司法》产生于前，自不因破产而于企业尚存之时免除或转移给债权人、职工等。

综上，企业高管违反忠实、勤勉义务致使所在企业破产，一方面因损害公司的财产权，依《公司法》对企业承担赔偿责任，另一方面因损害债权人、职工的财产利益，依《侵权责任法》对债权人、职工承担责任，最终目标为填补债权人所受损害。由企业向高管主张赔偿责任与由债权人、职工向高管主张赔偿责任，能达到相同效果，可由相关各方于救济权益时自由选择所依之法，自由决定主张之人。如由企业向高管主张赔偿责任，则基于破产中的管理人中心主义，管理人有维护、处分破产财产之权责，① 应由管理人代表企业起诉，以企业为诉讼主体及民事责任之请求权人，以企业所受损害为赔偿数额，将所获赔偿并入破产财产，统一分配于各债权人;② 若由债权人、职工向高管主张赔偿责任，则以其自己为诉讼主体及民事责任之请求权人，以其实际能得清偿与本应得清偿之差（即实际损害）为赔偿数额，将所获赔偿直接归原告。

虽然由债权人、职工直接主张损害赔偿并不直接与法律相冲突，但仍须虑及各种途径的合逻辑性与经济性、便捷性。由于高管违反忠实、勤勉义务侵害企业的财产权，相较于对债权人、职工财产利益的侵害更具有类型性，位阶也更高（侵害财产权利而不仅是"利益"）；且破产程序中管理人必然接管企业财产，照管企业利益，使破产财产最大化；依《企业破产法》第 22 条第 2 款、第 61 条第 1 款第 2 项，债权人会议有更换不能胜任的管理人之权；管理人违反义务不及时起诉，招致损失还须承担民事责任。凡此种种，债权人利益已得到最大保障，若许债权人、职工单独向高管追责，则债权人、职工个人本应受偿数额、所得数额及实际损失仍须逐一单独计算，复要处理债权人、职工起诉者与未起诉者间关系，会增加诉讼成本。既然各条路径目标一致、效果相同，则由管理人代表企业向高管求偿，由高管向企业承担赔偿责任，更为简便、适当。

---

① 余俊福主编：《中国破产管理人实务》，法律出版社 2015 年版，第 328 页。

② 付翠英：《简论破产民事责任》，载《浙江工商大学学报》2008 年第 1 期。

当然，倘发现此情形时破产程序已然终结，则企业不复存在，管理人职责业已完成，只能由发现高管有应负民事责任情形之人，作为直接受害人行使诉权，追究企业高管民事责任。① 此时，应受《民法总则》等法律关于诉讼时效的规定限制。企业高管行为符合《企业破产法》第 36 条之非正常收入、侵占财产时，债权人仍得依《企业破产法》第 123 条，于破产程序终结之日起二年内主张追加分配。在《企业破产法》修改时，该期限会否以《民法总则》为基准作相应调整，仍待观察。

3. 高管对其他股东仍应承担责任

高管违反忠实、勤勉义务致使所在企业破产，其对债权人的损害仍可通过法人人格否认、撤销权、追回权等制度降至最低，职工利益得依《劳动合同法》第 44 条、第 46 条，《劳动法》第 27 条、第 28 条，《职业病防治法》第 60 条第 2 款和《企业破产法》第 113 条予以保障，而对于股东的损害则无法予以丝毫弥补。股东无法从已陷破产的企业获得分红，其出资自此将颗粒无收。因此，赋予其他股东以起诉资格，允其直接追究企业高管的民事责任，实属必要。如前所述，董事、高级管理人员损害股东利益，股东可依《公司法》第 152 条提起损害赔偿之诉，追究高管个人责任。有学者主张此为过失侵权责任，亦有观点认为此为特殊法定责任。② 本条之适用，应属公司法范畴，包括但不限于企业破产之时。诉讼主体上，不存在对原告股东的限制，以高管为被告，所获利益归股东。

4. 立法模式选择

域外关于高管对债权人民事责任的规定，存在三种不同模式。有采前端模式，规定高管导致企业破产对债权人负赔偿责任者（如日本）；有采取后端模式，对高管课以申请破产、防止财产减少义务者（如德国）；更有二者兼具而采全程模式者（如美国）。③ 如前所述，我国已有前端模式的做法，只是由管理人代表企业行使似更便捷，另有法人人格否认、撤销权、追回权予以保障。

---

① 关宪法：《论破产企业管理人员的民事责任》，载《法制与经济》2009 年第 9 期。

② 赵旭东主编：《公司法学》（第二版），高等教育出版社 2006 年版，第 414 页。

③ 郭丁铭：《公司破产与董事对债权人的义务和责任》，载《上海财经大学学报》2014 年第 2 期。

但我国的企业高管民事责任，确仍有完善余地，应补足后端而成全程模式。既然已经出现破产原因，则相较于平常时日企业有完全自主经营权之时，应更侧重于保护债权人利益。首先，高管应当尽快申请破产，进入破产程序，使企业终结或获得更生。当然，法律应设定一定期限，允许企业力挽狂澜、渡过难关，避免破产危局出现；倘企业经此期限仍扭亏无望，破产原因仍存，高管却迟迟不申请破产，任由企业状况日益恶化，则应对债权人所受损失承担赔偿责任。其次，高管在破产原因出现后、管理人接管之前，应采取措施防止企业财产进一步减少，以俟管理人顺利接管、破产程序顺利进行。如高管未曾采取措施防止境况恶化，致使企业财产及债权人所得清偿进一步减少，仍须负赔偿责任。

时任最高人民法院审判委员会委员、民二庭庭长杨临萍在 2015 年《关于当前商事审判工作中的若干问题》中指出，"尤其是对无法清算或者无法全面清算的破产企业，受理破产案件的法院应当明确其原因，并在终结破产程序时向债权人释明其可以依法追究负有责任的公司股东、董事等的民事责任"。此规则似应以法律加以正式确认，以利债权人追究于破产原因出现后迁延时日，既不申请破产，也不采取必要措施防止企业财产进一步减少，以致无法清算、无法全面清算之股东、高管。

## （三）民事责任之性质

关于此民事责任的性质，有主张其为特殊法定责任者，[①] 亦有主张其为侵权责任与合同责任竞合而由企业择一行使者。[②] 高管直接侵害企业财产权，又违反忠实、勤勉义务，有负委托，侵害财产权益，则此责任当为违约责任与侵权责任的竞合；高管侵害债权人、股东之财产利益，由于他们之间不存在合同关系，纯为侵权责任。因此，此为企业对高管之违约损害赔偿请求权、企业对高管之侵权损害赔偿请求权、第三人对高管之侵权损害赔偿请求权的竞合，相关各方有于个案中择一有利者主张的权利。

---

① 郭丁铭：《公司破产与董事对债权人的义务和责任》，载《上海财经大学学报》2014 年第 2 期

② 齐树洁主编：《破产法》，厦门大学出版社 2007 年版，第 311~312 页；吴庆宝、王建平主编：《破产案件裁判标准规范》，人民法院出版社 2009 年版，第 413 页；付翠英：《破解企业破产的 10 大法律难题》，中国法制出版社 2008 年版，第 321 页。

### （四）多数人承担民事责任之形态

当企业高管并非仅一人违反义务，共同致使企业破产，因而有多数人承担民事责任时，此责任为何种形态？多数人承担民事责任的形态有按份责任、连带责任、补充责任和不真正连带责任。依《民法总则》第 178 条第 3 款，连带责任应由法律规定或当事人约定。因此，除符合《侵权责任法》《公司法》等相关规定时承担连带责任外（例如多名高管共同侵害公司利益），只能承担按份责任。当然，倘符合法人人格否认制度之要件，仍可照此使企业高管对债务承担连带责任，但此时之"责任"，非违法行为之法律责任，而是清偿债务之义务，多数人因违法而承担民事责任时，此多数人之间仍为按份责任。违法高管间之连带民事赔偿责任与高管个人与企业对债务之连带责任，不容混淆。

但我国法律对非共同侵权规定连带责任，多出于保护弱势一方被侵权人、惩戒侵权人、降低证明难度的考量。高管导致企业破产时，确有惩戒必要，此时债权人、职工属权益受损、经济地位低之弱势地位，企业经营过程中又很难区分何损失由何人行为造成，似以规定连带责任为妥，即"对外连带，对内按份"，导致企业破产的各高管间的责任分配，另行解决。

### （五）民事责任的附随效果

《公司法》第 147 条规定了公司高管的忠实、勤勉义务。企业破产，为债权人、职工和其他相关企业、个人带来巨大损失，甚至冲击产业。企业因高管人员过错，终至破产地步，该高管之经营能力、责任心往往有亏，不适任企业生存、职工生计系于一身之高管，有必要对其进行一定惩戒，防止其故伎重演，促使其反躬自省。《企业破产法》第 125 条第 2 款规定："有前款规定情形的人员，自破产程序终结之日起三年内不得担任任何企业的董事、监事、高级管理人员。"《公司法》第 146 条第 1 款第 3 项也规定："担任破产清算的公司、企业的董事或者厂长、经理，对该公司、企业的破产负有个人责任的，自该公司、企业破产清算完结之日起未逾三年"者，不得担任公司的董事、监事、高级管理人员。

法律法规规章对于特殊企业破产，有更为严厉的规定。

《商业银行法》第 27 条第 2 项规定"担任因经营不善破产清算的公

司、企业的董事或者厂长、经理，并对该公司、企业的破产负有个人责任的"，不得担任商业银行的董事、高级管理人员；中国人民银行《银行业金融机构董事（理事）和高级管理人员任职资格管理办法》第9条第4项规定，担任或曾任被宣告破产机构的董事（理事）或高级管理人员的，不得担任金融机构高管，但能够证明本人不负有个人责任的除外；原中国银监会《中资商业银行行政许可事项实施办法》第80条第4项规定，担任或曾任被宣告破产的机构的董事或高级管理人员的，不得担任中资商业银行董事和高级管理人员，但能够证明本人不负有个人责任的除外；原中国银监会《融资性担保公司董事、监事、高级管理人员任职资格管理暂行办法》第6条第3项也规定，最近五年担任因违法经营而被撤销、接管、合并、宣告破产或者吊销营业执照的机构的董事、监事、高级管理人员，并负有个人责任的，不得担任融资性担保公司高管。

《证券投资基金法》第15条第2项规定，"对所任职的公司、企业因经营不善破产清算或者因违法被吊销营业执照负有个人责任的董事、监事、厂长、高级管理人员，自该公司、企业破产清算终结或者被吊销营业执照之日起未逾五年的"，不得担任公开募集基金的基金管理人的董事、监事、高级管理人员和其他从业人员；中国证监会《证券交易所管理办法》第34条第6项规定，担任因经营管理不善而破产的公司、企业的董事、厂长或者经理并对该公司、企业的破产负有个人责任的，自破产之日起未逾五年者，不得招聘为证券交易所从业人员，也不得担任证券交易所高级管理人员。

原中国保监会《保险公司董事、监事和高级管理人员任职资格管理规定》第21条第8项规定，担任破产清算的公司、企业的董事或者厂长、经理，对该公司、企业的破产负有个人责任的，自该公司、企业破产清算完结之日起未逾三年，保险机构拟任董事、监事或者高级管理人员，保监会不予核准资格。

有学者称此为民事责任，亦有学者称此为行政责任。[①] 本书认为，民事责任一说显难成立，从业禁止、资格限制并非民事责任的承担方式。民

---

① 罗培新主编：《破产法》，格致出版社、上海人民出版社2009年版，第377~378页。

事责任，是民事主体违反民事义务的法律后果。① 义务人之民事义务可能为绝对（对应权利人之绝对权），但因请求权为相对权，民事责任必为相对，各种民事责任均有其特定请求权人，而从业禁止之请求权人为不特定，此人不得受任何企业聘任，任何企业均须另觅他人。企业欲聘任此类人等，本属平等主体间关系，聘任者明知此类人经营能力、责任心或有亏欠仍予聘任，自冒风险，两厢情愿，法律本无干涉之权。即便聘任后受聘任者果有疏失，承担民事责任，也是受聘者对聘任者承担。现国家认为其不适任此类职务，为免更多数人利益受损、市场受更大冲击，出于维护经济秩序、公共利益之需，对企业高管选任予以一定干预，以法律规定一定期限内不许从业，何来以此令其承担民事责任一说？

《关于审理企业破产案件若干问题的规定》第 103 条所称"人民法院可以建议有关部门对破产企业的主要责任人员限制其再行开办企业，在法定期限内禁止其担任公司的董事、监事、经理"，是在旧法框架下，适用范围也有限。从现行法来看，此措施亦难构成行政责任。首先，企业高管违反忠实、勤勉义务致使所在企业破产，所违之法与行政法并无瓜葛，行政责任无从谈起。其次，此非行政主体之具体行政行为，亦非人民法院之司法裁判，无任何国家机关以行为禁止其从事此业，只是告诫此类人不得从业，并告诫相关企业不得选举、聘任此类人从事此类职业，否则法律上不承认其地位。行政机关只依《关于进一步做好企业法人法定代表人任职限制规定执行工作的通知》（工商企字［2010］82 号）等相关规定进行信息归集和管理，并依《企业法人法定代表人登记管理规定》等规范性文件的规定，不予核准登记。《公司法》第 146 条第 2 款、第 3 款和《企业国有资产法》第 23 条第 2 款仅规定对于现任或当选董事、监事、高级管理人员有此情形时，选举、委派、聘任无效，公司应当解除职务或履行出资人职责的机构应当依法予以免职或者提出免职建议，结束其所不合适的任职，并未规定行政机关应作此处罚或其他决定。《企业国有资产法》第 71 条确是导致国有企业破产之行政责任，但后续之从业禁止则非行政责任。即便因相关人员违反从业禁止而受行政处罚，也是此后续之处罚为行为人违反从业禁止规定之行政责任，绝非以不许从业本身承担之前破产的行政责任。

---

① 马俊驹、余延满：《民法原论》（第四版），法律出版社 2010 年版，第 57 页。

概言之，既无从业禁止之特定权利人，则无所谓民事责任；既未违反行政法，也无行政主体基于破产事实作出具体行政行为禁止相对人从事此类职业，则无所谓行政责任。从业禁止、资格限制只是民事责任的附随效果（在国有企业则为行政责任的附随效果），此与后文所述特殊企业的违法破产所招致行政主管部门之行政处罚不同。

有学者主张除《企业破产法》规定的私法责任方面的资格限制外，还应当作出公法上的资格限制，如禁止担任律师、公证人、仲裁员、人大代表、人民陪审员、注册会计师等，以防止企业破产后，不得担任企业高管之人摇身一变成为律师或公职人员。① 本书认为，此类规定本身就有有罪破产时代遗存，加以借鉴恐使死灰复燃，须格外谨慎。犯罪之人尚且未必一律被剥夺此类资格（如过失犯罪、免予刑事处罚，以及受人民检察院相对不起诉或存疑不起诉，终结刑事诉讼程序而未经审判定罪之人），如此对待违法而未犯罪之人，正当性值得检讨。中国大陆破产制度相较于西方仍属确立未久，在此短暂历史中也只有排斥破产到接受破产、国有企业破产到企业法人破产的转变，并未真正经历西方有罪破产到无罪破产的变迁，现在更无对西方规定亦步亦趋的必要。对企业破产负个人责任，侧重对企业高管经营能力、责任心之否定评价，并未及于其他。此类人员经营能力及责任心有亏，为维护经济秩序、维护公共利益计，禁止担任企业高管及特殊企业特定职位足矣，无进一步限制更大范围的公民权利、限制职业自由之必要。国家对公民权利之克减，须遵循比例原则，即依次经合目的性、必要性、衡量性之考察。企业高管系为己身所在企业利益从事经营活动，而律师为其当事人利益奔走于诉讼或非讼案件，公职人员更非社会上之特权阶层而是人民公仆，应以福国淑世为己任，忠于宪法，恪尽职守，增进人民福利，接受人民监督，否则自会依法受国家严厉之制裁。此类职业，从业理念与工作内容距企业经营活动已远，此"摇身一变"并不导致其社会处境急剧改善。将资格限制扩及律师、公职人员等职业而作为民事责任之附随效果，在相当程度上形同恢复有罪破产，过度限制职业自由。对无关联职业规定限制或禁止，超出必要性、衡量性之范畴。至于国有企业高管对国企破产负有个人责任者，其公职人员身份和职位可由我国政治体制下选人用人机制的日臻完善妥加解决；此类人员离职后再从事

---

① 王艳华主编：《破产法学》，郑州大学出版社 2009 年版，第 332 页。

律师等职业，亦属职业自由，除法律规定的任职回避等限制外，无须过多限制。

## 二、债务人民事责任

### （一）民事责任之内容、性质

《企业破产法》第 128 条规定，"债务人有本法第三十一条、第三十二条、第三十三条规定的行为，损害债权人利益的，债务人的法定代表人和其他直接责任人员依法承担赔偿责任"。该法第 31 条至第 33 条所列，即为破产欺诈、个别清偿行为，除有破产财产相关的效力外，对于不足部分，债务人的法定代表人和其他直接责任人员仍须赔偿，此为补充责任。① 其中部分行为可能构成虚假破产罪，容后详述。本条既然规定为"损害债权人利益"，则意为债务人的法定代表人、其他直接责任人员须对债权人承担赔偿责任，但"损害"系指相对于受破产程序约束的所有债权人而言，而非某个债权人未获得足额清偿之个别事实，民事责任应限于行为所致实际损害范围之内而非全部债务。因此，债权人因债务人破产欺诈、个别清偿所受实际损害，即实际所得清偿相比于依法应得清偿之差，或责任财产减少或应增加而没有增加之额，才是作为此赔偿责任基础之"损害"。倘未足额清偿之事实，本不能归责于债务人行为，债权人则无求偿之权。②

还有企业"脱壳逃债"问题。债务人企业在接近破产临界点之际，仍出资组建新法人，或分立、剥离企业有效资产、优质资产进行重组，仅留全无偿债能力的劣质资产以金蝉脱壳招数逃废债务的情形，在实践中也比比皆是。③ 2001 年最高人民法院《关于人民法院在审理企业破产和改制案件中切实防止债务人逃废债务的紧急通知》（法发［2001］105 号）

---

① 温晓芸：《论我国〈企业破产法〉有关债务人高管人员民事责任追究制度之完善》，载《中国商界》2008 年第 11 期。

② 李永军、王欣新、邹海林、徐阳光：《破产法》（第二版），中国政法大学出版社 2017 年版，第 203 页；吴庆宝、王建平主编：《破产案件裁判标准规范》，人民法院出版社 2009 年版，第 419 页。

③ 文娟：《企业破产案件中的违法行为透视》，载《法制与社会》2007 年第 11 期。

规定"对借企业分立剥离企业有效资产，以逃避债务的，应当将分立后的企业列为共同被告，并依法确认由其承担连带责任"。此文件适用于原《企业破产法（试行）》之下的国有企业改制问题，在现行《企业破产法》之下，也恰好体现无效的破产欺诈、可撤销的破产欺诈行为及管理人追回权之法理。若企业"脱壳逃债"行为符合《企业破产法》第31条、第33条所列情形之一，则管理人可依此行使撤销权、追回权，将脱壳逃债中被剥离的财产并入破产财产。既如此，对破产企业高管的相关行为，也应依照《企业破产法》第128条，追究民事责任。

有学者主张此为侵权损害赔偿责任，[①] 本书认为可堪赞同。但所侵之权非财产所有权，也非债权（因债权人并无财产所有权，债权非侵权责任法保护对象），而是《侵权责任法》第2条第2款所列财产权以外之"财产利益"。

### （二）民事责任之主张

企业既入破产程序（否则适用《公司法》相关救济途径而不适用《企业破产法》之高管民事责任），此追究民事责任之职责，自应由接管企业之管理人承担。《关于审理企业破产案件若干问题的规定》第101条规定破产企业有《企业破产法（试行）》第35条所列行为，致使企业财产无法收回，"造成实际损失的，清算组可以对破产企业的原法定代表人、直接责任人员提起民事诉讼，要求其承担民事赔偿责任"，可谓填补《企业破产法（试行）》对破产欺诈、个别清偿民事责任之立法缺陷。《破产法解释二》第9条第1款也规定"管理人依据企业破产法第三十一条和第三十二条的规定提起诉讼，请求撤销涉及债务人财产的相关行为并由相对人返还债务人财产的，人民法院应予支持"，第17条规定"管理人依据企业破产法第三十三条的规定提起诉讼，主张被隐匿、转移财产的实际占有人返还债务人财产，或者主张债务人虚构债务或者承认不真实债务的行为无效并返还债务人财产的，人民法院应予支持"，第18条规定"管理人代表债务人依据企业破产法第一百二十八条的规定，以债务人的法定代

---

① 吴庆宝、王建平主编：《破产案件裁判标准规范》，人民法院出版社2009年版，第419页。

表人和其他直接责任人员对所涉债务人财产的相关行为存在故意或者重大过失，造成债务人财产损失为由提起诉讼，主张上述责任人员承担相应赔偿责任的，人民法院应予支持"。虽真正受害人为债权人，但在破产程序中管理人有管理企业、对违法者提起诉讼追究责任之权，故此仅管理人有权以企业之名提起维护破产财产之诉讼，① 司法实践亦采此做法。② 本书认为，本条规定之关键在于"损害债权人利益"，其通过债务人财产损失最终落于债权人之身，此民事责任与导致企业破产之民事责任一样，存在民事权益救济途径之多元性，法律及司法解释规定管理人可起诉，并未禁止债权人、职工等人起诉。债权人得依《侵权责任法》第 2 条第 2 款，直接请求债务人的法定代表人和其他直接责任人员就财产利益之损失进行赔偿。但也因经济性与便捷性考量，由管理人统一行使，归入破产财产分配更为适当。

若债权人于破产程序终结后，方发现债务人有破产欺诈、个别清偿行为，亦可直接要求债务人的法定代表人和其他直接责任人员承担赔偿责任，依《企业破产法》第 123 条追加分配。唯此诉权之行使，有其时间限制，为破产程序终结之日起 2 年内。如果财产数量不足以支付分配费用，则不再进行追加分配，由法院上交国库。

## 三、管理人民事责任

### （一）民事责任之基础

我国破产法奉行管理人中心主义，管理人履职影响各方权益甚大。依《企业破产法》第 27 条，管理人应当勤勉尽责，忠实执行职务。基于此，管理人自应依法履职，以善良管理人标准履行注意义务，妥善处理业务，谨慎接管财产，遵守行为规范，积极行使权利，不弄虚作假，不营私舞弊，不从事竞业，不牟取私利，③ 尽心维护债权人、其他人利益，使债务

---

① 汤维建主编：《企业破产法新旧专题比较与案例应用》，中国法制出版社 2006 年版，第 496 页。

② 霍敏主编：《破产案件审理精要》，法律出版社 2010 年版，第 291~292 页。

③ 李春双编著：《中华人民共和国企业破产法注释全书》，法律出版社 2015 年版，第 513 页；王卫国：《破产法精义》，法律出版社 2007 年版，第 376 页。

人财产利益最大化，使每一笔财产最终偿还于依法应受清偿之人，从而维护公平清偿的破产法秩序。《企业破产法》第 130 条规定，"管理人……给债权人、债务人或者第三人造成损失的，依法承担赔偿责任"。虽然在破产程序中，债权人债权通常不可能完全得到清偿，但若管理人不依法行事，造成债权人所得清偿进一步减少，则就减少部分，管理人仍须承担责任。另有《农民专业合作社法》第 54 条规定："清算组成员应当忠于职守，依法履行清算义务，因故意或者重大过失给农民专业合作社成员及债权人造成损失的，应当承担赔偿责任。"《破产法解释二》第 9 条第 2 款、第 33 条第 2 款已经对管理人承担民事责任的机制作出了明确规定，管理人履职不当减损财产，债权人有权主张损害赔偿。德国、韩国、日本破产法，也就破产管理人疏忽注意时的赔偿损失责任作出了规定。①

大陆法系对管理人课以"善良管理人"之注意义务，而英美法系则比照信托制度，将管理人之注意义务具体化为谨慎、忠实义务，以此为基础讨论管理人在违反不同义务时应负的民事责任，更具可操作性，能适应管理人工作的复杂性。有学者提出，我国管理人责任与专家责任类似，②管理人受债务人委托应具有不脱离法院监督但独立于法院之外的地位，仅以受托人名义在债权人委员会和法院的监督下行使其职责，并为其行为承担法律责任。就专家责任而言，有学者认为管理人民事责任具有专家责任的属性，性质上为侵权责任；另一种观点则认为管理人与委托人（债务人）之间存在由管理人向委托人（债务人）提供专门服务的契约关系，在此基础上，管理人的责任是指受益人（债权人）对管理人追究的契约责任。

尽管学者对管理人承担民事责任的基础观点各异，但对其具体内涵的领悟，不曾跳出英美法上关于注意义务和忠实义务的划分，谨慎义务和注意义务都要求管理人以专业的姿态对待破产事务，只是具体的注意程度有所差别。同时，学者提出的信赖和信用义务其实涵盖在忠实义务之内，对

---

① 杨森主编：《破产法学》，中国政法大学出版社 2008 年版，第 52 页。
② 张颖：《破产管理人法律责任理论问题研究》，载《南京大学法律评论》2004 年春季号。

此争议不大。① 在管理人注意义务上，学者们并没有形成一致的观点。"高度注意义务"被学者用以描述管理人应承担的注意义务，同时要求管理人履行注意义务须为债权人的最大利益考虑，高度注意义务不仅是态度上的勤勉，还要求管理人具有相当技术、能力。"通常的人在处理自己事务"时应有的谨慎与技巧也被学者多次用于解释注意义务的内涵。还有学者认为，违反勤勉义务的判断应以职业理性人为标准。此标准要求对于人与人之间的某些区别、行为人明显面对的风险、行为人对该风险的应对能力、行为人必须采取行动的具体情形都要有足够的考虑。相对于商业判断标准，职业理性人标准更加保守且强调保管职能。②

除以信托理论论述管理人的责任外，还有学者主张破产财团代表说更具有合理性并以此为基础讨论管理人应承担的民事责任。③ 破产财团代表说下的管理人责任基础仍然是对注意义务和忠实义务的违反，在注意义务的内涵上，主张应以一个"理性的谨慎的人的标准"对各个管理人的工作进行衡量。对于忠实义务，其补充道，忠实义务的责任主体还被扩展至管理人的专业人员—管理人对雇员的选择上，只能雇佣忠实（即无利害关系）的专业人员。

除在抽象意义上界定管理人应承担的义务外，学者们还试图对管理人的义务进行列举。如"通常的人在处理自己事务时应具有的谨慎和技巧"具有多重内涵。管理人对破产财产的接管贵在迅速与及时；应当认真清理破产财产；轻率地决定履行或解除尚未履行完毕的合同、随意承认明显不符合法定条件的所谓的别除权、取回权、抵销权，即视为玩忽职守的表现；管理人另行其事，不执行债权人会议通过的变价方案，由可归责于自己的事由作成有错误的分配表，违法将一部分债权人从分配中排除，属于对法定义务的违反。除此之外还包括：第一，未能占有债务人财产的行

---

① 日本学者在解释其破产法第 164 条第 1 款规定的善良管理人之注意义务时，即从广义角度理解善良管理人的注意义务，从而把忠实义务看作注意义务内容的一个方面。参见［日］伊藤真：《破产法》，刘荣军、鲍荣振译，中国社会科学出版社 1995 年版，第 65 页。本书认为，注意义务和忠实义务是两种完全不同的义务外，不是相互包含的关系。

② 闫瑞波：《破产管理人违反勤勉义务的侵权责任构成》，载《法制建设》2011 年第 1 期。

③ 李志强：《破产管理人民事责任论》，中国政法大学博士学位论文，2008 年。

为。第二，未能使债务人财产保值增值的行为。第三，未能使债务人财产独立的行为。①

学者们认为，注意义务包括：①具备管理人应有能力的义务；②及时接管破产财产的义务；③尽量地收集和变现破产财产的义务；④审查权利主张的义务；⑤在利害关系人请求时，提供相应信息的义务；⑥妥善保管破产财产的义务；⑦适当准备及进行诉讼的义务；⑧诚实报告破产信息的义务；⑨及时要求债务人履行义务的义务；⑩监督下属人员的义务；⑪在破产程序中公平行事并显示公平的义务；⑫影响管理人职务行为禁止义务；⑬对担保债权人的义务；⑭报告破产罪行的义务；⑮破产财产分配最大化的义务；⑯破产程序终结后继续追及财产的义务；⑰遵守相关法律的义务。不同于注意义务的复杂性，学者们多认为忠实义务应当包括以下几点：利用职务之便为自己牟取私利，如收取中介佣金、获取董事费；进行自我交易，无论何时，破产管理人都不允许购买破产财产，当然也不允许其以破产管理人的名义向破产企业出卖自己的财产；进行关联交易，不允许其利用职务之便使第三人获取不当利益。当然，考虑到案件的特殊情况以及破产的目的，某些为实现破产财产的最大化的行为，虽然与管理人的忠实义务相违背，但是也有可能获得允许，此时管理人的违反义务的行为就不能被视为是应当承担民事责任的基础事实。

### （二）民事责任之性质

管理人违反义务应负民事责任已成共识，但民事责任性质尚存争议，多数学者认为此为侵权责任，但也有学者认为是违约责任或准违约责任。责任性质的不同直接影响对管理人追责，因为违约责任与侵权责任构成要件、责任承担都不相同，性质之界定直接影响相关利害关系人的权利义务，必须明晰。主张违约责任的学者认为，管理人与委托人（债务人）之间是提供专门服务的契约关系，在此基础上，管理人的责任是指债权人对管理人追究的契约责任。但同时，管理人存在向第三人承担责任的可能。其认同法国学者将该种责任定性为不同于契约责任和侵权责任的第三种责任，即建立在契约关系之上并以第三责任履行其应尽义务。在执业义

---

① 闫瑞波：《破产管理人违反勤勉义务的侵权责任构成》，载《法制建设》2011年第1期。

务的第三责任理论中，应有一种执业谨慎态度，这一标准被视为我国注册会计师执业时的"普适性标准"，即法院在监督和审理时须假设一个"虚拟人"的标准，以此标准运用于管理人行使权力的各个环节中，则按照"具有相当能力和素质的虚拟破产管理人"的标准判断其在管理、变现、分配破产财产时的行为，如果该虚拟的人可以注意并披露有关信息而实际的管理人未能做到，则是没有保持"应有的执业谨慎"，从而推定其违反了执业义务。[1] 多数学者则认为，管理人应当承担侵权责任。即使将管理人的法律地位定位为受托人，但这种信托关系也不是基于合同，而是基于法律规定。首先，我国管理人的指定方式为法院指定主义，与利害关系人之间是不平等的，缺乏订立合同的前提条件。其次，管理人具有中立性和独立性，要求管理人只能超脱于利害关系人之上，契约责任说不能成立。再次，债权人仅在管理人存在不能依法、公正执行职务等情形时享有异议权与申请权，不具有合同责任产生的基础。[2] 也有学者认为，将管理人民事责任或赔偿责任概括定性为侵权责任在大多数情形下具有解释力，但是管理人以自身名义签署合同并不为立法所禁止，其违反合同义务承担违约责任的可能性不能被排除。[3]

本书认为，管理人基于人民法院指定依法管理破产企业财产，与债权人之间也不存在合同而难以成立合同法律关系，其民事责任的性质应为《企业破产法》规定的侵权责任，所侵害者也是《侵权责任法》第 2 条第 2 款所列权利之外的财产利益。

### （三）民事责任之主观要件

有学者认为，《企业破产法》关于管理人承担民事责任的规定没有以管理人的主观形态作为责任承担的基础，这种以违法性作为标准的责任相

---

[1]　张颖：《破产管理人法律责任理论问题研究》，载《南京大学法律评论》2004 年春季号。

[2]　陈旭峰：《重构破产管理人民事责任的制度设想》，载《法治研究》2010 年第 6 期。

[3]　李江鸿：《论破产管理人的民事责任——以英美法之借鉴为视角》，载《政治与法律》2010 年第 9 期。

当于严格责任，其结果不利于管理人履行管理破产财产的职务。① 在否定严格责任的基础上，其提出应适用过错责任原则，原因在于：第一，在执行职务的过程中，管理人因违反职责对利害关系人造成损害，基本上都是基于其主观过错。第二，适用过错责任原则有利于我国管理人制度的建立与专业管理人队伍的形成。第三，适用过错责任原则，有利于预防和遏制管理人侵权行为的发生，也有利于利害关系人利益的保护。② 第四，各国立法对管理人民事责任的追究均未超越过错主义。对于过错的内容，还有学者认为，管理人承担违反勤勉义务的侵权责任宜以故意或重大过失为主观归责标准。理由是：第一，任何人都会犯错误。第二，如果对于管理人的主观过错要求过于严格，则易引发针对破产管理人的法律诉讼并造成其服务费用的增加。第三，管理人的报酬水平。也有学者认为，美国法中一般管理人达到严重过失程度，才追究其民事责任；而在英国，管理人极易被诉讼并承担民事责任，这与其国家发达的管理人责任保险制度相符合。责任保险制度越发达，承担民事责任的过错标准越低。在我国，为充分发挥执业责任保险制度分散风险的功能，并为最大限度保护债权人等利害关系人利益，立法宜将一般过错作为管理人违反其注意义务的过错标准。鉴于破产清算和重整中的管理人职能类似，并统一适用有关责任保险制度，立法不必对两种情形管理人承担民事责任设定不同过错标准。另从立法技术考虑，我国立法可一般性地规定管理人的抗辩事由：如果管理人能够证明其谨慎、勤勉地履行职责的，可以不承担民事责任。在承担过错责任的前提下，在管理人为职务行为导致债务人财产的减少并进而间接致债务人、债权人或者第三人损失的情况下，有学者认为，为更大程度上保护该间接致损下的债务人、债权人或者第三人利益，在过错举证上宜采过错推定。③ 也有学者认为，管理人因为职务行为导致债务人财产的减少，债务

---

① 陈旭峰：《重构破产管理人民事责任的制度设想》，载《法治研究》2010 年第 6 期。

② 张在范：《破产管理人违反义务的行为及其责任承担》，载《郑州航空工业管理学院学报（社会科学版）》2005 年第 4 期。

③ 闫瑞波：《破产管理人违反勤勉义务的侵权责任构成》，载《法制建设》2011 年第 1 期。

人、债权人或者第三人很难举证来证明管理人确实存有主观过错。① 更有学者认为，各国一般都要求管理人要有主观上的过错，至于如何认定管理人具有主观上的过错，一般以管理人行为明显地违反了法定义务为判断标准，即采用过错客观标准，以客观行为的违法性来断定主观过错存在。②

本书认为，我国《企业破产法》规定管理人"未依照本法规定勤勉尽责，忠实执行职务""给债权人、债务人或者第三人造成损失"，因而该责任为过错责任而非严格责任，要求管理人存在过错及行为与损害间有因果关系。有观点主张其为特殊侵权责任。③ 但本书认为，至少在我国立法上其并无特殊之处，只是过错侵权责任在破产法中的重申。损害留在原处而由受害人自担为理所当然，随意转嫁他人会使损害进一步扩大，是故欲使其移转于他人，须有充分理由。归责原则，即是受害人将己身所受损害移转于他人的依据和事由。④ 管理人有其依法应当从事的行为，其未从事而造成债权人利益损害，存在过错作为归责依据，且至少是重大过失。有学者主张此为过错推定责任，⑤ 本书不敢苟同。我国《企业破产法》并未采用"能证明自己没有过错的，不承担民事责任"或"不能证明自己没有过错的，应当承担民事责任"的表述，而是采取"未依照本法……承担赔偿责任"，没有依法尽到忠实、勤勉义务包括"主观上有过

---

① 李波、徐志华：《破产管理人违反勤勉义务的侵权责任及责任限制》，载《淮海工学院学报（人文社会科学版）》2012 年第 14 期；于维同、严程程：《我国破产管理人法律责任制度的完善》，载《全国商情（理论研究）》2013 年第 11 期。

② 管理人因玩忽职守或者其他违法行为造成债权人，债务人损失的，依法承担赔偿责任，可见"玩忽职守"可视为具有过错。参见韩长印主编：《破产法学》（第二版），中国政法大学出版社 2016 年版，第 81 页。

③ 喻玲、扬莉：《论破产管理人对利害关系人的民事责任》，载《南昌高专学报》2004 年第 1 期。

④ 马俊驹、余延满：《民法原论》（第四版），法律出版社 2010 年版，第 991 页。

⑤ 邹月晖：《浅析管理人民事责任的构成与承担》，载王欣新、尹正友主编《破产法论坛（第二辑）》，法律出版社 2009 年版，第 188 页。

错"与"客观上不依法行事"两个方面，客观行为易见，主观过错难推。① 若轻设过错推定或无过错责任，可能挫伤管理人管理破产企业之积极性，不利于资不抵债之企业及时依照法定程序退出市场。

### （四）民事责任之限制

在学者们对管理人民事责任的论述中，考虑到管理人行业的建设以及责任与报酬的平衡，大力倡导对管理人民事责任进行限制。《公司法》规定的高管忠实勤勉有明确对象，即公司或者股东。但是管理人面对纷繁复杂的、趋于分化冲突的不同债权人和所谓"债务人"，如果为了"债务人财产保值和增值"的目的解除特定待履行合同可能会使债务人财产受益，但同时会损害特定债权人的利益，这时又如何定义管理人的忠实勤勉义务？②

有学者主张从以下几个方面进行限制。首先，赋予管理人一定的责任豁免权，以此作为不承担民事责任的法定抗辩事由，包括商事判断规则豁免和法院指令豁免。前者是指在管理人直接控制破产财产经营决策时，只要基于合理的商业目的进行风险性经营活动，即使失败了，也免于责任追究，除非存在充分证据表明管理人决策时违反谨慎义务或忠诚义务。后者则是指，当管理人在接受法院的控制和监管而依照法院的指令行事时，由此增加的额外风险，管理人不予承担。其次，赔偿责任限制。借鉴《海商法》对海事赔偿责任限制的规定，将最高赔偿限额制度引入管理人民事责任，将管理人的执业风险降至合理程度。再次，建立完善的保证金制度。管理人保证金在英国法中较为发达，有学者主张我国也可进行借鉴，即管理人在担任管理人之后、管理处分破产事务之前，具有指导管理人职责的相关协会须向法院交纳一定数额的现金，作为管理人在违反义务致使当事人财产遭受损害时的赔偿金保证。最后，除上述为学者提出较多的限制管理人责任的方式，适用谨慎保护人标准、明确侵权责任的构成要件以

---

① 地面施工致人损害责任（《侵权责任法》第 91 条第 1 款）中，施工人只能以"设置标志和采取安全措施"之唯一方式证明自己没有过错，因而是比一般过错推定责任更为严格的过错推定，但此为从纯客观行为推定主观过错，与包括主客观两方面内容的《企业破产法》第 130 条，自属不同。

② 齐明：《中国破产法原理与适用》，法律出版社 2017 年版，第 79~80 页。

及管理人诉讼费用补偿、潜在债权下管理人免责也被学者提出作为限制管理人责任的一种方式。然而，我们在讨论管理人的责任时，也应注意以下事实对管理人责任落实所形成的障碍，《企业破产法》对管理人制度的改革并不彻底，仍规定特殊情况下清算组等同于管理人的制度，当清算组被指定为管理人时，因其过错造成破产程序中相关利害关系人损失的，是否应当承担责任，值得研究。①

### （五）民事责任之承担

管理人的行为造成了相应的损失未必承担赔偿责任，管理人仅负违反勤勉、忠实义务之民事责任。倘未有此情事，而系管理人执行职务致人损害产生民事责任，应依《企业破产法》第42条第（5）项和第43条，作为共益债务，由债务人财产随时清偿。管理人处理破产财产时，代表企业对外订立合同所负责任，不得视为管理人的民事责任，而应视为债务人的民事责任。② 在此种情况下，实际上受害人无权直接要求管理人承担责任。关于谁有权直接要求管理人承担民事赔偿责任是民事责任承担的基础性问题，学者们在此问题上观点也不尽一致。

有学者主张，破产债权人是实践中最多提出要求管理人承担责任的权利人。但由于破产关系的多样性和复杂性，与破产财产有关的权利主体范围也比较广泛，有时在短期之内也难以确定；另外，管理人违法行为或不当行为也可能侵犯到其他人的利益，以"全体当事人"或"利害关系人"界定提出赔偿请求权主体范围更为恰当。另有学者认为，有权提起针对管理人的民事诉讼的原告有：①担保债权人；②无担保债权人；③破产人；④因管理人的职务行为而遭受损害的第三人。该学者同时指出，针对管理人所提起的民事诉讼在性质上与股东代表诉讼有着诸多类似之处，因为在理论上相同（均源自信托法理论），在法律关系、提起诉讼的案由、程序设计上都相类似。而有学者则认为，管理人信托义务实体意义上的对象与追究管理人责任的程序意义上的主体是两个概念，后者既可能是前者自

---

① 邹海林：《破产法——程序理念与制度结构解析》，中国社会科学出版社2016年版，第190页。

② 吴庆宝、王建平主编：《破产案件裁判标准规范》，人民法院出版社2009年版，第423页。

身，也可能仅是在诉讼程序中能代表其利益的其他主体。债权人、担保权人、债务人、股东以及新任管理人都可成为追究管理人民事赔偿责任的诉讼主体。但是，上述主体能够提起要求管理人承担民事责任的诉讼是有限制的，如股东可能成为利益主体，但是考虑到其有可能滥用诉权，立法可以借鉴派生诉讼"竭尽内部救济"原理，要求其必须首先请求债务人起诉管理人。当债务人决定不起诉或者超期不作决定时，股东才能自己提起诉讼。新任管理人虽然不是破产管理人行为的受害者，但是作为债务人企业的代表，有权实现破产财产的最大化，也当然应有权追究前任管理人对债务人的责任从而增加破产财产。

管理人侵权责任的请求权人，应为债权人、债务人、第三人等受有损害之人。管理人不勤勉尽责，其直接造成债权人、第三人所得减少或债务人财产损失，其为何人造成损失，则由何人追究责任。唯破产和解程序并无管理人接管企业，不会发生管理人损害企业利益之情事。[1] 债务人（破产人）如何对其管理人主张民事赔偿责任，似存疑问；于财产不足以清偿到期债务时主张民事责任，也难获得实际利益。[2] 本书认为，债权人作为最终之受益人、受害人，其应及时启动更换管理人之程序，倘管理人于破产程序中经过更换，则可由新管理人代表债务人主张前管理人之民事责任。

### （六）管理人执业风险及其防范

#### 1. 管理人执业风险

学者指出，对于律师事务所担任管理人而言，存在道德、法律、利益、人身等一系列风险。首先，管理人职权较大易引发道德风险；其次，目前破产法律制度的不完善以及破产民事责任的确立使得法律风险增加；再次，随机方式选任管理人可能导致提供免费法律服务产生利益风险；最后，破产企业职工往往积怨已久，易引发人身风险。基于此，应从以下几个方面进行风险防范：①律师事务所完备的工作记录；②行业协会制约功能的发挥；③法律的完善；④保险制度的配套；⑤破产基金的创设；⑥各

---

[1] 付翠英：《破解企业破产的 10 大法律难题》，中国法制出版社 2008 年版，第 140 页。

[2] 余俊福主编：《中国破产管理人实务》，法律出版社 2015 年版，第 340 页。

部门的支持与协助。① 还有学者提出，应注意由于知识不足、顾问单位多造成的风险回避，为降低执业风险，应学习、掌握财务、经济及企业管理方面的知识，提高商业判断的敏感性和准确性，最大程度维护债权人合法利益，减少自身执业风险；对于财产、资料的保管，管理人应当制定并完善相应的制度文件，并报人民法院审查，严格执行，必要时可报请人民法院聘请专门人员进行保管、保卫工作；管理人应当将涉及回避的事项及是否构成回避的意见一并报告法院，是否构成回避应由法院审查后决定。应认识到，律师事务所与法院之间既相互独立，又相互联系，应树立沟通协作的意识，遇到问题及时向法院报告。②

有学者指出，出于规避执业风险的需求，管理人偏向选择消极应对，事无巨细向法院请示汇报，引导当事人以诉讼方式解决任何争议，以法院为挡箭牌推卸其应承担的责任，法院成了事实上的"管理人"。管理人的工作开展不顺利，法院对管理人的预期无法实现，许多工作需要法院协调处理，更增加法院的工作负担。控制管理人的执业风险，有助于缓解管理人的执业压力，保障破产程序的顺利进行。③ 其同时提出我国内地可以建立类似香港地区的独立监管人机构，负责为管理人颁发牌照，并确定符合国情的管理人行业纪律、规则和道德准则，为管理人量身打造一套切实可行的统一的执业规范，由此确定管理人注意义务和忠实义务的具体范围，以便形成公平合理、符合行业习惯的执业过失认定标准，使法官在认定管理人承担民事责任时有明确、可操作的依据。

2. 管理人责任保险制度

依《企业破产法》第 24 条第 4 款，个人担任管理人，应当参加执业责任保险。对管理人而言，其面对的潜在民事责任难以估计，管理人责任保险制度的确立与完善，从客观上加强了他们对职业过失损害的赔偿能力，转嫁了部分执业风险，以免危及这一职业群体的生存与发展。目前主流观点认为，应当构建我国的管理人责任保险制度。考虑到对管理人风险

① 赵玉意：《律师事务所担任破产管理人的执业要点与风险防范研究》，载《长春工业大学学报（社会科学版）》2011 年第 2 期。

② 王义、刘丽燕：《律师事务所担任破产管理人的法律风险防范要点》，载《广西大学学报（哲学社会科学版）》2013 年第 2 期。

③ 尤冰宁：《执业风险控制：我国破产管理人制度的完善》，载《人民司法》2009 年第 11 期。

进行有效防范，学者们对破产管理人责任保险制度进行详细探讨，试图构建出完整的破产管理人责任保险制度。

有学者指出，破产管理人责任保险的保险人应为债务人。原因在于，破产管理人职业活动的最终受益人是债权人；管理人承接破产案件是由法院随机指定的，其可获取的报酬是按照债务人最终清偿的财产价值予以确定的；依据既有经验与相关理论分析，用债务人财产为管理人购买保险并不会必然刺激其从事有害于债权人等利害关系人的不当行为；允许以债务人财产为管理人购买保险存在可资借鉴的外国立法例。关于被保险人的范围，除了现任管理人应当作为被保险人，前任和继任管理人均应作为被保险人，同时，由于破产事务纷繁复杂，都可能存在另行雇佣人员帮助其履行职务的情况，因此雇员也应当作为被保险人。此外，国外中还存在将管理人的财产共有人和管理人的继承人作为被保险人的情形。对于保险标的，该学者认为应当仅限于侵权责任，因为管理人需为其履行职务时的侵权行为而承担损害赔偿责任；在我国破产法中，管理人因法院的指定出任此一职务，其在破产程序中具有独立的法律地位，是独立于债权人与债务人的法律主体，管理人与债务人或债权人之间并不存在委任或雇佣合同。最后提出应明晰管理人责任保险除外责任，在设计我国保险条款时，除外责任条款应包括：其一，不诚实除外责任条款；该条款是指在被保险人因从事了不诚实行为、欺诈行为以及犯罪行为而招致索赔时，对被保险人因该索赔造成的损失，保险人不承担保险责任。其二，个人不当得利除外责任条款；该除外责任条款一般均规定，保险人对于被保险管理人等利用其职务之便不当得利而招致索赔所遭受的损失不承担保险责任。其三，被保险人互诉的情形：管理人对其雇员提出的索赔；管理人或其雇员相互之间提起的索赔。①

对于管理人责任保险的构建，有学者提出了不同于前述学者的观点，其认为，首先，应建立统一的管理人执业责任险险种。只有建立统一的管理人执业责任险，才能覆盖所有的管理人，而不是仅仅依靠现有的律师执业责任保险和会计师执业责任保险来分散管理人的履职风险，使破产清算事务所、清算组作为管理人的情形游离于保险覆盖范围。其次，应将管理

---

①　马宁、郁琳：《论破产管理人职业责任风险分散机制——以破产管理人责任保险制度为中心》，载《法律论坛》2010 年第 3 期。

人执业责任险设定为强制保险。现实中，律师事务所、会计师事务所、破产清算事务所的承担责任能力并不强，特别是清算组，都是由有关部门、机构的人员组成，是一个临时性组织，根本没有资产用于责任的承担，因此，将管理人执业责任险设定为强制保险十分必要。最后，建立专项基金为保费支出提供支持。实践中可能出现管理人报酬为零的情形，建议此时由财政部门、管理人分担的办法建立专项基金，用于支持管理人投保执业责任险的保费支出，以调动管理人的积极性，促进破产程序的顺利推进，维护利益相关各方权益。①

在管理人责任保险的赔付上，有学者补充，对管理人因故意或重大过失（有关过失的认定应当与管理人因过失承担民事责任的认定相一致）的职务行为致人损害而使债务人面临赔偿责任时，可直接规定为管理人的执业责任，由管理人执业责任保险直接予以赔付，对管理人轻微过失或无过失的职务行为致人损害而使债务人面临的赔偿责任，不属于管理人执业责任保险的责任范围，应当依照《企业破产法》的相关规定归为共益债务，以企业的财产赔付。此外，应当赋予保险人代位求偿权，即在因管理人的故意行为造成损失向受害人赔付后取得追偿权，以在实现责任保险补偿功能的同时，实现对恶意责任者的惩罚功能。②

# 第四节 破产行政责任

## 一、导致破产、违法破产的行政责任

仅适用于全民所有制企业的《企业破产法（试行）》有关于行政处分的规定。有学者认为，该法中的破产责任只有行政、刑事责任，未纳入民事责任和对妨害破产程序的强制措施，只规范企业经营行为而未规范破产程序，责任主体局限于法定代表人和上级主管部门领导人，其目的在于维

---

① 董振班：《建立和完善破产管理人执业责任保险的思考》，载《江苏经济报》2017 年 7 月 19 日，第 B03 版。
② 尤冰宁：《执业风险控制：我国破产管理人制度的完善》，载《人民司法》2009 年第 11 期。

护国有企业管理秩序和国家利益，而不在维护债权人利益。① 本书认为此概括相当准确。彼时，因国有企业破产之相关处分，得分别依照其他有关规定执行，《企业破产法（试行）》便未设"罚则"之专章加以详细规定，仅在第五章"破产宣告与破产清算"中，以第 41 条、第 42 条加以原则规定，惩治妨碍或破坏破产程序和整顿顺利进行或造成企业破产的行为。② 对于破产欺诈行为，对破产企业的法定代表人和直接责任人员给予行政处分；企业被宣告破产后，由政府监察部门和审计部门负责查明企业破产的责任；破产企业的法定代表人对企业破产负有主要责任的，给予行政处分；破产企业的上级主管部门对企业破产负有主要责任的，对该上级主管部门的领导人，给予行政处分。此类人员是国家工作人员，则其当然受行政主管部门领导，其责任由行政主管部门追究。1997 年《国务院关于在若干城市试行国有企业兼并破产和职工再就业有关问题的补充通知》（国发〔1997〕10 号）专门规定了"破产责任"，指出"企业被宣告破产后，政府有关部门应按照《破产法》的有关规定，对企业破产原因和责任进行调查和审计，依据情节轻重严肃处理。对企业破产负有重要责任的法定代表人，不得再担任其他企业的负责人；构成犯罪的，要依法追究刑事责任。对企业破产负有重要责任、情节严重的企业主管部门负责人，也要追究责任。对利用企业破产逃废债务的，一经查实，要依法追究相应责任"。《关于审理企业破产案件若干问题的规定》第 100 条也规定了人民法院在审理破产案件中，发现破产企业的原法定代表人或者直接责任人员有原《企业破产法（试行）》第 35 条所列行为的，应当向有关部门建议，对该法定代表人或者直接责任人员给予行政处分。

现行《企业破产法》已无破产行政责任之一般规定，行政处分更退出该法，盖因国有企业日益市场化，③ 现行法适用于所有企业法人，并能为非法人组织所参照，公私平等、内外一致，遂无再规定体现国家工作人员与政府隶属关系之行政处分于破产基本法之理。但这不代表企业破产与行政责任毫无瓜葛。

---

① 韩长印主编：《破产法学》，中国政法大学出版社 2007 年版，第 226 页。
② 漆多俊：《企业破产制度》，武汉大学出版社 1987 年版，第 59 页。
③ 罗培新主编：《破产法》，格致出版社、上海人民出版社 2009 年版，第 370 页。

对于国有企业，行政处分、政务处分仍然存在，不因新旧法交替而废止。《企业国有资产法》第 71 条规定，国家出资企业的董事、监事、高级管理人员有违反法律、行政法规和企业章程执行职务行为，造成国有资产损失，属于国家工作人员的，予以行政处分，履行出资人职责的机构任命或者建议任命的董事、监事、高级管理人员有本条第一款所列行为之一，造成国有资产重大损失的，由履行出资人职责的机构依法予以免职或者提出免职建议；第 73 条规定，国有独资企业、国有独资公司、国有资本控股公司高管违反本法规定，造成国有资产重大损失，被免职的，自免职之日起五年内不得担任国有独资企业、国有独资公司、国有资本控股公司高管，是行政责任的附随效果。《全民所有制工业企业法》第 61 条第 1 款规定，企业和政府有关部门的领导干部，因工作过失给企业和国家造成较大损失的（当然包括致国有企业破产的情形），由政府主管部门或者有关上级机关给予行政处分。《金融机构撤销条例》第 30 条规定，被撤销的金融机构的高级管理人员和其他有关人员，利用职务上的便利收受他人财物、违法发放贷款、非法出具金融票证、徇私舞弊造成该金融机构被撤销，尚不够刑事处罚的，给予撤职直至开除的纪律处分，终身不得在任何金融机构担任高级管理职务或者与原职务相当的职务。中国人民银行《银行业金融机构董事（理事）和高级管理人员任职资格管理办法》第 29 条第（7）项规定，金融机构被宣告破产，监管机构可视情节，取消直接负责的高管十年以上直至终身的任职资格。《国有企业领导人员廉洁从业若干规定》第 4 条也规定了国有企业领导人员损害国有资产权益的行为，包括违反规定办理企业破产事项。国家出资企业作为国有的金融机构和企业事业组织，国有企业管理人员、政府主管机关工作人员作为行使公权力的公职人员，自受审计监督，亦为国家监察体制所覆盖，如有包括致使企业破产在内的违纪违法行为，由审计机关、监察委员会依前述规定和《审计法》《监察法》《公职人员政务处分暂行规定》等相关法律及规范性文件追究责任，给予处分，顺理成章。

对于非国有企业，作为内部行政行为之行政处分固不存在，对于特殊企业的行政处罚仍不失空间。《证券法》第 129 条规定，证券公司破产必须经国务院证券监督管理机构（目前为中国证券监督管理委员会）批准。该法第 218 条并规定，证券公司违反法律规定破产，责令改正，没收违法所得，并处以违法所得一倍以上五倍以下的罚款；没有违法所得或者违法所得不足十万元的，处以十万元以上六十万元以下的罚款。对直接负责的主管人员给予警告，并处以三万元以上十万元以下的罚款。《商业银行法》第 71 条第 1 款、《保险法》第 90 条和第 148 条、《期货交易管理条例》第 19 条，均规定商业银行、保险公司、期货公司破产，应由国务院银行业监督管理机构、国务院保险监督管理机构（现为中国银行保险监督管理委员会）和国务院期货监督管理机构同意。《商业银行法》第 89 条规定，商业银行违反本法规定的，国务院银行业监督管理机构可以区别不同情形，取消其直接负责的董事、高级管理人员一定期限直至终身的任职资格，禁止直接负责的董事、高级管理人员和其他直接责任人员一定期限直至终身从事银行业工作。《保险法》第 171 条规定，保险公司、保险资产管理公司、保险专业代理机构、保险经纪人违反本法规定的，保险监督管理机构除分别依照本法第 160 条至第 170 条的规定对该单位给予处罚外，对其直接负责的主管人员和其他直接责任人员给予警告，并处一万元以上十万元以下的罚款；情节严重的，撤销任职资格。《期货交易管理条例》第 77 条规定，任何单位或者个人违反本条例规定，情节严重的，由国务院期货监督管理机构宣布该个人、该单位或者该单位的直接责任人员为期货市场禁止进入者。违反法律规定破产，当然在此之列，此为特殊企业与破产相关之行政责任。

## 二、《企业破产法》行政责任存废之争

有学者主张《企业破产法》取消了企业高管的行政责任一般规定，有碍个案公正，破坏了民事、行政、刑事责任过渡衔接，应当对行政责任作出规定。[①] 本书认为，这一观点显难立足。民事责任、行政责任、刑事责任，是分别违反性质不同，调整对象与调整方法迥异之部门法，损害三种不同利益，承担三种不同性质的不利后果，制裁方式也不同。此三种法律责任在大多数情形中存在违法行为严重程度、数额差别，但主要标准不在于此，并非完全从轻到重依次排开，其功能存在根本差别。[②] 究竟追究

①　张世君：《我国破产法上行政责任的衰微与再造》，载《法商研究》2015 年第 5 期；公韬：《企业利用破产逃避债务的法律解决途径》，载《法制与社会》2016 年第 2 期。

②　李国光主编：《新企业破产法教程》，人民法院出版社 2006 年版，第 381 页。

何种责任，不在于违法行为所造成损害如何严重，而取决于所违反之部门法及责任所欲发挥之功能。行为人违反破产法规定义务、实施破产法禁止之行为，所承担法律责任类型的安排，取决于破产法的性质。[1] 损害不论如何严重，仅违反民法即只有民事责任，仅违反行政法即只有行政责任；损害不论如何轻微，仅违反刑法、侵害刑法所保护的社会关系即只有刑事责任。三者可能聚合，但有区别。例如，甲欠一千名债权人共计一亿元不还，乙偷窃他人一万元，如就财产数量、所涉人数而论，前者社会危害显重于后，但前者是民事责任，后者是刑事责任。破产法既属私法，则除特殊企业破产有违反行政法行为，法律规定处分与行政处罚外，一般企业破产本属民商事领域，其间如有违法行为，所违之法为民商法，所侵害之利益也是民事主体的利益。如严重破坏市场经济秩序、侵害债权人或者其他人利益而涉嫌犯罪，所违之法为刑法，则追究刑事责任；如有妨害程序，所违之法为程序法，则采取对妨害破产程序的强制措施。如无上述各项情事，依《企业破产法》规定推进破产程序，将平等主体间之财产关系依法妥为解决即可，为破产追债设置行政责任，自无可能。一般逃债或欠债不还，数额再大公安机关也不会给予行政处罚，破产逃债既没有违反行政法，就与行政法无涉，谈何行政责任与民事、刑事责任之衔接？对特殊企业保留行政责任，在破产领域的基本法中废除行政责任，此为向破产法本位之回归。[2]

取消行政责任有碍个案公正之说，由此不攻自破。所谓"公正"者，除"相同情况相同处理"外，"不同情况区别对待"亦为应有之义。行政法有规定之特殊企业及其工作人员，身负国家工作人员职责或者身系重大社会利益，国家有特殊的行政管理、维护公共利益需要，与一般企业人员有别。倘此类企业或高管竟导致企业破产或从事违法破产，自应由行政主管部门追究行政责任。一般企业，无关此特殊身份或特殊领域，没有行政法作特别规定，对其遂无行政责任可追究，何来个案之不公正？两种企业既确有差别，法律责任自应不同。如求形式上之完全一致，对本无国家公

---

[1] 付翠英：《破解企业破产的10大法律难题》，中国法制出版社2008年版，第310页。

[2] 付翠英：《破解企业破产的10大法律难题》，中国法制出版社2008年版，第311页。

职身份、不负专门领域重大利益之企业课以特殊义务和行政责任，反有违个案衡平及公正。

当然，以上不赞同在作为破产领域基本法之《企业破产法》中设置行政责任的论述，毫不影响企业可能在破产相关行为中存在其他违反行政法的行为，如虚报相关信息，不依照《使用有毒物品作业场所劳动保护条例》采取相关措施等，应负行政责任。人民法院在审理破产案件过程中，可提出予以处分、行政处罚的建议，由执法部门予以追究。①

### 三、管理人行政责任之探讨

《企业破产法》中并无关于管理人如有违法行为，是否承担以及如何承担行政责任的规定，目前也不存在追究管理人行政责任的行政主管部门。有学者主张在《企业破产法》中增设行政责任，以实现责任形式的全面与衔接，② 本书认为不必。理由之一已如前述，管理人违反民法的行为无适用行政责任之空间。另一理由在于《企业破产法》中未规定行政责任，不等于管理人有违反行政法之不当行为时不承担行政责任。由于破产管理人可以由有关部门、机构的人员组成的清算组或者依法设立的律师事务所、会计师事务所、破产清算事务所等社会中介机构担任，或由该机构取得执业资格的人担任，其执业过程中的违法行为，除法院为保障程序推进之需采取强制措施外，应可由行业协会予以处分或由行政主管部门予以行政处罚，包括警告、罚款、停止执业、没收违法所得、吊销执业证书等，以儆戒破产管理人，使其提高依法执业、维护相关人员利益之责任心。例如，美国的全美破产会计师协会每年举行一次年会，有权撤销管理人资格、奖惩管理人。③ 相关人员如为国家工作人员（如国有企业破产时源于上级主管部门的清算组人员），则仍可各依法律受行政处分或者政务

① 《中华人民共和国企业破产法》起草组编：《中华人民共和国企业破产法释义》，人民出版社 2006 年版，第 347 页。

② 黄小丹：《反思与重塑：试论我国破产管理人制度的完善》，载王欣新、尹正友主编《破产法论坛（第四辑）》，法律出版社 2010 年版，第 103 页；张国君、蔡子英、李玉军：《完善我国破产管理人制度的法律分析与构想》，载王欣新、尹正友主编《破产法论坛（第四辑）》，法律出版社 2010 年版，第 158 页、第 164 页。

③ 叶军：《破产管理人制度理论和实务研究》，中国商务出版社 2005 年版，第 306~307 页、第 311 页。

处分。破产管理是前述各种机构执业之一部分，其违法行为自属行政主管部门追究范围。倘因主管机关不明、主管机关缺失而造成管理人行为不受规范，则非破产法力所能及，需要先完善相关制度设计。

还有一种法律责任值得注意。《关于审理企业破产案件指定管理人的规定》第9条、第39条第2款规定了因坚决辞职并不再履职、拒绝向新管理人移交事务等原因，编制管理人名册的人民法院"决定停止其担任管理人一年至三年，或者将其从管理人名册中除名"的措施。本书认为此措施确属管理人不适当履行职务、拒绝接受法院指定的不利后果，其意义已超出法院保障破产程序推进的范畴，尚可称为法律责任。唯其由司法解释规定，且与该解释第14条第2款"人民法院发现社会中介机构或者个人有《企业破产法》第二十四条第三款规定情形的，应当将其从管理人名册中除名"无甚差异，并非适宜。第14条之除名，系因相关机构或个人因其他原因依法不应担任管理人，其实体法之资格不待法院除名，早已于法定事实发生时消灭，除名仅为法院内部之管理人选择或管理机制，并不影响相关机构和个人的权利义务，类似于行政许可之注销；第39条第2款之规定，则系在法院决定后方无法担任管理人，除名为处罚措施，形如行政许可之撤销。二者法律性质不同，则法律渊源、名称、实施机关亦应不同。作为处罚措施，影响相对人权利义务的"除名"，应改换名称，写入法律，由行政主体为之，并受行政复议、行政诉讼之审查。

以上问题，均源自目前我国尚无专门破产行政管理机关和管理人行业协会，还有部分行政职能由法院行使。有学者主张破产管理人有其特殊的资格要求，我国应建立统一的、跨专业领域的破产管理人行业协会、设立破产管理行政部门，[①]《破产审判纪要》要求人民法院支持、引导、推动本辖区范围内管理人名册中的社会中介机构、个人成立管理人协会，以加强管理约束，本书表示赞同。退一步讲，即便不专设协会与机关，至少应使各种破产管理人都有所属行业协会和主管行政机关，并统筹行政责任及行业自治的惩戒，不使留有空白或有所差别。

---

① 叶军：《破产管理人制度理论和实务研究》，中国商务出版社2005年版，第306页；刘伟光：《中国破产管理人制度设计研究》，大连出版社2009年版，第92页、第99~103页；王欣新：《论破产管理人制度完善的若干问题》，载王欣新、尹正友主编《破产法论坛（第六辑）》，法律出版社2011年版，第7页。

# 第五节 破 产 犯 罪

## 一、破产犯罪概述

### （一）从有罪破产到无罪破产

破产制度建立之初，不能偿债被认作对债权人当然的侵犯，破产人被视为盗贼科处刑罚，直至死刑，此思想延续于罗马法时期及中世纪。《十二表法》规定债权人得将债务人押家中拘禁六十日，以皮带或脚镣拴住；如债务人仍不能偿还债务，债权人可将其卖为奴隶或杀死，债权人有数人时还得均分尸体。① 帝政时代起，对人执行转变为对物执行，若债务人拿出全部财产供债权人分配，债权人不得再对人身强制执行。在中世纪，法、意等国由私力执行转变为通过假扣押程序执行。此有罪破产思想，至资产阶级革命后之法国拿破仑商法典仍有遗存。② 惩戒主义盛行之时，破产人的职业地位、公法权利都受相当限制，只具备法定条件时得以复权制度恢复。③ 至今此立法例仍然存在，如我国《香港特别行政区基本法》第 79 条规定，特区立法会议员破产，由立法会主席宣告其丧失立法会议员资格；我国台湾地区"公职人员选举罢免法"第 26 条规定，受破产宣告确定，尚未复权者，不得登记为候选人。

有罪破产观念不仅风靡于古代欧洲，亦见诸古代中国法律，这与我国重农抑商、诸法合体而刑民不分之法制传统不免有关。如唐律有"诸负债违契不偿，一疋以上，违二十日笞二十，二十日加一等，罪止杖六十；三十疋，加二等；百疋，又加三等。各令备偿""百日不偿，合徒一年。各令备偿。若更延日，及经恩不偿者，皆依判断及恩后之日，科罪如初"

---

① 谢邦宇主编：《破产法通论》，湖南大学出版社 1987 年版，第 303～304 页；潘家永：《虚假破产罪探析——兼论破产犯罪的相关问题》，载《政法论坛》2008 年第 2 期；周枏、吴文翰、谢邦宇编：《罗马法》，群众出版社 1983 年版，第 365 页；吴传颐编著：《比较破产法》，商务印书馆 2013 年版，第 18 页。

② 王艳梅、孙璐：《破产法》，中山大学出版社 2005 年版，第 292 页。

③ 李永军、王欣新、邹海林、徐阳光：《破产法》（第二版），中国政法大学出版社 2017 年版，第 8 页。

的规定。① 清朝律令中，也有对侵蚀倒闭商民由官府拘捕监禁、查封资财及原籍家产的法例。② 不论中西，对无以清偿债务之人，刑罚不可谓不严厉。

随着商品经济发展、商业竞争日甚，诸国逐渐理解"物竞天择、适者生存"，因经营失败而破产实乃优胜劣汰之常理，遂抛弃惩戒主义而改采非惩戒主义，③ 欧洲大陆之德国法系多采取此立场，④ 现已为各国普遍接受。但破产并非完全不能与犯罪相关联。1538 年，法国颁布破产法令，重点规制诈欺破产等罪名，对债务人处以刑罚。⑤ "破产不等于犯罪，但破产无罪只适用于诚实而不幸的破产者"，各国仍保留"不诚实的破产犯罪制度"。⑥

近代中国国门被西方列强打开，西学东渐而建立破产制度并区分破产犯罪。清光绪二十九（1903）年，沈家本、伍廷芳《商部修律大臣会奏议订商律续拟破产律折》称："乃或因经营未善、或因市价不齐即不能不有破产之事，而狡黠者往往因缘为奸，以致弊端百出，贻害无穷……近来商情变幻，倒骗之局愈出愈奇，必如此严惩，庶奸商知所畏服。然诈伪倒骗者之出于有心，与亏蚀倒闭者之出于无奈，虽皆谓之破产，而情形究有不同。诈伪倒骗洵属可恨，亏蚀倒闭不无可原"，对经营不善与诈伪破产详加区分。1906 年《破产律》第 40 条规定"帑项公款经手商家倒闭，除归偿成数，仍同各债主一律办理外，地方官应查明情节，如果事属有心，应照倒骗律严加治罪"。该律第六节"有心倒骗"规制商人吞没资财、诡称亏折有心倒骗，席卷巨资的行为，其第 52 条规定"凡有心倒骗之案，除将财产货物变价备抵外，酌量情节处监禁二十日以上三年以下，或罚金五十圆以上一千圆以下，或监禁与罚金并科"。⑦ 民国二十四（1935）年

---

① 长孙无忌：《唐律疏议》，刘俊文点校，中华书局 1983 年版，第 485 页。

② 吴传颐编著：《比较破产法》，商务印书馆 2013 年版，第 29 页。

③ 陈本寒：《商法新论》，武汉大学出版社 2009 年版，第 313 页。

④ 吴传颐编著：《比较破产法》，商务印书馆 2013 年版，第 41 页。

⑤ 王艳梅、孙璐：《破产法》，中山大学出版社 2005 年版，第 292 页。

⑥ 韩中节：《台湾地区破产法基本制度评析及借鉴意义》，载《北京工商大学学报（社会科学版）》2009 年第 3 期。

⑦ 上海商务印书馆编译所：《大清新法令》第四卷，第 191～192 页、第 197～199 页。

国民政府公布之破产法，更以专章规定罚则（第四章，第 152 条至第 159 条），是为我国台湾地区今日之破产犯罪规范。"破产为犯罪之观念，至今日已为历史之陈迹。唯和解与破产程序，均为裁判上之程序，其进行之公正与诚信，自须极端维持，如关系人违反法定义务或营私舞弊，即属破坏裁判程序，且亦妨害社会经济，自不得不规定罪刑，予以惩罚"。①

### （二）破产犯罪之概念、分类及法律渊源

破产犯罪，系指违反破产法并构成犯罪，应当追究刑事责任的行为。破产犯罪法属破产责任之一部，在法律部门上属于刑法。刑法调整范围广泛但不完整，破产犯罪就破产领域中犯罪、刑事责任、刑罚问题作出规定。② 依罪刑法定主义，破产犯罪须于刑事法律中设有罪刑条款，一违反破产法的行为如未被刑法事前明定为犯罪并明定法定刑，纵于个案中为债权人招致巨大财产损失亦非犯罪。破产犯罪作为刑法分则性条文，当然以刑法基本原则和刑法总则为遵循。

破产犯罪，依其侵害破产管理秩序和债权人、其他人利益的不同形态，可借鉴 1922 年《日本破产法》，分"破产程序罪"和"破产原因罪"两类。前者妨碍破产程序的执行，如违反义务罪、破产贿赂罪、违反居住限制罪、破产管理人渎职罪、妨害破产管理人执行职务罪等；后者针对破产财产，规制不法地出现破产原因的行为（而不是处罚出现破产原因本身），例如诈欺破产罪、过怠破产罪、优待债权人罪、庇护债务人罪等。③

破产犯罪既属刑法，自当以刑法的渊源为其渊源。因此，规定破产犯罪的刑法应为广义刑法，包括刑法典、单行刑法、附属刑法，④ 如《法国商法典》以附属刑法的形式规定破产犯罪，而我国、德国将破产犯罪规定于刑法典。我国《刑法》专涉破产犯罪者，莫过于第 162 条之二之虚假破产罪。

---

① 吴传颐编著：《比较破产法》，商务印书馆 2013 年版，第 377 页。

② 马克昌主编：《刑法》（第八版），高等教育出版社 2017 年版，第 3 页。

③ 何伟波：《中日破产犯罪立法比较研究——以新、旧日本〈破产法〉为视角》，载《福建教育学院学报》2016 年第 1 期；韩长印主编：《破产法学》，中国政法大学出版社 2007 年版，第 231 页。

④ 高铭暄、马克昌主编：《刑法学》（第七版），北京大学出版社、高等教育出版社 2016 年版，第 7 页。

《企业破产法》第 131 条规定"违反本法规定，构成犯罪的，依法追究刑事责任"。本条不含罪刑条款，因此不是附属刑法，① 只是指引条款，概括重申刑法规定，提示行政执法及司法工作人员注意民刑衔接，遇有违反本法行为切勿局限于本法评价，仍应进一步审酌是否违反刑法，其有犯罪嫌疑者，应即移送该管司法机关追究刑事责任。我国非刑事法律法规中刑事责任指引条款设置随意，但考察违反破产法行为是否构成犯罪，并不以指引条款之存否为转移，而是以刑法规定的犯罪构成，即"决定某行为社会危害性及其程度，而为该行为构成犯罪所必需的一切主客观要件的有机统一"② 为唯一标准。

### （三）破产犯罪之特征

**1. 破产犯罪是以破产法为前置法的法定犯**

法定犯亦谓行政犯，与自然犯（刑事犯）相对。自然犯既侵害法益又违反社会伦理，不俟法律规定，自应受法非难，因而被认为犯罪。③ 例如杀人、盗窃等，违背自然理性，天然不为社会所容忍，各国各时期无一例外予以处罚。④ 法定犯本身并不违反伦理，唯国家出于行政管理上取缔的目的，将违反其他法律的行为规定为犯罪，此类行为因法律规定而受非难，⑤ 犯罪构成与国家政策唇齿相依。破产犯罪即如是，其犯罪构成与民事法律和国家政策极大相关，犯罪人未必穷凶极恶，其行为不违背自然伦理，而是首先违反破产法。破产犯罪产生于市场经济之下，与破产法密不可分，破产法是破产犯罪之前置法。无市场经济则无破产犯罪，无破产法即无破产犯罪。⑥

破产犯罪构成要件多规范的要件，亦决定其不得不存在前置法。规范

---

① 张明楷：《刑法学》（第五版），法律出版社 2016 年版，第 17 页。

② 高铭暄、马克昌主编：《刑法学》（第七版），北京大学出版社、高等教育出版社 2016 年版，第 50 页。

③ 马克昌：《比较刑法原理——外国刑法学总论》，武汉大学出版社 2015 年版，第 89 页。

④ 林东茂：《刑法综览》，一品文化出版社 2016 年版，第 1~5 页。

⑤ 马克昌：《比较刑法原理——外国刑法学总论》，武汉大学出版社 2015 年版，第 89 页。

⑥ 李国光主编：《新企业破产法教程》，人民法院出版社 2006 年版，第 393 页。

的要件与记述的要件相对，仅以对事实的认识尚不足确定，仍须法官进行规范、价值的评价。① 特别对破产犯罪，其构成要件之认定与法律、社会的评价联结甚密，如公司、企业、破产、债务、财产、债权人、处分、转移等术语，由非刑事法律规范赋予专门含义。仅研习刑法法条，非参酌专门法律，不能明确刑法规范的内容。即使刑法条文未改，此类构成要件也会随前置法变迁而发生无形修改。

如此，前置法与刑法的关系、一般违法与刑事违法的关系就耐人寻味。违反前置法是否必然违反刑法？不违反前置法有无触刑可能？当今，大量原属行政违法、民事侵权的行为被纳入刑事法网，法定犯与日俱增，俯拾即是。学界有"严格的违法一元论""违法多元论"和"缓和的违法一元论"争鸣及"量的差异论""质的差异论"和"质量差异论"对立。② 本书认为，法秩序虽为统一，但依刑法谦抑主义、罪刑法定主义和法益保护机能，刑法只能是第二次法、补充性法、保障性法，③ 应采缓和的违法一元论、质量差异论。破产犯罪位于刑法边缘地带，以违反经济管理法律（破产法）为成立条件，不违反破产法的行为当然不构成破产犯罪，违反破产法的行为也未必具有刑法意义上的社会危害性、刑事违法性、应受刑罚处罚性而构成犯罪。例如个人转移财产、虚构债务，从而逃避巨额债务的行为，其对债权人利益侵害未必亚于企业虚假破产，但由于我国未确立自然人破产制度，此行为无论如何不成立破产犯罪，至多是其他犯罪。

2. 破产犯罪之客体

我国《刑法》将破产犯罪条文列于分则第三章"破坏社会主义市场经济秩序罪"之第三节"妨害对公司、企业的管理秩序罪"。以立法安排观之，破产犯罪的同类客体是社会主义市场经济秩序，即国家通过法律对

---

① 张明楷：《刑法学》（第五版），法律出版社 2016 年版，第 121 页；马克昌主编：《犯罪通论》，武汉大学出版社 1999 年版，第 89~90 页。

② 苏慧渔、崔志伟：《刑事违法评价的相对独立性》，载赵秉志、莫洪宪、齐文远主编《中国刑法改革与适用研究》（上卷），中国人民公安大学出版社 2016 年版，第 8~9 页；孙国祥：《行政犯违法性判断的从属性和独立性研究》，载《法学家》2017 年第 1 期。

③ 高铭暄、马克昌主编：《刑法学》（第七版），北京大学出版社、高等教育出版社 2016 年版，第 8 页。

由市场配置资源的经济运行过程进行调节和实行管理所形成的正常、有序的状态，是由民商事、行政的法律法规形成的完整秩序，我国刑法通说亦持此观点;① 小同类客体则是公司、企业的管理秩序；直接客体中主要客体是破产管理秩序，次要客体则因罪而异，破产原因罪多为债权人、其他人合法权益，破产程序罪多为破产程序之进行。

有学者主张，破产法和破产程序目的在于保护债权人利益得到公平分配，又使债务人得以摆脱债务泥潭，② 或认为虚假破产罪首先侵害债权人和其他人利益，进而侵犯破产秩序，③ 因此破产犯罪的主要客体是债权人和其他人的合法权益，破产秩序是次要客体。本书认为这一观点值得商榷。破产犯罪以破产法为其前置法，不等于刑法上各罪主要客体当然以前置法主要保护目的为准。破产法调整平等主体之间的财产关系，与设定刑罚权之刑法分属不同法律部门，保护不同利益。提倡民权刑法，限制公权力而伸张私权利，不意味着各罪凡公法益与私法益交织者，必以个人利益为主要客体。

尤有进者，破产犯罪行为除损害债权人、其他人财产利益外，更会引发多米诺骨牌效应，使更多经济状况本已不善，但仍能勉强维持的企业，顷刻间濒临破产危局。循序类推，或因一线之牵扰及市场大局，如滚雪球般引起更大范围企业倒闭，生产停顿，失业骤增，社会经济将有顿失均衡乃至破裂之虞，公司管理亦陷混乱。刑法不干预自然人自杀却不许企业"自杀"或"速死"，因后者影响范围甚广。破产犯罪并非没有被害人，而是被害人为不特定之多数人。破产管理秩序受破坏，相比于债权人、其他人金钱损失未必为轻，以之为破产犯罪主要客体，并非全无道理，反而有其必要。

不过，肯定破产犯罪以破产秩序为客体，也要防止过度犯罪化。破产犯罪应为复杂客体，秩序和具体公私利益都是直接客体，据此慎重判断行为是否构成《刑法》第13条犯罪概念所称之"严重危害社会"，没有具

① 高铭暄、马克昌主编：《刑法学》（第七版），北京大学出版社、高等教育出版社2016年版，第366页。
② 行江：《虚假破产罪的理论与实践研究》，法律出版社2012年版，第111页。
③ 潘家永：《虚假破产罪探析——兼论破产犯罪的相关问题》，载《政法论坛》2008年第2期。

体利益受到损害的情形，至少是"情节显著轻微危害不大"，不得仅因其与现行破产体制有不一致，貌似存在一定冲击或不确定性，就动辄以抽象性极强、难以证明与清晰界定的"秩序"作为简单客体入人于罪，① 动用刑法干预民事纠纷，甚至当事双方未曾发生民事纠纷之经济活动，② 以防刑法成为市场发展、经济自由的桎梏。

3. 破产犯罪以企业进入破产程序为客观处罚条件

不论破产原因是否真实出现，仅当债务人因其申请破产或被申请破产，从而进入破产程序时，债务人才可能将其债务堂而皇之一笔勾销，或危害破产程序之执行，或迫使债权人作出牺牲，如担保物权受到限制、管理人可以解除合同、债权减让，以换取企业重振机会。③ 如此，破产管理秩序和债权人、其他人利益才会受到破产犯罪意义上的损害，不能因存在转移财产、虚构债务从而损害债权人利益的行为，可能损害他人利益、破坏破产秩序而不对处罚范围作应有的限缩。未进入破产程序时，公司、企业的行为只是拖欠债务，应由民法和民事诉讼法加以解决，④ 或可能构成其他违法或犯罪，应由他法加以规制。"尽管行为人是不负责任的，但如若他能避免破产事件的发生，就可以免除其刑罚之必要性；如在破产程序开始之前就确定其罪责，不仅可能使债权人受损，更削弱行为人避免破产的积极性。"⑤

客观处罚条件，即犯罪成立后，刑罚权的发动仍需具备的其他事由或外部条件。⑥ 德国、日本破产犯罪立法也有相关规定，《德国刑法典》第

---

① 相关观点见何荣功：《经济自由与刑法理性：经济刑法的范围界定》，载《法律科学》2014 年第 3 期。

② 例如浙江省高级人民法院《关于为中小企业创业创新发展提供司法保障的指导意见》指出，"资金主要用于生产经营及相关活动，行为人有还款意愿，能够及时清退集资款项，情节轻微，社会危害不大的，可以免予刑事处罚或不作犯罪处理"。

③ 贺丹：《论虚假破产罪中的"实施虚假破产"》，载《政治与法律》2011 年第 10 期。

④ 李国光主编：《新企业破产法条文释义》，人民法院出版社 2008 年版，第 559 页。

⑤ 何伟波：《中日破产犯罪立法比较研究——以新、旧日本〈破产法〉为视角》，载《福建教育学院学报》2016 年第 1 期。

⑥ 陈家林：《外国刑法通论》，中国人民公安大学出版社 2009 年版，第 147 页、第 664 页。

283 条将此类罪处罚范围限于行为人停止支付、开始破产程序、破产申请以破产财产不足为由被驳回，日本则是规定为"破产宣告的确定"。① 不论该实施破产欺诈的企业自行申请破产，或被债权人、清算人申请破产，其自身都无法启动破产程序，须待法院裁定受理而启动之，刑事司法唯此时有介入可能，在此之前应保持谦逊。② 处分财产行为实施后，倘因法院裁定不受理破产申请等原因未进入破产程序，则债务人的行为是逃债行为，如果企业更生，当罚性就减少甚至消灭；而一旦进入破产程序，即令法院日后裁定驳回破产申请、裁定终结破产程序，也已经给债权人、其他人的合法权益以及破产管理秩序至少造成了侵害的危险，客观处罚条件已经实现。

客观处罚条件既为外在性要素，则实行行为与客观处罚条件之间，自不必存在刑法上的因果关系，也不需要行为人认识。但二者之间至少要有事实上的关联性或牵连关系，实行行为与客观处罚条件之间的同一性必须存在，行为人至少应有预见可能。行为人实施破产犯罪，并基于此进入破产程序，或曰行为时存在有可能现实接受破产宣告的客观状态持续到破产程序之启动，始具备客观处罚条件；若行为人虽实施破产犯罪的实行行为，但出于幡然悔悟等原因，退回财产，恢复经济状况，此后又由于经营不善陷入破产境地、进入破产程序，则行为与处罚条件之间不存在关联性，不得视为实现了本罪的客观处罚条件。即便行为人事后又实施破产原因罪的实行行为并据此进入破产程序，也是后行为可罚，前行为已不可能具备破产犯罪的客观处罚条件。③

## 二、虚假破产罪

### （一）本罪由来及立案管辖

破产欺诈行为不唯为破产法所规制，更为刑法所打击。虚假破产罪，

---

① 《德国刑法典》，徐久生、庄敬华译，中国方正出版社 2004 年版，第 138 页；行江、朱俊卿：《破产犯罪中的客观处罚条件研究》，载《政治与法律》2009 年第 11 期。

② 行江：《虚假破产罪的理论与实践研究》，法律出版社 2012 年版，第 210 页。

③ 行江：《虚假破产罪的理论与实践研究》，法律出版社 2012 年版，第 210~211 页；陈家林：《外国刑法通论》，中国人民公安大学出版社 2009 年版，第 147 页。

见于我国《刑法》第 162 条之二，为打击"假破产、真逃债，严重损害债权人利益，破坏市场经济秩序"的行为，为 2006 年 6 月 29 日第十届全国人大常委会第二十二次会议通过、自公布之日起施行之《刑法修正案（六）》第 6 条所增设，其罪名为最高人民法院、最高人民检察院《关于执行〈中华人民共和国刑法〉确定罪名的补充规定（三）》（法释［2007］16 号）所确定。本罪是典型的破产原因罪。依《刑事诉讼法》第 19 条和最高人民法院《关于适用〈中华人民共和国刑事诉讼法〉的解释》（法释［2012］21 号）第 1 条，虚假破产罪是非亲告罪、公诉案件，由公安机关侦查。

### （二）本罪犯罪构成

#### 1. 犯罪客体

本罪的同类、小同类客体是社会主义市场经济秩序和公司、企业的管理秩序，其直接客体当然包括破产管理秩序。本罪并非简单客体，而是复杂客体。虚假破产行为不仅侵害国家对公司、企业的管理秩序，还必然同时使债权人及其他人的利益陷入无法实现的境地，此为本罪罪状明文规定。假使企业没有债权人，或者企业资产极其雄厚，转移、处分后仍能偿还债务、支付职工工资及社会保障，则不存在利益受损害的债权人或其他人，企业也无从具备破产原因，无所谓破产或虚假破产。至于直接客体主次问题，立法机关将破产秩序视为主要客体，而将债权人及其他人的利益视为次要客体。

#### 2. 犯罪客观方面

##### （1）危害行为

本罪的危害行为，即通过隐匿财产、承担虚构的债务或者以其他方法转移、处分财产，实施虚假破产。"隐匿财产"即将公司、企业财产予以转移、隐藏，或对财产清单、资产负债表作虚伪记载，或少报、低报，故意隐瞒实际财产数额；"承担虚构的债务"即夸大负债状况，造成资不抵债假象；由于法条存在"其他方法"这一兜底的行为方法，转移、处分财产方法不限，如转移企业财产至个人名下，高买低卖、放弃债权；"实施虚假破产"既包括公司、企业自身转移、处分财产并提出破产申请，也包括公司、企业自身转移、处分财产，而以此虚伪构造的破产原因使债权人、清算人提出破产申请。① 有学者主张本罪为复行为犯,隐匿财产、承担虚假债务或者以其他方法转移、处分财产是手段行为,实施虚假破产是目的行为,② 此观点可堪赞同,因为"实施虚假破产"即为本不具备而虚伪构造破产原因,提出破产申请。如不提出破产申请而纯然转移财产,则难言"实施虚假破产",只是欠债不还、逃避债务的行为。

有观点从刑法与破产法的协调、虚假破产罪保护目的出发,认为虚假破产包括破产原因虚假与破产行为虚假,包括实体没有真实破产,而以假破产方式损害他人利益,亦得包括实体确实破产,而在破产程序前、破产程序中实施严重损害债权人或其他人利益的行为,在具有真实破产原因时,债务人为了逃避债务而申请破产,仍属虚假破产。③ 本书认为,此观点值得商榷。对本罪客观方面的理解,关键在于"实施虚假破产"文义最远射程何在。"虚假破产"用语的含义即为行为人为逃避债权人追索债务所虚伪构造的、实际并未出现之假的破产,利用假象规避追索,否则不成其为"虚假破产";《刑法》罪状和罪名并未如《刑法修正案(五)》和《刑法修正案(六)》草案初审说明和破产法理论中一般使用"破产欺诈"的术语,而且在表决通过的条文中特意加入"实施虚假破产"作为构成要件,以惩治"假破产、真逃债"的行为。④ 不论采取主观解释论或客观解释论的立场,从立法者意思和法条用语观之,二者含义显然有别。企

---

① 郎胜主编:《中华人民共和国刑法释义》(第六版),法律出版社 2015 年版,第 227 页。

② 潘家永:《虚假破产罪探析——兼论破产犯罪的相关问题》,载《政法论坛》2008 年第 2 期。

③ 张明楷:《刑法学》(第五版),法律出版社 2016 年版,第 758 页;行江:《虚假破产罪的理论与实践研究》,法律出版社 2012 年版,第 116 页;康均心、杜辉:《虚假破产罪若干问题研究——以刑法与破产法的协调为视角》,载《人民检察》2007 年第 16 期;丁慧敏:《偏颇清偿可构成虚假破产罪》,载《政治与法律》2010 年第 7 期。

④ 胡康生:《关于〈中华人民共和国刑法修正案(五)(草案)〉的说明》,载《中华人民共和国全国人民代表大会常务委员会公报》2005 年第 2 期;安建:《关于〈中华人民共和国刑法修正案(六)(草案)〉的说明》,载《中华人民共和国全国人民代表大会常务委员会公报》2006 年第 6 期;周坤仁:《全国人大法律委员会关于〈中华人民共和国刑法修正案(六)(草案)〉审议结果的报告》,载《中华人民共和国全国人民代表大会常务委员会公报》2006 年第 6 期。

业确实出现破产原因，只是制造虚假的破产财产状况，从而侵害债权人和其他人合法权益，在清算过程中则符合妨害清算罪的犯罪构成，在破产程序前则为《企业破产法》规定的破产欺诈行为，将其理解为属于"虚假破产"之一类，则有超出文义最远射程，以罪责刑相适应牺牲罪刑法定原则之嫌。特别在文义解释含义较窄，其他解释含义较宽时，既然文义并无歧义，则应以文义解释为唯一结论。立法机关作此安排，不论当否，均不得因其或与惩处破产犯罪目的有所不合，而牺牲文义作所谓体系、目的解释。即便刑法与破产法出现某种不协调，存在法律漏洞，此为立法机关起草罪状时造成，不应由行为人承受立法选择之代价。倘企业出现真实的破产原因，则其向法院提出或由他人向法院提出破产申请从而进入破产程序，是为《企业破产法》所规定的合法行为，是企业出现破产原因的当然结果，仅以此行为不可能带来破产秩序、债务人或其他人利益的侵害或危险。在申请破产时，债务人确可能有逃债的主观意愿，但不应以此认定其行为构成虚假破产罪，否则将导致主观归罪，从主观而客观牵强附会，以处罚行为之名行制裁思想之实。

　　有学者主张《企业破产法》第 31 条规定的提供财产担保、提前清偿未到期债务和第 32 条规定的个别清偿可以成立本罪，[①] 本书认为此行为或为德国刑法上之"优待债权人罪"，但无法该当虚假破产罪构成要件，不可能为本罪实行行为。债权人受偿权的均衡与平等，是依破产法在破产程序中而言，即"于债务人财产不足以清偿总债权时，对于各债权人给与平等之满足"，[②] 而非无论是否破产，从债权债务的成立到消灭全过程必须完全同等对待。此类行为发生于法院受理破产申请、企业进入破产程序前，企业并未由管理人管理，仍然享有完全自主经营权，如其所愿安排债务的清偿对象和顺序，拥有选择向何债权人偿还、偿还多少、何时偿还、是否提供担保的完全的自由，如为刑法所禁止，否则债务人将无选择自由，处罚范围不当扩大。另者，企业所偿还、提供担保的债务既为真实负债，则显无可能以偿还债务、提供担保虚构破产原因，从而逃债。债务因其被清偿而消灭，债务总额与财产总额在清偿的范围内一同减少。债务人偿还该笔债务前并未出现破产原因，如何以偿还该笔债务虚构破产原

---

① 行江：《虚假破产罪的理论与实践研究》，法律出版社 2012 年版，第 261 页。

② 吴传颐编著：《比较破产法》，商务印书馆 2013 年版，第 7 页。

因？倘使债务人此后有破产原因，则势必此前已有破产原因，以破产法规制足矣。至于提供担保，本非清偿债务，自不会导致债务人财产减少，只有赋予债权人以优先受偿地位之效力，更不足资虚伪构造破产原因，无以成立虚假破产罪。

（2）本罪的犯罪对象

犯罪对象，系指刑法规定的，犯罪人在犯罪过程中对其直接施加影响，并通过该影响使某客体遭受侵犯的具体的人或物。[1] 由于本罪的实行行为发生于破产宣告前，罪状表述的"财产"，应为本应在破产财产范围内的债务人财产，至少是实施处分行为时可预期取得的财产。破产财产不同于"破产人财产"，应包括最终应归入破产财产的一切财产，不限于破产申请受理时属于破产人的财产，还包括破产申请受理时公司、企业可预期取得的财产以及合法或非法处于企业管理之外的财产，例如联营投资、到期债权所指向的财产及其孳息等。只有转移、处分破产清算程序中应为破产财产的财产，才有可能使债权人、其他人以及公司、企业管理秩序受到破产犯罪意义上的损害，否则并非"实施虚假破产"。[2]

（3）本罪的犯罪时间

作为典型的破产原因罪，其实行行为必于破产之前。《企业破产法》对可撤销的欺诈破产行为设定了期限，有学者主张破产犯罪也存在"怀疑期"作为其犯罪时间上的构成要件，此看法可堪赞同。"怀疑期"具有推定破产欺诈的功能，[3] 认为破产人在破产审理受理前一段时间内处分财产，有破产欺诈的高度嫌疑。在进入"怀疑期"之前的转移、处分财产行为，《企业破产法》未规定管理人有追回权，即不将其推定为欺诈破产。如此规定，有利于维护交易安全和经营自由，将债权人和债务人的利益以及社会秩序作出平衡，既维护债权人的合法利益，又不致过于干预债务人自主经营而对其过于苛刻。"虚假破产"范围相较于"破产欺诈"为窄，又以企业破产法为前置法，自应以此"怀疑期"作为犯罪时间上的

---

① 高铭暄、马克昌主编：《刑法学》（第七版），北京大学出版社、高等教育出版社2016年版，第58页。

② 行江：《虚假破产罪的理论与实践研究》，法律出版社2012年版，第125～126页。

③ 行江：《虚假破产罪的理论与实践研究》，法律出版社2012年版，第127页及以下。

构成要件。在此期限之外者，破产法不推定为破产欺诈，刑法自不应认定为虚假破产。但刑法不得因其推定破产欺诈的功能，对此"怀疑期"作望文生义的理解。破产法上之"怀疑期"，决非刑事法上之推定有罪，此期限是犯罪客观方面的构成要件，而非以此期限推定公司、企业有罪或在刑事诉讼法上发生举证责任倒置的效果。公司、企业构成虚假破产罪，须齐备犯罪四个方面的要件，在刑事诉讼法上仍享有无罪推定的保障。《企业破产法》对不同的行为定有不同的怀疑期，虚假破产罪的客观方面与之也并非完全对应或包含，需要区分不同的具体行为方法，确定作为构成要件的犯罪时间。例如，债务人实施《企业破产法》第31条第（1）至（3）项、第（5）项规定的行为虚伪构造破产原因，则为人民法院受理破产申请前一年内；实施《企业破产法》第33条规定的行为虚伪构造破产原因，则不设期限。此时间条件，亦可谓客观处罚条件。

（4）本罪危害结果、刑法上的因果关系

法条要求"严重损害债权人或者其他人利益"的危害结果，且不存在"其他特别严重情节"等兜底情节，因此本罪是结果犯，不是行为犯。这是指虚假破产行为导致本应得到偿还的债权得不到偿还，包括职工工资、劳动保险、税款等。[①] 公司、企业虚假破产的行为，须与债权人、其他人利益的损害具有刑法上的因果关系，否则债权人、其他人利益之损失不能归于转移财产行为，不构成本罪。债权人，包括普通债权人与享有优先受偿权的债权人，包括到期债权的债权人和未到期债权的债权人；其他人，即公司、企业债权人以外，与破产人在法律上有利害关系，有权参与分配财产的人，具体范围为《企业破产法》第113条所规定，包括职工、保险的被保险人和受益人以及税务征管机关。此处的利益，应指各种请求权指向的经济利益，即债权人的债权无法得到清偿，职工工资和劳动保险费用无法支付、应缴税款的缴纳等，而不包括商业机会的丧失、纯粹经济损失。[②]

（5）入罪门槛

并非所有虚假破产行为都构成犯罪，而是达到情节严重、数额较大才

---

① 郎胜主编：《中华人民共和国刑法释义》（第六版），法律出版社2015年版，第227页。

② 行江：《虚假破产罪的理论与实践研究》，法律出版社2012年版，第137页。

构成犯罪。① 根据 2010 年 5 月 7 日最高人民检察院、公安部《关于公安
机关管辖的刑事案件立案追诉标准的规定（二）》第 9 条规定，转移、处
分财产价值在 50 万元以上，或造成债权人、其他人直接经济损失累计在
10 万元以上，或虽未达到此数额，但应清偿的职工工资、社会保险费用、
法定补偿金得不到及时清偿造成恶劣社会影响的，应予立案。该条也有
"其他严重损害债权人或者其他人利益的情形"这一兜底条款，应属对结
果兜底。但是，设使企业转移超过此数额的财产，虚构超过此数额的债
务，却不足以造成破产假象，其剩余的财产仍足以支付工资、清偿债务，
转移、处分财产根本不足以使企业出现破产原因，则此转移的行为本属企
业经营行为，至多是经营不善，非本罪实行行为，不应以本罪治人。

3. 犯罪主体

按照通说，本罪依《刑法》明文规定为单位犯罪，② 犯罪主体只能
是公司、企业而不能是自然人，也不能是事业单位、机关、团体等其他单
位。单位犯罪，以附属刑法形式首见于 1987 年《海关法》第 47 条，又
大量出现于各单行刑法、附属刑法，1997 年《刑法》遂将其提取至总则，
形成现行《刑法》第 30 条、第 31 条，分则也对单位可以构成的各种犯
罪及刑事责任的承担作具体规定。

也有学者对此提出质疑，认为本罪不是单位犯罪而是自然人犯罪，③
这与如何看待单位犯罪有关。单位犯罪的成立条件，有"单位利益说"
和"单位名义说"。有观点认为，本罪非为单位谋取利益，没有单位犯罪
的罪名，只能对自然人定罪量刑，不是单位犯罪。④ 本书认为，为单位利
益或违法所得归单位或单位全体或多数成员，并非单位犯罪的成立要素，
只是单位犯罪与单位内个别人的自然人犯罪之分界。⑤ 单位利益说并不周
延，只能肯定个人为个人利益的犯罪不是单位犯罪、单位为单位利益的犯
罪是单位犯罪，却不能说明单位为个人利益、个人为单位利益实施犯罪是
否为单位犯罪，而虚假破产罪恰在此空间内。"谁犯罪"才是犯罪构成关

① 张明楷：《刑法学》（第五版），法律出版社 2016 年版，第 734 页。
② 郎胜主编：《中华人民共和国刑法释义》（第六版），法律出版社 2015 年版，第 227 页。
③ 张明楷：《刑法学》（第五版），法律出版社 2016 年版，第 758 页。
④ 李鸣捷：《质疑虚假破产罪的"三个通说"》，载《知与行》2017 年第 8 期。
⑤ 张明楷：《刑法学》（第五版），法律出版社 2016 年版，第 135~136 页。

心的问题，"犯罪人为谁犯罪"至多是刑罚裁量情节。以法国刑法为例，虽《刑法典》明定法人犯罪须为法人利益，但判例经常忽略这一要件，认为法条所指"为法人利益"与"对法人有利"不可同日而语，而只考察是否法人机关或代表、在法人业务范围内、以法人名义、受法人控制实施。① 此要件见于法典明文者尚且如此，而况该要件在我国并未入法，以其为单位意志之一重要佐证、通常特征辅助认定即可，奉为要件、视若准绳则不必。在目前我国法律体系下，虚假破产罪应为单位犯罪无疑。

4. 犯罪主观方面

本罪罪过形式是故意，即行为人的主观心理态度是明知会发生债权人、其他人利益严重损害以及破产秩序被破坏的危害结果，并且希望或者放任这种结果发生，② 要求犯罪单位直接负责的主管人员和其他直接责任人员认识到自己实施虚假破产的行为，认识到会发生债权人、其他人利益严重受损以及破产秩序被破坏的危害结果，认识到该单位是可以构成单位犯罪的公司、企业，但不要求对行为违法性的认识，也不要求对法律术语、法律评价的认识。即便该公司、企业的直接负责的主管人员、其他直接责任人员未认识到"虚假破产"这一术语而仅以为自己实施《企业破产法》上的破产欺诈，也不影响故意的认定。公司、企业实施转移、处分财产的虚假破产的行为时，不可能不知道此行为必然会损害债权人和其他人的合法利益，因此本罪只能为直接故意。

虚假破产往往以逃废债务为犯罪目的，但本罪是否是目的犯？犯罪目的，是犯罪人希望通过实施犯罪行为达到某种危害社会结果的心理态度。但目的犯的目的是主观超过要素，要求除故意而外另有特定目的，③ 否则刑法各故意犯罪无不是"目的犯"。有的国家（如日本等）刑法对破产欺

---

① France, Code pénal, art. 121-3; Harald RENOUT, Droit pénal général, 18ème édition, Larcier, 2013, p. 189.

② 高铭暄、马克昌主编：《刑法学》（第七版），北京大学出版社、高等教育出版社 2016 年版，第 387 页。

③ 高铭暄、马克昌主编：《刑法学》（第七版），北京大学出版社、高等教育出版社 2016 年版，第 120~121 页；陈家林：《外国刑法通论》，中国人民公安大学出版社 2009 年版，第 148 页；张明楷：《刑法学》（第五版），法律出版社 2016 年版，第 299~300 页。

诈罪规定了"以损害债权人利益为目的",① 而我国刑法未作此表述,而是将其表述为要求严重损害债权人、其他人利益的结果。本书认为,通过虚伪构造破产原因,从而逃避债务,在破产犯罪的意义上损害债权人、其他人的利益,都是行为人行为时所追求的结果,可以为意志因素所包含,本罪不是目的犯。

犯罪目的与犯罪动机应相区分,犯罪动机是刺激犯罪人实施犯罪行为以达到犯罪目的的内心冲动或内心起因。② 公司、企业的直接负责的主管人员和其他责任人员实施虚假破产行为,可能出于各种内心起因,如希望某一有经济纠纷的债权人破产、家人看病上学急需用钱等。本罪不以动机为主观方面构成要件,成立本罪不问动机,动机只是量刑情节。

### (三) 刑事责任

犯本罪者,应承担刑事责任、受到刑事制裁。刑事责任的实现方式有定罪判刑、定罪免刑,还包括消灭处理、转移处理的其他解决方式;刑事制裁则主要是刑罚,还有非刑罚处理方法。③ 人民法院定罪量刑时,只能定具体罪名"虚假破产罪",并在该条法定刑幅度内确定宣告刑,而不得定以同类客体、小同类客体为标准概括的节类罪名"妨害对公司、企业的管理秩序罪"或章类罪名"破坏社会主义市场经济秩序罪"。

对于虚假破产犯罪造成的经济损失,应适用《刑法》第 36 条、第 37 条之判处、责令赔偿损失,抑或依《刑法》第 64 条追缴、责令退赔、返还,还是依《企业破产法》申报债权,仍可探讨。

1. 本罪的法定刑

依《刑法》第 31 条,我国对单位犯罪原则上实行双罚制,即对单位判处罚金,对直接负责的主管人员和其他直接责任人员判处刑罚;法律也对特定的单位犯罪规定了单罚制中的代罚制,即不处罚单位,只对单位直接负责的主管人员和其他直接责任人员判处刑罚,本罪即属于此类。因为

---

① 行江:《虚假破产罪的理论与实践研究》,法律出版社 2012 年版,第 181 页。
② 高铭暄、马克昌主编:《刑法学》(第七版),北京大学出版社、高等教育出版社 2016 年版,第 121 页。
③ 高铭暄、马克昌主编:《刑法学》(第七版),北京大学出版社、高等教育出版社 2016 年版,第 200 页、215~216 页。

处罚单位会使债务更加难以偿还，不利于保护债权人及其他人合法权益。① 《刑法》第 162 条之二规定，公司、企业犯本罪的，对其直接负责的主管人员和其他直接责任人员处五年以下有期徒刑或者拘役，并处或单处二万元以上二十万元以下罚金。有期徒刑、拘役是主刑，只能择一判处；罚金是附加刑，可以单处或者并处，本罪为限额罚金。

2. 非刑罚处理方法

公司、企业犯虚假破产罪，对单位直接负责的主管人员和其他直接责任人员，除依法宣告刑罚或免予刑事处罚外，仍可根据案件情况有非刑罚处理方法，如判处、责令赔偿损失，以及训诫或者责令具结悔过。

依《刑法》第 37 条之一，人民法院可以在判处刑罚同时，于三年至五年内禁止相关人员从事企业高管等类似职业，其他法律、行政法规对其从事相关职业另有禁止或者限制性规定的，从其规定。其他法律多有因经济犯罪被判处刑罚，一定时期内不得任职的规定。依《公司法》第 146 条第 1 款第 (2) 项，因破坏社会主义市场经济秩序犯罪，被判处刑罚，执行期满未逾五年者，不得担任公司的董事、监事、高级管理人员；依《商业银行法》第 27 条第 (1) 项，因犯有贪污、贿赂、侵占财产、挪用财产罪或者破坏社会经济秩序罪被判处刑罚者，不得担任商业银行的董事、高级管理人员；依《证券投资基金法》第 15 条第 (1) 项，因犯有贪污贿赂、渎职、侵犯财产罪或者破坏社会主义市场经济秩序罪，被判处刑罚的，不得担任公开募集基金的基金管理人的董事、监事、高级管理人员和其他从业人员；依《企业国有资产法》第 73 条，国有独资企业、国有独资公司、国有资本控股公司的董事、监事、高级管理人员破坏社会主义市场经济秩序被判处刑罚者，终身不得担任国有独资企业、国有独资公司、国有资本控股公司的董事、监事、高级管理人员。虚假破产罪属于破坏社会主义市场经济秩序罪，其定罪判刑的判决必有此职业禁止的效力。全国人大相关工作人员将其称为"非刑罚处理方法"，还有学者因其与剥夺政治权利一致而将此称为资格刑，② 也有将其称为保安处分者。③ 本书

---

① 郎胜主编：《中华人民共和国刑法释义》(第六版)，法律出版社 2015 年版，第 228 页。

② 李晓明：《刑法学总论》，北京大学出版社 2016 年版，第 477~478 页。

③ 张明楷：《刑法学》(第五版)，法律出版社 2016 年版，第 640~641 页。

认为，《刑法》第 32 条至第 35 条已对刑罚种类进行封闭式列举而职业禁止不在此列举范围内，职业禁止与剥夺政治权利在适用、目的上有所不同，称之为资格刑难言适当。保安处分，则是为特殊预防（防止犯罪人再犯罪）目的而设立的，刑罚以外的刑法上限制或剥夺自由的法律效果。禁止犯罪人从事一定职业，即属限制自由的保安处分。[①] 其与非刑罚处理方法的定性并不必然冲突，在我国法律体系内并行不悖。特别法规定的职业禁止，尽管见于其他法律，却终须由司法机关宣告于裁判文书，正式转化为非刑罚处理方法，赋予刑法上的约束力，否则将使其法律效果有所降格：违反无其他规定的职业禁止，可能面临治安管理处罚或以拒不执行判决、裁定罪被追究刑事责任，而违反法律、行政法规有特别规定的，更为确定、严厉、专业的职业禁止，却不面临此法律后果，不甚合理。[②]

《刑法》第 37 条之一明确规定"刑罚执行完毕或者假释之日"作为职业禁止措施之起点，则因虚假破产罪被判处缓刑、免予刑事处罚者，自不适用本条及各法律中的特别规定。被判处缓刑者，只能依《刑法》第 72 条第 2 款适用禁止令，禁止其于缓刑考验期限内，从事相关的特定活动。例如，人民法院可以禁止实施虚假破产罪单位的直接负责的主管人员和其他直接责任人员，在缓刑考验期限内开办企业。倘该人违反禁止令，情节严重，则依《刑法》第 77 条第 2 款，应当撤销缓刑，执行原判刑罚。

3. 附随效果

因虚假破产罪被判刑，还会导致其他从业之禁止或资格之丧失。法律、行政法规、行政规章、规范性文件中关于受过刑事处罚丧失资格之规定，[③] 与《刑法》第 37 条之一无关，行为人犯一切罪或一切故意犯罪（当然包括本罪）受刑罚处罚均会有此类效果，其不符合职业禁止及"从

① 马克昌：《比较刑法原理——外国刑法学总论》，武汉大学出版社 2002 年版，第 872 页；张明楷：《外国刑法纲要》（第二版），清华大学出版社 2007 年版，第 427~428 页。

② 周春兰、陈山：《"职业禁止"条款中"从其规定"的理解——以刑法与行政法的衔接、统一为视角》，载赵秉志、莫洪宪、齐文远主编《中国刑法改革与适用研究》（上卷），中国人民公安大学出版社 2016 年版，第 208~209 页。

③ 有《律师法》《人民陪审员法》《企业破产法》《导游人员管理条例》《国家统一法律职业资格考试实施办法》《国家监察委员会特约监察员工作办法》等。

其规定"的类型条件。① 对此，法官无从一一宣告，只是罪犯丧失将来从业之潜在可能，待其或有一日欲从其业时主管机关不予批准足矣。此并非出于特殊预防之需，无矫正、监管或预防人身危险性、防卫社会作用，仅出于维护职业群体荣誉及纯洁性等考量、不容有犯罪记录之人为此职业共同体之一员这一刑法以外的目的，纯为刑罚之附随效果。②

行政规章中的职业禁止，即便限于特定职业，也因不符合《刑法》第 37 条之一的规定，只是刑罚附随效果。如中国证监会《证券交易所管理办法》第 34 条第（一）项也规定，犯有贪污、贿赂、侵占财产、挪用财产罪或者破坏社会经济秩序罪，不得招聘为证券交易所从业人员，不得担任证券交易所高级管理人员。

从刑法规定来看，本罪自由刑、财产刑均不算严厉，且不处罚单位而只处罚自然人，但对企业及负责人的附随效果，其影响往往更胜于刑罚。依《政府采购法》第 22 条、《招标投标法》第 17 条，参加政府采购、招投标的企业须商业信誉良好、财会制度健全、无重大违法记录。实施如此行为的企业参与此类活动及向商业银行申请贷款等，必将面临诸多负面效果。这也对企业合规、风险控制、法律顾问等业务提出更高要求。

### （四）本罪修正的犯罪构成

1. 本罪的停止形态

犯罪停止形态，是故意犯罪在其产生、发展和完成的过程及阶段中，因主客观原因而停止下来的各种犯罪状态，其包括犯罪的完成形态（既遂）和未完成形态（未遂、中止、预备），作为犯罪的终局形态独立存在，不可能相互转化。③ 我国《刑法》之虚假破产罪是结果犯，罪状中包含"严重损害债权人或者其他人利益"这一危害结果，要求以造成危害结果为既遂，没有采取一些国家将破产欺诈犯罪作为抽象危险犯的立

① 周春兰、陈山：《"职业禁止"条款中"从其规定"的理解——以刑法与行政法的衔接、统一为视角》，载赵秉志、莫洪宪、齐文远主编《中国刑法改革与适用研究》（上卷），中国人民公安大学出版社 2016 年版，第 210 页。

② ［德］汉斯·海因里希·耶塞克、托马斯·魏根特：《德国刑法教科书》，徐久生译，中国法制出版社 2016 年版，第 1063~1064 页。

③ 高铭暄、马克昌主编：《刑法学》（第七版），北京大学出版社、高等教育出版社 2016 年版，第 143 页。

法例。

实行着手，是区分故意犯罪停止形态，尤其是区分是否未遂的重要标准。按形式客观说，实行着手就是行为人开始实施刑法分则规范中具体犯罪构成要件中的犯罪行为。[1] 如此，虚假破产罪的实行着手应为公司、企业以隐匿财产，或者承担虚假债务等方式转移、处分财产的开始；此前的谋划、准备等行为是预备行为，如在此阶段因行为人意志以外的原因而未能着手实行者，为预备犯。实质客观说则认为，行为具有引起侵害结果的迫切危险为实行着手，[2] 刑法分则规定的行为，因距离犯罪客体被侵害仍属遥远，可能只是预备行为。照此观点，隐匿财产或者承担虚假债务等方式转移、处分财产与债权人、其他人合法权益被侵害仍有相当距离，此间不乏使虚假破产行为无法继续之主客观变数，行为人可能放弃违法行为，不能称为实行行为。虚假破产罪之实行行为着手，应当指向法院提出破产申请。[3] 本罪既遂的标志，是破产清算或和解、重整程序终结，使债务人通过此程序得以于法律上逃债，严重损害债权人或其他人利益。公司、企业已经开始转移、隐匿财产，而由于意志以外的原因未能导致债权人或其他人合法权益严重损害，例如法院在破产程序中发现破产原因不真实，依《企业破产法》第 12 条第 2 款裁定驳回破产申请，则为本罪未遂。[4] 依《刑法》第 23 条第 2 款，对于未遂犯，可以比照既遂犯从轻或者减轻处罚。公司、企业由于自身意志以外的原因未进入破产程序（被撤回、被裁定不受理）时，因客观处罚条件尚未具备，并无必要以未遂犯处罚。

倘债务人于破产程序中向法院坦承真相，使法院因破产原因之不具备依《企业破产法》第 12 条第 2 款驳回申请，或清偿全部债务、使第三人清偿债务或提供担保而使《企业破产法》第 108 条法院裁定终结破产程序，成立本罪中止。但中止犯之成立，要求中止行为之有效性，若此类行为终未能阻止损失之造成，则不成立中止。依《刑法》第 24 条第 2 款，对于中止犯，没有造成损害的，应当免除处罚；造成损害的，应当减轻处

---

① 高铭暄、马克昌主编：《刑法学》（第七版），北京大学出版社、高等教育出版社 2016 年版，第 154 页。

② 陈家林：《外国刑法通论》，中国人民公安大学出版社 2009 年版，第 424 页。

③ 行江：《虚假破产罪的理论与实践研究》，法律出版社 2012 年版，第 252 页。

④ 《海南名企破产记》，载《海口日报》2018 年 8 月 16 日第 8 版。

罚。若债务人在申请前自动放弃虚假破产行为，或于申请后及时自动依《企业破产法》第 9 条向法院撤回自己所提申请或请求申请之人撤回申请，或依《企业破产法》第 10 条提出异议使法院不受理申请，则因客观处罚条件尚未具备，并无必要以中止犯免除处罚。

有学者因我国刑法分则条文以既遂为模式，而认为未达到立案标准规定的入罪数额是未遂，① 本书持不同看法。我国刑法、司法解释、立案标准多有数额较大及入罪门槛规定，但未达数额以未遂论限于另有规定者，应为例外而非常态。倘任何犯罪有数额上入罪门槛者，未达数额均以未遂论，则入罪门槛全无限制犯罪圈的效果，事实上将处于被架空境地。此类犯罪未遂之"未得逞"，应在其他方面而不在数额。既然有权机关已作立案标准，未达到数额即应认为符合《刑法》第 13 条但书的规定，不认为是犯罪。数额是危害结果的重要表现，但并非危害结果的组成部分，而是渗透于四个方面要件之中，或作为独立的出罪标准。

2. 本罪的共犯形态

虚假破产罪基本的犯罪构成，因他人无从代替处分、转移财产，当然是由作为债务人的公司、企业满足，但共同犯罪的成立也不容忽视。共同犯罪，依我国《刑法》指"二人以上共同故意犯罪"。虚假破产罪作为故意犯罪，其当然可能由数人共同实施。

接受偏颇清偿的部分债权人是否可能成立共犯？日本破产法有"实行对债权人不利的处分"一说，我国《刑法》有"严重损害债权人或者其他人利益"的要求，然此种"不利"或"损害"，是指针对期待均衡分配的一般债权人"相对不利"，还是指针对全体债权人的"绝对不利"？② 此争论或许在德日刑事立法背景下有一定意义，但对于虚假破产罪而言空间甚微，原因在于此行为无论如何不是虚假破产罪的实行行为。债权人虽明知此为偏颇清偿而接受，甚至"教唆"或者"帮助"偏颇清偿，自不存在成立虚假破产罪共犯的空间。在我国刑法中值得讨论者为，受让（包括低价买入、受赠等）虚假破产企业清偿债务外之处分、转移、隐匿的财产，是否成立虚假破产罪的共犯？

---

① 行江：《虚假破产罪的理论与实践研究》，法律出版社 2012 年版，第 245～246 页。

② 行江：《虚假破产罪的理论与实践研究》，法律出版社 2012 年版，第 181 页。

立法者只规定处罚转移、处分财产而实施虚假破产一方，而离开了另一方接受虚假破产企业处分、转移、隐匿的财产，以此方法实施的虚假破产罪在物理上无法存在。在此种片面的对向犯的情形中，仍须考虑另一方（接受财产之人）的行为是否超出立法机关的设想，如果立法者当然可以预想到另一方的行为却未加规定，则以总则共犯的规定予以处罚不符合立法者意图。① 例如贩卖毒品罪，立法机关制定本罪罪状时不可能未预料到有人购买、吸食毒品，但分则置之不理，必然说明法律不处罚购买者、吸毒者的意思。既然转移、处分财产而虚构破产原因为罪，则立法机关不可能不知道知情而接受的对向行为，未予规定即应理解为只处罚一方，另一方不得依刑法总则以共犯论。只是如果接受财产之人的行为超越了单纯知情而接受这一定型性、通常性的范围，有"积极的乃至能动的行为"，教唆、帮助债务人转移、处分财产时，应成立虚假破产罪的教唆犯、帮助犯。即便在偏颇清偿为罪的国家，对接受偏颇清偿之债权人，亦复如是。②

各共同犯罪人如有作用主从之分，仍应依《刑法》第26条至第29条，分别定为主犯、从犯、胁从犯、教唆犯处罚。

### 三、我国破产犯罪立法现状及域外比较

#### （一）破产犯罪之罪名设置

1. 单独制罪诚非最佳方案

我国《刑法》专门规定的破产犯罪仅虚假破产罪一罪，而大量破产原因罪、破产程序罪见于其他罪中，还有的行为未见于我国刑法。反观法国、德国和我国台湾地区情况，与此大不相同。

我国台湾地区"破产法"规定违反义务罪、诈欺破产罪、诈欺和解罪、过怠破产罪、贿赂罪，将拒绝提出财产状况说明书及其债权人、债务人清册，有说明答复义务之人故意不为说明或答复，诈欺破产和诈欺和

---

① 陈家林：《外国刑法通论》，中国人民公安大学出版社2009年版，第488页；张明楷《外国刑法纲要》（第二版），清华大学出版社2007年版，第298~299页。

② 行江：《虚假破产罪的理论与实践研究》，法律出版社2012年版，第257~258页。

解，破产前一年内处分财产、消灭债务、进行投机以及要求、行求、期约、收受贿赂的行为定为犯罪加以刑事处罚。与重整相关的犯罪，则规定于我国台湾地区"公司法"。

《德国刑法典》则是以第二十四章专章规定破产犯罪，包括破产罪（第283条）、加重破产罪（第283条a）、违反账簿记载义务罪（第283条b）、优待债权人罪（第283条c）、庇护债务人罪（第283条d）。

《法国商法典》也在第六卷"企业困境"中，以附属刑法的形式，专章规定了大量与破产相关的犯罪。第L654-1条规定了此类犯罪的适用范围，包括"任何从事商业、手工业活动的人，从事农业和独立职业活动的自然人，以及具有法律和条例规定地位或权利受保护的自由职业者"，"任何直接或间接、法律上或事实上管理或清算私法人之人"和"作为管理私法人之法人常任代表的自然人"。在司法重整、司法清算程序中，此类人如果意图避免或延迟程序启动而行购买以低价转售，或以毁坏性手段获取资金，或挪用、隐匿债务人的全部或部分财产，欺诈性增加债务人的债务，或者保留虚假账目、有义务保留而不保留账目、使账目灭失、保留明显不规范不完整的账目则构成诈欺破产罪，处五年监禁，并科七万五千欧元罚金（法国刑法分则采取法定最高刑模式，法条中规定最高刑而不是绝对确定的法定刑），商法典并规定了附加刑。投资服务提供商从事此行为，刑期有所加重。与企业困境有关的其他各种犯罪，如违法进行支付、订立合同或进行清偿、接受债务人支付、转让财产等，也在随后的条文中加以规定。①

有为数不少的学者主张刑法存在立法空白或与《企业破产法》不协调，因而主张以专节规定破产犯罪，明确"破产犯罪"概念，增加相关罪名以建立破产犯罪罪名体系，在刑罚层面设置资格刑、财产刑。② 本书认为，法国、德国和我国台湾地区专门规定如此众多的破产犯罪固然不错，但不表示中国大陆必须改弦更张，以作相仿安排。

首先，我国《刑法》并非束手无策。中国大陆无附属刑法，除骗购外汇罪见于现行唯一单行刑法外，全部犯罪统一于刑法典，此与法国、我

---

① France, Code de Commerce, art. L654-1 à L654-15.

② 曹爱民：《破产犯罪：体系构建与模式选择》，载王欣新、尹正友主编《破产法论坛（第八辑）》，法律出版社2013年版，第403~405页。

国台湾地区甚为殊异。诸多其他罪名可达到规制之效。对于破产贿赂行为，有非国家工作人员受贿罪（第 163 条）、对非国家工作人员行贿罪（第 164 条）、受贿罪（第 385 条、第 388 条）、行贿罪（第 389 条）、单位行贿罪（第 393 条）、单位受贿罪（第 387 条）、对单位行贿罪（第 391 条）、利用影响力受贿罪（第 388 条之一）、对有影响力的人行贿罪（第 390 条之一）；对于国有企业负责人的过怠破产行为，则有国有公司、企业、事业单位人员失职罪，国有公司、企业、事业单位人员滥用职权罪（第 168 条），徇私舞弊低价折股、出售国有资产罪（第 169 条），对于上市公司董事、监事、高级管理人员可处以背信损害上市公司利益罪（第 169 条之一）；还有妨害清算罪（第 162 条）和隐匿、故意销毁会计凭证、会计账簿、财务会计报告罪（第 162 条之一），规制虚伪记载、未清偿债务前分配、隐匿或销毁账簿等凭证的行为；集资诈骗罪（第 192 条）、贷款诈骗罪（第 193 条）规制非法集资、骗取金融机构贷款同时以假破产、假倒闭方式逃避返还集资款、贷款义务，非法占有他人财物，损害他人利益的行为；如以隐匿财产、恶意清偿、虚构债务、虚假破产、虚假倒闭或者其他方法转移财产方法逃避支付劳动者劳动报酬，还会构成拒不支付劳动报酬罪（第 276 条之一）。对于非国有、非上市公司企业工作人员的过怠破产行为以及管理人的渎职行为，也有职务侵占罪、贪污罪（第 271 条）、挪用资金罪、挪用公款罪（第 272 条）；破产清算事务所人员故意提供虚假证明文件，情节严重，或者严重不负责任，出具的证明文件有重大失实，造成严重后果的，构成提供虚假证明文件罪、出具证明文件重大失实罪（第 229 条）；行为人有能力执行人民法院依法作出的具有执行内容并已发生法律效力的判决、裁定，却隐藏、转移、故意毁损财产或者无偿转让财产、以明显不合理的低价转让财产，致使判决、裁定无法执行，可构成拒不执行判决、裁定罪（第 313 条）；以捏造的事实提起民事诉讼，致使企业破产，或者在破产案件审理过程中申报捏造的债权，损害他人合法权益，成立虚假诉讼罪（第 307 条之一）。这些罪名虽非为破产犯罪专设，与虚假破产罪客体、主体不完全一致，但可包含相关的破产犯罪，适用于破产并不超出刑法的文义最远射程。在我刑法体系内，为破产犯罪专设诸多事实上刑法典内已有适用于普遍人、时、地、事，可包含破产犯罪之条文的罪名，除纯然宣示国家对破产之重视，在法教义学上徒增特别刑法、罪名数量和竞合、牵连现象外，意义着实有限。

第三人欺诈破产，为德日等国所规定。《德国刑法典》第 283 条 d 规定庇护债务人罪，其定义为"行为人在知悉他人濒临无支付能力，或者在他人停止支付后，在破产程序中，或在他人的宣告破产程序的裁决程序中，将他人所有的、在宣告破产程序中属于破产人财产的财产，经其同意或为其利益，加以转移或隐匿，或以违反通常经济要求的方式毁弃、损坏或使其不能使用"。日本也曾对此单设罪名予以规定。本罪处罚债务人以外的第三人欺诈破产，行为人在债务人以外，且不以债务人参与为前提。① 而我国《企业破产法》第 31 条、第 33 条将欺诈破产行为限于债务人，没有包括第三人欺诈破产的情形，径由刑法入罪难言恰当。在经破产人同意的情形中，损毁、处分财产的行为本身就是破产人的行为，只是行为人同意借知情的第三人之手实行；在第三人为破产人利益的情形中，第三人所实施的行为本属损害债务人的财产权的侵权行为，企业本应向其求偿，填补损害，保全企业财产，以维护企业正常生产经营和众人利益，该企业却冀望以此造成破产原因，不思求偿，逃避债务，此即以放弃侵权损害赔偿之债权的手段实施虚假破产。对此，完全可以虚假破产罪予以规制。

况且，倘使确有犯罪化必要，也未必单设章节。我国现行刑法典采取"大章制"，以犯罪同类客体、小同类客体划分章节，章类罪名、节类罪名涵盖范围较为广泛的技术行之有年。破产秩序属于公司、企业的管理秩序并无不妥，以单独条文补充完善刑法典足矣，诚无单列一节规定破产犯罪甚至规定破产犯罪概念的紧迫性，立法也不宜如此对学术讨论一锤定音。试问，商法经济法各领域中与破产同样重要者众，若破产犯罪须专门规定、专设一节，则各领域是否均要比照处理？各领域皆欲刑法典中有相关个罪集合之"罪群"，三五成群、七八为伴，② 甚至专占一章一节之地。若此，刑法分则将成各学科内容得以拓展、体系得以完美、地位得以

① 《德国刑法典》，徐久生、庄敬华译，中国方正出版社 2004 年版，第 139 页；行江：《虚假破产罪的理论与实践研究》，法律出版社 2012 年版，第 41~42 页、第 45 页。

② 李永君：《罪群简论——对罪名集合化的初步探讨》，载《人民检察》1996 年第 8 期。

伸张之平台，然则如何周全刑法体系和逻辑？

总之，对于破产犯罪行为，有处罚必要不等于有专设罪名、专设章节必要。刑事立法须遵循必要性、合理性、科学性原则，增设罪名乃至章节，须经全面考察及细致选择、权衡，慎之又慎，破产犯罪凡能明确法条适用、正确解释法条或修改完善法条，而依现有罪名惩治者，决不轻言增设罪名，以实现刑法疏密得当、平易简约。轻言增设恐难免陷入情绪化、象征性立法漩涡，带来更多解释学上和民刑分界交叉等方面虚妄的疑难与冲突，使法条貌似细密周全但叠床架屋、繁琐庞杂，逻辑不严、用语随意，与其他罪竞合、牵连而刑罚不协调。①

2. 其他法律责任仍为可用

我国《企业破产法》第十一章"法律责任"及其他相关法律，已存在债务人、管理人、企业高管破产责任的规定，规制针对破产实体、破产程序的各种违法行为；在破产程序中，管理人还可以申请撤销、主张无效而追回破产财产，债权人可以在两年内申请追加分配（详见破产财产、破产权利章）。我国刑法对犯罪采取"定性"加"定量"的立法模式，只处罚具有严重的社会危害性、侵犯最为重大的社会关系的行为。法律欲以其他手段使此类行为人得到处罚，使债务人财产最大限度被挽回，则应充分体察实践中此一程度的手段是否能达目的，或者是否入行为人于罪也无法达到目的，进而谨慎抉择是否入刑。域外入刑，不是我国必须入刑的理由。

### （二）破产犯罪之立法模式

各主要国家及地区既有将破产犯罪纳入刑法典者，也有在破产法中规定者。前者如德国，后者如法国。还有一些国家二者兼具，既在刑法典中系统规定，又在破产法中规定，如加拿大。② 更有国家对破产犯罪立单行刑法。我国在刑法典分则第三章中以一条规定虚假破产罪，其他与破产有关的犯罪散见于妨害清算等罪中（如前所列），不是专门适用

---

① 王佩芬：《发票犯罪立法研究》，上海社会科学院出版社 2015 年版，第 100 页、第 144~146 页、第 274~276 页、第 296 页。

② 行江：《虚假破产罪的理论与实践研究》，法律出版社 2012 年版，第 69 页。

于破产。

采取附属刑法、单行刑法的体例与采取刑法典内规定的体例各有利弊，学者们也进行了充分探讨。前者灵活而适应性强，利于破产法内各项制度的完整和协调一致，使民事、行政、刑事责任在一部规范性法律文件中一气呵成、梯次上升，也便于司法机关和专业领域相关人员学习、适用、操作，但有威慑力减弱、地位和权威不足的问题，可能使刑罚一般预防效果不足，隐蔽刑罚威吓。① 法典化的优势则在于稳定且权威性强，一般预防效果更佳，缺点在于灵活性、衔接性差，易滞后于经济发展和经济法规修改，还容易导致法律施行时间差异带来的法律适用以及引证、空白罪状的明确性等问题。②

但实际上不难发现，以上理由作为决定立法技术选取之理由均不免牵强。随着各国刑事立法活跃化，欧洲大陆各国刑法典早已不再稳如泰山。例如，生效施行于 1994 年之《法国刑法典》一年数修，有的条文修正案尚未生效又被修改，刑法典与单行法早已不存在修改难易之分。我国1997 年刑法典施行凡二十一年，共历经一部单行刑法、一部修改法律的决定、十次修正案修改，相较于法国已属不多（当然，两国刑法典条文总数、立法技术有较大差异，仅以修改频次、条文数量轻言何者更为稳定，科学性不免存疑）。立法变迁，主要取决于一国经济发展情况和修法意愿，不取决于立法技术。作为企业主和破产领域专业人员，其不可能对何事依法不可为、如违反法规将承担何种后果和风险不加了解，司法工作人员更是如此。此类条文写于刑法典与破产法对理解适用的区别是否真有如此，值得怀疑。刑法与破产法都是法律，效力位阶相同，修改程序一样，威慑力不系于条文所在，而系于处罚的确定性、不可避免性，③ 仰仗有司执法如山。十犯九罚，罪状及法定刑不论写于何法，企业自会守法经营；十犯九逃，则企业仍会以侥幸心理从事破产犯罪。以上理由都有一定道理，但并非起决定性作用，各种立法模式无绝对的优劣高下之分，主要

---

① 林山田：《经济犯罪与经济刑法》，台湾三民书局 1981 年版，第 99～100 页；转引自刘伟：《经济刑法规范适用原论》，法律出版社 2012 年版，第 33 页。

② 行江：《虚假破产罪的理论与实践研究》，法律出版社 2012 年版，第 69 页、第 284～285 页。

③ ［意］贝卡利亚：《论犯罪与刑罚》，黄风译，中国法制出版社 2002 年版，第 68 页。

取决于一国传统习惯，在甲国优者在乙国不免为劣，南橘北枳，仁智互见，不应迷信。

# 第六节　关联企业破产责任

## 一、问题之产生

"天下熙熙，皆为利来；天下攘攘，皆为利往"①，企业法人既为营利法人，当然千方百计谋求经济利益之最大化。关联企业，有利于"物尽其用、货畅其流"，其实际控制人能谋求更大经济利益，开拓市场。此本为商界正常现象，却由于关联企业间具有更强经济联系和信息交流渠道，控制关系复杂隐秘而法律地位独立，债权债务关系与投资、持股界限模糊，更容易被实际控制人利用，以交易之名，行违反破产法之实，其行为于合法外衣掩盖下更为隐蔽，危害债权人、其他人利益更深，法律责任之追究更为艰难。② 特别在母公司为债权人的情形下，实际控制人的债权相较于其他有担保或无担保的债权，本就具有相当优越性，可以利用信息熟悉和控制地位，迅速取得优越地位而不为其他债权人所知。如实际控制人实施违反破产法的行为，其危害无疑更大。

## 二、现有理论及制度之局限

由于存在关联关系，企业及其高管往往非为本企业利益，而是为关联各企业整体甚至实际控制人利益行动，其财产流动出现非市场化倾向。实际控制人，又常非名义股东，规避法律对公司股东、高管之监管。此种现象，对法人财产、责任独立性和破产财产平等受偿理念，冲击不可谓小。英美法系发展出"揭开公司面纱""深石原则"和"实质合并原则"以为因应，③ 而我国《民法总则》《公司法》和《企业破产法》规定了法人

---

① 司马迁：《史记》，中华书局 2007 年版，第 752 页。

② 王树军：《破产法视野下企业非法关联交易的法律规制》，载《法制与社会》2010 年第 36 期；孙向齐、杨继锋：《关联企业破产违法行为的规制》，载《法学杂志》2009 年第 9 期。

③ 王欣新、蔡文斌：《论关联企业破产之规制》，载《政治与法律》2008 年第 9 期。

人格否认、追回权等制度。应当指出，我国所采行制度有利于关联企业破产之规制，但仍不免各有其局限性，无法完整涵盖关联企业破产中可能存在的破产责任问题。

### （一）关注破产财产有余，涉及破产责任不足

我国《民法总则》第 83 条、《公司法》第 20 条所规定的法人人格否认制度，域外的"深石原则""实质合并原则"及我国《企业破产法》所规定的追回权，都着眼于破产财产的认定与保护。依其理论，出资人须对法人债务承担连带责任，关联企业、实际控制人财产应并入破产财产参与分配，用于偿还债权人。但上述理论，鲜有涉及关联企业、实际控制人从事《企业破产法》所规定的破产欺诈、导致企业破产、妨害破产程序等违法行为时的法律责任之承担。此类人实施违反破产法的行为，非将其财产并入破产财产或使其承担连带责任能够完全解决，仍须注意其民事责任和行政、刑事责任以及司法强制措施。

### （二）责任主体有所局限

《企业破产法》第十一章所列行为，其实施者、责任者显为债务人或相关人员，此为通常情形。以上规定，确能解决实际控制人具备控股股东、高管身份时违反破产法的责任问题，但在此之外不免捉襟见肘。此时，违反破产法的行为形式上乃股东或出资人所为，实则为出资人背后不具股东、出资人或高管身份的实际控制人所为，其未尝处分债务人财产，却能在合法经济往来形式掩盖下大量转移财产，使债权人利益遭受严重损害。例如，两子公司甲、乙为一母公司丙所控制，甲乙互持股份，甲濒临破产，丙遂通过关联交易转移另一子公司乙财产，间接降低甲公司股权价值，使可供分配的财产减少。①《企业破产法》将责任主体限于债务人的有关人员，使实际控制人无承担责任之忧，损失只能由企业自行消化，或由其名义上之高管承担责任。企业高管已有民事、刑事责任及其各项附随效果，实际控制人亦不应逃漏于恢恢法网之外。

---

① 孙向齐、杨继锋：《关联企业破产违法行为的规制》，载《法学杂志》2009年第 9 期。

### （三）关联企业一同破产仍有困扰

以上主要就一企业破产时，有关联关系企业、实际控制人行为进行探讨，我国《企业破产法》也未涉及集团各企业同时破产，一同违反破产法规定时，负法律责任之情形。但实际上，控制企业、从属企业所组成之企业集团同时破产，会对经济带来更大冲击。① 此类企业若以合法形式掩盖其违反破产法之目的，则其对债权人利益影响远大于单一企业破产中出现的此类情形。一旦债权人利益受到损害，由于控制关系复杂，债权人往往难以证明其债务人行为与其损害之间的因果关系，无法确证其损失为其债务人所造成，为弥补损失、公平受偿带来困扰。

### 三、关联企业破产责任立法完善路径

关联企业现象之所以对我国民商事法律产生冲击、突破，主要是因为法律地位与经济事实独立性之不对称、债权人与关联企业间信息之不对称。② 我国目前的破产责任没有对关联企业破产作特别规定，对通过合同等方式，不持股、不具有高管身份而享有实际控制权之情形，以及在有关联关系之企业集团一同破产时留有空白，或许使企业实际控制人易于以交易外观实施破产欺诈，免于本应承担之责任，逃废债务。

对此，《企业破产法》可借鉴前述理论，对关联企业破产责任予以专门规定，如实际控制人的赔偿责任等，使其违法行为被及时追责。③ 当然，维持现行模式，通过现行法律制度追究企业高管破产责任亦未尝不可，因为此时关联企业、实际控制人的行为，就是通过使企业名义上高管承担《企业破产法》上民事责任之方式，侵害其财产所有权的行为。换言之，此责任原本应由实际控制人依《侵权责任法》承担，却因《公司法》及《企业破产法》设有特别规定，而由企业高管承担。企业高管承担责任后，仍可依《民法总则》及《侵权责任法》向关联企业、实际控

---

① 王欣新、蔡文斌：《论关联企业破产之规制》，载《政治与法律》2008 年第9 期。

② 王欣新、蔡文斌：《论关联企业破产之规制》，载《政治与法律》2008 年第9 期。

③ 孙向齐、杨继锋：《关联企业破产违法行为的规制》，载《法学杂志》2009 年第9 期。

制人追偿。法律在民事赔偿责任方面，并不存在真正的空白地带，只是容易为破产领域所忽略而已。唯从业禁止、资格限制方面，《企业破产法》未规定实际控制人和关联企业高管的民事责任附随效果，致使相关人员在控制企业高管或与之共同从事违反破产法的行为之后，竟得继续担任关联企业或其他企业高管，而由具备破产企业高管身份之人承担民事责任、承受其附随效果甚至承担刑事责任，似有漏洞，确应填补。

# 主要参考文献

## 一、中文文献

### （一）中文著作

[1]刘清波：《破产法新论》，台湾东华书局 1984 年版。

[2]陈荣宗：《破产法》，台湾三民书局 1986 年版。

[3]谢邦宇主编：《破产法通论》，湖南大学出版社 1987 年版。

[4]漆多俊：《企业破产制度》，武汉大学出版社 1987 年版。

[5]顾培东、张卫平、赵万一：《企业破产法论》，四川省社会科学院出版社 1988 年版。

[6]余劲松：《跨国公司法律问题研究》，中国政法大学出版社 1989 年版。

[7]柴发邦主编：《破产法教程》，法律出版社 1990 年版。

[8]徐德敏、梁增昌：《企业破产法论》，陕西人民出版社 1990 年版。

[9]沈达明：《比较民事诉讼法初论》，中信出版社 1991 年。

[10]张卫平：《破产程序导论》，中国政法大学出版社 1993 年版。

[11]邹海林：《破产程序和破产法实体制度比较研究》，法律出版社 1995 年。

[12]汤维建：《优胜劣汰的法律机制——破产法要义》，贵州人民出版社 1995 年版。

[13]俞兆平主编：《破产制度与律师事务》，人民法院出版社 1998 年版。

[14]石静遐：《跨国破产的法律问题研究》，武汉大学出版社 1999 年版。

[15]李双元：《中国与国际私法统一化进程》，武汉大学出版社 1999 年版。

[16]王卫国：《破产法》，人民法院出版社 1999 年版。

[17]李永军：《破产法律制度》，中国法制出版社 2000 年版。

[18] 李玉璧主编:《商法原理》,兰州大学出版社 2000 年版。

[19] 汤维建:《破产程序与破产立法研究》,人民法院出版社 2001 年版。

[20] 李国光主编:《最高人民法院关于破产法司法解释的理解与适用》,人民法院出版社 2002 年版。

[21] 王欣新:《破产法专题研究》,法律出版社 2002 年版。

[22] 范健主编:《商法》(第二版),高等教育出版社、北京大学出版社 2002 年版。

[23] 齐树洁主编:《破产法研究》,厦门大学出版社 2004 年版。

[24] 沈贵明主编:《破产法学》,郑州大学出版社 2004 年版。

[25] 付翠英:《破产法比较研究》,中国人民公安大学出版社 2004 年版。

[26] 王艳梅、孙璐:《破产法》,中山大学出版社 2005 年版。

[27] 谢俊林:《中国破产法律制度专论》,人民法院出版社 2005 年版。

[28] 叶军:《破产管理人制度理论和实务研究》,中国商务出版社 2005 年版。

[29] 李国光主编:《新企业破产法教程》,人民法院出版社 2006 年版。

[30] 汤维建主编:《新企业破产法解读与适用》,中国法制出版社 2006 年版。

[31] 汤维建主编:《企业破产法新旧专题比较与案例应用》,中国法制出版社 2006 年版。

[32] 李飞:《当代外国破产法》,法制出版社 2006 年版。

[33] 安建:《中华人民共和国企业破产法释义》,法律出版社 2006 年版。

[34] 安建、吴高盛主编:《企业破产法实用教程》,中国法制出版社 2006 年版。

[35] 李曙光:《〈中华人民共和国企业破产法〉制度设计与操作指引》,人民法院出版社 2006 年版。

[36]《中华人民共和国企业破产法》起草组编:《中华人民共和国企业破产法释义》,人民出版社 2006 年版。

[37] 王卫国:《破产法精义》,法律出版社 2007 年版。

[38] 王东敏:《新破产法疑难解读与实务操作》,法律出版社 2007 年版。

[39] 邢立新编著:《最新企业破产法实务精答》,法律出版社 2007 年版。

[40] 刘德璋:《新企业破产法理解与操作指南》,法律出版社 2007 年版。

[41] 赵旭东:《商法学》,高等教育出版社 2007 年版。

[42] 杨森主编：《破产法学》，中国政法大学出版社 2008 年版。

[43] 邹海林主编：《中国商法的发展研究》，中国社会科学出版社 2008 年版。

[44] 王晓琼：《跨境破产中的法律冲突问题研究》，北京大学出版社 2008 年版。

[45] 付翠英：《破解企业破产的 10 大法律难题》，中国法制出版社 2008 年版。

[46] 李国光主编：《新企业破产法条文释义》，人民法院出版社 2008 年版。

[47] 刘伟光：《中国破产管理人制度设计研究》，大连出版社 2009 年版。

[48] 罗培新主编：《破产法》，格致出版社 2009 年版。

[49] 范健、王建文：《破产法》，法律出版社 2009 年版。

[50] 王艳华主编：《破产法学》，郑州大学出版社 2009 年版。

[51] 薄燕娜主编：《破产法教程》，对外经济贸易大学出版社 2009 年版。

[52] 尹正友、张兴祥：《中美破产法律制度比较研究》，法律出版社 2009 年版。

[53] 王延川主编：《破产法理论与实务》，中国政法大学出版社 2009 年版。

[54] 吴庆宝、王建平主编：《破产案件裁判标准规范》，人民法院出版社 2009 年版。

[55] 张继红：《银行破产法律制度研究》，上海大学出版社 2009 年版。

[56] 王欣新、尹正友：《破产法论坛（第五辑）》，法律出版社 2010 年版。

[57] 霍敏主编：《破产案件审理精要》，法律出版社 2010 年版。

[58] 解正山：《跨国破产立法及适用研究——美国及欧洲的视角》，法律出版社 2011 年版。

[59] 王欣新：《破产法》（第三版），中国人民大学出版社 2011 年版。

[60] 陈晓峰：《破产清算法律风险管理策略》，法律出版社 2011 年版。

[61] 张媛：《跨国破产法律制度研究》，吉林大学出版社 2012 年版。

[62] 吴长波：《变革中的破产法理论与实证》，知识产权出版社 2012 年版。

[63] 行江：《虚假破产罪的理论与实践研究》，法律出版社 2012 年版。

[64] 本书编写组编著：《中华人民共和国企业破产法释义及实用指南》，

中国民主法制出版社 2012 年版。

[65] 沈志先主编：《破产案件审理实务》，法律出版社 2013 年版。

[66] 李永军：《破产法——理论与规范研究》，中国政法大学出版社 2013 年版。

[67] 齐明：《破产法学：基本原理与立法规范》，华中科技大学出版社 2013 年版。

[68] 邹海林、周泽新：《破产法学的新发展》，中国社会科学出版社 2013 年版。

[69] 李曙光：《破产法的转型》，法律出版社 2013 年版。

[70] 吴传颐编著：《比较破产法》，商务印书馆 2013 年版。

[71] 姚彬、孟伟：《破产程序中管理人制度实证研究》，中国法制出版社 2013 年版。

[72] 殷慧芬主编：《破产法》，法律出版社 2014 年版。

[73] 王欣新主编：《破产法原理与案例教程》（第二版），中国人民大学出版社 2015 年版。

[74] 许德风：《破产法论——解释与功能比较的视角》，北京大学出版社 2015 年版。

[75] 沈达明、郑淑君编著：《比较破产法初论》，对外经贸大学出版社 2015 年版。

[76] 余俊福主编：《中国破产管理人实务》，法律出版社 2015 年版。

[77] 法律出版社法规中心主编、李春双：《中华人民共和国企业破产法注释全书》，法律出版社 2015 年版。

[78] 沈德咏：《最高人民法院民事诉讼司法解释理解与适用》，人民法院出版社 2015 年。

[79] 汪涛编著：《破产法》，武汉大学出版社 2015 年版。

[80] 李震东：《公司重整中债权人利益衡平制度研究》，中国政法大学出版社 2015 年版。

[81] 韩长印主编：《破产法学》（第二版），中国政法大学出版社 2016 年版。

[82] 邹海林：《破产法——程序理念和制度结构解析》，中国社会科学出版社 2016 年版。

[83] 张晨颖：《合伙企业破产法律问题研究》，法律出版社 2016 年版。

［84］王欣新：《破产法前沿问题思辨》，法律出版社 2017 年版。

［85］齐明：《中国破产法原理与适用》，法律出版社 2017 年版。

［86］李永军、王欣新、邹海林、徐阳光：《破产法》（第二版），中国政法大学出版社 2017 年版。

［87］张善斌主编：《破产法文献分类索引》，武汉大学出版社 2017 年版。

［88］张善斌主编：《破产法的"破"与"立"》，武汉大学出版社 2017 年版。

［89］陈夏红、许胜锋主编：《破产法信札》，法律出版社 2017 年版。

［90］陈夏红、闻芳谊主编：《破产执业者及行业自治》，法律出版社 2018 年版。

［91］曹丽、李国军主编：《破产案件操作指引》，人民法院出版社 2018 年版。

［92］杜万华主编，最高人民法院民事审判第二庭编：《企业改制、破产与重整案件审判指导》，法律出版社 2018 年版。

［93］李小宁：《涉债权人团体利益保护之董事义务与责任法律制度研究》，法律出版社 2018 年版。

［94］刘明尧：《破产债权制度研究》，中国社会科学出版社 2018 年版。

［95］徐根才：《破产实践指南》（第二版），法律出版社 2018 年版。

［96］徐阳光主编：《中国破产审判的司法进路与裁判思维》，法律出版社 2018 年版。

［97］张宏伟、楼东平主编：《形而上与形而下：企业破产法的理论探索与实践创新》，人民法院出版社 2018 年版。

［98］周继业主编：《人民法院破产审判：江苏实践与经验》，法律出版社 2018 年版。

## （二）中文译著

［1］［日］伊藤真：《破产法》，刘荣军译，中国社会科学出版社 1995 年版。

［2］［日］石川明：《日本破产法》，何勤华、周桂秋译，中国法制出版社 2000 年版。

［3］［美］大卫·G. 爱泼斯坦、史蒂夫·H. 尼克斯勒、詹姆斯·J. 怀特：《美国破产法》，韩长印译，中国政法大学出版社 2003 年版。

［4］［美］小戴维·A. 斯基尔：《债务的世界：美国破产法史》，赵炳昊译，中国法制出版社 2010 年版。

［5］［德］莱因哈德·波克：《德国破产法导论》，王艳柯译，北京大学出版社 2014 年版。

［6］［美］查尔斯·J. 泰步：《美国破产法新论》，韩长印等译，中国政法大学出版社 2017 年版。

［7］［日］谷口安平：《日本倒产法》，佐藤孝弘、田言译，中国政法大学出版社 2017 年版。

（三）论文

［1］曹思源：《试论长期亏损企业的破产处理问题》，载《瞭望周刊》1984年第 9 期。

［2］杨荣新：《论破产法——增强企业活力，促进经济改革的重要法律》，载《政法论坛》1985 年第 6 期。

［3］陈国栋：《论破产之国际效力》，载《强制执行法、破产法论文选集》，五南图书出版公司 1985 年版。

［4］曹长春：《试行企业破产法是经济体制改革的重要环节》，载《改革》1986 年第 1 期。

［5］江伟、刘春田、甄占川：《论我国制定破产法的客观必要性》，载《中国法学》1986 年第 1 期。

［6］孙亚明：《论企业破产法的积极意义和作用》，载《法学杂志》1987 年第 1 期。

［7］鲁生：《和解与整顿》，载《人民司法》1987 年第 8 期。

［8］王欣新：《析我国破产法中的撤销权》，载《法学》1987 年第 8 期。

［9］鲁生：《谈谈破产债权》，载《人民司法》1987 年第 10 期。

［10］王欣新：《析破产程序与民事诉讼的关系》，载《现代法学》1988 年第 2 期。

［11］王欣新：《企业破产法中的别除权、取回权与抵销权》，载《法学评论》1988 年第 4 期。

［12］王欣新：《谈企业破产法中的债权申报期限》，载《法学杂志》1988 年第 4 期。

［13］柯善芳：《论抵销权》，载《现代法学》1988 年第 6 期。

［14］余劲松：《论破产的地域效力》，载《中南政法学院学报》1989 年第 4 期。

[15] 马俊驹、余延满：《关于我国企业破产法若干问题的研究》，载《中南政法学院学报》1989 年第 4 期。

[16] 丁海湖：《简析企业破产中的和解》，载《河北法学》1989 年第 6 期。

[17] 王欣新：《谈破产案件受理后被申请破产企业所涉诉讼的处理》，载《法学家》1993 年第 3 期。

[18] 韩长印、刘庆远：《浅析破产法上的否认权》，载《法学研究》1993 年第 3 期。

[19] 刘春玲：《论破产清算组的法律性质》，载《中外法学》1993 年第 4 期。

[20] 曹守晔：《企业法人破产还债程序中的几个问题》，载《人民司法》1993 年第 5 期。

[21] 邹海林：《债权申报若干基本问题研讨》，载《中外法学》1994 年第 1 期。

[22] 邹海林：《论我国破产程序中和解制度及其革新》，载《法学研究》1994 年第 5 期。

[23] 汤维建：《论破产管理人》，载《法商研究》1994 年第 5 期。

[24] 汤维建：《试论破产程序中的别除权》，载《政法论坛》1994 年第 5 期。

[25] 韩长印：《论破产案件受理的法律效力》，载《法商研究》1994 年第 6 期。

[26] 汤维建：《谈谈破产申请的法律主体》，载《现代法学》1994 年第 6 期。

[27] 丁海湖、房文翠：《破产程序的理论与实务》，载《北方论丛》1994 年第 6 期。

[28] 朱雅宣：《对破产企业职工安置问题的探讨》，载《人民司法》1994 年第 7 期。

[29] 张景文：《实行企业破产机制，促进建立现代企业制度》，载《经济与法》1994 年第 11 期。

[30] 汤维建：《破产和解制度的改革与完善》，载《中国法学》1995 年第 2 期。

[31] 李永军：《论破产程序中的取回权》，载《比较法研究》1995 年第 2 期。

［32］石静遐：《破产域外效力的比较分析》，载《法学研究》1995 年第
3 期。

［33］李国安：《试论破产宣告的域外效力》，载《厦门大学学报（哲学社会
科学版）》1995 年第 4 期。

［34］刘安宇、任诚宇：《破产法中的抵销权制度管窥》，载《法学论坛》
1995 年第 4 期。

［35］佩秦：《试论我国破产案件的申请与受理》，载《法律适用》1995 年第
4 期。

［36］汤维建：《论破产法上的撤销权》，载《法律科学》1995 年第 6 期。

［37］汤维建：《论国际破产》，载《比较法研究》1995 年第 6 期。

［38］王欣新：《别除权论》，载《法学家》1996 年第 2 期。

［39］汤维建：《试论债权人会议的立法体例、设立原因与法律性质》，载
《法商研究》1996 年第 3 期。

［40］李克武：《关于我国破产界限立法的探讨》，载《华中师范大学学报》
1996 年第 3 期。

［41］余劲松、石静遐：《涉外破产的若干法律问题》，载《中国社会科学》
1996 年第 4 期。

［42］王卫国：《法国治理企业困境的立法和实践》，载《外国法译评》1996
年第 4 期。

［43］邹海林：《论破产宣告的溯及效力》，载《法学研究》1996 年第 6 期。

［44］庄太源：《浅谈企业破产清算》，载《商业会计》1996 年第 7 期。

［45］石东坡、宋增华：《略论我国破产实施中的地方政府参与》，载《河北
法学》1997 年第 3 期。

［46］叶健强：《破产企业划拨土地使用权的处置》，载《人民司法》1997 年
第 10 期。

［47］刘勇：《破产清算中应如何对待银行贷款》，载《财会通讯》1997 年第
11 期。

［48］张晓宇、韩德洋：《破产案件的管辖》，载《人民司法》1997 年第
11 期。

［49］曾华：《中外破产界限比较研究》，载《特区理论与实践》1997 年第
12 期。

［50］王福祥：《破产程序中执行中止问题研究》，载《法制与社会发展》

1998 年第 1 期。

[51]杨冬梅：《破产法与破产企业职工安置》，载《政法论坛》1998 年第 2 期。

[52]韩长印：《破产原因立法比较研究》，载《现代法学》1998 年第 3 期。

[53]宋俐：《略论破产宣告的域外效力》，载《法学杂志》1998 年第 3 期。

[54]武俐：《自然人破产能力与我国破产立法》，载《法制与社会发展》1998 年第 6 期。

[55]汪世虎：《试论破产法上的撤销权》，载《现代法学》1998 年第 3 期。

[56]林祖彭、李浩：《建议在司法执行中建立强制性破产制度》，载《政治与法律》1998 年第 5 期。

[57]刘建民：《完善破产操作程序防止国有资产流失》，载《华东经济管理》1999 年第 1 期。

[58]刘道清：《企业破产案件适用二审终审制的立法思考》，载《法律适用》1999 年第 3 期。

[59]韩长印：《建立我国的破产财团制度刍议》，载《法学》1999 年第 5 期。

[60]汪炜、陈国靖：《破产宣告的域外效力及我国的立法对策》，载《理论月刊》1999 年第 6 期。

[61]汪世虎、李刚：《自然人破产能力研究》，载《现代法学》1999 年第 6 期。

[62]杨峰、蔡善强：《我国破产法院管辖若干问题探讨》，载《河北法学》2000 年第 2 期。

[63]徐静：《破产企业债务清偿率低的成因及对策：兼论破产立法的完善》，载《经济法学、劳动法学》2000 年第 3 期。

[64]杜鑫华、蒋美仕：《企业破产案件审理中亟待明确的几个问题》，载《湖南大学学报(社会科学版)》2000 年第 3 期。

[65]韩长印：《债权人会议制度的若干问题》，载《法律科学(西北政法学院学报)》，2000 年第 4 期。

[66]王文起、冀祥德：《完善破产案件审判监督制度的构想》，载《山东公安专科学校学报》2000 年第 6 期。

[67]王欣新：《破产立法与执法研究之二：对破产企业涉讼案件的处理》，载《民商法学》2000 年第 7 期。

［68］黄良军：《论企业破产程序的完善》，载《南京经济学院学报》2001 年第 4 期。

［69］王艳林、朱春河：《破产债权的申报与调查制度研究》，载《河南大学学报（社会科学版）》2001 年第 5 期。

［70］韩长印、李玲：《简论破产法上的自动冻结制度》，载《河南大学学报（社会科学版）》2001 年第 6 期。

［71］石静遐：《中国的跨界破产法：现状、问题及发展》，载《中国法学》2002 年第 1 期。

［72］魏建文：《猴王破产案的诉讼法思考》，载《湖南公安高等专科学校学报》2002 年第 2 期。

［73］王欣新：《试论破产立法与国企失业职工救济制度》，载《政法论坛》2002 年第 3 期。

［74］韩长印：《破产优先权的公共政策基础》，载《中国法学》2002 年第 3 期。

［75］刘力：《国际破产宣告的域外效力》，载《人民司法》2002 年第 4 期。

［76］王利明：《关于制定我国破产法的若干问题》，载《中国法学》2002 年第 5 期。

［77］胡文涛：《逃废金融债务原因分析——以破产制度和银行债权保护为视角》，载《法学》2002 年第 7 期。

［78］刘力：《论涉外破产的法律适用》，载《法律适用》2002 年第 7 期。

［79］林宁波：《完善破产宣告制度之思考》，载《法律适用》2003 年第 Z1 期。

［80］韩长印：《经营者个人对企业的破产责任》，载《法学评论》2003 年第 1 期。

［81］郭婕：《强制执行制度与破产立法》，载《信阳农业高等专科学校学报》2003 年第 2 期。

［82］徐伟功：《不方便法院原则在中国的运用》，载《政法论坛》2003 年第 2 期。

［83］李祖发：《破产程序与有关民事诉讼程序的冲突及解决建议》，载《天水行政学院学报》2003 年第 6 期。

［84］郑金玉、张保贵：《我国破产案件受理程序浅析》，载《韶关学院学报（社会科学版）》2003 年第 10 期。

[85] 喻玲、扬莉：《论破产管理人对利害关系人的民事责任》，载《南昌高专学报》2004 年第 1 期。

[86] 韩长印：《我国企业破产预防制度的多样化构建》，载《河南社会科学》2004 年第 1 期。

[87] 韩长印：《我国别除权制度改革初论》，载《南京大学法律评论》2004 年第 1 期。

[88] 蓝邓骏、杜敏丽：《破产抵销权新论》，载《河北法学》2004 年第 2 期。

[89] 韩世远：《债权人撤销权研究》，载《比较法研究》2004 年第 3 期。

[90] 徐勇：《破产法主体范围刍议》，载《广西社会科学》2004 年第 5 期。

[91] 黄少彬：《关于建立我国简易破产制度的思考》，载《山西大学学报（哲学社会科学版）》2004 年第 5 期。

[92] 王欣新：《论新破产法中管理人制度的设置思路》，载《法学杂志》2004 年第 5 期。

[93] 周立英、邓斌：《浅议破产责任制度的重构》，载《企业经济》2004 年第 8 期。

[94] 余和平：《跨境破产的法律适用》，载《西南民族大学学报（人文社科版）》2004 年第 10 期。

[95] 周洪生、冯鹏玉：《析简易破产程序的设立》，载《法学》2004 年第 11 期。

[96] 申丽凤：《商合伙破产程序与实体问题研究》，载《河北法学》2004 年第 12 期。

[97] 张颖：《破产管理人法律责任理论问题研究》，载《南京大学法律评论》2004 年春季号。

[98] 张在范：《论破产管理人的法律地位》，载《北方论丛》2005 年第 1 期。

[99] 其木提：《论行纪合同委托人的取回权》，载《环球法律评论》2005 年第 1 期。

[100] 黎四奇：《对我国有问题金融机构监管法律制度的实证分析》，载《河北法学》2005 年第 1 期。

[101] 周小川：《金融改革期待新〈破产法〉》，载《财经界》2005 年第 1 期。

[102] 邹海林：《我国新破产法与债权人自治》，载《法学家》2005 年第

2 期。

[103]王利明:《关于劳动债权与担保物权的关系》,载《法学家》2005 年第 2 期。

[104]曹士兵:《金融债权遭遇劳动债权:破产分配谁优先》,载《晟典律师评论》2005 年第 2 期。

[105]王欣新:《论新破产立法中债权人会议制度的设置思路》,载《法学家》2005 年第 2 期。

[106]沈理平:《破产清算中的税收优先权》,载《税务研究》2005 年第 3 期。

[107]王欣新:《论职工债权在破产清偿中的优先顺序问题》,载《法学杂志》2005 年第 4 期。

[108]王欣新:《〈企业破产法〉立法纵横谈》,载《首都师范大学学报(社会科学版)》2005 年第 4 期。

[109]邢丹:《破产撤销权的制度设计》,载《当代法学》2005 年第 5 期。

[110]韩长印:《我国破产分配顺位的重构——"破产分配顺位"学术讨论综述》,载《上海交通大学学报(哲学社会科学版)》2005 年第 6 期。

[111]李敏华、蓝承烈:《制约合伙企业破产目标实现各要素的界定》,载《社会科学家》2005 年第 6 期。

[112]张玉梅:《试析合伙的破产程序》,载《中山大学学报论丛》2005 年第 6 期。

[113]严加武:《破产抵销权问题研究》,载《法律适用》2005 年第 11 期。

[114]李显先:《论我国破产申请主体制度之完善》,载《人民司法》2006 年第 2 期。

[115]张继红:《商业银行破产之立法模式探讨》,载《财贸研究》2006 年第 2 期。

[116]赵万一、吴敏:《我国商业银行破产法律制度构建的反思》,载《现代法学》2006 年第 3 期。

[117]曹兴权:《雾里看花:自然人破产之争》,载《河北法学》2006 年第 4 期。

[118]张晨颖:《对无限连带责任制度的再思考:谈非法人企业破产制度的确立》,载《法学杂志》2006 年第 5 期。

[119]邹海林:《新企业破产法与管理人中心主义》,载《华东政法学院学

报》2006 年第 6 期。

[120] 李曙光：《新企业破产法的意义、突破与影响》，载《华东政法学院学报》2006 年第 6 期。

[121] 郭瑞、陈秀良：《法院组织民办学校清算若干问题研究》，载《法律适用》2006 年第 7 期。

[122] 汪世虎：《论破产程序对担保物权优先性的限制》，载《河北法学》2006 年第 8 期。

[123] 张晨颖：《破产"申请主义"制度之修正》，载《法律适用》2006 年第 8 期。

[124] 李永军：《新〈破产法〉焦点问题透视》，载《财会学习》2006 年第 10 期。

[125] 王欣新：《破产别除权理论与实务研究》，载《政法论坛》2007 年第 1 期。

[126] 李永军：《破产法的程序结构与利益平衡机制》，载《政法论坛》2007 年第 1 期。

[127] 韩长印、郑金玉：《民事诉讼程序之于破产案件适用》，载《法学研究》2007 年第 2 期。

[128] 王欣新、王中旺：《论破产抵销权》，载《甘肃社会科学》2007 年第 3 期。

[129] 许德风：《论担保物权的经济意义及我国破产法的缺失》，载《清华法学》2007 年第 3 期。

[130] 张艳丽：《破产可撤销行为构成要件分析——针对我国新〈企业破产法〉第 31 条、32 条规定》，载《法学杂志》2007 年第 3 期。

[131] 程延园：《劳动合同立法如何平衡劳动者与企业的权益》，载《法学杂志》2007 年第 3 期。

[132] 邓社民：《自然人破产能力的法理基础和现实选择》，载《武汉大学学报(哲学社会科学版)》2007 年第 3 期。

[133] 王欣新：《破产撤销权研究》，载《中国法学》2007 年第 5 期。

[134] 熊伟：《作为特殊破产债权的欠税请求权》，载《法学评论》2007 年第 5 期。

[135] 何其生：《新实用主义与晚近破产冲突法的发展》，载《法学研究》2007 年第 6 期。

[136] 康晓磊、仲川：《对破产管理人法律地位的思考》，载《法学论坛》2007 年第 6 期。

[137] 陈晴：《我国破产程序中的劳动债权保护评析》，载《求索》2007 年第 8 期。

[138] 李季宁：《管理人制度相关问题探析》，载《法律适用》2007 年第 10 期。

[139] 文娟：《企业破产案件中的违法行为透视》，载《法制与社会》2007 年第 11 期。

[140] 刘子平：《破产别除权的认定标准及其行使》，载《法律适用》2007 年第 11 期。

[141] 李燕：《论我国破产法中管理人的法律地位》，载《当代法学》2007 年第 11 期。

[142] 康均心、杜辉：《虚假破产罪若干问题研究——以刑法与破产法的协调为视角》，载《人民检察》2007 年第 16 期。

[143] 金春：《中国重整程序与和解程序的功能及构造》，载《政法论坛》2008 年第 1 期。

[144] 张艳丽：《破产保全制度的合理设置》，载《政法论坛》2008 年第 1 期。

[145] 潘家永：《虚假破产罪探析——兼论破产犯罪的相关问题》，载《政法论坛》2008 年第 2 期。

[146] 甘培忠、赵文贵：《论破产法上债务人高管人员民事责任的追究》，载《政法论坛》2008 年第 2 期。

[147] 董圣足、忻福良：《民办学校破产清算若干问题探析》，载《复旦教育论坛》2008 年第 2 期。

[148] 刘辉：《破产法实施中检察权配置研究》，载《中国检察官》2008 年第 3 期。

[149] 付翠英：《破产保全制度比较：以美国破产自动停止为中心》，载《比较法研究》2008 年第 3 期。

[150] 杨忠孝：《破产制度价值的新思考》，载《东方法学》2008 年第 3 期。

[151] 张艳丽：《破产管理人的法律责任》，载《法学杂志》2008 年第 4 期。

[152] 李芩：《新破产法中破产管理人制度的缺陷与完善》，载《求索》2008 年第 5 期。

［153］郁琳：《我国企业破产法和解制度评析》，载《中国青年政治学院学报》2008 年第 6 期。

［154］王欣新、王健彬：《我国承认外国破产程序域外效力制度的解析及完善》，载《法学杂志》2008 年第 6 期。

［155］田学伟、徐阳光：《论破产程序中的税收债权》，载《政治与法律》2008 年第 9 期。

［156］孙向齐：《我国破产法引入衡平居次原则的思考》，载《政治与法律》2008 年第 9 期。

［157］王欣新、蔡文斌：《论关联企业破产之规制》，载《政治与法律》2008 年第 9 期。

［158］温晓芸：《论我国〈企业破产法〉有关债务人高管人员民事责任追究制度之完善》，载《中国商界》2008 年第 11 期。

［159］张玲：《欧盟跨界破产管辖权制度的创新与发展——"主要利益中心"标准在欧盟适用的判例研究》，载《政法论坛》2009 年第 2 期。

［160］韩中节：《台湾地区破产法基本制度评析及借鉴意义》，载《北京工商大学学报(社会科学版)》2009 年第 3 期。

［161］许德风：《论破产中尚未履行完毕的合同》，载《法学家》2009 年第 6 期。

［162］郭军：《对〈企业破产法〉劳动债权保护制度的评析》，载《中国律师》2009 年第 8 期。

［163］李良才：《跨国金融机构破产案件的管辖权选择》，载《法学》2009 年第 8 期。

［164］关宪法：《论破产企业管理人员的民事责任》，载《法制与经济》2009 年第 9 期。

［165］孙向齐、杨继锋：《关联企业破产违法行为的规制》，载《法学杂志》2009 年第 9 期。

［166］尤冰宁：《执业风险控制：我国破产管理人制度的完善》，载《人民司法》2009 年第 11 期。

［167］任盛楠：《破产和解制度价值之反思》，载《消费导刊》2009 年第 12 期。

［168］邹月晖：《浅析管理人民事责任的构成与承担》，载王欣新、尹正友主编《破产法论坛(第二辑)》，法律出版社 2009 年版。

［169］王欣新：《破产原因理论与实务研究》，载《天津法学》，2010 年第 1 期。

［170］席涛：《我们所知道的法律和不知道的法律——法律经济学一个分析框架》，载《政法论坛》2010 年第 1 期。

［171］王艳华：《劳动债权与担保权之争——市场化破产发展趋势中劳动债权的保护》，载《公民与法（法学版）》2010 年第 2 期。

［172］王欣新、王斐民：《合伙企业破产的特殊性问题研究》，载《法商研究》2010 年第 2 期。

［173］韩长印、韩永强：《债权受偿顺位省思——基于破产法的考量》，载《中国社会科学》2010 年第 4 期。

［174］费煊：《破产原因概念的廓清——对我国破产原因通行定义的批评》，载《学术界》2010 年第 4 期。

［175］高志宏：《困境与出路：我国破产管理人制度的现实考察——以"东星航空破产案"为视角》，载《法治研究》2010 年第 8 期。

［176］付翠英：《论破产费用和共益债务》，载《政治与法律》2010 年第 9 期。

［177］王欣新、郭丁铭：《论我国破产管理人职责的完善》，载《政治与法律》2010 年第 9 期。

［178］王欣新：《论破产管理人制度完善的若干问题》，载《法治研究》2010 年第 9 期。

［179］林一：《侵权债权人在破产程序中受偿地位之重塑理由》，载《法学》2010 年第 11 期。

［180］米新丽、姚梦：《农村土地承包经营权出资法律问题研究》，载《法学杂志》2010 年第 12 期。

［181］王树军：《破产法视野下企业非法关联交易的法律规制》，载《法制与社会》2010 年第 36 期。

［182］刘涛：《破产管理人选任制度研究》，载王欣新、尹正友主编《破产法论坛（第四辑）》，法律出版社 2010 年版。

［183］黄小丹：《反思与重塑：试论我国破产管理人制度的完善》，载王欣新、尹正友主编《破产法论坛（第四辑）》，法律出版社 2010 年版。

［184］张国君、蔡子英、李玉军：《完善我国破产管理人制度的法律分析与构想》，载王欣新、尹正友主编《破产法论坛（第四辑）》，法律出

版社 2010 年版。

[185]王欣新：《论破产案件受理难问题的解决》，载《法律与适用》2011
年第 3 期。

[186]邢丹、蒋景坤：《母子公司破产中的利益衡平》，载《当代法学》2011
年第 3 期。

[187]易仁涛：《论我国破产原因之完善》，载《河南省政法管理干部学院
学报》2011 年第 4 期。

[188]李大何、李永军：《论破产法上债权人委员会的地位》，载《海南大
学学报》2011 年第 6 期。

[189]王志勤：《论我国金融机构市场退出法律机制的建构》，载《华东师
范大学学报(哲学社会科学版)》2011 年第 6 期。

[190]贺丹：《论虚假破产罪中的"实施虚假破产"》，载《政治与法律》
2011 年第 10 期。

[191]杨会、何莉萍：《子公司债权人的法律保护》，载《人民司法》2011
年第 11 期。

[192]许蓝之：《论我国的破产和解制度》，载《法制与社会》2011 年第
23 期。

[193]林懿欣：《侵权债权人在破产程序中的受偿地位成因研究》，载王保
树主编《中国商法年刊(2010)》，法律出版社 2011 年版。

[194]王欣新：《论破产管理人制度完善的若干问题》，载王欣新、尹正友
主编《破产法论坛(第六辑)》，法律出版社 2011 年版。

[195]奚晓明：《当前审理企业破产案件需要注意的几个问题》，载《法律
适用》2012 年第 1 期。

[196]张利国：《民办学校破产清算若干法律问题探究》，载《武汉理工大
学学报(社会科学版)》2012 年第 1 期。

[197]郑维炜：《中国应对破产法律问题的策略选择》，载《当代法学》2012
年第 1 期。

[198]孙允婷：《破产原因理论和实务问题探析——兼对〈破产法司法解释
(一)〉的解读》，载《山西经济管理干部学院学报》2012 年第 2 期。

[199]林一：《侵权债权在破产程序中的优先受偿顺位建构——基于"给最
少受惠者最大利益"的考量》，载《法学论坛》2012 年第 2 期。

[200]张军：《论破产管理人的法律地位》，载《武汉大学学报(哲学社会

科学版)》2012 年第 4 期。

[201] 祝伟荣：《破产撤销权制度的反思与重构——以利益衡平理念为视角》，载《法律适用》2012 年第 5 期。

[202] 陈政、任方方、周小洁：《中美破产保全制度比较研究》，载《天中学刊》2012 年第 6 期。

[203] 许德风：《论债权的破产取回》，载《法学》2012 年第 6 期。

[204] 韩长印：《破产撤销权行使问题研究》，载《法商研究》2013 年第 1 期。

[205] 唐军：《论破产撤销权》，载《社会科学研究》2013 年第 1 期。

[206] 王欣新、杨涛：《破产企业职工债权保障制度研究——改革社会成本的包容与分担》，载《法治研究》2013 年第 1 期。

[207] 韩长印、何欢：《破产界限的立法功能问题》，载《政治与法律》2013 年第 2 期。

[208] 王欣新、方菲：《破产程序中大规模人身侵权债权清偿问题探究》，载《政治与法律》2013 年第 2 期。

[209] 冯辉：《破产债权受偿顺序的整体主义解释》，载《法学家》2013 年第 2 期。

[210] 苏洁澈：《英美银行破产法述评——以银行特殊破产制度为中心》，载《环球法律评论》2013 年第 2 期。

[211] 许德风：《论破产债权的顺序》，载《当代法学》2013 年第 2 期。

[212] 刘爱萍、樊忠民：《我国银行业破产法律制度重构的思考》，载《山东审判》2013 年第 2 期。

[213] 赵吟：《论破产分配中的衡平居次原则》，载《河北法学》2013 年第 3 期。

[214] 房绍坤、崔艳峰：《论破产临界期内强制执行行为的撤销》，载《甘肃社会科学》2013 第 5 期。

[215] 邓瑾：《跨国企业集团破产的立法模式研究》，载《政治与法律》2013 年第 5 期。

[216] 马宁、周泽新：《我国存款保险人的职能定位——兼论我国银行破产立法模式与破产程序控制权配置》，载《甘肃政法学院学报》2013 年第 5 期。

[217] 邹杨、丁玉海：《破产和解制度的反思：价值、规范与实践的统

一》，载《海南大学学报(人文社会科学版)》2013年第6期。

[218]黎四奇：《问题金融机构市场退出的基本范畴分析》，载《财经理论与实践》2013年第6期。

[219]刘敏、梁闻海：《企业破产清算案件中的审判实务问题——以闽发证券有限公司破产清算案为视角》，载《法律适用》2013年第7期。

[220]孙静波：《执行与破产程序相衔接立案实务研究》，载《人民司法》2013年第7期。

[221]邓瑾：《论跨境破产法律适用的发展趋势》，载《暨南学报(哲学社会科学版)》2013年第12期。

[222]宋珂、崔艳峰：《破产和解的价值分析和制度完善——与破产重整的比较视角》，载《今日中国论坛》2013年第21期。

[223]曹爱民：《破产犯罪：体系构建与模式选择》，载王欣新、尹正友主编《破产法论坛(第八辑)》，法律出版社2013年版。

[224]张钦昱：《破产和解之殇——兼论我国破产和解制度的完善》，载《华东政法大学学报》2014年第1期。

[225]王丽美：《企业破产原因应然内涵新探——兼论〈企业破产法〉的完善问题》，载《法学杂志》2014年第2期。

[226]郭丁铭：《公司破产与董事对债权人的义务和责任》，载《上海财经大学学报》2014年第2期。

[227]邓瑾：《论跨国企业集团破产中"主要利益中心地"的确定——"命令和控制"方法的探讨》，载《河北法学》2014年第3期。

[228]张茂林：《企业破产工资优先权主体范围研究》，载《中国劳动》2014年第5期。

[229]乔博娟：《论破产撤销权之行使——兼析〈最高人民法院关于适用《企业破产法》若干问题的规定(二)〉》，载《法律适用》2014年第5期。

[230]徐建新、鞠海亭、王怡然：《简化破产程序问题研究——以温州法院试行简化破产案件审理程序经验为样本》，载《法律适用》2014年第8期。

[231]谢九华：《大规模侵权债权与担保债权清偿顺序之反思》，载《河北法学》2014第9期。

[232]孙静波、张进：《保全制度在破产案件中的运用》，载《人民司法》

2014 年第 17 期。

[233] 罗欢平：《论破产抵销权的限制》，载《河北法学》2015 年第 1 期。

[234] 许德风：《破产视角下的抵销》，载《法学研究》2015 年第 2 期。

[235] 付翠英：《论破产债权的申报、调查与确认》，载《政治与法律》2015 年第 2 期。

[236] 汪铁山：《论破产别除权的权利基础及其裁判规则的选择》，载《南京社会科学》2015 年第 3 期。

[237] 王欣新、乔博娟：《论破产程序中到期不动产租赁合同的处理方式》，载《法学杂志》2015 年第 3 期。

[238] 王欣新：《银行贷款合同加速到期清偿在破产程序中的效力研究》，载《法治研究》2015 年第 6 期。

[239] 杨光：《破产定金债权刍议》，载《东方法学》2015 年第 6 期。

[240] 叶呈嫣、张世君：《积极构建我国金融机构破产法律体系》，载《银行家》2015 年第 6 期。

[241] 齐明：《我国破产原因制度的反思与完善》，载《当代法学》2015 年第 6 期。

[242] 徐阳光、殷华：《论简易破产程序的现实需求与制度设计》，载《法律适用》2015 年第 7 期。

[243] 王欣新：《立案登记制与破产案件受理机制改革》，载《法律适用》2015 年第 10 期。

[244] 郭洁、郭云峰：《论执行与破产的对接程序》，载《人民司法》2015 年第 11 期。

[245] 李帅：《论执行案件中法院职权主义破产启动程序的构建》，载《法律适用》2015 年第 11 期。

[246] 曹守晔、杨悦：《执行程序与破产程序的衔接与协调》，载《人民司法》2015 年第 21 期。

[247] 王欣新：《破产与执行程序的合理衔接与转换》，载王欣新、尹正友主编：《破产法论坛（第九辑）》，法律出版社 2015 年版。

[248] 何伟波：《中日破产犯罪立法比较研究——以新、旧日本〈破产法〉为视角》，载《福建教育学院学报》2016 年第 1 期。

[249] 公韬：《企业利用破产逃避债务的法律解决途径》，载《法制与社会》2016 年第 2 期。

［250］陆晓燕：《保障生存利益与维护交易安全的平衡——房地产开发企业破产中购房人权利之顺位研究》，载《法律适用》2016 年第 3 期。

［251］金春：《论房地产企业破产中购房消费者的权利保护——消费者保护和债权人可预测性的平衡》，载《法律适用》2016 年第 4 期。

［252］宁建文、郭一鸣：《论无启动经费破产案件受理难问题之解决》，载《法治论坛》，2016 年第 4 期。

［253］陈夏红：《从核心到边缘：中国破产法进化中的职工问题（1986—2016）》，载《甘肃政法学院学报》2016 年第 4 期。

［254］夏正芳、李荐：《房地产开发企业破产债权的清偿顺序》，载《人民司法（应用）》2016 年第 7 期。

［255］郑梦冉：《浅析允许金融机构有序破产的合理性》，载《现代商业》2016 年第 27 期。

［256］潍坊市中级人民法院课题组、姜树政、叶伶俐：《关于完善执行转破产程序的调研报告》，载《山东审判》2017 年第 1 期。

［257］徐阳光：《论关联企业实质合并破产》，载《中外法学》2017 年第 3 期。

［258］杨显滨、陈风润：《个人破产制度的中国式构建》，载《南京社会科学》2017 年第 4 期。

［259］李鸣捷：《质疑虚假破产罪的"三个通说"》，载《知与行》2017 年第 8 期。

［260］徐阳光：《论关联企业实质合并破产》，载《中外法学》2017 年第 9 期。

［261］王富博：《〈关于执行案件移送破产审查若干问题的指导意见〉的理解与适用》，载《人民司法》2017 年第 10 期。

［262］严银：《执行程序中的查封优先权》，载《人民司法》2017 年第 10 期。

［263］胡晓静：《公司破产时董事对债权人责任制度的构建——以德国法为借鉴》，载《社会科学战线》2017 年第 11 期。

［264］刘旭东、陆晓燕：《效益法则框架下"执转破"之功能透视及其制度建构》，载《法律适用》2017 年第 11 期。

［265］郭靖祎：《破产程序简化的理论探究》，载《求索》2017 年第 12 期。

［266］刘冰：《农村承包土地经营权的破产处置》，载《法学》2018 年第

4 期。

[267] 张善斌：《法院外破产和解的功能阐述及运用》，载张善斌主编《破产法的"破"与"立"》，武汉大学出版社 2017 年版。

[268] 王欣新：《论破产债权的确认程序》，载《法律适用》2018 年第 1 期。

[269] 徐阳光：《破产程序中的税法问题研究》，载《中国法学》2018 年第 2 期。

[270] 冉克平：《破产程序中让与担保权人的权利实现路径》，载《东方法学》2018 年第 2 期。

[271] 齐明：《论破产法中债务人财产保值增值原则》，载《清华法学》2018 年第 3 期。

[272] 廖丽环：《正当程序理念下的执行转破产机制：基于法理视角的反思》，载《法制与社会发展》2018 年第 3 期。

[273] 刘冰：《论仲裁程序与破产程序之冲突与协调》，载《法学杂志》2018 年第 3 期。

[274] 李忠鲜：《担保债权受破产重整限制之法理与限度》，载《法学家》2018 年第 4 期。

[275] 刘冰：《〈民法总则〉视角下破产法的革新》，载《法商研究》2018 年第 5 期。

[276] 石静霞、黄圆圆：《论内地与香港的跨界破产合作——基于案例的实证分析及建议》，载《现代法学》2018 年第 5 期。

[277] 金春：《破产法视角下的仲裁：实体与程序》，载《当代法学》2018 年第 5 期。

[278] 范志勇：《论企业破产与税收征管程序的调适》，载《河北法学》2018 年第 9 期。

（四）学位论文

[1] 石静霞：《跨国破产的法律问题研究》，武汉大学 1998 年博士学位论文。

[2] 韩长印：《企业破产立法的公共政策构成》，中国人民大学 2001 年博士学位论文。

[3] 丁文联：《论企业破产程序中的利益平衡》，对外经济贸易大学 2005 年博士学位论文。

[4]张玲：《跨境破产合作中的国际私法问题研究》，中国政法大学 2005 年博士学位论文。

## （五）报纸

[1]张平：《税款滞纳金不宜认定为破产债权》，载《人民法院报》2001 年 6 月 21 日第 3 版。

[2]王彦山、常方刚：《是否受破产债权申报期限限制》，载《人民法院报》2002 年 2 月 4 日第 B04 版。

[3]谢迎春：《对破产申请的审查》，载《人民法院报》2004 年 1 月 21 日。

[4]王欣新：《新破产立法与国企政策性破产的关系》，载《人民法院报》2004 年 7 月 9 日。

[5]李曙光：《新破产法的管理人制度》，载《人民法院报》2004 年 7 月 30 日。

[6]李显先：《对检察机关启动破产程序的思考》，载《人民法院报》2004 年 12 月 29 日。

[7]赵志峰、张仁云：《职工债权宜优先偿付》，载《人民法院报》2005 年 6 月 29 日第 7 版。

[8]王欣新：《德国和英国的破产立法》，载《人民法院报》2005 年 10 月 21 日第 B04 版。

[9]朱梅芳：《对构建我国破产保全制度的建议》，载《江苏经济报》，2006 年 11 月 29 日第 B03 版。

[10]赵蔚红：《破产企业民事纠纷的管辖探讨》，载《江苏法制报》2010 年 7 月 13 日第 C01 版。

[11]王欣新：《论破产程序中的债权申报》，载《人民法院报》2010 年 8 月 4 日第 7 版。

[12]赵然：《探索实施"准临时管理人制度"的设想》，载《人民法院报》2011 年 7 月 6 日第 7 版。

[13]赵鸿飞：《深圳中级人民法院发布〈破产审判白皮书〉国企破产案件不重大幅下降》，载《深圳商报》2011 年 12 月 21 日第 B01 版。

[14]樊卓然：《企业破产了，劳动合同怎么办》，载《人民法院报》2012 年 1 月 30 日第 8 版。

[15]季俊华：《破产债权补充申报制度亟需明确》，载《江苏法制报》2012

年 6 月 7 日第 C01 版。

[16] 张守国：《破产程序与执行程序的博弈与双赢》，载《人民法院报》2012 年 6 月 20 日第 8 版。

[17] 彭国顺：《破产企业高管人员的经济补偿金如何计算》，载《人民法院报》2012 年 11 月 15 日第 7 版。

[18] 王欣新：《破产管理人指定中"与本案有利害关系"的认定》，载《人民法院报》2014 年 4 月 9 日第 7 版。

[19] 王欣新：《破产债权争议诉讼的性质与收费标准》，载《人民法院报》2014 年 7 月 16 日第 7 版。

[20] 邵艺：《破产企业劳动合同终止基准日的确定》，载《人民法院报》2014 年 11 月 12 日第 7 版。

[21] 王欣新：《谈破产企业劳动合同的终止问题》，载《人民法院报》2014 年 12 月 17 日第 7 版。

[22] 朱忠虎：《企业破产或撤销，如何计算经济补偿》载《中国劳动保障报》2015 年 3 月 24 日第 5 版。

[23] 禹爱民、李明耀：《立案登记制如何穿越现实屏障》，载《人民法院报》2015 年 5 月 4 日第 2 版。

[24] 谭秋佳：《执行程序与破产程序衔接机制的理论思考》，载《人民法院报》2015 年 6 月 10 日第 8 版。

[25] 徐建新、汝明钰：《执行程序与破产程序衔接机制的实务探索》，载《人民法院报》2015 年 9 月 17 日第 A01 版。

[26] 周建良：《执行程序与破产程序衔接制度的完善》，载《人民法院报》2015 年 12 月 9 日第 8 版。

[27] 陈传胜：《涉破产企业劳动争议诉讼不必仲裁前置》，载《人民法院报》2015 年 12 月 16 日第 7 版。

[28] 杜万华：《依法处置"僵尸企业"开创破产审判工作新局面》，载《人民法院报》2016 年 3 月 28 日第 2 版。

[29] 罗书臻：《依法开展破产案件审理，稳妥处置"僵尸企业"——专访最高人民法院审判委员会专职委员杜万华》，载《人民法院报》2016 年 4 月 26 日第 2 版。

[30] 余建华、孟焕良：《浙江推动建立破产审判府院联动机制》，载《人民法院报》2016 年 7 月 15 日第 1 版。

[31]陈夏红：《再穷不能穷破产管理人》，载《法制日报》2016 年 7 月 20 日第 012 版。

[32]安海涛、胡欣：《打通转化渠道 破解执行难题——福建省厦门市中级人民法院执行转破产工作调查》，载《人民法院报》2016 年 12 月 15 日第 5 版。

[33]柴学伟：《平衡破产企业利益妥处劳动争议案件》，载《人民法院报》2017 年 1 月 26 日第 8 版。

[34]王富博：《破产立案制度改革之我见》，载《人民法院报》2017 年 1 月 26 日第 5 版。

[35]胡丕敢、王春飞：《执行移送破产工作的实践探索》，载《人民法院报》2017 年 2 月 15 日第 8 版。

[36]徐淳：《破产企业职工债权确认是否需要仲裁前置》，载《中国劳动保障报》2017 年 6 月 6 日第 6 版。

[37]贺小荣：《供给侧结构性改革背景下破产审判的重点问题及未来走向》，载《人民法院报》2017 年 6 月 7 日第 7 版。

[38]王雄飞：《执行程序部分替代简易破产程序功能的必要性和可行性》，载《人民法院报》2017 年 7 月 5 日第 7 版。

[39]王欣新：《紧抓破产难点 把握审判走向》，载《人民法院报》2017 年 7 月 13 日第 5 版。

[40]商中尧、吴欢：《常熟法院首次启用破产专项基金 保障破产管理人有效有序做好破产管理》，载《苏州日报》2017 年 7 月 24 日第 A07 版。

[41]陈魁伟：《构建府院联动机制 提高破产审判效能》，载《人民法院报》2017 年 8 月 24 日第 5 版。

[42]茶莹、王超：《破产重整 府院联动——云南僵尸企业"煤老大"的破茧重生之路》，载《人民法院报》2017 年 10 月 20 日第 3 版。

[43]重庆市北碚区人民法院、王新亮、郭佳琦：《执行案件移送破产审查面临的司法困境及完善》，载《人民法院报》2017 年 11 月 29 日第 7 版。

[44]陈坚，顾建兵：《南通市政府与市法院共建府院联动机制》，载《江苏法制报》2018 年 1 月 24 日第 1 版。

[45]王欣新：《府院联动机制与破产案件审理》，载《人民法院报》2018 年

2 月 7 日第 7 版。

[46]张红霞:《依法推进破产审判 妥善处理"僵尸企业"》,载《华兴时报》
2018 年 4 月 11 日第 5 版。

[47]唐荣、肖波:《深圳中院"执转破"工作成典范》,载《法制日报》2018
年 5 月 14 日第 3 版。

[48]单卫东、张帆:《优化府院联动机制 合力推进破产审判——浙江绍
兴中院关于破产审判府院联动机制的调研报告》,载《人民法院报》
2018 年 5 月 31 日第 8 版。

[49]虎文心:《甘肃省企业破产府院联动机制会议召开》,载《甘肃日报》
2018 年 6 月 29 日第 2 版。

## 二、英文文献

[1]Bob Wessels, Bruce A. Markell, Jason J. Kilborn. International Coopera-
tion in Bankruptcy and Insolvency Matters, Oxford Press, 2009.

[2]Rosa MariaLastra. Cross-Border Bank Insolvency:Legal Implications in the
Case of Banks Operating in Different Jurisdictions in Latin America,
Journal of International Economic Law, 2003(6).

[3]Lubben Stephen J. The Types of Chapter 11 Cases, American Bankruptcy
Law Journal, 2010(Spring).

[4]Lynn Lopucki. Cooperation in International Bankruptcy:A Post-Univer-
salist Approach, Cornell Law Review, 1999(84).

[5]Frederick Tung. Is International Bankruptcy Possible? Michigan Journal of
International Law, 2001(23).

# 后　记

　　改革开放以来，破产法研究成果汗牛充栋。我们试图对破产法各种学术观点进行全面介绍，对破产法研究的发展进行归纳总结，向读者提供一份翔实的学术资料。基于此，我们组织编写了这本《破产法研究综述》。本书是去年出版的《破产法文献分类索引》的姊妹篇，希望这两本书对读者的破产法学习、研究、教学以及司法实践有所帮助。

　　本书撰稿分工如下（以撰写章节先后为序）：高琪，第1章；宁园、谭俊楠，第2章；李晨，第3章；陈碧盈，第4章、第11章；余江波，第5章、第13章；周雯瑶，第6章、第14章；罗琳，第7章；翟宇翔，第8章；王姝越，第9章；张善斌，第10章；李小勤，第12章；徐澍，第15章。本书由主编与副主编统稿、调整、修改，徐澍、翟宇翔等参与了统稿和校对，最后由主编定稿。

　　本书欲全面总结四十年来破产法的研究成果，但由于破产法资料浩如烟海，且作者研究水平有限，书中难免有遗漏和错讹之处，敬请读者惠教。

编　者

2018年11月